고등 국어

교재 개발에 도움을 주신 모든 선생님들께 깊이 감사드립니다.

검토진

강영애 경기 일산 | 강지수 부산 | 강혜진 부산 | 고경은 경기 일산 | 고윤수 울산
구민경 대구 | 기경민 서울 | 김건용 서울 강북 | 김경주 순천, 여수 | 김광철 광주
김명선 인천 | 김민석 경남 창원 | 김상언 경남 창원 | 김서현 대구 | 김성태 경기 이천
김솔미 부산 | 김영대 수원 | 김옥경 강원 원주 | 김원석 대전 | 김유형 전남 화순
김은옥 서울 강남 | 김정옥 전남 남악 | 김정욱 용인 수지 | 김정은 서울 | 김종극 경북 경산
김지수 익산 | 김지은 인천 논현 | 김 진 대치 | 김진호 경북 영양 | 김진홍 서울 도봉
김채연 경기 일산 | 김 흙 경기 분당 | 김희진 경기 광명 | 노현선 인천 | 류미숙 충북 오창
류종훈 경기 고양 | 문소영 김해 | 민순기 파주 | 박성혜 서산 | 박여진 부산
박유건 대구 수성 | 박윤선 광주 | 박주환 인천 | 박향화 경기 안산 | 박호현 대구
배현아 서울 강남 | 백승재 경남 김해 | 서보람 충남 천안 | 설고은 경북 경산 | 성요신 경기 의정부
손윤정 강원 원주 | 송경님 판교, 이천 | 송화진 김해 장유 | 신영수 서울 광진 | 신혜영 부산
안정광 순천, 광양 | 안혜지 부산 동래 | 양주영 충남 천안 | 오성민 서울 반포 | 오지희 제주
옥성훈 부천 | 우승완 강북 | 윤기한 광주, 나주 | 윤인희 서울 | 윤현우 경기
윤현호 서울 중랑 | 이경원 충북 청주 | 이경직 경기 화성 | 이기연 강원 원주 | 이동수 서울 관악
이상명 인천 | 이성우 경기 일산 | 이순형 경기 평택 | 이승우 경북 포항 | 이애리 경남 거제
이영지 경기 안양 | 이윤지 경기 의정부 | 이정선 서울 | 이지영 강원 속초 | 이지훈 전주
이혜원 부산 | 이홍진 서울 성북 | 임정연 대전 | 임지혜 경남 거제 | 장수진 청주
장연희 대구 | 장철웅 세종, 청주 | 전용희 서울 목동 | 전현주 경남 | 전혜숙 대전
전희재 경기 분당 | 정사랑 부평, 대치 | 정세영 베트남 호찌민 | 정세형 광주 | 정윤선 인천 남동
정재현 은평, 분당 | 정지용 대전 | 정지윤 안양 평촌 | 정해연 전남 순천 | 정혜채 서울
정희숙 서울 | 조미연 노원 | 조승연 대전 | 조용아 서울 목동 | 조은예 전남 순천
조혜정 경기 분당 | 조효준 충남 천안 | 지영은 서울 | 채송화 서울, 제주 | 천정은 세종
최수연 인천 남동 | 최원용 경기 수원 | 최흥민 경기 평택 | 표윤경 서울 | 하 랑 서울 송파
하영아 창원, 김해 | 한광희 세종 | 함영훈 경북 상주 | 홍만나 서울 | 홍보영 서울, 구리
홍선희 인천 부평 | 홍현숙 경기 광명

고등 국어
고고

문법

이 책으로 공부해야 하는 이유

❶ 내신·수능 대비 필수 문법 개념과 기출 유형 총정리!

- 내신 시험과 수능에 꼭 필요한 문법 개념을 31강으로 알기 쉽게 정리하였습니다.
- 필수 문법 개념과 대표 기출 유형을 망라하여 선행 학습용으로 적합합니다.
- 내신형, 수능형 문제를 수록하여 내신 대비는 물론 수능 학습에 활용할 수 있습니다.

| 31강의
필수 문법 개념
정리하기 | ＋ | 문제로
개념과 유형
익히기 | ＋ | 수능 기출&
내신 기출로
실력 완성하기 |

↓

| 문법 기본 실력 향상&
내신 및 수능 대비 |

❷ 쉽고 체계적인 개념 학습으로 문법의 기초를 튼튼히!

- 풍부한 예시, 도식과 이미지를 통해 문법 개념을 쉽게 이해할 수 있게 하였습니다.
- **시험 정복 Q & A** 헷갈리는 문법 개념을 명쾌하게 설명하여 개념 이해와 암기를 도왔습니다.

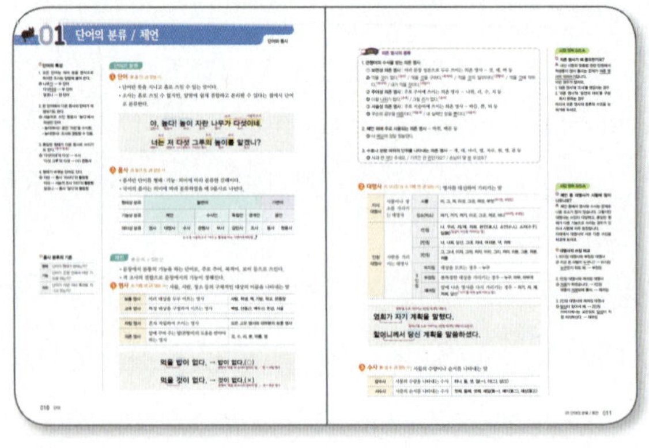
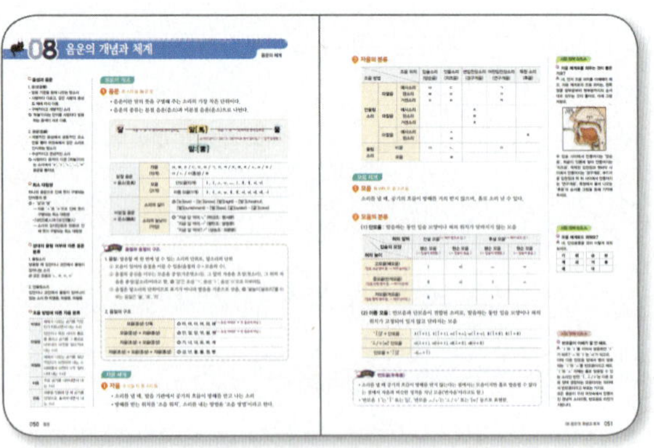

개념 이해와 적용 훈련으로 이어지는 단계별 문제 풀이!

● **[1단계 개념 확인 문제]** 앞에서 배운 문법의 개념을 점검하고 적용할 수 있도록 하였습니다.
● **[2단계 대표 기출 문제]** 실제 시험에서 출제되는 문제의 유형을 파악하고 실전 문제에 대한 감을 익히게 하였습니다.

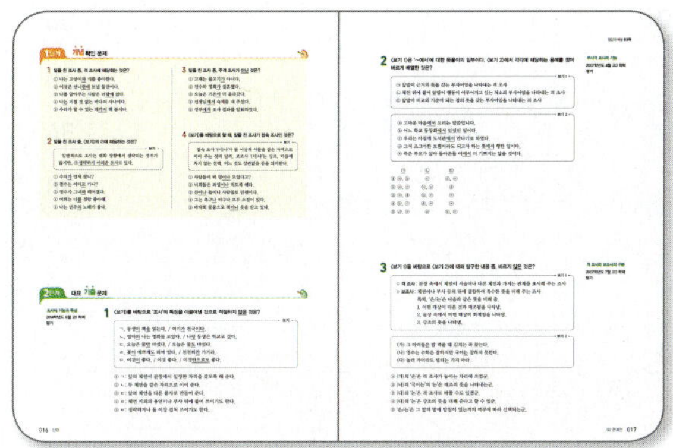

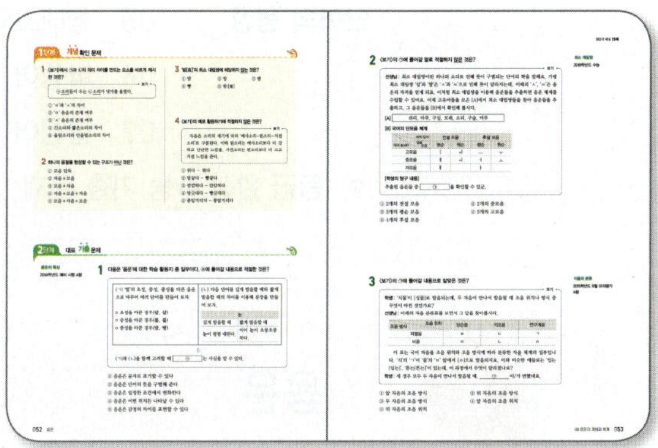

수능형 & 내신형 문제로 문제 해결력 기르기

● **[1등급 완성 수능 기출 문제]** 수능·모의평가·전국연합 기출문제를 배치하여 다양한 유형에 대한 문제 해결력을 기를 수 있도록 하였습니다.
● **[시험 대비 내신 기출 문제]** 내신에서 출제되는 단원별 문제를 파악함으로써 내신에 확실히 대비할 수 있도록 하였습니다.

1등급 완성 수능 기출 문제

시험 대비 내신 기출 문제

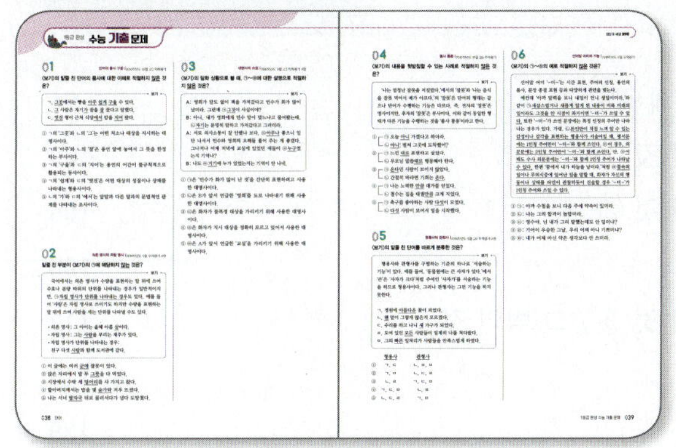

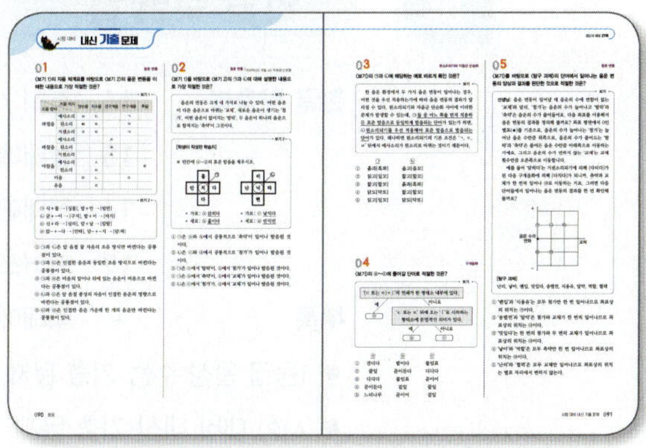

이 책의 차례

| 단어와 품사 |

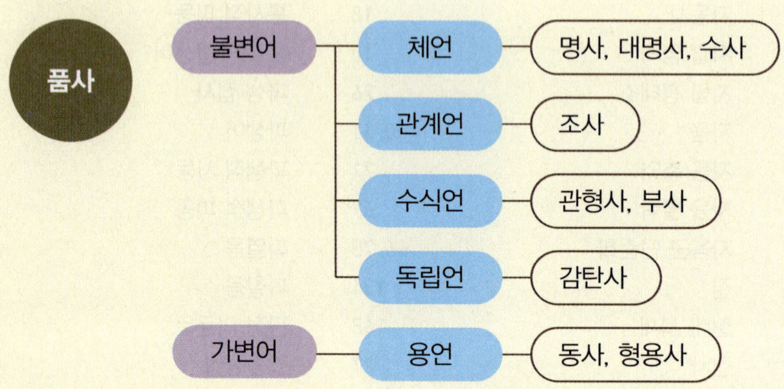

품사
불변어
체언 — 명사, 대명사, 수사
관계언 — 조사
수식언 — 관형사, 부사
독립언 — 감탄사
가변어
용언 — 동사, 형용사

형태소
분류
자립성의 유무에 따라
자립 형태소, 의존 형태소
실질적 의미의 유무에 따라
실질 형태소, 형식 형태소

단어
단일어
복합어
파생어 — 접두사가 붙어서 만들어진 파생어
접미사가 붙어서 만들어진 파생어
합성어 — 통사적 합성어, 비통사적 합성어
대등 합성어, 종속 합성어, 융합 합성어

| 단어의 형성 |

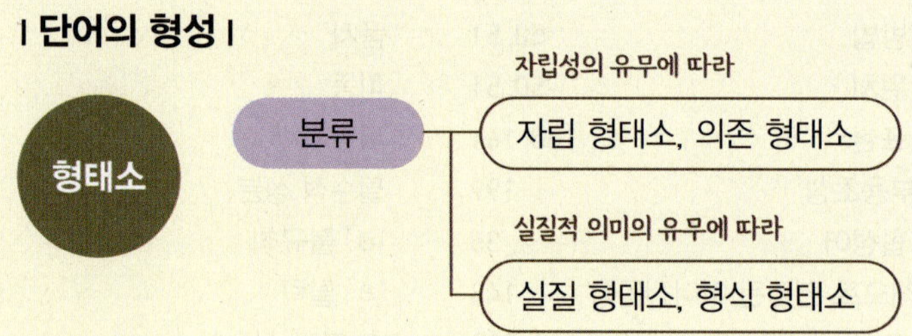

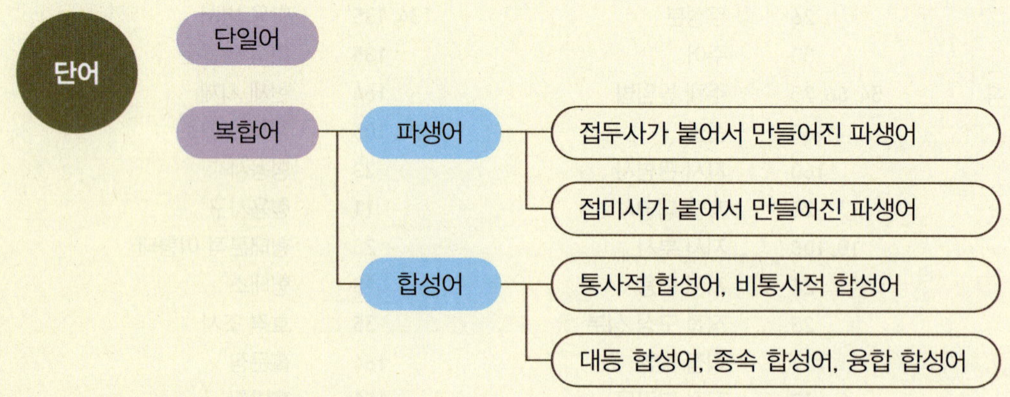

I
단어

01 단어의 분류 / 체언

단어의 특성

1. 모든 단어는 띄어 쓰임을 원칙으로 하지만 조사는 앞말에 붙여 쓴다.
   - 예 나무가 → 두 단어
     다섯이네 → 두 단어
     알겠니 → 한 단어

2. 한 단어에서 다른 품사의 단어가 파생되기도 한다.
   - 예 서술어로 쓰인 형용사 '높다'에서 파생한 단어
     - 높이(부사): 용언 '자란'을 수식함.
     - 높이(명사): 조사와 결합할 수 있음.

3. 동일한 형태가 다른 품사로 쓰이기도 한다.(품사 통용)
   - 예 '다섯이네'의 다섯 → 수사
     '다섯 그루'의 다섯 → (수) 관형사

4. 형태가 바뀌는 단어도 있다.
   - 예 자란 → 동사 '자라다'의 활용형
     이네 → 서술격 조사 '이다'의 활용형
     알겠니 → 동사 '알다'의 활용형

품사 분류의 기준

형태	단어의 형태가 변하는가?
기능	단어가 문장 안에서 어떤 기능을 하는가?
의미	단어가 어떤 의미 특성을 지니고 있는가?

단어의 분류

❶ 단어 單 홑 단, 語 말씀 어

- 단어란 뜻을 지니고 홀로 쓰일 수 있는 말이다.
- 조사는 홀로 쓰일 수 없지만, 앞말에 쉽게 결합하고 분리될 수 있다는 점에서 단어로 분류한다.

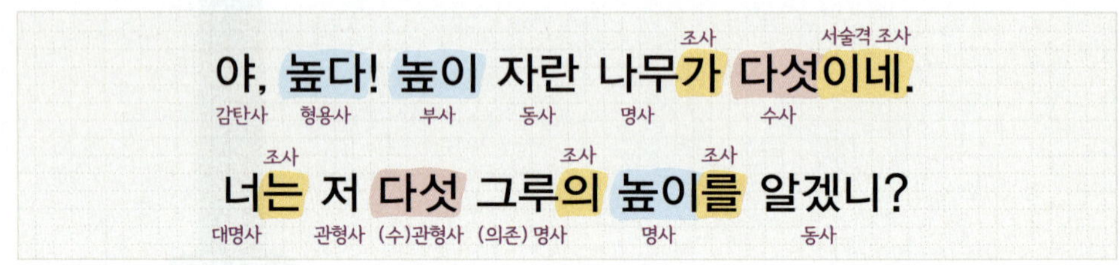

❷ 품사 品 물건 품, 詞 말씀 사

- 품사란 단어를 형태·기능·의미에 따라 분류한 갈래이다.
- 국어의 품사는 의미에 따라 분류하였을 때 9품사로 나뉜다.

형태상 분류	불변어							가변어	
기능상 분류	체언			수식언		독립언	관계언	용언	
의미상 분류	명사	대명사	수사	관형사	부사	감탄사	조사	동사	형용사

조사 중 서술격 조사 '이다'는 활용을 하는 가변어에 해당함.

체언 體 몸 체, 言 말씀 언

- 문장에서 몸통의 기능을 하는 단어로, 주로 주어, 목적어, 보어 등으로 쓰인다.
- 격 조사의 결합으로 문장에서의 기능이 정해진다.

❶ 명사 名 이름 명, 詞 말씀 사 : 사물, 사람, 장소 등의 구체적인 대상의 이름을 나타내는 말

보통 명사	여러 대상을 두루 이르는 명사	사람, 학생, 책, 가방, 학교, 운동장
고유 명사	특정 대상을 구별하여 이르는 명사	백범, 안중근, 백두산, 한강, 서울

자립 명사	혼자 자립하여 쓰이는 명사	모든 고유 명사와 대부분의 보통 명사
의존 명사	앞에 꾸며 주는 말(관형어)의 도움을 받아야 하는 명사	것, 수, 리, 뿐, 따름, 명

먹을 밥이 없다. → 밥이 없다.(○)

관형어 '먹을'의 수식이 없어도 됨. ∴ 밥 = 자립 명사

먹을 것이 없다. → 것이 없다.(×)

관형어 '먹을'의 수식이 있어야 함. ∴ 것 = 의존 명사

1. 관형어의 수식을 받는 의존 명사
   ① 보편성 의존 명사 : 여러 문장 성분으로 두루 쓰이는 의존 명사 – 것, 데, 바 등
   예 먹을 것이 없다.(주어) / 먹을 것을 구하다.(목적어) / 먹을 것의 일부이다.(관형어) / 먹을 것에 약하다.(부사어) / 내가 먹을 것이다.(서술어)
   ② 주어성 의존 명사 : 주로 주어에 쓰이는 의존 명사 – 나위, 리, 수, 지 등
   예 더할 나위가 없다.(주어) / 그럴 리가 없다.(주어)
   ③ 서술성 의존 명사 : 주로 서술어에 쓰이는 의존 명사 – 따름, 뿐, 터 등
   예 꾸준히 공부할 따름이다.(서술어) / 내 실력만 믿을 뿐이다.(서술어)

2. 체언 뒤에 주로 사용되는 의존 명사 – 따위, 때문 등
   예 너 때문에 정말 힘들었다.

3. 수효나 분량 따위의 단위를 나타내는 의존 명사 – 개, 대, 마리, 벌, 자루, 원, 명, 분 등
   예 사과 한 개만 주세요. / 가격은 천 원인가요? / 손님이 몇 분 오셨죠?

❷ 대명사 代 대신할 대, 名 이름 명, 詞 말씀 사 : 명사를 대신하여 가리키는 말

지시 대명사	사물이나 장소를 가리키는 대명사	사물		이, 그, 저, 이것, 그것, 저것, 무엇(미지칭, 부정칭)
		장소(처소)		여기, 거기, 저기, 이곳, 그곳, 저곳, 어디(미지칭, 부정칭)
인칭 대명사	사람을 가리키는 대명사	1인칭		나, 우리, 저/제, 저희, 본인(本人), 소인(小人), 소자(小子), 짐(朕)(임금이 자신을 가리키는 말)
		2인칭		너, 너희, 당신, 그대, 자네, 여러분, 댁, 귀하
		3인칭		그, 그녀, 이자, 그자, 저자, 이이, 그이, 저이, 이분, 그분, 저분, 저들
		3인칭	미지칭	대상을 모르는 경우 – 누구
			부정칭	불특정한 대상을 가리키는 경우 – 누구, 아무, 아무개
			재귀칭	앞에 나온 명사를 다시 가리키는 경우 – 자기, 저, 제, 저희, 당신('자기'를 아주 높여 이르는 말)

❸ 수사 數 셀 수, 詞 말씀 사 : 사물의 수량이나 순서를 나타내는 말

양수사	사물의 수량을 나타내는 수사	하나, 둘, 셋, 일(一), 이(二), 삼(三)
서수사	사물의 순서를 나타내는 수사	첫째, 둘째, 셋째, 제일(第一), 제이(第二), 제삼(第三)

1 〈보기〉의 문장에 사용된 단어 중, 가변어가 <u>아닌</u> 것은?

> • 보기 •
> 높은 하늘을 나는 새들은 어디로 가는 것일까?

① 높은 ② 나는 ③ 어디
④ 가는 ⑤ 일까

2 〈보기〉를 바탕으로 할 때, 밑줄 친 단어가 수사인 것은?

> • 보기 •
> 수량이나 순서를 나타내는 말은 수사이지만, 이것이 사람을 가리키는 경우 명사로 쓰이기도 한다. 또 날짜와 시간의 이름을 나타내는 말이나, 특정 시점을 말할 뿐 수효를 셀 수 없는 말은 명사이다.

① <u>처음</u>이라서 일이 서툴다.
② 학생 <u>하나</u>가 손을 들었다.
③ <u>보름</u> 동안 여행을 다녀왔다.
④ 그는 이미 <u>하루</u> 전에 떠났다.
⑤ <u>첫째</u>가 올해 대학에 들어갔다.

3 밑줄 친 단어 중, 체언이 <u>아닌</u> 것은?

① <u>댁</u>에게 하고 싶은 말이 있소.
② <u>모든</u> 일이 당신의 책임입니다.
③ 그는 <u>자기</u> 뜻을 굽히지 않았다.
④ 나도 <u>거기</u>까지는 생각하지 못했다.
⑤ 생각할 <u>나위</u> 없이 지금 결정하겠소.

4 대명사의 구분이 적절하지 <u>않은</u> 것은?

① <u>언제</u> 올 거니? – 미지칭 대명사
② <u>언제</u>든 오너라. – 부정칭 대명사
③ <u>무엇</u>이라도 먹어야겠다. – 미지칭 대명사
④ <u>어디</u>나 다 정들면 고향이다. – 부정칭 대명사
⑤ 실례지만 <u>어디</u>서 오셨습니까? – 미지칭 대명사

품사 분류 기준
2013학년도 3월 고3 학력
평가 A형

1 〈보기〉의 품사 분류 기준에 따라 예문의 단어를 분류해 보았다. 적용한 기준에 따른 분류로 알맞은 것은?

> • 보기 •
> □ **품사 분류 기준**
> • 형태에 따라 : 가변어, 불변어
> • 기능에 따라 : 체언, 용언, 관계언, 수식언, 독립언
> • 의미에 따라 : 명사, 대명사, 수사, 동사, 형용사, 관형사, 부사, 감탄사, 조사
>
> □ **예문**
> • 호수가 깊다.
> • 강의 깊이는 누구도 모른다.

	기준	분류　　　　　　　　　　(※‖는 분류의 경계를 표시함.)
①	형태	깊다, 깊이 ‖ 호수, 가, 강, 의, 는, 누구, 도, 모르다
②	기능	깊다, 모르다 ‖ 호수, 강, 깊이 ‖ 누구 ‖ 가, 의 는, 도
③	기능	깊다, 모르다 ‖ 호수, 강, 깊이, 누구 ‖ 가, 의, 는, 도
④	의미	깊다, 깊이 ‖ 모르다 ‖ 호수, 강 ‖ 누구 ‖ 가, 의, 는, 도
⑤	의미	깊다 ‖ 깊이 ‖ 모르다 ‖ 호수 ‖ 강 ‖ 누구 ‖ 가 ‖ 의 ‖ 는 ‖ 도

2 ㉠~㉣ 중 〈보기〉의 '바'에 해당하는 것만을 고른 것은?

의존 명사의 제약
2023학년도 10월 고3 학력
평가 변형

> 어떤 말의 앞이나 뒤에 다른 말이 올 수 있는 말들의 관계를 결합 관계라 한다. 현대 국어의 의존 명사와 결합하는 선행 요소의 유형에는 관형사, 체언, 체언에 관형격 조사가 붙은 것, 용언의 관형사형 등이 있다. 의존 명사 중에는 ㉠다양한 유형의 선행 요소와 결합하는 것도 있으나, 그렇지 않은 것도 있다. 즉 '것'과 같이 '어느 것, 언니 것, 생각한 것' 등 다양한 유형의 선행 요소와 두루 결합하는 의존 명사가 있는 반면, '가 본 데'의 '데'나, '요리할 줄'의 '줄'과 같이 ㉡선행 요소로 용언의 관형사형과만 결합하는 의존 명사도 있다.
>
> 의존 명사와 결합하는 후행 요소로는 격 조사와 용언 등이 있다. 의존 명사 중에는 ㉢다양한 격 조사와 결합하여 여러 문장 성분으로 쓰이는 것도 있으나, ㉣특정 격 조사와만 결합하는 것도 있다. 예를 들어, '데'는 다양한 격 조사와 결합하여 여러 문장 성분으로 두루 쓰이지만, '만난 지(가) 오래되었다'의 '지'는 주격 조사와만 결합하여 주어로 쓰인다. '요리할 줄(을) 몰랐다', '그런 줄(로) 알았다'의 '줄'은 주로 목적격 조사나 부사격 조사와 결합하여 목적어나 부사어로 쓰이고 주어로는 쓰이지 않는다. 또한 '뿐'은 '읽을 뿐이다'처럼 서술격 조사 '이다'와 결합하거나 '그럴 뿐(이) 아니라'처럼 보격 조사와만 결합하여 쓰인다. 한편 의존 명사가 용언과 결합할 때는 ㉤다양한 용언과 결합하여 쓰일 수 있는 것과 ㉥특정 용언과만 결합하는 것이 있다. 예를 들어, '것'은 다양한 용언과 두루 결합하지만, '줄'은 주로 '알다, 모르다'와 결합한다.

─────● 보기 ●─────

의존 명사 '바'

◦ 우리가 나아갈 바를 밝혔다.
◦ 그것은 *그/*생각의 바와 다르다.
◦ 그가 우리 사회에 공헌한 바가 크다.
◦ 이것이 우리가 생각한 바이다.
◦ 그것에 대해 내가 아는 바가 없다.

※ '*'는 어법에 맞지 않음을 나타냄.

① ㉠, ㉢, ㉤ ② ㉠, ㉣, ㉥ ③ ㉡, ㉢, ㉤
④ ㉡, ㉣, ㉤ ⑤ ㉡, ㉣, ㉥

3 〈보기〉의 ㉠~㉤에 대한 설명으로 적절하지 <u>않은</u> 것은?

지시 대명사와 인칭 대명사
2014학년도 수능 A, B형

─────● 보기 ●─────

선생님: 안녕? 어, 손에 들고 있는 그거 뭐니?
학생: 네, 중생대 공룡에 관한 책이에요. 할아버지께서는 제 생일마다 책들을 사 주셨는데, ㉠이것도 ㉡그것 중 하나예요. 해마다 할아버지께서는 ㉢당신 손으로 직접 골라 주신답니다.
선생님: 그렇구나. ㉣우리 집 아이들도 공룡 책을 참 좋아하지. 우리 아이들은 ㉤저희들끼리 책을 고르려고 아옹다옹한단다.

① ㉠은 대화 상황에서 눈에 보이는 대상, 곧 학생이 들고 있는 책을 가리킨다.
② ㉡은 앞서 언급한 대상, 곧 할아버지께서 사 주신 책들을 가리킨다.
③ ㉢은 3인칭으로 사용되고 있다.
④ ㉣은 청자를 포함하지 않는다.
⑤ ㉤은 1인칭으로 사용되고 있다.

 02 관계언

◉ 조사의 특징

1. 홀로 쓰이지 못하지만 앞말에서 쉽게 분리할 수 있으므로 단어로 분류한다.

2. 서술격 조사 '이다' 외에는 형태가 변하지 않는 불변어이다.

3. 주로 체언에 결합하지만, 보조사는 용언의 어미나 부사에 결합하기도 한다.
   예 • 먹기는 한다. → 용언의 명사형 어미 '-기' + 보조사 '는'
   • 잘도 뛴다. → 부사 '잘'+보조사 '도'

4. 여러 개의 조사가 함께 결합하기도 한다.
   예 너에게만은(에게+만+은) 비밀을 이야기할게. → 격 조사 '에게' + 보조사 '만' + 보조사 '은'

◉ 서술격 조사 '이다'의 특징

1. 문장 안에서의 쓰임에 따라 형태가 바뀐다.
   예 민주는 학생이다. / 민주는 학생이니? / 민주는 학생이구나!

2. 앞말이 모음으로 끝날 때는 '이'가 생략될 수 있다.
   예 민지는 배구 선수(이)다.

관계언 關 관계할 관, 係 맬 계, 言 말씀 언

주로 체언 뒤에 붙어 다양한 역할을 하는 단어로, 관계언에 속하는 품사는 '조사'뿐이다.

① 조사 助 도울 조, 詞 말씀 사

• 앞말에 붙어 다른 말과의 문법적 관계를 나타내거나 특별한 의미를 더해 주는 말이다.
• 격 조사, 접속 조사, 보조사로 나뉜다.

(1) 격 조사: 앞에 오는 체언이 문장 안에서 일정한 자격(문장 성분)을 갖게 해 주는 조사

주격 조사 (이/가, 께서, 에서)	앞의 체언이 현상이나 행위의 주체가 되게 함.	예 날이 흐리다. / 선생님께서 학생들을 부르신다.(→ 높임의 대상 뒤) / 학교에서 체육 대회를 취소했다.(→ 단체 명사 뒤)
목적격 조사 (을/를)	앞의 체언이 행위의 대상이 되게 함.	예 학생들이 공부를 한다.
보격 조사 (이/가)	'되다, 아니다' 앞에서 불완전한 의미를 보충하게 함.	예 누가 회장이 되었니? / 그것이 문제가 아니야.
서술격 조사 (이다)	체언을 문장의 서술어가 되게 하며, 문장 속에서 활용을 함.	예 상유는 고등학생이니? / 네, 올해 1학년입니다.
관형격 조사 (의)	체언을 관형어가 되게 함.	예 서윤이의 연필을 빌렸다.
부사격 조사 (에, 에게, 한테, …)	체언을 부사어가 되게 함.	예 상헌이는 집에 갔다.
호격 조사 (아/야, (이)여)	체언을 부름의 자리에 놓이게 하여 독립어가 되게 함.	예 서안아! / 서희야! / 그대여.

학교에서 운동회를 개최하였다.
주격 조사('학교가'의 의미)　목적격 조사

학교에서 운동회가 개최되었다.
부사격 조사(처소의 의미)　주격 조사

돋보기　**부사격 조사의 종류**

처소	에, 에서	예 언덕 위에 집을 짓다. / 아침에 도서관에서 만나.
방향	에, (으)로	예 지금 학교에 간다. / 어디로 갈까요?
출발점	에서, 에게서	예 집에서 몇 시에 출발해? / 누구에게서 나온 이야기니?
대상	에게, 한테(구어적)	예 언니에게 소식을 알리다. / 이것은 너한테 주는 선물이야.
원인	에, (으)로	예 바람에 꽃이 지다. / 겨우내 감기로 고생했다.
자격	(으)로, (으)로서	예 그는 동아리 회장으로 있다. / 그것은 학생으로서 할 일이 아니다.
수단	에, (으)로, (으)로써	예 햇볕에 옷을 말렸다. / 대화로써 갈등을 풀 수 있을까?
유사	처럼, 만큼	예 아이처럼 순진하다. / 집을 대궐만큼 크게 짓다.
비교	보다, 와/과, (이)랑	예 내가 너보다 크다. / 나는 그와 다르니까 조심해.

(2) 접속 조사: 두 단어를 같은 자격으로 이어 주는 조사

와/과, (이)며, (이)랑, 하고	둘 이상의 사물을 같은 자격으로 이어 줌. '(이)랑, 하고'는 대화할 때 많이 씀. 예 떡과 과일을 준비했다. / 떡이며 과일이며 가득했다. / 떡이랑 과일이랑 다 먹었다.
(이)나	나열되는 사물 중 하나만 선택됨을 뜻함. 예 짜장면이나 짬뽕을 주문해라.

철수와 민수가 보였다.

접속 조사 - 대등한 자격으로 이어 줌.

영희가 영수와 만났다.

부사격 조사 - 상대로 하는 대상임을 나타냄.

(3) 보조사: 앞말에 특별한 의미를 더해 주는 조사

→ 체언이나 용언의 활용 어미, 부사, 다른 조사 등 다양한 위치에 결합할 수 있다.

은/는	화제, 대조, 강조 → 주격 조사가 아님. 예 오늘은 금요일이다.(화제) / 인생은 짧고 예술은 길다.(대조) / 가끔은 쉬어라.(강조)
만, 뿐	단독, 한정, 강조 예 믿을 것은 실력뿐이다.(단독) / 그녀는 웃기만 하고 말이 없었다.(한정) / 그를 만나야만 문제가 해결된다.(강조)
도	더함, 아우름, 양보 예 눈도 코도 다 예쁘다.(아우름) / 찬밥도 좋습니다.(양보)
까지	더함, 범위의 끝, 극단적인 경우 예 비까지 내리다니.(더함) / 서울에서 부산까지 가다.(범위의 끝) / 이렇게까지 할 필요는 없다.(극단적인 경우)
조차	더함 예 그렇게 공부만 하던 철수조차 시험에 떨어졌다.
밖에	그것 말고는, 그것 이외에는 예 영희는 공부밖에 모르는 학생이다.
부터	시작(흔히 '까지'와 짝을 이룸.) 예 처음부터 끝까지 말썽이다.
마다	낱낱이 모두 예 사람마다 성격이 다르다.
대로	달라짐이 없음, 따로따로 구별됨. 예 법대로 해라.(달라짐이 없음.) / 큰 것은 큰 것대로 모아라.(따로따로 구별됨.)
(이)나	마음에 차지 않는 선택, 강조와 놀람, 어느 것도 상관없음. → 둘 중 하나를 의미하는 접속 조사 '(이)나'와 쓰임이 다름. 예 그것이나 가져라.(마음에 차지 않는 선택) / 벌써 반이나 끝났다.(강조와 놀람) / 문학이나 음악이나 모두 소질이 있다.(어느 것도 상관없음.)
(이)라도	차선의 선택, 마찬가지 예 커피라도 마시죠.(차선의 선택) / 어린애라도 할 수 있다.(마찬가지)
커녕	부정 예 밥커녕 죽도 못 먹는다. / 그는 돕기는커녕 방해만 했다..(→보조사 '는'과 '커녕'의 결합)
요	존대 예 잠이 안 오는걸요. / 마음은요, 더없이 좋아요.

키가 크다.   **키는 크다.**

격 조사 - 주어가 되게 함.   보조사 - 대조의 의미

키만 크다.   **키도 크다.**

보조사 - 한정의 의미   보조사 - 더함의 의미

1 밑줄 친 조사 중, 격 조사에 해당하는 것은?

① 나는 고양이<u>와</u> 개를 좋아한다.
② 이것은 언니<u>한테</u> 보낼 물건이다.
③ 나를 알아주는 사람은 너<u>밖에</u> 없다.
④ 나는 거칠 것 없는 바다<u>의</u> 사나이다.
⑤ 우리가 할 수 있는 데<u>까지</u> 해 봅시다.

2 밑줄 친 조사 중, 〈보기〉의 ㉮에 해당하는 것은?

> ─● 보기 ●─
>
> 일반적으로 조사는 대화 상황에서 생략되는 경우가 많지만, ㉮생략하기 어려운 조사도 있다.

① 수지<u>가</u> 언제 왔니?
② 철수는 어디<u>로</u> 가니?
③ 영수가 그녀<u>와</u> 헤어졌다.
④ 미희는 너<u>를</u> 정말 좋아해.
⑤ 나는 민주<u>의</u> 노래가 좋다.

3 밑줄 친 조사 중, 주격 조사가 <u>아닌</u> 것은?

① 고래는 물고기<u>가</u> 아니다.
② 진수와 영희<u>가</u> 결혼했다.
③ 오늘은 기온<u>이</u> 더 올라갔다.
④ 선생님<u>께서</u> 숙제를 내 주셨다.
⑤ 정부<u>에서</u> 조사 결과를 발표하였다.

4 〈보기〉를 바탕으로 할 때, 밑줄 친 조사가 접속 조사인 것은?

> ─● 보기 ●─
>
> 접속 조사 '(이)나'가 둘 이상의 사물을 같은 자격으로 이어 주는 것과 달리, 보조사 '(이)나'는 강조, 마음에 차지 않는 선택, 어느 것도 상관없음 등을 의미한다.

① 사람들이 백 명<u>이나</u> 모였다고?
② 너희들은 과일<u>이나</u> 먹도록 해라.
③ 산<u>이나</u> 들이나 사람들로 만원이다.
④ 그는 축구<u>나</u> 야구나 모두 소질이 있다.
⑤ 바자회 물품으로 책<u>이나</u> 옷을 받고 있다.

조사의 기능과 특성
2014학년도 6월 고1 학력
평가

1 〈보기〉를 바탕으로 '조사'의 특징을 이끌어낸 것으로 적절하지 <u>않은</u> 것은?

> ─● 보기 ●─
>
> ㄱ. 동생<u>이</u> 책<u>을</u> 읽는다. / 여기<u>가</u> 천국<u>이다</u>.
> ㄴ. 엄마<u>와</u> 나는 영화를 보았다. / 나<u>랑</u> 동생은 학교로 갔다.
> ㄷ. 오늘은 물<u>만</u> 마셨다. / 오늘은 물<u>도</u> 마셨다.
> ㄹ. 꽃이 예쁘게<u>도</u> 피어 있다. / 천천히<u>만</u> 가거라.
> ㅁ. 이것<u>이</u> 좋다. / 이것 좋다. / 이것<u>만으로도</u> 좋다.

① ㄱ: 앞의 체언이 문장에서 일정한 자격을 갖도록 해 준다.
② ㄴ: 두 체언을 같은 자격으로 이어 준다.
③ ㄷ: 앞의 체언을 다른 품사로 만들어 준다.
④ ㄹ: 체언 이외의 용언이나 부사 뒤에 붙어 쓰이기도 한다.
⑤ ㅁ: 생략하거나 둘 이상 겹쳐 쓰이기도 한다.

2 〈보기 1〉은 '~에서'에 대한 뜻풀이의 일부이다. 〈보기 2〉에서 각각에 해당하는 용례를 찾아 바르게 배열한 것은?

부사격 조사의 기능
2007학년도 4월 고3 학력평가

● 보기 1 ●

○ 앞말이 근거의 뜻을 갖는 부사어임을 나타내는 격 조사
○ 체언 뒤에 붙어 앞말이 행동이 이루어지고 있는 처소의 부사어임을 나타내는 격 조사
○ 앞말이 비교의 기준이 되는 점의 뜻을 갖는 부사어임을 나타내는 격 조사

● 보기 2 ●

ⓐ 고마운 마음에서 드리는 말씀입니다.
ⓑ 어느 학교 동창회에서 있었던 일이다.
ⓒ 우리는 아침에 도서관에서 만나기로 하였다.
ⓓ 그저 조그마한 보탬이라도 되고자 하는 뜻에서 행한 일이다.
ⓔ 죽은 부모가 살아 돌아온들 이에서 더 기쁘지는 않을 것이다.

	㉠	㉡	㉢
①	ⓐ, ⓑ	ⓒ	ⓓ, ⓔ
②	ⓐ, ⓒ	ⓑ, ⓔ	ⓓ
③	ⓐ, ⓓ	ⓑ, ⓒ	ⓔ
④	ⓑ, ⓒ	ⓓ, ⓔ	ⓐ
⑤	ⓓ, ⓔ	ⓐ	ⓑ, ⓒ

3 〈보기 1〉을 바탕으로 〈보기 2〉에 대해 탐구한 내용 중, 바르지 <u>않은</u> 것은?

격 조사와 보조사의 구분
2007학년도 7월 고3 학력평가

● 보기 1 ●

○ **격 조사**: 문장 속에서 체언이 서술어나 다른 체언과 가지는 관계를 표시해 주는 조사
○ **보조사**: 체언이나 부사 등의 뒤에 결합하여 특수한 뜻을 더해 주는 조사
　　　　특히, '은/는'은 다음과 같은 뜻을 더해 줌.
　　　　1. 어떤 대상이 다른 것과 대조됨을 나타냄.
　　　　2. 문장 속에서 어떤 대상이 화제임을 나타냄.
　　　　3. 강조의 뜻을 나타냄.

● 보기 2 ●

(가) 그 아이들은 밥 먹을 때 김치는 꼭 찾는다.
(나) 영수는 수학은 잘하지만 국어는 잘하지 못한다.
(다) 놀러 가더라도 멀리는 가지 마라.

① (가)의 '은'은 격 조사가 놓이는 자리에 쓰였군.
② (나)의 '국어는'의 '는'은 대조의 뜻을 나타내는군.
③ (다)의 '는'은 격 조사로 바꿀 수도 있겠군.
④ (다)의 '는'은 강조의 뜻을 더해 준다고 할 수 있군.
⑤ '은/는'은 그 앞의 말에 받침이 있는지의 여부에 따라 선택되는군.

03 용언

동사와 형용사의 품사 통용

동일한 단어가 동사와 형용사로 두루 쓰이기도 함.

늦다

동사	약속 시간에 늦는다.
형용사	발걸음이 늦다.

밝다

동사	새벽이 밝아 온다.
형용사	햇살이 밝다.

있다

동사	여기 있어라.
형용사	날지 못하는 새도 있다.

크다

동사	나무가 잘 크지 못한다.
형용사	지원이는 키가 크다.

용언 　用 쓸 용, 言 말씀 언

- 문장에서 주로 서술어의 기능을 하는 단어로, 형태가 변하는 가변어이다.
- 어간에 어미 '-다'가 붙은 형태를 기본형으로 하며, 문장에서의 쓰임에 따라 다양한 어미를 취한다. 이처럼 어간에 어미가 결합하는 것을 '활용'이라 한다.

① 동사 動 움직일 동, 詞 말씀 사 : 사람이나 사물의 동작이나 작용을 나타내는 말

자동사	움직임이 주어에만 관련되는 동사(→ 목적어가 필요 없음.) 예 그가 웃는다.
타동사	움직임이 다른 대상에 미치는 동사(→ 목적어가 필요함.) 예 그가 책을 본다.

능동사	주어가 제힘으로 행하는 동작을 나타내는 동사 예 모기가 아이를 물었다.
피동사	남의 행동을 입어서 행하여지는 동작을 나타내는 동사 예 아이가 모기에게 물렸다.

주동사	문장의 주체가 스스로 행하는 동작을 나타내는 동사 예 아이가 밥을 먹었다.
사동사	문장의 주체가 남에게 그 행동이나 동작을 하게 함을 나타내는 동사 예 엄마가 아이에게 밥을 먹였다.

② 형용사 形 형상 형, 容 얼굴 용, 詞 말씀 사 : 사람이나 사물의 성질이나 상태를 나타내는 말

성상 형용사	성질이나 상태를 구체적으로 나타내는 형용사(→ 대부분의 형용사) 예 예쁘다, 크다, 작다, 좋다, 싫다, 부드럽다, 거칠다
지시 형용사	사물의 성질이 어떠함을 형식적으로 나타내는 형용사(→ 앞에 나온 형용사를 가리키기도 함.) 예 이러하다(이렇다), 그러하다(그렇다), 저러하다(저렇다), 어떠하다(어떻다)

③ 동사와 형용사의 구분

- 동사는 주로 움직임을 나타내고, 형용사는 성질과 상태를 나타낸다.
- 특정 어미와 결합하는 활용이 가능하면 동사, 활용이 불가능하면 형용사이다.

동사만 결합할 수 있는 어미		동사	형용사
현재 시제 선어말 어미	'-ㄴ-/-는-'	간다(가-+-ㄴ-+-다) 먹는다(먹-+-는-+-다)	*예쁜다(예쁘-+-ㄴ-+-다) *작는다(작-+-는-+-다)
관형사형 전성 어미	'-는'	가는 사람	*예쁘는 사람
명령형 종결 어미	'-아라/-어라'	어서 먹어라	*어서 작아라
청유형 종결 어미	'-자'	어서 가자	*어서 예쁘자
목적·의도의 연결 어미	'-(으)려/-(으)려'	먹으려 간다 / 가려 한다	*작으려 간다 / *예쁘려 한다

※ '*'는 비문(문법에 어긋난 표현)임을 나타냄.

학교에 (**있는**다고 한다 / **있어라** / **있자**).
어느 곳에 머문다는 의미의 동사 '있다' → 현재형, 명령형, 청유형의 표현이 가능함.

신이 (*있는다고 한다 / *있어라 / *있자).
실제로 존재하는 상태를 의미하는 형용사 '있다' → 현재형, 명령형, 청유형의 표현이 불가능함.

주의해야 할 형용사의 쓰임

형용사에는 명령형 어미와 청유형 어미가 결합할 수 없음.

→ 보조 용언이나 겹문장의 형태를 이용하여 명령과 청유의 의미를 표현해야 함.

건강하다

건강하십시오(×) / 건강하세요(×) / 건강하자(×)

→ 건강하시기 바랍니다(○) / 건강하게 지내세요(○) / 건강하게 지내자(○)

행복하다

행복하십시오(×) / 행복해라(×) / 행복하자(×)

→ 행복하시기 바랍니다(○) / 행복하게 지내라(살아라)(○) / 행복하게 지내자(살자)(○)

❹ 어간과 어미

- **어간** 語 말씀 어. 幹 줄기 간 : 용언이 활용할 때 변하지 않는 부분
- **어미** 語 말씀 어. 尾 꼬리 미 : 용언이 활용할 때 변하는 부분

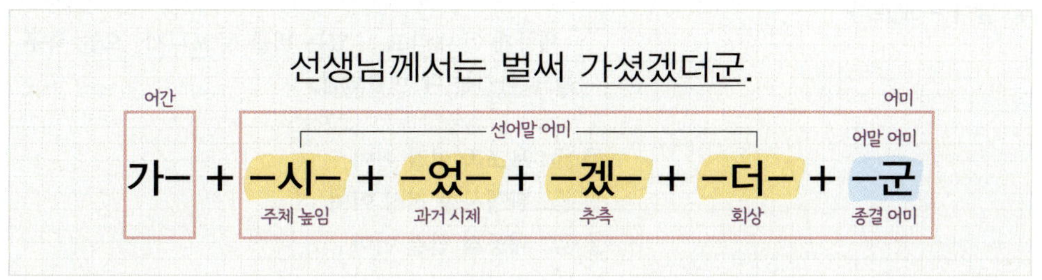

① 선어말 어미

주체 높임		−(으)시−	📌 아버지께서 오시었다. 내 손을 꼭 잡으시었다.
시제	과거	−았−/−었−, −더−	📌 어머니께 선물을 받았다. 꿈자리가 좋더니.
	현재	−ㄴ−/−는−	📌 돈은 내가 낸다. 정말 많이도 먹는다.
	미래	−겠−	📌 잠시 후 대통령 내외분이 식장으로 입장하시겠습니다.
다양한 용법		−겠−	📌 벌써 끝났겠다.(추측) / 꼭 선생님이 되겠다.(의지) / 그건 삼척동자도 알겠다.(가능성) / 들어가도 되겠습니까?(완곡한 표현)

② 어말 어미

종결 어미 (문장의 끝에 쓰임.)	평서형	−ㄴ다/는다(→ 동사), −다(→ 형용사), −ㅂ니다, …	📌 • 민지가 간다. 현지는 먹는다. • 수지는 예쁘다. 꽃보다 예쁩니다.
	의문형	−니, −(느)냐, −ㅂ니까, …	📌 집에 가니? / 학교에 가느냐? / 꽃이 예쁩니까?
	명령형	−아라/−어라, −ㅂ시오, …	📌 빨리 잡아라. / 어서 먹어라. / 그만 가십시오.
	청유형	−자, −ㅂ시다, …	📌 어서 먹자. / 그만 갑시다.
	감탄형	−구나, −군, …	📌 꽃이 예쁘구나. 민희도 예쁘군.
연결 어미 (문장의 중간에 쓰임.)	대등적	−고, −며, −나, −지만, …	📌 • 사람들이 가고 온다.(나열) • 인생은 짧지만 예술은 길다.(대조)
	종속적	−면, −니, −아서/−어서, …	📌 • 눈이 오면 길이 막힌다.(조건) • 바람이 불어서 날이 춥다.(원인)
	보조적	−아/−어, −게, −지, −고	📌 먹어 버리다. 먹게 되다. 먹지 않다. 먹고 싶다.
전성 어미 (단어의 성질을 전환시킴.)	명사형	−(으)ㅁ, −기	📌 책을 잘 읽음. / 책 읽기를 좋아함.
	관형사형	−(으)ㄴ, −는, −(으)ㄹ, −던	📌 어제 읽은 책(과거), 지금 읽는 책(현재), 내일 읽을 책(미래), 어렸을 때 읽던 책(중단된 과거)
	부사형	−게, −도록, …	📌 책을 빠르게 읽다. / 책이 뚫어지도록 보다.

> **🔍 돋보기   본용언과 보조 용언**
>
> 1. **본용언**: 실질적인 뜻을 지닌 용언으로, 단독으로 서술어가 될 수 있음. 📌 빵을 먹었다.
>
> 2. **보조 용언**: 다른 용언 뒤에 붙어 의미를 더해 주는 용언으로, 두 개 이상의 용언이 서술어의 역할을 하게 됨. '본용언 어간＋보조적 연결 어미＋보조 용언'의 구성으로 실현됨.
> 📌 빵을 먹어 버렸다.(완료), 빵을 넣어 두었다.(보유), 빵을 먹어 볼까?(시도), 빵을 먹게 됐다.(피동), 빵을 먹게 했다.(사동), 빵을 먹지 않다.(부정), 빵을 먹고 있다.(진행), 빵을 먹고 싶다.(희망)

Q 어간과 어미에는 왜 붙임표(−)를 쓰나요?

A 용언을 구성하는 어간과 어미는 단독으로 쓰이지 않고, 서로 결합하여 사용되기 때문이에요.

서술형 문제에서 어간과 어미를 쓸 때 붙임표에 유의해야 완벽한 만점을 받을 수 있겠죠?

📌 용언 '가신다'를 분석하는 방법
→ '가—＋−시−＋−ㄴ−＋−다'

- 어간은 뒤에 어미가 결합될 자리를 '−'로 표시한다. → '가—'
- 어미는 앞에 어간이 결합할 자리를 '−'로 표시한다. → '−다'
- 선어말 어미는 어간이나 다른 선어말 어미가 결합할 앞부분과, 다른 선어말 어미나 어말 어미가 결합할 뒷부분에 모두 '−'를 붙인다. → '−시−', '−ㄴ−'

Q 어미가 시험에 자주 나오나요?

A 한국어는 어미 결합 없이 문장이 성립되지 않습니다. 그만큼 어미가 중요한 것이지요.

특히 1학년 시험 범위인 높임 표현과 관련해, 주체 높임법과 상대 높임법은 선어말 어미와 종결 어미에 의해 실현됩니다. 그리고 시제는 선어말 어미와 관형사형 어미에 의해 실현되지요. 따라서 어미의 종류와 쓰임에 대한 기본 개념 이해는 내신 대비를 위해 꼭 필요합니다.

또 보조적 연결 어미의 결합에 의해 두 개 이상의 용언이 함께 서술어로 쓰이는 경우, 띄어쓰기와 관련된 문제가 출제됩니다. 우선은 본용언과 보조 용언의 개념부터 이해해 두세요.

1 단어의 짝이 서로 <u>다른</u> 품사로 묶인 것은?

① 웃다 – 울다 　② 좁다 – 넓다

③ 젊다 – 늙다 　④ 알다 – 모르다

⑤ 쉽다 – 어렵다

2 어간과 어미에 대한 설명으로 적절하지 <u>않은</u> 것은?

① 용언의 어간에 어미 '–다'가 결합한 것이 기본형이다.

② 하나의 어간에 여러 개의 어말 어미가 결합할 수 있다.

③ 선어말 어미는 어간이나 다른 선어말 어미의 뒤에 결합한다.

④ 종결 어미와 연결 어미는 같은 어간에 함께 결합하지 않는다.

⑤ 관형사형 전성 어미는 다른 전성 어미와 달리 시제를 구분한다.

3 〈보기〉의 ㉠~㉤에 사용된 어미가 적절하게 연결되지 <u>않은</u> 것은?

> ─────── • 보기 •
> 세차게 ㉠<u>내리고</u> ㉡<u>있는</u> 비를 ㉢<u>보니까</u>, 오늘 축구를 ㉣<u>하기</u>는 다 ㉤<u>틀렸군</u>.

① ㉠: 보조적 연결 어미

② ㉡: 관형사형 전성 어미

③ ㉢: 대등적 연결 어미

④ ㉣: 명사형 전성 어미

⑤ ㉤: 시제 선어말 어미, 감탄형 종결 어미

4 밑줄 친 단어가 보조 용언으로 사용되지 <u>않은</u> 것은?

① 드디어 청소를 끝내 <u>버렸다</u>.

② 친구들과 밥을 먹고 <u>놀았다</u>.

③ 무서워서 밤새 불을 켜 <u>두었다</u>.

④ 일단 쉬운 문제부터 풀어 <u>볼까</u>?

⑤ 지후는 도서관에서 공부하고 <u>있다</u>.

동사와 형용사의 구분
2014학년도 3월 고3 학력
평가 A형

1 〈보기〉의 ㉠을 설명할 수 있는 사례로 가장 적절한 것은?

> ─────── • 보기 •
> 동사는 움직임이나 작용을 나타내고, 형용사는 성질이나 상태를 나타낸다. 그런데 ㉠<u>하나의 단어가 하나 이상의 문법적 성질을 가지고 있어 동사와 형용사 두 가지로 사용되는 경우가 있다.</u> '밝다'의 경우, "달이 밝다."에서는 '환하다'의 의미로 쓰여 형용사가 되고 "날이 밝는다."에서는 '밤이 지나고 환해지다'의 의미로 쓰여 동사가 된다.

① ┌ 그녀의 속눈썹은 <u>길다</u>.
　└ <u>긴</u> 겨울방학이 끝났다.

② ┌ 나이보다 얼굴이 <u>젊다</u>.
　└ <u>젊은</u> 나이에 성공을 했다.

③ ┌ 봄바람이 <u>따뜻하다</u>.
　└ <u>따뜻한</u> 마음씨를 가져야 한다.

④ ┌ 나는 너에 대한 기대가 <u>크다</u>.
　└ 우리 아들은 키가 쑥쑥 <u>큰다</u>.

⑤ ┌ 외출하기에는 시간이 너무 <u>늦다</u>.
　└ 그는 <u>늦은</u> 나이에 대학에 진학했다.

2 〈보기〉의 ㉠~㉤에 쓰인 ⓐ, ⓑ에 대한 설명으로 옳지 <u>않은</u> 것은?

선어말 어미와 어말 어미
2017학년도 9월 모의평가

─ 보기 ─

　용언은 어간에 어미가 붙어 다양한 의미를 나타내며 활용된다. 어미는 ⓐ선어말 어미와 ⓑ어말 어미로 나뉜다. 어말 어미는 다시 종결 어미, 연결 어미, 전성 어미로 나뉜다. 용언의 활용형에서 선어말 어미는 없는 경우가 있어도 어말 어미는 반드시 있어야 한다.

㉠ 민수가 그 나무를 <u>심었구나</u>!
㉡ 저기서 <u>청소하는</u> 아이가 내 동생이야.
㉢ 그 친구가 설마 그 음식을 다 <u>먹었겠니</u>?
㉣ 그가 나에게 권한 책은 이미 <u>읽은</u> 책이다.
㉤ 주말에 바람은 <u>불겠지만</u> 비는 오지 않을 것이다.

① ㉠에는 과거 시제를 나타내는 '-었-'이 ⓐ로 쓰였고, 감탄형 종결 어미 '-구나'가 ⓑ로 쓰였다.
② ㉡에는 ⓐ는 없고 동사의 현재 시제를 나타내는 관형사형 전성 어미 '-는'이 ⓑ로 쓰였다.
③ ㉢에는 과거 시제를 나타내는 '-었-'과 주체의 의지를 나타내는 '-겠-'이 ⓐ로 쓰였고, 의문형 종결 어미 '-니'가 ⓑ로 쓰였다.
④ ㉣에는 ⓐ는 없고 동사의 과거 시제를 나타내는 관형사형 전성 어미 '-은'이 ⓑ로 쓰였다.
⑤ ㉤에는 추측의 의미를 나타내는 '-겠-'이 ⓐ로 쓰였고, 대등적 연결 어미 '-지만'이 ⓑ로 쓰였다.

3 〈보기 1〉을 참고하여 〈보기 2〉의 ⓐ~ⓔ를 분류하고자 한다. ㉠~㉢이 사용된 용언을 올바르게 짝지은 것은?

연결 어미의 기능과 종류
2014학년도 11월 고2 학력
평가 A, B형

─ 보기 1 ─

　㉠대등적 연결 어미와 ㉡종속적 연결 어미는 앞 문장과 뒷 문장을 연결해 주는 기능을 하고, ㉢보조적 연결 어미는 본용언에 보조 용언을 이어 주는 기능을 한다. 이때, 대등적 연결 어미는 두 문장을 '나열', '대조', '선택' 등의 의미 관계로 이어 주고, 종속적 연결 어미는 앞의 문장이 뒤의 문장의 '배경', '원인', '조건', '양보', '결과', '목적' 등의 의미를 가지도록 이어 준다.

─ 보기 2 ─

선생님: 안녕? 일찍 등교했구나.
학생: 네. 달리기 ⓐ연습하려고 일찍 왔어요. 체육 대회에 ⓑ출전하게 됐거든요.
선생님: 그래? 그러면 기록을 확인할 수 ⓒ있게 내가 좀 도와줄까?
학생: 정말요? 안 그래도 기록 측정을 해 줄 사람이 없어서 ⓓ고민하고 있었는데, 정말 감사합니다.
선생님: 고맙긴. 너처럼 ⓔ연습하고 준비하면 좋은 결과가 있을 거야. 그럼 초시계 가져올 테니, 잠깐 기다려.

	㉠	㉡	㉢			㉠	㉡	㉢
①	ⓑ	ⓐ, ⓔ	ⓒ, ⓓ		②	ⓓ	ⓐ, ⓒ	ⓑ, ⓔ
③	ⓓ	ⓑ, ⓒ	ⓐ, ⓔ		④	ⓔ	ⓐ, ⓒ	ⓑ, ⓓ
⑤	ⓔ	ⓒ, ⓓ	ⓐ, ⓑ					

◈ 어간이 'ㄷ, ㅂ, ㅅ'으로 끝나는 용언의 규칙 활용 사례

규칙 활용
• (싹이) 돋다: 돋-+-아 → 돋아
• (땅이) 굳다: 굳-+-어 → 굳어
• (길이) 좁다: 좁-+-아 → 좁아
• (고기를) 씹다: 씹-+-어 → 씹어
• (시간을) 빼앗다: 빼앗-+-아 → 빼앗아
• (옷을) 벗다: 벗-+-어 → 벗어

◈ 어간이 '르'로 끝나는 용언의 활용 비교

규칙 활용('ㅡ' 탈락)
• (집에) 들르다: 들르-+-어 → 들러
• (시험을) 치르다: 치르-+-어 → 치러
• (학교에) 다다르다: 다다르-+-아 → 다다라

'ㄹ' 불규칙 활용
• (예의가) 바르다: 바르-+-아 → 발라
• (생각이) 올바르다: 올바르-+-아 → 올발라

◈ 동음이의어 '이르다', '누르다'의 불규칙 활용 비교

(시간이) 이르다	
'르' 불규칙	이르-+-어 → 일러

(정상에) 이르다	
'러' 불규칙	이르-+-어 → 이르러

(벨을) 누르다	
'르' 불규칙	누르-+-어 → 눌러

(나뭇잎이) 누르다	
'러' 불규칙	누르-+-어 → 누르러

⑤ 용언의 활용

(1) 규칙 활용: 용언이 활용할 때, 어간과 어미의 형태 변화가 없거나 그 변화가 보편적 음운 규칙으로 설명할 수 있는 경우

① 어간과 어미의 형태가 변하지 않는 경우

> 어간에 어미 '-아/-어'와 '-니'를 결합시킬 때 어간이나 어미 모두 형태 변화가 없음.
> 예 막다: 막-+-아 → 막아, 막-+-니 → 막니 / 먹다: 먹-+-어 → 먹어, 먹-+-니 → 먹니

② 어간에서 'ㅡ' 또는 'ㄹ' 탈락이 일어나는 경우(→ 동일 조건에서 언제나 일어나는 규칙적인 변화)

'ㅡ' 탈락	어간의 끝소리 'ㅡ'가 '-아/-어'로 시작하는 어미 앞에서 탈락함. 예 담그다: 담그-+-아 → 담가 / 예쁘다: 예쁘-+-어 → 예뻐
'ㄹ' 탈락	어간의 끝소리 'ㄹ'이 어미 '-오'나 'ㄴ, ㅂ, ㅅ'으로 시작하는 어미 앞에서 탈락함. 예 (여기에) 살다: 살-+-오 → 사오, 살-+-ㄴ → 산, 살-+-는 → 사는, 살-+-니 → 사니, 살-+-ㅂ니다 → 삽니다, 살-+-시-+-니 → 사시니

(2) 불규칙 활용: 용언이 활용할 때, 어간이나 어미의 형태가 예외적으로 변하는 경우

① 어간이 바뀌는 경우

'ㄷ' 불규칙	어간의 끝소리 'ㄷ'이 모음 어미 앞에서 'ㄹ'로 변함. 예 (이야기를) 듣다: 듣-+-어 → 들어, (친구에게) 묻다: 묻-+-어 → 물어
'ㅂ' 불규칙	어간의 끝소리 'ㅂ'이 모음 어미 앞에서 'ㅗ/ㅜ'로 변함. 예 (피부가) 곱다: 곱-+-아 → 고와 / (고기를) 굽다: 굽-+-어 → 구워
'ㅅ' 불규칙	어간의 끝소리 'ㅅ'이 모음 어미 앞에서 탈락함. 예 (병이) 낫다: 낫-+-아 → 나아 / (노를) 젓다: 젓-+-어 → 저어
'르' 불규칙	어간의 '르'가 모음 어미 앞에서 'ㄹㄹ'로 변함. 예 (옷이) 마르다: 마르-+-아 → 말라 / (물이) 흐르다: 흐르-+-어 → 흘러
'우' 불규칙	어간의 '우'가 모음 어미 앞에서 탈락함.(→ '푸다' 한 단어만 해당됨.) 예 (밥을) 푸다: 푸-+-어 → 퍼

② 어미가 바뀌는 경우

'러' 불규칙	어간이 '르'로 끝나는 일부 용언에서 어미 '-어'가 '-러'로 변함.(→ 아래 세 단어만 해당됨.) 예 (정상에) 이르다: 이르-+-어 → 이르러 / (산이) 푸르다: 푸르-+-어 → 푸르러 / (나뭇잎이) 누르다: 누르-+-어 → 누르러
'여' 불규칙	어간 '하-' 뒤에 오는 어미 '-아/-어'가 '-여'로 변함.(→ '-하다'가 붙는 모든 단어에서 일어남.) 예 공부하다: 공부하-+-어 → 공부하여 / 사랑하다: 사랑하-+-어 → 사랑하여

③ 어간과 어미가 모두 바뀌는 경우

'ㅎ' 불규칙	어간의 'ㅎ'이 탈락하면서 어미도 변함.(→ '좋다'를 제외하고 'ㅎ'으로 끝나는 모든 형용사가 해당됨.) 예 파랗다: 파랗-+-아 → 파래 / 커다랗다: 커다랗-+-아 → 커다래

땅에 묻어(묻-+-어) 규칙 활용 **길이 굽어(굽-+-어)** 규칙 활용

길을 물어(묻-+-어) 'ㄷ' 불규칙 활용 **불에 구워(굽-+-어)** 'ㅂ' 불규칙 활용

A 뒤에 나오는 체언만 꾸며 주는 관형사에 비해 부사는 그 쓰임이 다양하기 때문에 내신 시험에 더 자주 등장합니다. 아래에서 부사의 특징을 알아 두세요.

○ **부사의 특징**
1. 용언 이외의 품사를 꾸며 주기도 한다.
예 바로 앞에 있다.(명사를 꾸며 줌.)
  범인은 바로 너야.(대명사를 꾸며 줌.)
  오직 하나뿐인 사람.(수사를 꾸며 줌.)
  아주 헌 옷이다.(관형사를 꾸며 줌.)
  정말 빨리 먹는다.(부사를 꾸며 줌.)

2. 어순이 비교적 자유롭다.
예 어서 학교에 가거라.
  학교에 어서 가거라.

3. 보조사(는, 도, 만)와 복수 접미사 '–들'과 결합할 수 있다.
예 과제를 빨리(는/도/만/들) 하는구나.

수식언
修 닦을 수, 飾 꾸밀 식, 言 말씀 언

- 다른 말을 수식하는 기능을 하는 단어로, 형태가 변하지 않는 불변어이다.
- 관형사와 부사로 나뉜다.

❶ 관형사
冠 갓 관, 形 형상 형, 詞 말씀 사 : 체언 앞에 놓여서 체언을 꾸며 주는 말

성상 관형사	사물의 성질이나 상태를 꾸며 주는 관형사 예 새, 헌, 옛, 온갖
지시 관형사	어떤 대상을 가리키는 관형사 예 이, 그, 저, 다른, 무슨, 어느, 웬
수 관형사	수량이나 순서를 나타내는 관형사 예 한, 두, 세, 첫째, 둘째, 여러, 모든

❷ 부사
副 버금 부, 詞 말씀 사 : 주로 용언이나 문장을 꾸며 주는 말. 체언이나 관형사, 다른 부사를 꾸미기도 한다.

(1) 성분 부사 : 문장의 한 성분만을 꾸며 주는 부사

성상 부사	뒷말의 성질, 상태, 모양, 정도를 한정해서 꾸미는 부사 예 가장, 매우, 바로, 잘
지시 부사	처소나 시간을 가리켜 한정하거나 앞에 나온 사실을 가리키는 부사 예 이리, 저리, 오늘(→ 그가 오늘 왔다.), 지금, 아까, 언제(→ 언제 왔니?)
부정 부사	용언의 앞에 놓여 그 내용을 부정하는 부사 예 못, 아니(안)
의성 부사	사람이나 사물의 소리를 흉내 내어 뒷말을 꾸미는 부사 예 멍멍, 우당탕, 풍당풍당
의태 부사	사람이나 사물의 모양이나 움직임을 흉내 내어 뒷말을 꾸미는 부사 예 뒤뚱뒤뚱, 깡충깡충

(2) 문장 부사 : 뒤에 오는 문장 전체를 꾸며 주는 부사

양태 부사	화자의 심리적 태도를 나타내는 부사 예 과연, 모름지기, 부디, 설마, 아마, 제발
접속 부사	앞말과 뒷말 또는 앞 문장과 뒤 문장을 이어 주는 부사 예 또, 그래서, 그리고, 그러나

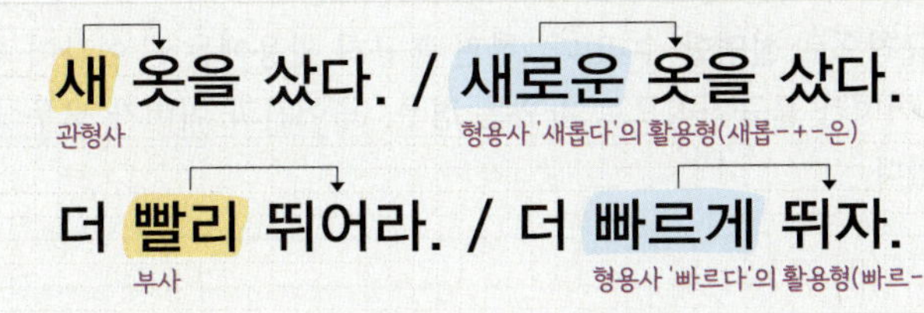

A 왼쪽의 예시를 보면 관형사 '새'와 형용사 '새로운'은 모두 체언 '옷'을 꾸며 주고, 부사 '빨리'와 형용사 '빠르게'도 모두 용언 '뛰다'를 꾸며 주고 있습니다. 결국 문장 속에서의 역할이 모두 관형어(문장 성분의 종류)인 것이죠.

그럼 수식언과 용언을 어떻게 구별할까요?
수식언인 관형사 '새'와 부사 '빨리'는 불변어인 반면, 용언인 '새로운'과 '빠르게'는 모두 형용사인 '새롭다'와 '빠르다'가 활용한 형태라는 것이 둘의 차이랍니다. 참고로 형용사 '새롭다'는 관형사 '새'에서 파생된 단어이고, 부사 '빨리'는 형용사 '빠르다'에서 파생된 단어입니다.

독립언
獨 홀로 독, 立 설 립, 言 말씀 언

문장의 다른 말들과 관계를 맺지 않고 독립적으로 쓰이는 단어로, 독립언에 속하는 품사는 '감탄사'뿐이다.

❶ 감탄사
感 느낄 감, 歎 탄식할 탄, 詞 말씀 사 : 화자의 느낌, 부름, 대답 등을 나타내는 말

감정 감탄사	청자를 의식하지 않고 감정을 표출하는 감탄사 예 아, 아이쿠, 어머, 어머나, 흥
의지 감탄사	청자를 의식하며 자신의 생각을 표시하는 감탄사(→ 부르거나 대답하는 말) 예 여보, 여보세요, 아서라, 자, 네, 아니요
입버릇(군말)	특별한 의미 없는 버릇이나 말이 막힐 때 사용하는 감탄사 예 뭐, 어, 에, 음, 저, 흠

1 다음 밑줄 친 용언 중, 불규칙 활용이 일어나는 것은?

① 문을 꼭 <u>잠가야</u> 한다.
② 잔치를 무사히 <u>치렀다</u>.
③ 철수야, 거기 책 좀 <u>줘</u>.
④ 여기부터 풀 좀 <u>발라라</u>.
⑤ 하늘을 <u>나는</u> 새가 부럽다.

2 〈보기〉의 밑줄 친 단어의 어간과 어미를 바르게 분석한 것은?

———————• 보기 •

나는 문제가 <u>까다로울수록</u> 도전하고 싶어진다.

① 까다로 - + - 울수록
② 까다롭 - + - 울수록
③ 까다롭 - + - 을수록
④ 까다로우 - + - ㄹ수록
⑤ 까다로 - + - 우 - + - ㄹ수록

3 〈보기〉의 ㉠과 밑줄 친 단어의 품사가 다른 것은?

———————• 보기 •

민수는 ㉠<u>다른</u> 친구하고는 달라.

① 사람은 경제적 <u>동물</u>이다.
② 장미꽃 <u>한</u> 송이만 주세요.
③ <u>아무</u> 소식도 못 들었는데.
④ 드디어 <u>첫</u> 월급을 받았다.
⑤ 그는 <u>이미</u> 떠난 사람이다.

4 다음 밑줄 친 단어 중, 감탄사가 아닌 것은?

① 심심해서 한번 들렀지, <u>뭐</u>.
② 가만히 있지 말고 <u>뭐</u>라도 해라.
③ <u>뭐</u>, 그런 사람도 다 있단 말이니?
④ <u>뭐</u>? 그렇게 트집을 잡으면 어쩔 건데?
⑤ 내가 <u>뭐</u>, 아무것도 모르고 있는 줄 알아?

용언의 활용
2020학년도 4월 고3 학력
평가 변형

1 〈보기 1〉의 ㉠~㉣에 해당하는 가장 적절한 예를 〈보기 2〉에서 고른 것은?

———————• 보기 1 •

용언의 활용은 규칙 활용과 불규칙 활용으로 나눌 수 있다. ㉠<u>규칙 활용</u>은 용언이 활용될 때 어간과 어미의 기본 형태가 바뀌지 않거나, 어간이나 어미의 기본 형태가 바뀌는 모습을 일정한 규칙으로 설명할 수 있다. 한편 불규칙 활용에는 ㉡<u>어간이 불규칙적으로 바뀌는 경우</u>, ㉢<u>어미가 불규칙적으로 바뀌는 경우</u>, ㉣<u>어간과 어미가 모두 불규칙적으로 바뀌는 경우</u>가 있다.

———————• 보기 2 •

• 놀이터에서 놀다 보니 옷에 흙이 <u>묻었다</u>.
• 나는 동생에게 출발 시간을 <u>일러</u> 주었다.
• 우리는 한라산 정상에 <u>이르러</u> 잠시 쉬었다.
• 드디어 사람들은 그를 <u>우러러</u> 섬기게 되었다.
• 하늘은 맑고 강물은 <u>파래</u> 기분이 정말 상쾌했다.

	㉠	㉡	㉢	㉣
①	묻었다	이르러	일러, 우러러	파래
②	일러	이르러, 파래	묻었다	우러러
③	이르러	묻었다, 우러러	파래	일러
④	묻었다, 우러러	일러	이르러	파래
⑤	일러, 우러러	묻었다	파래	이르러

2 〈보기〉에 대한 설명으로 가장 적절한 것은?

부사의 종류와 기능
2017학년도 11월 고2 학력
평가

> ● 보기 ●
>
> 부사는 수식하는 범위에 따라 문장의 한 성분을 수식하는 성분 부사와 문장 전체를 수식하는 문장 부사로 나뉜다. 이 중 성분 부사는 주로 용언을 수식하지만 때로는 체언을 수식하거나 관형사, 부사를 수식하는 경우도 있다.
>
> ㄱ. 그녀는 <u>매우</u> 빨리 달린다.
> ㄴ. <u>설마</u> 나에게 맞는 옷이 없을까?
> ㄷ. 우리 학교 <u>바로</u> 옆에 우체국이 있다.
> ㄹ. 내 차는 얼마 전까지 <u>아주</u> 새 차였다.
> ㅁ. <u>과연</u> 그 아이의 재능이 <u>정말</u> 뛰어나군.

① ㄱ에서 '매우'는 용언을 수식하고 있다.
② ㄴ에서 '설마'는 체언을 수식하고 있다.
③ ㄷ에서 '바로'는 부사를 수식하고 있다.
④ ㄹ에서 '아주'는 관형사를 수식하고 있다.
⑤ ㅁ에서 '과연'과 '정말'은 문장을 수식하고 있다.

3 〈보기〉를 통해 감탄사의 특성을 파악하는 활동을 해 보았다. 다음 설명 중 적절한 것은?

감탄사의 특성
2010학년도 6월 모의평가

> ● 보기 ●
>
> **아들**: 아버지, 저도 바둑을 배워서 명인이 되고 싶어요.
> **아버지**: ㉠뭐, 명인이 된다고?
> **아들**: ㉡예, 그러니까 바둑판 하나 사 주세요.
> **아버지**: ㉢글쎄, 사 줘야 하나?
> **아들**: 사 주세요, ㉣예?
> **아버지**: 얼마 전에 농구 선수가 되겠다고 해서 농구공을 사 줬더니 작심삼일이었잖아. 이번에도 흐지부지할 거지?
> **아들**: 그런데, ㉤음, 작심삼일이 무슨 뜻이에요?
> **아버지**: 그건 결심이 사흘을 가지 못한다는 말인데, 이번에도 그러는 거 아니냐고.
> **아들**: ㉥아니요, 이번에는 다를 거예요.
> **아버지**: 명인이 되는 게 얼마나 힘든지 아니?
> **아들**: ㉦글쎄요, 잘은 모르겠지만 열심히 해 볼게요.

① ㉠은 더 이상 여러 말 할 것 없다는 뜻으로 하는 말이겠군.
② ㉡은 긍정하여 대답하는 의미로, ㉣은 상대방을 의식하지 않고 놀라는 의미로 쓰이고 있군.
③ ㉢이 ㉦처럼 나타나는 것을 보면, 감탄사도 상대에 따라 다른 형태로 쓰일 수 있군.
④ ㉤이 문장의 중간에 쓰인 것을 보면 독립어의 기능을 할 수 없겠군.
⑤ ㉥은 "아니, 이게 어떻게 된 일이냐?"의 '아니'와 같은 의미로 쓰인 것이겠군.

05 형태소와 단어

이형태

동일한 기능을 하는 하나의 형태소가 환경에 따라 형태를 달리하는 것

1. 음운론적 이형태
선행 음운이 자음인가 모음인가, 양성 모음(ㅏ, ㅗ)인가 음성 모음(ㅓ, ㅜ)인가에 따라 다르게 나타나는 이형태
예 사람이 / 철수가
   사람을 / 철수를
   집으로 / 학교로
   막아서 / 먹어서
   잡았다 / 접었다

2. 형태론적 이형태
연결되는 형태소 자체가 예외적으로 나타나는 이형태
예 • '하다'의 어간 '하-' 뒤에는 연결 어미 '-아/-어'가 아닌 '-여'가 나타남.
   • '하다'의 어간 '하-' 뒤에는 선어말 어미 '-았-/-었-'이 아닌 '-였-'이 나타남.

형태소 분석의 순서(오른쪽 예시)

1. 실질적 의미를 지니는 단어를 먼저 찾는다. (명사, 대명사, 수사, 관형사, 부사, 감탄사 등)
   예 꽃, 가루, 봄
   ↓
2. 조사를 찾는다.
   예 이
   ↓
3. 용언의 어간과 어미를 구분한다.
   예 날리-, -는, 오-, -ㄴ-, -다
   ↓
4. 어근과 접사를 구분한다.
   예 날-, -리-

형태소 形 형상 형, 態 모양 태, 素 흴 소

1 형태소의 개념

• 형태소란 일정한 뜻(의미)을 가진 가장 작은 말의 단위이다. (→ 더 이상 쪼개면 의미가 사라짐.)
• 이때 '뜻(의미)'이란 실질적인 뜻과 문법적인 뜻을 모두 포함한 개념이다.

		파동 접사	명사	동사 어간 ┌평서형 종결 어미
		꽃 가 루 날 리 는 봄 이 온 다 .		
명사	명사	동사 어간	관형사형 어미	조사 현재 시제 선어말 어미

→ 형태소의 개수: 10개

2 형태소의 분류

자립성의 유무에 따라	자립 형태소	다른 형태소와의 결합 없이 홀로 쓰일 수 있는 형태소 예 명사, 대명사, 수사, 관형사, 부사, 감탄사
	의존 형태소	다른 형태소와 결합해야만 쓰일 수 있는 형태소 예 조사, 용언의 어간, 어미, 접사
실질적 의미의 유무에 따라	실질 형태소	구체적인 대상이나 동작, 상태 등 실질적 의미를 나타내는 형태소 예 명사, 대명사, 수사, 관형사, 부사, 감탄사, 용언의 어간(→ 파생어의 경우 접사를 제외한 어간. 즉 '날리다'의 어간은 '날리-'지만, 실질 형태소는 접사를 제외한 '날-')
	형식 형태소	형식적인 의미, 즉 문법적인 의미만을 나타내는 형태소 예 조사, 어미, 접사

→ 자립 형태소는 모두 실질 형태소임.

자립 형태소	자립 형태소	의존 형태소	의존 형태소	의존 형태소	자립 형태소	의존 형태소	의존 형태소	의존 형태소	의존 형태소
꽃	가루	날-	-리-	-는	봄	이	오-	-ㄴ-	-다
실질 형태소	실질 형태소	실질 형태소	형식 형태소	형식 형태소	실질 형태소	형식 형태소	실질 형태소	형식 형태소	형식 형태소

단어의 구성

• 단어는 한 개의 형태소 또는 둘 이상의 형태소로 이루어진다.
• 사전에 수록되는 기본 단위이다. (→ 용언의 활용 형태는 사전에 별도로 수록되지 않음.)

	동사 '날리다('날다'의 파생어)'의 활용형	
꽃 가 루 날 리 는 봄 이 온 다 .		
명사('꽃'+'가루'의 합성어)	명사 조사 동사 '오다'의 활용형	

→ 단어의 개수: 5개

❶ 어근 語 말씀 어, 根 뿌리 근

단어를 이루는 형태소 중에서 실질적 의미를 나타내는 중심 부분

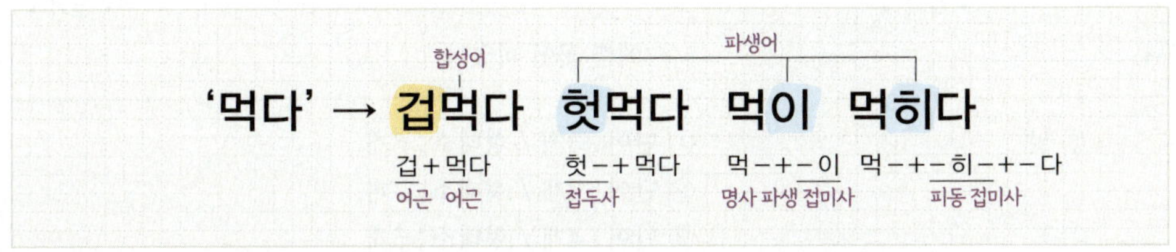

❷ 접사 接 접할 접, 辭 말씀 사

단어를 이루는 형태소 중에서 어근에 붙어 그 의미를 더하거나 한정하는 부분

결합하는 위치에 따른 접사의 분류	
접두사 → 頭 머리 두	접미사 → 尾 꼬리 미
• 어근의 앞에 결합해 특정한 뜻을 더하거나 강조하는 접사(→ 한정적 접사) • 대부분 단어의 품사를 바꾸지는 못함.	• 어근의 뒤에 결합해 특정한 뜻을 더하는 접사(→ 한정적 접사) • 단어의 품사를 바꾸기도 함.(→ 지배적 접사)
예 개 - + 꿈(명사) → 개꿈(파생 명사) 짓 - + 밟다(동사) → 짓밟다(파생 동사) 새 - + 파랗다(형용사) → 새파랗다(파생 형용사)	예 • 일(명사) + - 꾼 → 일꾼(파생 명사) • 먹 - (동사 어근) + - 이 → 먹이(파생 명사) ('- 이'는 지배적 접사) • 먹 - (동사 어근) + - 이 - + - 다 → 먹이다 (파생 동사)

돋보기 ｜ 어근 vs 어간

1. 단어의 형성

어근	단어에서 실질적인 의미를 지닌 중심 부분으로, 어근과 어근이 결합하면 합성어, 어근과 접사가 결합하면 파생어가 됨.

↕

접사	단어에서 어근을 제외한 부분으로, 문법적 기능을 하는 형태소

2. 용언의 활용

어간	용언(동사, 형용사) 및 서술격 조사 '이다'가 활용할 때 변하지 않는 부분으로, 용언의 기본형에서 '- 다'를 제외한 부분

↕

어미	용언 및 서술격 조사 '이다'가 활용할 때 변하는 부분으로, 문법적 기능을 하는 형태소

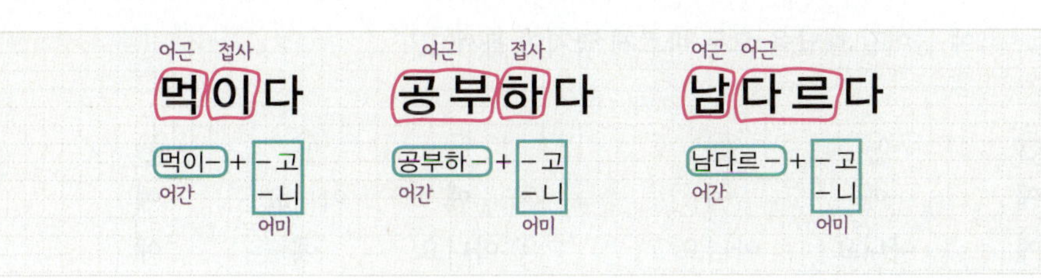

1 〈보기〉의 밑줄 친 말 중, 실질 형태소가 <u>아닌</u> 것은?

— 보기 —

<u>저</u> <u>새</u>들은 <u>날</u>마다 <u>날</u>고 <u>있</u>구나.

① 저　　　　② 들　　　　③ 날
④ 날–　　　　⑤ 있–

2 〈보기〉의 문장에 대한 설명으로 적절하지 <u>않은</u> 것은?

— 보기 —

상유가 책가방을 들고 간다.

① '가'는 '상유'에 결합해야 하는 의존 형태소이다.
② '책'과 '가방'은 서로 결합해야 하는 의존 형태소이다.
③ '을'과 '–고'는 문법적 기능을 하는 형식 형태소이다.
④ '들–'과 '가–'는 의존 형태소이면서 실질 형태소이다.
⑤ '간다'에는 모두 3개의 형태소가 결합되어 있다.

3 〈보기〉의 문장에 사용된 단어와 형태소의 수가 맞는 것은?

— 보기 —

예쁜 꽃이 피었다.

① 단어 : 3개 / 형태소 : 6개
② 단어 : 3개 / 형태소 : 7개
③ 단어 : 4개 / 형태소 : 5개
④ 단어 : 4개 / 형태소 : 6개
⑤ 단어 : 4개 / 형태소 : 7개

4 다음 단어의 어간과 어근을 바르게 구분한 것은?

① 쫓기다: [어간] 쫓–　[어근] 쫓–
② 높푸르다: [어간] 높푸–　[어근] 높–, 푸–
③ 시뻘겋다: [어간] 시뻘겋–　[어근] 시–, 뻘겋–
④ 짓누르다: [어간] 짓누르–　[어근] 누르–
⑤ 사랑스럽다: [어간] 사랑스–　[어근] 사랑

형태소 분석
2020학년도 6월 고1 학력
평가

1 〈보기〉에서 선생님의 질문에 대한 학생의 대답으로 가장 적절한 것은?

— 보기 —

선생님 : 형태소는 뜻을 가진 가장 작은 말의 단위를 뜻하는 말입니다. 형태소는 다음의 두 기준에 따라 자립 형태소와 의존 형태소, 실질 형태소와 형식 형태소로 나눌 수 있습니다.

홀로 쓰일 수 있는가?	
예	아니요
자립 형태소	의존 형태소

실질적 의미가 있는가?	
예	아니요
실질 형태소	형식 형태소

다음은 아래 '예문'을 형태소 단위로 나누고 위 기준에 따라 분석한 결과입니다.
• 예문: 경찰이 도둑을 잡았다.
• 형태소 분석 결과:

구분 기준 \ 형태소	경찰	이	도둑	을	잡–	–았–	–다
홀로 쓰일 수 있는가?	예	아니요	예	㉡	아니요	아니요	아니요
실질적 의미가 있는가?	㉠	아니요	예	아니요	㉢	아니요	아니요

㉠~㉢에 들어갈 대답을 모두 바르게 짝지어 볼까요?

	㉠	㉡	㉢		㉠	㉡	㉢
①	예	예	예	②	예	아니요	예
③	예	아니요	아니요	④	아니요	예	예
⑤	아니요	아니요	아니요				

2 밑줄 친 말이 〈보기〉의 ㉠에 해당하지 <u>않는</u> 것은?

이형태
2013학년도 수능

— 보기 •

> 형태소는 의미를 가진 최소 단위이다. 하나의 형태소가 실제로 쓰일 때에는 그 앞뒤에 어떤 말이 있느냐에 따라 둘 이상의 모습으로 나타나기도 하는데, 그 모습들을 이형태 (異形態)라고 한다. 예컨대 주격 조사는 앞말이 자음으로 끝날 때 '이'로 나타나고 모음으로 끝날 때 '가'로 나타난다. 따라서 '이'와 '가'는 ㉠이형태 관계에 있는 것이다.

① ┌ 공연을 보러 우리는 광주<u>에</u> 왔다.
　└ 나를 만나러 친구들이 경주<u>에서</u> 왔다.
② ┌ 동수는 물감<u>으로</u> 인물화를 그렸다.
　└ 진희는 크레파스<u>로</u> 그림을 그렸다.
③ ┌ 시간이 조금 남았으니 탁구<u>나</u> 치자.
　└ 시간이 조금 남았으니 수영<u>이나</u> 하자.
④ ┌ 정성이 담긴 선물을 받<u>으면</u> 기쁩니다.
　└ 정성을 담은 선물을 주<u>면</u> 자기도 기쁩니다.
⑤ ┌ 미끄러지지 않도록 단단히 잡<u>아라</u>.
　└ 체하지 않도록 천천히 씹어 먹<u>어라</u>.

3 〈보기〉의 ㉠~㉢에 들어갈 말로 적절한 것은?

어근과 어간
2015학년도 3월 고3 학력
평가 A형

— 보기 •

> **선생님**: 어간은 용언의 활용 시 변하지 않는 부분을, 어근은 단어 분석 시 실질적 의미를 나타내는 중심 부분을 가리킵니다.

용언	어간	어근
솟다 (단일어)	솟-	솟-
치솟다 (파생어)	치솟-	솟-
샘솟다 (합성어)	샘솟-	샘, 솟-

> 위의 예에서 알 수 있듯이 어떤 용언이 단일어일 경우 어간과 어근이 일치합니다. 하지만, 용언이 파생어나 합성어일 경우 어간과 어근이 일치하지 않습니다. 그렇다면 이번에는 다음 세 단어의 어간과 어근을 분석해 볼까요?

용언	어간	어근
줄이다	줄이-	㉠
힘들다	힘들-	㉡
오가다	오가-	㉢

	㉠	㉡	㉢
①	줄이-	힘들-	오가-
②	줄이-	힘들-	오-, 가-
③	줄-	힘들-	오가-
④	줄-	힘, 들-	오-, 가-
⑤	줄-	힘, 들-	오가-

06 파생어

단어의 형성

- 단어는 형성 방법에 따라 단일어와 복합어로 나뉜다.
- 복합어는 어근과 접사의 관계에 따라 파생어와 합성어로 나뉜다.

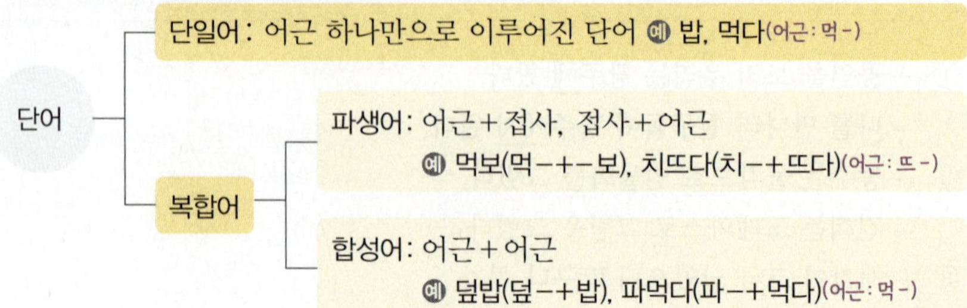

파생어   派 물갈래 파, 生 날 생, 語 말씀 어

❶ 접두사가 붙어서 만들어진 파생어

접두사가 결합하여 어근에 특정한 뜻을 더하거나 강조한다.

(1) 관형사성 접두사 + 명사(어근)

가(假)-	가짜, 거짓 또는 임시적인 예 가건물(가-＋건물), 가계약(가-＋계약)
개-	① 야생 상태의, 질이 떨어지는 예 개살구(개-＋살구), 개떡(개-＋떡) ② 헛된, 쓸데없는 예 개꿈(개-＋꿈), 개죽음(개-＋죽음)
군-	① 쓸데없는 예 군것(군-＋것), 군말(군-＋말) ② 가외로 더한, 덧붙은 예 군사람(군-＋사람), 군식구(군-＋식구)
날-	① 말리거나 익히지 않은 예 날것(날-＋것), 날고기(날-＋고기) ② 지독한 예 날강도(날-＋강도), 날건달(날-＋건달)
덧-	거듭된, 겹쳐 신거나 입는 예 덧니(덧-＋니), 덧버선(덧-＋버선)
맨-	다른 것이 없는 예 맨땅(맨-＋땅), 맨발(맨-＋발)
선-	서툰, 충분치 않은 예 선무당(선-＋무당), 선잠(선-＋잠)
헛-	이유 없는, 보람 없는 예 헛걸음(헛-＋걸음), 헛고생(헛-＋고생)

(2) 부사성 접두사 + 용언(어근)

되-	① 도로 예 되돌아가다(되-＋돌아가다), 되찾다(되-＋찾다) ② 다시 예 되살리다(되-＋살리다), 되새기다(되-＋새기다)
뒤-	① 몹시, 마구, 온통 예 뒤끓다(뒤-＋끓다), 뒤덮다(뒤-＋덮다) ② 반대로, 뒤집어 예 뒤바꾸다(뒤-＋바꾸다), 뒤받다(뒤-＋받다), 뒤엎다(뒤-＋엎다)
드-	심하게, 높이 예 드날리다(드-＋날리다), 드넓다(드-＋넓다), 드높다(드-＋높다)
들-	마구, 몹시 예 들끓다(들-＋끓다), 들볶다(들-＋볶다), 들쑤시다(들-＋쑤시다)
설-	충분하지 못하게 예 설익다(설-＋익다), 설듣다(설-＋듣다)
짓-	마구, 함부로, 몹시 예 짓누르다(짓-＋누르다), 짓밟다(짓-＋밟다)
휘-	마구, 매우 심하게 예 휘감다(휘-＋감다), 휘날리다(휘-＋날리다)

✿ 통용 접두사

명사와 용언에 두루 쓰이는 접두사

늦-	예 늦공부, 늦가을 늦되다, 늦심다
덧-	예 덧신, 덧저고리 덧대다, 덧붙이다
헛-	예 헛소문, 헛일 헛디디다, 헛살다

✿ 접두사의 이형태

음운 환경에 따라 형태를 달리하는 접두사

새-	① 된소리, 거센소리, 'ㅎ' 앞 ② 'ㅏ, ㅗ' 모음 앞 예 새까맣다, 새하얗다
샛-	① 'ㄴ, ㅁ'(울림소리) 앞 ② 'ㅏ, ㅗ' 모음 앞 예 샛노랗다, 샛말갛다
시-	① 된소리, 거센소리, 'ㅎ' 앞 ② 'ㅓ, ㅜ' 모음 앞 예 시꺼멓다, 시허옇다
싯-	① 'ㄴ, ㅁ'(울림소리) 앞 ② 'ㅓ, ㅜ' 모음 앞 예 싯누렇다, 싯멀겋다

새-/시-, 샛-/싯-: 매우 짙고 선명하게

❷ 접미사가 붙어서 만들어진 파생어

접미사가 결합하여 어근에 뜻을 더하거나 단어의 품사를 바꾼다.

(1) 어근 + 한정적 접미사(특정한 뜻을 더해 어근의 의미를 한정하는 접사)

-꾼	① 전문적으로 하는 사람 예 소리꾼(소리+-꾼), 살림꾼(살림+-꾼)
	② 습관적으로 하는 사람 예 낚시꾼(낚시+-꾼), 잔소리꾼(잔소리+-꾼)
	③ 어떤 일 때문에 모인 사람 예 구경꾼(구경+-꾼), 일꾼(일+-꾼)
-내기	① 그 지역에서 자란 사람 예 서울내기(서울+-내기), 시골내기(시골+-내기)
	② 그런 특성을 지닌 사람 예 풋내기(풋-+-내기), 신출내기(신출+-내기)
-다랗다	그 정도가 꽤 뚜렷함. 예 굵다랗다(굵-+-다랗다), 기다랗다(길-+-다랗다)
-들	복수(둘 이상의 수) 예 그들(그+-들), 너희들(너희+-들), 사람들(사람+-들)
-보	① 그것을 특성으로 지닌 사람 예 꾀보(꾀+-보), 잠보(잠+-보)
	② 그러한 행위를 특성으로 지닌 사람 예 먹보(먹-+-보), 울보(울-+-보)
	③ 그것이 쌓여 모인 것 예 심술보(심술+-보), 울음보(울음+-보)

(2) 어근 + 지배적 접미사(어근의 품사나 문법적 기능을 바꾸는 접사)

-(으)ㅁ/-이	예 얼음, 웃음, 꿈, 삶 / 놀이, 먹이	명사 파생 접미사
-기	예 굵기, 달리기, 쓰기	
-개	예 날개, 덮개, 지우개, 오줌싸개, 코흘리개	
-하다	예 공부하다, 생각하다, 사랑하다	동사 파생 접미사
-되다(→ 피동)	예 가결되다, 사용되다, 형성되다	
-하다	예 건강하다, 순수하다, 정직하다	형용사 파생 접미사
-롭다	예 명예롭다, 신비롭다, 자유롭다, 새롭다(→ 관형사 '새'에서 파생됨.)	
-스럽다	예 걱정스럽다, 복스럽다, 자랑스럽다	
-이/-히	예 많이, 반듯이, 깨끗이, 끔찍이 / 급히, 넉넉히	부사 파생 접미사
-오/-우	예 도로(돌-+-오), 비로소(비롯+-오) / 너무(넘-+-우), 마주(맞-+-우)	

> **돋보기** **명사 파생 접미사 vs 명사형 전성 어미**
>
> • '-(으)ㅁ', '-기'는 명사 파생 접미사와 명사형 전성 어미에 같은 형태로 존재하여 혼동을 줌.
>
> 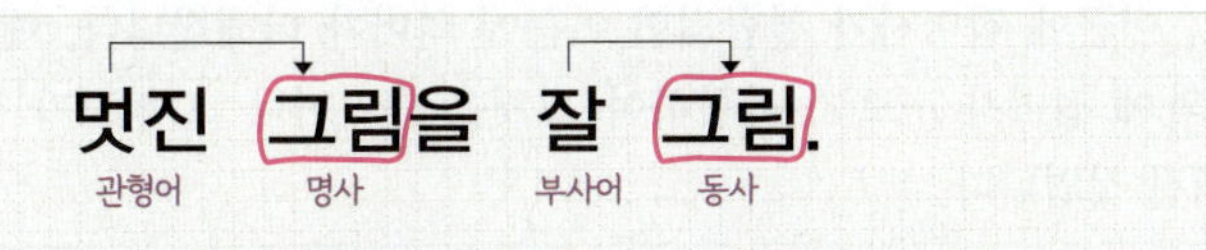
>

1. **파생 명사**: '그리다'의 어근 '그리-' + 명사 파생 접미사 '-ㅁ' = 파생 명사 '그림'

   ① 국어사전에 표제어로 등재됨. – 동사 '그리다'와 명사 '그림'은 별개의 단어로 인정됨.

   ② 명사이므로 관형어의 수식을 받음. – 관형어 '멋진'이 수식해 줌.

   ③ 서술의 기능을 상실함. – '*멋진 그리다.'와 같이 서술어로 바꿀 수 없음.

2. **동사의 명사형**: '그리다'의 어간 '그리-' + 명사형 전성 어미 '-ㅁ' = 동사의 명사형 '그림'

   ① 국어사전에 등재되지 않음. – '그리니, 그려' 등이 국어사전에 따로 실리지 않는 것과 같음.

   ② 용언이므로 부사어의 수식을 받음. – 부사어 '잘'이 수식해 줌.

   ③ 서술의 기능을 유지함. – '잘 그리다.'와 같이 서술어로 바꿀 수 있음.

Q 이 많은 접두사, 접미사를 다 외워야 하나요?

A 이 책을 공부하는 학생들은 본문의 접두사와 접미사를 이미 다 알고 있습니다. 다만 우리가 늘 사용하는 말 가운데 이런 것들이 접사였다는 것을 확인해 둘 필요가 있어요.

합성어를 이루는 어근과 달리, 뜻을 더해 주되 단독으로 쓰이지 않는 접사의 특징을 생각하며 다양한 접사들을 확인해 보세요.

그리고 내신 필수인 '한글 맞춤법'을 공부하기 위해서는 명사 파생 접미사와 부사 파생 접미사의 개념과 쓰임에 대해 확실히 이해해야 합니다.

✪ 굴절 접사와 파생 접사

- 굴절 접사: 문법적 기능을 하는 조사와 어미
- 파생 접사: 파생어를 만드는 접두사와 접미사

→ 우리 교재에서는 파생 접사만을 접사로 지칭함. 동사 파생 접미사와 형용사 파생 접미사의 경우, '-하-', '-롭-', '-스럽-'이 아니라, '-하다', '-롭다', '-스럽다'를 접사로 다루기로 함.

Q 명사 파생 접미사와 명사형 전성 어미는 어떻게 구별하나요?

A 단어 그 자체의 형태로는 구별하기 어렵습니다. 문장에서의 쓰임, 즉 서술의 기능 여부에 따라 구별할 수밖에 없습니다.

예 달리기

- 달리기는 건강에 좋다.

'달리기': 어근 '달리-'에 명사 파생 접미사 '-기'가 결합한 파생 명사

→ 서술의 기능이 없음.

- 철수가 빠르게 달리기 시작했다.

'달리기': 어간 '달리-'에 명사형 전성 어미 '-기'가 결합한 동사의 명사형

→ 서술의 기능이 있음.('철수가 빠르게 달리다.')

1 다음 중, 단어의 형성 방법이 나머지와 <u>다른</u> 것은?

① 드높다
② 치뜨다
③ 꽃답다
④ 짓누르다
⑤ 뛰어가다

2 다음 중, 접사에 대한 설명으로 적절하지 <u>않은</u> 것은?

① 명사에 접미사를 붙여 동사나 형용사를 만들 수 있다.
② 접두사는 어근의 앞에 붙어 특정한 뜻을 더하거나 강조한다.
③ 접두사 중에는 명사와 동사에 모두 붙을 수 있는 것도 있다.
④ 접두사는 어근의 품사를 바꿀 수 없지만, 접미사는 어근의 품사를 바꾸기도 한다.
⑤ 접두사는 실질적 의미가 있는 형태소에, 접미사는 실질적 의미가 없는 형태소에 붙는다.

3 다음 중, 〈보기〉 속 ⓒ의 의미로 쓰인 접미사가 결합한 것은?

> ─────────────── 보기 ───────────────
>
> ─가(家)
> ㉮ 전문적으로 하는 사람   ㉯ 그것에 능한 사람
> ㉰ 그것을 많이 가진 사람   ㉱ 그 특성을 지닌 사람

① 장서가   ② 대식가   ③ 건축가
④ 외교가   ⑤ 전략가

4 밑줄 친 단어 중, 〈보기〉의 ㉠이 사용된 것은?

> ─────────────── 보기 ───────────────
>
> 명사 파생 접미사 '-(으)ㅁ', '-기'와 ㉠명사형 전성 어미
> '-(으)ㅁ', '-기'는 그 형태가 동일해서 혼동하기 쉽다.

① 수진이는 <u>잠</u>이 항상 부족하다.
② 수정이는 집에서 <u>쉬기</u>를 좋아한다.
③ 지영이는 감자알의 <u>굵기</u>에 더 놀랐다.
④ 서윤이는 선생님이 되는 것이 <u>꿈</u>이다.
⑤ 서준이는 언제나 <u>춤</u>을 출 때 행복하다.

어근과 접사의 결합 양상
2015학년도 4월 고3 학력
평가 A형

1 다음은 접사와 어근의 결합 양상에 대해 수업 중 발표한 내용이다. 이에 대한 학생들의 반응으로 적절하지 <u>않은</u> 것은?

> [발표 내용]
>
> **발표 1:** 어근에 접두사가 결합되면 어근에 의미가 더해집니다. 예를 들어 '선무당'은 어근 '무당'에 접두사 '선-'이 결합하여 '서툰'이라는 의미가 더해진 것입니다. '군말', '군살'도 그 예에 속합니다.
>
> **발표 2:** 어근에 접미사가 결합되면 어근에 의미가 더해집니다. 예를 들어 '꾀보'는 어근 '꾀'에 접미사 '-보'가 결합하여 '그것을 즐기거나 그 정도가 심한 사람'의 의미가 더해진 것입니다.
>
> **발표 3:** 어근에 접미사가 결합하면 품사가 바뀌기도 합니다. 예를 들어 '사랑'은 '-하다'가 붙으면 명사에서 동사로 품사가 바뀝니다.

① '발표 1'의 내용 중 '군말', '군살'의 '군-'은 '쓸데없는'의 의미를 어근에 더해 주는군.
② '발표 1'과 '발표 2'를 종합해 보면, 접두사와 접미사는 어근과 결합하여 새로운 단어를 만드는군.
③ '발표 2'의 단어에 '멋쟁이', '장난꾸러기'를 더 추가할 수 있겠군.
④ '발표 2'와 '발표 3'을 종합해 보면, '꾀보'는 '-보'에 의해 의미가 더해지고 품사가 바뀌었군.
⑤ '발표 3'에는 '숙제하다'를 더 추가할 수 있겠군.

2 〈보기〉의 ㉠~㉣에 대한 이해로 적절하지 <u>않은</u> 것은?

접두사의 유형
2019학년도 6월 고2 학력
평가

> • 보기 •
>
> 접두사는 단어의 앞에 붙어 특정한 뜻을 더하거나 강조하면서 새로운 단어를 만들어 낸다. ㉠접두사가 명사에 결합하여 생성된 단어도 있고, ㉡접두사가 용언에 결합하여 생성된 단어도 있다. ㉢특정한 접두사는 둘 이상의 품사에 결합하여 새로운 단어를 만들어 내기도 한다. 대개의 접두사는 형태가 고정되어 있지만, '찰-/차-'가 붙어 만들어진 '찰옥수수', '차조'처럼 ㉣주위 환경에 따라 형태가 다른 접두사가 붙어 만들어진 단어도 있다.

① ㉠에 해당하는 사례로는 '군기침, 군살'이 있다.
② ㉡에 해당하는 사례로는 '빗나가다, 빗맞다'가 있다.
③ ㉢에 해당하는 사례로는 '헛디디다, 헛수고'가 있다.
④ ㉡, ㉣에 모두 해당하는 사례로는 '새빨갛다, 샛노랗다'가 있다.
⑤ ㉢, ㉣에 모두 해당하는 사례로는 '수꿩, 숫양'이 있다.

3 〈보기〉의 ⓐ, ⓑ가 사용된 예를 ㉠~㉤에서 바르게 고른 것은?

접사와 어미의 구별
2017학년도 3월 고3 학력
평가

> • 보기 •
>
> 선생님: 여러분이 헷갈려 하는 것들 중 ⓐ용언의 어간과 결합하는 명사형 어미 '-(으)ㅁ', '-기'와 ⓑ어근과 결합하여 명사를 만드는 접미사 '-이', '-음', '-기'가 있어요. 전자는 용언의 품사를 바꾸지 않으며, 전자가 결합해 활용된 용언은 서술하는 기능이 유지되고 부사어의 수식을 받을 수 있어요. 한편 후자가 결합하여 만들어진 명사는 관형어의 수식을 받을 수 있어요.
>
> ◦ 세상은 홀로 ㉠살기가 어렵다.
> ◦ 형은 충분히 ㉡잠으로써 피로를 풀었다.
> ◦ 날씨가 더워 시원한 ㉢얼음이 필요하다.
> ◦ 우리에게 건전한 ㉣놀이 문화가 필요하다.
> ◦ 이곳은 풍경이 매우 ㉤아름답기로 유명하다.

	ⓐ	ⓑ
①	㉠, ㉡	㉢, ㉣, ㉤
②	㉠, ㉤	㉡, ㉢, ㉣
③	㉢, ㉣	㉠, ㉡, ㉤
④	㉠, ㉡, ㉤	㉢, ㉣
⑤	㉡, ㉢, ㉣	㉠, ㉤

07 합성어

통사적 vs 비통사적

- 통사적: 우리말의 일반적인 문장 구조를 따르는 형태를 의미함. 즉 우리말의 일반적인 단어 배열법이나 어순과 일치하는 형태를 의미함.
- 비통사적: 우리말의 일반적인 문장 구조에서 벗어나는 형태를 의미함. ('통사'는 '문장'을 뜻함.)

합성어 合 합할 합, 成 이룰 성, 語 말씀 어

❶ 형성 방법에 따른 합성어

통사적 합성어	체언＋체언	예 손발(손＋발), 밤낮(밤＋낮), 이것저것(이것＋저것), 여기저기(여기＋저기)
	관형사＋체언	예 새해(새＋해), 첫사랑(첫＋사랑), 한번(한＋번), 온종일(온＋종일)
	용언 어간＋관형사형 전성 어미 ‑(으)ㄴ, ‑는, ‑(으)ㄹ, ‑던 ＋체언	예 어린이(어리‑＋‑ㄴ＋이), 늙은이(늙‑＋‑은＋이), 길짐승(기＋‑ㄹ＋짐승)
	용언 어간＋연결 어미＋용언 ‑고, ‑아/‑어	예 들고나다(들‑＋‑고＋나다), 돌아가다(돌‑＋‑아＋가다), 때려잡다(때리‑＋‑어＋잡다)
	체언＋(조사 생략)＋용언	예 힘세다(힘＋이＋세다), 본받다(본＋을＋받다), 앞서다(앞＋에＋서다)
	부사＋부사	예 곧잘(곧＋잘), 이리저리(이리＋저리), 깡충깡충(깡충＋깡충)
	부사＋용언	예 잘나다(잘＋나다), 못나다(못＋나다), 가로막다(가로＋막다)

비통사적 합성어	용언 어간＋(관형사형 전성 어미의 생략)＋체언	예 덮밥(덮‑＋‑은＋밥), 접칼(접‑＋‑는＋칼), 꺾쇠(꺾‑＋‑은＋쇠), 감발(감‑＋‑은＋발)
	용언 어간＋(연결 어미의 생략)＋용언	예 오가다(오‑＋‑고＋가다), 검붉다(검‑＋‑고＋붉다), 날뛰다(날‑＋‑고＋뛰다)
	부사＋체언(→ 용언이 생략된 형태로, 부사가 체언과 곧바로 결합함.)	예 부슬비(부슬＋비), 척척박사(척척＋박사), 반짝세일(반짝＋세일)

뛰어가다 (뛰‑ ＋ ‑어 ＋ 가다) → 통사적 합성어
연결 어미 '‑어' 결합

뛰놀다 (뛰‑ ＋ ‑어 ＋ 놀다) → 비통사적 합성어
연결 어미 '‑어' 생략

큰집 (크‑ ＋ ‑ㄴ ＋ 집) → 통사적 합성어
관형사형 전성 어미 '‑ㄴ' 결합

덮밥 (덮‑ ＋ ‑은 ＋ 밥) → 비통사적 합성어
관형사형 전성 어미 '‑은' 생략

힘들다 (힘 ＋ 이 ＋ 들다) → 통사적 합성어
주격 조사 생략

부슬비 (부슬 부슬 내리는 ＋ 비) → 비통사적 합성어
반복되는 부사 어근 '부슬'과 부사의 수식을 받을 용언 '내리는' 생략

조사 생략과 어미 생략

조사와 어미는 모두 문법적 기능을 하는 형식 형태소이지만, 결합과 분리가 쉬운 조사와 달리 어미는 우리말에서 생략하기 어려움.
- 조사가 생략된 경우 → 통사적 합성어
- 어미가 생략된 경우 → 비통사적 합성어

❷ 의미 관계에 따른 합성어

대등 합성어	두 어근이 본래의 의미를 가지고 대등한 자격으로 결합한 합성어로, '와/과', '-고' 등의 의미로 연결됨.	예 손발(손과 발), 앞뒤(앞과 뒤), 오가다(오고 가다), 검붉다(검고 붉다)
종속 합성어	앞 어근이 뒤 어근에 종속되는 합성어로, 앞 어근이 뒤 어근을 수식하는 관계로 연결됨.	예 손수건(손을 닦는 수건), 국밥(국에 말아 먹는 밥), 돌다리(돌로 만든 다리), 돌아보다(돌아서 보다)
융합 합성어	어근이 지닌 본래의 의미와 다른 의미로 쓰이는 합성어로, 두 어근의 결합을 통해 제3의 의미가 만들어짐.	예 강산(국토), 춘추(어른의 나이), 돌아가다(죽다)

이틀 밤낮을 잤다. → 대등 합성어
밤과 낮

밤거리를 걸었다. → 종속 합성어
밤의 거리

밤낮 일만 한다. → 융합 합성어
늘, 항상

돋보기 | 직접 구성 성분(요소) 분석

1. **직접 구성 성분**: 어떤 말을 직접 이루고 있는 두 부분으로 나누었을 때, 나오는 두 요소
   - 예 불꽃놀이: 합성어 '불꽃(불＋꽃)'과 파생어 '놀이(놀−＋−이)'가 직접 구성 성분이 됨.

2. **직접 구성 성분 분석 방법**: 세 개 이상의 구성 요소로 이루어진 복합어에서 어떤 구성 요소가 먼저 결합한 것인지에 대한 분석 방법
   ① 직접 구성 성분으로 분석되는 말이 실제로 존재하는가를 확인해야 함.
   - 예 집집이: '집집'이라는 말은 있어도 '집이'라는 말은 없으므로, '집집이'는 합성어 '집집(집＋집)'과 접사 '−이'를 직접 구성 성분으로 하는 파생어가 됨.
   ② 직접 구성 성분들의 의미와 전체 단어의 의미가 잘 통하는가를 확인해야 함.
   - 예 벽돌집: '벽'과 '돌집'으로 나누게 되면 '벽돌로 된 집'이라는 전체 단어의 의미와 통하지 않게 되므로, 합성어 '벽돌(벽＋돌)'과 명사 '집'을 직접 구성 성분으로 하는 합성어가 됨.

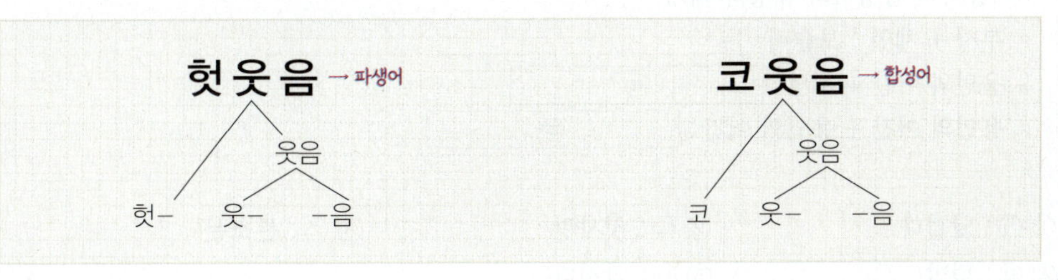

Q 통사적 합성어와 비통사적 합성어는 형성 방법을 다 외워야 해요?

A 무조건 외우기보다 중요한 것은, 왜 통사적이고, 왜 비통사적인지를 이해하는 것입니다.
우리말 문장 구조에서 어미는 생략될 수 없어요. 관형사형 전성 어미든 연결 어미든, 어미가 생략된 것은 비통사적 합성어일 수밖에 없는 거죠.
반면, 조사는 생략해도 문장 구조에 큰 영향을 미치지 않으니까, 통사적 합성어로 분류되는 것이고요.
마찬가지로, 용언을 수식해야 할 부사가 체언과 곧바로 결합한 것은, 우리말 문장 구조에서 찾기 어려운 경우이므로 비통사적 합성어가 됩니다.

Q 직접 구성 성분 분석에서 주의할 점은 무엇인가요?

A 직접 구성 성분을 분석하면 어떤 말이 먼저 결합되었는가를 알 수 있어요. 파생어가 먼저 만들어졌는지, 아니면 합성어가 먼저 만들어졌는지를 알 수 있죠. 그리고 직접 구성 성분의 결합에 의해 형성된 단어는 최종적으로 파생어인지 합성어인지가 구별되는데, 시험에서는 바로 그런 것들을 물어 봅니다. 아래 분석의 예를 확인해 보세요.

- 예 놀이터: '(놀−＋−이)＋터'의 구조로, 파생어와 명사 어근을 직접 구성 성분으로 하는 합성어
- 예 나들이: '(나−＋들다)＋−이'의 구조로, 합성어와 접사를 직접 구성 성분으로 하는 파생어

1 다음 중, 통사적 합성어가 <u>아닌</u> 것은?

① 본받다
② 장가들다
③ 오르내리다
④ 깎아지르다
⑤ 남부끄럽다

2 〈보기〉의 ㉠에 해당하는 예로 적절한 것은?

> • 보기 •
> 우리말의 배열 구조에 어긋나는 비통사적인 합성어 중에는, ㉠부사가 체언을 바로 수식하는 형태로 이루어진 것도 있다.

① 온종일
② 구석구석
③ 나무다리
④ 이리저리
⑤ 산들바람

3 〈보기〉와 단어의 계층 구조가 같은 것은?

> • 보기 •
> 말다툼 : 말 + (다투- + ㅁ)

① 울음보 ② 앞날개 ③ 구경꾼
④ 헛웃음 ⑤ 날짐승

4 단어의 형성에 대한 탐구 결과로, 적절하지 <u>않은</u> 것은?

① '바다', '맑다'는 하나의 어근으로 이루어진 단일어이다.
② '밤낮'은 '밤'이라는 어근과 '낮'이라는 어근이 결합된 합성어이다.
③ '믿음'은 동사 어근 '믿-'에 접미사 '-음'이 붙어 명사가 된 파생어이다.
④ '곁눈질'은 합성어 '곁눈'에 접미사 '-질'이 결합된 파생어이다.
⑤ '회덮밥'은 파생어 '덮밥'에 새로운 어근 '회'가 결합된 합성어이다.

통사적 합성어와 비통사적
합성어
2015학년도 3월 고2 학력
평가

1 〈보기〉의 ㉠~㉤에 들어갈 어휘의 예로 적절하지 <u>않은</u> 것은?

> • 보기 •
> 합성어는 어근의 배열 양상에 따라 통사적 합성어와 비통사적 합성어로 나뉜다. 어근의 배열이 우리말의 일반적인 문장 구성 방식과 일치하는 것을 통사적 합성어라 하고, 그렇지 않은 것을 비통사적 합성어라 한다. 합성어에서 어근의 구체적 결합 양상은 다음과 같다.
>
> 〈통사적 합성어의 유형과 예〉
> ○ 체언 + 체언 : 밤낮
> ○ 체언 + 용언 : ㉠
> ○ 관형사 + 체언 : ㉡
> ○ 용언의 관형사형 + 체언 : ㉢
>
> 〈비통사적 합성어의 유형과 예〉
> ○ 부사 + 체언 : 보슬비
> ○ 용언의 어간 + 체언 : ㉣
> ○ 용언의 어간 + 용언의 어간 : ㉤

① ㉠ : 낯설다 ② ㉡ : 첫사랑 ③ ㉢ : 뜬소문
④ ㉣ : 덮밥 ⑤ ㉤ : 앞서다

2 〈보기〉를 읽고 이해한 내용으로 적절하지 <u>않은</u> 것은?

합성어의 분류
2024학년도 3월 고3 학력평가

> • 보기 •
>
> 합성어 중에는 ㉠두 어근이 대등하게 결합하는 것이 있고, ㉡한 어근이 다른 어근을 수식하는 것도 있다. 한편 ㉢각각의 어근이 원래 지닌 의미와는 다른 새로운 의미를 가지는 것도 있다.
>
> ㄱ. 시냇물 주위로 논밭이 펼쳐진 경치가 아름답다.
> ㄴ. 오늘 오랜만에 점심으로 보리밥 한 그릇을 먹었다.
> ㄷ. 버스가 돌다리를 건너 우리 마을로 들어서고 있었다.
> ㄹ. 지난밤 폭설로 인해 눈이 얼어 길바닥이 미끄러워졌다.
> ㅁ. 그는 피땀을 흘려 모은 재산을 장학금으로 기부하였다.

① ㄱ의 '논밭'은 두 어근이 대등하게 결합하고 있으므로 ㉠에 해당한다.
② ㄴ의 '보리밥'은 두 어근이 대등하게 결합하고 있으므로 ㉠에 해당한다.
③ ㄷ의 '돌다리'는 앞의 어근이 뒤의 어근을 수식하고 있으므로 ㉡에 해당한다.
④ ㄹ의 '길바닥'은 앞의 어근이 뒤의 어근을 수식하고 있으므로 ㉡에 해당한다.
⑤ ㅁ의 '피땀'은 두 어근의 의미와 다른 새로운 의미를 가지므로 ㉢에 해당한다.

3 〈보기〉에 따라 탐구한 내용으로 적절한 것은?

직접 구성 성분 분석
2021학년도 11월 고2 학력평가

> • 보기 •
>
> 직접 구성 요소란 어떤 말을 둘로 나누었을 때 나누어진 두 구성 요소 각각을 일컫는다. '먹이통'과 같이 세 개의 구성 요소로 이루어진 단어의 직접 구성 요소 분석은 아래의 그림과 같이 두 단계를 통해 이루어진다. 첫 번째 단계에서는 어근 '먹이'와 어근 '통'으로 나눌 수 있고, 두 번째 단계에서는 '먹이'를 어근 '먹–'과 접사 '–이'로 나눌 수 있다. 이를 통해 복잡하게 이루어진 단어의 짜임을 보다 쉽게 이해할 수 있다.

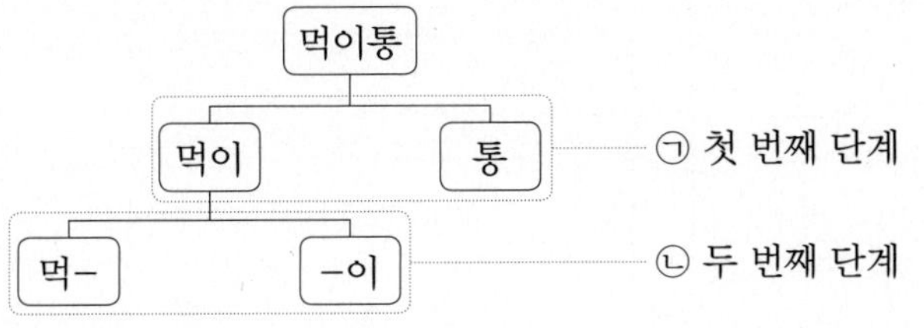

① '울음보'는 ㉠에서 어근과 접사로 분석되고, ㉡에서 어근과 접사로 분석된다.
② '헛웃음'은 ㉠에서 어근과 어근으로 분석되고, ㉡에서 어근과 접사로 분석된다.
③ '손목뼈'는 ㉠에서 어근과 접사로 분석되고, ㉡에서 어근과 어근으로 분석된다.
④ '얼음길'은 ㉠에서 어근과 접사로 분석되고, ㉡에서 어근과 어근으로 분석된다.
⑤ '물놀이'는 ㉠에서 어근과 어근으로 분석되고, ㉡에서 어근과 어근으로 분석된다.

01

〈보기〉의 밑줄 친 단어의 품사에 대한 이해로 적절하지 <u>않은</u> 것은?

> ━━━━ • 보기 •
>
> ㄱ. 그곳에서는 빵을 <u>아주</u> 쉽게 <u>구울</u> 수 있다.
> ㄴ. <u>그</u> 사람은 자기<u>가</u> 잠을 <u>잘</u> 잤다고 말했다.
> ㄷ. <u>멋진</u> 형이 근처 식당<u>에서</u> 밥을 <u>지어</u> 왔다.

① ㄱ의 '그곳'과 ㄴ의 '그'는 어떤 처소나 대상을 지시하는 대명사이다.
② ㄱ의 '아주'와 ㄴ의 '잘'은 용언 앞에 놓여서 그 뜻을 한정하는 부사이다.
③ ㄱ의 '구울'과 ㄷ의 '지어'는 용언의 어간이 불규칙적으로 활용되는 동사이다.
④ ㄱ의 '쉽게'와 ㄷ의 '멋진'은 어떤 대상의 성질이나 상태를 나타내는 형용사이다.
⑤ ㄴ의 '가'와 ㄷ의 '에서'는 앞말과 다른 말과의 문법적인 관계를 나타내는 조사이다.

02

밑줄 친 부분이 〈보기〉의 ㉠에 해당하지 <u>않는</u> 것은?

> ━━━━ • 보기 •
>
> 국어에서는 의존 명사가 수량을 표현하는 말 뒤에 쓰여 수효나 분량 따위의 단위를 나타내는 경우가 일반적이지만, ㉠자립 명사가 단위를 나타내는 경우도 있다. 예를 들어 '사람'은 자립 명사로 쓰이기도 하지만 수량을 표현하는 말 뒤에 쓰여 사람을 세는 단위를 나타낼 수도 있다.
>
> • 의존 명사: 그 아이는 올해 아홉 <u>살</u>이다.
> • 자립 명사: 그는 <u>사람</u>을 부리는 재주가 있다.
> • 자립 명사가 단위를 나타내는 경우:
>   친구 다섯 <u>사람</u>과 함께 도서관에 갔다.

① 이 글에는 여러 <u>군데</u> 잘못이 있다.
② 앉은 자리에서 밥 두 <u>그릇</u>을 다 먹었다.
③ 시장에서 수박 세 <u>덩어리</u>를 사 가지고 왔다.
④ 할아버지께서는 밥을 몇 <u>숟가락</u> 겨우 뜨셨다.
⑤ 나는 서너 <u>발자국</u> 뒤로 물러서다가 냅다 도망쳤다.

03

〈보기〉의 담화 상황으로 볼 때, ㉠~㉤에 대한 설명으로 적절하지 <u>않은</u> 것은?

> ━━━━ • 보기 •
>
> A: 영희가 말도 없이 책을 가져갔다고 민수가 화가 많이 났더라. 그런데 ㉠그것이 사실이야?
> B: 아니, 내가 영희에게 민수 말이 맞느냐고 물어봤는데, ㉡자기는 분명히 말하고 가져갔다고 그러더라.
> A: 서로 의사소통이 잘 안됐나 보다. ㉢아무나 좋으니 일단 나서서 민수와 영희의 오해를 풀어 주는 게 좋겠다. 그나저나 어제 저녁에 교실에 있었던 애들이 ㉣누구였는지 기억나?
> B: 나도 ㉤거기에 누가 있었는지는 기억이 안 나네.

① ㉠은 '민수가 화가 많이 난 것'을 간단히 표현하려고 사용한 대명사이다.
② ㉡은 B가 앞서 언급한 '영희'를 도로 나타내기 위해 사용한 대명사이다.
③ ㉢은 화자가 불특정 대상을 가리키기 위해 사용한 대명사이다.
④ ㉣은 화자가 지시 대상을 정확히 모르고 있어서 사용한 대명사이다.
⑤ ㉤은 A가 앞서 언급한 '교실'을 가리키기 위해 사용한 대명사이다.

04

품사 통용 | 2010학년도 10월 고3 학력평가

〈보기〉의 내용을 뒷받침할 수 있는 사례로 적절하지 <u>않은</u> 것은?

———• 보기 •———

'나는 엄청난 잘못을 저질렀다.'에서의 '잘못'과 '나는 음식을 잘못 먹어서 배가 아프다.'의 '잘못'은 단어의 형태는 같으나 단어가 수행하는 기능은 다르다. 즉, 전자의 '잘못'은 명사이지만, 후자의 '잘못'은 부사이다. 이와 같이 동일한 형태가 다른 기능을 수행하는 것을 '품사 통용'이라고 한다.

① ┌ ㉠ 오늘 아니 가겠다고 하더라.
　└ ㉡ 아니! 벌써 그곳에 도착했어?
② ┌ ㉠ 느낀 대로 표현하고 싶었다.
　└ ㉡ 부모님 말씀대로 행동해야 한다.
③ ┌ ㉠ 온다던 사람이 보이지 않았다.
　└ ㉡ 간절히 바라면 기회는 온다.
④ ┌ ㉠ 나는 노력한 만큼 대가를 얻었다.
　└ ㉡ 철수는 집을 대궐만큼 크게 지었다.
⑤ ┌ ㉠ 축구를 좋아하는 사람 다섯이 모였다.
　└ ㉡ 다섯 사람이 모여서 일을 시작했다.

05

형용사와 관형사 | 2014학년도 6월 고2 학력평가 A형

〈보기〉의 밑줄 친 단어를 바르게 분류한 것은?

———• 보기 •———

형용사와 관형사를 구별하는 기준의 하나로 '서술하는 기능'이 있다. 예를 들어, '동물원에는 큰 사자가 있다.'에서 '큰'은 '사자가 크다'처럼 주어인 '사자가'를 서술하는 기능을 하므로 형용사이다. 그러나 관형사는 그런 기능을 하지 못한다.

ㄱ. 정원에 아름다운 꽃이 피었다.
ㄴ. 웬 말이 그렇게 많은지 모르겠다.
ㄷ. 수리를 하고 나니 새 가구가 되었다.
ㄹ. 모여 있던 모든 사람들이 일제히 나를 쳐다봤다.
ㅁ. 그의 빠른 일처리가 사람들을 만족스럽게 하였다.

	형용사	관형사
①	ㄱ, ㄷ	ㄴ, ㄹ, ㅁ
②	ㄱ, ㅁ	ㄴ, ㄷ, ㄹ
③	ㄴ, ㄹ	ㄱ, ㄷ, ㅁ
④	ㄱ, ㄷ, ㅁ	ㄴ, ㄹ
⑤	ㄴ, ㄷ, ㄹ	ㄱ, ㅁ

06

선어말 어미의 기능 | 2019학년도 6월 모의평가

〈보기〉의 ㉠~㉤의 예로 적절하지 <u>않은</u> 것은?

———• 보기 •———

선어말 어미 '-더-'는 시간 표현, 주어의 인칭, 용언의 품사, 문장 종결 표현 등과 다양하게 관련을 맺는다.

예컨대 '아까 달력을 보니 내일이 언니 생일이더라.'와 같이 ㉠새삼스럽거나 새롭게 알게 된 내용이 비록 미래의 일이라도 그것을 안 시점이 과거이면 '-더-'가 쓰일 수 있다. 또한 '-더-'가 쓰인 문장에는 특정 인칭의 주어만 나타나는 경우가 있다. 가령, ㉡본인만이 직접 느껴 알 수 있는 감정이나 감각을 표현하는 형용사가 서술어일 때, 평서문에는 1인칭 주어만이 '-더-'와 함께 쓰인다. ㉢이 경우, 의문문에는 2인칭 주어만이 '-더-'와 함께 쓰인다. 단, ㉣이때도 수사 의문문에는 '-더-'와 함께 1인칭 주어가 나타날 수 있다. 한편 '꿈에서 내가 하늘을 날더라.'처럼 ㉤꿈속의 일이나 무의식중에 일어난 일을 말할 때, 화자가 자신의 행동이나 상태를 타인이 관찰하듯이 진술할 경우 '-더-'가 1인칭 주어와 쓰일 수 있다.

① ㉠ : 아까 수첩을 보니 다음 주에 약속이 있더라.
② ㉡ : 나는 그의 합격이 놀랍더라.
③ ㉢ : 영수야, 넌 내가 그리 말했는데도 안 믿더냐?
④ ㉣ : 기어이 우승한 그날, 우리 어찌 아니 기쁘더냐?
⑤ ㉤ : 내가 어제 마신 약은 생각보다 안 쓰더라.

07

격 조사와 보조사의 특성 | 2015학년도 10월 고3 학력평가 A형

〈보기〉를 바탕으로 하여 조사의 특성에 대해 탐구한 내용이 적절하지 **않은** 것은?

──• 보기 •──

- 형(은/*는) 학교에 가고, 나(*은/는) 집에 갔다.
- 민수(가/는) 운동(을/은) 싫어한다.
- 나는 점심에 국수 먹었는데 너는 무엇을 먹었어?
- 어서요 읽어 보세요.
- 빵만으로 살 수 없다.

(*는 비문법적인 표현임.)

① 격 조사 자리에 보조사가 올 수도 있군.
② 격 조사는 담화 상황에 따라 생략할 수도 있군.
③ 앞에 오는 말의 받침 유무에 따라 조사를 선택하기도 하는군.
④ 보조사는 체언뿐 아니라 부사 뒤에도 붙을 수 있군.
⑤ 보조사는 격 조사와 결합할 때 격 조사 뒤에만 붙을 수 있군.

08

어미의 기능 | 2018학년도 9월 모의평가

밑줄 친 말에 주목하여 〈보기〉의 ㉠~㉤에 대해 탐구한 결과로 적절하지 **않은** 것은?

──• 보기 •──

㉠ 거기에는 눈이 왔겠다. / 지금 거기에는 눈이 오겠지.
㉡ 그가 집에 갔다. / 막차를 놓쳤으니 나는 집에 다 갔다.
㉢ 내가 떠날 때 비가 올 것이다. / 내가 떠날 때 비가 왔다.
㉣ 그는 지금 학교에 간다. / 그는 내년에 진학한다고 한다.
㉤ 오늘 보니 그는 키가 작다. / 작년에 그는 키가 작았다.

① ㉠을 보니, 선어말 어미 '−겠−'이 미래의 사건을 추측하는 데에 쓰이고 있군.
② ㉡을 보니, 선어말 어미 '−았−'이 과거 시제를 나타내지 않는 경우도 있군.
③ ㉢을 보니, 관형사형 어미 '−ㄹ'이 붙을 때 미래의 사건을 나타내지 않는 경우도 있군.
④ ㉣을 보니, 현재 시제 선어말 어미 '−ㄴ−'이 미래의 사건을 나타낼 때도 쓰이고 있군.
⑤ ㉤을 보니, 형용사에서 현재 시제를 나타낼 때 시제 선어말 어미가 나타나지 않고 있군.

09

용언의 불규칙 활용 | 2013학년도 4월 고3 학력평가 A형

〈보기〉는 '용언의 불규칙 활용'에 대한 설명이다. ㉠에 해당하는 것은?

──• 보기 •──

용언의 활용에서 용언의 어간이나 어미의 기본 형태가 불규칙적으로 달라지는 것을 '불규칙 활용'이라고 하는데, 불규칙 활용에는 다음과 같은 세 가지 유형이 있다.

• 어간만 바뀌는 경우

〈예시〉   어간   어미의 기본 형태
    걷−   + −고   → 걷고
        + −아/어   → **걸어**
        + −아라/어라 → **걸어라**
          ⋮

• 어미만 바뀌는 경우

〈예시〉   어간   어미의 기본 형태
   이르(至)− + −고   → 이르고
         + −아/어   → **이르러**
         + −아서/어서   → **이르러서**
           ⋮

• 어간과 어미가 모두 바뀌는 경우 ……… ㉠

① 사람들을 빨리 불러 오너라.
② 하늘이 파래서 기분이 좋다.
③ 그런 식으로 말을 지어 하지 마라.
④ 지나가는 사람에게 길을 물어 봐라.
⑤ 공부를 열심히 하여 좋은 결과를 얻자.

10

용언의 활용 | 2015학년도 6월 고2 학력평가

〈보기〉를 이해한 내용으로 적절하지 <u>않은</u> 것은?

---- 보기 ----

　용언이 활용할 때 어간이나 어미의 기본 형태가 바뀌지 않거나 바뀌어도 일반적인 음운 규칙으로 설명할 수 있는 경우를 '규칙 활용'이라 하고, 어간이나 어미의 기본 형태가 바뀌는 것을 일반적인 음운 규칙으로 설명할 수 없는 경우를 '불규칙 활용'이라 한다. 불규칙 활용은 ㉠어간이 바뀌는 경우, ㉡어미가 바뀌는 경우, ㉢어간과 어미가 모두 바뀌는 경우로 나누어 살펴볼 수 있다.

① '솟다'가 '솟아'로 활용하는 것과 달리, '낫다'는 '나아'로 활용하므로 ㉠에 해당한다.
② '얻다'가 '얻어'로 활용하는 것과 달리, '엿듣다'는 '엿들어'로 활용하므로 ㉠에 해당한다.
③ '먹다'가 '먹어'로 활용하는 것과 달리, '하다'는 '하여'로 활용하므로 ㉡에 해당한다.
④ '치르다'가 '치러'로 활용하는 것과 달리, '흐르다'는 '흘러'로 활용하므로 ㉡에 해당한다.
⑤ '수놓다'가 '수놓아'로 활용하는 것과 달리, '파랗다'는 '파래'로 활용하므로 ㉢에 해당한다.

11

어미의 기능 | 2014학년도 9월 모의평가 A형

〈보기〉를 바탕으로 어미를 분류한 것 중, 적절하지 <u>않은</u> 것은?

---- 보기 ----

　단어의 끝에 들어가는 어말 어미는 그 기능에 따라 다음과 같이 분류할 수 있다.
㉠ 문장을 끝맺어 주는 기능을 하는 어미
　예 '동생은 책을 읽었<u>다</u>.'의 '-다'
㉡ 두 문장을 연결해 주는 기능을 하는 어미
　예 '이것은 장미꽃이<u>고</u>, 저것은 국화꽃이다.'의 '-고'
㉢ 용언을 명사, 관형사, 부사처럼 기능하게 하는 어미
　예 '내일 읽<u>을</u> 책을 미리 준비해라.'의 '-을'

① '지금쯤 누나는 집에 도착했겠<u>구나</u>.'의 '-구나'는 ㉠에 해당한다.
② '할아버지께서는 어디 갔다 오시<u>지</u>?'의 '-지'는 ㉠에 해당한다.
③ '이렇게 일찍 가<u>는</u> 이유가 뭐니?'의 '-는'은 ㉡에 해당한다.
④ '형은 밥을 먹었<u>으나</u>, 누나는 밥을 먹지 않았다.'의 '-으나'는 ㉡에 해당한다.
⑤ '지금은 운동하<u>기</u>에 좋은 시간이다.'의 '-기'는 ㉢에 해당한다.

12

형태소의 분류 | 2013학년도 4월 고3 학력평가 A, B형

다음의 탐구 과정에 따라 〈보기〉의 ㉠~㉣을 분류하고자 한다. A~C에 해당하는 형태소 사례를 올바르게 짝지은 것은?

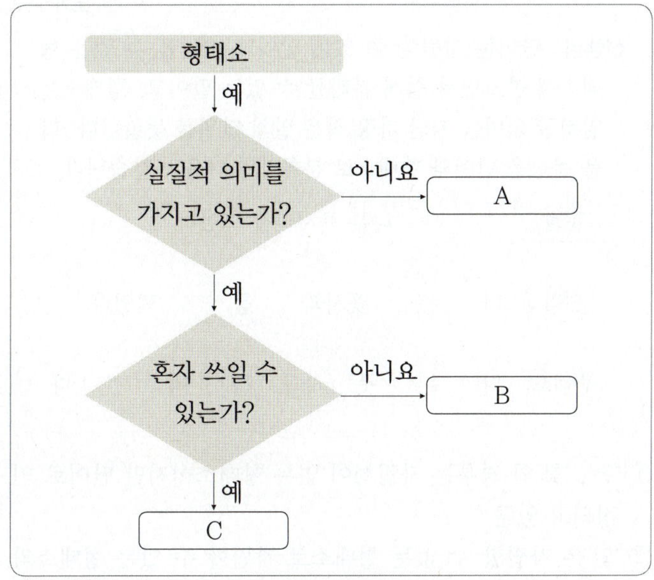

---- 보기 ----

　북두칠성은 ㉠<u>어느</u> 계절에나 북쪽 밤하늘을 보면 쉽게 찾을 수 ㉡<u>있</u>다. 북두칠성을 흔히 국자㉢<u>에</u> 비유하는데, 그것이 국자라면 국을 쏟을 때 국이 흐를 마지막 두 별을 잇㉣<u>는</u> 직선상에 있는 별 중 가장 밝고, 두 별의 간격의 다섯 배쯤에 있는 별을 발견할 것이다. 그 ㉤<u>자리</u>에 보이는 것이 바로 우리가 알고 있는 밤하늘의 북극성이다.

	A	B	C
①	㉠, ㉤	㉢	㉡, ㉣
②	㉡, ㉢	㉠, ㉤	㉣
③	㉢, ㉣	㉠, ㉡	㉤
④	㉢, ㉣	㉡	㉠, ㉤
⑤	㉣	㉢, ㉤	㉠, ㉡

13

〈보기〉는 문법 수업 장면의 일부이다. 이에 대한 학생의 반응으로 적절하지 <u>않은</u> 것은?

● 보기 ●

선생님: 단어는 자립할 수 있는 말이나 자립할 수 있는 형태소에 붙으면서 쉽게 분리할 수 있는 말이고, 형태소는 일정한 의미를 지닌 가장 작은 말의 단위를 뜻합니다. 다음 문장을 단어와 형태소로 분류하면 다음과 같습니다.

문장	나는 풋사과를 먹었다.

⇩

단어	나	는	풋사과	를	먹었다

⇩

형태소	나	는	풋	사과	를	먹	었	다

① '는', '를'의 경우는 자립성이 없는 형태소이지만 단어로 인정되고 있군.

② '었'은 자립할 수 없는 형태소로 자립할 수 있는 형태소와 결합하고 있군.

③ '는', '를', '었', '다'를 보니, 문법적 기능을 하는 말도 형태소에 해당함을 알 수 있군.

④ '풋사과', '먹었다'는 단어 중에서 더 작은 단위인 형태소로 분석되는 경우로군.

⑤ '먹'을 보니, 실질적 의미가 있는 형태소 중에서 단어에 해당하지 않는 경우가 있음을 알 수 있군.

14

〈보기〉의 ㉠에 해당하는 예로 적절한 것은?

● 보기 ●

합성어는 어근과 어근이 결합하여 형성되는데, 어근들의 결합 방식에 따라 다음과 같이 둘로 나눌 수 있다.

○ 통사적 합성어 : 어근들의 결합 방식이 일반적인 문장 구성 방식과 같은 합성어

○ ㉠비통사적 합성어 : 어근들의 결합 방식이 일반적인 문장 구성 방식과 다른 합성어

① 아이들이 뛰노는 소리가 밖에서 들렸다.

② 서로 몰라볼 정도로 세월이 많이 흘렀다.

③ 저마다의 타고난 소질을 계발하는 것이 중요하다.

④ 지난달부터 공부를 열심히 했더니 자신감이 생겼다.

⑤ 망치질을 자주 하다 보니 손바닥에 굳은살이 박였다.

15

다음의 (가)에 들어갈 말로 가장 적절한 것은?

선생님: 지금까지 형태소의 개념 및 유형 그리고 특성에 대해 공부했지요? 그럼, 다음 자료에서 밑줄 친 말들이 가진 공통점이 무엇인지 한번 찾아보세요.

• 하늘<u>은</u> 맑고 바다<u>는</u> 푸르다.
• 그<u>의</u> 말은 듣지 말고 내 말을 들어라.
• 나는 물고기를 잡<u>았</u>지만 놓아주<u>었</u>다.

학생: 밑줄 친 말들은 모두 _______________ (가) _______________

① 단어의 자격을 가지고 반드시 다른 말과 결합하여 쓰이는군요.

② 단어의 자격을 가지고 실질적 의미가 아닌 문법적 의미를 나타내는군요.

③ 반드시 다른 말과 결합하여 쓰이고 음운 환경에 따라 그 형태가 바뀌는군요.

④ 음운 환경에 따라 형태가 바뀌고 실질적 의미가 아닌 문법적 의미를 나타내는군요.

⑤ 실질적 의미가 아닌 문법적 의미를 나타내고 반드시 다른 말과 결합하여 쓰이는군요.

16

밑줄 친 말 가운데 〈보기〉의 [A]의 사례로 추가하기에 적절하지 <u>않은</u> 것은?

● 보기 ●

합성어의 품사는 합성어를 구성하는 어근의 품사와 관계없이 새로운 품사가 되기도 하지만, [A]일차적으로 직접 구성 성분* 분석을 했을 때 맨 끝 구성 성분의 품사에 따라 결정되는 경우가 많다. 그 사례는 아래와 같다.

단어	직접 구성 성분 분석	단어의 품사
큰집	큰(형용사) + 집(명사)	명사
본받다	본(명사) + 받다(동사)	동사
⋮	⋮	⋮

*직접 구성 성분: 어떤 언어 단위를 층위를 두고 분석할 때 일차적으로 분석되어 나오는 성분

① 입학했던 때가 엊그제 같은데 어느새 3학년이구나.

② 그는 농구는 몰라도 축구 실력만큼은 남달랐다.

③ 아침에 늦잠이 들어 하마터면 지각할 뻔했다.

④ 길을 가는데 낯선 사람이 알은척을 했다.

⑤ 하루빨리 여름방학이 왔으면 좋겠다.

17

형태소의 특성 | 2019학년도 3월 고3 학력평가

〈보기〉의 선생님 물음에 대한 답으로 가장 적절한 것은?

━━━━━━━━━● 보기 ●━━

선생님 : 지난 시간에 형태소와 단어에 대해 공부했는데, 이를 바탕으로 다음 자료에서 ㉠, ㉡, ㉢의 공통점과 차이점이 무엇인지 말해 볼까요?

[자료]
∘ 이 문제는 나한테 묻지 말고 그에게 물어라.
　　　　　　　　　　└─㉠─┘
∘ 귀로는 음악을 들었고 눈으로는 풍경을 보았다.
　　　　　　　　　└─㉡─┘
∘ 나는 산으로 가자고 했지만 동생은 바다로 갔다.
　　└─────㉢─────┘

① 공통점은 단어의 자격을 가진다는 것이고, 차이점은 ㉠만 실질적 의미를 나타낸다는 것입니다.
② 공통점은 문법적 의미를 나타낸다는 것이고, 차이점은 ㉢만 단어의 자격을 가진다는 것입니다.
③ 공통점은 단어의 자격을 갖지 못한다는 것이고, 차이점은 ㉡, ㉢만 문법적 의미를 나타낸다는 것입니다.
④ 공통점은 음운 환경에 따라 그 형태가 바뀐다는 것이고, 차이점은 ㉡, ㉢만 문법적 의미를 나타낸다는 것입니다.
⑤ 공통점은 반드시 다른 말과 결합하여 쓰인다는 것이고, 차이점은 ㉡, ㉢만 음운 환경에 따라 그 형태가 바뀐다는 것입니다.

18

파생어의 구조 | 2013학년도 10월 고3 학력평가 A형

〈보기〉의 '뜨개질'과 단어의 구조가 동일한 것은?

━━━━━━━━━● 보기 ●━━

　'뜨개질'의 형태소를 분석해 보면 '어근＋접미사＋접미사'의 구조로 되어 있음을 알 수 있다. 그런데 이 세 가지 구성 요소는 동일한 층위에서 결합된 것이 아니라 계층적으로 결합된 것이다. 즉, 어근 '뜨-'에 접미사 '-개'가 붙어 먼저 '뜨개'가 만들어지고, 여기에 다시 접미사 '-질'이 붙어 '뜨개질'이 된 것이다. 따라서 '뜨개질'은 '(어근＋접미사)＋접미사'의 구조로 된 파생어이다.

① 싸움꾼
② 군것질
③ 놀이터
④ 병마개
⑤ 미닫이

19

단어의 구조 | 2018학년도 4월 고3 학력평가

〈보기〉의 ㉠과 ㉡에 모두 해당하는 단어로 적절한 것은?

━━━━━━━━━● 보기 ●━━

　복합어는 어근과 어근이 결합되거나 어근에 접사가 결합되어 만들어진다. 이런 결합 관계는 여러 번에 걸쳐 일어나기도 해서, ㉠어근과 어근이 결합한 데 다시 접사가 붙는 경우도 있고, 어근과 접사가 결합한 데 다시 접사가 붙는 경우도 있다. 이때 ㉡접사가 결합되어 어근의 품사가 변하는 경우도 있다.

① 군것질
② 바느질
③ 겹겹이
④ 다듬이
⑤ 헛웃음

20

명사 파생 접미사와 명사형 전성 어미 | 2014학년도 6월 모의평가 A형

〈보기 1〉을 바탕으로 ㉠과 품사가 같은 것을 〈보기 2〉에서 고른 것은?

━━━━━━━━━● 보기 1 ●━━

[문장]
∘ 아침에 하는 ㉠달리기는 건강에 매우 좋다.
∘ 나는 모임에 늦지 않으려고 더 빨리 ㉡달리기 시작했다.

[설명]
　㉠과 ㉡은 형태는 같으나 품사가 다르다. ㉠은 '달리-'에 접미사가 붙은 명사로서 관형어의 수식을 받고 있다. 이에 반해, ㉡은 '달리-'에 명사형 어미가 붙은 동사로서 부사어의 꾸밈을 받으며 서술하는 기능을 유지하고 있다.

━━━━━━━━━● 보기 2 ●━━

∘ 그는 멋쩍게 ㉮웃음으로써 답변을 회피했다.
∘ 그 가수는 현란한 ㉯춤을 추며 노래를 불렀다.
∘ 오늘따라 학생들의 ㉰걸음이 가벼워 보였다.
∘ 자기 소개서에 "만화를 잘 ㉱그림."이라고 썼다.

① ㉮, ㉯　　　② ㉮, ㉱　　　③ ㉯, ㉰
④ ㉯, ㉱　　　⑤ ㉰, ㉱

[21~22] 다음 글을 읽고 물음에 답하시오.

보조사는 앞말에 붙어 특별한 뜻을 더해 주는 기능을 한다. 격 조사가 문법적 관계를 나타내 주는 것과 달리, 보조사는 앞말에 결합되어 의미를 첨가하는 기능을 한다.

ㄱ. 소설만 읽지 말고 시도 읽어라.
ㄴ. 소설만을 읽지 말고 시도 읽어라.

위의 ㄱ에서 '만'은 앞 체언에 '한정'의 의미를 더해 주고 있으며, '도'는 앞 체언에 '역시, 또한'의 의미를 더해 주고 있다. 한편 ㄴ의 '만을'에서 확인할 수 있듯이, 보조사와 격 조사가 함께 나타날 수 있다. 이때 문법적 관계는 격 조사가 담당하고 보조사는 앞말에 특정한 의미를 더해 주는 기능을 한다.

보조사의 다른 특징은 결합할 수 있는 앞말이 체언에 국한되지 않고, 부사, 어미 등의 뒤에도 결합할 수 있다는 것이다. 또한 '격 조사+보조사' 혹은 '보조사 + 보조사'의 형태로도 결합할 수 있고, 격 조사 자리에 보조사가 나타날 수도 있다.

한편 ⓐ보조사 중에서 ⓑ의존 명사 또는 어미와 그 형태가 동일한 경우가 있어 헷갈릴 수 있다.

[A]
ㄱ. 나는 나대로 계획이 있다.
ㄴ. 네가 아는 대로 말해라.

위 ㄱ에서 '대로'는 대명사 '나'에 결합되었기 때문에 보조사로, ㄴ에서 '대로'는 관형어의 수식을 받기 때문에 의존 명사로 본다.

21

윗글을 참고하여 〈보기〉의 ㉠~㉢을 이해한 것으로 적절하지 않은 것은?

─────── • 보기 •

㉠ 라면마저도 품절됐네.
㉡ 형도 동생만을 믿었다.
㉢ 그는 아침에만 운동했다.

① ㉠: 격 조사 뒤에 '역시, 또한'의 의미를 더해 주는 보조사가 덧붙고 있다.
② ㉡: 주격 조사 자리에 '도'라는 보조사가 나타나고 있다.
③ ㉡: 보조사 '만'과 격 조사 '을'이 함께 나타나고 있다.
④ ㉢: '에'는 체언에 결합하여 문법적 관계를 나타낸다.
⑤ ㉢: '만'은 보조사가 결합할 수 있는 앞말이 체언에 국한되지 않음을 보여 준다.

22

[A]에서 설명하는 ⓐ, ⓑ의 예에 해당하는 것은?

① ⓐ: 너만큼 아는 사람은 드물다.
　 ⓑ: 너는 먹을 만큼만 먹어라.
② ⓐ: 그는 그냥 서 있을 뿐이다.
　 ⓑ: 날 알아주는 사람은 너뿐이다.
③ ⓐ: 그녀는 뛸 듯이 기뻐했다.
　 ⓑ: 사람마다 생김새가 다르듯이 생각도 다르다.
④ ⓐ: 나는 사과든지 배든지 아무거나 좋다.
　 ⓑ: 노래를 부르든지 춤을 추든지 해라.
⑤ ⓐ: 불규칙한 식습관은 건강에 좋지 않다.
　 ⓑ: 친구를 만난 지도 꽤 오래되었다.

23

〈보기〉를 바탕으로 ㉠~㉢을 이해한 내용으로 적절하지 않은 것은?

─────── • 보기 •

'동사'는 동작이나 작용을 나타내는 단어이고, '형용사'는 성질이나 상태를 나타내는 단어이다. 동사와 형용사는 활용하는 양상이 다른데, 일반적으로 동사 어간에는 현재 시제 선어말 어미 '-ㄴ-/-는-', 현재 시제의 관형사형 어미 '-는', 명령형 어미 '-아라/-어라', 청유형 어미 '-자' 등이 붙지만, 형용사 어간에는 붙지 않는다.

㉠ 지훈이가 야구공을 멀리 던졌다.
㉡ 해가 떠오르며 점차 날이 밝는다.
㉢ 그 친구는 아는 게 참 많다.
㉣ 날씨가 더우니 하복을 입어라.
㉤ *올해도 우리 모두 건강하자.

※ '*'는 비문법적인 문장임을 나타냄.

① ㉠의 '던졌다'는 대상의 동작을 나타내므로 동사이다.
② ㉡의 '밝는다'는 대상의 상태를 나타내므로 형용사이다.
③ ㉢의 '아는'은 현재 시제의 관형사형 어미 '-는'이 결합하였으므로 동사이다.
④ ㉣의 '입어라'는 명령형 어미 '-어라'가 결합하였으므로 동사이다.
⑤ ㉤의 '건강하자'의 기본형 '건강하다'는 청유형 어미 '-자'가 결합할 수 없으므로 형용사이다.

[24~25] 다음 글을 읽고 물음에 답하시오.

용언은 문장에서 다양한 형태로 활용하면서 주로 서술어의 역할을 하는 단어로, 동사와 형용사가 있다. 용언이 활용할 때 형태가 변하지 않는 부분을 어간이라고 하고, 형태가 변하는 부분을 어미라고 한다.

어간이나 어미는 문장에서 홀로 쓰일 수 없고, 어간 뒤에 어미가 결합하여 용언을 이룬다. 가령 '먹다'는 어간 '먹-'의 뒤에 어미 '-고', '-어'가 각각 결합하여 '먹고', '먹어'와 같이 활용한다. 그런데 일부 용언에서는 활용할 때 어간의 일부가 탈락하기도 한다. '노는'은 어간 '놀-'과 어미 '-는'이 결합하면서 'ㄹ'이 탈락한 경우이고, '커'는 어간 '크-'와 어미 '-어'가 결합하면서 'ㅡ'가 탈락한 경우이다.

어미는 크게 어말 어미와 선어말 어미로 구분된다. 어말 어미는 단어의 끝에 오는 어미이며, 선어말 어미는 어말 어미 앞에 오는 어미이다. '가다'의 활용형인 '가신다', '가겠고', '가셨던'을 어간, 선어말 어미, 어말 어미로 분석하면 아래와 같다.

활용형	어간	어미	
		선어말 어미	어말 어미
가신다		-시- / -ㄴ-	-다
가겠고	가-	-겠-	-고
가셨던		-시- / -었-	-던

어말 어미는 기능에 따라 종결 어미, 연결 어미, 전성 어미로 구분된다. 종결 어미는 '가신다'의 '-다'와 같이 문장을 종결하는 어미이고, 연결 어미는 '가겠고'의 '-고'와 같이 앞뒤의 말을 연결하는 어미이다. 그리고 전성 어미는 '가셨던'의 '-던'과 같이 용언이 다른 품사처럼 쓰이게 하는 어미이다. '-던'이나 '-(으)ㄴ-', '-는', '-(으)ㄹ' 등은 용언이 관형사처럼, '-게', '-도록' 등은 용언이 부사처럼, '-(으)ㅁ', '-기' 등은 용언이 명사처럼 쓰이게 한다.

선어말 어미는 높임이나 시제 등을 나타낼 때 쓰인다. 활용할 때 어말 어미처럼 반드시 나타나지는 않지만, 한 용언에서 서로 다른 선어말 어미가 동시에 쓰이기도 한다. 위에서 '가신다', '가겠고', '가셨던'의 '-ㄴ-', '-겠-', '-었-'은 시제를 나타내는 선어말 어미로, 각각 현재, 미래, 과거 시제를 나타내는 기능을 한다.

24

윗글을 통해 알 수 있는 내용으로 적절한 것은?

① 용언은 어간의 앞뒤에 어미가 결합한 단어이다.
② 어간은 단독으로 쓰여 하나의 용언을 이룰 수 있다.
③ 어미는 용언이 활용할 때 형태가 유지되는 부분이다.
④ 어말 어미는 용언이 활용할 때 나타나지 않을 수 있다.
⑤ 선어말 어미는 한 용언에 두 개가 동시에 쓰일 수 있다.

25

윗글을 바탕으로 〈보기〉의 ㄱ~ㅁ의 밑줄 친 부분을 탐구한 내용으로 적절하지 <u>않은</u> 것은?

> ● 보기
>
> ㄱ. 너도 그를 <u>아니</u>?
> ㄴ. 사과가 <u>맛있구나</u>!
> ㄷ. 산은 <u>높고</u> 강은 깊다.
> ㄹ. 아침에 <u>뜨는</u> 해를 봐.
> ㅁ. 그녀는 과자를 <u>먹었다</u>.

① ㄱ : 어간 '알-'에 어미 '-니'가 결합하면서 'ㄹ'이 탈락하였다.
② ㄴ : 어간 '맛있-'에 종결 어미 '-구나'가 결합하여 문장을 종결하고 있다.
③ ㄷ : 어간 '높-'에 연결 어미 '-고'가 결합하여 앞뒤의 말을 연결하고 있다.
④ ㄹ : 어간 '뜨-'에 전성 어미 '-는'이 결합하면서 용언이 부사처럼 쓰이고 있다.
⑤ ㅁ : 어간 '먹-'과 어말 어미 '-다' 사이에 선어말 어미 '-었-'이 결합하여 과거 시제를 나타내고 있다.

[26~27] 다음 글을 읽고 물음에 답하시오.

　어근과 접사는 단어를 구성하는 요소이다. 어근은 단어에서 실질적인 의미를 나타내는 중심 부분이며, 접사는 의미를 더하거나 제한하는 주변 부분이다. 접사는 어근에 덧붙어 새로운 단어를 만든다는 점에서 파생 접사라고 부른다. '헛수고'와 '일꾼'의 '수고'와 '일'은 어근이며, '헛–'과 '–꾼'은 접사이다.

　어근은 단어의 중심을 이루는 구성 요소이므로 단어는 하나 이상의 어근을 포함한다. 구성 요소가 2개인 경우로 한정하면 우리말 단어는 '어근 + 어근', '어근 + 접사', '접사 + 어근' 중 어느 하나에 해당한다.

　어근은 규칙 어근과 불규칙 어근으로 나눌 수 있는데, 규칙 어근은 품사가 분명하고 다른 말과 자유롭게 결합할 수 있는 어근이다. 반면에 불규칙 어근은 품사가 분명하지 않고 다른 말과의 결합에도 제약이 따르는 어근으로, '아름답다'의 '아름–'이나 '깨끗하다'의 '깨끗–' 등이 해당한다.

　접사는 어근에 결합하는 위치에 따라 어근의 앞에 붙는 접두사와 어근의 뒤에 붙는 접미사로 나눌 수 있다. '풋사과'의 '풋–'은 접두사, '덮개'의 '–개'는 접미사에 해당한다. 접두사와 접미사는 어근과의 위치가 상대적으로 차이가 나며 문법적 기능 면에서도 차이가 있다. 접두사는 의미를 더하거나 제한할 뿐 파생되는 단어의 품사에는 영향을 끼치지 않는다. '헛–'이 명사 '고생, 수고'에 붙어 파생된 단어는 모두 명사이며, 동사 '살다, 보다'에 붙어 파생된 단어는 모두 동사이다. 접미사는 접두사와 마찬가지로 의미를 더하거나 제한하는 기능을 할 뿐만 아니라 파생되는 단어의 품사를 바꾸기도 한다. '–이'가 동사 '먹다, 벌다'에 붙어 만들어진 단어는 모두 명사이다.

26

윗글을 통해 알 수 있는 내용으로 적절하지 않은 것은?

① '쌓다'와 '쌓이다'의 어근은 동일하다.
② '군살'은 두 개의 어근으로 구성된다.
③ '헛발질'에는 접두사와 접미사가 모두 있다.
④ '맨손'의 어근은 다른 말과 자유롭게 결합할 수 있다.
⑤ '따뜻하다'의 어근은 품사가 불분명한 불규칙 어근이다.

27

윗글을 바탕으로 〈학습 활동〉의 ⓐ와 ⓑ에 들어갈 자료를 바르게 짝지은 것은?

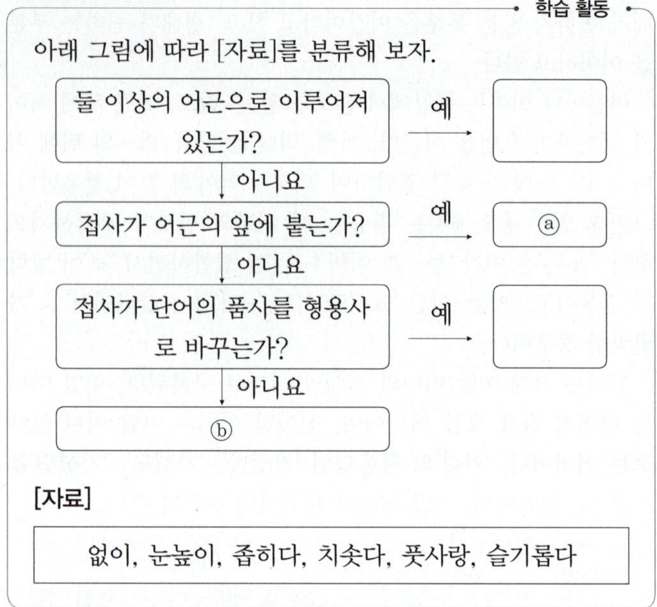

[자료]

없이, 눈높이, 좁히다, 치솟다, 풋사랑, 슬기롭다

	ⓐ	ⓑ
①	눈높이, 치솟다	풋사랑, 슬기롭다
②	눈높이, 슬기롭다	없이, 좁히다
③	좁히다, 슬기롭다	없이, 풋사랑
④	치솟다, 풋사랑	좁히다, 슬기롭다
⑤	치솟다, 풋사랑	없이, 좁히다

28

〈보기 1〉의 밑줄 친 부분에 해당하는 단어를 〈보기 2〉에서 있는 대로 모두 고른 것은?

▶ 보기 1 ◀

선생님: 하나의 단어가 수사로 쓰이기도 하고 수 관형사로도 쓰이는 경우가 많습니다. 그런데 <u>수 관형사로만 쓰이는 단어</u>도 있습니다.

▶ 보기 2 ◀

○ 나는 필통에서 연필 <u>하나</u>를 꺼냈다.
○ 그 마트는 매월 <u>둘째</u> 주 화요일에 쉰다.
○ 이번 학기에 책 <u>세</u> 권을 읽는 게 내 목표야.
○ <u>여섯</u> 명이나 이 일에 자원해서 정말 기쁘다.

① 하나　　　② 세　　　③ 하나, 여섯
④ 둘째, 세　　　⑤ 둘째, 여섯

29

파생어의 분류 | 2024학년도 3월 고2 학력평가

〈보기〉의 ㉠에 해당하는 예로 적절하지 <u>않은</u> 것은?

● 보기 ●

　　파생어는 어근에 접사가 붙어 이루어진 단어이다. 파생어 중에는 어근에 특정한 뜻을 더하는 접사가 붙어 이루어진 단어가 있다. 예를 들어 '풋사과'는 어근 '사과' 앞에 '아직 덜 익은'이라는 뜻을 가진 접사 '풋-'이 붙어 이루어진 단어이다. 또한 파생어 중에는 ㉠어근의 품사를 바꾸는 접사가 붙어 이루어진 단어도 있다. 예를 들어 명사 '웃음'은 동사 '웃다'의 어근 '웃-'에 접사 '-음'이 붙어 명사가 된 것이다.

① 일찍이　　② 마음껏　　③ 가리개
④ 높이다　　⑤ 슬기롭다

30

합성어의 형성 과정 | 2020학년도 10월 고3 학력평가

〈보기〉의 ㉠~㉣을 바르게 분류한 것은?

● 보기 ●

※ 다음 밑줄 친 단어를 통해 합성어의 형성 과정을 탐구해 보자.

- 이곳은 ㉠이른바 우리나라의 곡창 지대이다.
- 붕대로 ㉡감싼 상처가 정말 심각해 보였다.
- 집행부가 질서를 ㉢바로잡을 계획을 세웠다.
- 대학교에 가려면 ㉣건널목을 건너야만 한다.

[탐구 과정]

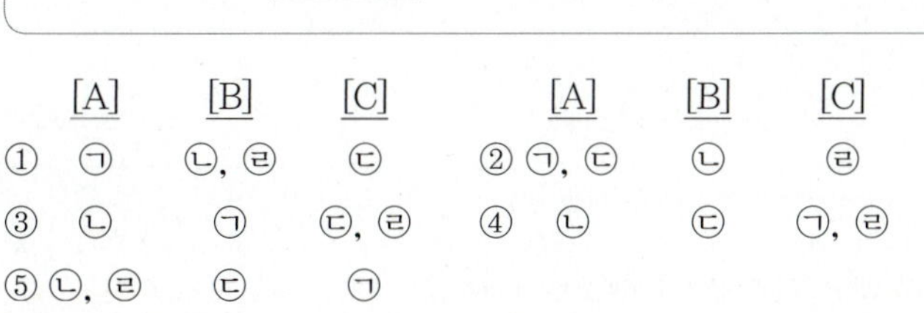

	[A]	[B]	[C]		[A]	[B]	[C]
①	㉠	㉡, ㉣	㉢	②	㉠, ㉢	㉡	㉣
③	㉡	㉠	㉢, ㉣	④	㉡	㉢	㉠, ㉣
⑤	㉡, ㉣	㉢	㉠				

31

합성어의 분류 | 2022학년도 9월 고2 학력평가

〈보기 1〉의 ㉠에 해당하는 것만을 〈보기 2〉에서 있는 대로 고른 것은?

● 보기 1 ●

　　합성어는 명사와 명사의 결합, 용언의 관형사형과 명사의 결합, 부사와 용언의 결합처럼 어근과 어근의 연결이 우리말의 어순이나 단어 배열법과 일치하는 ㉠통사적 합성어와 용언의 어간과 명사의 결합, 용언의 어간에 용언의 어간이 직접 결합한 것처럼 우리말의 어순이나 단어 배열법과 일치하지 않는 비통사적 합성어로 나눌 수 있다.

● 보기 2 ●

덮밥, 돌다리, 하얀색, 높푸르다, 잘생기다

① 돌다리, 높푸르다
② 덮밥, 돌다리, 하얀색
③ 덮밥, 하얀색, 높푸르다
④ 돌다리, 하얀색, 잘생기다
⑤ 돌다리, 하얀색, 높푸르다, 잘생기다

32

직접 구성 성분(요소) 분석 | 2020학년도 9월 모의평가

〈보기〉의 ㉠과 ㉡을 모두 충족하는 예로 적절한 것은?

● 보기 ●

　　'붙잡다'의 어간 '붙잡-'은 어근 '붙-'과 어근 '잡-'으로 나뉘고, '잡히다'의 어간 '잡히-'는 어근 '잡-'과 접사 '-히-'로 나뉜다. 이렇듯 어떤 말을 둘로 나누었을 때 나누어진 두 요소 각각을 직접 구성 요소라 하는데, 어근과 어근으로 분석되는 말을 합성어라 하고 어근과 접사로 분석되는 말을 파생어라 한다.
　　그런데 ㉠어간이 3개 이상의 구성 요소로 이루어진 경우가 있다. 이때 ㉡직접 구성 요소가 먼저 어근과 어근으로 분석되면 합성어이고 어근과 접사로 분석되면 파생어이다. 예컨대 '밀어붙이다'는 직접 구성 요소가 먼저 어근과 어근으로 분석되므로 합성어이다.

① 밤새 거센 비바람이 <u>내리쳤다</u>.
② 책임을 남에게 <u>떠넘기면</u> 안 된다.
③ 차바퀴가 진흙 바닥에서 <u>헛돌았다</u>.
④ 거리에는 매일 많은 사람이 <u>오간다</u>.
⑤ 그들은 끊임없이 <u>짓밟혀도</u> 굴하지 않았다.

| 음운의 체계 |

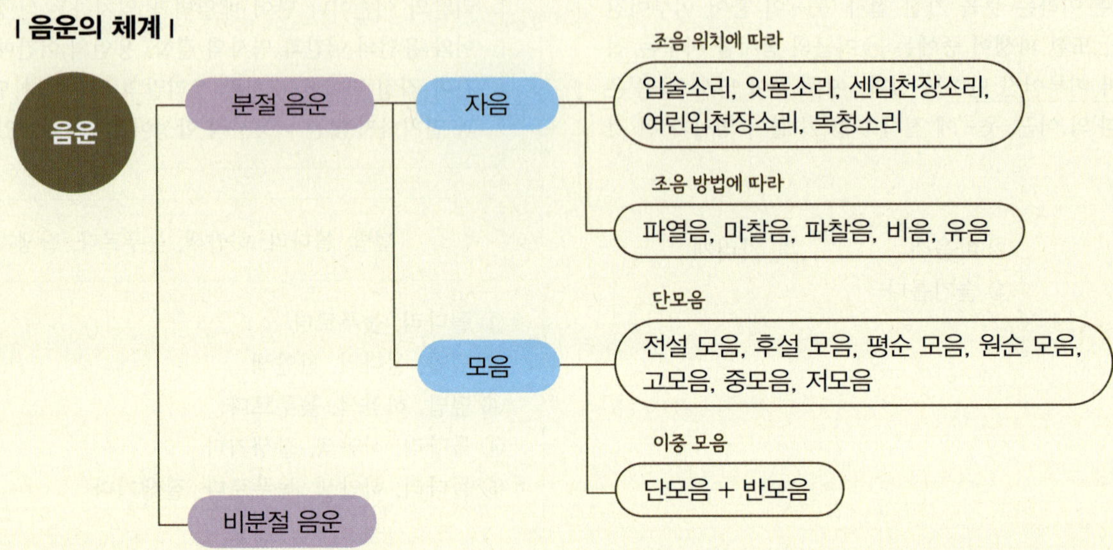

음운
분절 음운
자음
조음 위치에 따라
입술소리, 잇몸소리, 센입천장소리, 여린입천장소리, 목청소리
조음 방법에 따라
파열음, 마찰음, 파찰음, 비음, 유음
모음
단모음
전설 모음, 후설 모음, 평순 모음, 원순 모음, 고모음, 중모음, 저모음
이중 모음
단모음 + 반모음
비분절 음운

음운 변동
교체
음절의 끝소리 규칙, 비음화, 유음화, 구개음화, 된소리되기(경음화)
탈락
자음군 단순화, 자음 탈락, 모음 탈락
첨가
'ㄴ' 첨가, 반모음 첨가
축약
거센소리되기(자음 축약)

| 음운의 변동 |

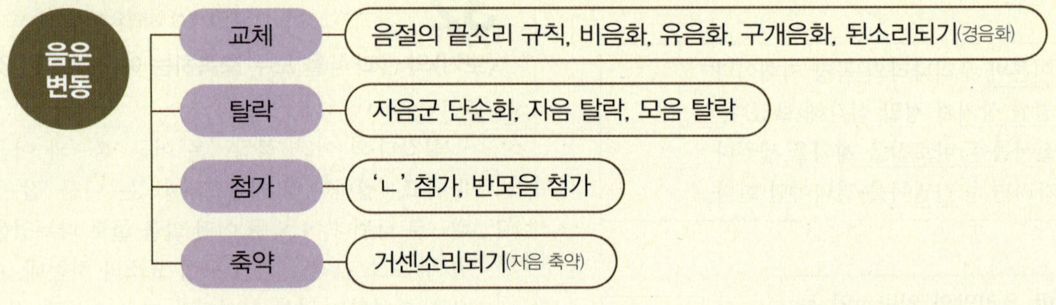

II

음운

08 음운의 개념과 체계

✪ 음성과 음운

1. 음성(音聲)
- 발음 기관을 통해 나오는 말소리
- 사람마다 다르고, 같은 사람의 음성도 때에 따라 다름.
- 구체적이고 개별적인 소리
- 🅔 '하늘'이라는 단어를 사람마다 발음하는 음색이 서로 다름.

2. 음운(音韻)
- 개별적인 음성에서 공통적인 요소만을 뽑아 머릿속에서 같은 소리로 인식하는 말소리
- 추상적이고 관념적인 소리
- 🅔 사람마다 음색이 다른 [하늘]이라는 소리에서 'ㅎ', 'ㅏ', 'ㄴ', 'ㅡ', 'ㄹ' 음운을 뽑아냄.

✪ 최소 대립쌍

하나의 음운으로 인해 뜻이 구별되는 단어들의 쌍
- 🅔 · '살'과 '쌀'
  - → 자음 'ㅅ'과 'ㅆ'으로 인해 뜻이 구별되는 최소 대립쌍
  - · [성인](成人)과 [성ː인](聖人)
  - → 소리의 길이(단음과 장음)로 인해 뜻이 구별되는 최소 대립쌍

✪ 성대의 울림 여부에 따른 음운 분류

1. 울림소리
발음할 때 입안이나 코안에서 울림이 일어나는 소리
🅔 모든 모음과 'ㄴ, ㄹ, ㅁ, ㅇ'

2. 안울림소리
입안이나 코안에서 울림이 일어나지 않는 소리 🅔 파열음, 파찰음, 마찰음

✪ 조음 방법에 따른 자음 분류

파열음	폐에서 나오는 공기를 막았다가 터뜨리면서 내는 소리
마찰음	입안이나 목청 사이의 통로를 좁히고 공기를 그 틈으로 내보내어 마찰을 일으키며 내는 소리
파찰음	폐에서 나오는 공기를 일단 막았다가 마찰하여 내는 소리(파열과 마찰이 모두 일어나며 내는 소리)
비음	코로 공기를 내보내면서 내는 소리
유음	혀끝을 잇몸에 댄 채 공기를 양옆으로 흘려보내면서 내는 소리

음운의 개념

❶ 음운 音 소리 음, 韻 운 운
- 음운이란 말의 뜻을 구별해 주는 소리의 가장 작은 단위이다.
- 음운의 종류는 분절 음운(음소)과 비분절 음운(운소)으로 나뉜다.

달	자음 'ㄷ'과 'ㅁ'의 차이로 뜻이 달라짐.	말[馬]	모음 'ㅏ'와 'ㅜ'의 차이로 뜻이 달라짐.	물

소리의 길이 [ㅏ]와 [ㅏː]의 차이로 뜻이 달라짐.(: : 길게 발음함.)

말ː[言]

분절 음운 = 음소(音素)	자음 (19개)	ㅂ, ㅃ, ㅍ / ㄷ, ㄸ, ㅌ / ㄱ, ㄲ, ㅋ / ㅈ, ㅉ, ㅊ / ㅅ, ㅆ / ㅎ / ㅁ / ㄴ / ㅇ(종성) / ㄹ	
	모음 (21개)	단모음(10개)	ㅏ, ㅓ, ㅗ, ㅜ, ㅡ, ㅣ, ㅐ, ㅔ, ㅚ, ㅟ
		이중 모음(11개)	ㅑ, ㅕ, ㅛ, ㅠ, ㅒ, ㅖ, ㅘ, ㅝ, ㅙ, ㅞ, ㅢ
비분절 음운 = 운소(韻素)	소리의 길이		🅔 [눈](eye) – [눈ː](snow), [밤](night) – [밤ː](chestnut), [벌](punishment) – [벌ː](bee), [굴](oyster) – [굴ː](cave)
	소리의 높낮이 (억양)		🅔 "지금 밥 먹어.↘" (하강조: 평서문) "지금 밥 먹어.→" (평탄조: 명령문) "지금 밥 먹어?↗" (상승조: 의문문)

🔍 돋보기 · 음절과 음절의 구조

1. 음절: 발음할 때 한 번에 낼 수 있는 소리의 단위로, 말소리의 단위
   ① 모음이 있어야 음절을 이룰 수 있음(음절의 수 = 모음의 수).
   ② 음절의 중심을 이루는 모음을 중성(가운뎃소리), 그 앞의 자음을 초성(첫소리), 그 뒤의 자음을 종성(끝소리)이라고 함. 🅔 '강'은 초성 'ㄱ', 중성 'ㅏ', 종성 'ㅇ'으로 이루어짐.
   ③ 음절은 말소리의 단위이므로 표기가 아니라 발음을 기준으로 삼음. 🅔 '물놀이[물로리]'를 이루는 음절은 '물', '로', '리'

2. 음절의 구조

모음(중성) 단독	🅔 아, 어, 야, 여, 와, 왜(→ 초성 자리의 'ㅇ'은 음운이 아님.)
모음(중성) + 자음(종성)	🅔 안, 얼, 양, 엮, 왕, 웬(→ 초성 자리의 'ㅇ'은 음운이 아님.)
자음(초성) + 모음(중성)	🅔 가, 너, 뎌, 표, 봐, 궤
자음(초성) + 모음(중성) + 자음(종성)	🅔 강, 년, 좋, 풀, 쥠, 빰

자음 체계

❶ 자음 子 아들 자, 音 소리 음
- 소리를 낼 때, 발음 기관에서 공기의 흐름이 방해를 받고 나는 소리
- 방해를 받는 위치를 '조음 위치', 소리를 내는 방법을 '조음 방법'이라고 한다.

❷ 자음의 분류

조음 방법		조음 위치	입술소리 (양순음)	잇몸소리 (치조음)	센입천장소리 (경구개음)	여린입천장소리 (연구개음)	목청 소리 (후음)
안울림 소리	파열음	예사소리	ㅂ	ㄷ		ㄱ	
		된소리	ㅃ	ㄸ		ㄲ	
		거센소리	ㅍ	ㅌ		ㅋ	
	파찰음	예사소리			ㅈ		
		된소리			ㅉ		
		거센소리			ㅊ		
	마찰음	예사소리		ㅅ			ㅎ
		된소리		ㅆ			
울림 소리	비음		ㅁ	ㄴ		ㅇ	
	유음			ㄹ			

❶ 모음 母 어미 모, 音 소리 음

소리를 낼 때, 공기의 흐름이 방해를 거의 받지 않으며, 홀로 소리 날 수 있다.

❷ 모음의 분류

(1) 단모음 : 발음하는 동안 입술 모양이나 혀의 위치가 달라지지 않는 모음

입술의 모양 혀의 높이	전설 모음(→ 혀가 앞으로 감.)		후설 모음(→ 혀가 뒤로 감.)	
	평순 모음 (→ 입술이 평평함.)	원순 모음 (→ 입술이 둥긂.)	평순 모음 (→ 입술이 평평함.)	원순 모음 (→ 입술이 둥긂.)
고모음(폐모음) (입을 조금 열어 줌. → 혀가 높아짐.)	ㅣ	ㅟ	ㅡ	ㅜ
중모음(반개모음) (입을 반쯤 열어 줌. → 혀=가운데)	ㅔ	ㅚ	ㅓ	ㅗ
저모음(개모음) (입을 활짝 열어 줌. → 혀가 낮아짐.)	ㅐ		ㅏ	

(2) 이중 모음 : 반모음과 단모음이 결합된 소리로, 발음하는 동안 입술 모양이나 혀의 위치가 고정되어 있지 않고 달라지는 모음

'이̆[j]' + 단모음	ㅑ(이̆+ㅏ), ㅕ(이̆+ㅓ), ㅛ(이̆+ㅗ), ㅠ(이̆+ㅜ), ㅒ(이̆+ㅐ), ㅖ(이̆+ㅔ)
'ㅗ/ㅜ[w]' 단모음	ㅘ(ㅗ+ㅏ), ㅝ(ㅜ+ㅓ), ㅙ(ㅗ+ㅐ), ㅞ(ㅜ+ㅔ)
단모음 + '이̆[j]'	ㅢ(ㅡ+이̆)

돋보기 반모음(半母音)

- 소리를 낼 때 공기의 흐름이 방해를 받지 않는다는 점에서는 모음이지만 홀로 발음될 수 없다는 점에서 자음과 비슷한 성격을 지닌 모음('반자음'이라고도 함.)
- '반모음 ㅣ'는 '이̆' 또는 '[j]', '반모음 ㅗ/ㅜ'는 'ㅗ/ㅜ' 또는 '[w]' 등으로 표현함.

Q 자음 체계표를 외우는 것이 좋은 가요?

A 네. 먼저 조음 위치를 이해해야 해요. 자음 체계표의 조음 위치는, 왼쪽 얼굴 앞부분부터 뒷부분까지의 순서대로 외우는 것이 좋아요. 아래 그림처럼요.

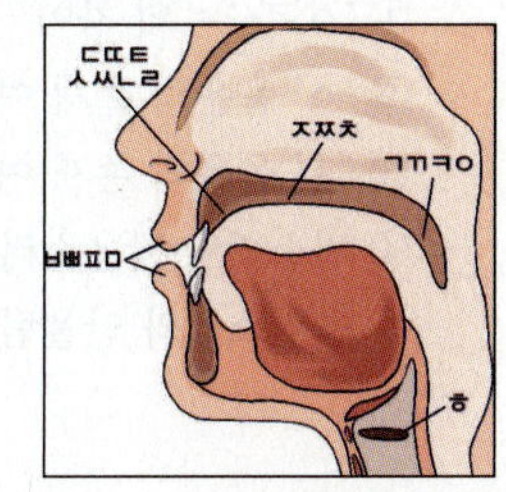

두 입술 사이에서 만들어지는 '양순음', 혀끝이 잇몸에 닿아 만들어지는 '치조음', 딱딱한 입천장과 혓바닥 사이에서 만들어지는 '경구개음', 부드러운 입천장과 혀 뒤 사이에서 만들어지는 '연구개음', 목청에서 울려 나오는 '후음'의 순서를 그림을 통해 기억해 두세요.

Q 모음 체계표도 외워요?

A 네. 단모음들을 모아 이렇게 외워 보세요.

키	위		금	붕
제	외		어	좋
해			아	

Q 반모음이 이해가 잘 안 돼요.

A 'ㅣ'와 'ㅏ'를 이어서 발음하면 'ㅑ'가 되죠? 'ㅗ'와 'ㅏ'는 'ㅘ'가 되고요. 이때 다른 단모음 앞에서 빨리 발음되는 'ㅣ'와 'ㅗ'를 반모음이라고 해요. 'ㅣ'와 'ㅗ' 자체는 홀로 발음할 수 있는 소리인 반면 '이̆, ㅗ/ㅜ'는 다른 모음 앞에 결합되는 모음이라는 의미에서 반모음이라고 부르는 거지요. 모든 음운이 우리 머릿속에서 만들어진 관념적 소리이듯, 반모음도 마찬가지랍니다.

1 〈보기〉에서 ㉠과 ㉡의 의미 차이를 만드는 요소를 바르게 제시한 것은?

> ● 보기 ●
> ㉠오리들이 우는 ㉡소리가 냇가를 울렸다.

① 'ㅇ'과 'ㅅ'의 차이
② 'ㅇ' 음운의 존재 여부
③ 'ㅅ' 음운의 존재 여부
④ 긴소리와 짧은소리의 차이
⑤ 울림소리와 안울림소리의 차이

2 하나의 음절을 형성할 수 있는 구조가 <u>아닌</u> 것은?

① 모음 단독
② 자음＋모음
③ 모음＋자음
④ 자음＋모음＋자음
⑤ 모음＋자음＋모음

3 '밤[夜]'의 최소 대립쌍에 해당하지 <u>않는</u> 것은?

① 땀　　　② 방　　　③ 뱀
④ 빵　　　⑤ 밤:[栗]

4 〈보기〉의 예로 활용하기에 적절하지 <u>않은</u> 것은?

> ● 보기 ●
> 　자음은 소리의 세기에 따라 '예사소리−된소리−거센소리'로 구분된다. 이때 된소리는 예사소리보다 더 강하고 단단한 느낌을, 거센소리는 된소리보다 더 크고 거센 느낌을 준다.

① 뛰다 − 튀다
② 발갛다 − 빨갛다
③ 깜깜하다 − 캄캄하다
④ 방긋대다 − 빵긋대다
⑤ 종알거리다 − 쫑알거리다

음운의 특징
2014학년도 예비 시행 A형

1 다음은 '음운'에 대한 학습 활동지 중 일부이다. ⓐ에 들어갈 내용으로 적절한 것은?

(ㄱ) '발'의 초성, 중성, 종성을 다른 음운으로 바꾸어 여러 단어를 만들어 보자. ○ 초성을 바꾼 경우(달, 살) ○ 중성을 바꾼 경우(볼, 불) ○ 종성을 바꾼 경우(밥, 방)	(ㄴ) 다음 단어를 길게 발음할 때와 짧게 발음할 때의 차이를 이용해 문장을 만들어 보자.

눈	
길게 발음할 때	짧게 발음할 때
눈이 펑펑 내린다.	아이 **눈**이 초롱초롱하다.

⇩

(ㄱ)과 (ㄴ)을 함께 고려할 때 [　　ⓐ　　]는 사실을 알 수 있다.

① 음운은 문자로 표기할 수 있다
② 음운은 단어의 뜻을 구별해 준다
③ 음운은 일정한 조건에서 변화한다
④ 음운은 어떤 위치든 나타날 수 있다
⑤ 음운은 감정의 차이를 표현할 수 있다

2 〈보기〉의 ㉠에 들어갈 말로 적절하지 <u>않은</u> 것은?

• 보기 •

선생님: 최소 대립쌍이란 하나의 소리로 인해 뜻이 구별되는 단어의 짝을 말해요. 가령 최소 대립쌍 '살'과 '쌀'은 'ㅅ'과 'ㅆ'으로 인해 뜻이 달라지는데, 이때의 'ㅅ', 'ㅆ'은 음운의 자격을 얻게 되죠. 이처럼 최소 대립쌍을 이용해 음운들을 추출하면 음운 체계를 수립할 수 있어요. 이제 고유어들을 모은 [A]에서 최소 대립쌍들을 찾아 음운들을 추출하고, 그 음운들을 [B]에서 확인해 봅시다.

[A] 쉬리, 마루, 구실, 모래, 소리, 구슬, 머루

[B] 국어의 단모음 체계

혀의 앞뒤 / 입술 모양 / 혀의 높낮이	전설 모음		후설 모음	
	평순	원순	평순	원순
고모음	ㅣ	ㅟ	ㅡ	ㅜ
중모음	ㅔ	ㅚ	ㅓ	ㅗ
저모음	ㅐ		ㅏ	

[학생의 탐구 내용]

추출된 음운들 중 [㉠]을 확인할 수 있군.

① 2개의 전설 모음　　　　　② 2개의 중모음
③ 3개의 평순 모음　　　　　④ 3개의 고모음
⑤ 4개의 후설 모음

3 〈보기〉의 ㉠에 들어갈 내용으로 알맞은 것은?

• 보기 •

학생: '식물'이 [싱물]로 발음되는데, 두 자음이 만나서 발음될 때 조음 위치나 방식 중 무엇이 바뀐 것인가요?

선생님: 아래의 자음 분류표를 보면서 그 답을 찾아봅시다.

조음 방식 \ 조음 위치	양순음	치조음	연구개음
파열음	ㅂ	ㄷ	ㄱ
비음	ㅁ	ㄴ	ㅇ

　이 표는 국어 자음을 조음 위치와 조음 방식에 따라 분류한 자음 체계의 일부입니다. '식'의 'ㄱ'이 '물'의 'ㅁ' 앞에서 [ㅇ]으로 발음되지요. 이와 비슷한 예들로는 '입는[임는]', '뜯는[뜬는]'이 있는데, 이 과정에서 무엇이 달라졌나요?

학생: 세 경우 모두 두 자음이 만나서 발음될 때, _____㉠_____ 이/가 변했네요.

① 앞 자음의 조음 방식　　　　② 뒤 자음의 조음 방식
③ 두 자음의 조음 방식　　　　④ 앞 자음의 조음 위치
⑤ 뒤 자음의 조음 위치

09 음운 변동의 유형 / 교체 ①

음운 변동의 유형   音 소리 음, 韻 운 운, 變 변할 변, 動 움직일 동

- 음운 변동이란 한 음운이 일정한 환경에서 다른 음운으로 바뀌어 소리 나는 현상이다.
- 발음을 더 쉽게 하고, 표현을 명료하게 하여 뜻을 좀 더 분명하게 전달하기 위해 일어난다.
- 형태소와 형태소가 결합할 때 그 경계에 놓이는 두 음운 사이의 관계에 따라 나타나는 경우가 많다.

같이 ⇨ [가치] ㅌ → ㅊ (교체)		좋아 ⇨ [조:아] ㅎ → ∅ (탈락)
웬일 ⇨ [웬:닐] ∅ → ㄴ (첨가)		축하 ⇨ [추카] ㄱ + ㅎ → ㅋ (축약)

교체 (대치)	• 한 음운이 다른 음운으로 바뀌는 현상 • 음절의 끝소리 규칙, 비음화, 유음화, 구개음화, 된소리되기 등	$XaY → XbY$ (→ 음운의 개수 변화 ×)
탈락	• 원래 있던 음운이 없어지는 현상 • 자음군 단순화, 자음 탈락, 모음 탈락 등	$XaY → XY$ (→ 음운의 개수 -1)
첨가	• 원래 없던 음운이 생겨나는 현상 • 'ㄴ' 첨가, 반모음 첨가 등	$XY → XaY$ (→ 음운의 개수 +1)
축약	• 두 음운이 한 음운으로 줄어드는 현상 • 거센소리되기(자음 축약) 등	$XabY → XcY$ (→ 음운의 개수 -1)

교체   交 사귈 교, 替 바꿀 체

❶ 음절의 끝소리 규칙

'가느다란 물방울'로 외워 보세요!

- 음절의 끝(종성)에서는 'ㄱ, ㄴ, ㄷ, ㄹ, ㅁ, ㅂ, ㅇ'의 일곱 자음(대표음)만 발음될 수 있다.
- 다른 자음이 음절의 끝소리에 오게 되면, 일곱 개의 자음 가운데 하나로 바뀌어 발음된다.

받침 표기	ㄱ, ㄲ, ㅋ	ㄴ	ㄷ, ㅌ, ㅅ, ㅆ, ㅈ, ㅊ, ㅎ	ㄹ	ㅁ	ㅂ, ㅍ	ㅇ
대표음	[ㄱ]	[ㄴ]	[ㄷ]	[ㄹ]	[ㅁ]	[ㅂ]	[ㅇ]

밖[박] 부엌[부억] 받침 ㄲ, ㅋ → [ㄱ]	앞[압] 받침 ㅍ → [ㅂ]
끝[끋] 옷[옫] 낮[낟] 꽃[꼳] 히읗[히읃] 받침 ㅌ, ㅅ, ㅈ, ㅊ, ㅎ → [ㄷ]	

✪ 음절 종성의 종류

1. 홑받침: ㄱ, ㄴ, ㄷ, ㄹ, ㅁ, ㅂ, ㅅ, ㅇ, ㅈ, ㅊ, ㅋ, ㅌ, ㅍ, ㅎ
   - 예 막다, 안다, 닫다, 날다, 감다

2. 쌍받침: ㄲ, ㅆ(→1개의 음운)
   - 예 닦다, 있다

3. 겹받침: ㄳ, ㄵ, ㄶ, ㄺ, ㄻ, ㄼ, ㄽ, ㄾ, ㄿ, ㅀ, ㅄ(→2개의 음운)
   - 예 넋, 앉다, 않다, 닭다, 닮다, 넓다, 외곬, 핥다, 읊다, 닳다, 없다
   - 겹받침의 발음은 '음절의 끝소리 규칙'에서 다루지 않고, '자음군 단순화'에서 다룸.

2 다음의 ㉠~㉤에 들어갈 내용으로 적절한 것은?

음절의 끝소리 규칙
2014학년도 6월 모의평가
A형

> ※ 다음 단어들을 발음해 보고 단계별 활동을 수행해 보자.
>
> > 부엌, 간, 옷, 빛, 달, 섬, 앞, 창
>
> (1) 음절 끝의 자음이 바뀌는 것과 그렇지 않은 것을 구분해 보자.
>   (　　　　　　　㉠　　　　　　　)
> (2) 음절 끝의 자음이 안 바뀌는 경우는 어떤 경우인지 알아보자.
>   (　　　　　　　㉡　　　　　　　)
> (3) 음절 끝의 자음이 바뀌는 경우에는 어떤 자음으로 변하는지 정리해 보자.
>   (　　　　　　　㉢　　　　　　　)
> (4) (3)과 동일한 음운 변동이 일어난 예들을 더 찾아보자.
>   (　　　　　　　㉣　　　　　　　)
> (5) 이상의 활동을 바탕으로 음절 끝에서 발음되는 자음의 목록을 정리해 보자.
>   (　　　　　　　㉤　　　　　　　)

① ㉠: 음절 끝의 자음이 바뀌지 않는 경우는 '부엌, 간, 달, 섬, 창'이다.
② ㉡: 음절 끝의 자음이 예사소리일 때에는 바뀌지 않는다.
③ ㉢: 음운 변동이 일어나면 'ㄱ, ㄹ, ㅂ' 중 하나로 바뀐다.
④ ㉣: '밖'과 '밑'을 음운 변동의 예로 추가할 수 있다.
⑤ ㉤: 음절 끝에서는 'ㄱ, ㄴ, ㄹ, ㅁ, ㅂ, ㅅ, ㅇ'만 발음된다.

3 다음은 '받침의 발음'에 대한 의문을 해결한 과정이다. ㉠과 ㉡에 들어갈 내용을 짝지은 것으로 적절한 것은?

음절의 끝소리 규칙과 연음 법칙
2014학년도 6월 고1 학력평가

의문	'옷에'의 경우 '옷'의 받침 'ㅅ'이 뒤 음절 첫소리로 연음되어 [오세]로 발음되는 데 비해, '옷 안'은 왜 [오단]으로 다르게 발음될까?

↓

활동	**1. 교과서에서 관련 내용을 찾아본다.** 　자음으로 끝나는 말 뒤에 모음으로 시작하는 형식 형태소가 올 때는 앞 음절의 받침을 그대로 뒤 음절의 첫소리로 옮겨 발음한다. 다만, 뒤에 모음으로 시작하는 실질 형태소가 연결되는 경우에는 앞 음절의 받침을 대표음으로 바꾸어서 뒤 음절의 첫소리로 발음한다. **2. '대표음'에 관한 표준 발음법 규정을 찾아본다.** 제9항 받침 'ㄲ, ㅋ', 'ㅅ, ㅆ, ㅈ, ㅊ, ㅌ', 'ㅍ'은 어말 또는 자음 앞에서 각각 대표음 [ㄱ, ㄷ, ㅂ]으로 발음한다.

↓

결론	'옷 안'이 [오단]으로 발음되는 이유는 '옷 안'의 '안'이 '에'와 달리 ＿＿㉠＿＿ 이기 때문이군. 이 원리대로 하면 '숲 위'는 ＿＿㉡＿＿로 발음해야겠군.

	㉠	㉡		㉠	㉡
①	실질 형태소	[수뷔]	②	실질 형태소	[수퓌]
③	실질 형태소	[숩퓌]	④	형식 형태소	[수퓌]
⑤	형식 형태소	[쉬퓌]			

✪ 동화(同化)

- 한 음운이 인접하는 다른 음운의 성질을 닮아 가는 음운 현상
- 동화가 일어나면 앞뒤 음운의 조음 위치나 조음 방법이 유사하게 변함.
- 발음을 더 쉽게 하기 위해 나타나는 음운 현상으로, '비음화', '유음화', '구개음화'가 이에 해당함.

1. 동화 방향에 따른 분류

순행 동화	앞 음운의 영향으로 뒤 음운이 동화되는 현상 예 강릉[강능], 칼날[칼랄]
역행 동화	뒤 음운의 영향으로 앞 음운이 동화되는 현상 예 밥물[밤물], 진리[질리]

2. 동화 정도에 따른 분류

완전 동화	같은 소리로 동화되는 현상 예 밥물[밤물], 칼날[칼랄]
부분 동화	비슷한 소리로 동화되는 현상 예 강릉[강능], 식물[싱물]

❷ 비음화 鼻 코 비, 音 소리 음, 化 될 화

- 비음화란 비음이 아닌 자음이 비음의 영향을 받아 비음 'ㅇ, ㄴ, ㅁ'으로 바뀌는 현상이다.
- 조음 위치는 그대로이고 조음 방법만 바뀌는 현상으로, 교체 중 동화 현상에 속한다.
- 단어와 단어 사이에서도 일어난다. 예 밥 먹는대[밤멍는대]

조음 방법 \ 조음 위치	양순음	치조음	경구개음	연구개음	후음
파열음	ㅂ↓	ㄷ↓		ㄱ↓	
비음	ㅁ	ㄴ		ㅇ	
유음		ㄹ			

(1) ㄱ, ㄷ, ㅂ + ㄴ, ㅁ → [ㅇ, ㄴ, ㅁ] + ㄴ, ㅁ

- 앞 음절의 종성인 파열음 'ㄱ, ㄷ, ㅂ'이 뒤에 오는 비음 'ㄴ, ㅁ'의 영향을 받아, 각각 비음 [ㅇ, ㄴ, ㅁ]으로 발음된다.

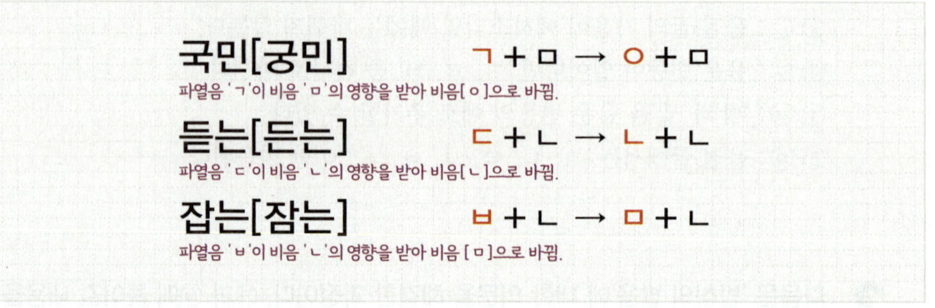

- 앞 음절의 종성이 '파열음(ㄱ, ㄷ, ㅂ)'이 아닌 경우, 음절의 끝소리 규칙이 먼저 적용된 다음 비음화가 일어난다.

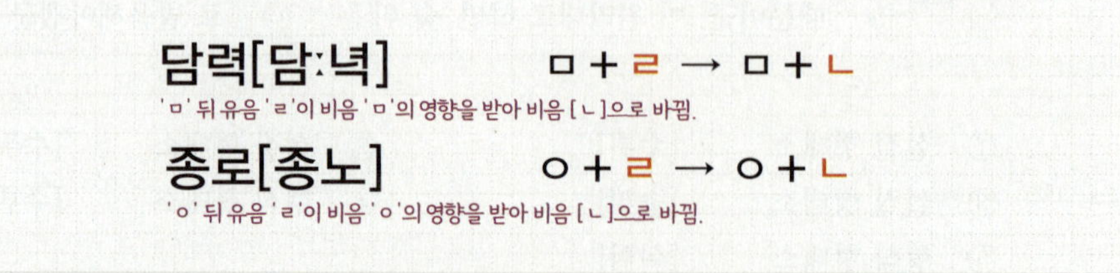

(2) ㅁ, ㅇ + ㄹ → ㅁ, ㅇ + [ㄴ]

종성 'ㅁ, ㅇ' 뒤에 오는 유음 'ㄹ'이 비음 [ㄴ]으로 발음된다.

(3) ㄱ, ㄷ, ㅂ + ㄹ → ㄱ, ㄷ, ㅂ + [ㄴ] → [ㅇ, ㄴ, ㅁ] + [ㄴ]

파열음 'ㄱ, ㄷ, ㅂ'의 뒤에 오는 유음 'ㄹ'이 비음 [ㄴ]으로 발음된 다음, 비음 [ㄴ]의 영향을 받아 앞 음절의 종성 'ㄱ, ㄷ, ㅂ'이 각각 비음 [ㅇ, ㄴ, ㅁ]으로 발음된다.

국력[국녁 → 궁녁]　　ㄱ + ㄹ → ㄱ + ㄴ → ㅇ + ㄴ
① 파열음 'ㄱ' 뒤 유음 'ㄹ' → 비음 [ㄴ]　② 비음 [ㄴ] 앞 'ㄱ' → 비음 [ㅇ]

몇 리[멷리 → 멷니 → 면니]　　ㄷ + ㄹ → ㄷ + ㄴ → ㄴ + ㄴ
① 'ㅊ' → [ㄷ](음절의 끝소리 규칙) ② 파열음 'ㄷ' 뒤 유음 'ㄹ' → 비음 [ㄴ] ③ 비음 [ㄴ] 앞 [ㄷ] → 비음 [ㄴ]

섭리[섭니 → 섬니]　　ㅂ + ㄹ → ㅂ + ㄴ → ㅁ + ㄴ
① 파열음 'ㅂ' 뒤 유음 'ㄹ' → 비음 [ㄴ]　② 비음 [ㄴ] 앞 'ㅂ' → 비음 [ㅁ]

---

❸ 유음화　流 흐를 유, 音 소리 음, 化 될 화

- 유음화란 유음이 아닌 자음이 유음 'ㄹ'의 영향을 받아 유음 'ㄹ'로 바뀌는 현상이다.
- 조음 위치는 그대로이고 조음 방법만 바뀌는 현상으로, 교체 중 동화 현상에 속한다.

조음 방법 ＼ 조음 위치	양순음	치조음	경구개음	연구개음	후음
비음	ㅁ	ㄴ		ㅇ	
유음		ㄹ			

(1) ㄹ + ㄴ → ㄹ + [ㄹ] / ㄴ + ㄹ → [ㄹ] + ㄹ

- 비음 'ㄴ'이 앞이나 뒤에 오는 유음 'ㄹ'의 영향을 받아 유음 [ㄹ]로 발음된다.
- 'ㅀ, ㄾ'과 같은 겹자음 뒤에 오는 비음 'ㄴ'도 유음 [ㄹ]로 발음된다.

칼날[칼랄]　　ㄹ + ㄴ → ㄹ + ㄹ
유음 'ㄹ' 뒤 비음 'ㄴ'이 'ㄹ'의 영향을 받아 유음 [ㄹ]로 바뀜.

신라[실라]　　ㄴ + ㄹ → ㄹ + ㄹ
유음 'ㄹ' 앞 비음 'ㄴ'이 'ㄹ'의 영향을 받아 유음 [ㄹ]로 바뀜.

앓는[알른]　끓는[끌른]　훑는[훌른]
'ㅀ'과 'ㄾ'에서 'ㅎ'과 'ㅌ'이 탈락한 뒤 'ㄹ' 뒤에 오는 비음 'ㄴ'이 유음 [ㄹ]로 바뀜.

---

(2) 유음화의 예외

'ㄹ'이 뒤에 올 때에는 유음화가 일어나지 않기도 한다.

권력[궐력]　　ㄴ + ㄹ → ㄹ + ㄹ　[유음화]
유음 'ㄹ' 앞 비음 'ㄴ'이 'ㄹ'의 영향을 받아 유음 [ㄹ]로 바뀜.

공권력[공꿘녁]　　ㄴ + ㄹ → ㄴ + ㄴ　[비음화]
비음 'ㄴ' 뒤 유음 'ㄹ'이 'ㄴ'의 영향을 받아 비음 [ㄴ]으로 바뀜. → 유음화의 예외

돋보기　유음화 대신 비음화가 일어나는 단어

결단력[결딴녁]　구근류[구근뉴]　동원령[동:원녕]　등산로[등산노]
상견례[상견녜]　생산량[생산냥]　음운론[으문논]　이원론[이:원논]
임진란[임:진난]　의견란[의:견난]　횡단로[횡단노/휑단노]

시험 정복 Q&A

Q 비음화와 유음화가 일어나는 조건을 다 외워야 하나요?

A 비음이 아니었던 것이 비음이 되면 '비음화', 유음이 아니었던 것이 유음으로 바뀌면 '유음화'라는 것만 이해해도 충분합니다.
특히 비음화와 유음화는 발음의 편의를 위해 일어나는 음운 변동이기 때문에, 사실 우리는 비음화, 유음화를 반영하여 제대로 발음하고 있습니다. 그러니까 자신의 발음을 믿고, 내가 왜 이렇게 발음하는가를 확인하는 느낌으로 공부하는 것이 좋습니다.

시험 정복 Q&A

Q 유음화가 일어날 조건인데, 안 일어나는 경우도 있나요?

A 유음화나 비음화는 발음의 편의를 위한 것이지만, 절대적 법칙은 아닙니다. 동일 조건에서도 다른 음운 변동이 일어날 수 있습니다.

🆎 '권력'과 '공권력'
- 둘 다 'ㄴ' 뒤에 'ㄹ'이 옴.
- '권력[궐력]' → 유음화
  '공권력[공꿘녁]' → 비음화
('권력'은 한 단어라는 느낌이 크지만, '공권력'은 '공권'과 '력'으로 나뉘는 느낌이 크기 때문임.)

유음화와 비음화 사이에서 헷갈리게 하는 단어들이 있는데, 특히 학생들이 자주 쓰는 단어가 아니다 보니, 왼쪽의 '돋보기'에 나오는 단어들의 발음은 꼭 알고 있어야 합니다.

1단계 개념 확인 문제

1 다음 중, '비음화'가 일어나지 <u>않는</u> 것은?

① 닦는다
② 먹는다
③ 꽂는다
④ 잡는다
⑤ 핥는다

2 다음 중, '유음화'가 일어나는 횟수가 나머지와 <u>다른</u> 것은?

① 광한루
② 마천루
③ 물놀이
④ 불난리
⑤ 굴나무

3 다음 중, 음운 변동의 횟수가 가장 많은 것은?

① 꽃내음
② 착륙료
③ 밭농사
④ 벚나무
⑤ 법률안

4 〈보기〉의 ㉠과 ㉡ 둘 다에 해당하는 것은?

> • 보기 •
>
> 동화는 동화의 방향에 따라 순행 동화와 ㉠역행 동화로, 동화의 정도에 따라 ㉡완전 동화와 불완전 동화(부분 동화)로 분류된다.

① 찰나
② 읍내
③ 심리
④ 백마
⑤ 잡목

2단계 대표 기출 문제

비음화와 유음화
2015학년도 6월 고1 학력평가

1 〈보기〉는 자음 동화와 관련한 국어 수업의 한 장면이다. ㉠, ㉡에 들어갈 예를 바르게 짝지은 것은?

> • 보기 •
>
> 선생님: 두 개의 자음이 이어서 소리가 날 때, 소리 내기 쉽도록 어느 한쪽이 다른 쪽의 소리를 닮거나, 서로 닮는 방향으로 변동하는 것을 '자음 동화'라고 합니다.
> 　　　　다음 현상이 일어나는 이유를 찾아볼까요?
>
> | | |
> |---|---|
> | 'ㄱ, ㄷ, ㅂ'이 비음 'ㄴ, ㅁ'의 앞에서 비음 'ㅇ, ㄴ, ㅁ'으로 바뀌는 현상 | ㉠ |
> | 비음 'ㄴ'이 유음 'ㄹ' 앞뒤에서 'ㄹ'로 바뀌는 현상 | ㉡ |

	㉠	㉡
①	먹물[멍물]	중력[중녁]
②	국밥[국빱]	설날[설랄]
③	입는[임는]	막내[망내]
④	닫는[단는]	권리[궐리]
⑤	솜이불[솜니불]	물난리[물랄리]

2 〈보기〉의 '활동 1'과 '활동 2'를 연결하여 '활동 자료'의 단어를 탐구한 내용으로 적절한 것은?

동화의 분류
2019학년도 3월 고1 학력
평가

• 보기 •

> **[활동 자료]**
>
> 국민[궁민], 글눈[글룬], 명랑[명낭], 신랑[실랑], 잡념[잠념]
>
> **[활동 1]** 음운 변동이 있는 음운은 '1', 없는 음운은 '0'으로 표시하면 '국물[궁물]'은 '001000'으로 표시할 수 있습니다. '활동 자료'의 단어는 어떻게 표시될까요?
>
> 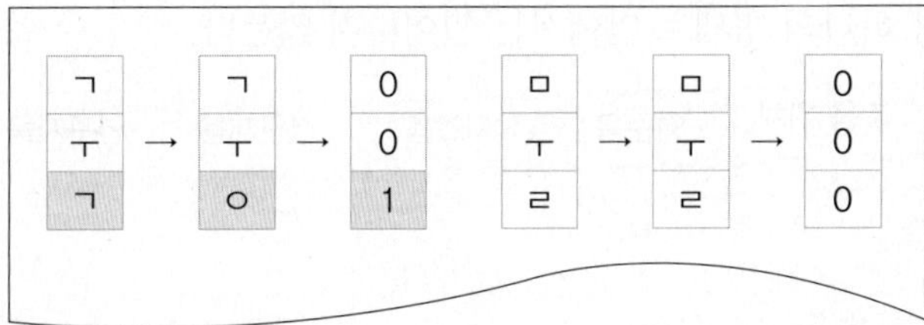
>
> **[활동 2]** '활동 자료'의 단어를 발음할 때 순행 동화가 일어나는지 역행 동화가 일어나는지 알아봅시다.
> ○ 순행 동화: 뒤의 음운이 앞의 음운의 영향을 받아 그와 비슷하거나 같게 소리 나는 현상
> ○ 역행 동화: 앞의 음운이 뒤의 음운의 영향을 받아 그와 비슷하거나 같게 소리 나는 현상

① '국민'은 '001000'으로 표시할 수 있으므로 순행 동화이다.
② '글눈'은 '000100'으로 표시할 수 있으므로 역행 동화이다.
③ '명랑'은 '001000'으로 표시할 수 있으므로 순행 동화이다.
④ '신랑'은 '000100'으로 표시할 수 있으므로 역행 동화이다.
⑤ '잡념'은 '001000'으로 표시할 수 있으므로 역행 동화이다.

3 〈보기〉의 ㉠, ㉡에 해당하는 예로 적절한 것은?

유음화와 비음화
2019학년도 7월 고3 학력
평가

• 보기 •

> 국어에서 'ㄴ'과 'ㄹ' 소리를 연달아 내는 것은 어려운 일이다. 그래서 'ㄹ'과 'ㄴ'이 연쇄적으로 발음될 때 순행적 유음화가 일어나고, 반대로 'ㄴ'과 'ㄹ'이 연쇄적으로 발음될 때 ㉠역행적 유음화가 일어난다. 그런데 표면적으로 순행적 유음화나 역행적 유음화가 일어날 조건이 충족된다고 하더라도 용언의 활용이나 합성어, 파생어 형성 과정에서 순행적 유음화가 아닌 'ㄹ' 탈락이 일어나기도 하고, 역행적 유음화가 아닌 ㉡'ㄹ'의 비음화가 일어나기도 한다.

	㉠	㉡
①	산란기	표현력
②	줄넘기	입원료
③	결단력	생산량
④	의견란	향신료
⑤	대관령	물난리

자음 'ㄷ, ㅌ'보다 자음 'ㅈ, ㅊ'이 모음 'ㅣ'와 더 가까운 위치에서 소리 나기 때문에, 'ㄷ, ㅌ'을 'ㅈ, ㅊ'으로 교체하면 발음하기가 편해짐.

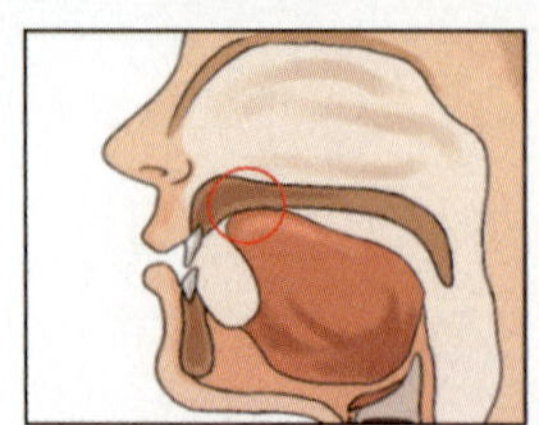

▲ 'ㄷ, ㅌ' 발음 위치

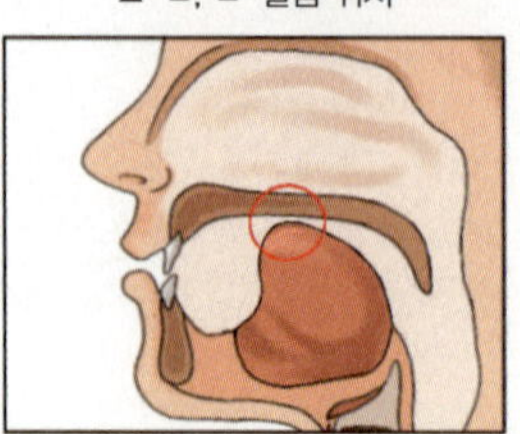

▲ 'ㅣ' 발음 위치

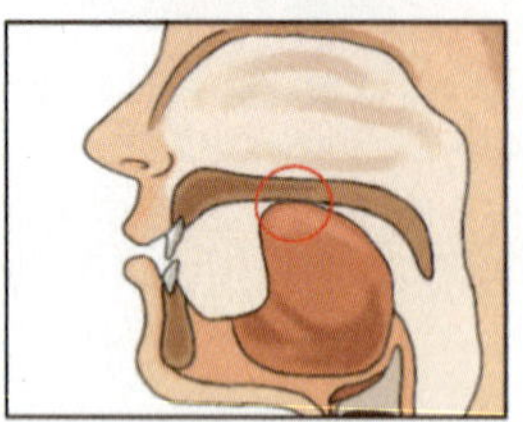

▲ 'ㅈ, ㅊ' 발음 위치

☼ 조사 '이랑'과 명사 '이랑'

1. 조사 '이랑'
둘 이상의 사물을 같은 자격으로 이어 주는 접속 조사
◉ 떡<u>이랑</u> 과일<u>이랑</u> 많이 먹었다.

2. 명사 '이랑'
갈아 놓은 밭의 한 두둑과 한 고랑을 아울러 이르는 말
◉ <u>이랑</u>을 짓다.

---

④ 구개음화 口 입 구, 蓋 덮을 개, 音 소리 음, 化 될 화

- 구개음화란 구개음이 아닌 'ㄷ, ㅌ'이 모음 'ㅣ'나 반모음 'ĭ[j]'로 시작하는 형식 형태소를 만나 구개음 'ㅈ, ㅊ'으로 바뀌는 현상이다.
- 조음 위치와 조음 방법이 모두 바뀌는 현상으로, 교체 중 동화 현상에 속한다.
- 실질 형태소와 형식 형태소가 결합할 때 일어나므로, 실질 형태소와 실질 형태소가 결합하는 경우나 하나의 형태소 안에서는 일어나지 않는다.

조음 방법＼조음 위치	양순음	치조음	경구개음	연구개음	후음
파열음	ㅂ	ㄷ ㅌ		ㄱ	
파찰음			ㅈ ㅊ		

(1) 받침 ㄷ, ㅌ(ㄾ) + ㅣ 또는 ĭ로 시작하는 형식 형태소

굳이[구지]　　ㄷ + ㅣ → [ㅈ] + ㅣ
'ㄷ'이 'ㅣ' 모음과 결합할 때 구개음 'ㅈ'으로 바뀜.

같이[가치]　　ㅌ + ㅣ → [ㅊ] + ㅣ
'ㅌ'이 'ㅣ' 모음과 결합할 때 구개음 'ㅊ'으로 바뀜.

벼훑이[벼훌치]　　ㄾ + ㅣ → [ㅊ] + ㅣ
겹자음 'ㄾ'의 'ㅌ'이 'ㅣ' 모음과 결합할 때 구개음 'ㅊ'으로 바뀜.

붙여[부쳐 → 부처]　　ㅌ + ㅕ(ĭ + ㅓ) → [ㅊ] + ㅕ → [ㅊ] + ㅓ
'ㅌ'이 반모음 'ĭ'로 시작하는 이중 모음 'ㅕ'와 결합할 때 구개음 'ㅊ'으로 바뀜. 그 후 표준 발음법에 따라 모음 'ㅕ'가 'ㅓ'로 바뀜.

(2) 구개음화의 예외

- 실질 형태소 앞에서는 구개음화가 일어나지 않는다.

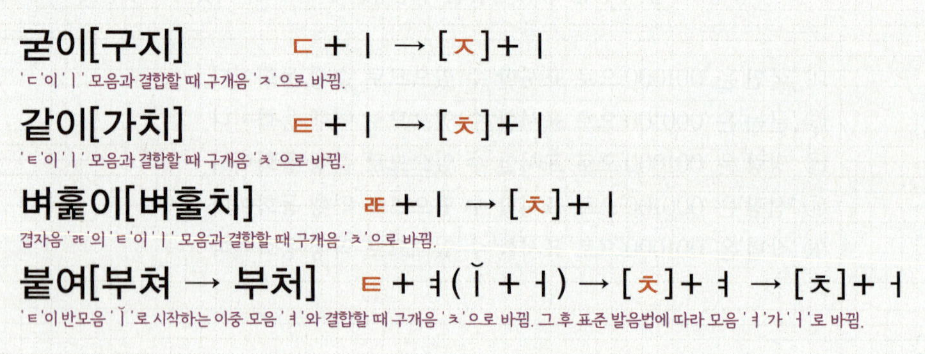

- 하나의 형태소 안에서는 구개음화가 일어나지 않는다.

잔디[잔디]　　ㄷ + ㅣ → [ㄷ] + ㅣ
'ㄷ'이 'ㅣ' 모음과 만났지만 하나의 형태소 안이기 때문에 'ㅈ'으로 바뀌지 않음.

⑤ 된소리되기(경음화) 硬 굳을 경, 音 소리 음, 化 될 화

예사소리 'ㄱ, ㄷ, ㅂ, ㅅ, ㅈ'이 앞의 소리에 영향을 받아 된소리인 'ㄲ, ㄸ, ㅃ, ㅆ, ㅉ'으로 바뀌는 현상이다.

(1) 종성 ㄱ(ㄲ,ㅋ,ㄳ,ㄺ), ㄷ(ㅅ,ㅆ,ㅈ,ㅊ,ㅌ), ㅂ(ㅍ,ㄼ,ㄿ,ㅄ) + ㄱ, ㄷ, ㅂ, ㅅ, ㅈ

국밥[국빱]	**젖소[젇쏘]**	**덮개[덥깨]**
ㄱ + ㅂ → [ㅃ]	(ㅈ→[ㄷ]) + ㅅ → [ㅆ]	(ㅍ→[ㅂ]) + ㄱ → [ㄲ]

읽고[읽꼬 → 일꼬]	**넓다[넙따 → 널따]**
된소리되기가 일어난 후 'ㄱ'이 탈락함.	된소리되기가 일어난 후 'ㅂ'이 탈락함.

(2) 용언의 어간 받침 ㄴ(ㄵ), ㅁ(ㄻ) + 어미의 첫소리 ㄱ, ㄷ, ㅅ, ㅈ

안고[안ː꼬]	**앉다[안따]**	**남습니다[남ː씀니다]**	**옮지[옴ː찌]**
'ㄴ' 받침 뒤 + ㄱ → [ㄲ]	'ㄵ' 받침 뒤 + ㄷ → [ㄸ]	'ㅁ' 받침 뒤 + ㅅ → [ㅆ]	'ㄻ' 받침 뒤 + ㅈ → [ㅉ]

(3) 한자어에서 받침 ㄹ + ㄷ, ㅅ, ㅈ

갈등[갈뜽] (葛藤)	**일시[일씨]** (一時)	**발전[발쩐]** (發展)
ㄹ + ㄷ → [ㄸ]	ㄹ + ㅅ → [ㅆ]	ㄹ + ㅈ → [ㅉ]

(4) 관형사형 어미 -(으)ㄹ + ㄱ, ㄷ, ㅂ, ㅅ, ㅈ

갈 데[갈떼]	**할 바[할빠]**	**먹을 줄[머글쭐]**
-ㄹ + ㄷ → [ㄸ]	-ㄹ + ㅂ → [ㅃ]	-을 + ㅈ → [ㅉ]

• '-(으)ㄹ'로 시작되는 어미의 경우에는 이에 준한다.

갈걸[갈껄]	**할게[할께]**	**먹을수록[머글쑤록]**
-ㄹ + ㄱ → [ㄲ]	-ㄹ + ㄱ → [ㄲ]	-을 + ㅅ → [ㅆ]

🔍 돋보기 · 합성 명사에서의 된소리되기

- 명사와 명사가 결합하여 합성 명사를 만들 때, 뒤에 오는 명사의 첫 자음이 된소리로 바뀌는 현상
- 합성 명사를 이루는 구성 요소들 사이의 의미 관계가 '시간, 장소, 용도, 기원·소유주' 등일 때 된소리로 바뀜.
  - 📌 시간 – 보름달[보름딸], 아침밥[아침빱] / 장소 – 들쥐[들ː쮜], 길거리[길꺼리]
    용도 – 물병[물뼝], 쌀가게[쌀까게] / 기원·소유주 – 솔방울[솔빵울], 문고리[문꼬리]
- 음운 환경에 의해 일어나는 음운 변동과 달리 형태소의 의미 관계에 의해 일어나는 현상이기 때문에 음운 변동 단원에서 다루지 않음.
  - 📌 물고기[물꼬기] / 불고기[불고기] – 음운 환경으로 설명하기 어려움.
- 합성 명사를 만들 때 'ㄴ'이나 'ㄴㄴ'이 덧나는 현상과 함께 <u>사잇소리 현상</u>으로 설명하고, 앞말이 모음으로 끝나며 고유어가 하나 이상 있을 경우 사이시옷을 표기함.
  - 📌 바닷가[바다까/바닫까], 귓병[귀뼝/귇뼝]
  - (사잇소리 현상 : 합성 명사에서, 앞말의 끝소리가 울림소리이고 뒷말의 첫소리가 안울림 예사소리이면 뒤의 예사소리가 된소리로 변하는 현상)

1 구개음화에 대한 설명으로 적절하지 <u>않은</u> 것은?

① 형식 형태소 앞에서 일어난다.
② 두 형태소가 결합할 때 일어난다.
③ 조음 위치만 바뀌는 음운 변동이다.
④ 경구개음으로 바뀌는 음운 변동이다.
⑤ 발음을 쉽게 하기 위한 동화 현상이다.

2 〈보기〉를 참고할 때, ㉠의 예에 해당하는 것은?

> ● 보기 ●
>
> 용언의 어간 받침 'ㄴ(ㄵ), ㅁ(ㄻ)' 뒤에 오는 어미의 첫소리 'ㄱ, ㄷ, ㅅ, ㅈ'은 된소리로 발음된다. 이때 ㉠접사는 된소리로 발음하지 않는다.

① 그녀를 <u>웃기다</u>.
② 자꾸 눈을 <u>감더라</u>.
③ 새 운동화를 <u>신겼다</u>.
④ 자리에 <u>앉지</u>는 않았다.
⑤ 쉽게 <u>옮지</u>는 않습니다.

3 다음 중, 구개음화가 일어나지 <u>않는</u> 것은?

① 훑이다
② 갇히다
③ 해돋이
④ 끝인사
⑤ 샅샅이

4 〈보기〉를 참고할 때, 된소리되기가 일어나지 <u>않는</u> 것은?

> ● 보기 ●
>
> A와 B가 결합하여 합성 명사 'AB'를 이룬다고 할 때, 'A'와 'B'의 의미 관계가 '시간, 장소, 용도, 기원·소유주' 등일 때 주로 된소리되기가 일어난다.

① 손등
② 술병
③ 물고기
④ 봄바람
⑤ 비바람

된소리되기
2016학년도 6월 고1 학력평가

1 〈보기〉의 ㉠, ㉡에 해당하는 단어로 적절한 것은?

> ● 보기 ●
>
> 된소리되기는 'ㄱ, ㄷ, ㅂ, ㅅ, ㅈ'과 같은 예사소리가 'ㄲ, ㄸ, ㅃ, ㅆ, ㅉ'과 같은 된소리로 바뀌어 소리 나는 음운 현상이다. 된소리되기의 유형은 다음과 같다.
>
> • 받침 'ㄱ, ㄷ, ㅂ' 뒤에 연결되는 자음 'ㄱ, ㄷ, ㅂ, ㅅ, ㅈ'을 된소리로 발음하는 유형
> • 어간 받침 'ㄴ(ㄵ), ㅁ(ㄻ)' 뒤에 결합되는 어미의 첫소리 'ㄱ, ㄷ, ㅅ, ㅈ'을 된소리로 발음하는 유형 ┈┈┈┈┈┈┈ ㉠
> • 한자어에서 'ㄹ' 받침 뒤에 결합되는 자음 'ㄷ, ㅅ, ㅈ'을 된소리로 발음하는 유형 ┈┈ ㉡

	㉠	㉡
①	신다	굴곡(屈曲)
②	앉다	불법(不法)
③	넓다	갈등(葛藤)
④	담다	발전(發展)
⑤	끓다	월세(月貰)

2 〈보기 1〉을 참고하여 〈보기 2〉의 ㉠~㉤에 대해 설명한 내용으로 가장 적절한 것은?

구개음화
2017학년도 4월 고3 학력
평가

━━━━━━ • 보기 1 •

[구개음화]

　교체 현상의 하나로, 받침이 'ㄷ', 'ㅌ'인 형태소가 모음 'ㅣ'나 반모음 'ㅣ[j]'로 시작되는 형식 형태소와 만나면 그것이 각각 구개음 [ㅈ], [ㅊ]이 되거나, 'ㄷ' 뒤에 형식 형태소 '-히-'가 올 때 'ㅎ'과 결합하여 이루어진 [ㅌ]이 [ㅊ]이 되는 현상

━━━━━━ • 보기 2 •

○ 나는 벽에 ㉠붙인 게시물을 떼었다.
○ 교수는 문제의 원인을 ㉡낱낱이 밝혔다.
○ 그녀는 평생 ㉢밭이랑을 일구며 살았다.
○ 그의 말소리는 소음에 ㉣묻히고 말았다.
○ 그는 겨울에도 방에서 ㉤홑이불을 덮고 잤다.

① ㉠의 '붙-'은 접미사의 모음 'ㅣ'와 만나므로 구개음화 현상이 일어나지 않는다.
② ㉡의 '-이'는 실질 형태소이므로 '낱'의 받침 'ㅌ'은 [ㅊ]으로 발음되지 않는다.
③ ㉢의 '이랑'은 모음 'ㅣ'로 시작되는 형식 형태소이므로 '밭'의 'ㅌ'은 [ㅊ]으로 발음된다.
④ ㉣의 '묻-'은 접미사 '-히-'와 만나므로 'ㄷ'이 'ㅎ'과 결합하여 이루어진 [ㅌ]은 [ㅊ]으로 발음된다.
⑤ ㉤의 '홑-'과 결합한 '이불'은 모음 'ㅣ'로 시작되는 실질 형태소이므로 '홑-'의 받침 'ㅌ'은 구개음화 현상이 일어난다.

3 〈보기〉를 바탕으로 사례들을 분석한 내용 중 적절하지 <u>않은</u> 것은?

음운의 교체
2018학년도 11월 고1 학력
평가

━━━━━━ • 보기 •

　음운의 교체는 특정한 음운 환경에서 한 음운이 다른 음운으로 바뀌는 음운 변동 현상이다. 두 음절이 인접한 경우 ㉠앞말의 끝소리와 뒷말의 첫소리가 만나는 상황이나 ㉡앞말의 끝소리가 연음되어 뒷말의 가운뎃소리와 만나는 상황에서 음운이 교체될 때, 발음의 결과 ⓐ앞의 음운만 변한 경우나 ⓑ뒤의 음운만 변한 경우도 있지만 ⓒ두 음운이 모두 변한 경우도 있다.

① '마천루[마철루]'는 ㉠이면서 ⓐ에 해당한다.
② '목덜미[목떨미]'는 ㉠이면서 ⓑ에 해당한다.
③ '박람회[방남회]'는 ㉠이면서 ⓒ에 해당한다.
④ '쇠붙이[쇠부치]'는 ㉡이면서 ⓐ에 해당한다.
⑤ '땀받이[땀바지]'는 ㉡이면서 ⓒ에 해당한다.

12 탈락

사이드 노트 (왼쪽 여백)

✿ 음절의 끝소리 규칙 vs 자음군 단순화

→ 모두 음절의 종성과 관련한 제약 때문에 일어나는 현상

1. 음절의 끝소리 규칙
- 음절의 끝에 'ㄱ, ㄴ, ㄷ, ㄹ, ㅁ, ㅂ, ㅇ' 이외의 자음이 오는 경우, 대표음으로 바뀜.
- 음운의 개수에 변화가 없는 '교체'에 해당함.
  예 밖[박](ㅂ, ㅏ, ㄲ → ㅂ, ㅏ, ㄱ)
  *'ㄲ'은 하나의 자음임.

2. 자음군 단순화
- 음절의 끝에 겹받침이 올 때 자음 하나만 남게 됨.
- 음운의 개수가 1개 줄어드는 '탈락'에 해당함.
  예 닭[닥](ㄷ, ㅏ, ㄹ, ㄱ → ㄷ, ㅏ, ㄱ)

✿ 단어 형성 과정에서의 'ㄹ' 탈락

- 합성어나 파생어에서, 'ㄴ, ㄷ, ㅅ, ㅈ' 앞에서 'ㄹ'이 탈락하는 현상
- 용언의 활용에서 일어나는 'ㄹ' 탈락과 달리, 동일 조건에서도 일어나지 않는 경우가 있어 별도로 분류함.

'ㄴ' 앞
예 소나무(솔+나무), 따님(딸+-님)

'ㄷ' 앞
예 다달이(달+달+-이) 여닫이(열-+닫-+-이)

'ㅅ' 앞
예 마소(말+소), 화살(활+살)

'ㅈ' 앞
예 싸전(쌀+전), 바느질(바늘+-질)

본문

탈락 脫 벗을 탈, 落 떨어질 락

❶ 자음군 단순화

- 음절 말에 두 개의 자음(겹받침)이 올 때, 자음 하나가 탈락되는 현상이다.
- 겹받침의 종류에 따라, 뒤의 자음이 탈락하기도 하고 앞의 자음이 탈락하기도 한다.
- 겹받침의 발음은 음운 환경에 따라 자음군 단순화가 일어나기도 하고, 자음군 단순화 대신 연음 법칙이 적용되기도 한다.

(1) 뒤의 자음이 탈락하는 경우

ㄳ → [ㄱ]	예 몫[목], 삯[삭]
ㄵ → [ㄴ]	예 앉다[안따], 얹다[언따]
ㄼ, ㄽ, ㄾ → [ㄹ]	예 넓다[널따], 섧다[설ː따], 앓다[알ː따], 짧다[짤따], 외곬[외골], 핥다[할따]

┗ • '밟다'는 자음 앞에서 앞 자음이 탈락하여 [밥]으로 발음됨. 예 밟다[밥ː따], 밟고[밥ː꼬], 밟지[밥ː찌]
  • '넓다'에서 나온 말 '넓둥글다[넙뚱글다]', '넓죽하다[넙쭈카다]'는 앞 자음이 탈락함.

ㅄ → [ㅂ]	예 값[갑], 없다[업ː따]

(2) 앞의 자음이 탈락하는 경우

ㄺ → [ㄱ]	예 닭[닥], 칡[칙], 굵다[국ː따], 맑다[막따], 읽다[익따]

┗ 어미의 첫소리 'ㄱ' 앞에서는 뒤 음운이 탈락하여 [ㄹ]로 발음됨. 예 읽고[일꼬], 읽게[일께]

ㄻ → [ㅁ]	예 삶[삼ː], 앎[암ː], 닮다[담ː따], 삶다[삼ː따], 젊다[점ː따]
ㄿ → [ㅂ]	예 읊다[읍따](→ 음절의 끝소리 규칙)

(3) 자음군 단순화가 일어나는 환경

어말 (→ 단어의 끝)	예 흙[흑], 값[갑]
뒤에 자음으로 시작하는 말이 올 때	예 흙과[흑과 → 흑꽈], 값도[갑도 → 갑또] (자음군 단순화 → 된소리되기)
뒤에 모음으로 시작하는 실질 형태소가 올 때 (→ 실질 형태소: 체언, 용언의 어간)	예 흙 위[흐귀], 값없다[가법따] (자음군 단순화 → 연음 법칙)

(4) 자음군 단순화가 일어나지 않는 환경: 연음 법칙이 적용된다.

뒤에 모음으로 시작하는 형식 형태소가 올 때 (→ 형식 형태소: 조사, 용언의 어미, 접사)	예 흙을[흘글], 값이[갑시 → 갑씨] (연음 법칙 → 된소리되기)

> **돋보기 'ㄶ, ㅀ'의 발음**
>
> - 'ㄶ, ㅀ'의 'ㅎ'은 뒤에 'ㄱ, ㄷ, ㅈ'이 오면 'ㅋ, ㅌ, ㅊ'으로 축약됨. 예 많고[만ː코], 앓고[알코]
> - 'ㄶ, ㅀ' 뒤에 'ㅅ'이 오면 'ㅎ'이 탈락하고 'ㅅ'은 'ㅆ'으로 바뀜. 예 많소[만ː쏘], 앓소[알쏘]
> - 'ㄶ, ㅀ' 뒤에 'ㄴ'이 결합하면 'ㅎ'이 탈락됨. 예 많니[만ː니], 앓는[알는 → 알른]
> - 'ㄶ, ㅀ' 뒤에 모음으로 시작하는 어미나 접미사가 오면 'ㅎ'이 탈락됨. 예 많아[마ː나], 앓아[아라]

❷ 자음 탈락

동사나 형용사의 어간 말 자음 'ㄹ'이나 'ㅎ'이 탈락하는 현상이다.

(1) 'ㄹ' 탈락

동사나 형용사의 어간 말 자음 'ㄹ'이 어미 '-오'나 'ㄴ, ㅂ, ㅅ'으로 시작하는 어미 앞에서 탈락하는 현상(→ 발음과 표기에서 모두 탈락)

나는(날-+-는)
어미 '-는' 앞에서 'ㄹ' 탈락

납니다(날-+-ㅂ니다)
어미 '-ㅂ니다' 앞에서 'ㄹ' 탈락

둥근(둥글-+-ㄴ)
어미 '-ㄴ' 앞에서 'ㄹ' 탈락

둥그오(둥글-+-오)
어미 '-오' 앞에서 'ㄹ' 탈락

(2) 'ㅎ' 탈락

동사나 형용사의 어간 말 자음 'ㅎ'이 모음으로 시작하는 어미나 접사 앞에서 탈락하는 현상(→ 발음만 탈락)

쌓아[싸아]
어미 '-아' 앞에서 'ㅎ' 탈락

쌓이다[싸이다]
접미사 '-이-' 앞에서 'ㅎ' 탈락

좋은[조ː은]
어미 '-은' 앞에서 'ㅎ' 탈락

좋아서[조ː아서]
어미 '-아서' 앞에서 'ㅎ' 탈락

❸ 모음 탈락

어떤 모음이 일정한 환경에서 탈락되어 발음되지 않는 현상이다.

(1) 'ㅡ' 탈락

용언 어간 끝의 'ㅡ' 모음이 'ㅏ / ㅓ'로 시작하는 어미를 만났을 때 탈락하는 현상(→ 발음과 표기에서 모두 탈락)

모으-+-아 → 모아
어미 '-아' 앞에서 'ㅡ' 탈락

잠그-+-아 → 잠가
어미 '-아' 앞에서 'ㅡ' 탈락

예쁘-+-어 → 예뻐
어미 '-어' 앞에서 'ㅡ' 탈락

치르-+-어 → 치러
어미 '-어' 앞에서 'ㅡ' 탈락

(2) 'ㅏ / ㅓ' 탈락(동음 탈락)

용언 어간 끝의 'ㅏ / ㅓ' 모음이 같은 'ㅏ / ㅓ'로 시작하는 어미를 만났을 때 탈락하는 현상(→ 발음과 표기에서 모두 탈락)

가-+-아 → 가
어미 '-아' 앞에서 어간의 'ㅏ' 탈락

가-+-아라 → 가라
어미 '-아라' 앞에서 어간의 'ㅏ' 탈락

서-+-어라 → 서라
어미 '-어라' 앞에서 어간의 'ㅓ' 탈락

서-+-었-+-다 → 섰다
선어말 어미 '-었-' 앞에서 어간의 'ㅓ' 탈락

건너-+-어 → 건너
어미 '-어' 앞에서 어간의 'ㅓ' 탈락

건너-+-어서 → 건너서
어미 '-어서' 앞에서 어간의 'ㅓ' 탈락

1 다음 중, 음운 탈락의 사례로 적절하지 <u>않은</u> 것은?

① 사ー+ー아서 → 사서[사서]
② 크ー+ー어서 → 커서[커서]
③ 오ー+ー아서 → 와서[와서]
④ 긁ー+ー어서 → 긁어서[끄러서]
⑤ 많ー+ー아서 → 많아서[마:나서]

2 다음 밑줄 친 단어 중, 동음 탈락의 예로 적절한 것은?

① 빨리 불 좀 <u>켜</u>.
② 컵에 물을 <u>따라라</u>.
③ 냇물에 발을 <u>담갔다</u>.
④ 문을 꼭 <u>잠가</u> 주세요.
⑤ 배가 <u>고파서</u> 일을 못하겠어.

3 〈보기〉를 참고할 때, 밑줄 친 부분의 발음이 적절하지 <u>않은</u> 것은?

• 보기 •

> 겹자음 뒤에 모음으로 시작하는 실질 형태소가 올 때에는 자음군 단순화가 일어나지만, 형식 형태소가 올 때에는 자음군 단순화는 일어나지 않고 연음 법칙만 적용된다.

① 흙 위[흐귀]에 물을 뿌려라.
② 앎은[알믄] 곧 우리의 힘이다.
③ 삶이[살미] 우리를 속일지라도.
④ 집에서 닭을[다글] 기르게 되었다.
⑤ 값없는[가범는] 일로 시간을 허비하다.

4 다음 중, 'ㄹ' 탈락의 조건이 나머지와 <u>다른</u> 것은?

① 알ー+ー오 → 아오
② 걸ー+ー는 → 거는
③ 거칠ー+ーㄴ → 거친
④ 열ー+닫다 → 여닫다
⑤ 밀ー+ーㅂ니까 → 밉니까

자음군 단순화
2015학년도 3월 고1 학력평가

1 〈보기〉의 설명에 따를 때, ⓐ 에 들어갈 수 있는 단어로 적절한 것은?

• 보기 •

> 자음 두 개가 음절 끝에 놓일 때, 둘 중에서 하나의 자음이 탈락하는 현상을 '자음군 단순화'라고 한다. 다음 그림은 '칡'([칡] → [칙])과 같이 끝소리에 위치한 두 자음 중 앞에 있는 자음(**자음²**)이 탈락하여 뒤에 있는 자음(**자음³**)만 발음되는 현상을 시각화한 것이다.

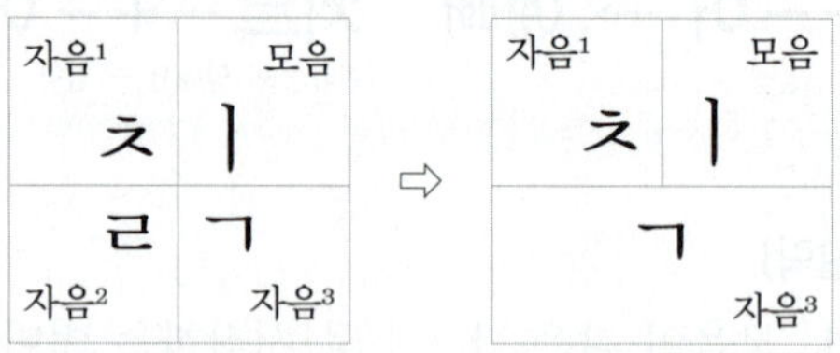

> 반면, 다음 그림은 ⓐ 과 같이 끝소리에 위치한 두 자음 중 뒤에 있는 자음(**자음³**)이 탈락하여 앞에 있는 자음(**자음²**)만 발음되는 현상을 시각화한 것이다.

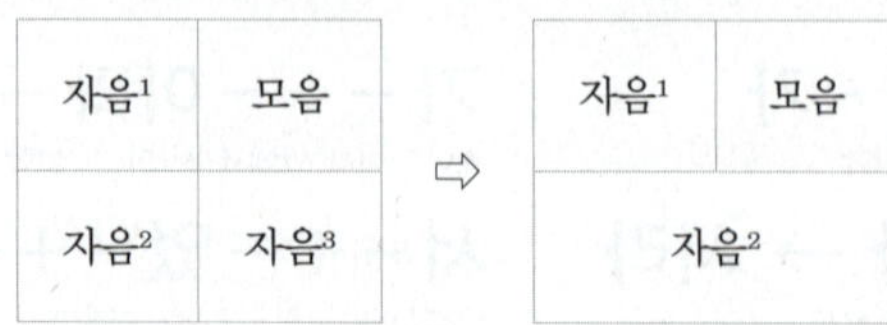

① 값, 넋
② 값, 닭
③ 값, 삶
④ 넋, 삶
⑤ 닭, 삶

2 〈보기〉를 바탕으로 음운의 탈락에 대해 이해한다고 할 때, 적절하지 <u>않은</u> 것은?

음운의 탈락
2013학년도 11월 고1 학력평가

─────── • 보기 •

ⓐ '돌다'의 활용 : '돌-'+'-고' → 돌고, '돌-'+'-니' → 도니 ……
ⓑ '낳다'의 활용 : '낳-'+'-고' → 낳고, '낳-'+'-아' → 낳아 ……
ⓒ '쓰다'의 활용 : '쓰-'+'-고' → 쓰고, '쓰-'+'-어' → 써 ……
ⓓ '가다'의 활용 : '가-'+'-고' → 가고, '가-'+'-아' → 가 ……

① ⓐ에서는 어간의 끝소리 'ㄹ'이 'ㄴ'으로 시작하는 어미 앞에서 탈락되는군.
② ⓑ에서는 '낳아'를 [나아]로 발음하므로 음운의 탈락이 표기에 반영되는군.
③ ⓒ에서는 어간의 모음 'ㅡ'가 모음으로 시작하는 어미 앞에서 탈락되는군.
④ ⓓ에서는 어간의 모음과 동일 음운이 연결될 경우 한 음운이 탈락되는군.
⑤ ⓐ～ⓓ를 보니, 음운의 탈락에는 자음의 탈락과 모음의 탈락이 있음을 알 수 있군.

3 〈보기〉의 ⓐ～ⓒ에 들어갈 말로 적절한 것은?

음운 변동의 이해
2019학년도 6월 모의평가

─────── • 보기 •

° 탐구 과제

　겹받침을 가진 용언을 발음할 때 어떤 음운 변동이 나타나야 표준 발음에 맞는지 혼동되는 경우가 있다. 자음군 단순화, 된소리되기, 비음화, 유음화, 거센소리되기 등의 음운 변동으로 비표준 발음과 표준 발음을 설명해 보자.

° 탐구 자료

	비표준 발음	표준 발음
㉠ 긁는	[글른]	[긍는]
㉡ 짧네	[짬네]	[짤레]
㉢ 끊기고	[끈기고]	[끈키고]
㉣ 뚫지	[뚤찌]	[뚤치]

° 탐구 내용

　㉠의 비표준 발음과 ㉡의 표준 발음에는 자음군 단순화 후 (ⓐ)가 나타난다. 이에 비해, ㉠의 표준 발음과 ㉡의 비표준 발음에는 자음군 단순화 후 (ⓑ)가 나타난다. ㉢과 ㉣의 표준 발음은 (ⓒ)만 일어난 발음이다.

	ⓐ	ⓑ	ⓒ
①	유음화	비음화	거센소리되기
②	유음화	비음화	된소리되기
③	비음화	유음화	거센소리되기
④	비음화	유음화	된소리되기
⑤	비음화	된소리되기	거센소리되기

13 첨가 / 축약

사잇소리 현상에서의 'ㄴ'/'ㄴㄴ' 첨가

- 합성 명사를 만들 때, 'ㄴ' 소리 또는 'ㄴㄴ' 소리가 덧나는 현상
- 일반적인 'ㄴ' 첨가와 달리, 동일한 음운 환경에서도 일어나지 않는 경우가 있기 때문에 일반적인 음운 변동과 구분함.(→ 한글 맞춤법 '사이시옷 표기'에서 다룸.)
- 예 · 혼자＋말 → 혼잣말[혼잔말]
  · 인사＋말 → 인사말[인사말]
→ 음운 환경으로 설명하기 어려움.

1. 사잇소리 현상에서의 'ㄴ' 첨가: 뒷말의 첫소리 'ㄴ, ㅁ' 앞에서 'ㄴ' 소리가 덧남.
예 · 이＋몸 → 잇몸[인몸]
  · 코＋날 → 콧날[콘날]

2. 사잇소리 현상에서의 'ㄴㄴ' 첨가: 뒷말의 'ㅣ'나 반모음 'ㅣ' 앞에서 'ㄴㄴ' 소리가 덧남.
예 · 뒤＋일 → 뒷일[뒨:닐]
  · 나무＋잎 → 나뭇잎[나문닙]

표준 발음으로 허용되는 반모음 첨가

다음 네 단어에서 일어나는 반모음 첨가는 표준 발음으로 허용하고 있음.

단어	표준 발음
되어	[되어/되여]
피어	[피어/피여]
이오	[이오/이요]
아니오	[아니오/아니요]

(표준 발음법 제22항)

첨가 添 더할 첨, 加 더할 가

❶ 'ㄴ' 첨가

- 두 개의 형태소가 결합하여 파생어나 합성어가 될 때, 앞 형태소가 자음으로 끝나고 뒤 형태소가 모음 'ㅣ'나 반모음 'ㅣ'로 시작되는 경우 'ㄴ' 소리가 덧나는 현상이다.
- 음운의 개수가 하나 늘어나게 된다.

> 파생어: 맨－＋입 → 맨입[맨닙]
> ' ㄴ ' 첨가
>
> 막－＋일 → 막일[막닐 → 망닐]
> 'ㄴ' 첨가 후 비음화가 일어남.
>
> 합성어: 식용＋유 → 식용유[시굥뉴]
> 'ㄴ' 첨가('식용유'를 파생어로 보기도 함.)
>
> 물＋약 → 물약[물냑 → 물략]
> 'ㄴ' 첨가 후 유음화가 일어남.

❷ 반모음 첨가

- 모음으로 끝나는 형태소 뒤에 단모음으로 시작하는 형태소가 올 때, 반모음 'ㅣ'나 'ㅗ/ㅜ'가 첨가되는 현상이다.
- 반모음 첨가는 표준 발음으로 인정하지 않는 것이 원칙이나, 일부 단어에서 반모음 'ㅣ'를 첨가하는 것을 표준 발음으로 허용한다.

> 반모음 'ㅣ[j]'가 첨가되는 예
>
> 되－＋－어 → [되＋ㅣ＋어 → 되여] → 표준 발음 ○
> 첨가된 반모음 'ㅣ'와 'ㅓ'가 결합하여 이중 모음 'ㅕ'가 됨.
>
> 피－＋－어 → [피＋ㅣ＋어 → 피여] → 표준 발음 ○
> 첨가된 반모음 'ㅣ'와 'ㅓ'가 결합하여 이중 모음 'ㅕ'가 됨.
>
> 학교＋에 → [학꾜＋ㅣ＋에 → 학꾜예] → 표준 발음 ✕
> 첨가된 반모음 'ㅣ'와 'ㅔ'가 결합하여 이중 모음 'ㅖ'가 됨.
>
> 반모음 'ㅗ/ㅜ[w]'가 첨가되는 예
>
> 좋－＋－아 → [조＋ㅗ＋아 → 조와] → 표준 발음 ✕
> 첨가된 반모음 'ㅗ'와 'ㅏ'가 결합하여 이중 모음 'ㅘ'가 됨.

❶ 거센소리되기(자음 축약)

- 예사소리 'ㄱ, ㄷ, ㅂ, ㅈ'이 앞이나 뒤에 오는 'ㅎ'과 만나 거센소리 'ㅋ, ㅌ, ㅍ, ㅊ'으로 바뀌는 현상이다.
- 두 음운이 합쳐져서 하나의 음운으로 축약되기 때문에 음운의 개수가 하나 줄어들게 된다.

축하[추카] ㄱ + ㅎ → ㅋ	놓고[노코] ㅎ + ㄱ → ㅋ	
맏형[마텽] ㄷ + ㅎ → ㅌ	좋다[조ː타] ㅎ + ㄷ → ㅌ	급히[그피] ㅂ + ㅎ → ㅍ
꽂혀[꼬처] ㅈ + ㅎ → ㅊ	옳지[올치] ㄹㅎ(ㅎ) + ㅈ → ㅊ	

돋보기 — 반모음화

- 모음으로 끝난 형태소와 모음으로 시작하는 형태소가 만나, 두 단모음이 하나의 이중 모음으로 결합될 때 일어나는 현상
- 이중 모음을 두 개의 모음으로 보는 입장에서, 두 단모음이 하나의 이중 모음이 되는 것은 음운 축약이 아닌 음운 교체로 봄.
- 앞 음절의 모음 'ㅣ'나 'ㅗ/ㅜ'가 반모음 'ㅣ'나 'ㅗ/ㅜ'로 교체(반모음화)된 후, 뒤 음절의 단모음과 결합해 이중 모음을 이룬다고 보는 것으로, 음절이 줄어드는 '음절 축약'에 해당함.

피- + -어 → ㅍ+ĭ+어 → 펴

어간 '피-'의 모음 'ㅣ'가 'ĭ'로 반모음화된 후 어미의 모음 'ㅓ'와 결합하여 이중 모음 'ㅕ'를 이룸.

오- + -아라 → ㅗ̆+아라 → 와라

어간 '오-'의 모음 'ㅗ'가 'ㅗ̆'로 반모음화된 후 어미의 모음 'ㅏ'와 결합하여 이중 모음 'ㅘ'를 이룸.

돋보기 — 두음 법칙

- 한자어에서 일부 소리가 단어의 첫머리에 발음되는 것을 꺼리는 현상
- 'ㅣ, ㅑ, ㅕ, ㅛ, ㅠ' 앞에서 'ㄹ'과 'ㄴ' 소리가 탈락하거나, 'ㅏ, ㅓ, ㅗ, ㅜ, ㅡ, ㅐ, ㅔ, ㅚ' 앞의 'ㄹ'이 'ㄴ'으로 바뀌는 것
- 탈락 현상과 교체 현상을 모두 포함하고 있는 음운 변동임(음운상 특질로 보기도 함.).

같은 한자라도 두음 법칙에 따라 발음이 달라짐.

남녀(男女) – 여자(女子)(O) / 녀자(X)
ㄴ → ∅ (탈락)

선량(善良) – 양심(良心)(O) / 량심(X)
ㄹ → ∅ (탈락)

경로(敬老) – 노인(老人)(O) / 로인(X)
ㄹ → ㄴ (교체)

Q 반모음 첨가는 왜 일어나나요?

A '피어'는 모음 'ㅣ'를 발음한 뒤 이어서 모음 'ㅓ'를 발음해야 하죠. 그런데 'ㅣ'는 전설 모음, 고모음이지만 'ㅓ'는 후설 모음, 중모음이랍니다. 소리가 만들어지는 위치가 다른 두 모음을 이어서 발음하는 것이 쉽지 않죠. 이때 두 모음 사이에 반모음 'ĭ'가 들어가면 'ㅣ~ĭ~ㅓ'의 순서로 발음되면서 발음하기가 편해지는 것이에요.
그렇지만 항상 편한 대로만 발음할 수는 없는 것이니까, 몇몇 단어 외에는 반모음 첨가가 일어난 발음을 표준 발음으로 인정하지 않는답니다.

Q '반모음 첨가'와 '반모음화'를 어떻게 구분하나요?

A '반모음 첨가'는 말 그대로 없던 반모음이 첨가되는 것이고, '반모음화'는 원래 있던 모음이 반모음으로 바뀌는 것이지요.
모든 음운이 관념적·추상적 소리이듯, 반모음도 우리 머릿속에만 있는 개념이에요. 모음은 홀로 소리 날 수 있어야 하는데, 이중 모음은 완전하지 않은 반모음과 단모음의 결합으로 만들어지는 것이고, 이중 모음을 만들기 위해서는 기존의 단모음이 반모음으로 바뀌어야 된다고 생각하는 거죠.

예 • '피어'를 [피여]로 발음하는 경우: 첨가된 반모음 'ĭ'가 어미의 'ㅓ'와 결합해 이중 모음 'ㅕ'로 소리 나는 반모음 첨가
• '피어'를 '펴[펴]'로 표기·발음하는 경우: 원래 있던 어간의 'ㅣ'가 반모음 'ĭ'로 바뀐 후 어미의 'ㅓ'와 결합해 이중 모음 'ㅕ'로 변하는 현상(반모음화)

1 〈보기〉의 ㉠에 해당하는 예로 적절한 것은?

> ● 보기 ●
>
> 'ㄴ' 첨가 현상은 ㉠첨가된 음운이 인접한 음운의 영향 때문에 교체되는 경우도 있고, 반대로 첨가된 음운의 영향으로 인접한 음운이 교체되는 경우도 있다.

① 막일 → [망닐]   ② 영업용 → [영엄뇽]
③ 늦여름 → [는녀름]   ④ 구급약 → [구:금냑]
⑤ 불여우 → [불려우]

2 〈보기〉를 참고할 때, 음운 변동의 유형이 나머지와 다른 것은?

> ● 보기 ●
>
> 두음 법칙에는 한 음운이 다른 음운으로 바뀌는 교체 현상과 음운이 사라지는 탈락 현상이 있다.

① 수리(修理) : 이발(理髮)
② 은닉(隱匿) : 익명(匿名)
③ 급류(急流) : 유행(流行)
④ 만년(晚年) : 연세(年歲)
⑤ 왕래(往來) : 내일(來日)

3 다음 중, 표준 발음으로 허용되는 것은?

① 아니오[아니요]
② 학교에[학교예]
③ 좋아요[조와요]
④ 개었다[개열따]
⑤ 두어라[두워라]

4 〈보기〉의 ㉮와 ㉯에 해당하는 음운 변동이 바르게 묶인 것은?

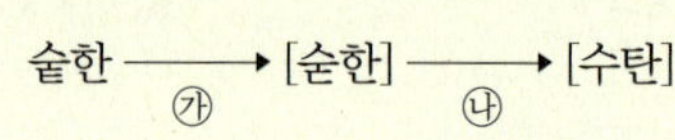

> ● 보기 ●
>
> 숱한 ──㉮──→ [숟한] ──㉯──→ [수탄]

	㉮	㉯
①	음절의 끝소리 규칙	된소리되기
②	음절의 끝소리 규칙	거센소리되기
③	자음군 단순화	거센소리되기
④	자음군 단순화	ㅎ 탈락
⑤	비음화	ㅎ 탈락

모음의 변동
2015학년도 수능 A형

1 다음의 ⓐ에 해당하는 것을 ㉠~㉣ 중에서 고른 것은?

> [모음의 변동]
>
> 단모음으로 끝나는 어간과 단모음으로 시작하는 어미가 결합하면 모음의 변동이 자주 일어난다. 모음 변동의 결과 두 개의 단모음 중 하나가 없어지기도 하고, ⓐ두 개의 단모음이 합쳐져 이중 모음이 되기도 하며, 단모음 사이에 반모음이 첨가되기도 한다.
>
> [모음 변동의 사례]
>
> > ㉠ 기 + 어 → [기여]
> > ㉡ 살피 + 어 → [살펴]
> > ㉢ 배우 + 어 → [배워]
> > ㉣ 나서 + 어 → [나서]

① ㉠, ㉡   ② ㉠, ㉢   ③ ㉡, ㉢
④ ㉡, ㉣   ⑤ ㉢, ㉣

2 〈보기〉의 [A]에 들어갈 말로 적절한 것은?

• 보기 •

선생님 : 음절은 발음할 수 있는 최소의 언어 단위인데, 음절의 유형은 크게 분류하면 '①
모음, ② 자음＋모음, ③ 모음＋자음, ④ 자음＋모음＋자음'이 있어요. 예를 들면 '꽃
[꼳]'은 ④, '잎[입]'은 ③에 속하지요. 그런데 복합어 '꽃잎'은 음운 변동이 일어나 [꼰닙]
으로 발음돼요. 이때 [닙]은 ④에 해당되며 음운의 첨가로 음절 유형이 바뀐 것이지요.
  이제 아래 단어들을 탐구해 봅시다.

> 밥상(밥＋상), 집일(집＋일), 의복함(의복＋함),
> 국물(국＋물), 화살(활＋살)

학생 : [A]

선생님 : 네, 맞아요.

---

① '밥상[밥쌍]'에서의 [쌍]은 첨가의 결과이고, 음절 유형이 단일어인 '상[상]'과 달라졌어요.
② '집일[짐닐]'에서의 [닐]은 교체의 결과이고, 음절 유형이 단일어인 '일[일]'과 달라졌어요.
③ '의복함[의보캄]'에서의 [캄]은 축약의 결과이고, 음절 유형이 단일어인 '함[함]'과 달라졌
  어요.
④ '국물[궁물]'에서의 [궁]은 교체의 결과이고, 음절 유형이 단일어인 '국[국]'과 같아요.
⑤ '화살[화살]'에서의 [화]는 탈락의 결과이고, 음절 유형이 단일어인 '활[활]'과 같아요.

3 〈보기〉를 바탕으로 음운 변동 사례에 대해 이해한 내용으로 적절한 것은?

• 보기 •

  교체, 탈락, 축약, 첨가의 음운 변동이 일어나는 경우 음운 개수의 변화가 나타나기도
한다.
  먼저 '집일[짐닐]'은 첨가 및 교체가 일어나 음운의 개수가 늘었다. 그런데 '닭만[당만]'
은 탈락 및 교체가 일어나 음운의 개수가 줄었고, '뜻하다[뜨타다]'는 교체 및 축약이 일
어나 음운의 개수가 줄었다. 한편 '맡는[만는]'은 교체가 두 번 일어나 음운의 개수가 변
하지 않았다.

---

① '흙하고[흐카고]'는 탈락 및 축약이 일어나 음운의 개수가 두 개 줄었군.
② '저녁연기[저녕년기]'는 첨가 및 교체가 일어나 음운의 개수가 두 개 늘었군.
③ '부엌문[부엉문]'과 '볶는[봉는]'은 교체가 한 번 일어나 음운의 개수가 변하지 않았군.
④ '엎지[업찌]'와 '묽고[물꼬]'는 교체 및 축약이 일어나 음운의 개수가 각각 한 개 줄었군.
⑤ '넓네[널레]'와 '밝는[방는]'은 탈락 및 교체가 일어나 음운의 개수가 각각 두 개 줄었군.

제1장 총칙

제1항 표준 발음법은 표준어의 실제 발음을 따르되, 국어의 전통성과 합리성을 고려하여 정함을 원칙으로 한다.

제2장 자음과 모음

제2항 표준어의 자음은 다음 19개로 한다.

ㄱ ㄲ ㄴ ㄷ ㄸ ㄹ ㅁ ㅂ ㅃ ㅅ ㅆ ㅇ ㅈ ㅉ ㅊ ㅋ ㅌ ㅍ ㅎ

제3항 표준어의 모음은 다음 21개로 한다.

ㅏ ㅐ ㅑ ㅒ ㅓ ㅔ ㅕ ㅖ ㅗ ㅘ ㅙ ㅚ ㅛ ㅜ ㅝ ㅞ ㅟ ㅠ ㅡ ㅢ ㅣ

제4항 'ㅏ ㅐ ㅓ ㅔ ㅗ ㅚ ㅜ ㅟ ㅡ ㅣ'는 단모음(單母音)으로 발음한다.
　[붙임] 'ㅚ, ㅟ'는 이중 모음으로 발음할 수 있다.

제5항 'ㅑ ㅒ ㅕ ㅖ ㅘ ㅙ ㅛ ㅝ ㅞ ㅠ ㅢ'는 이중 모음으로 발음한다.
　다만 1. 용언의 활용형에 나타나는 '져, 쪄, 쳐'는 [저, 쩌, 처]로 발음한다.

가지어 → 가져[가저]	찌어 → 쪄[쩌]	다치어 → 다쳐[다처]

'묻혀[무처], 붙여[부처], 잊혀[이처]' 등과 같이 표기상 '져, 쪄, 쳐'가 아니어도 발음상 '져, 쪄, 쳐'와 동일한 경우의 'ㅕ'도 단모음 'ㅓ'로 발음해야 함.

　다만 2. '예, 례' 이외의 'ㅖ'는 [ㅔ]로도 발음한다.

'예, 례'는 반드시 이중 모음 [예, 례]로 발음해야 한다는 의미임.

계집[계:집/게:집]	계시다[계:시다/게:시다]	시계[시계/시게](時計)
연계[연계/연게](連繫)	메별[메별/메별](袂別)┐	개폐[개폐/개페](開閉)
혜택[혜:택/헤:택](惠澤)	지혜[지혜/지헤](智慧)	→소매를 잡고 헤어짐. 섭섭한 이별

자음을 첫소리로 가지고 있는 음절의 'ㅢ'는 언제나 [ㅣ]로 발음한다는 의미임.

　다만 3. 자음을 첫소리로 가지고 있는 음절의 'ㅢ'는 [ㅣ]로 발음한다.

늴리리	닁큼	무늬	띄어쓰기	씌어
틔어	희어	희떱다	희망	유희

예 '민주주의의 의의'
원칙 ① [민주주의의 의:의]
허용 ② [민주주의에 의:의]
　　③ [민주주이의 의:의]
　　④ [민주주이에 의:의]
　　⑤ [민주주의의 의:이]
　　⑥ [민주주의에 의:이]
　　⑦ [민주주이의 의:이]
　　⑧ [민주주이에 의:이]

　다만 4. 단어의 첫음절 이외의 '의'는 [ㅣ]로, 조사 '의'는 [ㅔ]로 발음함도 허용한다.

주의[주의/주이]	협의[혀븨/혀비]
우리의[우리의/우리에]	강의의[강:의의/강:이에]

제3장 음의 길이

제6항 모음의 장단을 구별하여 발음하되, 단어의 첫음절에서만 긴소리가 나타나는 것을 원칙으로 한다.

(1) 눈보라[눈:보라]	말씨[말:씨]	밤나무[밤:나무]
많다[만:타]	멀리[멀:리]	벌리다[벌:리다]
(2) 첫눈[천눈]	참말[참말]	쌍동밤[쌍동밤]
수많이[수:마니]	눈멀다[눈멀다]	떠벌리다[떠벌리다]

　다만, 합성어의 경우에는 둘째 음절 이하에서도 분명한 긴소리를 인정한다.

반신반의[반:신바:늬/반:신바:니]	재삼재사[재:삼재:사]

[붙임] 용언의 단음절 어간에 어미 '-아 / -어'가 결합되어 한 음절로 축약되는 경우에도 긴소리로 발음한다.

보아 → 봐[봐:]	기어 → 겨[겨:]	되어 → 돼[돼:]	두어 → 둬[둬:]	하여 → 해[해:]

다만, '오아 → 와, 지어 → 져, 찌어 → 쪄, 치어 → 쳐' 등은 긴소리로 발음하지 않는다.

제7항 긴소리를 가진 음절이라도, 다음과 같은 경우에는 짧게 발음한다.

1. 단음절인 용언 어간에 모음으로 시작된 어미가 결합되는 경우

감다[감:따] - 감으니[가므니]	밟다[밥:따] - 밟으면[발브면]
신다[신:따] - 신어[시너]	알다[알:다] - 알아[아라]

다만, 다음과 같은 경우에는 예외적이다.

끌다[끌:다] - 끌어[끄:러]	떫다[떨:따] - 떫은[떨:븐]	벌다[벌:다] - 벌어[버:러]
썰다[썰:다] - 썰어[써:러]	없다[업:따] - 없으니[업:쓰니]	

2. 용언 어간에 피동, 사동의 접미사가 결합되는 경우

감다[감:따] - 감기다[감기다]	꼬다[꼬:다] - 꼬이다[꼬이다]	밟다[밥:따] - 밟히다[발피다]

다만, 다음과 같은 경우에는 예외적이다.

끌리다[끌:리다]	벌리다[벌:리다]	없애다[업:쌔다]

[붙임] 다음과 같은 복합어에서는 본디의 길이에 관계없이 짧게 발음한다.

밀-물	썰-물	쏜-살-같이	작은-아버지

제4장 받침의 발음

제8항 받침소리로는 'ㄱ, ㄴ, ㄷ, ㄹ, ㅁ, ㅂ, ㅇ'의 7개 자음만 발음한다.

제9항 받침 'ㄲ, ㅋ', 'ㅅ, ㅆ, ㅈ, ㅊ, ㅌ', 'ㅍ'은 어말 또는 자음 앞에서 각각 대표음 [ㄱ, ㄷ, ㅂ]으로 발음한다.

닦다[닥따]	키읔[키윽]	키읔과[키윽꽈]	옷[옫]	웃다[욷:따]
있다[읻따]	젖[젇]	빚다[빋따]	꽃[꼳]	쫓다[쫃따]
솥[솓]	뱉다[밷:따]	앞[압]	덮다[덥따]	

제10항 겹받침 'ㄳ', 'ㄵ', 'ㄼ, ㄽ, ㄾ', 'ㅄ'은 어말 또는 자음 앞에서 각각 [ㄱ, ㄴ, ㄹ, ㅂ]으로 발음한다.

넋[넉]	넋과[넉꽈]	앉다[안따]	여덟[여덜]	넓다[널따]
외곬[외골]	핥다[할따]	값[갑]	없다[업:따]	

다만, '밟-'은 자음 앞에서 [밥]으로 발음하고, '넓-'은 다음과 같은 경우에 [넙]으로 발음한다.

(1) 밟다[밥:따] 밟소[밥:쏘] 밟지[밥:찌] 밟는[밥:는 → 밤:는] 밟게[밥:께] 밟고[밥:꼬]
(2) 넓-죽하다[넙쭈카다] 넓-둥글다[넙뚱글다]

제11항 겹받침 'ㄺ, ㄻ, ㄿ'은 어말 또는 자음 앞에서 각각 [ㄱ, ㅁ, ㅂ]으로 발음한다.

닭[닥]	흙과[흑꽈]	맑다[막따]	늙지[늑찌]	삶[삼:]	젊다[점:따]	읊고[읍꼬] 읊다[읍따]

다만, 용언의 어간 말음 'ㄺ'은 'ㄱ' 앞에서 [ㄹ]로 발음한다.

맑게[말께]	묽고[물꼬]	얽거나[얼꺼나]

제12항 받침 'ㅎ'의 발음은 다음과 같다.

1. 'ㅎ(ㄶ, ㅀ)' 뒤에 'ㄱ, ㄷ, ㅈ'이 결합되는 경우에는, 뒤 음절 첫소리와 합쳐서 [ㅋ, ㅌ, ㅊ]으로 발음한다.

놓고[노코]	좋던[조ː턴]	쌓지[싸치]	많고[만ː코]	않던[안턴]	닳지[달치]

[붙임 1] 받침 'ㄱ(ㄺ), ㄷ, ㅂ(ㄼ), ㅈ(ㄵ)'이 뒤 음절 첫소리 'ㅎ'과 결합되는 경우에도, 역시 두 음을 합쳐서 [ㅋ, ㅌ, ㅍ, ㅊ]으로 발음한다.

각하[가카]	먹히다[머키다]	밝히다[발키다]	맏형[마텽]
좁히다[조피다]	넓히다[널피다]	꽂히다[꼬치다]	앉히다[안치다]

[붙임 2] 규정에 따라 'ㄷ'으로 발음되는 'ㅅ, ㅈ, ㅊ, ㅌ'의 경우에도 이에 준한다.

옷 한 벌[오탄벌]	낮 한때[나탄때]	꽃 한 송이[꼬탄송이]	숱하다[수타다]

2. 'ㅎ(ㄶ, ㅀ)' 뒤에 'ㅅ'이 결합되는 경우에는, 'ㅅ'을 [ㅆ]으로 발음한다.

닿소[다ː쏘]	많소[만ː쏘]	싫소[실쏘]

3. 'ㅎ' 뒤에 'ㄴ'이 결합되는 경우에는, [ㄴ]으로 발음한다.

놓는[논는]	쌓네[싼네]

[붙임] 'ㄶ, ㅀ' 뒤에 'ㄴ'이 결합되는 경우에는, 'ㅎ'을 발음하지 않는다.

않네[안네]	않는[안는]	뚫네[뚤네 → 뚤레]	뚫는[뚤는 → 뚤른]

4. 'ㅎ(ㄶ, ㅀ)' 뒤에 모음으로 시작된 어미나 접미사가 결합되는 경우에는, 'ㅎ'을 발음하지 않는다.

낳은[나은]	놓아[노아]	쌓이다[싸이다]	많아[마ː나]
않은[아는]	닳아[다라]	싫어도[시러도]	

제13항 홑받침이나 쌍받침이 모음으로 시작된 조사나 어미, 접미사와 결합되는 경우에는, 제 음가대로 뒤 음절 첫소리로 옮겨 발음한다.

깎아[까까]	옷이[오시]	있어[이써]	낮이[나지]	꽃아[꼬자]
꽃을[꼬츨]	쫓아[쪼차]	밭에[바테]	앞으로[아프로]	덮이다[더피다]

제14항 겹받침이 모음으로 시작된 조사나 어미, 접미사와 결합되는 경우에는, 뒤엣것만을 뒤 음절 첫소리로 옮겨 발음한다.(이 경우, 'ㅅ'은 된소리로 발음함.)

넋이[넉씨]	앉아[안자]	닭을[달글]	젊어[절머]	곬이[골씨]
핥아[할타]	읊어[을퍼]	값을[갑쓸]	없어[업ː써]	

제15항 받침 뒤에 모음 'ㅏ, ㅓ, ㅗ, ㅜ, ㅟ'들로 시작되는 실질 형태소가 연결되는 경우에는, 대표음으로 바꾸어서 뒤 음절 첫소리로 옮겨 발음한다.

밭 아래[바다래]	늪 앞[느밥]	젖어미[저더미]	맛없다[마덥따]
겉옷[거돋]	헛웃음[허두슴]	꽃 위[꼬뒤]	

다만, '맛있다, 멋있다'는 [마싣따], [머싣따]로도 발음할 수 있다.

[붙임] 겹받침의 경우에는, 그중 하나만을 옮겨 발음한다.

넋 없다[너겁따]	닭 앞에[다가페]	값어치[가버치]	값있는[가빈는]

제16항 한글 자모의 이름은 그 받침소리를 연음하되, 'ㄷ, ㅈ, ㅊ, ㅋ, ㅌ, ㅍ, ㅎ'의 경우에는 특별히 다음과 같이 발음한다.

디귿이[디그시]	디귿을[디그슬]	디귿에[디그세]	지읒이[지으시]	지읒을[지으슬]	지읒에[지으세]
치읓이[치으시]	치읓을[치으슬]	치읓에[치으세]	키읔이[키으기]	키읔을[키으글]	키읔에[키으게]
티읕이[티으시]	티읕을[티으슬]	티읕에[티으세]	피읖이[피으비]	피읖을[피으블]	피읖에[피으베]
히읗이[히으시]	히읗을[히으슬]	히읗에[히으세]			

제5장 음의 동화

제17항 받침 'ㄷ, ㅌ(ㄾ)'이 조사나 접미사의 모음 'ㅣ'와 결합되는 경우에는, [ㅈ, ㅊ]으로 바꾸어서 뒤 음절 첫소리로 옮겨 발음한다.

구개음화 – 제17항

곧이듣다[고지듣따]	굳이[구지]	미닫이[미:다지]
땀받이[땀바지]	밭이[바치]	벼훑이[벼훌치]

[붙임] 'ㄷ' 뒤에 접미사 '히'가 결합되어 '티'를 이루는 것은 [치]로 발음한다.

굳히다[구치다]	닫히다[다치다]	묻히다[무치다]

제18항 받침 'ㄱ(ㄲ, ㅋ, ㄳ, ㄺ), ㄷ(ㅅ, ㅆ, ㅈ, ㅊ, ㅌ, ㅎ), ㅂ(ㅍ, ㄼ, ㄿ, ㅄ)'은 'ㄴ, ㅁ' 앞에서 [ㅇ, ㄴ, ㅁ]으로 발음한다.

비음화 – 제18항, 제19항

먹는[멍는]	국물[궁물]	깎는[깡는]	키읔만[키응만]
몫몫이[몽목씨]	긁는[긍는]	흙만[흥만]	닫는[단는]
짓는[진:는]	옷맵시[온맵씨]	있는[인는]	맞는[만는]
젖멍울[전멍울]	쫓는[쫀는]	꽃망울[꼰망울]	붙는[분는]
놓는[논는]	잡는[잠는]	밥물[밤물]	앞마당[암마당]
밟는[밤:는]	읊는[음는]	없는[엄:는]	

[붙임] 두 단어를 이어서 한 마디로 발음하는 경우에도 이와 같다.

책 넣는다[챙넌는다]	흙 말리다[흥말리다]	옷 맞추다[온맏추다]
밥 먹는다[밤멍는다]	값 매기다[감매기다]	

제19항 받침 'ㅁ, ㅇ' 뒤에 연결되는 'ㄹ'은 [ㄴ]으로 발음한다.

담력[담:녁]	침략[침:냑]	강릉[강능]	항로[항:노]	대통령[대:통녕]

[붙임] 받침 'ㄱ, ㅂ' 뒤에 연결되는 'ㄹ'도 [ㄴ]으로 발음한다.

막론[막논 → 망논]	석류[석뉴 → 성뉴]	협력[협녁 → 혐녁]	법리[법니 → 범니]

제20항 'ㄴ'은 'ㄹ'의 앞이나 뒤에서 [ㄹ]로 발음한다.

유음화 – 제20항

(1) 난로[날:로]	신라[실라]	천리[철리]	광한루[광:할루]	대관령[대:괄령]
(2) 칼날[칼랄]	물난리[물랄리]	줄넘기[줄럼끼]	핥는지[할른지]	

[붙임] 첫소리 'ㄴ'이 'ㅀ', 'ㄾ' 뒤에 연결되는 경우에도 이에 준한다.

닳는[달른]	뚫는[뚤른]	핥네[할레]

다만, 다음과 같은 단어들은 'ㄹ'을 [ㄴ]으로 발음한다.

⇦ 제20항의 '다만'은 유음화가 일어날 조건인데 비음화가 일어나는 사례임.

의견란[의:견난]	임진란[임:진난]	생산량[생산냥]	결단력[결딴녁]
공권력[공꿘녁]	동원령[동:원녕]	상견례[상견녜]	횡단로[횡단노]
이원론[이:원논]	입원료[이붠뇨]	구근류[구근뉴]	

제21항은 'ㄱ'이나 'ㅇ'으로 바뀌는 '연구개음화'와 'ㅁ'이나 'ㅂ'으로 바뀌는 '양순음화'의 사례로, 표준 발음으로 인정되지 않는 자음 동화를 설명한 것임.

반모음 첨가
– 제22항

된소리되기
– 제23항~제28항

제21항　위에서 지적한 이외의 자음 동화는 인정하지 않는다.

감기[감ː기](×[강ː기])	옷감[옫깜](×[옥깜])	있고[읻꼬](×[익꼬])
꽃길[꼳낄](×[꼭낄])	젖먹이[전머기](×[점머기])	문법[문뻡](×[뭄뻡])
꽃밭[꼳빧](×[꼽빧])		

제22항　다음과 같은 용언의 어미는 [어]로 발음함을 원칙으로 하되, [여]로 발음함도 허용한다.

되어[되어/되여]	피어[피어/피여]

[붙임] '이오, 아니오'도 이에 준하여 [이요, 아니요]로 발음함을 허용한다.

제6장 경음화

제23항　받침 'ㄱ(ㄲ, ㅋ, ㄳ, ㄺ), ㄷ(ㅅ, ㅆ, ㅈ, ㅊ, ㅌ), ㅂ(ㅍ, ㄼ, ㄿ, ㅄ)' 뒤에 연결되는 'ㄱ, ㄷ, ㅂ, ㅅ, ㅈ'은 된소리로 발음한다.

국밥[국빱]	깎다[깍따]	넋받이[넉빠지]	삯돈[삭똔]	닭장[닥짱]
칡범[칙뻠]	뻗대다[뻗때다]	옷고름[옫꼬름]	있던[읻떤]	꽃고[꼳꼬]
꽃다발[꼳따발]	낯설다[낟썰다]	밭갈이[받까리]	솥전[솓쩐]	곱돌[곱똘]
덮개[덥깨]	옆집[엽찝]	넓죽하다[넙쭈카다]	읊조리다[읍쪼리다]	값지다[갑찌다]

제24항　어간 받침 'ㄴ(ㄵ), ㅁ(ㄻ)' 뒤에 결합되는 어미의 첫소리 'ㄱ, ㄷ, ㅅ, ㅈ'은 된소리로 발음한다.

신고[신ː꼬]	껴안다[껴안따]	앉고[안꼬]	얹다[언따]
삼고[삼ː꼬]	더듬지[더듬찌]	닮고[담ː꼬]	젊지[점ː찌]

다만, 피동, 사동의 접미사 '-기-'는 된소리로 발음하지 않는다.

안기다	감기다	굶기다	옮기다

제25항　어간 받침 'ㄼ, ㄾ' 뒤에 결합되는 어미의 첫소리 'ㄱ, ㄷ, ㅅ, ㅈ'은 된소리로 발음한다.

넓게[널께]	핥다[할따]	훑소[훌쏘]	떫지[떨ː찌]

제26항　한자어에서, 'ㄹ' 받침 뒤에 연결되는 'ㄷ, ㅅ, ㅈ'은 된소리로 발음한다.

갈등[갈뜽]	발동[발똥]	절도[절또]	말살[말쌀]
불소[불쏘](弗素)	일시[일씨]	갈증[갈쯩]	물질[물찔]
발전[발쩐]	몰상식[몰쌍식]	불세출[불쎄출]	

다만, 같은 한자가 겹쳐진 단어의 경우에는 된소리로 발음하지 않는다.

허허실실[허허실실](虛虛實實)	절절-하다[절절하다](切切-)

제27항　관형사형 '-(으)ㄹ' 뒤에 연결되는 'ㄱ, ㄷ, ㅂ, ㅅ, ㅈ'은 된소리로 발음한다.

할 것을[할꺼슬]	갈 데가[갈떼가]	할 바를[할 빠를]	할 수는[할쑤는]
할 적에[할쩌게]	갈 곳[갈꼳]	할 도리[할또리]	만날 사람[만날싸람]

다만, 끊어서 말할 적에는 예사소리로 발음한다.

[붙임] '-(으)ㄹ'로 시작되는 어미의 경우에도 이에 준한다.

할걸[할껄]	할밖에[할빠께]	할세라[할쎄라]	할수록[할쑤록]
할지라도[할찌라도]	할지언정[할찌언정]	할진대[할찐대]	

제28항은 합성 명사에서의 된소리되기 현상으로, 음운 환경에 따라 일어나는 음운 변동과 달리 형태소의 의미 관계에 의해 일어나는 현상임. '관형격 기능을 지니는'이라는 말은 '~의'의 역할을 한다는 의미임.

제28항　표기상으로는 사이시옷이 없더라도, 관형격 기능을 지니는 사이시옷이 있어야 할(휴지가 성립되는) 합성어의 경우에는, 뒤 단어의 첫소리 'ㄱ, ㄷ, ㅂ, ㅅ, ㅈ'을 된소리로 발음한다.

문-고리[문꼬리]	눈-동자[눈똥자]	신-바람[신빠람]	산-새[산쌔]
손-재주[손째주]	길-가[길까]	물-동이[물똥이]	발-바닥[발빠닥]
굴-속[굴쏙]	술-잔[술짠]	바람-결[바람껼]	그믐-달[그믐딸]
아침-밥[아침빱]	잠-자리[잠짜리]	강-가[강까]	초승-달[초승딸]
등-불[등뿔]	창-살[창쌀]	강-줄기[강쭐기]	

제7장 음의 첨가

제29항 합성어 및 파생어에서, 앞 단어나 접두사의 끝이 자음이고 뒤 단어나 접미사의 첫음절이 '이, 야, 여, 요, 유'인 경우에는, 'ㄴ' 음을 첨가하여 [니, 냐, 녀, 뇨, 뉴]로 발음한다.

솜-이불[솜ː니불]	홑-이불[혼니불]	막-일[망닐]	삯-일[상닐]
맨-입[맨닙]	꽃-잎[꼰닙]	내복-약[내ː봉냑]	한-여름[한녀름]
남존-여비[남존녀비]	신-여성[신녀성]	색-연필[생년필]	직행-열차[지캥녈차]
늑막-염[능망념]	콩-엿[콩녇]	담-요[담ː뇨]	눈-요기[눈뇨기]
영업-용[영엄뇽]	식용-유[시굥뉴]	백분-율[백뿐뉼]	밤-윷[밤ː늇]

다만, 다음과 같은 말들은 'ㄴ' 음을 첨가하여 발음하되, 표기대로 발음할 수 있다.

이죽-이죽[이중니죽/이주기죽]	야금-야금[야금냐금/야그먀금]	검열[검ː녈/거ː멸]
욜랑-욜랑[욜랑뇰랑/욜랑욜랑]	금융[금늉/그뮹]	

[붙임 1] 'ㄹ' 받침 뒤에 첨가되는 'ㄴ' 음은 [ㄹ]로 발음한다.

들-일[들ː릴]	솔-잎[솔립]	설-익다[설릭따]	물-약[물략]
불-여우[불려우]	서울-역[서울력]	물-엿[물렫]	휘발-유[휘발류]
유들-유들[유들류들]			

[붙임 2] 두 단어를 이어서 한 마디로 발음하는 경우에도 이에 준한다.

한 일[한닐]	옷 입다[온닙따]	서른여섯[서른녀섣]	3연대[삼년대]
먹은 엿[머근녇]	할 일[할릴]	잘 입다[잘립따]	스물여섯[스물려섣]
1연대[일련대]	먹을 엿[머글렫]		

다만, 다음과 같은 단어에서는 'ㄴ(ㄹ)' 음을 첨가하여 발음하지 않는다.

6·25[유기오]	3·1절[사밀쩔]	송별-연[송ː벼련]	등-용문[등용문]

제30항 사이시옷이 붙는 단어는 다음과 같이 발음한다.

1. 'ㄱ, ㄷ, ㅂ, ㅅ, ㅈ'으로 시작하는 단어 앞에 사이시옷이 올 때는 이들 자음만을 된소리로 발음하는 것을 원칙으로 하되, 사이시옷을 [ㄷ]으로 발음하는 것도 허용한다.

냇가[내ː까/낻ː까]	샛길[새ː낄/샏ː낄]	빨랫돌[빨래똘/빨랟똘]	콧등[코뜽/콛뜽]
깃발[기빨/긷빨]	대팻밥[대ː패빱/대ː팯빱]	햇살[해쌀/핻쌀]	뱃속[배쏙/밷쏙]
뱃전[배쩐/밷쩐]	고갯짓[고개찓/고갣찓]		

2. 사이시옷 뒤에 'ㄴ, ㅁ'이 결합되는 경우에는 [ㄴ]으로 발음한다.

콧날[콛날 → 콘날]	아랫니[아랟니 → 아랜니]	툇마루[퇻ː마루 → 퇸ː마루]
뱃머리[밷머리 → 밴머리]		

3. 사이시옷 뒤에 '이' 음이 결합되는 경우에는 [ㄴㄴ]으로 발음한다.

베갯잇[베갣닏 → 베갠닏]	깻잎[깯닙 → 깬닙]	나뭇잎[나묻닙 → 나문닙]
도리깻열[도리깯녈 → 도리깬녈]	뒷윷[뒫ː늍 → 뒨ː늍]	

01

다음은 자음 습득에 관한 탐구 자료이다. 이에 대한 이해로 적절하지 <u>않은</u> 것은?

> '엄마'와 '아빠' 중에 어느 단어가 상대적으로 낮은 연령에서 발음하기가 쉬울까? 자음은 발음을 할 때 공기의 흐름이 방해를 받기 때문에 제약이 많아 연령에 따라 습득되는 자음들이 다르다. 연령에 따른 자음의 발달 단계를 살펴보면 우선 두 입술 사이에서 나는 소리가 가장 먼저 발달한다. 그 중에서도 코로 공기를 내보내는 비음이자 울림소리인 'ㅁ'이 2세 때 습득된다. 그 후 3세 때에는 파열음이자 안울림소리인 'ㅃ'을 습득하게 된다. 따라서 'ㅁ'을 'ㅃ'보다 먼저 습득하게 되므로 아동들은 부모의 호칭 중 음성학적으로 '아빠'보다 '엄마'를 보다 쉽게 발음할 수 있는 것이다.

① 'ㅁ'은 'ㅃ'보다 강하게 파열되며 나는 소리구나.
② 'ㅁ'은 'ㅃ'과 달리 목청을 울리면서 소리를 내게 되는구나.
③ 'ㅁ'은 'ㅃ'과 달리 코로 공기를 내보내면서 소리를 내게 되는구나.
④ 'ㅁ'과 'ㅃ'은 모두 두 입술 사이에서 나는 소리구나.
⑤ 'ㅁ'과 'ㅃ'은 모두 공기의 흐름이 방해를 받는 소리구나.

02

다음 표를 참고할 때, 〈보기〉의 놀이에서 승리할 수 있는 카드는?

혀의 높이 \ 입술의 모양 (혀의 앞뒤)	전설 모음		후설 모음	
	평순	원순	평순	원순
고모음	ㅣ	ㅟ	ㅡ	ㅜ
중모음	ㅔ	ㅚ	ㅓ	ㅗ
저모음	ㅐ		ㅏ	

◆ 보기 ◆

◎ 한글 모음 놀이의 승리 조건
　－ 아래의 조건을 모두 만족하는 모음 카드를 제시할 것
・입천장의 중간점을 기준으로 혀의 가장 높은 부분을 앞쪽에 둔 상태로 발음하는 모음
・입술을 평평하게 해서 발음하는 모음
・입을 조금 벌리고 혀가 입천장에 닿을 만큼 높은 상태로 발음하는 모음

①  ② 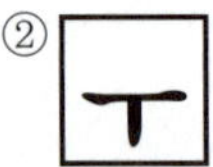 ③  ④ 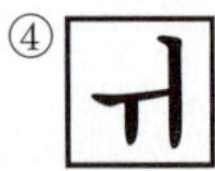 ⑤ 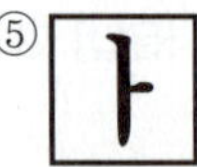

03

〈보기〉를 참고하여 철수에게 해 줄 수 있는 조언으로 가장 적절한 것은?

◆ 보기 ◆

◦ **국어의 단모음 체계**

혀의 높이 (입술의 개폐) \ 입술의 모양 (혀의 최고점 위치)	전설 모음		후설 모음	
	평순	원순	평순	원순
고모음(폐모음)	ㅣ	ㅟ	ㅡ	ㅜ
중모음(반개모음)	ㅔ	ㅚ	ㅓ	ㅗ
저모음(개모음)	ㅐ		ㅏ	

> **철수**: 영희야, 넌 '게'와 '개'를 정확하게 구분해서 발음할 수 있니? 난 잘 안 돼서 말할 때마다 머뭇거리게 돼. 어떻게 하면 좋을까?

① '개'를 발음할 때는 '게'와 달리 입술을 동그랗게 오므려야 해.
② '개'를 발음할 때는 '게'에 비해 입을 더 크게 벌려서 혀의 높이를 낮추어야 해.
③ '게'를 발음할 때는 '개'와 달리 소리 내는 동안 입술과 혀를 움직이지 말아야 해.
④ '개'를 발음할 때는 '게'에 비해 입술을 더 평평하게 하고 입을 조금만 벌려야 해.
⑤ '게'를 발음할 때는 '개'와 달리 혀의 최고점이 앞쪽에 있다는 느낌으로 발음해야 해.

04

〈보기〉의 ㉠과 ㉡에 해당하는 예가 바르게 짝지어진 것은?

◆ 보기 ◆

> 비음화는 ㉠홑받침 또는 쌍받침이 'ㄱ, ㄴ, ㄷ, ㄹ, ㅁ, ㅂ, ㅇ'의 일곱 자음만으로만 발음되는 현상을 겪은 후에 나타나기도 하고, ㉡겹받침이 그 중 한 자음만 발음되는 현상을 겪은 후에 나타나기도 한다.

	㉠	㉡
①	깎는[깡는]	흙만[흥만]
②	끝물[끈물]	앉자[안짜]
③	듣는[든는]	읊는[음는]
④	숯내[순내]	닳은[다른]
⑤	앞마당[암마당]	값이[갑씨]

05

〈보기 1〉의 탐구 과정을 바탕으로 〈보기 2〉의 ㉠~㉣을 바르게 분류한 것은?

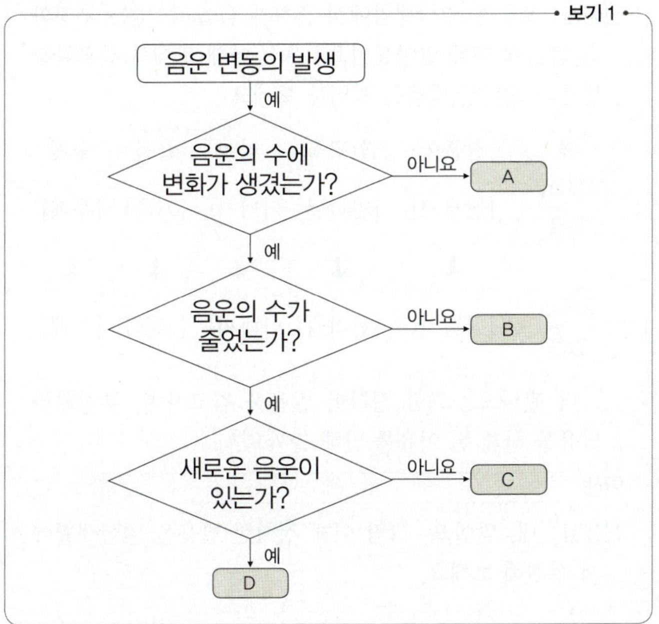

► 보기 2 ◄

- 그는 열심히 ㉠집안일을 했다.
- 그녀는 기분 ㉡좋은 웃음을 지었다.
- 그는 나에게 말을 하지 ㉢않고 떠났다.
- 세월이 화살과 ㉣같이 빠르게 지나간다.
- 집이 추워서 오래된 ㉤난로에 불을 지폈다.
- 면역력이 떨어지면 병이 ㉥옮는 경우가 있다.

	A	B	C	D
①	㉠	㉢	㉣, ㉤	㉡, ㉥
②	㉡, ㉥	㉠	㉣, ㉤	㉢
③	㉡, ㉥	㉣, ㉤	㉠	㉢
④	㉣, ㉤	㉠	㉡, ㉥	㉢
⑤	㉣, ㉤	㉡, ㉥	㉢	㉠

06

다음은 음운 현상과 관련된 '학습 활동'의 일부이다. ⓐ와 ⓑ에 들어갈 단어만을 있는 대로 고른 것은?

<u>학습 활동</u>

아래의 음운 변동에 대한 설명을 참고하여, 제시된 단어들을 발음해 보고 단계별 활동을 수행해 보자.

> 음운 변동이란, 환경에 따라 원래의 음운 모습 그대로 발음되지 않고 바뀌어 발음되는 것을 의미한다. 자음 'ㄱ, ㄷ'이 'ㄴ'이나 'ㅁ'의 영향을 받아 각각 'ㅇ, ㄴ'으로 발음되는 등의 '자음 동화', 'ㄷ, ㅌ'이 'ㅣ'의 영향을 받아 각각 'ㅈ, ㅊ'으로 발음되는 '구개음화', 음절 끝에 위치한 'ㅊ, ㅋ'이 각각 'ㄷ, ㄱ'으로 발음되는 등의 '음절의 끝소리 규칙'과 같은 것이 모두 음운 변동의 사례에 해당한다.

굳이, 꽃, 부엌, 곡물, 속는다, 맏며느리

(질문 1) 인접한 다른 음운의 영향을 받아서 발음이 변했나요?	(질문 2) 어떤 음운의 영향을 받아서 변했나요?
① 예 ( ) ② 아니오 (ⓐ)	① 자음의 영향을 받은 경우 (ⓑ) ② 모음의 영향을 받은 경우 ( )

	ⓐ	ⓑ
①	굳이, 부엌	꽃, 곡물
②	속는다, 맏며느리	굳이, 곡물
③	꽃, 부엌	굳이, 속는다, 맏며느리
④	굳이, 꽃	부엌, 속는다, 맏며느리
⑤	꽃, 부엌	곡물, 속는다, 맏며느리

07

〈보기〉의 ㉠~㉢을 활용하여 현대의 '구개음화'를 탐구한 것으로 적절하지 <u>않은</u> 것은?

• 보기 •

㉠ 맏이[마지], 같이[가치]
㉡ 밭이[바치], 밭을[바틀]
㉢ 굳히다[구치다], 닫히다[다치다]
㉣ 밑이[미치], 끝인사[끄딘사]
㉤ 해돋이[해도지], 견디다[견디다]

---

① ㉠을 보니, 'ㄷ'이나 'ㅌ'이 끝소리일 때 구개음화가 일어나는군.
② ㉡을 보니, 'ㅌ'이 특정한 모음과 만날 때 구개음화가 일어나는군.
③ ㉢을 보니, 'ㄷ' 뒤에서 'ㅎ'이 탈락할 때 구개음화가 일어나는군.
④ ㉣을 보니, 'ㅌ' 뒤에 실질 형태소가 올 때는 구개음화가 일어나지 않는군.
⑤ ㉤을 보니, 하나의 형태소 내부에서는 구개음화가 일어나지 않는군.

08

〈보기〉의 (가), (나)를 중심으로 음운 변동을 이해한 내용으로 적절한 것은?

• 보기 •

국어의 음운 변동은 교체, 탈락, 첨가, 축약으로 구분된다. 이 중에는 음절의 종성과 관련된 음운 변동이 있다.

(가) 음절의 종성에 마찰음, 파찰음이 오거나 파열음 중 거센소리나 된소리가 올 경우, 모두 파열음의 예사소리로 교체된다. 이는 종성에서 발음될 수 있는 자음의 종류가 제한됨을 알려 준다.

(나) 또한 음절의 종성에 자음군이 올 경우, 한 자음이 탈락한다. 이는 종성에서 하나의 자음만이 발음될 수 있음을 알려 준다.

---

① '꽂힌[꼬친]'에는 (가)에 해당하는 음운 변동이 있다.
② '몫이[목씨]'에는 (나)에 해당하는 음운 변동이 있다.
③ '비옷[비옫]'에는 (나)에 해당하는 음운 변동이 있다.
④ '않고[안코]'에는 (가), (나) 모두에 해당하는 음운 변동이 있다.
⑤ '읊고[읍꼬]'에는 (가), (나) 모두에 해당하는 음운 변동이 있다.

09

〈보기〉의 ㉠에 들어갈 말로 적절한 것은?

• 보기 •

선생님: 오늘은 일상생활에서 흔하게 들을 수 있는 부정확한 발음에 대해 알아볼까요? 우선 아래 표에서 부정확한 발음과 정확한 발음을 확인해 보세요.

예	찰흙이	안팎을	넋이	끝을	숲에
부정확한 발음	[찰흐기]	[안파글]	[너기]	[끄츨]	[수베]
	↓	↓	↓	↓	↓
정확한 발음	[찰흘기]	[안파끌]	[넉씨]	[끄틀]	[수페]

다 봤나요? 그럼 정확한 발음을 참고하여, 부정확한 발음을 하게 된 이유를 말해 볼까요?

학생: ㉠

선생님: 네, 맞아요. 그럼 이제 정확한 발음을 일상생활에서 실천해 보세요.

---

① '찰흙이'는 자음군 단순화를 적용하고 연음해야 하는데, [찰흐기]는 자음군 단순화를 적용하지 않고 연음을 했습니다.
② '안팎을'은 음절의 끝소리 규칙을 적용하지 않고 연음해야 하는데, [안파글]은 음절의 끝소리 규칙을 적용하고 연음을 했습니다.
③ '넋이'는 연음을 하고 된소리되기를 적용해야 하는데, [너기]는 음절의 끝소리 규칙을 적용하고 연음을 했습니다.
④ '끝을'은 연음을 하고 구개음화를 적용해야 하는데, [끄츨]은 구개음화를 적용하고 연음을 했습니다.
⑤ '숲에'는 거센소리되기를 적용하지 않고 연음해야 하는데, [수베]는 거센소리되기를 적용하고 연음을 했습니다.

10

음운 변동 | 2015학년도 4월 고3 학력평가 A형

다음은 '음운의 변동'과 관련된 학습지의 일부이다. ㉠과 ㉡에 들어갈 단어로 적절한 것은?

음운의 변동은 어떤 음운이 놓이는 환경에 따라 다른 음운으로 바뀌는 현상을 말한다. 음운의 변동은 그 결과에 따라 교체, 축약, 첨가, 탈락으로 나눌 수 있다. 이러한 음운의 변동은 한 단어에 2개 이상이 함께 나타나기도 한다.

맨입[맨닙] ――――― ㉠

설날[설ː랄] ――┐
                    ├―― ㉡
좋은[조ː은] ――┘

1. ㉠에는 '맨입'을 발음할 때 나타나는 음운의 변동이 일어난 단어를 자료에서 찾아 쓴다.
2. ㉡에는 '설날'을 발음할 때와 '좋은'을 발음할 때 나타나는 음운의 변동이 함께 일어난 단어를 자료에서 찾아 쓴다.

자료

논일[논닐],   나뭇잎[나문닙],   칼날[칼랄]
늦여름[는녀름],   닿은[다은],   닳는[달른]

	㉠	㉡
①	논일[논닐]	늦여름[는녀름]
②	닿은[다은]	닳는[달른]
③	칼날[칼랄]	나뭇잎[나문닙]
④	논일[논닐]	닳는[달른]
⑤	닿은[다은]	칼날[칼랄]

11

축약과 탈락 | 2016학년도 6월 고2 학력평가

〈보기〉의 ㉠~㉣에 대한 이해로 적절한 것은?

보기

음운의 변동 중 ㉠축약은 두 음운이 합쳐져서 하나의 음운으로 줄어드는 현상을 말한다. 반면 ㉡탈락은 두 음운이 만나면서 한 음운이 사라져 소리가 나지 않는 현상을 말한다. 이러한 축약과 탈락은 ㉢자음에서 일어나는 경우와 ㉣모음에서 일어나는 경우가 있다.

---

① '싫다[실타]'는 ㉠과 ㉣에 해당된다.
② '좋아요[조ː아요]'는 ㉡과 ㉣에 해당한다.
③ '울-+-는 → 우는'은 ㉠과 ㉢에 해당된다.
④ '크-+-어서 → 커서'는 ㉡과 ㉣에 해당한다.
⑤ '나누-+-었다 → 나눴다'는 ㉠과 ㉢에 해당한다.

12

음운 변동 | 2019학년도 6월 고2 학력평가

〈보기〉는 문법 수업의 일부이다. 선생님의 질문에 대한 대답으로 적절한 것은?

보기

선생님 : 음운의 변동은 발음 결과에 따라 한 음운이 다른 음운으로 바뀌는 ㉠교체, 원래 있던 음운이 없어지는 ㉡탈락, 없던 음운이 추가되는 ㉢첨가, 두 음운이 합쳐져서 하나의 음운으로 바뀌는 ㉣축약으로 나눌 수 있습니다.

[질문] 다음 밑줄 친 부분에서 일어나는 음운의 변동 양상을 설명해 볼까요?

나는 어제 사 온 책을 **읽느라** 밤을 꼬박 새웠다. 목차만 **훑고서** 사 온 책은 기대보다 훨씬 재미있었다. 장시간 책을 봐서인지 머리가 아팠다. 그러나 **예삿일**로 생각해 어머니께서 챙겨 주신 **알약을** 먹지 않고 있다가 결국 몸살을 **앓았다.**

---

① '읽느라[잉느라]'에서 ㉠과 ㉡이 일어납니다.
② '훑고서[훌꼬서]'에서 ㉠과 ㉢이 일어납니다.
③ '예삿일[예산닐]'에서 ㉠과 ㉣이 일어납니다.
④ '알약을[알랴글]'에서 ㉡과 ㉢이 일어납니다.
⑤ '앓았다[아랃따]'에서 ㉡과 ㉣이 일어납니다.

13

음운 변동 | 2017학년도 3월 고2 학력평가

〈보기〉의 설명에 따를 때, 음운 변동 ⓐ, ⓑ가 모두 일어나는 단어로 적절한 것은?

보기

다음은 '맨입'과 '국민'을 발음할 때에 일어나는 음운 변동을 나타낸 것이다. '맨입'은 음운 변동 ⓐ가 일어나 [맨닙]으로 발음되고, '국민'은 음운 변동 ⓑ가 일어나 [궁민]으로 발음된다.

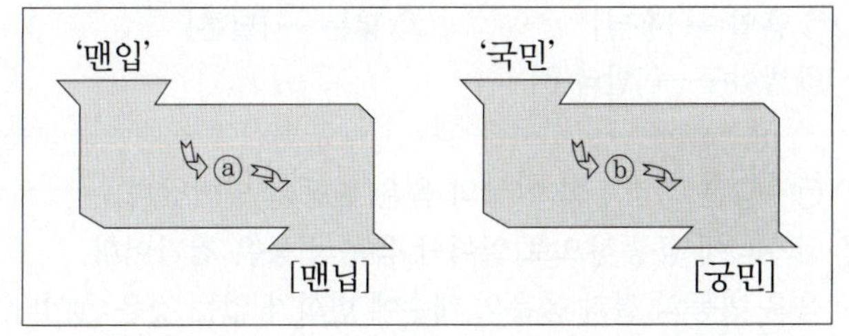

---

① 막일   ② 담요   ③ 낙엽   ④ 곡물   ⑤ 강약

14

음운 변동 | 2015학년도 11월 고2 학력평가

〈보기〉의 '선생님'의 질문에 대한 대답으로 적절한 것은?

---- • 보기 •

> 선생님: 음운 변동은 그 결과에 따라 교체, 탈락, 첨가, 축약으로 분류할 수 있습니다. 교체는 한 음운이 다른 음운으로 바뀌는 현상이며, 탈락은 두 음운 중에서 어느 하나가 없어지는 현상입니다. 첨가는 없던 음운이 추가되는 현상이며, 축약은 두 음운이 합쳐져서 하나의 음운으로 줄어드는 현상입니다. 그럼 다음 학습 자료들은 각각 음운 변동의 어떤 유형에 해당하는지 그 이유를 들어 설명해 볼까요?
>
> **[학습 자료]**
> ㉠ 쥡+고 → [쥡꼬]   ㉡ 넣+은 → [너:은]
> ㉢ 먹+는 → [멍는]   ㉣ 쌓+지 → [싸치]
> ㉤ 논+일 → [논닐]

① ㉠은 첨가에 해당합니다. 왜냐하면 'ㅂ'의 영향을 받아 'ㄱ'에 'ㄱ'이 추가되어 'ㄲ'이 되었기 때문입니다.

② ㉡은 축약에 해당합니다. 왜냐하면 'ㅎ'으로 끝나는 어간과 모음으로 시작하는 어미가 결합하여 하나의 모음으로 줄어들었기 때문입니다.

③ ㉢은 탈락에 해당합니다. 왜냐하면 'ㄴ'의 영향을 받아 'ㄱ'이 없어졌기 때문입니다.

④ ㉣은 교체에 해당합니다. 왜냐하면 'ㅈ'이 'ㅎ'의 영향을 받아 'ㅊ'으로 바뀌었기 때문입니다.

⑤ ㉤은 첨가에 해당합니다. 왜냐하면 'ㄴ'으로 끝나는 형태소와 'ㅣ' 모음으로 시작하는 형태소가 결합할 때 'ㄴ'이 추가되었기 때문입니다.

15

음운 변동 | 2018학년도 수능

〈보기〉의 음운 변동을 분석한 것으로 적절하지 <u>않은</u> 것은?

---- • 보기 •

> ㉠ 흙일 → [흥닐]   ㉡ 닳는 → [달른]
> ㉢ 발야구 → [발랴구]

① ㉠~㉢은 각각 2회 이상의 음운 변동이 일어났다.

② ㉠~㉢에 공통적으로 일어난 음운 변동은 첨가이다.

③ 음운 변동의 결과 음운의 개수에 변화가 없는 것은 ㉠이다.

④ ㉡과 ㉢에서 일어난 음운 변동의 횟수는 같다.

⑤ ㉢에서 첨가된 음운은 ㉠에서 첨가된 음운과 같다.

16

음운 변동 | 2016학년도 6월 모의평가 A형

〈보기〉의 [가]에 들어갈 말로 가장 적절한 것은?

---- • 보기 •

> 선생님: 어떤 음운이 주위에 있는 다른 음운의 영향을 받아 그것과 동일한 음운으로 바뀌거나, 조음 위치 또는 조음 방법이 그것과 같은 음운으로 바뀌는 현상을 동화라고 합니다. 그럼 ㉠~㉤ 중에서 하나를 골라 그것이 동화인지 아닌지 판단해 보고 그 이유를 말해 봅시다.
>
> ㉠ 듣+고 → [듣꼬]   ㉡ 놓+고 → [노코]
> ㉢ 훑+네 → [훌레]   ㉣ 뽑+느라 → [뽐느라]
> ㉤ 넓+더라 → [널떠라]
>
> 학생: ________________ [가]

① ㉠은 동화입니다. 왜냐하면 'ㄱ'이 'ㄷ'의 영향을 받아 'ㄷ'과 같은 위치에서 소리 나는 'ㄲ'으로 바뀌기 때문입니다.

② ㉡은 동화입니다. 왜냐하면 'ㅎ'이 'ㄱ'의 영향을 받아 'ㅎ'과 거센소리라는 점이 같은 'ㅋ'으로 바뀌기 때문입니다.

③ ㉢은 동화입니다. 왜냐하면 'ㄴ'이 'ㅌ'의 영향을 받아 'ㅌ'과 같은 위치에서 소리 나는 'ㄹ'로 바뀌기 때문입니다.

④ ㉣은 동화입니다. 왜냐하면 'ㅂ'이 'ㄴ'의 영향을 받아 'ㄴ'과 콧소리라는 점이 같은 'ㅁ'으로 바뀌기 때문입니다.

⑤ ㉤은 동화입니다. 왜냐하면 'ㅂ'이 'ㄷ'의 영향을 받아 'ㄷ'과 동일한 소리인 'ㄷ'으로 바뀌기 때문입니다.

17

음운 변동 | 2017학년도 6월 모의평가

〈보기〉의 ㉠~㉣에 대한 설명으로 적절하지 <u>않은</u> 것은?

---- • 보기 •

> ㉠ 맑+네 → [망네]   ㉡ 낮+일 → [난닐]
> ㉢ 꽃+말 → [꼰말]   ㉣ 긁+고 → [글꼬]

① ㉠: '값+도 → [갑또]'에서처럼 음절 끝에 둘 이상의 자음이 오지 못하기 때문에 일어난 음운 변동이 있다.

② ㉠, ㉢: '입+니 → [임니]'에서처럼 인접하는 자음과 조음 방법이 같아진 음운 변동이 있다.

③ ㉡: '물+약→[물략]'에서처럼 자음이 교체된 음운 변동이 있다.

④ ㉡, ㉢: '팥+죽 → [판쭉]'에서처럼 음절 끝에 올 수 있는 자음이 제한되어 있기 때문에 일어난 음운 변동이 있다.

⑤ ㉣: '잃+지 → [일치]'에서처럼 자음이 축약된 음운 변동이 있다.

18

음운 변동 | 2021학년도 4월 고3 학력평가

다음의 ⓐ에 해당하는 것을 ㉠~㉣ 중에서 바르게 고른 것은?

원격 수업에서 활용하기 위해 우리말 음성을 한글로 변환하는 프로그램이 개발되고 있다. 아래는 이 프로그램의 개발자가 쓴 일지의 일부이다.

○ **프로그램의 원리**

사용자가 한글 맞춤법에 맞게 표기된 자료를 표준 발음법에 따라 발음하면, 프로그램은 그 발음에 나타난 음운 변동 현상을 분석해 본래의 표기된 자료로 출력한다.

○ **확인된 문제**

프로그램이 입력된 발음을 본래의 자료로 출력하지 못한 사례가 확인되었다. 아래의 잘못 출력된 사례에서 한글 맞춤법에 맞게 표기된 자료와 출력된 자료를 대조해 ㉠<u>교체</u>, ㉡<u>탈락</u>, ㉢<u>첨가</u>, ㉣<u>축약</u> 중 ⓐ<u>프로그램이 분석하지 못한 음운 변동 현상</u>이 무엇인지 알아봐야겠다.

표기된 자료	표준 발음	출력된 자료
끊어지다	[끄너지다]	끄너지다
없애다	[업:째다]	업쌔다
피붙이	[피부치]	피부치
웃어른	[우더른]	우더른
암탉	[암탁]	암탁

① ㉠, ㉡　　② ㉠, ㉣　　③ ㉡, ㉢　　④ ㉡, ㉣　　⑤ ㉢, ㉣

19

반모음화 | 2021학년도 3월 고2 학력평가

〈보기〉의 ㉠이 일어나는 사례로 적절한 것은?

· 보기 ·

음운 변동에는 ㉠<u>교체</u>, 탈락, 첨가 등이 있는데, 용언의 활용에서 단모음과 단모음이 만날 때에도 이러한 현상이 일어날 수 있다. 이러한 모음의 음운 변동을 이해하기 위해서는 아래의 모음 종류를 참고할 필요가 있다.

○ 단모음 : ㅏ, ㅐ, ㅓ, ㅔ, ㅗ, ㅚ, ㅜ, ㅟ, ㅡ, ㅣ
○ 반모음 : ǐ, ㅗ/ㅜ
○ 이중 모음(반모음＋단모음) : ㅑ, ㅕ, ㅛ, ㅠ, ㅘ, ㅝ…

예를 들어 '오－＋－아'가 [와]로 되는 음운 변동을 설명하면,

	(변동 전)	(변동 후)
오－＋－아 → [와]	ㅗ＋ㅏ	ㅘ

와 같이 교체되는 것을 알 수 있다.

	사례	변동 전	변동 후
①	뛰－＋－어 → [뛰여]	ㅟ＋ㅓ	ㅟ＋ㅕ
②	살피－＋－어 → [살펴]	ㅣ＋ㅓ	ㅕ
③	치르－＋－어 → [치러]	ㅡ＋ㅓ	ㅓ
④	끼－＋－어 → [끼여]	ㅣ＋ㅓ	ㅣ＋ㅕ
⑤	자－＋－아서 → [자서]	ㅏ＋ㅏ	ㅏ

20

반모음화 | 2021학년도 9월 모의평가

〈보기〉의 ㉮에 들어갈 말로 적절한 것은?

· 보기 ·

선생님 : 용언 어간 뒤에 '－아/어'로 시작하는 어미가 결합할 때, 단모음이 반모음으로 교체되는 음운 변동이 일어날 수 있어요. 가령, 어간 '오－'와 어미 '－아'가 결합해 [와]로 발음될 때, 단모음 'ㅗ'가 반모음 'w'로 교체되는 것이지요. 우리말의 반모음은 'j'도 있으니까 반모음 'j'로 교체되는 예도 있겠죠? 그럼 용언 어간의 단모음이 '－아/어'로 시작하는 어미와 결합할 때 반모음 'j'로 교체되는 예를 들어 볼까요?

학생 : 네, 　　㉮　　로 발음되는 예를 들 수 있어요.

① 어간 '뛰－'와 어미 '－어'가 결합해 [뛰여]
② 어간 '차－'와 어미 '－아도'가 결합해 [차도]
③ 어간 '잠그－'와 어미 '－아'가 결합해 [잠가]
④ 어간 '견디－'와 어미 '－어서'가 결합해 [견뎌서]
⑤ 어간 '키우－'와 어미 '－어라'가 결합해 [키워라]

21

음운 변동 | 2021학년도 11월 고1 학력평가

〈보기〉는 수업의 일부이다. 선생님의 질문에 대한 답으로 적절한 것은?

──── • 보기 • ────

선생님 : 음운 변동 중 교체가 일어날 때 앞 음절의 종성과 뒤 음절의 초성 자리에 놓인 두 음운이 만나서 그중 하나가 바뀌는 경우가 있습니다. ㉠은 뒤 음절의 초성 자리에 놓인 음운이 바뀌는 경우이고, ㉡은 앞 음절의 종성 자리에 놓인 음운이 바뀌는 경우를 나타냅니다.

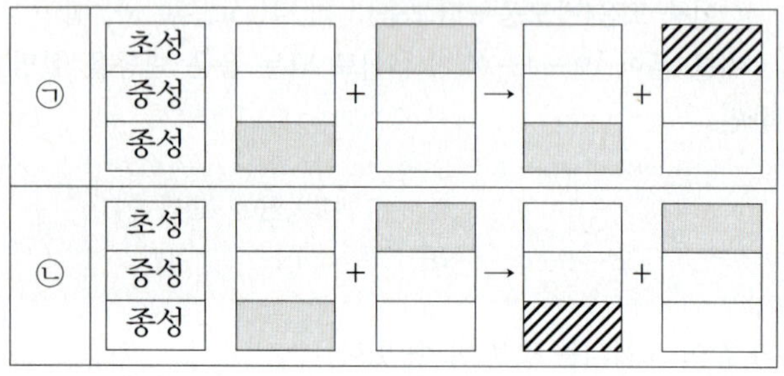

그럼, 표준 발음에 따라 다음 단어들을 ㉠과 ㉡으로 나눠 볼까요?

먹물, 중력, 집념, 칼날, 톱밥

	㉠	㉡
①	먹물, 칼날	중력, 집념, 톱밥
②	중력, 집념	먹물, 칼날, 톱밥
③	먹물, 집념, 톱밥	중력, 칼날
④	먹물, 중력, 집념	칼날, 톱밥
⑤	중력, 칼날, 톱밥	먹물, 집념

22

구개음화 | 2022학년도 11월 고1 학력평가

다음은 문법 학습지의 일부이다. ⓐ~ⓒ에 들어갈 내용으로 적절한 것은?

○ 구개음화: 받침의 'ㄷ', 'ㅌ'이 'ㅣ'나 반모음 'ㅣ'로 시작하는 형식 형태소와 만나 [ㅈ], [ㅊ]으로 발음되는 현상

1. '끝인사'의 표준 발음이 [끄딘사]인 이유를 알아보자. '끝인사'에서 '끝'의 받침 'ㅌ' 뒤에 'ㅣ'로 시작하는 (ⓐ)가 오기 때문에 [끄딘사]로 발음된다.

2. '곧이'와 '곧이어'의 표준 발음은 무엇인지 알아보자. '곧이'의 '-이'는 부사를 만들어 주는 접사이다. 따라서 '곧이'의 표준 발음은 (ⓑ)이다. '곧이어'의 '이어'는 '앞의 말이나 행동 따위에 잇대어'라는 뜻을 지닌 부사이다. 따라서 '곧이어'의 표준 발음은 (ⓒ)이다.

	ⓐ	ⓑ	ⓒ
①	실질 형태소	[고지]	[고지어]
②	실질 형태소	[고디]	[고지어]
③	실질 형태소	[고지]	[고디어]
④	형식 형태소	[고디]	[고지어]
⑤	형식 형태소	[고지]	[고디어]

23

최소 대립쌍 | 2023학년도 3월 고1 학력평가

〈보기〉의 '학습 과제'를 바르게 수행하였다고 할 때, ㉠에 들어갈 단어로 적절한 것은?

──── • 보기 • ────

[학습 자료]

　음운은 단어의 뜻을 구별해 주는 소리의 가장 작은 단위이다. 특정 언어에서 어떤 소리가 음운인지 아닌지는 최소 대립쌍을 통해 확인할 수 있다. 최소 대립쌍이란, 다른 모든 소리는 같고 단 하나의 소리 차이로 의미가 구별되는 단어의 쌍을 말한다. 예를 들어, 최소 대립쌍 '감'과 '잠'은 [ㄱ]과 [ㅈ]의 차이로 인해 의미가 구별되므로 'ㄱ'과 'ㅈ'은 서로 다른 음운이다.

[학습 과제]
앞사람이 말한 단어와 최소 대립쌍인 단어를 말해 보자.

① 꿀　② 답　③ 둘　④ 말　⑤ 풀

24

음운 변동 | 2024학년도 6월 고1 학력평가

〈보기〉의 학습 활동을 수행한 결과로 적절한 것은?

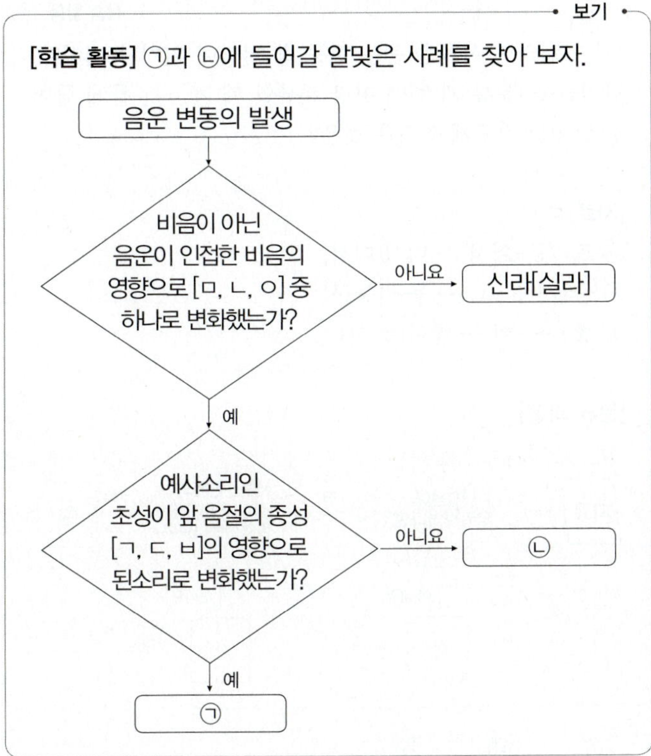

	㉠	㉡
①	옷맵시[온맵씨]	꽃말[꼰말]
②	덮개[덥깨]	묵념[뭉념]
③	부엌문[부엉문]	앞날[암날]
④	광안리[광알리]	권력가[궐력까]
⑤	귓속말[귇쏜말]	습득물[습뜽물]

25

음운 변동 | 2023학년도 11월 고1 학력평가

〈보기〉를 바탕으로 음운 변동을 바르게 분석한 것은?

음운의 변동은 어떤 음운이 다른 음운으로 바뀌는 교체, 어떤 음운이 없어지는 탈락, 새로운 음운이 생기는 첨가, 두 음운이 하나의 음운으로 합쳐지는 축약이 있다. 또한 음운 변동에 따라 음운의 개수가 변하기도 한다.

	단어	음운 변동 종류	음운 개수 변화
①	샅샅이[삳싸치]	교체, 탈락	늘어남
②	넓히다[널피다]	탈락, 첨가	늘어남
③	교육열[교:융녈]	교체, 첨가	줄어듦
④	해맑다[해막따]	교체, 탈락	줄어듦
⑤	국화꽃[구콰꼳]	탈락, 축약	줄어듦

26

음운 변동 | 2023학년도 4월 고3 학력평가

다음은 음운의 변동과 관련된 활동에 대한 설명이다. 이를 적용한 내용으로 적절한 것은?

〈음운의 변동 이해하기 활동〉
- 카드에는 한 개의 단어와 그 단어의 표준 발음이 적혀 있다.
- 카드에 적힌 단어에서 일어나는 음운 변동의 유형과 유형별 횟수가 같은 카드끼리는 짝을 이룬다.
- 단, 음운 변동 유형은 교체, 축약, 탈락, 첨가로만 구분하고, 음운 변동의 순서는 고려하지 않는다. 예를 들어, '흙빛[흑삗]'이 적힌 카드는 교체가 두 번, 탈락이 한 번 일어나는 단어가 적힌 카드와 짝을 이룬다.

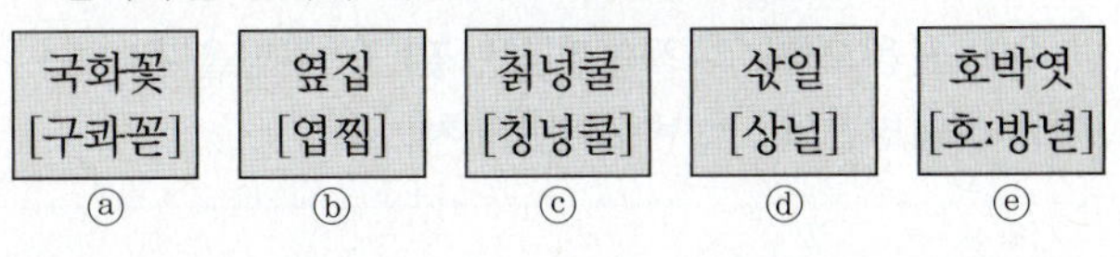

① '백합화[배카콰]'가 적힌 카드는 축약이 두 번 일어나는 단어가 적힌 ⓐ와 짝을 이룬다.

② '샅샅이[삳싸치]'가 적힌 카드는 교체가 두 번 일어나는 단어가 적힌 ⓑ와 짝을 이룬다.

③ '값없이[가법씨]'가 적힌 카드는 교체와 탈락이 한 번씩 일어나는 단어가 적힌 ⓒ와 짝을 이룬다.

④ '몫몫이[몽목씨]'가 적힌 카드는 교체가 두 번, 탈락이 한 번 일어나는 단어가 적힌 ⓓ와 짝을 이룬다.

⑤ '백분율[백뿐뉼]'이 적힌 카드는 교체가 두 번, 첨가가 한 번 일어나는 단어가 적힌 ⓔ와 짝을 이룬다.

27

음운 변동 | 2023학년도 6월 고1 학력평가

〈보기〉의 [활동]을 수행한 결과로 적절하지 <u>않은</u> 것은?

• 보기 •

[활동] 제시된 단어의 발음을 [자료]와 연결해 보자.

신라, 칼날, 생산량, 물난리, 불놀이

[자료]

㉠ 'ㄹ'의 앞에서 'ㄴ'이 [ㄹ]로 발음되는 경우
㉡ 'ㄹ'의 뒤에서 'ㄴ'이 [ㄹ]로 발음되는 경우
㉢ 'ㄴ'의 뒤에서 'ㄹ'이 [ㄴ]으로 발음되는 경우

---

① '신라'는 ㉠에 따라 [실라]로 발음하는군.
② '칼날'은 ㉡에 따라 [칼랄]로 발음하는군.
③ '생산량'은 ㉢에 따라 [생산냥]으로 발음하는군.
④ '물난리'는 ㉠, ㉡에 따라 [물랄리]로 발음하는군.
⑤ '불놀이'는 ㉡, ㉢에 따라 [불로리]로 발음하는군.

28

음운 변동 | 2023학년도 3월 고3 학력평가

〈보기〉에 제시된 ⓐ~ⓔ의 발음에 대한 탐구 내용으로 적절하지 <u>않은</u> 것은?

• 보기 •

ⓐ 옷고름[온꼬름] ⓑ 색연필[생년필] ⓒ 꽃망울[꼰망울]
ⓓ 벽난로[병날로] ⓔ 벼훑이[벼훌치]

---

① ⓐ: 음운의 개수가 변하지 않는 음운 변동이 첫째 음절의 종성 위치와 둘째 음절의 초성 위치에서 각각 한 번씩 일어난다.

② ⓑ: 첨가된 자음으로 인해 조음 방법이 변하는 음운 변동이 일어난다.

③ ⓒ: 첫째 음절의 종성 위치에서 두 번의 음운 변동이 순차적으로 일어난다.

④ ⓓ: 둘째 음절의 초성 위치에서 음운 변동이 일어난 후 둘째 음절의 종성 위치에서 음운 변동이 일어난다.

⑤ ⓔ: 조음 위치와 조음 방법이 모두 변하는 음운 변동이 일어난다.

29

음운 변동 | 2022학년도 7월 고3 학력평가

〈학습 활동〉을 수행한 결과로 적절한 것은?

• 학습 활동 •

[자료]의 단어들은 음운 변동 중 탈락이 일어난 예이다. 단어들을 [분류 과정]에 따라 분류할 때 ㉮, ㉯, ㉰에 들어 갈 단어를 바르게 짝지은 것은?

[자료]

ⓐ 뜨-+-어서 → 떠서[떠서]
ⓑ 둥글-+-ㄴ → 둥근[둥근]
ⓒ 좋-+-아 → 좋아[조ː아]

[분류 과정]

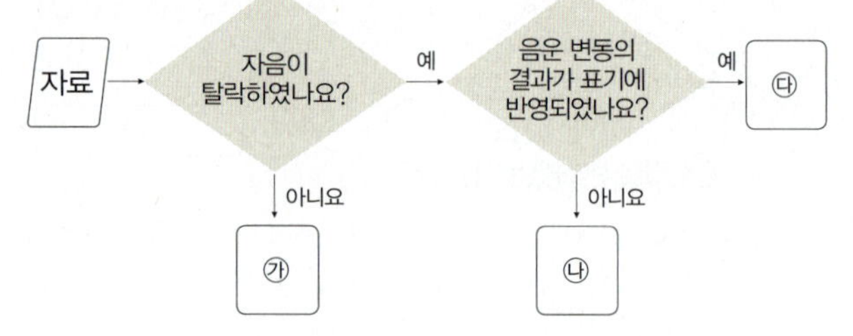

	㉮	㉯	㉰
①	ⓐ	ⓒ	ⓑ
②	ⓐ	ⓑ	ⓒ
③	ⓒ	ⓐ	ⓑ
④	ⓒ	ⓑ	ⓐ
⑤	ⓑ	ⓐ	ⓒ

30

다음은 된소리되기와 관련한 수업의 일부이다. [A]에 들어갈 말로 적절하지 <u>않은</u> 것은?

─── • 보기 •

선생님: 오늘은 표준 발음을 대상으로 용언의 활용에서 나타나는 된소리되기를 알아봅시다. '(신발을) 신고[신:고]'처럼 용언의 활용에서는 마지막 소리가 'ㄴ, ㅁ'인 어간 뒤에 처음 소리가 'ㄱ, ㄷ, ㅅ, ㅈ'인 어미가 결합하면 어미의 처음 소리가 된소리로 바뀌어요.

학생: 아, 그렇군요. 그런데 선생님, 국어에서 'ㄱ, ㄷ, ㅅ, ㅈ'이 'ㄴ, ㅁ' 뒤에 이어지면 항상 된소리로 바뀌나요?

선생님: 항상 그런 것은 아니에요. 표준 발음에서는 용언 어간에 피·사동 접사가 결합하거나 어미끼리 결합하거나 체언과 조사가 결합하는 경우에는 된소리되기가 일어나지 않아요. 그리고 '먼지[먼지]'처럼 하나의 형태소 안에서 'ㄴ, ㅁ' 뒤에 'ㄱ, ㄷ, ㅅ, ㅈ'이 있는 경우에도 된소리되기가 일어나지 않아요. 그럼 다음 ⓐ~ⓔ의 밑줄 친 말에서 'ㄴ'이나 'ㅁ' 뒤의 소리가 된소리로 바뀌지 않는 이유를 설명해 볼까요?

ⓐ 피로를 <u>푼다</u>[푼다]	ⓑ 더운 <u>여름도</u>[여름도]
ⓒ 대문을 <u>잠가</u>[잠가]	ⓓ 품에 <u>안겨라</u>[안겨라]
ⓔ 학교가 <u>큰지</u>[큰지]	

학생: 그 이유는 [A] 때문입니다.

선생님: 네, 맞아요.

① ⓐ의 'ㄴ'과 'ㄷ'이 모두 어미에 속해 있는 소리이기

② ⓑ의 'ㅁ'과 'ㄷ'이 체언과 조사가 결합하면서 이어진 소리이기

③ ⓒ의 'ㅁ'과 'ㄱ'이 모두 하나의 형태소 안에 속해 있는 소리이기

④ ⓓ의 'ㄴ'과 'ㄱ'이 어미끼리 결합하면서 이어진 소리이기

⑤ ⓔ의 'ㄴ'과 'ㅈ'이 어간과 어미가 결합하면서 이어진 소리가 아니기

31

〈보기〉의 ⓐ~ⓒ에 들어갈 말을 바르게 짝지은 것은?

─── • 보기 •

학생: 선생님, '바람이 일고'의 '일고'는 [일고]로 발음되는데, '책을 읽고'의 '읽고'는 왜 [일꼬]로 발음되나요?

선생님: '읽고'가 [일꼬]로 발음되는 현상은 자음군 단순화 및 된소리되기와 관련이 있습니다. '읽고'가 어떤 과정을 거쳐 [일꼬]로 발음되는지 자료를 토대로 탐구해 볼까요?

[자료]

㉠ 자음군 단순화 : 어말 또는 자음 앞에서 음절 종성의 두 자음 중 하나가 탈락하는 현상.

㉡ 된소리되기 : 예사소리가 일정한 환경에서 된소리로 바뀌는 현상. 종성 'ㄱ, ㄷ, ㅂ' 뒤에 연결되는 'ㄱ, ㄷ, ㅂ, ㅅ, ㅈ'은 된소리로 발음함.

[탐구 과정]

1. '읽고'의 발음으로 보아 ㉠과 ㉡이 모두 일어났다.

2. ㉠이 먼저 일어난다고 가정할 때, 첫째 음절 종성의 두 자음 중 뒤의 자음이 탈락하여 음절 종성은 [ㄹ]로 발음된다. 그런데 '일고'의 발음을 참고할 때 종성 [ㄹ] 뒤에 'ㄱ'이 연결된다는 것은 ㉡이 반드시 일어나는 ⓐ

3. ㉡이 먼저 일어난다고 가정할 때, 첫째 음절 종성의 두 자음 중 뒤의 자음인 'ㄱ'으로 인해 둘째 음절의 초성이 ⓑ 로 발음된다. 그 후 ㉠이 일어난다고 하면 '읽고'의 발음을 설명할 수 ⓒ

[탐구 결과]

'읽고'는 된소리되기 후 자음군 단순화가 일어나 [일꼬]로 발음된다.

	ⓐ	ⓑ	ⓒ
①	조건이다.	[ㄱ]	없다.
②	조건이다.	[ㄲ]	있다.
③	조건이 아니다.	[ㄱ]	있다.
④	조건이 아니다.	[ㄲ]	있다.
⑤	조건이 아니다.	[ㄲ]	없다.

01

〈보기 1〉의 자음 체계표를 바탕으로 〈보기 2〉의 음운 변동을 이해한 내용으로 가장 적절한 것은?

● 보기 1 ●

조음 방식 \ 조음 위치		양순음	치조음	경구개음	연구개음	후음
파열음	예사소리	ㅂ	ㄷ		ㄱ	
	된소리	ㅃ	ㄸ		ㄲ	
	거센소리	ㅍ	ㅌ		ㅋ	
파찰음	예사소리			ㅈ		
	된소리			ㅉ		
	거센소리			ㅊ		
마찰음	예사소리		ㅅ			ㅎ
	된소리		ㅆ			
비음		ㅁ	ㄴ		ㅇ	
유음			ㄹ			

● 보기 2 ●

㉠ 식＋물 → [싱물], 밥＋만 → [밤만]
㉡ 굳＋－이 → [구지], 밭＋이 → [바치]
㉢ 신＋라 → [실라], 칼＋날 → [칼랄]
㉣ 앉－＋－다 → [안따], 담－＋－지 → [담:찌]

① ㉠과 ㉡은 앞 음절 끝 자음의 조음 방식만 바뀐다는 공통점이 있다.
② ㉠과 ㉢은 인접한 음운과 동일한 조음 방식으로 바뀐다는 공통점이 있다.
③ ㉠과 ㉣은 비음의 앞이나 뒤에 있는 음운이 비음으로 바뀐다는 공통점이 있다.
④ ㉡과 ㉢은 앞 음절 종성의 자음이 인접한 음운의 영향으로 바뀐다는 공통점이 있다.
⑤ ㉢과 ㉣은 인접한 음운 가운데 한 개의 음운만 바뀐다는 공통점이 있다.

02

〈보기 1〉을 바탕으로 〈보기 2〉의 ㉠과 ㉡에 대해 설명한 내용으로 가장 적절한 것은?

● 보기 1 ●

음운의 변동은 크게 네 가지로 나눌 수 있다. 어떤 음운이 다른 음운으로 바뀌는 '교체', 새로운 음운이 생기는 '첨가', 어떤 음운이 없어지는 '탈락', 두 음운이 하나의 음운으로 합쳐지는 '축약'이 그것이다.

● 보기 2 ●

[학생이 작성한 학습지]

※ 빈칸에 ⓐ~ⓓ의 표준 발음을 채우시오.

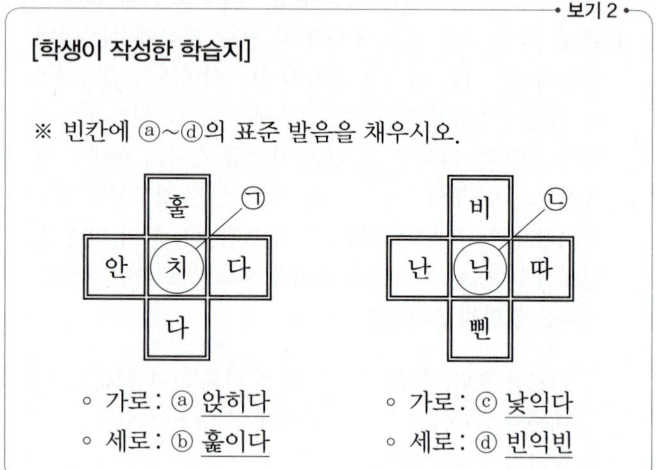

○ 가로: ⓐ 앉히다
○ 세로: ⓑ 훑이다
○ 가로: ⓒ 낯익다
○ 세로: ⓓ 빈익빈

① ㉠은 ⓐ와 ⓑ에서 공통적으로 '축약'이 일어나 발음된 것이다.
② ㉡은 ⓒ와 ⓓ에서 공통적으로 '첨가'가 일어나 발음된 것이다.
③ ㉠은 ⓐ에서 '탈락'이, ⓑ에서 '첨가'가 일어나 발음된 것이다.
④ ㉠은 ⓐ에서 '축약'이, ⓑ에서 '교체'가 일어나 발음된 것이다.
⑤ ㉡은 ⓒ에서 '첨가'가, ⓓ에서 '교체'가 일어나 발음된 것이다.

03
된소리되기와 자음군 단순화

〈보기〉의 ㉠과 ㉡에 해당하는 예로 바르게 묶인 것은?

> ● 보기 ●
>
> 한 음운 환경에서 두 가지 음운 변동이 일어나는 경우, 어떤 것을 우선 적용하는가에 따라 음운 변동의 결과가 달라질 수 있다. 된소리되기와 자음군 단순화 사이에 이러한 문제가 발생할 수 있는데, ㉠둘 중 어느 쪽을 먼저 적용하든 표준 발음으로 동일하게 발음되는 단어가 있는가 하면, ㉡된소리되기를 우선 적용해야 표준 발음으로 발음되는 단어가 있다. 왜냐하면 된소리되기의 기본 조건은 'ㄱ, ㄷ, ㅂ' 뒤에서 예사소리가 된소리로 바뀌는 것이기 때문이다.

	㉠	㉡
①	흙과[흑꽈]	읊고[읍꼬]
②	읽고[일꼬]	핥고[할꼬]
③	핥고[할꼬]	흙과[흑꽈]
④	닭도[닥또]	핥고[할꼬]
⑤	읽고[일꼬]	닭도[닥또]

04
구개음화

〈보기〉의 ⓐ~ⓒ에 들어갈 단어로 적절한 것은?

> ● 보기 ●
>
> '(ㄷ 또는 ㅌ)+ㅣ'의 연쇄가 한 형태소 내부에 있다.
>
> 예 ↙ ↘ 아니요
>
> ⓐ
>
> 'ㄷ 또는 ㅌ' 뒤에 오는 'ㅣ'로 시작하는 형태소에 문법적인 의미가 있다.
>
> 예 ↙ ↘ 아니요
>
> ⓑ   ⓒ

	ⓐ	ⓑ	ⓒ
①	견디다	밭이	붙임표
②	끝일	곧이듣다	디디다
③	디디다	붙임표	곧이어
④	곧이듣다	겉잎	끝일
⑤	느티나무	곧이어	겉잎

05
음운 변동

〈보기〉를 바탕으로 〈탐구 과제〉의 단어에서 일어나는 음운 변동의 양상과 결과를 판단한 것으로 적절한 것은?

> ● 보기 ●
>
> **선생님**: 음운 변동이 일어날 때 음운의 수에 변함이 없는 '교체'와 달리, '첨가'는 음운의 수가 늘어나고 '탈락'과 '축약'은 음운의 수가 줄어들어요. 다음 좌표를 이용해서 음운 변동의 결과를 정리해 볼까요? 좌표 평면에서 0인 별표(★)를 기준으로, 음운의 수가 늘어나는 '첨가'는 늘어난 음운 수만큼 위쪽으로, 음운의 수가 줄어드는 '탈락'과 '축약'은 줄어든 음운 수만큼 아래쪽으로 이동하는 거예요. 그리고 음운의 수가 변하지 않는 '교체'는 교체 횟수만큼 오른쪽으로 이동합니다.
>
> 예를 들어 '닫히다'는 거센소리되기에 의해 [다티다]가 된 다음 구개음화에 의해 [다치다]가 되니까, 축약과 교체가 한 번씩 일어나 ㉤로 이동하는 거죠. 그러면 다음 단어들에서 일어나는 음운 변동의 결과를 한 번 확인해 볼까요?
>
> 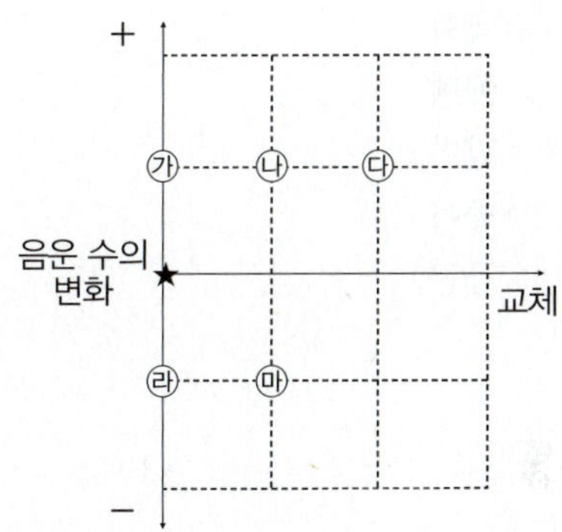
>

[탐구 과제]
난리, 낳아, 맨입, 덧입다, 송별연, 식용유, 알약, 역할, 협력

① '맨입'과 '식용유'는 모두 첨가만 한 번 일어나므로 좌표상의 위치는 ㉮이다.
② '송별연'과 '알약'은 첨가와 교체가 한 번씩 일어나므로 좌표상의 위치는 ㉯이다.
③ '덧입다'는 한 번의 첨가와 두 번의 교체가 일어나므로 좌표상의 위치는 ㉰이다.
④ '낳아'와 '역할'은 모두 축약만 한 번 일어나므로 좌표상의 위치는 ㉱이다.
⑤ '난리'와 '협력'은 모두 교체만 일어나므로 좌표상의 위치는 별표 자리에서 변하지 않는다.

06

음운 변동

다음의 탐구 과정에서 (가)와 (나)에 들어갈 말로 바르게 묶인 것은?

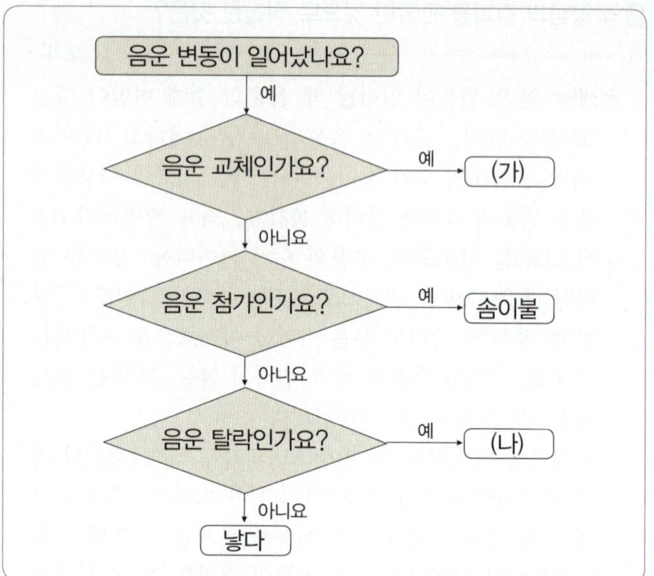

	(가)	(나)
①	굳이	국화
②	꽂힌	예뻐
③	닫니	말이
④	담요	좋아
⑤	쫓는	둥근

07

비음화와 유음화

〈보기 1〉의 ㉮에 해당하는 예를 〈보기 2〉에서 모두 고른 것은?

─● 보기 1 ●─

[표준 발음법]
제20항 'ㄴ'은 'ㄹ'의 앞이나 뒤에서 [ㄹ]로 발음한다.
　다만, ㉮다음과 같은 단어들은 'ㄹ'을 [ㄴ]으로 발음한다.

─● 보기 2 ●─

㉠ 공권력	㉡ 광한루	㉢ 대관령	㉣ 물난리
㉤ 상견례	㉥ 생산량	㉦ 의견란	㉧ 이원론

① ㉠, ㉢, ㉦, ㉧
② ㉠, ㉣, ㉥, ㉧
③ ㉠, ㉤, ㉥, ㉦, ㉧
④ ㉡, ㉤, ㉥
⑤ ㉢, ㉣, ㉤, ㉥, ㉦

08

된소리되기

학생들의 질문에 답하기 위해 표준 발음법 규정을 찾아보았다. 〈보기 1〉에서 질문을 한 학생과 질문에 맞는 〈보기 2〉의 규정이 바르게 연결된 것은?

─● 보기 1 ●─

미주 : '문법은 공부할수록[할쑤록] 재미있다.'에서 왜 받침 'ㄹ' 뒤에서 'ㅅ'이 된소리로 발음되는 건가요?
수비 : '맛있는 감자[감자]'와 '눈을 감자[감:짜] 거리의 풍경이 그려졌다.'에서 '감자'의 표준 발음은 왜 다른 건가요?
찬희 : 파열음이 아닌 'ㄹ' 음 뒤에 오는 예사소리가 된소리로 발음되는 경우가 있던데요. 왜 '굴속[굴:쏙]'과 '술잔[술짠]'은 된소리로 발음해야 하는 건가요?

─● 보기 2 ●─

[표준 발음법]
㉠ 제24항 어간 받침 'ㄴ(ㄵ), ㅁ(ㄻ)' 뒤에 결합되는 어미의 첫소리 'ㄱ, ㄷ, ㅅ, ㅈ'은 된소리로 발음한다.
㉡ 제26항 한자어에서, 'ㄹ' 받침 뒤에 연결되는 'ㄷ, ㅅ, ㅈ'은 된소리로 발음된다.
㉢ 제27항 관형사형 '-(으)ㄹ' 뒤에 연결되는 'ㄱ, ㄷ, ㅂ, ㅅ, ㅈ'은 된소리로 발음한다.
㉣ 제28항 표기상으로는 사이시옷이 없더라도, 관형격 기능을 지니는 사이시옷이 있어야 할(휴지가 성립되는) 합성어의 경우에는, 뒤 단어의 첫소리 'ㄱ, ㄷ, ㅂ, ㅅ, ㅈ'을 된소리로 발음한다.

① 미주 – ㉠
② 미주 – ㉢
③ 수비 – ㉣
④ 찬희 – ㉡
⑤ 찬희 – ㉣

09

〈보기〉의 지하철 노선도에 있는 모든 역들을 지나는 동안 겪게 될 일로 가장 적절한 것은?

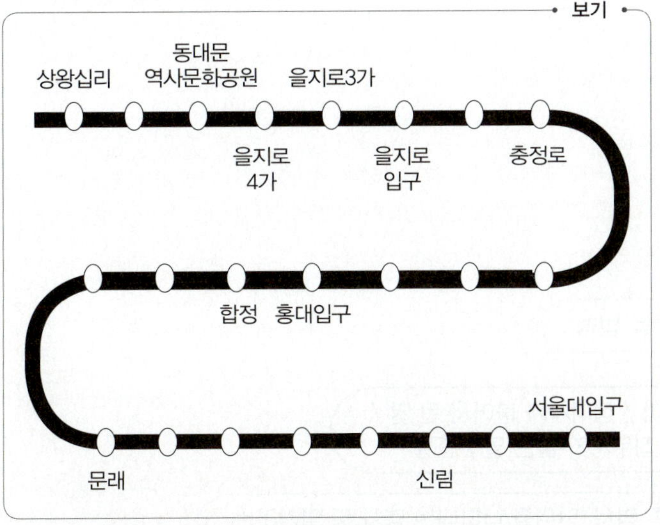

① 비음의 영향을 받아 조음 방법이 같은 비음으로 발음되는 역 이름을 세 번 들을 수 있다.
② 파열음 뒤에서 예사소리가 된소리로 교체되어 발음되는 역 이름을 다섯 번 들을 수 있다.
③ 유음의 영향을 받아 유음이 아닌 소리가 유음으로 발음되는 역 이름을 한 번 들을 수 있다.
④ 한자어로 된 역 이름의 'ㄹ' 뒤에서 된소리로 교체되어 발음되는 역 이름을 네 번 들을 수 있다.
⑤ 앞 음절의 끝소리가 뒤에 나오는 첫소리와 만나 거센소리로 발음되는 역 이름을 한 번 들을 수 있다.

10

〈보기〉를 참고할 때, 탈락한 음운이 나머지와 다른 것은?

> 〈보기〉
>
> 모음 탈락은 두 모음이 이어질 때 그중 한 모음이 탈락하는 현상을 말하며, 발음뿐 아니라 표기에도 반영된다.

① 책에 이름을 써 두었다.
② 불은 켜 두는 것이 좋겠다.
③ 방바닥에 이불을 펴 두어라.
④ 오늘은 하루 종일 서 있었다.
⑤ 누가 오기 전에 빨리 건너 와.

11

〈보기〉를 바탕으로 겹받침의 발음에 대한 탐구 활동을 수행한 결과로 가장 적절한 것은?

> 〈보기〉
>
> 〈표준 발음법〉
> 제10항 겹받침 'ㄳ', 'ㄵ', 'ㄼ, ㄽ, ㄾ', 'ㅄ'은 어말 또는 자음 앞에서 각각 [ㄱ, ㄴ, ㄹ, ㅂ]으로 발음한다.
> 다만, '밟-'은 자음 앞에서 [밥]으로 발음하고, '넓-'은 다음과 같은 경우에 [넙]으로 발음한다.
> 예 넓-죽하다[넙쭈카다], 넓-둥글다[넙뚱글다]
> 제11항 겹받침 'ㄺ, ㄻ, ㄿ'은 어말 또는 자음 앞에서 각각 [ㄱ, ㅁ, ㅂ]으로 발음한다.
> 다만, 용언의 어간 말음 'ㄺ'은 'ㄱ' 앞에서 [ㄹ]로 발음한다.
> 제14항 겹받침이 모음으로 시작된 조사나 어미, 접미사와 결합되는 경우에는, 뒤엣것만을 뒤 음절 첫소리로 옮겨 발음한다.(이 경우, 'ㅅ'은 된소리로 발음함.)

① '밟고'는 제10항에 따라 [발:꼬]로 발음해야겠군.
② '넓지'는 제10항에 따라 [넙찌]로 발음해야겠군.
③ '흙과'는 제11항에 따라 [흘꽈]로 발음해야겠군.
④ '옳고'는 제11항에 따라 [읍꼬]로 발음해야겠군.
⑤ '넋을'은 제14항에 따라 [넋을]로 발음해야겠군.

12

〈보기〉를 참고할 때, 음운 변동에 대한 탐구 활동의 결과로 적절하지 않은 것은?

> 〈보기〉
>
> 교체, 탈락, 축약, 첨가 등의 음운 변동이 일어나는 경우, 한 단어에 음운 변동이 여러 번 일어나기도 하고, 그에 따라 음운의 개수가 변하기도 한다.

① '걷잡다'는 음운의 변동이 세 번 일어나지만 음운의 개수에는 변화가 없다.
② '앓는'은 음운의 탈락과 교체가 각각 한 번씩 일어나 음운의 개수가 1개 줄어든다.
③ '섥익다'는 음운의 첨가가 한 번, 교체가 두 번 일어나 음운의 개수가 1개 늘어난다.
④ '몫몫이'는 음운의 탈락이 두 번, 교체가 한 번 일어나 음운의 개수가 2개 줄어든다.
⑤ '삯일'은 음운의 첨가, 탈락, 교체가 모두 한 번씩 일어나 음운의 개수에 변화가 없다.

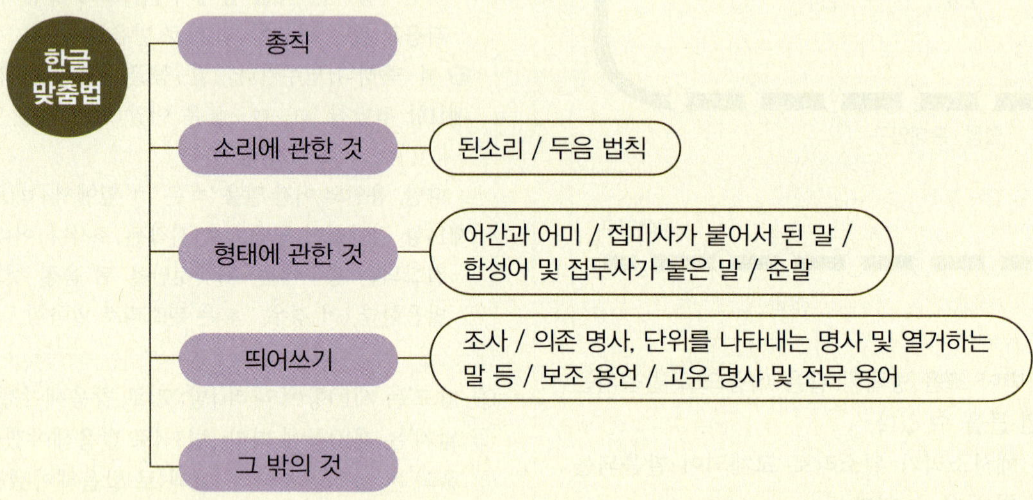
한글
맞춤법
총칙
소리에 관한 것
된소리 / 두음 법칙
형태에 관한 것
어간과 어미 / 접미사가 붙어서 된 말 /
합성어 및 접두사가 붙은 말 / 준말
띄어쓰기
조사 / 의존 명사, 단위를 나타내는 명사 및 열거하는
말 등 / 보조 용언 / 고유 명사 및 전문 용어
그 밖의 것

Ⅲ

한글 맞춤법

○ 한글 맞춤법의 기본 원리

1. 소리대로 적는 것:
표준어의 발음 그대로 적는 것. 자음과 모음의 결합 형식에 따라 표준어를 소리대로 표기함. → 표음주의(表音主義)
예) 달[달], 밥[밥]

2. 어법에 맞도록 적는 것:
하나의 형태소를 동일하게 표기하는 것. 음운 환경에 따라 발음이 달리 될 수 있는 형태소를 그 뜻이 분명히 드러나도록 동일하게 표기함. → 표의주의(表意主義)
예) 읽다[익따], 읽어[일거], 읽니[잉니]

○ 된소리되기의 조건

1. 파열음 뒤에 연결되는 'ㄱ, ㄷ, ㅂ, ㅅ, ㅈ'
예) 덮개 [덥깨], 깍두기[깍뚜기], 국밥[국빱], 국수[국쑤], 법석[법썩], 딱지[딱찌], 갑자기[갑짜기]

2. 용언 어간의 끝소리 비음 뒤에 결합되는 어미의 첫소리 'ㄱ, ㄷ, ㅅ, ㅈ'
예) 안고[안꼬], 감다[감:따], 더듬소[더듬쏘], 젊지[점:찌]

3. 한자어 'ㄹ' 뒤에 연결되는 'ㄷ, ㅅ, ㅈ'
예) 갈등[갈뜽], 일시[일씨], 발전[발쩐]

4. 관형사형 어미 '-(으)ㄹ' 뒤에 연결되는 'ㄱ, ㄷ, ㅂ, ㅅ, ㅈ'
예) 할 것을[할꺼슬], 갈 데가[갈떼가], 할 바를[할빠를], 만날 사람[만날 싸람], 살 집[살찝]

5. 피동, 사동의 접미사 '-기-'는 된소리로 발음하지 않는다.
예) 안기다[안기다], 감기다[감기다], 굶기다[굼기다], 옮기다[옴기다]

 總 거느릴 총, 則 법 칙

제1항 한글 맞춤법은 표준어를 소리대로 적되, 어법에 맞도록 함을 원칙으로 한다.
형태소의 원형을 밝혀 표기함.

꿈 꿈을(○) 꾸믈(×)

제2항 문장의 각 단어는 띄어 씀을 원칙으로 한다.
⇨ '철수가방에들어간다.'로 쓰는 것보다 '철수가∨방에∨들어간다.'와 같이 띄어 써야 문장의 의미를 이해하기가 쉽다. 다만 '가', '에'와 같은 조사는 혼자 쓸 수 없으므로 앞말에 붙여 쓰고, '들어가다(들다 + 가다)'와 같은 합성어는 국어사전에 표제어로 실리는 단어이므로 붙여 쓴다.

소리에 관한 것

❶ 제1절 된소리

제5항 한 단어 안에서 뚜렷한 까닭 없이 나는 된소리는 다음 음절의 첫소리를 된소리로 적는다.
된소리되기가 일어날 조건이 아닌데 일어나는 경우

1. 두 모음 사이에서 나는 된소리

소쩍새	어깨	오빠	으뜸	아끼다	기쁘다	깨끗하다	어떠하다
해쓱하다	가끔	거꾸로	부썩	어찌	이따금		

2. 'ㄴ, ㄹ, ㅁ, ㅇ' 받침 뒤에서 나는 된소리

산뜻하다	잔뜩	살짝	훨씬	담뿍	움찔	몽땅	엉뚱하다

다만, 'ㄱ, ㅂ' 받침 뒤에서 나는 된소리는, 같은 음절이나 비슷한 음절이 겹쳐 나는 경우가 아니면 된소리로 적지 아니한다.
딱딱, 쌕쌕, 씩씩, 싹싹하다, 똑딱똑딱, 쓱싹쓱싹, 쌉쌀하다, 짭짤하다 등

국수	깍두기	딱지	색시	싹둑(~싹둑)	법석	갑자기	몹시

된소리 표기 ○

[오빠] → 오빠
모음 'ㅗ'와 'ㅏ' 사이에서 나는 된소리

[잔뜩] → 잔뜩
'ㄴ' 받침 뒤에서 나는 된소리

된소리 표기 ×

[국쑤] → 국수
'ㄱ' 받침 뒤에서 나는 된소리

[몹:씨] → 몹시
'ㅂ' 받침 뒤에서 나는 된소리

❷ 제5절 두음 법칙

제10항 한자음 '녀, 뇨, 뉴, 니'가 단어 첫머리에 올 적에는, 두음 법칙에 따라 '여, 요, 유, 이'로 적는다. (ㄱ을 취하고, ㄴ을 버림.)

ㄱ	ㄴ	ㄱ	ㄴ	ㄱ	ㄴ
여자(女子)	녀자	유대(紐帶)	뉴대	연세(年歲)	년세
이토(泥土)	니토	요소(尿素)	뇨소	익명(匿名)	닉명

└→ 진흙

다만, 다음과 같은 의존 명사에서는 '냐, 녀' 음을 인정한다.

냥(兩): 돈 만 냥을 꾸다.   년(年)(몇 년): 그들은 일 년에 한 번 만난다.

[붙임 1] 단어의 첫머리 이외의 경우에는 본음대로 적는다.

남녀(男女)   당뇨(糖尿)   결뉴(結紐)   은닉(隱匿)

[붙임 2] 접두사처럼 쓰이는 한자가 붙어서 된 말이나 합성어에서, 뒷말의 첫소리가 'ㄴ' 소리로 나더라도 두음 법칙에 따라 적는다.

신여성(新女性)   공염불(空念佛)   남존여비(男尊女卑)

[붙임 3] 둘 이상의 단어로 이루어진 고유 명사를 붙여 쓰는 경우에도 붙임 2에 준하여 적는다.

한국여자대학   대한요소비료회사

제11항 한자음 '랴, 려, 례, 료, 류, 리'가 단어의 첫머리에 올 적에는, 두음 법칙에 따라 '야, 여, 예, 요, 유, 이'로 적는다.(ㄱ을 취하고, ㄴ을 버림.)

ㄱ	ㄴ	ㄱ	ㄴ	ㄱ	ㄴ
양심(良心)	량심	용궁(龍宮)	룡궁	역사(歷史)	력사
유행(流行)	류행	예의(禮儀)	례의	이발(理髮)	리발

다만, 다음과 같은 의존 명사는 본음대로 적는다.

리(里): 몇 리냐?   리(理): 그럴 리가 없다.

[붙임 1] 단어의 첫머리 이외의 경우에는 본음대로 적는다.

개량(改良)   선량(善良)   수력(水力)   협력(協力)   사례(謝禮)   혼례(婚禮)
와룡(臥龍)   쌍룡(雙龍)   하류(下流)   급류(急流)   도리(道理)   진리(眞理)

└→ 누워 있는 용

다만, 모음이나 'ㄴ' 받침 뒤에 이어지는 '렬, 률'은 '열, 율'로 적는다.(ㄱ을 취하고 ㄴ을 버림.)

ㄱ	ㄴ	ㄱ	ㄴ	ㄱ	ㄴ
나열(羅列)	나렬	치열(齒列)	치렬	비열(卑劣)	비렬
분열(分裂)	분렬	선열(先烈)	선렬	진열(陳列)	진렬
규율(規律)	규률	비율(比率)	비률	실패율(失敗率)	실패률
선율(旋律)	선률	전율(戰慄)	전률	백분율(百分率)	백분률

외형률(外形律)   **내재율(內在律)**   **운율(韻律)**
본래의 한자음 '률'   모음 'ㅐ' 뒤 → '율'   'ㄴ' 받침 뒤 → '율'

Q 'ㄱ, ㅂ' 뒤에서 된소리 표기를 하지 않는 이유는 무엇인가요?

A 음운의 변동에서 공부한 '된소리되기'의 조건 중, 첫 번째는 앞말의 끝소리 'ㄱ, ㄷ, ㅂ' 뒤에서 된소리로 발음한다는 것입니다. 그런데 된소리되기의 조건에 따른 발음은 발음만 된소리로 할 뿐, 굳이 된소리 표기까지 하지는 않는 거죠.

다만, 제5항의 설명과 같이 뚜렷한 까닭 없이 된소리로 발음하는 것은, 발음의 혼동을 피하기 위해 된소리로 적습니다.

그리고 'ㄱ, ㅂ' 받침 뒤라 할지라도 '딱딱'이나 '쓱싹'처럼 같은 음절이나 비슷한 음절이 겹쳐 나는 경우에는 일관성 있는 표기를 위해 된소리로 적어야 합니다.

Q 두음 법칙에도 예외가 있나요?

A 두음 법칙은 일부 소리가 단어의 첫머리에 발음되는 것을 꺼려 나타나지 않거나 다른 소리로 발음되는 일이에요. 그런데 단어의 첫머리인데도 두음 법칙이 적용되지 않는 경우가 있고, 단어의 첫머리가 아닌데도 두음 법칙이 적용되는 경우가 있어요.

시험에 잘 나오는 것은, 단어의 첫머리가 아닌데도 모음이나 'ㄴ' 받침 뒤에 이어지는 '렬, 률'이 두음 법칙의 적용을 받아서 '열, 율'로 발음되는 것이에요.

예를 들어, '율격(律格)'은 단어의 첫머리에서 두음 법칙이 적용된 것이지만, '운율(韻律)'과 '내재율(內在律)'은 단어의 첫머리가 아닌데도 'ㄴ' 받침과 모음 뒤에서 두음 법칙이 적용된 경우이지요.

1 ㉠과 ㉡의 예가 바르게 연결되지 **않은** 것은?

> 한글 맞춤법은 표준어를 ㉠<u>소리대로 적되</u>, ㉡<u>어법에 맞도록</u> 함을 원칙으로 한다.

① ㉠ – 바가지, 이파리
② ㉠ – 더워, 더우며
③ ㉡ – 남자(男子), 여자(女子)
④ ㉡ – 닮아, 닮으니
⑤ ㉡ – 먹이다, 먹히다

2 다음은 단어들의 발음이다. 발음과 표기가 <u>달라지는</u> 것은?

① [가끔] ② [몹:씨]
③ [엉뚱] ④ [살짝]
⑤ [움찔]

3 다음 단어들 중, 〈보기〉의 ㉮의 예에 해당하는 것은?

> • 보기 •
> 두음 법칙에 의해 표기가 달라지는 단어들은 ㉮'ㄴ'이 탈락하는 경우, 'ㄹ'이 탈락하는 경우, 'ㄹ'이 'ㄴ'으로 교체되는 경우, 이렇게 세 가지로 나뉜다.

① 양심(良心) ② 역사(歷史)
③ 예의(禮儀) ④ 이발(理髮)
⑤ 익명(匿名)

4 다음 중, 표기가 바르지 **않은** 것은?

① 법률(法律) ② 행렬(行列)
③ 진열(陳烈) ④ 출석율(出席率)
⑤ 실패율(失敗率)

소리에 관한 것
2011학년도 수능

1 〈보기〉를 바탕으로 한글 맞춤법에 대해 탐구한 내용으로 적절하지 **않은** 것은?

> • 보기 •
> **제5항**
> ㉮ 한 단어 안에서 뚜렷한 까닭 없이 나는 된소리는 다음 음절의 첫소리를 된소리로 적는다. **예** 어깨, 잔뜩, 살짝, 듬뿍, 몽땅
> ㉯ 다만, 'ㄱ, ㅂ' 받침 뒤에서 나는 된소리는, 같은 음절이나 비슷한 음절이 겹쳐 나는 경우가 아니면 된소리로 적지 아니한다. **예** 국수, 법석
> **제27항**
> ㉰ 둘 이상의 단어가 어울리거나 접두사가 붙어서 이루어진 말은 각각 그 원형을 밝히어 적는다. **예** 칼날, 꽃잎, 맏사위, 홑이불

① ㉮를 보니 모음 뒤나 'ㄴ, ㄹ, ㅁ, ㅇ' 받침 뒤에서 나는 된소리가 소리 나는 대로 표기되어 있군.
② '납짝'이 아니라 '납작'으로 적는 것은 ㉯의 '법석'을 표기할 때 적용된 규정을 따른 것이군.
③ '짭잘하다'가 아니라 '짭짤하다'로 적는 것은 ㉯의 비슷한 음절이 겹쳐 나는 경우에 해당하기 때문이군.
④ '물뼝'이 아니라 '물병'으로 적는 것은 ㉰의 '칼날'을 표기할 때 적용된 규정을 따른 것이군.
⑤ '깍뚜기'가 아니라 '깍두기'로 적는 것은 ㉰의 '맏사위'를 표기할 때 적용된 규정을 따른 것이군.

2 〈보기〉는 한글 맞춤법 제1항에 대한 선생님의 설명이다. ㉠, ㉡에 대해 학생들이 이해한 내용으로 적절한 것은?

한글 맞춤법 총칙
2014학년도 예비 시행 B형

• 보기 •

> **제1항** 한글 맞춤법은 표준어를 ㉠소리대로 적되, ㉡어법에 맞도록 함을 원칙으로 한다.
>
> **선생님의 설명** : 한글 맞춤법은 소리대로 표기하는 것이 근본 원칙이에요. '구름, 나라, 하늘' 등은 표준어를 소리 나는 대로 적은 예이지요. 그런데 이 원칙만 따른다면 '밥'과 같은 단어는 뒤에 오는 말에 따라 '바비(밥+이), 밥또(밥+도), 밤만(밥+만)'처럼 여러 가지로 표기될 수 있어요. 그래서 원래 형태를 알기 어려워지고 이로 인해 독서의 능률도 크게 떨어지지요. 이 때문에 발음과 상관없이 형태를 고정시키는 방법, 즉 어법에 맞도록 한다는 원칙을 추가한 거예요.

① '먹어, 먹은'은 어간과 어미를 분리해서 적은 것을 볼 때 ㉠에 해당하겠군.
② '굳이, 같이'는 음운 현상을 반영하지 않고 적은 것을 볼 때 ㉠에 해당하겠군.
③ '퍼서(푸 + 어서), 폈다(푸 + 었다)'는 어간을 원래 형태에서 벗어난 대로 적은 것을 볼 때 ㉠에 해당하겠군.
④ '미덥다, 우습다'는 어간을 밝혀 적지 않은 것을 볼 때 ㉡에 해당하겠군.
⑤ '노인(老人)'과 '원로(元老)'는 같은 한자를 '노'와 '로'로 적은 것을 볼 때 ㉡에 해당하겠군.

3 〈보기〉의 '한글 맞춤법'을 이해한 내용으로 적절한 것은?

소리에 관한 것
2018학년도 3월 고3 학력
평가 변형

• 보기 •

> **제1항** 한글 맞춤법은 표준어를 소리대로 적되, 어법에 맞도록 함을 원칙으로 한다.
> **제5항** 한 단어 안에서 뚜렷한 까닭 없이 나는 된소리는 다음 음절의 첫소리를 된소리로 적는다.
>   1. 두 모음 사이에서 나는 된소리 예 가끔, 어찌
>   2. 'ㄴ, ㄹ, ㅁ, ㅇ' 받침 뒤에서 나는 된소리 예 잔뜩, 훨씬
>   다만, 'ㄱ, ㅂ' 받침 뒤에서 나는 된소리는, 같은 음절이나 비슷한 음절이 겹쳐 나는 경우가 아니면 된소리로 적지 아니한다. 예 국수, 몹시
> **제13항** 한 단어 안에서 같은 음절이나 비슷한 음절이 겹쳐 나는 부분은 같은 글자로 적는다.(ㄱ을 취하고, ㄴ을 버림.)
>
> 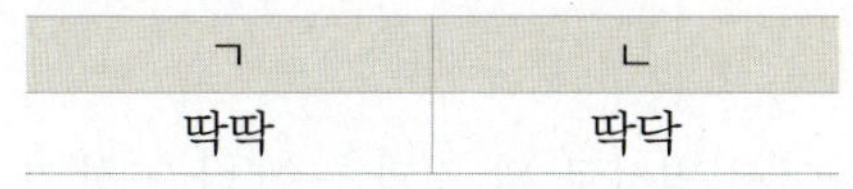
>
> | ㄱ | ㄴ |
> |---|---|
> | 딱딱 | 딱닥 |

① 두 모음 사이에 예사소리가 오면 예외 없이 된소리가 되므로 '가끔'은 표기에 된소리를 밝혀 적는다.
② 예사소리인 파열음 뒤에서 된소리되기가 일어날 때 규칙성을 찾을 수 없으므로 '몹시'는 예사소리로 적는다.
③ '딱딱'은 '딱닥'으로 적으면 표준 발음이 [딱닥]이 될 수도 있으므로 두 번째 음절 첫소리를 예사소리로 적지 않는다.
④ '국수'는 두 번째 음절 첫소리를 된소리로 적지 않더라도 표준 발음인 [국쑤]로 발음되므로 표기에 된소리를 밝혀 적지 않는다.
⑤ '잔뜩'은 비음으로 끝난 용언의 어간 뒤의 예사소리가 된소리로 변했다는 뚜렷한 까닭이 있으므로 표기에 된소리를 밝혀 적는다.

15 형태에 관한 것 ①

✿ 어간과 어미를 구별하여 적는 이유

체언에 조사가 결합할 때와 마찬가지로 용언에서 실질 형태소인 어간과 형식 형태소인 어미의 형태를 고정해서 일관되게 적는다. 이는 어간과 어미를 구별하여 적음으로써 형태소의 원형을 파악해 의미를 쉽게 이해할 수 있도록 하기 위해서이다.

예를 들어 '읽다'의 어간 '읽-'에 어미 '-고, -지, -는'이 결합한 형태를 소리 나는 대로 적으면 '일꼬, 익찌, 잉는'과 같아 실질 형태소의 원형과 형식 형태소의 원형이 무엇인지, 둘의 경계가 어디인지를 알아보기가 어렵다. 따라서 '읽고, 읽지, 읽는'과 같이 실질 형태소와 형식 형태소를 구분하여 적으면 뜻을 파악하기 쉽고 독서의 능률도 향상된다.

❶ 제2절 어간과 어미

제15항 용언의 어간과 어미는 구별하여 적는다.

먹다	먹고	먹어	먹으니	젊다	젊고	젊어	젊으니

[붙임 1] 두 개의 용언이 어울려 한 개의 용언이 될 적에, 앞말의 본뜻이 유지되고 있는 것은 그 원형을 밝히어 적고, 그 본뜻에서 멀어진 것은 밝히어 적지 아니한다.

(1) 앞말의 본뜻이 유지되고 있는 것

넘어지다	늘어나다	늘어지다	돌아가다	되짚어가다	들어가다
떨어지다	벌어지다	엎어지다	접어들다	틀어지다	흩어지다

(2) 본뜻에서 멀어진 것

드러나다	사라지다	쓰러지다

[붙임 2] 종결형에서 사용되는 어미 '-오'는 '요'로 소리 나는 경우가 있더라도 그 원형을 밝혀 '오'로 적는다.(ㄱ을 취하고, ㄴ을 버림.)

ㄱ	ㄴ
이것은 책이오.	이것은 책이요.
이리로 오시오.	이리로 오시요.
이것은 책이 아니오.	이것은 책이 아니요.

[붙임 3] 연결형에서 사용되는 '이요'는 '이요'로 적는다.(ㄱ을 취하고, ㄴ을 버림.)

ㄱ	ㄴ
이것은 책이요, 저것은 붓이요, 또 저것은 먹이다.	이것은 책이오, 저것은 붓이오, 또 저것은 먹이다.

✿ 접미사의 종류에 따른 단어의 표기 방법

1. 널리 쓰이는 접미사가 어간에 붙어서 만들어진 단어는 그 어간의 원형을 밝혀 표기함.
   예) 먹-+-이 → 먹이
   죽-+-음 → 죽음

2. 널리 쓰이지 않는 접미사가 어간에 붙어서 만들어진 단어는 원형을 밝혀 적지 않고 소리 나는 대로 표기함.
   예) 막-+-애 → 마개
   죽-+-엄 → 주검

❷ 제3절 접미사가 붙어서 된 말

제19항 어간에 '-이'나 '-음/-ㅁ'이 붙어서 명사로 된 것과 '-이'나 '-히'가 붙어서 부사로 된 것은 그 어간의 원형을 밝히어 적는다.

1. '-이'가 붙어서 명사로 된 것

길이	깊이	높이	다듬이	땀받이	달맞이	먹이	미닫이	벌이
벼훑이	살림살이	쇠붙이						

2. '-음/-ㅁ'이 붙어서 명사로 된 것

걸음	묶음	믿음	얼음	엮음	울음	웃음	졸음	죽음	앎

3. '-이'가 붙어서 부사로 된 것

같이	굳이	길이	높이	많이	실없이	좋이	짓궂이

4. '-히'가 붙어서 부사로 된 것

밝히	익히	작히

다만, 어간에 '-이'나 '-음'이 붙어서 명사로 바뀐 것이라도 그 어간의 뜻과 멀어진 것은 원형을 밝히어 적지 아니한다.

여러 마리 새끼 중 가장 먼저 나온 새끼(문을 열고 나온 것) →

굽도리	다리[髢]	목거리(목병)	무녀리	코끼리	거름(비료)	고름[膿]	노름(도박)

→ 덧넣는 딴머리

[붙임] 어간에 '-이'나 '-음' 이외의 모음으로 시작된 접미사가 붙어서 다른 품사로 바뀐 것은 그 어간의 원형을 밝히어 적지 아니한다.

(1) 명사로 바뀐 것

→ 뜯어낸 조각

귀머거리	까마귀	너머	뜨더귀	마감	마개	마중
무덤	비렁뱅이	쓰레기	올가미	주검		

(2) 부사로 바뀐 것

거뭇거뭇	너무	도로	뜨덤뜨덤	바투	불긋불긋	비로소
오긋오긋	자주	차마				

(3) 조사로 바뀌어 뜻이 달라진 것

나마	부터	조차

제20항 명사 뒤에 '-이'가 붙어서 된 말은 그 명사의 원형을 밝히어 적는다.

1. 부사로 된 것

곳곳이	낱낱이	몫몫이	살살이	앞앞이	집집이

2. 명사로 된 것

곰배팔이	바둑이	삼발이	애꾸눈이	육손이	절뚝발이/절름발이

[붙임] '-이' 이외의 모음으로 시작된 접미사가 붙어서 된 말은 그 명사의 원형을 밝히어 적지 아니한다.

꼬락서니	끄트머리	모가치	바가지	바깥	사타구니	싸라기
이파리	지붕	지푸라기	짜개			

제25항 '-하다'가 붙는 어근에 '-히'나 '-이'가 붙어서 부사가 되거나, 부사에 '-이'가 붙어서 뜻을 더하는 경우에는 그 어근이나 부사의 원형을 밝히어 적는다.

1. '-하다'가 붙는 어근에 '-히'나 '-이'가 붙는 경우

급히	꾸준히	도저히	딱히	어렴풋이	깨끗이

[붙임] '-하다'가 붙지 않는 경우에는 소리대로 적는다.

갑자기	반드시(꼭)	슬며시

2. 부사에 '-이'가 붙어서 역시 부사가 되는 경우

곰곰이	더욱이	생긋이	오뚝이	일찍이	해죽이

1단계　개념 확인 문제

1 다음 중, 표기가 바르지 <u>않은</u> 것은?

① 늘어나다　　　② 들어나다
③ 넘어지다　　　④ 떨어지다
⑤ 접어들다

2 밑줄 친 단어 중, ㉠의 예로 적절하지 <u>않은</u> 것은?

> 어간에 '-이'나 '-음/-ㅁ'이 붙어 명사로 된 것과
> ㉠'-이'나 '-히'가 붙어서 부사로 된 것은 그 어간의 원
> 형을 밝히어 적는다.

① 저희와 같이 가시죠.
② 너는 저 산의 <u>높이</u> 아니?
③ 땅을 조금만 더 <u>깊이</u> 파요.
④ 그의 이름은 <u>길이</u> 빛나리라.
⑤ 우리가 <u>굳이</u> 나서야 하겠니?

3 다음 단어 중, 〈보기〉의 예로 적절하지 <u>않은</u> 것은?

　　　　　　　　　　　　　　　　• 보기 •
> 어간에 '-이'나 '-음'이 붙어서 명사로 바뀐 것이라도
> 그 어간의 뜻과 멀어진 것은 원형을 밝혀 적지 아니한다.

① 노름　　　② 코끼리　　　③ 목거리
④ 쓰레기　　⑤ 무녀리

4 다음 단어 중, ㉮의 예로 적절하지 <u>않은</u> 것은?

> '-하다'가 붙는 어근에 '-히'나 '-이'가 붙어서 부사
> 가 되거나, ㉮부사에 '-이'가 붙어서 뜻을 더하는 경우
> 에는 그 어근이나 부사의 원형을 밝히어 적는다.

① 깨끗이　　② 곰곰이　　③ 생긋이
④ 더욱이　　⑤ 일찍이

2단계　대표 기출 문제

형태에 관한 것
2014학년도 11월 고1 학력
평가

1 〈보기〉를 바탕으로 한글 맞춤법에 대해 탐구한 내용으로 적절하지 <u>않은</u> 것은?

　　　　　　　　　　　　　　　　• 보기 •
> 제15항　용언의 어간과 어미는 구별하여 적는다. ┄┄┄┄┄㉮
> 　예 먹어(○)/머거(×), 좋고(○)/조코(×)
> [붙임 1] 두 개의 용언이 어울려 한 개의 용언이 될 적에, 앞말의 본뜻이 유지되고 있
> 　　는 것은 그 원형을 밝히어 적고, 그 본뜻에서 멀어진 것은 밝히어 적지 아니한다.
> 　　　┄┄┄┄┄㉯
> 　(1) 앞말의 본뜻이 유지되고 있는 것　예 늘어나다
> 　(2) 본뜻에서 멀어진 것　예 사라지다, 쓰러지다
> [붙임 2] 종결형에서 사용되는 어미 '-오'는 '요'로 소리 나는 경우가 있더라도 그 원형
> 　　을 밝혀 '오'로 적는다. ┄┄┄┄┄㉰
> 　예 이리로 오시오.

① ㉮를 보니, 어간이 표시하는 의미와 어미가 표시하는 의미가 쉽게 파악될 수 있게 표기
　한 것이라 할 수 있군.
② '고개를 넘어 가다.'에서 '넘어'로 적는 것은 ㉮의 '먹어'를 표기할 때 적용된 규정을 따른
　것이군.
③ '격차가 벌어지다.'에서 '벌어지다'로 적는 것은 ㉯의 '사라지다'를 표기할 때 적용된 규정
　을 따른 것이군.
④ '교실로 들어가다.'에서 '들어가다'로 적는 것은 ㉯의 '앞말의 본뜻이 유지되고 있는 것'에
　해당하기 때문이군.
⑤ '이것이 당신 것이오?'에서 '것이오'로 적는 것은 ㉰의 '오시오'를 표기할 때 적용된 규정
　을 따른 것이군.

형태에 관한 것
2015학년도 10월 고3 학력
평가 B형

2 〈보기〉를 바탕으로 하여 단어들의 표기 원리를 이해한 것으로 적절한 것은?

▸ 보기 ◂

〈한글 맞춤법의 '접미사가 붙어서 된 말' 중 일부〉

㉠ 어간에 '-이'나 '-음/-ㅁ'이 붙어서 명사로 된 것 중, 어간의 뜻을 유지하는 경우에는
그 어간의 원형을 밝히어 적는다. **예** 길이, 믿음
㉡ 어간에 '-이'나 '-음'이 붙어서 명사로 바뀐 것이라도 그 어간의 뜻과 멀어진 것은 그
어간의 원형을 밝히어 적지 아니한다. **예** 목거리(병의 일종), 거름(비료)
㉢ '-이'나 '-음/-ㅁ' 이외의 모음으로 시작된 접미사가 붙어서 다른 품사로 바뀐 것은
그 어간의 원형을 밝히어 적지 아니한다. **예** 나머지, 올가미

① '맞다'에서 파생된 '마중'은 어간의 원형을 밝히어 적은 것으로, ㉠에 따른 것이다.
② '걷다'에서 파생된 '걸음'은 어간의 원형을 밝히어 적지 않은 것으로, ㉡에 따른 것이다.
③ '막다'에서 파생된 '마개'는 어간의 원형을 밝히어 적지 않은 것으로, ㉡에 따른 것이다.
④ '넘다'에서 파생된 '너머'는 어간의 원형을 밝히어 적지 않은 것으로, ㉢에 따른 것이다.
⑤ '놀다'에서 파생된 '노름'은 어간의 원형을 밝히어 적지 않은 것으로, ㉢에 따른 것이다.

형태에 관한 것
2015학년도 9월 모의평가
B형

3 〈보기〉는 '한글 맞춤법'의 일부를 정리한 것이다. 이를 통해 알 수 있는 사실로 적절한 것은?

▸ 보기 ◂

[제19항]
○ 어간에 '-이'가 붙어서 명사로 된 것과 '-이'가 붙어서 부사로 된 것은 그 어간의 원형
을 밝히어 적는다.
예 먹이, 굳이, 같이 ─────────────── ㉠

[제25항]
○ '-하다'가 붙는 어근에 '-히'나 '-이'가 붙어서 부사가 되는 경우에는 그 어근의 원형을
밝히어 적는다.
예 꾸준히, 깨끗이 ─────────────── ㉡
○ 부사에 '-이'가 붙어서 역시 부사가 되는 경우에는 그 부사의 원형을 밝히어 적는다.
예 더욱이, 생긋이 ─────────────── ㉢

① '급히 떠나다'의 '급히'는 ㉠의 '굳이'를 표기할 때 적용된 규정을 따른 것이군.
② '방긋이 웃다'의 '방긋이'는 ㉠의 '같이'를 표기할 때 적용된 규정을 따른 것이군.
③ '많이 먹다'의 '많이'는 ㉡의 '꾸준히'를 표기할 때 적용된 규정을 따른 것이군.
④ '깊이 파다'의 '깊이'는 ㉡의 '깨끗이'를 표기할 때 적용된 규정을 따른 것이군.
⑤ '일찍이 없던 일'의 '일찍이'는 ㉢의 '더욱이'를 표기할 때 적용된 규정을 따른 것이군.

16 형태에 관한 것 ②

사이시옷 표기를 위한 조건

1. 합성어에만 붙임.
예 '해님'은 파생어이기 때문에 사이시옷을 붙이지 않음.

2. 앞말이 모음으로 끝나야 함.
예 '물개[물깨]'는 앞말이 모음으로 끝나지 않으므로 사이시옷을 붙이지 않음.

3. 합성어를 이루는 어근 중 고유어가 하나 이상 있어야 함.
예 '치(齒)+솔 → 칫솔[치쏠/칟쏠]'은 사이시옷을 붙이고, '치(齒)+과(科) → 치과[치꽈]'는 붙이지 않음.

4. 뒷말의 첫소리가 된소리로 나거나, 'ㄴ' 또는 'ㄴㄴ' 소리가 덧나야 함.
예 '머리말[머리말]', '인사말[인사말]'은 음운 변동이 일어나지 않는 단어이므로 사이시옷을 붙이지 않음.

③ 제4절 합성어 및 접두사가 붙은 말

제30항 사이시옷은 다음과 같은 경우에 받치어 적는다.

1. 순우리말(고유어)로 된 합성어로서 앞말이 모음으로 끝난 경우

(1) 뒷말의 첫소리가 된소리로 나는 것

고랫재 → 방의 온돌석 밑으로 나 있는 길
나뭇가지 → 내용이 복잡하여 헤아리기 어려운 일(비유)
킷값 → 키에 알맞게 하는 행동을 낮잡아 이르는 말

고랫재	귓밥	나룻배	나뭇가지	냇가	댓가지	뒷갈망	맷돌
머릿기름	모깃불	못자리	바닷가	뱃길	볏가리	부싯돌	선짓국
쇳조각	아랫집	우렁잇속	잇자국	잿더미	조갯살	찻집	쳇바퀴
킷값	핏대	햇볕	혓바늘				

(2) 뒷말의 첫소리 'ㄴ, ㅁ' 앞에서 'ㄴ' 소리가 덧나는 것

멧나물	아랫니	텃마당	아랫마을	뒷머리	잇몸	깻묵	냇물
빗물							

(3) 뒷말의 첫소리 모음 앞에서 'ㄴㄴ' 소리가 덧나는 것

뒷윷 → 윷판의 출발점에서 둘레를 따라 9번째 자리
욧잇 → 요의 하얀 천

도리깻열	뒷윷	두렛일	뒷일	뒷입맛	베갯잇	욧잇	깻잎
나뭇잎	댓잎						

뒷말의 첫소리가 된소리로 발음됨.

$$내 + 가 \rightarrow 냇가[내ː까/낻ː까]$$

사이시옷을 발음하는 것도 허용함.

$$내 + 물 \rightarrow 냇물[낸ː물] \ / \ 뒤 + 일 \rightarrow 뒷일[뒨ː닐]$$

'ㄴ' 소리가 덧남.   'ㄴㄴ' 소리가 덧남.

사이시옷 표기에서 주의해야 할 단어들

한자어+한자어 → 사이시옷 ✕
예 개수(個數), 대가(代價), 초점(焦點), 소수점(小數點)

고유어+한자어(한자어+고유어) → 사이시옷 ○
예 꼭짓점(—點), 장밋빛(薔薇—), 최댓값(最大—), 최솟값(最小—), 등굣길(登校—), 하굣길(下校—), 만둣국(饅頭—), 북엇국(北魚—)

음운 변동 ✕ → 사이시옷 ✕
예 머리말, 꼬리말, 인사말(人事—), 뒤태(—態), 뒤풀이

2. 순우리말(고유어)과 한자어로 된 합성어로서 앞말이 모음으로 끝난 경우 (→ 결합 순서는 상관없음.)

(1) 뒷말의 첫소리가 된소리로 나는 것

봇둑 → 보(저수 시설을 둘러싼 둑)
사잣밥 → 저승사자를 위해 차린 밥

귓병	머릿방	뱃병	봇둑	사잣밥	샛강	아랫방	자릿세
전셋집	찻잔	찻종	촛국	콧병	탯줄	텃세	핏기
햇수	횟가루	횟배					

* 밑줄 친 말이 한자어

(2) 뒷말의 첫소리 'ㄴ, ㅁ' 앞에서 'ㄴ' 소리가 덧나는 것

곗날	제삿날	훗날	툇마루	양칫물

* 밑줄 친 말이 한자어

(3) 뒷말의 첫소리 모음 앞에서 'ㄴㄴ' 소리가 덧나는 것

가욋일	사삿일	예삿일	훗일

* 밑줄 친 말이 한자어

3. 두 음절로 된 다음 한자어 (→ 한자어로 이루어진 합성어 중, 예외적으로 사이시옷을 붙이는 여섯 단어)

곳간(庫間)	셋방(貰房)	숫자(數字)	찻간(車間)	툇간(退間)	횟수(回數)

④ 제5절 준말

제35항 모음 'ㅗ, ㅜ'로 끝난 어간에 '-아/-어, -았-/-었-'이 어울려 'ㅘ/ㅝ, ㅘ/ㅝ'으로 될 적에는 준 대로 적는다.

본말	준말	본말	준말	본말	준말
꼬아	꽈	쏘아	쏴	쑤어	쒀
꼬았다	꽜다	쏘았다	쐈다	쑤었다	쒔다

[붙임 1] '놓아'가 '놔'로 줄 적에는 준 대로 적는다.

[붙임 2] 'ㅚ' 뒤에 '-어, -었-'이 어울려 'ㅙ, ㅙㅆ'으로 될 적에도 준대로 적는다.

본말	준말	본말	준말	본말	준말
괴어	괘	뵈어	봬	쐬어	쐐
괴었다	괬다	뵈었다	뵀다	쐬었다	쐤다

제38항 'ㅏ, ㅗ, ㅜ, ㅡ' 뒤에 '-이어'가 어울려 줄어질 적에는 준 대로 적는다.

본말	준말	본말	준말
싸이어	쌔어 싸여	뜨이어	띄어
보이어	뵈어 보여	쓰이어	씌어 쓰여
쏘이어	쐬어 쏘여	트이어	틔어 트여
누이어	뉘어 누여		

쏘이-+-었다 → 쐬었다(○) → 쐤다(○)

피동사 '쏘이(다)'의 접미사 '-이-'가 앞 음절 '쏘-'에 붙어 줄어들면 '쐬어'가 됨.

→ 쏘였다(○) *쐬였다(×)

피동사 '쏘이(다)'의 접미사 '-이-'가 뒤 음절 '-어'에 붙어 줄어들면 '쏘여'가 됨.

제40항 어간의 끝음절 '하'의 'ㅏ'가 줄고 'ㅎ'이 다음 음절의 첫소리와 어울려 거센소리로 될 적에는 거센소리로 적는다. (→ '하' 앞의 어근이 모음이나 [ㄴ, ㄹ, ㅁ, ㅇ] 소리로 끝나는 경우)

본말	준말	본말	준말	본말	준말
간편하게	간편케	다정하다	다정타	연구하도록	연구토록
정결하다	정결타	가하다	가타	흔하다	흔타

[붙임 2] 어간의 끝음절 '하'가 아주 줄 적에는 준 대로 적는다. (→ '하' 앞의 어근이 안울림소리 [ㄱ, ㄷ, ㅂ] 소리로 끝나는 경우)

본말	준말	본말	준말	본말	준말
거북하지	거북지	넉넉하지 않다	넉넉지 않다	생각하건대	생각건대
못하지 않다	못지않다	생각하다 못해	생각다 못해	섭섭하지 않다	섭섭지 않다
깨끗하지 않다	깨끗지 않다	익숙하지 않다	익숙지 않다		

'ㅎ' 앞의 음운이 'ㄱ, ㄷ, ㅂ, ㅅ, ㅈ'인 경우 → 'ㅎ'이 탈락함.

서운하-+-지 → 서운치 생각하-+-지 → 생각지

깔끔하-+-지 → 깔끔치 섭섭하-+-지 → 섭섭지

'ㅎ' 앞의 음운이 모음이나 'ㄴ, ㄹ, ㅁ, ㅇ'인 경우 → 'ㅎ'이 어미의 첫소리와 축약함.

1 다음 중, 사이시옷을 바르게 표기한 것은?

① 뭇국 ② 윗층
③ 인삿말 ④ 소숫점
⑤ 뒷풀이

3 다음 중, 준말의 표기가 바른 것은?

① 넉넉치 ② 섭섭치
③ 간편지 ④ 정결지
⑤ 거북지

2 다음 중, '되–'와 '돼'의 표기로 바른 것은?

① 금방 될까요?
② 빨리 되서 좋아요.
③ 지금 <u>됀</u>다면 어때?
④ 어서 <u>됬</u>으면 좋겠다.
⑤ 곧 돼니 걱정하지 마.

4 다음 중, 올바른 표기로 볼 수 <u>없는</u> 것은?

① 바람 좀 쏘이어라.
② 바람 좀 쐬어라.
③ 바람 좀 쏘여라.
④ 바람 좀 쐬여라.
⑤ 바람 좀 쐐라.

형태에 관한 것
2014학년도 9월 모의평가
B형

1 〈보기〉는 사이시옷 표기 조건에 관한 학습 활동지의 일부이다. 학습한 결과를 정리한 것으로 적절하지 <u>않은</u> 것은?

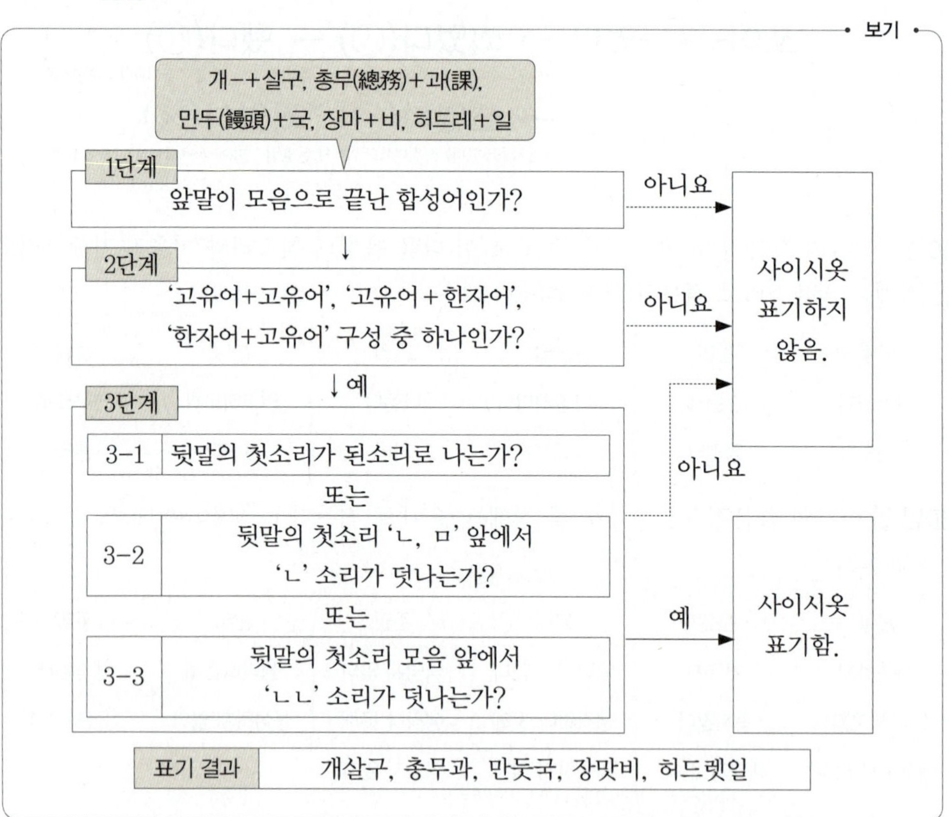

① '개–+살구' 구성은 1단계를 만족시키지 못하므로 '개살구'라고 쓴다.

② '총무+과' 구성은 2단계를 만족시키지 못하므로 '총무과'라고 쓴다.

③ '만두+국' 구성은 1, 2, 3–1단계를 만족시키므로 '만둣국'이라고 쓴다.

④ '장마+비' 구성은 1, 2, 3–2단계를 만족시키므로 '장맛비'라고 쓴다.

⑤ '허드레+일' 구성은 1, 2, 3–3단계를 만족시키므로 '허드렛일'이라고 쓴다.

2 〈보기〉의 선생님의 설명을 바탕으로 할 때, ㉠에 들어갈 말로 적절하지 <u>않은</u> 것은?

형태에 관한 것
2016학년도 6월 모의평가
B형

─────────────── • 보기 •

학생: '되어요, 돼요, 되요' 중에서 어느 게 맞는지 궁금해요.
선생님: "어간 모음 'ㅚ' 뒤에 '-어'가 붙어서 'ㅙ'로 줄어지는 것은 'ㅙ'로 적는다."라는 맞춤법 규정에 따르면 '되어요'는 어간 '되-'에 '-어요'가 결합된 것이므로 '돼요'로 줄어들 수 있어. 그러니까 '되어요, 돼요'는 맞는 말이지만 '되요'는 틀린 말이지. '(바람을) 쐬다, (턱을) 괴다, (나사를) 죄다, (어른을) 뵈다, (명절을) 쇠다' 등도 이 규정에 따라 적으면 돼.
학생: 아, 그러면 ________________________ ㉠

① '쐬어라'는 '쐬-'와 '-어라'가 결합된 것이므로 '쐬라'로 줄어들 수 있겠네요.
② '괴-'와 '-느냐'가 결합될 때는 '어'가 들어갈 수 없으므로 '괘느냐'는 틀린 말이겠네요.
③ '죄도'는 '죄-'와 '-어도'가 결합된 말이 줄어든 것이겠네요.
④ '뵈-'가 '-어서'와 결합되면 '봬서'로 줄어들 수 있겠네요.
⑤ '쇠-'와 '-더라도'가 결합될 때는 '쇄더라도'로 적으면 틀린 것이겠네요.

3 〈보기〉는 한글 맞춤법 수업 중 준말과 관련한 학습지의 일부이다. 학생의 반응으로 적절하지 <u>않은</u> 것은?

형태에 관한 것
2016학년도 11월 고1 학력
평가

─────────────── • 보기 •

제40항 어간의 끝음절 '하'의 'ㅏ'가 줄고 'ㅎ'이 다음 음절의 첫소리와 어울려 거센소리로 될 적에는 거센소리로 적는다. ─────── ㉠
　　예 간편하게 → 간편케
[붙임 1] 'ㅎ'이 어간의 끝소리로 굳어진 것은 받침으로 적는다. ─────── ㉡
　　예 아무렇다, 어떻다
[붙임 2] 어간의 끝음절 '하'가 아주 줄 적에는 준 대로 적는다. 이는 어간의 끝음절 '하'가 줄어진 형태로 관용되고 있는 형식으로, 안울림소리 받침 뒤에서 나타난다. ─── ㉢
　　예 넉넉하지 → 넉넉지

① '다정하다'를 '다정타'로 적는 것은 ㉠의 규정을 따른 결과라고 볼 수 있겠군.
② '분발토록'은 ㉠에 따라 '분발하도록'에서 '하'의 'ㅏ'가 줄고 'ㅎ'이 다음 음절의 'ㄷ'과 어울려 거센소리로 된 결과이겠군.
③ '이렇다'를 '이러타'로 적지 않는 것은 ㉡의 규정을 따른 결과라고 볼 수 있겠군.
④ '무심하지'는 ㉢의 규정에 따라 '하'가 줄어진 형태인 '무심지'로 적을 수 있겠군.
⑤ '깨끗하지'는 '하' 앞에 안울림소리 받침이 오는 것으로 보아 ㉢의 규정에 따라 '깨끗지'로 적을 수 있겠군.

띄어쓰기

❶ 제1절 조사

제41항 조사는 그 앞말에 붙여 쓴다. (→ 두 개 이상의 조사가 함께 쓰일 경우에도 붙여 씀.)

꽃이	꽃마저	꽃밖에	꽃에서부터	꽃으로만	꽃이나마
꽃이다	꽃입니다	꽃처럼	어디까지나	거기도	멀리는 · 웃고만

격 조사 '에서' + 보조사 '부터'
→ 서술격 조사 '이다'가 활용한 형태
→ 보조사 '까지' + 보조사 '나'
→ 격 조사 '으로' + 보조사 '만'

❷ 제2절 의존 명사, 단위를 나타내는 명사 및 열거하는 말 등

제42항 의존 명사는 띄어 쓴다.

아는 **것**이 힘이다.	나도 할 **수** 있다.	먹을 **만큼** 먹어라.
아는 **이**를 만났다.	네가 뜻한 **바**를 알겠다.	그가 떠난 **지**가 오래다.

제43항 단위를 나타내는 명사는 띄어 쓴다.

한 **개**	차 한 **대**	금 서 **돈**	소 한 **마리**	옷 한 **벌**	열 **살**
조기 한 **손**	연필 한 **자루**	버선 한 **죽**	집 한 **채**	신 두 **켤레**	북어 한 **쾌**

다만, 순서를 나타내는 경우나 숫자와 어울리어 쓰이는 경우에는 붙여 쓸 수 있다. (→ 띄어 쓰는 것이 원칙임.)

두시 삼십분 오초	제일과	삼학년	육층	1446년 10월 9일	2대대
16동 502호	제1실습실	80원	10개	7미터	

제44항 수를 적을 적에는 '만(萬)' 단위로 띄어 쓴다.

십이억 삼천사백오십육만 칠천팔백구십팔	12억 3456만 7898

제45항 두 말을 이어 주거나 열거할 적에 쓰이는 다음의 말들은 띄어 쓴다.

국장 **겸** 과장	열 **내지** 스물	청군 **대** 백군	책상, 걸상 **등**이 있다
이사장 **및** 이사들	사과, 배, 귤 **등등**	사과, 배 **등속**	부산, 광주 **등지**

제46항 단음절로 된 단어가 연이어 나타날 적에는 붙여 쓸 수 있다. (띄어쓰는 것이 원칙임.)

좀더 큰것	이말 저말	한잎 두잎

철수**만큼** 먹어.   먹을 **만큼** 먹어.
조사 – 앞말과 비슷한 정도   의존 명사 – 앞의 내용에 상당한 정도

넌 **너대로** 연락해.   오는 **대로** 연락해.
조사 – 따로따로 구별됨.   의존 명사 – 행동이 나타나는 그 즉시

난 정말 너**뿐**이다.   정말 고마울 **뿐**이다.
조사 – 그것만이고 더는 없음.   의존 명사 – 어떠할 따름임.

❖ 조사 '만'과 의존 명사 '만'의 구별

1. 조사 '만': 한정, 강조 등의 의미를 지님.
예) 오 분만 쉬자.
수진이는 웃기만 했다.
허락을 받아야만 한다.

2. 의존 명사 '만'
① 흔히 '만에, 만이다'의 꼴로 쓰여, 시간의 경과나 횟수를 나타냄.
예) 오 분 만에 끝내자.
십 년 만의 귀국이었다.
세 번 만에 시험에 합격했다.

② 타당한 이유가 있음이나 가능함을 나타냄.
예) 화를 낼 만도 하다.
이해할 만은 하다.

❖ 의존 명사와 연결 어미의 구별

1. '지'
예) 먹은 지 오래 됐어. → 의존 명사 (시간의 경과)
먹을지 모르겠네. → 연결 어미

2. '데'
예) 아픈 데가 어디야? → 의존 명사 (곳, 장소)
아픈 데 먹는 약이야. → 의존 명사 (경우)
가는 데 오래 걸려? → 의존 명사 (일, 것)
집에 가는데 비가 왔어. → 연결 어미

❸ **제3절 보조 용언**

제47항 보조 용언은 띄어 씀을 원칙으로 하되, 경우에 따라 붙여 씀도 허용한다.(ㄱ을 원칙으로 하고, ㄴ을 허용함.)

ㄱ	ㄴ	ㄱ	ㄴ
불이 꺼져 **간다**.	불이 꺼져**간다**.	내 힘으로 막아 **낸다**.	내 힘으로 막아**낸다**.
어머니를 도와 **드린다**.	어머니를 도와**드린다**.	그릇을 깨뜨려 **버렸다**.	그릇을 깨뜨려**버렸다**.
비가 올 **듯하다**.	비가 올**듯하다**.	그 일은 할 **만하다**.	그 일은 할**만하다**.
일이 될 **법하다**.	일이 될**법하다**.	비가 올 **성싶다**.	비가 올**성싶다**.
잘 아는 **척한다**.	잘 아는**척한다**.		

다만, 앞말에 조사가 붙거나(→ 본용언에 조사가 붙는 경우) 앞말이 합성 용언인 경우(→ 본용언이 합성 용언인 경우), 그리고 중간에 조사가 들어갈 적(→ 보조 용언 '듯하다, 체하다' 중간에 조사가 들어가는 경우)에는 그 뒤에 오는 보조 용언은 띄어 쓴다.

잘도 놀아만 **나는구나**!	책을 읽어도 **보고**…….	→ 본용언에 조사가 붙는 경우
네가 덤벼들어 **보아라**.	이런 기회는 다시없을 **듯하다**.	→ 본용언이 합성 용언인 경우
그가 올 듯도 **하다**.	잘난 체를 **한다**.	→ 보조 용언 중간에 조사가 들어가는 경우

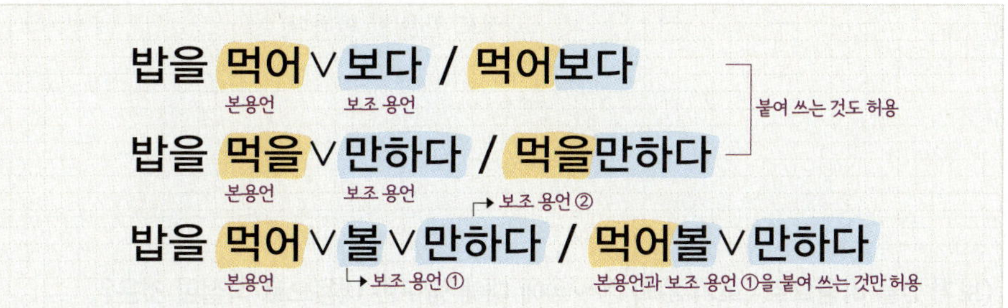

❹ **제4절 고유 명사 및 전문 용어**

제48항 성과 이름, 성과 호 등은 붙여 쓰고, 이에 덧붙는 호칭어, 관직명 등은 띄어 쓴다.

김양수(金良洙)	서화담(徐花潭)	채영신 씨	최치원 선생
박동식 박사	충무공 이순신 장군		

다만, 성과 이름, 성과 호를 분명히 구분할 필요가 있을 경우에는 띄어 쓸 수 있다.

남궁억/남궁 억	독고준/독고 준	황보지봉(皇甫芝峰)/황보 지봉

제49항 성명 이외의 고유 명사는 단어별로 띄어 씀을 원칙으로 하되, 단위별로 띄어 쓸 수 있다.(ㄱ을 원칙으로 하고, ㄴ을 허용함.)

ㄱ	ㄴ	ㄱ	ㄴ
대한 중학교	대한중학교	한국 대학교 사범 대학	한국대학교 사범대학

제50항 전문 용어는 단어별로 띄어 씀을 원칙으로 하되, 붙여 쓸 수 있다.(ㄱ을 원칙으로 하고, ㄴ을 허용함.)

ㄱ	ㄴ	ㄱ	ㄴ
만성 골수성 백혈병	만성골수성백혈병	중거리 탄도 유도탄	중거리탄도유도탄

1단계   개념 확인 문제

1 다음 중, 밑줄 친 부분의 띄어쓰기가 바르지 <u>않은</u> 것은?

① 더 이상 <u>도망칠 데가</u> 없다.
② 아까부터 <u>웃기만</u> 하는구나.
③ 겨우 <u>두 번 만에</u> 합격했어.
④ 민하는 <u>집에 간지</u> 오래 됐어?
⑤ 그래도 믿을 사람은 <u>철수뿐이다.</u>

2 다음 중, 밑줄 친 '같이'의 띄어쓰기가 바른 것은?

① 우리 <u>모두같이</u> 갑시다.
② 세월이 <u>물과같이</u> 흐른다.
③ 매일 <u>소 같이</u> 일만 한다.
④ <u>얼음장 같이</u> 차가운 방바닥.
⑤ 친구와 <u>같이</u> 수행 평가를 한다.

3 〈보기〉를 참고할 때, 띄어쓰기가 바르지 <u>않은</u> 것은?

> ● 보기 ●
> 단위를 나타내는 명사는 띄어 쓴다. 다만, 순서를 나타내는 경우나 숫자와 어울리어 쓰이는 경우에는 붙여 쓸 수 있다.

① 천원만 빌려 줘.
② 제1과를 펴세요.
③ 사과 5 개를 샀다.
④ 두 시에 만납시다.
⑤ 사무실은 오층에 있어요.

4 다음 중, 본용언과 보조 용언을 붙여 쓸 수 <u>없는</u> 것은?

① 눈이 올 성싶다.
② 맨날 아는 척하니?
③ 어디 덤벼들어 보든가.
④ 입맛이 없어도 먹어 봐.
⑤ 그 정도 일은 할 만하다.

2단계   대표 기출 문제

띄어쓰기
2020학년도 11월 고1 학력평가

1 〈보기 1〉을 바탕으로 〈보기 2〉의 ㉠～㉤에 대해 탐구한 내용으로 적절한 것은?

> ● 보기 1 ●
> **[한글 맞춤법]**
> **제41항** 조사는 그 앞말에 붙여 쓴다.
> **제42항** 의존 명사는 띄어 쓴다.
> **제43항** 단위를 나타내는 명사는 띄어 쓴다.
>   다만, 순서를 나타내는 경우나 숫자와 어울리어 쓰이는 경우에는 붙여 쓸 수 있다.
> **제46항** 단음절로 된 단어가 연이어 나타날 적에는 붙여 쓸 수 있다.

> ● 보기 2 ●
> ○ 꽃집에 꽃이 ㉠안개꽃 밖에 남아 있지 않았다.
> ○ 나도 ㉡너만큼 달리기를 잘했으면 좋겠다.
> ○ 남은 ㉢천 원짜리로 마땅히 살 것이 없었다.
> ○ 나는 그 사람이 그리워 ㉣어찌할 줄 몰랐다.
> ○ 기다리던 백신이 ㉤7 연구실에서 개발되었다.

① ㉠은 제41항을 적용해 '안개꽃밖에'로 정정해야겠군.
② ㉡은 제42항을 적용해 '너 만큼'으로 정정해야겠군.
③ ㉢은 제43항을 적용해 '천 원 짜리'로 정정해야겠군.
④ ㉣은 제43항을 적용해 '어찌할줄'로 정정해야겠군.
⑤ ㉤은 제46항을 적용해 '7연구실'로 정정해야겠군.

2 〈보기〉의 [A]에 들어갈 말로 적절한 것만을 있는 대로 고른 것은?

띄어쓰기
2021학년도 6월 모의평가

> ───────────────────────────────── • 보기 •
>
> **학생** : 선생님, 자기 소개서를 써 봤는데, 띄어쓰기가 맞는지 가르쳐 주시겠어요? 헷갈리
> 는 부분을 표시해 왔어요.
>
> > 양로원에 가서 봉사 활동을 했습니다. 사실 그 시간에 ㉠봉사 보다는 게임을 하
> > 고 싶었습니다. 그저 작은 일을 ㉡도울 뿐이었는데 ㉢너 밖에 없다며 행복해하시는
> > 어르신들의 말씀을 들을 ㉣때 만큼은 마음이 뿌듯해졌습니다.
>
> **선생님** : 한글 맞춤법에 따르면, 문장의 각 단어는 띄어 써야 하지만, 조사는 예외적으로
> 그 앞말에 붙여 쓴단다.
> **학생** : 아, 그럼 ⬚A⬚ 은/는 앞말에 붙여 써야 하는군요.

① ㉠의 '보다', ㉢의 '밖에'
② ㉡의 '뿐', ㉢의 '밖에'
③ ㉡의 '뿐', ㉣의 '만큼'
④ ㉠의 '보다', ㉡의 '뿐', ㉣의 '만큼'
⑤ ㉠의 '보다', ㉢의 '밖에', ㉣의 '만큼'

3 〈보기〉의 과제를 해결한 내용으로 적절하지 <u>않은</u> 것은?

띄어쓰기
2016학년도 9월 고1 학력
평가

> ───────────────────────────────── • 보기 •
>
> ※ 과제 : 다음 예문은 띄어쓰기가 올바른 문장입니다. 이를 통해 띄어쓰기 규정을 알아
> 볼까요?
>
> ㉠ 너는 일밖에 모르니?
> ㉡ 연필 두 자루가 있습니다.
> ㉢ 나는 그저 웃고만 있었다.
> ㉣ 너무 아는 척을 하지 말아야 해.
> ㉤ 청군 대 백군으로 나눠 경기를 했다.

① ㉠ : '일'과 '밖에'를 붙여 쓴 것을 보니, 조사는 붙여 쓰는군.
② ㉡ : '두'와 '자루'를 띄어 쓴 것을 보니, 단위를 나타내는 명사는 띄어 쓰는군.
③ ㉢ : '웃고만'과 '있었다'를 띄어 쓴 것을 보니, 본용언끼리는 띄어 쓰는군.
④ ㉣ : '아는'과 '척'을 띄어 쓴 것을 보니, 의존 명사는 띄어 쓰는군.
⑤ ㉤ : '청군', '대', '백군'을 각각 띄어 쓴 것을 보니, 두 말을 이어 줄 때에 쓰이는 말은
띄어 쓰는군.

용언 어간의 원형 표기 방법

1. 용언 어간의 원형을 밝혀 적지 않는 경우

겹받침의 끝소리가 드러나지 않는 경우, 즉 겹받침에서 앞에 있는 받침만 소리가 나는 경우에는 용언 어간의 원형을 밝혀 적지 않는다.

예를 들어 '핥다'에서 '할짝거리다'가 될 때에는 앞의 'ㄹ'만 발음되므로 원형을 밝히지 않고 '할짝거리다'로 적는다. '넓다'에서 '널따랗다'가 될 때도 'ㄼ'에서 앞의 받침이 발음되는 [널따라타]는 '널따랗다'로 적는다.

2. 용언 어간의 원형을 밝혀 적는 경우

겹받침의 끝소리가 드러나는 경우에는 용언 어간의 원형을 밝혀 적는다.

예를 들어 '굵다'에서 '굵다랗다'가 될 때에는 뒤에 있는 받침인 'ㄱ'이 발음되므로 원형을 밝혀 '굵다랗다[국:따라타]'로 적는다. '넓다'에서 '넓적하다'가 될 때도 이러한 기준이 적용되어 뒤의 받침이 발음되는 [넙쩌카다]는 '넓적하다'로 적는다.

접미사가 붙어 이루어진 말의 표기

국어에서 어간에 접미사가 결합하여 새로운 단어를 형성할 때, 형성된 단어의 의미는 어간과 접미사의 의미가 합해진 결과물인 경우가 적지 않다.

'먹다'에 사동 접미사 '-이-'가 결합하여 사동사를 만들 때 사동사의 의미는 어간의 의미와 접미사의 의미로 예측할 수 있다. 피동 접미사 '-히-'가 결합할 때에도 마찬가지이다. '먹다'의 의미가 '먹이다', '먹히다'에 유지되고 있으므로 원형을 밝혀 적는 것이 의미를 파악하기 쉽다.

예 먹다
먹-+-이-(사동 파생 접미사)+-다
→ 먹이다
먹-+-히-(피동 파생 접미사)+-다
→ 먹히다

제4장 형태에 관한 것

제3절 접미사가 붙어서 된 말

제21항 명사나 혹은 용언의 어간 뒤에 자음으로 시작된 접미사가 붙어서 된 말은 그 명사나 어간의 원형을 밝히어 적는다.

1. 명사 뒤에 자음으로 시작된 접미사가 붙어서 된 것

값지다	홑지다	넋두리	빛깔	옆댕이	잎사귀

2. 어간 뒤에 자음으로 시작된 접미사가 붙어서 된 것

낚시	늙정이	덮개	뜯게질
갉작갉작하다	갉작거리다	뜯적거리다	뜯적뜯적하다
굵다랗다	굵직하다	깊숙하다	넓적하다
높다랗다	늙수그레하다	얽죽얽죽하다	

다만, 다음과 같은 말은 소리대로 적는다.

(1) 겹받침의 끝소리가 드러나지 아니하는 것

할짝거리다(←핥다)	널따랗다(←넓다)	널찍하다(←넓다)	말끔하다(←맑다)
말쑥하다(←맑다)	말짱하다(←맑다)	실쭉하다(←싫다)	실큼하다(←싫다)
얄따랗다(←얇다)	얄팍하다(←얇다)	짤따랗다(←짧다)	짤막하다(←짧다)
실컷(←싫다)			

(2) 어원이 분명하지 아니하거나 본뜻에서 멀어진 것

넙치	올무	골막하다	납작하다

제22항 용언의 어간에 다음과 같은 접미사들이 붙어서 이루어진 말들은 그 어간을 밝히어 적는다.

1. '-기-, -리-, -이-, -히-, -구-, -우-, -추-, -으키-, -이키-, -애-'가 붙는 것

맡기다	옮기다	웃기다	쫓기다	뚫리다
울리다	낚이다	쌓이다	핥이다	굳히다
굽히다	넓히다	앉히다	얽히다	잡히다
돋구다	솟구다	돋우다	갖추다	곧추다
맞추다	일으키다	돌이키다	없애다	

다만, '-이-, -히-, -우-'가 붙어서 된 말이라도 본뜻에서 멀어진 것은 소리대로 적는다.

도리다(칼로 ~)	드리다(용돈을 ~)	고치다	바치다(세금을 ~)
부치다(편지를 ~)	거두다	미루다	이루다

2. '-치-, -뜨리-, -트리-'가 붙는 것

놓치다	덮치다	떠받치다	받치다	밭치다
부딪치다	뻗치다	엎치다	부딪뜨리다/부딪트리다	
쏟뜨리다/쏟트리다	젖뜨리다/젖트리다	찢뜨리다/찢트리다	흩뜨리다/흩트리다	

[붙임] '-업-, -읍-, -브-'가 붙어서 된 말은 소리대로 적는다.

미덥다	우습다	미쁘다

제23항 '－하다'나 '－거리다'가 붙는 어근에 '－이'가 붙어서 명사가 된 것은 그 원형을 밝히어 적는다.(ㄱ을 취하고, ㄴ을 버림.)

ㄱ	ㄴ	ㄱ	ㄴ
깔쭉이	깔쭈기	살살이	살사리
꿀꿀이	꿀꾸리	쌕쌕이	쌕쌔기
눈깜짝이	눈깜짜기	오뚝이	오뚜기
더펄이	더퍼리	코납작이	코납자기
배불뚝이	배불뚜기	푸석이	푸서기
삐죽이	삐주기	홀쭉이	홀쭈기

[붙임] '－하다'나 '－거리다'가 붙을 수 없는 어근에 '－이'나 또는 다른 모음으로 시작되는 접미사가 붙어서 명사가 된 것은 그 원형을 밝히어 적지 아니한다.

개구리	귀뚜라미	기러기	깍두기	꽹과리
날라리	누더기	동그라미	두드러기	딱따구리
매미	부스러기	뻐꾸기	얼루기	칼싹두기

제26항 '－하다'나 '－없다'가 붙어서 된 용언은 그 '－하다'나 '－없다'를 밝히어 적는다.

1. '－하다'가 붙어서 용언이 된 것

딱하다	숱하다	착하다	텁텁하다	푹하다

2. '－없다'가 붙어서 용언이 된 것

부질없다	상없다	시름없다	열없다	하염없다

제4절 합성어 및 접두사가 붙은 말

제28항 끝소리가 'ㄹ'인 말과 딴 말이 어울릴 적에 'ㄹ' 소리가 나지 아니하는 것은 아니 나는 대로 적는다.

다달이(달－달－이)	따님(딸－님)	마되(말－되)	마소(말－소)
무자위(물－자위)	바느질(바늘－질)	부삽(불－삽)	부손(불－손)
싸전(쌀－전)	여닫이(열－닫이)	우짖다(울－짖다)	화살(활－살)

제29항 끝소리가 'ㄹ'인 말과 딴 말이 어울릴 적에 'ㄹ' 소리가 'ㄷ' 소리로 나는 것은 'ㄷ'으로 적는다.

반짇고리(바느질~)	사흗날(사흘~)	삼짇날(삼질~)	섣달(설~)
숟가락(술~)	이튿날(이틀~)	잗주름(잘~)	푿소(풀~)
섣부르다(설~)	잗다듬다(잘~)	잗다랗다(잘~)	

제5절 준말

제32항 단어의 끝모음이 줄어지고 자음만 남은 것은 그 앞의 음절에 받침으로 적는다.

본말	준말	본말	준말
기러기야	기럭아	가지고, 가지지	갖고, 갖지
어제그저께	엊그저께	디디고, 디디지	딛고, 딛지
어제저녁	엊저녁		

제33항 체언과 조사가 어울려 줄어지는 경우에는 준 대로 적는다.

본말	준말	본말	준말
그것은	그건	너는	넌
그것이	그게	너를	널
그것으로	그걸로	무엇을	뭣을 / 무얼 / 뭘
나는	난	무엇이	뭣이 / 무에
나를	날		

제6장 그 밖의 것

제51항 부사의 끝음절이 분명히 '이'로만 나는 것은 '-이'로 적고, '히'로만 나거나 '이'나 '히'로 나는 것은 '-히'로 적는다.

1. '이'로만 나는 것

가붓이	깨끗이	나붓이	느긋이	둥긋이	따뜻이
반듯이	버젓이	산뜻이	의젓이	가까이	고이
날카로이	대수로이	번거로이	많이	적이	헛되이
겹겹이	번번이	일일이	집집이	틈틈이	

2. '히'로만 나는 것

극히	급히	딱히	속히	작히
족히	특히	엄격히	정확히	

3. '이, 히'로 나는 것

솔직히	가만히	간편히	나른히	무단히
각별히	소홀히	쓸쓸히	정결히	과감히
꼼꼼히	심히	열심히	급급히	답답히
섭섭히	공평히	능히	당당히	분명히
상당히	조용히	간소히	고요히	도저히

제52항 한자어에서 본음으로도 나고 속음으로도 나는 것은 각각 그 소리에 따라 적는다.

본음으로 나는 것	속음으로 나는 것
승낙(承諾)	수락(受諾), 쾌락(快諾), 허락(許諾)
만난(萬難)	곤란(困難), 논란(論難)
안녕(安寧)	의령(宜寧), 회령(會寧)
분노(忿怒)	대로(大怒), 희로애락(喜怒哀樂)
토론(討論)	의논(議論)
오륙십(五六十)	오뉴월, 유월(六月)
목재(木材)	모과(木瓜)
십일(十日)	시방정토(十方淨土), 시왕(十王), 시월(十月)
팔일(八日)	초파일(初八日)

제53항 다음과 같은 어미는 예사소리로 적는다.(ㄱ을 취하고, ㄴ을 버림.)

ㄱ	ㄴ	ㄱ	ㄴ
-(으)ㄹ거나	-(으)ㄹ꺼나	-(으)ㄹ지니라	-(으)ㄹ찌니라
-(으)ㄹ걸	-(으)ㄹ껄	-(으)ㄹ지라도	-(으)ㄹ찌라도
-(으)ㄹ게	-(으)ㄹ께	-(으)ㄹ지어다	-(으)ㄹ찌어다
-(으)ㄹ세	-(으)ㄹ쎄	-(으)ㄹ지언정	-(으)ㄹ찌언정
-(으)ㄹ세라	-(으)ㄹ쎄라	-(으)ㄹ진대	-(으)ㄹ찐대
-(으)ㄹ수록	-(으)ㄹ쑤록	-(으)ㄹ진저	-(으)ㄹ찐저
-(으)ㄹ시	-(으)ㄹ씨	-올시다	-올씨다
-(으)ㄹ지	-(으)ㄹ찌		

다만, 의문을 나타내는 다음 어미들은 된소리로 적는다.

-(으)ㄹ까?	-(으)ㄹ꼬?	-(스)ㅂ니까?	-(으)리까?	-(으)ㄹ쏘냐?

제54항 다음과 같은 접미사는 된소리로 적는다.(ㄱ을 취하고, ㄴ을 버림.)

ㄱ	ㄴ	ㄱ	ㄴ	ㄱ	ㄴ	ㄱ	ㄴ
심부름꾼	심부름군	지게꾼	지겟군	귀때기	귓대기	이마빼기	이맛배기
익살꾼	익살군	때깔	땟갈	볼때기	볼대기	코빼기	콧배기
일꾼	일군	빛깔	빛갈	판자때기	판잣대기	객쩍다	객적다
장꾼	장군	성깔	성갈	뒤꿈치	뒷굼치	겸연쩍다	겸연적다
장난꾼	장난군			팔꿈치	팔굼치		

제55항 두 가지로 구별하여 적던 다음 말들은 한 가지로 적는다.(ㄱ을 취하고, ㄴ을 버림.)

ㄱ	ㄴ
맞추다(입을 맞춘다. 양복을 맞춘다.)	마추다
뻗치다(다리를 뻗친다. 멀리 뻗친다.)	뻐치다

제56항 '-더라, -던'과 '-든지'는 다음과 같이 적는다.

1. 지난 일을 나타내는 어미는 '-더라, -던'으로 적는다.(ㄱ을 취하고, ㄴ을 버림.)

ㄱ	ㄴ
지난겨울은 몹시 춥더라.	지난겨울은 몹시 춥드라.
깊던 물이 얕아졌다.	깊든 물이 얕아졌다.
그렇게 좋던가?	그렇게 좋든가?
그 사람 말 잘하던데!	그 사람 말 잘하든데!
얼마나 놀랐던지 몰라.	얼마나 놀랐든지 몰라.

2. 물건이나 일의 내용을 가리지 아니하는 뜻을 나타내는 조사와 어미는 '(-)든지'로 적는다.(ㄱ을 취하고, ㄴ을 버림.)

ㄱ	ㄴ
배든지 사과든지 마음대로 먹어라.	배던지 사과던지 마음대로 먹어라.
가든지 오든지 마음대로 해라.	가던지 오던지 마음대로 해라.

⇦ 'ㄹ'로 시작하는 어미는 된소리로 소리가 나더라도 소리 나는 대로 적지 않음.

⇦ 'ㄹ'로 시작하는 어미 중에서 의문을 나타내는 다음 어미들은 된소리로 적음.

⇦ '제자리에 맞게 붙이다, 주문하다, 똑바르게 하다, 비교하다' 등의 뜻이 있는 말은 '마추다'가 아닌 '맞추다'로 적음.
'어떤 방향으로 길게 이어져 가다, 어떤 것에 미치게 길게 내밀다'의 뜻이 있는 말은 '뻐치다'가 아닌 '뻗치다'로 적음.

⇦ '-더'와 '-던'은 과거에 경험하여 알게 된 사실을 현재로 옮겨 그대로 전달할 때 쓰임.

제57항 다음 말들은 각각 구별하여 적는다.

가름(→ 나눔)	둘로 **가름**.
갈음(→ 대신함)	새 책상으로 **갈음**하였다. / 이것으로 인사말을 갈음하겠습니다.
거름	풀을 썩힌 **거름**.
걸음	빠른 **걸음**.
거치다(→ 들르다)	영월을 **거쳐** 왔다.
걷히다	외상값이 잘 **걷힌다**.
걷잡다(→ 붙들어 잡음.)	**걷잡을** 수 없는 상태.
겉잡다(→ 겉으로 짐작함.)	**겉잡아서** 이틀 걸릴 일.
그러므로(그러니까)	그는 부지런하다. **그러므로** 잘 산다.
그럼으로(써)(그렇게 하는 것으로)	그는 열심히 공부한다. **그럼으로(써)** 은혜에 보답한다.
노름(→ 도박)	**노름**판이 벌어졌다.
놀음(놀이)	즐거운 **놀음**.
느리다(→ 속도)	진도가 너무 **느리다**.
늘이다(→ 길이)	고무줄을 **늘인다**.
늘리다(→ 양이나 수)	수출량을 더 **늘린다**.
다리다	옷을 **다린다**.
달이다	약을 **달인다**.
다치다	부주의로 손을 **다쳤다**.
닫히다(→ '닫다'의 피동)	문이 저절로 **닫혔다**.
닫치다(→ '닫다'의 강조)	문을 힘껏 **닫쳤다**.
마치다(→ 끝)	벌써 일을 **마쳤다**.
맞히다(→ 적중)	여러 문제를 더 **맞혔다**. (→ 비슷한 단어 '맞췄다(맞추다)'는 '비교하다/조정하다'의 의미)
목거리(→ 목이 붓는 병)	**목거리**가 덧났다.
목걸이(→ 장신구)	금**목걸이**, 은**목걸이**.
바치다	나라를 위해 목숨을 **바쳤다**.
받치다	우산을 **받치고** 간다. / 책받침을 **받친다**.
받히다(→ 세차게 부딪힘.)	쇠뿔에 **받혔다**.
밭치다(→ 액체를 거름.)	술을 체에 **밭친다**.
반드시(→ 꼭)	약속은 **반드시** 지켜라.
반듯이(→ 반듯하게)	고개를 **반듯이** 들어라.
부딪치다(→ 강조)	차와 차가 마주 **부딪쳤다**. (→ '~와 부딪치다'의 구조로 강조의 의미)
부딪히다(→ 피동)	마차가 화물차에 **부딪혔다**. (→ '~에 부딪히다'의 구조로 당했다는 의미)

'거름'은 '(땅이) 걸다'의 '걸−'에 '−음'이 붙은 형태이지만, 본뜻에서 멀어져 '비료'의 의미로 쓰이므로 소리 나는 대로 '거름'으로 적음.(한글 맞춤법 제19항 '다만' 참조)

'다리다'는 '옷이나 천 따위의 주름이나 구김을 펴기 위해 다리미로 문지르다'라는 뜻을, '달이다'는 '액체를 끓여서 진하게 하다', '약재에 물을 부어 우러나도록 끓이다'라는 뜻을 나타냄.

'바치다'는 '신이나 웃어른께 드리다', '무엇을 위하여 모든 것을 아낌없이 내놓거나 쓰다'라는 뜻을, '받치다'는 '물건의 밑이나 옆 따위에 다른 물체를 대다', '어떤 일을 잘할 수 있도록 뒷받침해 주다' 등의 뜻을 나타냄.

부치다	힘이 **부치는** 일이다. 빈대떡을 **부친다**. 인쇄에 **부치는** 원고.	편지를 **부친다**. 식목일에 **부치는** 글. 삼촌 집에 숙식을 **부친다**.	논밭을 **부친다**. 회의에 **부치는** 안건.
붙이다	우표를 **붙인다**. 불을 **붙인다**. 취미를 **붙인다**.	책상을 벽에 **붙였다**. 감시원을 **붙인다**. 별명을 **붙인다**.	흥정을 **붙인다**. 조건을 **붙인다**.

시키다	일을 **시킨다**.
식히다	끓인 물을 **식힌다**.

아름(→ 두 팔로 만든 둘레)	세 **아름** 되는 둘레.
알음(→ 서로 아는 일)	전부터 **알음**이 있는 사이.
앎(→ 지식)	**앎**이 힘이다.
안치다(→ 불 위에 올림.)	밥을 **안친다**.
앉히다(→ 앉게 하다.)	윗자리에 **앉힌다**.
어름(→ 끝이 맞닿은 자리)	두 물건의 **어름**에서 일어난 현상.
얼음	**얼음**이 얼었다.
이따가(→ 조금 지난 뒤)	**이따가** 오너라.
있다가(→ 머물다, 존재하다 등)	돈은 **있다가도** 없다.

저리다(→ 피가 안 통함.)	다친 다리가 **저린다**.
절이다(→ 소금 등에 담가 둠.)	김장 배추를 **절인다**.
조리다(→ 양념이 배어 들게 바짝 끓임.)	생선을 **조린다**. / 통**조림**, 병**조림**.
졸이다(→ ① 오래 가열함. ② 속을 태움.)	마음을 **졸인다**.(→ ②의 의미 / '찌개를 졸이다'는 ①의 의미)
주리다(→ 굶주림.)	여러 날을 **주렸다**.
줄이다(→ 작게 함.)	비용을 **줄인다**.

하노라고(→ 노력)	**하노라고** 한 것이 이 모양이다.
하느라고(→ 이유 '~ 때문에')	공부**하느라고** 밤을 새웠다.

−느니보다(어미)	나를 찾아오**느니보다** 집에 있거라.
−는 이보다(의존 명사)	오는 이가 가**는 이보다** 많다.
−(으)리만큼(어미)	나를 미워하**리만큼** 그에게 잘못한 일이 없다.
−(으)ㄹ 이만큼(의존 명사)	찬성할 이도 반대할 **이만큼이나** 많을 것이다.
−(으)러(목적)	공부하**러** 간다.
−(으)려(의도)	서울 가**려** 한다.
−(으)로서(자격)(or 신분)	사람**으로서** 그럴 수는 없다.
−(으)로써(수단)(or 도구, 방법)	닭**으로써** 꿩을 대신했다.
−(으)므로(어미)(→ 이유 '~니까')	그가 나를 믿**으므로** 나도 그를 믿는다.
(−ㅁ, −음)으로(써)(조사)(→ 수단)	그는 믿음**으로(써)** 산 보람을 느꼈다.

01

한글 맞춤법 총칙 | 2016학년도 수능 B형

〈보기〉는 한글 맞춤법 제1항이 파생어와 합성어에 적용된 예를 찾아본 것이다. ㉠~㉤에 들어갈 예로 적절한 것은?

━━ 보기 ━━

제1항　한글 맞춤법은 표준어를 ⓐ소리대로 적되, ⓑ어법에 맞도록 함을 원칙으로 한다.

	파생어	합성어
ⓐ만 충족한 경우	㉠	㉡
ⓑ만 충족한 경우	㉢	㉣
ⓐ, ⓑ 모두 충족한 경우	㉤	줄자(줄＋자), 눈물(눈＋물)

① ㉠ : 이파리(잎＋아리), 얼음(얼＋음)
② ㉡ : 마소(말＋소), 낮잠(낮＋잠)
③ ㉢ : 웃음(웃＋음), 바가지(박＋아지)
④ ㉣ : 옷소매(옷＋소매), 밥알(밥＋알)
⑤ ㉤ : 꿈(꾸＋ㅁ), 사랑니(사랑＋이)

02

한글 맞춤법 총칙 | 2015학년도 9월 고1 학력평가

다음 대화를 바탕으로 〈보기〉의 밑줄 친 단어에 대해 설명한 것으로 적절하지 <u>않은</u> 것은?

학생 : 선생님, 한글 맞춤법 제1항에 표준어를 소리대로 적는다고 되어 있는데, 이건 표준어를 발음 형태대로 적는다는 뜻이에요?

선생님 : 맞아, 그러면 표기할 때 편하지. 그런데 뜻이 얼른 파악되지 않는 경우도 있어. 그래서 어법에 맞도록 한다는 또 하나의 원칙이 붙어 있어.

학생 : 어법에 맞도록 한다는 건 무슨 의미예요?

선생님 : 어근의 형태를 파악하기 쉽도록 각 형태소의 본 모양을 밝히어 적는다는 말이야.

━━ 보기 ━━

가－1. 지리산은 전라, 충청, 경상도 <u>어름</u>에 있다.
가－2. 썰매를 타고 얼음을 지쳤다.
나－1. 자세를 <u>반듯이</u> 해라.
나－2. 오늘 <u>반드시</u> 다 마치도록 해라.

① 가－1은 소리대로 적어 표기하기에 편리하다.
② 가－2는 의미 파악이 쉽도록 어법에 맞게 적은 것이다.
③ 가－1, 가－2는 발음만으로는 의미를 구분할 수 없다.
④ 나－1처럼 형태소의 본 모양을 적으면 뜻이 쉽게 파악된다.
⑤ 나－2는 어근의 본뜻이 파악되도록 어법에 맞게 적은 것이다.

03

형태에 관한 것 | 2013년 9월 고2 학력평가 B형

〈보기〉의 '한글 맞춤법'을 탐구한 내용으로 적절하지 <u>않은</u> 것은?

━━ 보기 ━━

제23항　'－하다'나 '－거리다'가 붙는 어근에 '－이'가 붙어서 명사가 된 것은 그 원형을 밝히어 적는다.
　예 깔쭉이, 홀쭉이
[붙임] '－하다'나 '－거리다'가 붙을 수 없는 어근에 '－이'나 또는 다른 모음으로 시작되는 접미사가 붙어서 명사가 된 것은 그 원형을 밝히어 적지 아니한다.
　예 깍두기, 뻐꾸기, 동그라미
[23항 해설] 접미사 '－하다'나 '－거리다'가 붙는 어근이란, 곧 동사나 형용사가 파생될 수 있는 어근을 말한다.

① '얼룩이'가 아니라 '얼루기'로 표기하는 이유는 '깍두기'와 같은 규정 때문이겠군.
② '오뚝이'로 표기하는 이유는 '깔쭉이'를 표기할 때 적용한 것과 같은 규정 때문이겠군.
③ '부스러기'가 '부스럭이'로 표기되지 않는 것은 '부스럭거리다'와 관련이 없기 때문이겠군.
④ '딱딱우리'가 아니라 '딱따구리'로 표기하는 것은 접미사 '－우리'가 사용되었기 때문이겠군.
⑤ '뻐꾹이'가 아니라 '뻐꾸기'로 표기하는 이유는 동사나 형용사가 파생될 수 있는 어근이 접미사와 결합했기 때문이겠군.

04

〈보기〉를 바탕으로 ㄱ~ㅁ을 이해한 내용으로 적절하지 <u>않은</u> 것은?

● 보기 ●

한글 맞춤법 제15항 용언의 어간과 어미는 구별하여 적는다.
[붙임 2] 종결형에서 사용되는 어미 '-오'는 '요'로 소리 나는 경우가 있더라도 그 원형을 밝혀 '오'로 적는다.
예 이것은 책이오. / 이것은 책이 아니오.
[붙임 3] 연결형에서 사용되는 '이요'는 '이요'로 적는다.
예 이것은 책이요, 저것은 붓이요, 또 저것은 먹이다.

선생님의 설명: 제15항 [붙임 2]에서 설명하는 어미 '-오'는 하오체 종결 어미입니다. 이 어미 '-오'는 [오]로 발음하는 것이 원칙이지만 [요]로 발음할 수도 있습니다. 그리고 이 '-오'가 '이다', '아니다'의 어간 뒤에 붙어 '-이오'로 활용할 때, '차(車)'처럼 모음으로 끝나는 체언과 결합하는 경우 '차이오 → 차요'와 같이 '-이오'가 '-요'로 줄어 쓰이기도 합니다. 이때 '-이오'가 줄어든 형태인 '-요'는 청자에게 존대의 뜻을 나타내는 보조사 '요'와 그 형태나 발음이 동일하기 때문에 언어생활에서 주의가 필요합니다.
　　이제 다음 제시된 자료를 분석해 봅시다. 단, ㄹ과 ㅁ은 모두 말하는 도중에 상대 높임의 등급을 바꾸지 않는다고 가정합니다.

ㄱ. 이것은 들판이요, 저것은 하늘이오.
ㄴ. 선배: 고향이 어디니? / 후배: 서울<u>요</u>.
ㄷ. (고향을 묻는 물음에 대한 답) <u>부산이오</u>.
ㄹ. 무얼 좋아하시오? 소설이오? 아니면 영화<u>요</u>?
ㅁ. 무얼 좋아하세요? 소설<u>요</u>? 아니면 영화<u>요</u>?

① ㄱ의 밑줄 친 '이오'는 [이요]로 발음할 수 있다.
② ㄴ의 밑줄 친 '요'를 '이요'로 바꾸어 적을 수 있다.
③ ㄷ의 밑줄 친 '부산이오'는 하오체 문장에 해당한다.
④ ㄹ의 밑줄 친 '요'는 모음으로 끝나는 체언 뒤에서 '-이오'가 줄어든 형태에 해당한다.
⑤ ㅁ의 밑줄 친 '요'는 둘 다 청자에게 존대의 뜻을 나타내는 보조사에 해당한다.

05

다음은 '한글 맞춤법'의 일부를 정리한 내용이다. 이를 토대로 한 탐구 학습의 결과로 적절하지 <u>않은</u> 것은?

● 보기 ●

Ⅰ. **어간의 원형을 밝혀 적음**
ㄱ. 어간에 '-이'나 '-음/-ㅁ'이 붙어서 명사로 된 것.
ㄴ. 어간에 '-이'나 '-히'가 붙어서 부사로 된 것.

Ⅱ. **어간의 원형을 밝혀 적지 않음**
ㄱ. 어간에 '-이'나 '-음'이 붙어서 명사로 바뀐 것이라도 그 어간의 뜻과 멀어진 것.
ㄴ. 어간에 '-이'나 '-음/-ㅁ' 이외의 모음으로 시작된 접미사가 붙어서 다른 품사(명사, 부사, 조사)로 바뀐 것.

① '길-'에 '-이'가 붙은 '길이'는 Ⅰ의 ㄱ에 해당하겠군.
② '익-'에 '-히'가 붙은 '익히'는 Ⅰ의 ㄴ에 해당하겠군.
③ '알-'에 '-ㅁ'이 붙은 '앎'은 Ⅱ의 ㄱ에 해당하겠군.
④ '잦-'에 '-우'가 붙은 '자주'는 Ⅱ의 ㄴ에 해당하겠군.
⑤ '붙-'에 '-어'가 붙은 '부터'는 Ⅱ의 ㄴ에 해당하겠군.

06

〈보기〉의 대화에서 ㉠~㉢에 해당하는 예끼리 묶인 것으로 적절한 것은?

● 보기 ●

선생님: 오늘은 '한글 맞춤법 제21항'에 대해 알아보도록 하겠습니다. '빛깔'처럼 ㉠<u>명사 뒤에 자음으로 시작된 접미사가 붙어서 된 것</u>, '덮개'처럼 ㉡<u>어간 뒤에 자음으로 시작된 접미사가 붙어서 된 것</u>은 그 명사나 어간의 원형을 밝히어 적습니다.
학생: 선생님, 그럼 '널찍하다'의 경우에는 왜 어간의 원형인 '넓-'을 밝히지 않고 소리대로 적나요?
선생님: '널찍하다'처럼 ㉢<u>겹받침의 끝소리가 드러나지 않는 경우</u>와 '넙치'처럼 어원이 분명하지 않거나 본뜻에서 멀어진 경우에는 소리대로 적습니다.

	㉠	㉡	㉢
①	멋쟁이	굵기	얄따랗다
②	넋두리	값지다	말끔하다
③	먹거리	낚시	할짝거리다
④	오뚝이	긁적거리다	짤막하다
⑤	옆구리	지우개	깊숙하다

07

형태에 관한 것 | 2014학년도 수능 B형

〈보기〉의 ㉠, ㉡의 예로 적절한 것은?

보기

　　'〈한글 맞춤법〉 제4장(형태에 관한 것)'의 파생어와 합성어에 대한 표기 규정은 다음과 같이 네 가지로 정리해 볼 수 있다.

○ 파생어이면서 어근의 원형을 밝히어 적는 경우
○ 파생어이면서 어근의 원형을 밝히어 적지 않는 경우 … ㉠
○ 합성어이면서 어근의 원형을 밝히어 적는 경우 ………… ㉡
○ 합성어이면서 어근의 원형을 밝히어 적지 않는 경우

	㉠	㉡
①	길이, 마중	무덤, 지붕
②	무덤, 지붕	뒤뜰, 쌀알
③	뒤뜰, 쌀알	무덤, 지붕
④	길이, 무덤	뒤뜰, 쌀알
⑤	마중, 지붕	길이, 쌀알

08

형태에 관한 것 | 2013학년도 9월 모의평가

〈보기〉는 준말과 관련한 한글 맞춤법의 일부와 그 예시이다. ㉠~㉢에 들어갈 알맞은 말은?

보기

○ 'ㅏ, ㅕ, ㅗ, ㅜ, ㅡ'로 끝난 어간에 '-이-'가 와서 각각 'ㅐ, ㅖ, ㅚ, ㅟ, ㅢ'로 줄 적에는 준 대로 적는다.

	본말	준말
기본형	파이다	㉠
용례	깊게 파인 구덩이	깊게 ___㉡___ 구덩이

○ 'ㅐ, ㅔ' 뒤에 '-어, -었-'이 어울려 줄 적에는 준 대로 적는다.

	본말	준말
용례	구덩이가 깊게 ___㉢___	구덩이가 깊게 팼다

	㉠	㉡	㉢
①	패다	팬	패었다
②	패다	팬	패였다
③	패다	패인	패였다
④	패이다	팬	패였다
⑤	패이다	패인	패였다

09

형태에 관한 것 | 2019학년도 6월 모의평가

〈보기〉의 1가지 조건으로 적절하지 않은 것은?

보기

　　'한글 맞춤법'에 따르면, 사이시옷은 아래의 조건 ⓐ~ⓓ가 모두 만족되어야 표기된다. 단, '곳간, 셋방, 숫자, 찻간, 툇간, 횟수'는 예외이다.

○ 사이시옷 표기에 고려되는 조건
　ⓐ 단어 분류상 '합성 명사'일 것.
　ⓑ 결합하는 두 말의 어종이 다음 중 하나일 것.
　　• 고유어 + 고유어
　　• 고유어 + 한자어
　　• 한자어 + 고유어
　ⓒ 결합하는 두 말 중 앞말이 모음으로 끝날 것.
　ⓓ 두 말이 결합하며 발생하는 음운 현상이 다음 중 하나일 것.
　　• 앞말 끝소리에 'ㄴ' 소리가 덧남.
　　• 앞말 끝소리와 뒷말 첫소리에 각각 'ㄴ' 소리가 덧남.
　　• 뒷말 첫소리가 된소리로 바뀜.

　　㉠~㉢ 각각의 쌍은 위 조건 ⓐ~ⓓ 중 1가지 조건만 차이가 나서 사이시옷 표기 여부가 갈린 예이다.

	사이시옷이 없는 단어	사이시옷이 있는 단어
㉠	도매가격[도매까격]	도맷값[도매깝]
㉡	전세방[전세빵]	아랫방[아래빵]
㉢	버섯국[버섣꾹]	조갯국[조개꾹]
㉣	인사말[인사말]	존댓말[존댄말]
㉤	나무껍질[나무껍찔]	나뭇가지[나무까지]

① ㉠ : ⓐ
② ㉡ : ⓑ
③ ㉢ : ⓒ
④ ㉣ : ⓓ
⑤ ㉤ : ⓓ

10

형태에 관한 것 | 2016학년도 9월 고1 학력평가

〈보기〉의 한글 맞춤법 규정을 @~@와 바르게 연결한 것은?

──── • 보기 •

ㄱ. **제14항** 체언은 조사와 구별하여 적는다.
ㄴ. **제33항** 체언과 조사가 어울려 줄어지는 경우에는 준 대로 적는다.

• 너는 ⓐ무얼 좋아하니?
• ⓑ이건 값이 너무 비싸다.
• ⓒ너희 사진은 어디에 있니?
• 나는 항상 ⓓ여기에 있을게.
• ⓔ그게 바로 문제의 핵심이다.

① ⓐ – ㄱ
② ⓑ – ㄱ
③ ⓒ – ㄴ
④ ⓓ – ㄴ
⑤ ⓔ – ㄴ

11

형태에 관한 것 | 2014학년도 3월 고2 학력평가 B형

〈보기〉의 규정을 <u>잘못</u> 적용한 것은?

──── • 보기 •

〈한글 맞춤법〉
제35항 모음 'ㅗ, ㅜ'로 끝난 어간에 '-아/-어, -았-/-었-'이 어울려 'ㅘ/ㅝ, 왔/웠'으로 될 적에는 준 대로 적는다.
　[붙임 1] '놓아'가 '놔'로 줄 적에는 준 대로 적는다.
　[붙임 2] 'ㅚ' 뒤에 '-어, -었-'이 어울려 'ㅙ, ㅙㅆ'으로 될 적에도 준 대로 적는다.
제36항 'ㅣ' 뒤에 '-어'가 와서 'ㅕ'로 줄 적에는 준 대로 적는다.
제37항 'ㅏ, ㅕ, ㅗ, ㅜ, ㅡ'로 끝난 어간에 '-이-'가 와서 각각 'ㅐ, ㅖ, ㅚ, ㅟ, ㅢ'로 줄 적에는 준 대로 적는다.

① '놓이어'를 '놓여'로 쓴 것은 제35항 [붙임 1]에 따른 것이다.
② '꾸었다'를 '꿨다'로 쓴 것은 제35항에 따른 것이다.
③ '누이니'를 '뉘니'로 쓴 것은 제37항에 따른 것이다.
④ '참되어'를 '참돼'로 쓴 것은 제35항 [붙임 2]에 따른 것이다.
⑤ '치이었다'를 '치였다'로 쓴 것은 제36항에 따른 것이다.

12

형태에 관한 것 | 2018학년도 11월 고1 학력평가

〈보기 1〉을 바탕으로 〈보기 2〉의 ㉠~㉤에 대해 탐구한 내용으로 적절하지 <u>않은</u> 것은?

──── • 보기 1 •

〈한글 맞춤법〉
제15항 용언의 어간과 어미는 구별하여 적는다.
　[붙임 1] 두 개의 용언이 어울려 한 개의 용언이 될 적에, 앞말의 본뜻이 유지되고 있는 것은 그 원형을 밝히어 적고, 그 본뜻에서 멀어진 것은 밝히어 적지 아니한다.
제19항 어간에 '-이'나 '-음/-ㅁ'이 붙어서 명사로 된 것과 '-이'나 '-히'가 붙어서 부사로 된 것은 그 어간의 원형을 밝히어 적는다.
제23항 '-하다'나 '-거리다'가 붙는 어근에 '-이'가 붙어서 명사가 된 것은 그 원형을 밝히어 적는다.

──── • 보기 2 •

○ 나는 모퉁이를 ㉠도라가다 예쁜 꽃을 보았다.
○ 바닷물이 빠지자 갯벌이 ㉡드러났다.
○ 날씨가 너무 더워서 ㉢얼음이 녹았다.
○ 건축 기사가 건물의 ㉣노피를 측량했다.
○ 요새 동생이 밥을 잘 먹지 못해 ㉤홀쭈기가 되었다.

① ㉠은 제15항 [붙임 1]을 적용해 '돌아가다'로 정정해야겠군.
② ㉡은 제15항 [붙임 1]을 적용해 '드러났다'로 표기한 것이 적절하군.
③ ㉢은 제19항을 적용해 '얼음'으로 표기한 것이 적절하군.
④ ㉣은 제23항을 적용해 '높이'로 정정해야겠군.
⑤ ㉤은 제23항을 적용해 '홀쭉이'로 정정해야겠군.

13

형태에 관한 것 | 2015학년도 수능 B형

밑줄 친 부분이 한글 맞춤법에 맞게 쓰인 것은?

① <u>엇저녁</u>에는 고향 친구들과 만나서 식사를 했다.
② 그가 발의한 안건은 다음 회의에 <u>부치기로</u> 했다.
③ <u>적잖은</u> 사람들이 그 의견에 찬성의 뜻을 보였다.
④ 동생은 누나가 직접 만든 <u>깍뚜기</u>를 먹어 보았다.
⑤ 저기 <u>넙적하게</u> 생긴 바위가 우리들의 놀이터였다.

14

다음은 띄어쓰기 문제를 해결하는 과정이다. ㉠~㉢의 띄어쓰기가 바르게 된 것은?

문제

다음 문장의 밑줄 친 부분을 맞춤법에 맞게 띄어 써 보자.
- 열심히 삶을 ㉠살아가다.
- 주문한 물건을 ㉡받아가다.
- 딸이 엄마를 ㉢닮아가다.

확인 사항
- 단어와 단어는 띄어 쓴다.
- 단어는 사전에 표제어로 실린다.
- 보조 용언은 띄어 씀을 원칙으로 하되 붙여 씀도 허용한다.
- '−아'를 '−아서'로 바꿔 쓸 수 있으면 '본용언＋본용언' 구성이고, 그렇지 않으면 한 단어이거나 '본용언＋보조 용언' 구성이다.

문제 해결 과정

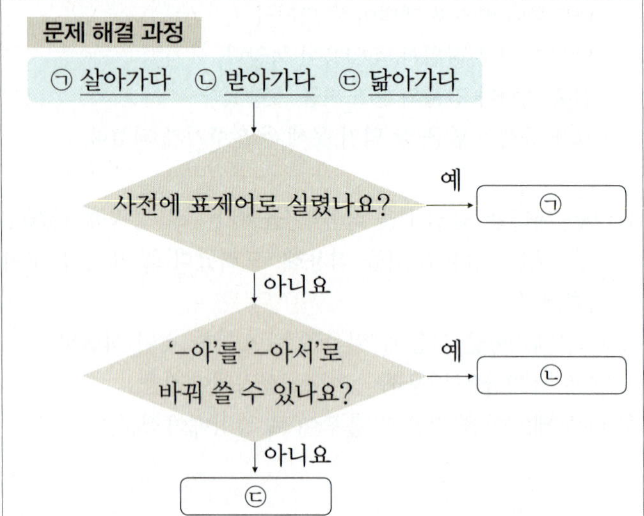

	㉠	㉡	㉢
①	살아가다	받아 가다	닮아 가다 또는 닮아가다
②	살아가다	받아 가다 또는 받아가다	닮아 가다
③	살아가다	받아가다	닮아 가다
④	살아 가다	받아 가다 또는 받아가다	닮아가다
⑤	살아 가다	받아가다	닮아 가다 또는 닮아가다

15

다음은 수업의 일부이다. 이를 참고할 때, 띄어쓰기가 바르게 된 문장은?

학생: 선생님, '뿐'은 앞말에 붙여 쓰는 경우도 있고 띄어 쓰는 경우도 있던데 어떻게 띄어 써야 하나요?

선생님: 품사에 따라 띄어쓰기가 달라져요. '나에게는 너뿐이야.'에서처럼 '너'라는 체언 뒤에 붙어서 한정의 뜻을 나타낼 때의 '뿐'은 조사이기 때문에 앞말에 붙여 써야 해요. 그런데 '그녀는 조용히 웃을 뿐이었다.'에서의 '뿐'은 체언을 수식하는 관형어 '웃을' 뒤에 붙어서 '따름'이라는 뜻을 나타내는 의존 명사이기 때문에 앞말과 띄어 써야 해요.

학생: '뿐'과 같이 띄어쓰기가 달라지는 예가 더 있나요?

선생님: 대표적인 예로 '대로, 만큼'이 있어요.

---

① 아는대로 모두 말하여라.
② 마음이 약해질대로 약해졌다.
③ 모든 것이 자기 생각 대로 되었다.
④ 손님들은 먹을 만큼 충분히 먹었다.
⑤ 그 사람은 말 만큼은 누구보다 앞선다.

16

㉠~㉢에 해당하는 예로 적절하지 <u>않은</u> 것은?

다음은 〈한글 맞춤법〉의 '부록'에서 설명하고 있는 '쉼표(,)'의 대표적인 쓰임들이다.
- 같은 자격의 어구를 열거할 때 그 사이에 쓴다. ┄┄┄ ㉠
- 문장의 연결 관계를 분명히 하고자 할 때 절과 절 사이에 쓴다. ┄┄┄ ㉡
- 같은 말이 되풀이되는 것을 피하기 위하여 일정한 부분을 줄여서 열거할 때 쓴다. ┄┄┄ ㉢
- 부르거나 대답하는 말 뒤에 쓴다. ┄┄┄ ㉣
- 문장 중간에 끼어든 어구의 앞뒤에 쓴다. ┄┄┄ ㉤

---

① ㉠: 근면, 검소, 협동은 우리 겨레의 미덕이다.
② ㉡: 저 친구, 저러다가 큰일 한번 내겠어.
③ ㉢: 여름에는 바다에서, 겨울에는 산에서 휴가를 즐겼다.
④ ㉣: 네, 지금 가겠습니다.
⑤ ㉤: 나는, 솔직히 말하면, 그 말이 별로 탐탁지 않아.

17

그 밖의 것 | 2019학년도 4월 고3 학력평가

〈보기 1〉은 '사전 활용하기' 학습을 위한 자료이다. 이를 바탕으로 〈보기 2〉의 ㉠~㉤에 대해 탐구한 내용으로 적절하지 <u>않은</u> 것은?

〈보기 1〉

지1「의존 명사」
(어미 '-은' 뒤에 쓰여) 어떤 일이 있었던 때로부터 지금까지의 동안을 나타내는 말.

-지2「어미」
「1」 (용언의 어간이나 어미 '-으시-', '-었-' 뒤에 붙어) 그 움직임이나 상태를 부정하거나 금지하려 할 때 쓰이는 연결 어미. '않다', '못하다', '말다' 따위가 뒤따른다.
「2」 상반되는 사실을 서로 대조적으로 나타내는 연결 어미.

-지3「어미」
('이다'의 어간, 용언 어간이나 어미 '-으시-', '-었-', '-겠-' 뒤에 붙어) 어떤 사실을 긍정적으로 서술하거나 묻거나 명령하거나 제안하는 따위의 뜻을 나타내는 종결 어미. 서술, 의문, 명령, 제안 따위로 두루 쓰인다.

〈보기 2〉

○ 내일은 비가 오겠지?
　　　　　　　 ㉠

○ 눈길을 걸은 지도 꽤 오래되었지.
　　　　　 ㉡　　　　　　 ㉢

○ 친구 사이는 대등한 관계이지 종속 관계가 아니다.
　　　　　　　　　　　 ㉣

○ 이곳에 쓰레기를 버리지 마시오.
　　　　　　　　　 ㉤

① ㉠은 어떤 움직임이나 상태를 부정하거나 금지하려 할 때 쓰이는 〈보기 1〉의 '-지2「1」'에 해당하겠군.

② ㉡은 어떤 일이 있었던 때부터 지금까지를 의미하는 것으로 보아 〈보기 1〉의 '지1'에 해당하겠군.

③ ㉢은 '-었-' 뒤에 붙어 쓰인 종결 어미에 해당하므로 〈보기 1〉의 '-지3'에 해당하겠군.

④ ㉣은 상반되는 사실을 서로 대조적으로 연결하는 것으로 보아 〈보기 1〉의 '-지2「2」'에 해당하겠군.

⑤ ㉤은 용언의 어간과 결합하고 '마시오'가 뒤따르는 것으로 보아 〈보기 1〉의 '-지2「1」'에 해당하겠군.

18

그 밖의 것 | 2019학년도 10월 고3 학력평가

〈보기〉에 제시된 '선생님'의 질문에 대한 답으로 적절하지 <u>않은</u> 것은?

〈보기〉

선생님 : 남북한의 사전을 탐구하는 활동을 하고자 합니다. (가)와 (나)의 자료를 비교해 볼까요?

(가) 표준국어대사전

대로¹「의존 명사」
(1) 어떤 모양이나 상태와 같이. ¶ 본 대로.
(2) (어미 '-는' 뒤에 쓰여) 어떤 상태나 행동이 나타나는 그 즉시. ¶ 집에 도착하는 대로 전화해라.
(3) (어미 '-는' 뒤에 쓰여) 어떤 상태나 행동이 나타나는 족족. ¶ 틈나는 대로 찾아 보다.

대로¹⁰「조사」 (체언 뒤에 붙어)
(1) 앞에 오는 말에 근거하거나 달라짐이 없음을 나타내는 보조사. ¶ 처벌하려면 법대로 해라.
(2) 따로따로 구별됨을 나타내는 보조사. ¶ 큰 것은 큰 것대로 따로 모아 두다.

(나) 조선말대사전

대로⁶ [명](불완전*)
(1) (앞에 오는 단어가 뜻하는것과) 다름없이. ‖ 명령대로 집행하다.
(2) (앞에 오는 단어가 나타내는 대상이나 현상과) 같은 모양대로. ‖ 책이 그가 펼쳐놓은대로 있었다.
(3) 앞에 온 단어가 나타내는 행동이나 상태가 일어나는족족. ‖ 생각나는대로 적다.
(4) 《서로 구별되게 따로따로》의 뜻을 나타낸다. ‖ 우리는 우리대로 그들은 그들대로 초소는 달랐다.

*불완전: 의존 명사를 뜻하는 말.

① 용례를 보니 (가)의 '대로¹⁰'과 (나)의 '대로⁶'은 앞말에 붙여 사용되었습니다.

② 뜻풀이와 용례를 보니 (가)의 '대로¹⁰-(1)'은 (나)의 '대로⁶-(4)'와 쓰임이 유사합니다.

③ 품사 정보를 보니 (가)의 '대로¹', '대로¹⁰'과 (나)의 '대로⁶'은 문장의 첫머리에 쓰일 수 없는 말입니다.

④ 뜻풀이를 보니 (가)의 '대로¹', '대로¹⁰'과 (나)의 '대로⁶'은 하나의 표제어에 두 가지 이상의 뜻이 있는 말입니다.

⑤ 뜻풀이와 용례를 보니 '너는 너대로 나는 나대로 길을 가다.'의 '대로'는 (가)에서는 조사이지만, (나)에서는 명사입니다.

[19~20] 다음 글을 읽고 물음에 답하시오.

한글 맞춤법 총칙 제1항은 '한글 맞춤법은 표준어를 소리대로 적되, 어법에 맞도록 함을 원칙으로 한다.'이다. 이는 한글 맞춤법의 대원칙을 밝히는 조항으로, 한글 맞춤법은 이 조항에 따라 표준어를 표음 문자인 한글로 올바르게 적는 방법이다.

먼저 '표준어를 소리대로 적는다.'는 원칙은 한글 맞춤법이 표준어를 대상으로 한다는 뜻이 담겨 있다. 그리고 '소리대로' 적는다는 것은 표준어를 적을 때 발음에 따라 적는다는 뜻이다. 이는 자음이나 모음과 같은 음소를 조합하여 다양한 말소리를 그대로 기호로 나타낼 수 있는 표음 문자인 한글의 기본 기능에 충실한 원칙이다. 이를테면 [나무]라고 소리 나는 표준어는 'ㄴ'과 'ㅏ'로 조합된 한 음절과 'ㅁ'과 'ㅜ'로 조합된 한 음절을 그대로 '나무'로 적는 것이다.

그런데 '표준어를 소리대로 적는다'는 원칙만으로 충분하지 않은 경우가 있다. 그래서 '어법에 맞도록 한다'는 원칙을 제시한다. 예를 들어 체언 '빛'에 다양한 조사가 결합한 형태를 소리 나는 대로 적으면, '비치', '빋또', '빈만' 등이 된다. 하지만 이렇게 적으면 '빛'이라는 하나의 말이 여러 가지로 표기되어 실질 형태소의 본 모양과 형식 형태소의 본 모양이 무엇인지, 둘의 경계가 어디인지를 알아보기가 어렵다. 이와 달리 실질 형태소와 형식 형태소를 구분해서 어법에 맞도록 '빛이', '빛도', '빛만' 등으로 적으면 의미와 기능을 나타내는 각각의 형태소의 모양이 일관되게 고정되어서 뜻을 파악하기가 쉽고 독서의 능률도 향상된다. 이렇게 체언과 조사를 구분해서 표준어를 표기하는 원칙은 한글 맞춤법 제14항에서 자세히 밝히고 있는데, 이는 용언의 어간 뒤에 어미가 결합할 때도 동일하게 적용되는 경우가 있다. 한글 맞춤법 제15항에 따르면, '먹어서'는 [머거서]로 발음되지만 실질 형태소인 어간 '먹-'과 형식 형태소인 어미 '-어서'를 구별하여 적는다.

한편 한글 맞춤법에서는 단어의 일부분이 줄어든 준말의 표기 방법을 따로 규정하고 있다. 한글 맞춤법 제32항에서는 어근이나 어간에서 끝음절의 모음이 줄어들고 자음만 남는 경우 자음을 앞 음절의 받침으로 적는다는 것을 다루고 있다. 그 예로 '어제저녁'이 줄어들어 '엊저녁'으로도 적는 경우를 들 수 있다. '어제저녁'의 준말의 발음인 [얻쩌녁]을 소리 나는 대로 적으면 그 원래 뜻을 파악하기 어렵다. 그래서 '어제저녁'과의 형태적 연관성이 드러나도록 '엊저녁'으로 표기하는 것이다. 이는 표준어를 소리대로 적는다는 원칙만으로 충분하지 않은 경우, 어법에 맞도록 표기한 것이라 할 수 있다.

19

한글 맞춤법 총칙 | 2023학년도 11월 고1 학력평가

윗글을 이해한 내용으로 적절하지 <u>않은</u> 것은?

① '부엌'은 각 음절을 소리 나는 대로 표기한 경우이다.

② 한글은 음소를 조합하여 다양한 말소리를 기호로 나타낼 수 있다.

③ '모이'는 'ㅁ'과 'ㅗ'로 조합된 한 음절과 'ㅣ'로 된 한 음절을 소리 나는 대로 적은 것이다.

④ '웃으면'은 실질 형태소와 형식 형태소의 경계가 드러나도록 어법에 맞게 표기한 경우이다.

⑤ '갈비탕을 시켜 먹었다'와 '갈비탕을 식혀 먹었다'를 소리 나는 대로 적으면 의미의 구별이 어려운 경우가 생길 수 있다.

20

띄어쓰기 | 2023학년도 11월 고1 학력평가

윗글을 바탕으로 〈보기〉의 ㉠~㉤을 '탐구 과정'에 따라 분류할 때, [A]에 들어갈 예만을 고른 것은?

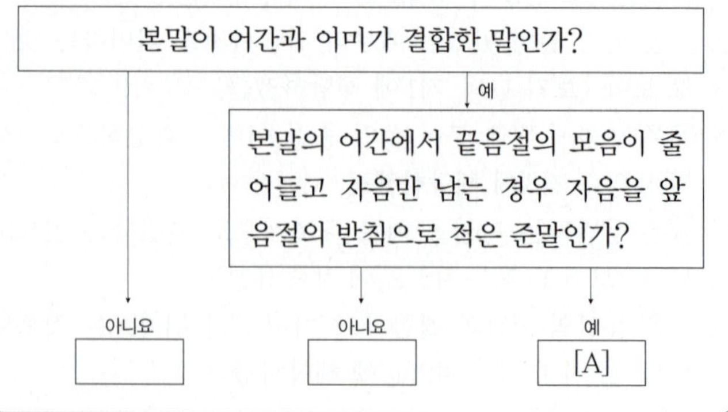

• 보기 •

[탐구 과제]

◦ 가을에 곡식을 ㉠ <u>걷다</u>(←거두다).
◦ ㉡ <u>저녁놀</u>(←저녁노을)이 아름답다.
◦ 언니는 내년에 대학생이 ㉢ <u>돼</u>(←되어).
◦ 영수는 항상 인형을 ㉣ <u>갖고</u>(←가지고) 다닌다.
◦ 우리는 ㉤ <u>엊그제께</u>(←어제그저께)까지도 친하게 지냈다.

[탐구 과정]

본말이 어간과 어미가 결합한 말인가?

예 →

본말의 어간에서 끝음절의 모음이 줄어들고 자음만 남는 경우 자음을 앞 음절의 받침으로 적은 준말인가?

아니요 — 아니요 — 예 → [A]

① ㉠, ㉡ 　　② ㉠, ㉣ 　　③ ㉡, ㉢

④ ㉢, ㉣ 　　⑤ ㉣, ㉤

[21~22] 다음 글을 읽고 물음에 답하시오.

말을 글자로 적을 때 사람마다 다르게 적는다면 그 뜻을 제대로 파악하지 못할 수 있다. 이런 혼란을 피하고 효율적으로 의사소통하기 위해 제정한 것이 '한글 맞춤법'이다. 한글 맞춤법 총칙 제1항은 '한글 맞춤법은 표준어를 소리대로 적되, 어법에 맞도록 함을 원칙으로 한다.'이다. 소리대로 적는다는 것은 발음 그대로 적는다는 것이다. 그런데 소리대로 적는다는 원칙이 적용되기 어려운 경우가 있어 어법에 맞도록 한다는 또 하나의 원칙이 붙었다. 예를 들어 체언과 조사가 결합한 '잎이', '잎만'을 발음대로 적으면 '이피', '임만'인데, 사람들이 다르게 적힌 형태를 보고 그 의미를 파악하기 위해 '잎'이라는 본래 형태를 떠올려야 하는 어려움이 생긴다. 따라서 형태를 '잎'으로 고정하여 적을 필요가 있는 것이다. 그리고 '먹어', '먹는'처럼 용언의 어간과 어미도 구별하여 적는다. 즉 어법에 맞도록 적는다는 것은 형태소의 본모양을 밝혀 적는 것을 말한다. 그런데 어근과 접미사, 용언과 용언이 결합하여 하나의 단어로 쓰일 때는 형태소의 본모양을 밝혀 적기도 하고 소리대로 적기도 한다.

(ㄱ) 그는 <u>웃음</u>을 지으며 <u>마감</u> 시간을 확인했다.
(ㄴ) 방에 <u>들어간</u> 그는 <u>사라진</u> 의자를 발견했다.

(ㄱ)에서 '웃음(웃- + -음)'은 접미사 '-음/-ㅁ'이 비교적 여러 어근에 결합하고 결합한 후에도 어근의 본래 뜻이 유지되므로 형태소의 본모양을 밝혀 적었다. 이와 달리 '마감(막- + -암)'은 접미사 '-암'이 일부 어근에만 결합하기 때문에 소리대로 적었다. (ㄴ)에서 '들어간'은 앞말인 '들어'에 '들다'의 뜻이 유지되고 있어 형태소의 본모양을 밝혀 적었지만, '사라진'은 앞말이 본뜻에서 멀어져 그 의미가 유지되지 않아 소리대로 적었다.

[A] 한편, 의미를 정확하게 전달하기 위해서는 띄어쓰기를 바르게 하는 것도 중요하다. 예를 들어 '지'는 어미 '-(으)ㄴ지, -(으)ㄹ지'의 일부일 때는 띄어 쓰지 않지만, 시간의 경과를 나타낼 때는 앞말과 띄어 쓴다. 또한 어떤 일을 시험 삼아 시도함을 나타내거나 어떤 행동이나 상태를 강조하는 뜻을 나타낼 때는 '한번'이라고 쓰지만, '번'이 일의 횟수를 나타낼 때는 '한 번', '두 번'처럼 띄어 쓴다.

21

〈보기〉의 ⓐ~ⓔ를 이해한 내용으로 적절하지 않은 것은?

> • 보기 •
>
> ○ 풀이 ⓐ<u>쓰러진</u> 사이로 ⓑ<u>작은</u> 꽃이 ⓒ<u>마중</u>을 나왔다.
> ○ ⓓ<u>끝</u>이 보이지 않았지만 나는 그 ⓔ<u>믿음</u>을 잃지 않았다.

① ⓐ: 앞말이 '쓸다'라는 본뜻에서 멀어져서 소리대로 적은 것이겠군.

② ⓑ: 용언의 어간 '작-'과 어미 '-은'이 구별되도록 형태소의 본모양을 밝혀 적은 것이겠군.

③ ⓒ: 접미사 '-웅'이 여러 어근에 널리 결합하지 못하고 일부 어근에만 결합해서 소리대로 적은 것이겠군.

④ ⓓ: '끝'이라는 체언의 의미가 쉽게 파악되도록 형태소의 본모양을 밝혀 적은 것이겠군.

⑤ ⓔ: 어근에 접미사 '-음'이 결합한 후에 어근의 본래 뜻이 유지되지 않아서 형태소의 본모양을 밝혀 적은 것이겠군.

22

[A]를 참고할 때, 밑줄 친 부분의 띄어쓰기가 적절하지 않은 것은?

① 동네 인심 <u>한번</u> 고약하구나.
② 그를 <u>만난 지</u>도 꽤 오래되었다.
③ 무엇부터 해야 <u>할 지</u>를 모르겠다.
④ 견우와 직녀는 일 년에 <u>한 번</u> 만난다.
⑤ 얼마나 <u>부지런한지</u> 세 명 몫의 일을 해낸다.

23

띄어쓰기 | 2022학년도 9월 고2 학력평가

〈보기〉는 '사전 활용하기 학습 자료'의 일부이다. 〈보기〉를 참고할 때, 밑줄 친 부분의 띄어쓰기가 적절하지 <u>않은</u> 것은?

● 보기 ●

데¹ 「의존 명사」
「1」 '곳'이나 '장소'의 뜻을 나타내는 말.
「2」 '일'이나 '것'의 뜻을 나타내는 말.

−데² 「어미」
('이다'의 어간, 용언의 어간 또는 어미 '−으시−', '−었−', '−겠−' 뒤에 붙어) 해할 자리에 쓰여, 과거 어느 때에 직접 경험하여 알게 된 사실을 현재의 말하는 장면에 그대로 옮겨 와서 말함을 나타내는 종결 어미.

−는데 「어미」
('있다', '없다', '계시다'의 어간, 동사 어간 또는 어미 '−으시−', '−었−', '−겠−' 뒤에 붙어) 뒤 절에서 어떤 일을 설명하거나 묻거나 시키거나 제안하기 위하여 그 대상과 상관되는 상황을 미리 말할 때에 쓰는 연결 어미.

①	밥 은	있 <u>는 데</u>	반 찬 이	없 소 .				
②	지 금	가 는	<u>데</u> 가	어 디 인 가 요 ?				
③	그	사 람 은	말 을	아 주	잘 하 <u>데</u> .			
④	그 는	의 지 할	<u>데</u>	없 는	사 람 이 다 .			
⑤	책 을	다	읽 <u>는 데</u> 만	이 틀 이	걸 렸 다 .			

24

그 밖의 것 | 2023학년도 6월 고2 학력평가

〈보기〉는 '사전 활용하기' 학습 활동을 위한 자료이다. 이에 대해 탐구한 내용으로 적절하지 <u>않은</u> 것은?

● 보기 ●

가늘다 〔형〕 ① 물체의 지름이 보통의 경우에 미치지 못하고 짧다.
　　　　　　② 소리의 울림이 보통에 미치지 못하고 약하다.
굵다 〔형〕 ① 물체의 지름이 보통의 경우를 넘어 길다.
　　　　　　¶ 나뭇가지가 굵다.
　　　　　　② 밤, 대추, 알 따위가 보통의 것보다 부피가 크다.
두껍다 〔형〕 ① 두께가 보통의 정도보다 크다.
　　　　　　¶ 두꺼운 종이
　　　　　　② 층을 이루는 사물의 높이나 집단의 규모가 보통의 정도보다 크다.

① '가늘다', '굵다', '두껍다'는 모두 다의어이다.
② '가늘다 ②'의 용례로 '열차의 기적 소리가 가늘게 들려왔다.'를 추가할 수 있다.
③ '두껍다 ②'의 용례로 '그 책은 수요층이 두껍다.'를 들 수 있다.
④ '굵다 ①'의 용례에서 '굵다'를 '가늘다'로 바꾸면 '가늘다 ①'의 용례가 될 수 있다.
⑤ '굵다 ①'과 '두껍다 ①'의 의미에 의하면 '굵은 손가락'은 '두꺼운 손가락'으로 쓰는 것이 적절하다.

25

그 밖의 것 | 2022학년도 9월 고1 학력평가

〈보기〉의 ㉠~㉢에 들어갈 말로 적절한 것은?

학생: 선생님, '−에요'와 '−예요'는 어떻게 구별하여 쓰면 되나요?
선생님: '−에요'는 설명·의문의 뜻을 나타내는 종결 어미로, '이다'나 '아니다'의 어간 뒤에 붙는 것입니다. '−예요'는 '−이에요'의 준말로, 받침이 없는 체언에 붙어요.
학생: 네. 그런데 '너는 어디에 있니?'에 대한 대답으로 '교실에요.'처럼 쓰는 경우가 있는데 이건 맞춤법에 맞는 표현인가요?
선생님: 네, 그때의 '−에요'는 처소의 부사격 조사 '에'와 보조사 '요'가 결합한 것이므로 맞춤법에 맞는 표현입니다. 그럼, 아래의 괄호 안에 들어갈 말은 무엇일까요?

> 1. A: 책을 어디에 두고 왔니?
> 　 B: 집(　　　　　　).
> 2. 여기는 제가 갔던 식당이 아니(　　　　　　).
> 3. 그때 그를 도와준 건 이 학생(　　　　　　).

학생: 1번은 (㉠), 2번은 (㉡), 3번은 (㉢)입니다.

선생님: 모두 잘 이해했네요.

	㉠	㉡	㉢
①	에요	에요	이에요
②	에요	에요	예요
③	에요	예요	이에요
④	예요	이에요	예요
⑤	예요	에요	이에요

26

형태에 관한 것 | 2023학년도 9월 고2 학력평가

다음은 수업 상황의 일부이다. ㉠에 들어갈 말로 적절하지 <u>않은</u> 것은?

학생: 선생님, '회상하건대'를 줄이면 '회상컨대'와 '회상건대' 중 어떻게 적는 게 맞나요?

선생님: 그럴 때는 한글 맞춤법 규정을 살펴봐야 해요.

> **제40항** 어간의 끝음절 '하'의 'ㅏ'가 줄고 'ㅎ'이 다음 음절의 첫소리와 어울려 거센소리로 될 적에는 거센소리로 적는다.
> [붙임] 어간의 끝음절 '하'가 아주 줄 적에는 준 대로 적는다.

'하'가 줄어드는 기준은 '하' 앞에 오는 받침의 소리인데 '하' 앞의 받침의 소리가 [ㄱ, ㄷ, ㅂ]이면 '하'가 통째로 줄고, 그 외의 경우에는 'ㅎ'이 남아요. 그래서 '회상하건대'는 '하'의 'ㅏ'가 줄고 'ㅎ'이 'ㄱ'과 어울려 거센소리가 되어 '회상컨대'로 적어야 해요.

학생: 네, 감사해요. 한글 맞춤법에도 준말 규정이 있었네요.

선생님: 그럼 다음 자료를 규정에 맞게 준말로 바꿔 볼까요?

> 깨끗하지 않다　　　연구하도록　　　간편하게
> 생각하다 못해　　　답답하지 않다

학생: [　　　　　㉠　　　　　]

선생님: 네, 잘했어요.

---

① '깨끗하지 않다'는 어간의 끝음절 '하'의 'ㅏ'가 줄기 때문에 '깨끗치 않다'로 써야 합니다.

② '연구하도록'은 어간의 끝음절 '하'의 'ㅏ'가 줄기 때문에 '연구토록'으로 써야 합니다.

③ '간편하게'는 어간의 끝음절 '하'의 'ㅏ'가 줄기 때문에 '간편케'로 써야 합니다.

④ '생각하다 못해'는 '하'가 통째로 줄기 때문에 '생각다 못해'로 써야 합니다.

⑤ '답답하지 않다'는 '하'가 통째로 줄기 때문에 '답답지 않다'로 써야 합니다.

27

형태에 관한 것 | 2022학년도 수능

〈보기〉는 준말에 관한 한글 맞춤법의 일부이다. 이를 적용한 내용으로 적절하지 <u>않은</u> 것은?

◆ 보기 ◆

제34항 〔붙임 1〕 'ㅐ, ㅔ' 뒤에 '－어, －었－'이 어울려 줄 적에는 준 대로 적는다. ┈┈┈┈┈┈┈ ㉠

제35항 모음 'ㅗ, ㅜ'로 끝난 어간에 '－아/－어, －았－/－었－'이 어울려 'ㅘ/ㅝ, 왔/웠'으로 될 적에는 준 대로 적는다. ┈┈┈ ㉡

제35항 〔붙임 2〕 'ㅚ' 뒤에 '－어, －었－'이 어울려 'ㅙ, 쐤'으로 될 적에도 준 대로 적는다. ┈┈┈┈┈┈ ㉢

제36항 'ㅣ' 뒤에 '－어'가 와서 'ㅕ'로 줄 적에는 준 대로 적는다. ┈┈┈┈┈ ㉣

제37항 'ㅏ, ㅕ, ㅗ, ㅜ, ㅡ'로 끝난 어간에 '－이－'가 와서 각각 'ㅐ, ㅖ, ㅚ, ㅟ, ㅢ'로 줄 적에는 준 대로 적는다. ┈┈ ㉤

---

① ㉠을 적용하면 '(날이) 개었다'와 '(나무를) 베어'는 각각 '갰다'와 '베'로 적을 수 있다.

② ㉡을 적용하면 '(다리를) 꼬아'와 '(죽을) 쑤었다'는 각각 '꽈'와 '쒔다'로 적을 수 있다.

③ ㉤을 적용할 때, 어간 '(발로) 차－'에 '－이－'가 붙은 '(발에) 차이－'에 '－었다'가 붙으면 '채었다'로 적을 수 있다.

④ ㉤을 적용한 후 ㉢을 적용할 때, 어간 '(벌이) 쏘－'에 '－이－'가 붙은 '(벌에) 쏘이－'에 '－어'가 붙으면 '쐐'로 적을 수 있다.

⑤ ㉤을 적용한 후 ㉣을 적용할 때, 어간 '(오줌을) 누－'에 '－이－'가 붙은 '(오줌을) 누이－'에 '－어'가 붙으면 '뉘여'로 적을 수 있다.

01

〈보기 1〉과 〈보기 2〉를 바탕으로 예문을 만드는 활동을 했을 때, 활동 내용으로 가장 적절한 것은?

● 보기 1 ●

안되다¹ 「동사」
「1」 일, 현상, 물건 따위가 좋게 이루어지지 않다.
「2」 사람이 훌륭하게 되지 못하다.
「3」 일정한 수준이나 정도에 이르지 못하다.

안되다² 「형용사」
「1」 섭섭하거나 가엾어 마음이 언짢다.
「2」 근심이나 병 따위로 얼굴이 많이 상하다.

안 「부사」
‘아니(부정이나 반대의 뜻을 나타내는 말)’의 준말.

● 보기 2 ●

선생님 : ‘되-’와 ‘돼’를 혼동하는 학생들이 많아요. ‘되-’는 ‘되다’의 어간이고, ‘돼’는 ‘되다’의 어간 ‘되-’에 어미 ‘-어’가 결합하여 축약된 것이니까 어법에 맞게 표기해야 해요.

① ‘안되다¹’의 「1」을 활용하여 ‘배고픈데 밥은 아직 안됐니?’라는 예문을 만들 수 있다.
② ‘안되다¹’의 「3」을 활용하여 ‘자식이 안되기를 바라는 부모는 없다.’라는 예문을 만들 수 있다.
③ ‘안되다²’의 「1」을 활용하여 ‘혼자 보내기가 안되서 역까지 배웅했다.’라는 예문을 만들 수 있다.
④ ‘안되다²’의 「2」를 활용하여 ‘안색이 안돼 보여서 보약을 지어 보냈다.’라는 예문을 만들 수 있다.
⑤ 부사 ‘안’을 활용하여 ‘올해는 비가 너무 많이 와서 과일 농사가 안 돼 큰일이다.’라는 예문을 만들 수 있다.

02

〈보기〉를 바탕으로 한글 맞춤법에 대해 탐구한 것으로 적절하지 <u>않은</u> 것은?

● 보기 ●

제19항
어간에 ‘-이’나 ‘-음/-ㅁ’이 붙어서 명사로 된 것과 ‘-이’나 ‘-히’가 붙어서 부사로 된 것은 그 어간의 원형을 밝히어 적는다. 예 먹이, 걸음, 같이, 밝히 등
다만, 어간에 ‘-이’나 ‘-음’이 붙어서 명사로 바뀐 것이라도 그 어간의 뜻과 멀어진 것은 원형을 밝히어 적지 아니한다.
예 목거리(목병), 노름(도박) 등
[붙임] 어간에 ‘-이’나 ‘-음’ 이외의 모음으로 시작된 접미사가 붙어서 다른 품사로 바뀐 것은 그 어간의 원형을 밝히어 적지 아니한다. 예 마개, 마중, 무덤, 자주 등

제19항 해설
○ 널리 쓰이는 접미사가 어간에 붙어서 만들어진 단어는 어간의 원형을 밝혀 적는 것이 원칙이나, 그 어간의 뜻과 멀어진 단어는 밝혀 적지 않는다.
○ 널리 쓰이지 않는 접미사가 어간에 붙어서 만들어진 단어는 그 어간의 원형을 밝혀 적지 않는다.

① 어간 ‘걷-’이 ‘걸-’로 바뀐 ‘걸음’은 어간의 원형을 밝혀 적은 예로 볼 수 있군.
② ‘노름’과 달리 ‘놀이’는 널리 쓰이는 접미사가 결합했기 때문에 원형을 밝혀 적은 것이겠군.
③ ‘마개’를 ‘막애’으로 적지 않는 것을 보니 ‘-애’는 널리 쓰이지 않는 접미사이겠군.
④ ‘마중’이 접미사가 붙어 명사가 된 것과 달리, ‘자주’는 접미사가 붙어 부사가 된 것이군.
⑤ 널리 쓰이지 않는 접미사가 붙어 어간의 원형을 밝혀 적지 않은 예로는 ‘주검’을 추가할 수 있겠군.

03

형태에 관한 것 | 2014학년도 9월 고2 학력평가 B형 변형

다음을 참고하여 〈보기〉의 〈탐구 대상〉을 과정에 따라 탐구했을 때, ㉠과 ㉡에 해당하는 것을 바르게 짝지은 것은?

〈한글 맞춤법〉
제23항 '-하다'나 '-거리다'가 붙는 어근에 '-이'가 붙어서 명사가 된 것은 그 원형을 밝히어 적는다.
[붙임] '-하다'나 '-거리다'가 붙을 수 없는 어근에 '-이'나 또는 다른 모음으로 시작되는 접미사가 붙어서 명사가 된 것은 그 원형을 밝히어 적지 아니한다.

• 보기 •

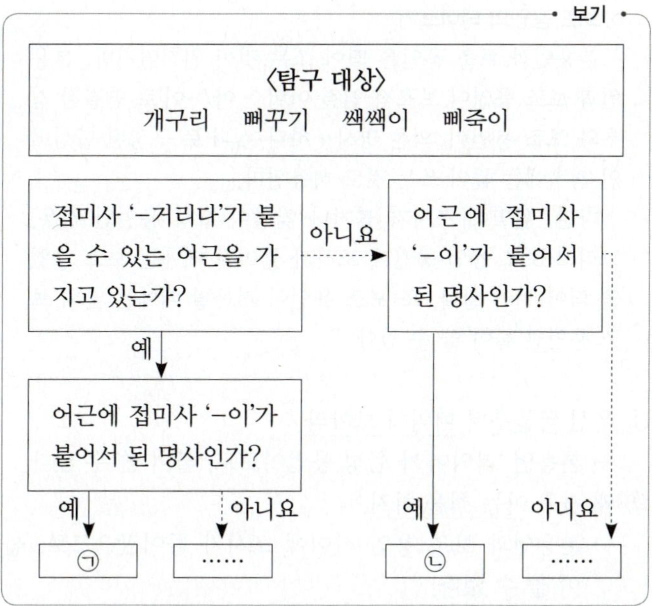

	㉠	㉡
①	삐죽이	쌕쌕이
②	삐죽이	뻐꾸기
③	개구리	뻐꾸기
④	쌕쌕이	삐죽이
⑤	뻐꾸기	개구리

04

형태에 관한 것 | 2011학년도 9월 고1 학력평가 변형

〈보기〉의 자료를 읽고 탐구한 내용으로 적절하지 <u>않은</u> 것은?

• 보기 •

〈한글 맞춤법〉
제40항
㉮ 어간의 끝음절 '하'의 'ㅏ'가 줄고 'ㅎ'이 다음 음절의 첫소리와 어울려 거센소리로 될 적에는 거센소리로 적는다.
　예 간편하게 → 간편케, 연구하도록 → 연구토록
㉯ 'ㅎ'이 어간의 끝소리로 굳어진 것은 받침으로 적는다.
　예 않다, 않지, 그렇다, 그렇고
㉰ 어간의 끝음절 '하'가 아주 줄 적에는 준 대로 적는다.
　예 거북하지 → 거북지, 생각하건대 → 생각건대
㉱ 다음과 같은 부사는 소리대로 적는다.
　예 결단코, 결코, 요컨대 등

① '가하다'를 '가타'로 적는 것은 ㉮의 '연구토록'을 표기할 때 적용된 규정을 따른 것이군.
② '어떠튼'이 아니라 '어떻든'으로 적는 것은 ㉯의 어간의 끝소리에 'ㅎ'이 첨가되어 굳어진 경우에 해당하기 때문이군.
③ '섭섭하다 못해'를 '섭섭다 못해'로 적는 것은 ㉰에서 설명한 어간의 끝음절 '하'가 아주 준 경우이기 때문이군.
④ '깨끗하지 않다'를 '깨끗지 않다'로 적는 것은 ㉰의 '거북지'를 표기할 때 적용된 규정을 따른 것이군.
⑤ '아무튼'이나 '하여튼'과 같은 부사는 ㉱의 '요컨대'를 표기할 때 적용된 규정을 따른 것이군.

05

형태에 관한 것 | 2017학년도 3월 고2 학력평가 변형

〈보기〉의 밑줄 친 부분에 해당하는 예로 적절하지 <u>않은</u> 것은?

• 보기 •

어간에 관형사형 어미 '-ㄴ'을 결합하고자 할 때, 어간의 끝소리가 'ㄹ'인 경우에는 'ㄹ'을 탈락시키고 '-ㄴ'을 붙여야 한다. 그러나 실생활에서는 <u>'ㄹ'을 탈락시키지 않고 '-은'을 잘못 붙여 사용하는 경우</u>가 많다.

① 거칠은 벌판에서 자라고 있는 나무를 보라.
② 그들이 내걸은 요구 조건은 받아들일 수 없다.
③ 어느새 황혼이 깃들은 거리에는 인적이 그쳤다.
④ 낯설은 땅에 정착한 주민들은 모든 것이 새로웠다.
⑤ 이왕 내달은 걸음이라 끝까지 가 보기로 결심하였다.

06
형태에 관한 것

〈보기〉는 학생들이 사이시옷에 대해 나눈 대화이다. 〈보기〉의 ㉠~㉣에 들어갈 말로 적절한 것은?

─ 보기 ●─

지훈: 난 도대체 사이시옷이 뭔지 모르겠어.

민주: 단어 중에는 하나의 형태소로 된 단어도 있지만 두 개 이상의 형태소가 결합한 단어도 있어. 그리고 형태소가 결합하는 과정에서 없던 소리가 첨가되는 경우가 있는데, 그걸 표시하는 게 사이시옷이야.

지훈: 그래? 그럼 '바닷가'의 'ㅅ'을 사이시옷이라고 하던데, 어떤 소리가 첨가된 거야?

민주: '바닷가'는 '바다'와 '가'가 결합하면서 뒷말의 첫소리인 '가'가 된소리로 발음되는 경우인데, 이때, '바다'와 '가' 사이에 [ㄷ] 음이 첨가된 것으로 보는 거야.

지훈: 그럼 뒷말의 첫소리가 된소리로 발음되면 모두 사이시옷을 표기하는 거야?

민주: 아니, 뒷말의 첫소리가 된소리로 발음되더라도 사이시옷을 표기하지 않는 경우도 있어. 한자어끼리 결합한 ____㉠____ 같은 예가 바로 그런 경우야. 그리고 ____㉡____ 이 첨가된 경우에도 사이시옷을 표기하지.

지훈: 방금 말한 소리가 첨가된 것은 ____㉢____ 같은 단어를 말하는 거지? 그럼 한자어끼리 결합한 것이 아니면서 소리가 첨가되는 현상이 일어나면 사이시옷을 붙이는 거네.

민주: 그런데 ____㉣____처럼 합성어가 아닌 단어에는 사이시옷을 표기하지 않고, 소리의 첨가가 일어나지도 않는다는 점을 기억해야 해.

	㉠	㉡	㉢	㉣
①	초점	[ㄴ] 음	머릿니	꼬리말
②	위층	[ㄴ] 음	잇몸	뒤풀이
③	대가	[ㄴ] 음	뒷머리	해님
④	아래쪽	[ㄴㄴ] 음	훗일	소수점
⑤	개수	[ㄴㄴ] 음	아랫니	낚시꾼

07
띄어쓰기

〈보기〉를 참고하여 밑줄 친 부분의 띄어쓰기에 대해 설명한 내용으로 적절하지 <u>않은</u> 것은?

─ 보기 ●─

○ **본용언**: 문장의 주체를 주되게 서술하면서 보조 용언의 도움을 받는 용언으로, 보조 용언 없이 자립적으로 쓰일 수 있다.

○ **보조 용언**: 본용언과 연결되어 그것의 뜻을 보충하는 역할을 하는 용언으로, 자립성이 희박하여 홀로 쓰이지 못한다.

○ **보조 용언의 띄어쓰기**

　본용언과 보조 용언은 띄어 쓰는 것이 원칙이지만, 본용언과 보조 용언이 보조적 연결 어미 '-아/-어'로 연결된 경우와 보조 용언이 '의존 명사＋하다/싶다'로 구성된 합성어인 경우에는 붙여 쓰는 것도 허용된다.

　다만, 앞말에 조사가 붙거나 앞말이 합성 용언인 경우, 그리고 보조 용언 중간에 조사가 들어갈 때에는 보조 용언을 띄어 써야 한다. 또 보조 용언이 거듭될 때에는 앞의 보조 용언만 붙여 쓸 수 있다.

① 우선 국물부터 <u>떠먹어 보아라</u>.
　→ 본용언 '떠먹어'가 합성 용언이므로, 붙여 쓸 수 없다.

② 왜 자꾸 <u>아는 척을 하지</u>.
　→ 본용언과 보조 용언 사이에 조사가 들어갔으므로, 붙여 쓸 수 없다.

③ 이 책 생각보다 <u>읽을 만한데</u>.
　→ 보조 용언이 의존 명사에 '하다'가 결합한 합성어이므로, 붙여 쓰는 것도 허용된다.

④ 오늘 일은 <u>기억해 둘 만하다</u>.
　→ 본용언 뒤에 보조 용언이 거듭되므로, '기억해둘 만하다'처럼 붙여 쓰는 것도 허용된다.

⑤ 지금까지 애써 <u>견뎌 왔다</u>.
　→ 본용언과 보조 용언이 보조적 연결 어미 '-아/-어'로 연결되어 있으므로, 붙여 쓰는 것도 허용된다.

08

그 밖의 것 | 2018학년도 9월 고1 학력평가 변형

〈보기〉를 참고할 때, 밑줄 친 부분이 한글 맞춤법에 맞게 쓰인 것은?

• 보기 •

〈한글 맞춤법〉
제56항 '-더라, -던'과 '-든지'는 다음과 같이 적는다.
1. 지난 일을 나타내는 어미는 '-더라, -던'으로 적는다.
(ㄱ을 취하고, ㄴ을 버림.)

ㄱ	ㄴ
깊던 물이 얕아졌다.	깊든 물이 얕아졌다.

2. 물건이나 일의 내용을 가리지 아니하는 뜻을 나타내는 조사와 어미는 '(-)든지'로 적는다.(ㄱ을 취하고, ㄴ을 버림.)

ㄱ	ㄴ
배든지 사과든지 마음대로 먹어라.	배던지 사과던지 마음대로 먹어라.

① 오늘 우리 할아버지 참 멋있으시든데!
② 그렇게 좋으면 지금이라도 쫓아가든지 해라.
③ 어떡하던 살아 보려고 애를 쓴 게 이렇게 됐다.
④ 무엇이던지 주저하지 말고 도전하는 것이 좋아.
⑤ 동생이 얼마나 많이 먹든지 배탈 날까 걱정했어.

09

그 밖의 것

다음 중, 밑줄 친 단어의 쓰임이 바르지 않은 것은?

① ┌ 파도가 바위에 부딪히고 있었다.
  └ 그들은 이제 눈길을 부딪치지 않는다.
② ┌ 회장 임명 동의안을 표결에 부친다.
  └ 동생이 갈수록 공부에 흥미를 붙인다.
③ ┌ 불길이 걷잡을 수 없이 번지고 있다.
  └ 아무리 겉잡아도 삼 일은 걸릴 일이다.
④ ┌ 문제의 답을 맞히면 상품을 드립니다.
  └ 나는 친한 친구와 답을 맞추어 보았다.
⑤ ┌ 체육 대회 참가 인원을 더 늘려야 한다.
  └ 동생의 키가 커서 바짓단을 늘여야 한다.

10

그 밖의 것

〈보기〉의 자료를 읽고 탐구한 내용으로 적절하지 않은 것은?

• 보기 •

선생님: 한글 맞춤법 제51항에서는 부사의 끝음절이 분명히 '이'로만 나는 것은 '-이'로 적고, '히'로만 나거나 '이'나 '히'로 나는 것은 '-히'로 적는다고 설명하고 있어요. 그렇지만 이 규정만 가지고 '-이'와 '-히'를 구분하는 것은 무척 어렵죠. 그래서 나름대로의 규칙성을 찾아서 아래와 같이 구분하는 방법을 정리했어요. 완벽한 방법은 아니지만, 우리가 두 표기를 구분하는 데 도움이 된답니다. 각각의 예를 한번 생각해 보세요.

1. '이'로 적는 것
   (1) 겹쳐 쓰인 명사 뒤 예 겹겹이, 알알이, 줄줄이
   (2) 'ㅅ' 받침 뒤 예 뜨뜻이, 버젓이, 지긋이
   (3) 'ㅂ' 불규칙 용언의 어간 뒤 예 가벼이, 괴로이, 새로이
   (4) '-하다'가 붙지 않는 용언 어간 뒤 예 같이, 많이
   (5) 부사 뒤 예 더욱이, 생긋이, 일찍이

2. '히'로 적는 것
   (1) '-하다'가 붙는 어근 뒤(단, 'ㅅ' 받침 제외)
       예 고요히, 급히, 엄격히
   (2) '-하다'가 붙는 어근에 '-히'가 결합하여 된 부사가 줄어진 형태 예 특히(← 특별히)

① '곰곰이'는 부사 뒤이기 때문에 '-이'가 붙은 것으로 볼 수 있군.
② '족히'는 '-하다'가 붙는 어근 뒤이기 때문에 '-히'가 붙은 것으로 볼 수 있군.
③ '고이'는 '-하다'가 붙지 않는 용언의 어간 뒤이기 때문에 '-이'가 붙은 것으로 볼 수 있군.
④ '익히'는 '익다'의 어간에 접미사가 결합한 것이 아니라, '익숙히'가 줄어든 형태로 볼 수 있군.
⑤ '가붓이'는 '-하다'가 붙는 어근이지만, 'ㅅ' 받침 뒤이기 때문에 '-이'가 붙은 것으로 볼 수 있군.

| 문장 성분 |

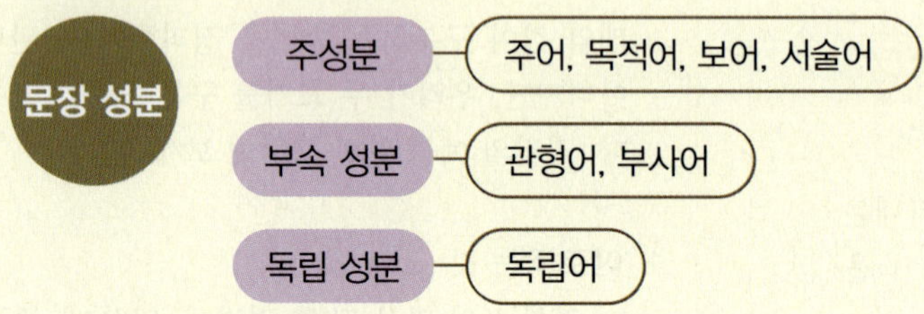
문장 성분
주성분 — 주어, 목적어, 보어, 서술어
부속 성분 — 관형어, 부사어
독립 성분 — 독립어

| 문장의 짜임 |

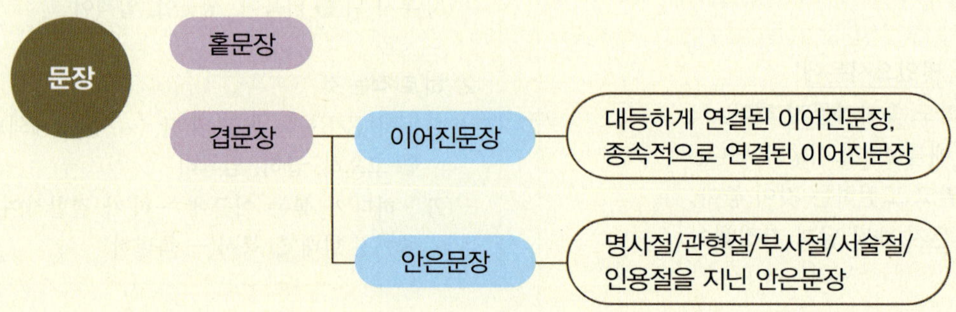
문장
홑문장
겹문장
이어진문장 — 대등하게 연결된 이어진문장, 종속적으로 연결된 이어진문장
안은문장 — 명사절/관형절/부사절/서술절/ 인용절을 지닌 안은문장

IV

문장

18 문장의 개념 / 문장 성분 ①

구의 종류

명사구
• 관형어 + 명사
예 <u>새 옷</u>은 <u>언니의 옷</u>이다.
• 명사 + 접속 조사 + 명사
예 <u>철수와 만수</u>가 만났다.

동사구
• 부사 + 동사
예 민지가 밥을 <u>잘 먹는다</u>.
• 본동사 + 보조 용언
예 민지가 못 참고 밥을 <u>먹어 버렸다</u>.

형용사구
• 부사 + 형용사
예 옷이 <u>너무 크다</u>.
• 본형용사 + 보조 용언
예 옷이 <u>예쁘지 않다</u>.

관형사구
• 부사 + 관형사
예 이 옷은 <u>아주 새</u> 옷이다.
• 관형사 + 관형사
예 <u>이 모든</u> 일을 빨리 해야 한다.

부사구
• 부사 + 부사
예 민지가 밥을 <u>아주 빨리</u> 먹었다.

문장 성분

주성분	문장을 이루는 데 골격이 되는 부분 = 필수적 성분
부속 성분	주로 주성분의 내용을 수식하는 부분 = 수의적 성분(생략이 가능함.)
독립 성분	다른 문장 성분과 직접적인 관련이 없는 부분

문장의 개념

❶ 문장 文 글월 문. 章 글월 장

생각이나 감정을 완결된 내용으로 표현하는 최소의 언어 형식을 말한다.

• 문장의 조건

의미상 조건	완결된 내용을 갖추어야 함.
구성상 조건	주어와 서술어의 관계를 갖추어야 함. 다만, 문맥에 따라 특정 성분만으로 문장이 이루어질 수도 있음. 예 불이야!(서술어 단독 문장) • 문장의 기본 유형: '무엇이 어찌한다(동사).' / '무엇이 어떠하다(형용사).' / '무엇이 무엇이다(체언 + 서술격 조사).'
형식상 조건	문장이 끝났음을 나타내는 표지인 종결 표지가 있어야 함. • 종결 표지의 종류: 마침표(.) / 물음표(?) / 느낌표(!)

❷ 문법 단위 文 글월 문. 法 법도 법. 單 홑 단. 位 자리 위

문장을 이루는 문법 단위에는 어절, 구, 절이 있다.

어절(語節)	• 문장을 구성하는 각각의 마디로, 띄어쓰기 단위와 일치함. '어절 = 문장 성분' • 조사나 어미와 같이 문법적 요소들이 앞에 있는 단어와 결합하여 한 어절을 이룸.
구(句)	• 둘 이상의 어절이 모여 하나의 단어와 동등한 기능을 하는 것으로, 중심이 되는 말(구의 품사적 자격을 결정하는 부분)과 그것에 딸린 말들의 묶음임. • 주어와 서술어의 관계를 갖추지 못함.
절(節)	• 둘 이상의 어절이 모여 주어와 서술어의 관계를 갖춤. • 더 큰 문장 속에 들어가서 전체 문장(안은문장)의 일부분(안긴문장)으로 쓰이는 문장임. '절 = 안긴문장'

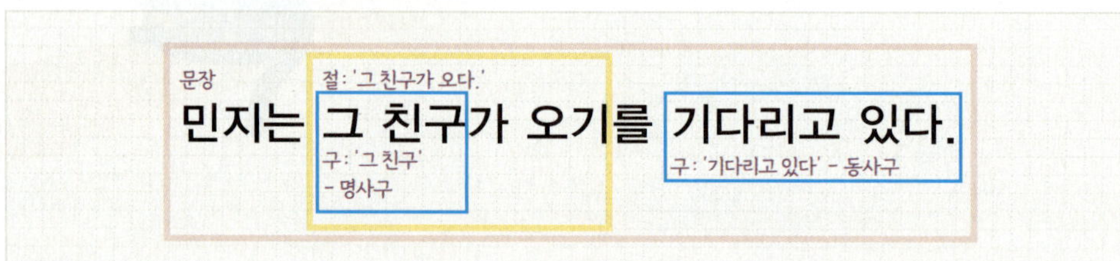

문장 성분 文 글월 문. 章 글월 장. 成 이룰 성. 分 나눌 분

• 문장 안에서 문장을 구성하면서 일정한 문법적 기능을 하는 각 부분을 말한다.
• 문장 성분은 어절 단위와 일치한다.
• 문장 성분에는 주성분, 부속 성분, 독립 성분이 있다.

문장 성분						
주성분				부속 성분		독립 성분
주어	목적어	보어	서술어	관형어	부사어	독립어

❶ 주성분 主 주인 주, 成 이룰 성, 分 나눌 분

문장을 이루는 데 골격이 되는 부분으로, 핵심 성분인 서술어를 기준으로 다른 성분의 기능을 판단한다.

(1) 주어 主 주인 주, 語 말씀 어

동작이나 상태, 성질의 주체가 되는 문장 성분으로, '무엇이', '누가'에 해당하는 말이다.

체언＋주격 조사(이/가, 께서, 에서)	예 <u>그가</u> 밥을 먹는다. / <u>할아버지께서</u> 진지를 잡수신다. <u>질병 관리청에서</u> 대책을 발표했다.
체언＋보조사(은/는, 만, 도)	예 <u>나는</u> 자장면을 먹을 거야. <u>너도</u> 자장면 먹을래?
체언 단독(주격 조사 생략)	예 <u>민주</u> 밥 먹는다.
명사절(→ 명사형 어미 '-음/-ㅁ, 기'로 끝나는 안긴문장)＋주격 조사	예 <u>형주가 돌아오기가</u> 쉽지 않다.

(2) 목적어 目 눈 목, 的 과녁 적, 語 말씀 어

타동사(목적어를 필요로 하는 동사)가 서술어로 쓰인 문장에서 서술어의 동작 대상이 되는 문장 성분으로, '무엇을', '누구를'에 해당하는 말이다.

체언＋목적격 조사(을/를)	예 나는 <u>책을</u> 읽는다.
체언＋보조사(은/는, 만, 도)	예 민하는 <u>만화책도</u> 자주 본다.
체언＋보조사＋목적격 조사	예 그 아기는 <u>동화책만을</u> 좋아한다.
체언 단독(목적격 조사 생략)	예 민주 <u>책</u> 읽는다.
명사절＋목적격 조사	예 나는 <u>형주가 돌아왔음을</u> 들었다.

(3) 보어 補 도울 보, 語 말씀 어

'되다'와 '아니다'가 서술어로 쓰인 문장에서 주어와 서술어만으로는 불완전한 내용을 보충하는 문장 성분이다.

체언＋보격 조사(이/가)	예 서준이가 <u>소방관이</u> 되었다.
체언＋보조사(은/는, 만, 도)	예 그 남자가 <u>바보는</u> 아니다.
체언 단독(보격 조사 생략)	예 나는 <u>바보</u> 아니다.

(4) 서술어 敍 줄 서, 述 지을 술, 語 말씀 어

주어의 동작이나 상태, 성질 등을 풀이하는 문장 성분으로, 문장에서 '어찌하다(동사)', '어떠하다(형용사)', '무엇이다(체언＋서술격 조사)'에 해당하는 말이다.

용언의 기본형과 활용형	예 오늘도 학교에 <u>가다</u>. / 하늘은 <u>푸르고</u>, 바람은 <u>시원했다</u>.
체언＋서술격 조사(이다)	예 우리는 이제 <u>고등학생이다</u>.
체언 단독(서술격 조사 생략)	예 우리의 꿈은 언제나 <u>합격</u>.
본용언＋보조 용언(→ 품사는 두 개이지만, 성분은 하나의 서술어로 봄.)	예 수진이가 <u>공부하고 있다</u>. / 오늘은 급식을 많이 <u>먹지 못했다</u>.
서술절(→ 전체 문장에서 서술어 역할을 하는 안긴문장)	예 선생님은 <u>걱정이 많으시다</u>.(→ '많으시다'의 주어는 '걱정이'이며, '걱정이 많으시다'라는 절이 전체 문장에서 서술어 역할을 함.)

1 〈보기〉의 문장을 이루고 있는 구의 개수로 알맞은 것은?

보기

> 오늘 아침은 밥을 먹지 못했다.

① 1개 ② 2개 ③ 3개
④ 4개 ⑤ 5개

2 주성분에 대한 설명으로 적절하지 <u>않은</u> 것은?

① 격 조사가 생략된 형태로 나타나기도 한다.
② 용언이나 체언이 모두 서술어로 쓰일 수 있다.
③ 주어는 다른 성분들의 기능을 판단하는 기준이 된다.
④ 목적어는 타동사가 서술어인 문장에서 필요한 성분이다.
⑤ 보어는 주어와 서술어만으로는 불완전한 내용을 보충하는 성분이다.

3 〈보기〉의 ⓐ~ⓔ 중, 주성분이 <u>아닌</u> 것은?

보기

> • ⓐ주영이는 ⓑ영화만 ⓒ보고 있다.
> • 예린이는 ⓓ우리의 ⓔ희망.

① ⓐ ② ⓑ ③ ⓒ ④ ⓓ ⑤ ⓔ

4 다음 밑줄 친 부분의 문장 성분이 나머지와 <u>다른</u> 것은?

① 너는 정말 <u>친구도</u> 아니다.
② 이 책은 <u>선생님께서</u> 주셨다.
③ <u>학교에서</u> 경시대회를 개최했다.
④ <u>너희</u> 계속 이런 식으로 할 거야?
⑤ 흐린 하늘을 보니 <u>기분마저</u> 우울해진다.

문장 성분
2017학년도 6월 고2 학력
평가

1 〈보기〉의 수업 상황에서, 밑줄 친 물음에 대한 학생의 대답으로 적절하지 <u>않은</u> 것은?

보기

> 이번 시간에는 문장을 구성할 때 반드시 있어야 하는 성분인 주성분에 대해 살펴보겠습니다. 주성분에는 주어, 서술어, 목적어, 보어가 있습니다. 주어는 문장에서 동작 또는 상태나 성질의 주체를 나타내는 것입니다. 서술어는 주어의 동작, 상태, 성질 따위를 풀이하는 기능을 하는 성분입니다. 서술어의 동작 대상이 되는 문장 성분을 목적어라고 하고, 서술어 '되다, 아니다'가 필요로 하는 문장 성분 중에서 주어를 제외하고 조사 '이/가'가 붙은 것을 보어라고 합니다.
> <u>자, 그럼 다음 문장의 주성분에 대해 알아볼까요?</u>
>
> ㄱ. 철수의 동생이 사진을 찍었다.
> ㄴ. 언니는 올해 대학생이 되었다.

① ㄱ의 '찍었다'는 '동생'의 동작을 풀이하는 서술어입니다.
② ㄴ의 '올해'는 '되었다'가 꼭 필요로 하므로 주성분입니다.
③ ㄱ에는 목적어가 있지만, ㄴ에는 목적어가 없습니다.
④ ㄱ과 ㄴ에는 주어가 하나씩 있습니다.
⑤ ㄱ과 ㄴ에는 주성분의 종류가 세 가지씩 있습니다.

2 〈보기〉의 자료를 바탕으로 '주어'에 대해 탐구했을 때, 적절하지 <u>않은</u> 것은?

문장 성분
2013학년도 3월 고2 학력
평가 A형

● 보기 ●

ㄱ. 새가 날아간다.
ㄴ. 어디 갔니, 영희는?
ㄷ. 우리 지금부터 조용히 하자.
ㄹ. 우리 반이 승리했음이 분명하다.
ㅁ. 어서 빨리 밥 먹고 학교에 가거라.

① ㄱ과 ㄷ을 보면, 주격 조사는 생략될 수도 있어.
② ㄱ과 ㄹ을 보면, 주격 조사의 형태는 앞말과 관계가 없어.
③ ㄱ과 ㅁ을 보면, 상황에 따라 주어가 생략될 수도 있어.
④ ㄴ과 ㄷ을 보면, 주어의 위치는 이동할 수 있어.
⑤ ㄷ과 ㄹ을 보면, 주어는 한 단어뿐 아니라 절이 될 수도 있어.

3 〈보기〉를 바탕으로 '목적어'에 대해 탐구한다고 할 때, 적절하지 <u>않은</u> 것은?

문장 성분
2014학년도 예비 시행 A형

● 보기 ●

㉠오늘 아침에 나는 빵을 먹었다. 내가 ㉡빵을 먹은 건, 늦잠을 잤기 때문이다. ㉢그런 내 모습을 어머니께서 보시고, "공부하느라 힘들지?" 하면서 냉장고에서 ㉣우유를 꺼내 주셨다. 고맙기도 하고 죄송하기도 해서 같이 드시지 않겠냐고 여쭤 보았다. 어머니께서는 "그럼, ㉤우유나 마실까?" 하면서 식탁에 앉으셨다. 어머니께서 환하게 웃으셨는데 ㉥그 모습이 참 고우셨다.

① ㉠과 ㉢을 보니, 목적어는 동작을 나타내는 서술어의 대상으로 쓰이는군.
② ㉠과 ㉣을 비교해 보니, 문장 안에서 목적어의 자리는 고정적이지 않군.
③ ㉠과 ㉤을 비교해 보니, 목적어가 생략될 수도 있군.
④ ㉠과 ㉥을 비교해 보니, 목적어가 필요 없는 문장도 있군.
⑤ ㉡과 ㉣을 보니, 자음 뒤에 '을', 모음 뒤에 '를'이라는 목적격 조사가 쓰이는군.

19 문장 성분 ② / 서술어의 자릿수

✿ 필수적 성분 VS 수의적 성분

필수적 성분
· 문장을 구성하는 데 꼭 필요한 성분
· 주성분인 '주어, 목적어, 보어, 서술어'와 특정 서술어가 반드시 요구하는 '필수적 부사어'가 이에 해당함.

수의적 성분
· '수의적'이라는 말의 의미와 같이 '뜻에 따라', 즉 자기 마음대로 넣거나 뺄 수 있는 성분
· 관형어, 부사어(필수적 부사어 제외), 독립어가 이에 해당함.

---

② 부속 성분 附 붙을 부, 屬 무리 속, 成 이룰 성, 分 나눌 분

다른 말을 수식하는 부분으로, 문장 구성에 꼭 필요한 성분이 아니므로 생략할 수 있다. 다만 서술어에 따라 부속 성분을 필수 성분(필수적 부사어)으로 요구하기도 한다.

(1) 관형어 冠 갓 관, 形 형상 형, 語 말씀 어

뒤에 오는 체언을 수식하는 문장 성분으로, 의존 명사 앞에서는 생략할 수 없다.

관형사	예 석호는 오늘 고등학생으로서 <u>첫</u> 시험을 치렀다.
체언+관형격 조사(의)	예 <u>석호의</u> 소원은 국어 백 점을 맞는 것이다.
체언 단독(관형격 조사 생략)	예 이번에는 <u>성적</u> 상승을 기대해 본다.
용언 어간+관형사형 어미(-은/-ㄴ, -는, -을/-ㄹ, -던)	예 석호는 <u>성실한</u> 학생이다. 언젠가는 <u>성공할</u> 것이다.(의존 명사 '것' 앞의 관형어 '성공할'은 생략할 수 없음.)

(2) 부사어 副 버금 부, 詞 말씀 사, 語 말씀 어

주로 용언을 수식하는 문장 성분으로, 관형어나 다른 부사어, 문장 전체를 수식하기도 하고, 단어나 문장을 이어 주기도 한다.

부사	예 은서는 밥을 <u>빨리</u> 먹었다. 밥이 <u>정말</u> 맛있었다.
체언+부사격 조사(에, 으로/로, 과/와)	예 은서는 <u>학교에</u> 간다. 은서는 <u>똘이와</u> 만났다.('학교에'와 '똘이와'는 생략할 수 없는 필수적 부사어임.)
부사+보조사(은, 는, 만, 도)	예 은서는 <u>빨리도</u> 걷는다.
용언 어간+부사형 어미(-게, -도록)	예 은서는 <u>빠르게</u> 뛰었다.
부사절(→ 부사 파생 접미사 '-이'나 부사형 어미 '-게, -도록, -듯이, -아서/-어서'로 끝나는 안긴문장)	예 은서가 <u>눈썹이 휘날리게</u> 뛰었다.

③ 독립 성분 獨 홀로 독, 立 설 립, 成 이룰 성, 分 나눌 분

문장의 어느 성분과도 직접적인 관련이 없는 부분으로, 생략해도 문장이 성립한다.

(1) 독립어 獨 홀로 독, 立 설 립, 語 말씀 어

다른 성분과는 직접적인 관련이 없는 문장 성분으로, 뒤에 쉼표를 사용해 구별한다.

감탄사	예 <u>어머나</u>, 벌써 꽃이 피었네. / <u>에구머니</u>, 깜빡 잊었네!
체언+호격 조사(아/야, 이여/여, 이시여)	예 <u>은혜야</u>, 우리 열심히 공부하자. / <u>신이시여</u>, 제발 도와주소서.
제시어(체언 단독)	예 <u>청춘</u>, 이는 듣기만 하여도 가슴이 설레는 말이다.
대답하는 말(→ 감탄사)	예 <u>네</u>, 부르셨습니까? / <u>예</u>, 알겠습니다. / <u>아니요</u>, 저는 몰라요.

✿ 세 자리 서술어의 종류

수여 동사
'~에게 ~을 수여하다(주다)'라는 의미를 지닌 동사
· 주다
예 지혜가 강아지에게 먹이를 <u>주었다</u>.
· 드리다
예 지혜가 부모님께 선물을 <u>드렸다</u>.
· 바치다
예 사람들이 신에게 제물을 <u>바쳤다</u>.

'삼다'류 동사
'~을 ~이 되게 하거나 여기다.'라는 의미를 지닌 동사
· 삼다
예 나는 그녀를 며느리로 <u>삼았다</u>.
· 여기다
예 그는 자기의 직업을 천직으로 <u>여긴다</u>.
· 간주하다
예 경찰은 그를 범죄자로 <u>간주했다</u>.
· 만들다
예 그 나라는 이웃 나라를 속국으로 <u>만들었다</u>.

서술어가 꼭 필요로 하는 문장 성분의 개수를 말한다. 한 문장에서 서술어가 요구하는 문장 성분은 주로 주성분(주어, 목적어, 보어)이며, 부사어(필수적 부사어)를 반드시 필요로 할 때도 있다.

① 한 자리 서술어 : 주어 하나만을 필요로 하는 서술어(자동사, 형용사)

코스모스가 (활짝) 피었다.
주어 　　　 부사어 　　 한 자리 서술어(자동사)

맨드라미가 (너무) 예쁘다.
주어 　　　 부사어 　　 한 자리 서술어(형용사)

② 두 자리 서술어 : 주어 외에 목적어나 보어 또는 필수적 부사어를 필요로 하는 서술어 (타동사, '되다 / 아니다', 필수적 부사어를 요구하는 자동사)

나는 (매일) 떡볶이를 먹는다.
주어 　 부사어 　　목적어 　　두 자리 서술어(타동사)

나는 (멋진) 선생님이 되겠다.
주어 　 관형어 　　보어 　　두 자리 서술어

나는 아버지와 (정말) 닮았다.
주어 　 필수적 부사어 　 부사어 　 두 자리 서술어

③ 세 자리 서술어 : 주어, 목적어, 필수적 부사어를 모두 필요로 하는 서술어(주다, 보내다, 삼다, 여기다 등)

연희가 (어제) 나에게 꽃을 주었다.
주어 　 부사어 　 필수적 부사어 　 목적어 　 세 자리 서술어

나는 연희를 (진짜) 친구로 여긴다.
주어 　 목적어 　 관형어 　 필수적 부사어 　 세 자리 서술어

돋보기 　 사전의 문형 정보를 활용한 서술어의 자릿수 파악

• 서술어의 자릿수는 사전에 제시된 문형 정보를 통해서도 파악할 수 있다.

아무 문형 정보가 없음.	주어 하나만을 요구하는 한 자리 서술어
【…을】 / 【…이】 / 【…에】	주어 외에 목적어나 보어 또는 필수적 부사어를 요구하는 두 자리 서술어
【…에 …을】 / 【…을 …으로】	주어, 목적어, 필수적 부사어를 요구하는 세 자리 서술어

예 **묻다**[01][묻따](묻어, 묻으니, 묻는) 「동사」【…에】
「1」 가루, 풀, 물 따위가 그보다 큰 다른 물체에 들러붙거나 흔적이 남게 되다. ¶ 손에 기름이 묻다.
묻다[02][묻따](묻어, 묻으니, 묻는) 「동사」【…에 …을】
「1」 물건을 흙이나 다른 물건 속에 넣어 보이지 않게 쌓아 덮다. ¶ 화단에 거름을 묻어 주다.

<hr>

시험 정복 Q & A

Q 부속 성분은 별로 중요하지 않은가요?

A 부속 성분보다는 주성분이 중요하지만, 부속 성분인 관형어와 부사어도 시험에 자주 등장합니다. 유의해야 할 것은 관형사와 관형어, 부사와 부사어를 혼동하면 안 된다는 점입니다.
한번 정해지면 변하지 않는 품사와 달리, 문장 성분은 문장 안에서 어떤 역할을 하는 문법 단위를 의미하는 것이기 때문에 성분이 달라질 수 있습니다.

다음 예를 보면,
예 '새 옷/새로운 옷/수지의 옷'
'새', '새로운', '수지의'의 문장 성분은 모두 관형어지만, 품사는 각각 '관형사', '형용사', '명사+조사'입니다.

<hr>

시험 정복 Q & A

Q 서술어의 자릿수는 어떻게 파악하나요?

A 서술어의 자릿수는 서술어가 반드시 필요로 하는 성분의 개수입니다. 실제 문장에는 더 많은 성분이 있지만, 꼭 필요한 것만을 가리키는 것입니다.
왼쪽 예문에서, '활짝, 너무, 매일, 멋진, 정말, 어제, 진짜'와 같은 관형어나 부사어는 없어도 문장 구성에는 문제가 안 되죠.
그런데 서술어의 자릿수를 파악하는 것은 쉽지 않아요. 이동한다는 의미의 '가다'는 한 자리 서술어로 착각하기 쉬운데, '철수가 집에 간다.'처럼 주어와 필수적 부사어가 반드시 있어야 하는 두 자리 서술어죠.
그래서 서술어의 자릿수를 파악하기 위해서는 사전에 제시된 문형 정보를 확인해 보는 것이 좋습니다.

1 밑줄 친 관형어 중, 품사가 나머지와 **다른** 것은?

① <u>모든</u> 국민은 법 앞에 평등하다.
② 남과 <u>다른</u> 능력을 보여 주길 바란다.
③ 그는 자식에게 <u>온갖</u> 정성을 기울였다.
④ 그 사이에 벌써 <u>여러</u> 사람이 다녀갔다.
⑤ <u>세</u> 끼 굶으면 군자가 없다는 말이 있다.

2 밑줄 친 말 중, 문장 성분이 나머지와 **다른** 것은?

① 인간은 <u>경제적</u> 동물인 것 같다.
② <u>현관 앞에</u> 나가 보는 게 좋겠다.
③ 그는 <u>보통</u> 일곱 시에는 일어난다.
④ 그들은 <u>우리의</u> 희생만을 요구한다.
⑤ 넌 제발 <u>다른</u> 생각 말고 공부나 해라.

3 밑줄 친 말 중, 부사어가 **아닌** 것은?

① 아들의 얼굴이 <u>아버지와</u> 다르다.
② 철수는 밥을 정말 <u>많이도</u> 먹는구나.
③ 그는 편지는커녕 제 <u>이름조차</u> 못 쓴다.
④ 아내는 조용히 <u>그러나</u> 단호하게 말했다.
⑤ 그들은 어둠 속으로 <u>잽싸게</u> 사라져 버렸다.

4 〈보기〉에 제시된 서술어의 자릿수와 요구하는 성분이 알맞게 연결된 것은?

> ━━ 보기 ━━
>
> **생기다**
> 「동사」【…에/에게】
> 「1」 없던 것이 새로 있게 되다. ≒생하다.

① 한 자리 서술어 – 주어
② 한 자리 서술어 – 부사어
③ 두 자리 서술어 – 주어, 목적어
④ 두 자리 서술어 – 주어, 부사어
⑤ 세 자리 서술어 – 주어, 목적어, 부사어

문장 성분
2017학년도 3월 고2 학력
평가

1 제시된 탐구 과정을 고려할 때, [A], [B]에 들어갈 ㉠~㉢을 바르게 분류한 것은?

탐구 주제	밑줄 친 말을 문장 성분과 품사를 기준으로 분류하시오. • 이것은 ㉠새로운 글이다. • 이것은 ㉡새 글이다. • 그는 ㉢빠르게 달린다. • 그는 ㉣빨리 달린다.	
탐구 관련 지식	• 관형어는 체언을, 부사어는 용언을 한정하는 기능을 함.	• 형용사는 관형사나 부사와 달리 활용을 함. • 관형사는 명사를, 부사는 동사를 수식함.
탐구 결과	문장 성분에 따라 [A] 로 분류할 수 있다.	품사에 따라 [B] 로 분류할 수 있다.

	[A]	[B]
①	㉠, ㉡ / ㉢, ㉣	㉠, ㉡ / ㉢ / ㉣
②	㉠, ㉡ / ㉢, ㉣	㉠, ㉢ / ㉡ / ㉣
③	㉠, ㉡ / ㉢, ㉣	㉠, ㉣ / ㉡ / ㉢
④	㉠, ㉢ / ㉡, ㉣	㉠, ㉡ / ㉢ / ㉣
⑤	㉠, ㉢ / ㉡, ㉣	㉠, ㉢ / ㉡ / ㉣

2 다음은 부사어에 대해 탐구한 것이다. 탐구 내용으로 적절하지 <u>않은</u> 것은?

문장 성분
2018학년도 수능

①	• 하늘이 눈이 부시게 푸른 날이다. ⇨ 절인 '눈이 부시게'가 부사어로 쓰였군.
②	• 함박눈이 하늘에서 펑펑 내리고 있다. ⇨ 부사격 조사가 결합한 '하늘에서'와 부사 '펑펑'이 부사어로 쓰였군.
③	• 그는 너무 헌 차를 한 대 샀다. ⇨ 부사어 '너무'가 서술어 '샀다'를 수식하는군.
④	㉠ 영이는 엄마와 닮았다. / *영이는 닮았다. ㉡ 영이는 취미로 책을 읽는다. / 영이는 책을 읽는다. ⇨ ㉠의 '엄마와', ㉡의 '취미로'는 둘 다 부사어인데, ㉠의 '엄마와'는 ㉡의 '취미로'와 달리 필수 성분이군.
⑤	㉠ 모든 것이 재로 되었다. / *모든 것이 되었다. ㉡ 모든 것이 재가 되었다. / *모든 것이 되었다. ⇨ ㉠의 '재로'는 부사어이고 ㉡의 '재가'는 보어로서, 문장 성분은 서로 다르지만 서술어가 반드시 필요로 하는 성분이라는 점에서는 같군.

※ '*'는 비문임을 나타냄.

3 〈보기〉의 ㉠~㉺에 대한 탐구로 적절하지 <u>않은</u> 것은?

서술어의 자릿수
2017학년도 3월 고3 학력
평가

• 보기 •

    서술어의 자릿수란 서술어가 필수적으로 요구하는 문장 성분의 개수를 의미한다. 그런데 서술어는 문장에서 사용되는 의미에 따라 필수적으로 요구하는 문장 성분이 달라지기도 한다.

	의미	예문
살다	불 따위가 타거나 비치고 있는 상태에 있다.	바람 때문에 불씨가 다시 ㉠살았다.
	본래 가지고 있던 특징 따위가 그대로 있거나 뚜렷이 나타나다.	이 한 구절로 글이 ㉡살았다.
	어떤 직분이나 신분의 생활을 하다.	그는 조선 시대에 오랫동안 벼슬을 ㉢살았다.
놓다	계속해 오던 일을 그만두고 하지 아니하다.	그는 잠시 일손을 ㉣놓았다.
	잡거나 쥐고 있던 물체를 일정한 곳에 두다.	형은 책을 책상 위에 ㉤놓았다.

① ㉠은 주어만 필수적으로 요구하는 한 자리 서술어이군.
② ㉡은 주어와 부사어를 필수적으로 요구하는 두 자리 서술어이군.
③ ㉢은 주어와 목적어를 필수적으로 요구하는 두 자리 서술어이군.
④ ㉣은 주어와 목적어를 필수적으로 요구하는 두 자리 서술어이군.
⑤ ㉤은 주어, 목적어, 부사어를 필수적으로 요구하는 세 자리 서술어이군.

문장의 구조

❶ 홑문장

- 주어와 서술어의 관계가 한 번만 나타나는 문장이다.
- 주어와 서술어 이외의 성분이 추가되어 문장이 길어져도 또 다른 주어와 서술어의 관계가 나타나지 않으면 홑문장이다.

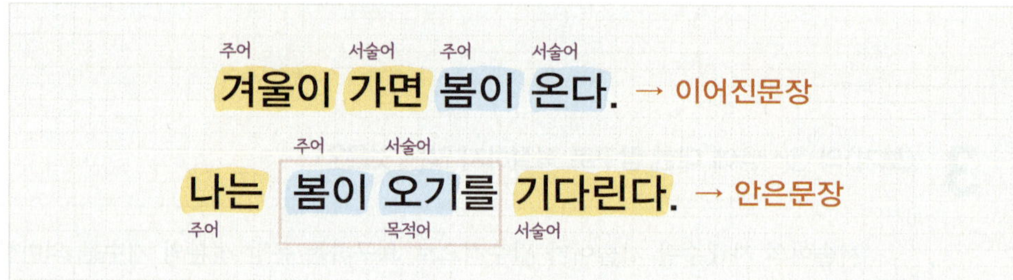

❷ 겹문장

- 주어와 서술어의 관계가 두 번 이상 나타나는 문장이다.
- 겹문장은 둘 이상의 홑문장이 나란히 연결된 이어진문장과, 한 홑문장이 다른 홑문장을 하나의 문장 성분으로 안고 있는 안은문장으로 구분할 수 있다.

이어진문장

- 두 개 이상의 홑문장이 연결 어미에 의해 나란히 연결된 문장을 '이어진문장'이라고 한다.
- 이어진문장은 두 문장의 의미 관계에 따라 '대등하게 연결된 이어진문장'과 '종속적으로 연결된 이어진문장'으로 나뉜다.

❶ 대등하게 연결된 이어진문장

- 두 개 이상의 홑문장이 대등한 자격으로 이어진 문장이다.
- 대등적 연결 어미에 의해 이어지며, 의미상 대칭 구조를 이루기 때문에 앞 절과 뒤 절의 순서를 바꾸어도 의미가 크게 달라지지 않는다. (→ 강조하는 부분은 달라질 수 있음.)

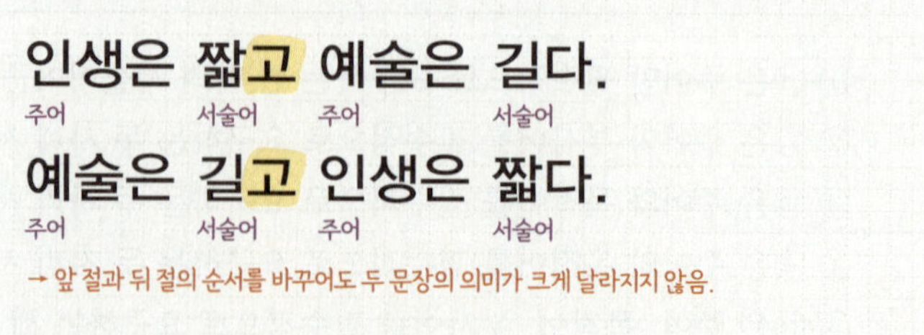

❖ '와/과'로 이어진 문장

홑문장

- 철수와 영희가 만났다.
'만났대(만나다)'는 주어 외에도 만나는 대상을 필요로 하는 서술어이기 때문에 두 문장으로 나눌 수 없음. 이때 '와'는 부사격 조사임.
→ 홑문장

겹문장

- 철수와 영희가 공부한다.
'철수가 공부한다.', '영희가 공부한다.'와 같이 두 문장으로 나눌 수 있음. 이때 '와'는 접속 조사임.
→ 겹문장(대등하게 연결된 이어진문장)

❖ 대등하게 연결된 이어진문장과 종속적으로 연결된 이어진문장의 통사적 차이

1. 대등하게 연결된 이어진문장
- 선행절을 후행절 속으로 이동할 수 없음.
🔹 비가 오고, 바람이 분다.
   → *바람이 비가 오고 분다.

2. 종속적으로 연결된 이어진문장
- 선행절을 후행절 속으로 이동할 수 있음.
🔹 비가 와서, 강물이 불었다.
   → 강물이 비가 와서 불었다.
- 선행절이 목적·의도를 나타낼 경우, 선행절과 후행절의 주어가 일치해야 함.
🔹 *철수는 점심을 먹으러 영희가 급식실에 갔다.
- 시간적 선후 관계를 나타내는 경우, 선행절에는 시제를 나타내는 선어말 어미가 쓰일 수 없음.
🔹 *어젯밤에 비가 왔어서 강물이 불었다.
('*'는 비문임을 나타냄.)

- 대등하게 연결된 이어진문장에서 사용되는 연결 어미

나열	-고, -(으)며	예 여름에는 비가 내리고 겨울에는 눈이 내린다. 이것은 감이며 저것은 사과이다.
대조	-(으)나, -지만	예 동생은 시험에 합격했으나 형은 그러지 못했다. 그는 어렵게 살지만 얼굴에 그늘이 없다.
선택	-거나, -든(지)	예 오늘은 어머니가 오시거나 아버지가 오신다. 노래를 부르든 춤을 추든, 한 가지는 해야 한다.

② 종속적으로 연결된 이어진문장

- 두 개 이상의 홑문장이 연결될 때, 앞 절이 뒤 절에 대해 '원인, 조건, 의도, 양보' 등 종속적인 의미 관계로 이어진 문장이다.
- 종속적 연결 어미에 의해 이어지며, 앞 절과 뒤 절의 순서를 바꾸면 원래 문장의 의미와 달라지거나 비문이 된다.

비가 오면 경기가 취소된다.
주어　　서술어　　주어　　　　서술어

경기가 취소되면 비가 온다.
주어　　　서술어　　　주어　　서술어

→ 앞 절과 뒤 절의 순서를 바꾸면 두 문장의 의미가 달라짐.

- 종속적으로 연결된 이어진문장에서 사용되는 연결 어미

원인(이유)	-아서/-어서, -(으)니, -(으)니까, -(으)므로, -느라고	예 눈이 와서 길이 미끄럽다. 밥을 다 먹고 나니 배가 너무 불렀다. 그렇게 찬 음식을 마구 먹으니까 배탈이 나지. 강물이 깊으므로 배 없이는 건널 수 없다. 영희는 웃음을 참느라고 딴 데를 보았다.
조건	-(으)면, -거든	예 연습을 열심히 하면 너도 잘할 수 있다. 혹시 길이 미끄럽거든 지하철을 이용해라.
목적 · 의도	-(으)러, -(으)려고, -고자, -도록	예 철수는 급식을 먹으러 학교에 다닌다. 그는 무엇을 찾으려고 방을 뒤졌을까? 나도 자네 이야기를 듣고자 찾아왔네. 나무가 잘 자라도록 거름을 주었다.
가정 · 양보	-아도/-어도, -더라도, -(으)ㄴ들, -(으)ㄹ지라도, -(으)ㄹ망정, -(으)ㄹ지언정	예 무슨 일이 있어도 내일까지는 일을 끝마쳐야 한다. 이 일은 누가 하더라도 이보다 더 잘할 수는 없다. 선생님이 떠나신들 설마 우리를 잊으시겠니? 경기에 질지라도 정정당당하게 싸워야 한다. 우리 학교는 작은 학교일망정 역사는 오래되었다. 그것은 무모한 행동일지언정 용감한 행동은 아니다.
배경(상황)	-는데/-(으)ㄴ데	예 내가 텔레비전을 보고 있는데 전화벨이 울렸다. 볼 것은 많은데 시간이 모자란다.
동시성	-자, -자마자	예 그가 방으로 들어서자 모두 그를 바라보았다. 집에 닿자마자 비가 쏟아지기 시작했다.
더함	-(으)ㄹ수록	예 몸이 아플수록 마음이 약해지는 법이다.
전환	-다가	예 아이는 공부를 하다가 잠이 들었다.

시험 정복 Q&A

Q 홑문장과 겹문장은 어떻게 구분하나요?

A 문장이 이루어지기 위해서는 최소한 주어와 서술어가 있어야 합니다. '주어–서술어'의 구성이 하나만 있으면 홑문장, '주어–서술어'의 구성이 둘 이상 있으면 겹문장이죠.

그런데 국어 문장에서는 성분의 생략이 많기 때문에 주의해야 합니다. '오늘은 날씨가 좋다.'와 같이 굉장히 짧은 문장인데 겹문장인 경우가 있으니까요. 그렇지만 서술어가 생략되는 경우는 거의 없기 때문에, 서술어가 두 개 이상 있으면 겹문장이라고 생각하면 돼요.

반면, 아래의 예처럼 접속 조사 '와/과'가 사용된 문장은 서술어는 하나이지만, '주어–서술어'의 구성이 두 번 이상 나타나므로 겹문장입니다.

예 철수와 영수가 공부하고 있다.
이 문장은 '철수가 공부하고 있다.'와 '영수가 공부하고 있다.'가 접속 조사 '와'에 의해 연결된 문장입니다. 따라서 서술어는 하나밖에 없지만 겹문장이고, 대등하게 연결된 이어진문장으로 볼 수 있답니다.

1단계   개념 확인 문제

1 다음 중, 겹문장이 <u>아닌</u> 것은?

① 민준이는 도서관에 자주 간다.
② 혜란이는 성격이 좋은 학생이다.
③ 부모는 자식이 행복하기를 바란다.
④ 그는 갔으나 그의 예술은 살아 있다.
⑤ 인생은 짧지만 나의 사랑은 영원하다.

2 〈보기〉의 ㄱ과 ㄴ에 대한 설명으로 가장 적절한 것은?

— 보기 •
> ㄱ. 하늘이 맑았지만 날씨가 쌀쌀했다.
> ㄴ. 시간이 다 되어서 나는 일어섰다.

① ㄱ은 앞 절과 뒤 절이 종속적으로 이어져 있다.
② ㄱ은 앞 절과 뒤 절의 순서를 바꾸면 비문이 된다.
③ ㄱ은 앞 절과 뒤 절이 대조의 의미 관계로 이어져 있다.
④ ㄴ은 앞 절과 뒤 절이 의미상 대칭 관계를 이룬다.
⑤ ㄴ은 앞 절과 뒤 절이 양보의 의미 관계로 이어져 있다.

3 다음 중, 종속적으로 연결된 이어진문장이 <u>아닌</u> 것은?

① 사랑 받고 싶다면 남을 사랑하라.
② 비가 올지라도 계획대로 떠나겠다.
③ 아침 일찍 떠나려고 짐을 미리 쌌다.
④ 빨리 떠나든지 계속 기다리든지 선택해.
⑤ 자기는 속을지언정 남을 속여서는 안 된다.

4 이어진문장에서 두 절의 의미 관계가 바르게 연결되지 <u>않은</u> 것은?

① 무슨 일이 있더라도 꼭 가야 한다. ┄┄┄┄┄┄ 전환
② 나는 첫차를 타려고 새벽에 일어났다. ┄┄┄┄ 목적
③ 낮말은 새가 듣고 밤말은 쥐가 듣는다. ┄┄┄ 나열
④ 성적을 올리고 싶다면 열심히 공부해라. ┄┄ 조건
⑤ 형이 무사히 돌아와서 온 가족이 기뻐했다. ┄ 원인

2단계   대표 기출 문제

이어진문장
2016학년도 3월 고3 학력
평가

1 〈보기〉를 참고할 때, 다음 중 '이어진문장'에 해당하지 <u>않는</u> 것은?

— 보기 •
> '우리는 자유와 평화를 원한다.'라는 문장은 서술어가 하나뿐이어서 홑문장처럼 보이지만, 실제로는 '우리는 자유를 원한다.'와 '우리는 평화를 원한다.'라는 두 홑문장이 결합된 이어진문장이다. 이때의 '와/과'는 접속 조사로, '자유'와 '평화'를 같은 자격으로 이어 준다. 한편, '와/과'는 '빠르기가 번개와 같다.'나 '그는 당당히 적과 맞섰다.'처럼 비교의 대상이나 행위의 상대임을 나타내는 격 조사로도 쓰이는데, 이때는 서술어가 하나이면 홑문장이 된다.

① 나는 시와 소설을 좋아한다.
② 그녀는 집과 도서관에서 공부했다.
③ 고향의 산과 하늘은 예전 그대로였다.
④ 성난 군중이 앞문과 뒷문으로 들이닥쳤다.
⑤ 그 사람과 나는 오래전부터 서로 사귀어 왔다.

2 〈보기 1〉을 바탕으로 〈보기 2〉를 탐구한 결과로 적절하지 <u>않은</u> 것은?

이어진문장
2016학년도 3월 고1 학력
평가

● 보기 1 ●

이어진문장

　둘 이상의 홑문장이 이어져 있는 문장으로, 주어가 같은 홑문장이 이어질 때는 주어를 하나만 사용할 수도 있음.

○ **대등하게 이어진 문장**
　둘 이상의 홑문장이 동등한 자격으로 이어진 문장으로, 앞 절과 뒤 절이 '나열, 대조, 선택' 등의 의미 관계를 가짐.
○ **종속적으로 이어진 문장**
　앞 홑문장과 뒤 홑문장의 의미가 독립적이지 못하고 종속적으로 이어진 문장으로, 앞 절과 뒤 절이 '원인, 조건, 의도' 등의 의미 관계를 가짐.

● 보기 2 ●

ㄱ. 암벽 등반은 힘들고 재미있다.
ㄴ. 암벽 등반은 힘들어서 재미있다.
ㄷ. 암벽 등반은 힘들지만 재미있다.

① ㄱ, ㄴ, ㄷ은 '암벽 등반은 힘들다.'와 '암벽 등반은 재미있다.'라는 두 홑문장이 이어진 문장이군.
② ㄱ, ㄴ, ㄷ은 앞 절과 뒤 절의 순서를 바꾸어도 의미에 변화가 생기지 않는 이어진문장이군.
③ ㄱ, ㄴ, ㄷ에서 뒤 절의 주어가 없는 것은 앞 절과 주어가 같기 때문이군.
④ ㄱ, ㄷ은 두 홑문장이 각각 나열, 대조의 의미를 갖는 어미 '-고'와 '-지만'으로 연결된 대등하게 이어진 문장이군.
⑤ ㄴ은 두 홑문장이 원인의 의미를 갖는 어미 '-어서'로 연결된 종속적으로 이어진 문장이군.

3 〈보기〉의 ㉠에 해당하는 문장으로 적절한 것은?

이어진문장
2016학년도 6월 고2 학력
평가

● 보기 ●

　'종속적으로 이어진 문장'은 두 개 이상의 문장이 연결 어미로 이어져 있다. 이때 앞의 절과 뒤의 절은 인과, ㉠조건, 의도, 양보, 배경 등의 의미 관계를 나타낸다.

① 책을 많이 읽으면 생각이 깊어진다.
② 책을 읽으려고 학교 도서관으로 갔다.
③ 책을 아무리 읽어도 이해가 되지 않는다.
④ 책을 읽고 있는데 친구가 나를 자꾸 불렀다.
⑤ 책을 다양하게 읽어서 그는 지식이 풍부하다.

21 안은문장

- 다른 홑문장을 절의 형식으로 안고 있는 문장을 '안은문장'이라고 한다.
- 안은문장에서 하나의 문장 성분처럼 사용되는 문장을 '안긴문장(=절)'이라고 하며, 안긴문장은 형태와 기능에 따라 '명사절', '관형절', '부사절', '서술절', '인용절'로 구분된다.

① 명사절을 지닌 안은문장

- 명사처럼 쓰여 주어, 목적어, 부사어 등의 기능을 하는 명사절을 안고 있는 문장이다.
- 안긴문장의 서술어 어간에 명사형 어미 '-(으)ㅁ, -기' 등이 붙어서 만들어진다.

> **해원이가 오기가 쉽지 않겠다.**
> 명사절(주어+서술어) → 주어의 기능
>
> **해원이가 오기 전에 밥을 먹자.**
> 명사절(주어+서술어) → 관형어의 기능
>
> **시간이 해원이가 오기에 이르다.**
> 명사절(주어+서술어) → 부사어의 기능
>
> **나는 해원이가 왔음을 몰랐다.**
> 명사절(주어+서술어) → 목적어의 기능

⚙ 명사절의 종류

명사형 어미 '-기'가 붙은 명사절

- 아직 완료되지 않은 상태를 나타냄.
- '기다리다', '바라다', '쉽다', '알맞다', '좋다' 등의 서술어와 어울림.
- 예 나는 민아가 오기를 기다렸다.

명사형 어미 '-(으)ㅁ'이 붙은 명사절

- 이미 완료된 상태를 나타냄.
- '기억하다', '드러나다', '마땅하다', '밝혀지다', '알다' 등의 서술어와 어울림.
- 예 나는 민아가 왔음을 기억한다.

⚙ 명사절의 특수한 형태

1. 주로 문어체에서 많이 쓰이는 '-(으)ㅁ, -기'의 구성과 달리, 구어체에서는 '-(으)ㄴ, -는, -(으)ㄹ 것'의 형식을 명사절로 사용하는 경향이 있다. 그런데 이것을 '-(으)ㄴ, -는, -(으)ㄹ'이 이끄는 관형절과 의존 명사 '것'의 결합으로 볼 수도 있다. 따라서 아래 예문은 형식적 구조를 엄밀하게 따지는 관점에서는 관형절로, 실제 사용의 측면을 강조하는 관점에서는 명사절로 보게 된다.
   - 예 나는 민아가 온 것을 몰랐다.
     나는 민아가 왔다는 것을 몰랐다.

2. 의문과 관련된 종결 어미 '-(으)냐/-느냐, -(으)ㄴ가/-는가, -(으)ㄴ지/-는지' 등으로 끝난 문장도 그대로 명사절로 쓰일 수 있다.
   - 예 민아가 오느냐가 문제이다.
     너는 민아가 왔는지를 알아봐라.

② 관형절을 지닌 안은문장

- 관형어의 기능(→ 체언 수식)을 하는 관형절을 안고 있는 문장이다.
- 안긴문장의 서술어 어간에 관형사형 어미 '-(으)ㄴ, -는, -(으)ㄹ, -던' 등이 붙어서 만들어진다.

> **나는 학교에 가는 설윤이를 보았다.**
> 관형절(주어 생략+부사어+서술어) → 체언 '설윤이' 수식
>
> **나는 설윤이가 온다는 소식을 들었다.**
> 관형절(주어+서술어) → 체언 '소식' 수식

돋보기 관계 관형절과 동격 관형절

1. **관계 관형절**: 관형절의 수식을 받는 체언이 관형절의 한 성분이 되는 경우로, 겹문장이 만들어질 때 중복을 피하기 위해 문장 성분이 생략됨.
   - 예 나는 그림을 그리는 수지를 봤다. ← 나는 수지를 봤다. + (수지가) 그림을 그린다. (주어 생략)
   - 예 나는 수지가 그린 그림이 좋다. ← 나는 그림이 좋다. + 수지가 (그림을) 그린다. (목적어 생략)

2. **동격 관형절**: 관형절의 수식을 받는 체언과 관형절 전체의 내용이 동일한 의미를 가지게 되는 경우로, 관형절 내 생략된 성분이 없음.
   - 예 나는 수지가 그림을 그린다는 이야기를 들었다. ← 이야기 = 수지가 그림을 그린다.

❸ **부사절을 지닌 안은문장**

- 부사어의 기능(→ 용언 수식)을 하는 부사절을 안고 있는 문장이다.
- 안긴문장의 서술어 어간에 부사형 어미 '−게, −도록, −듯이, −아서/−어서' 등이 붙거나 부사 파생 접미사 '−이'가 붙어서 만들어진다.

> 하니가 배꼽이 빠지게 웃었다.
> 부사절(주어+서술어) → 용언 '웃었다' 수식
>
> 하니가 눈썹이 휘날리도록 뛰어왔다.
> 부사절(주어+서술어) → 용언 '뛰어왔다' 수식
>
> 하니는 배가 고파서 집에 왔다.
> 부사절(주어+서술어) → 용언 '왔다' 수식
>
> 하니가 말이 없이 집에 갔다.
> 부사절(주어+서술어) → 용언 '갔다' 수식

❹ **서술절을 지닌 안은문장**

- 서술어의 기능을 하는 서술절을 안고 있는 문장이다.
- 절 전체가 안은문장에서 서술어 역할을 하므로, '[주어 + (주어 + 서술어)]'의 구성이 된다.

> 유진이가 웃음이 많다.
> 서술절(주어+서술어) → 전체 문장의 서술어 역할
>
> 원영이는 다리가 길다.
> 서술절(주어+서술어) → 전체 문장의 서술어 역할

❺ **인용절을 지닌 안은문장**

- 다른 사람의 말이나 자신의 생각 등을 인용한 인용절을 안고 있는 문장이다.
- 인용절이 될 절에 조사 '라고'가 붙는 직접 인용절과, 조사 '고'가 붙는 간접 인용절로 나뉜다.

> 가을이는 "이서가 오네."라고 말했다.
> 인용절(주어+서술어) → '가을이'의 말을 그대로 빌려 온 직접 인용
>
> 가을이는 이서가 온다고 말했다.
> 인용절(주어+서술어) → 화자의 표현으로 바뀐 간접 인용
>
> 원영이는 이것이 행운이라고 말했다.
> 인용절(주어+서술어) → 서술격 조사 '이다'가 '이라'로 바뀐 간접 인용

1 다음 중, 명사절이 쓰이지 <u>않은</u> 문장은?

① 농부들은 가뭄이 끝나기를 바란다.
② 그녀가 거짓말을 했음이 드러났다.
③ 그가 이 사건의 범인임이 밝혀졌다.
④ 수민이는 아름다운 그림을 선물했다.
⑤ 나는 아직도 그녀가 오기를 기다린다.

2 다음 중, 밑줄 친 관형절에서 생략된 문장 성분이 나머지와 <u>다른</u> 것은?

① 진희는 <u>볼에 흐르는</u> 눈물을 닦았다.
② 순이의 얼굴이 <u>잘 익은</u> 사과와 같다.
③ 성민이는 <u>대학생이 된</u> 형이 부러웠다.
④ 철수는 <u>영희가 탄</u> 버스에 뛰어올랐다.
⑤ 어머니께서 <u>숙제를 하는</u> 동생을 불렀다.

3 다음 중, 서술절을 지닌 안은문장이 <u>아닌</u> 것은?

① 오늘은 하늘이 개었다.
② 코끼리는 코가 정말 길다.
③ 은혜는 상상력이 풍부했다.
④ 그는 이제 바보가 아니었다.
⑤ 선생님은 마음이 따뜻하시다.

4 다음 중, 부사절을 지닌 안은문장이 <u>아닌</u> 것은?

① 그는 발이 닳도록 걸었다.
② 그녀는 코가 예쁘게 생겼다.
③ 눈이 와서 교통이 마비되었다.
④ 하늘이 눈이 시리도록 푸르다.
⑤ 비가 소리도 없이 내리고 있다.

안은문장
2020학년도 9월 고2 학력
평가

1 〈학습 활동〉을 수행한 결과로 적절한 것은?

• 학습 활동 •

다른 문장에 들어가 하나의 성분처럼 쓰이는 문장을 안긴문장이라고 하고, 이 문장을 포함한 문장을 안은문장이라고 한다. 안긴문장을 절이라고 하는데 그 종류로는 명사절, 관형절, 부사절, 서술절, 인용절이 있다. 예를 들어 관형절은 안은문장 안에서 절 전체가 관형어의 기능을 한다.

다음 자료에서 안긴문장의 종류와 기능을 파악해 보자.

[자료]
㉠ 누나가 주인임이 밝혀졌다.
㉡ 삼촌은 농담을 던짐으로써 분위기를 풀었다.
㉢ 형은 동생이 고향으로 돌아오기만 기다렸다.

① ㉠~㉢에서 안긴문장의 종류가 모두 동일하고 ㉠에서 안긴문장은 안은문장 안에서 목적어의 기능을 하는군.
② ㉠~㉢에서 안긴문장의 종류가 모두 동일하고 ㉡에서 안긴문장은 안은문장 안에서 부사어의 기능을 하는군.
③ ㉠~㉢에서 안긴문장의 종류가 모두 동일하고 ㉢에서 안긴문장은 안은문장 안에서 주어의 기능을 하는군.
④ ㉠~㉢에서 안긴문장의 종류가 모두 다르고 ㉠에서 안긴문장은 안은문장 안에서 주어의 기능을 하는군.
⑤ ㉠~㉢에서 안긴문장의 종류가 모두 다르고 ㉡에서 안긴문장은 안은문장 안에서 부사어의 기능을 하는군.

2 〈학습 활동〉을 수행한 결과로 적절한 것은?

안은문장
2022학년도 6월 모의평가

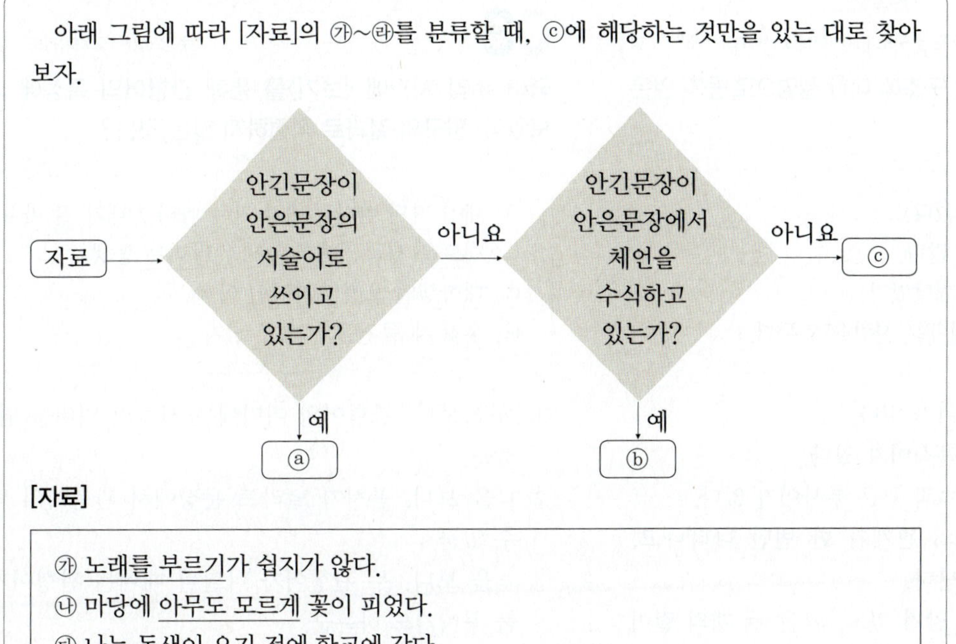

[자료]

> ㉮ <u>노래를 부르기</u>가 쉽지가 않다.
> ㉯ 마당에 <u>아무도 모르게</u> 꽃이 피었다.
> ㉰ 나는 <u>동생이 오기</u> 전에 학교에 갔다.
> ㉱ 내 동생은 누구보다 <u>마음씨가 착하다.</u>

① ㉮
② ㉮, ㉯
③ ㉰, ㉱
④ ㉮, ㉯, ㉰
⑤ ㉯, ㉰, ㉱

3 〈보기〉의 ㉠에 해당하는 예로 적절하지 <u>않은</u> 것은?

안은문장
2019학년도 3월 고2 학력평가

보기

학 생: 한 문장 안에 주어와 서술어의 관계가 한 번 나타나는 문장을 홑문장, 두 번 이상 나타나는 문장을 겹문장이라고 하잖아요. 그런데 "나는 따뜻한 차를 마셨다."라는 문장의 경우 주어 '나는'과 서술어 '마셨다'의 관계가 한 번만 나타나는 것 같은데 왜 겹문장인가요?

선생님: "나는 따뜻한 차를 마셨다."라는 문장은 겹문장으로, 관형절을 안은 문장이야. 관형절 '따뜻한'의 주어가 관형절이 수식하는 명사 '차'와 중복되어 생략된 것이지. 이처럼 ㉠<u>한 문장이 다른 문장 속에 관형절로 안길 때 두 문장에 중복된 단어가 있으면, 관형절에서 그 단어가 포함된 문장 성분이 생략되기도 한단다.</u>

① 그녀는 그가 여행을 간 사실을 몰랐다.
② 내가 사는 마을은 무척이나 아름답다.
③ 그는 책장에 있던 소설책을 꺼냈다.
④ 나는 동생이 먹을 딸기를 씻었다.
⑤ 골짜기에 흐르는 물이 깨끗하다.

01

문장 성분과 문장 구조 | 2015학년도 7월 고3 학력평가 A형

다음 ㄱ~ㄹ의 문장 성분과 문장 구조에 대한 설명으로 옳지 <u>않은</u> 것은?

> ㄱ. 그가 마침내 대학생이 되었다.
> ㄴ. 이 전시장은 창문이 아주 많다.
> ㄷ. 우리는 그가 정당했음을 깨달았다.
> ㄹ. 절약은 부자를 만들고, 절제는 사람을 만든다.

① ㄱ은 보어가 있고, ㄷ은 보어가 없다.
② ㄴ은 목적어가 없고, ㄹ은 목적어가 있다.
③ ㄱ과 ㄴ은 부사어가 있고, ㄷ과 ㄹ은 부사어가 없다.
④ ㄱ과 ㄴ은 주어와 서술어의 관계가 한 번만 나타나고, ㄷ과 ㄹ은 두 번 이상 나타난다.
⑤ ㄷ은 절이 전체 문장 속에 안겨 있고, ㄹ은 두 개의 절이 대등한 관계로 이어져 있다.

02

서술어의 자릿수 | 2007학년도 9월 고1 학력평가

〈보기〉를 참조하여 '서술어의 자릿수'를 판단한 것 중, 옳지 <u>않은</u> 것은?

> **보기**
>
> 문장 속에서 서술어가 꼭 필요로 하는 성분의 개수를 서술어의 자릿수라고 한다. 여기에 해당하는 성분에는 주어, 목적어, 보어, 그리고 필수적 부사어가 있다.
>
> | | |
> |---|---|
> | 그녀는 **예쁘다.**
(주어) (서술어) | → 한 자리 서술어 |
> | 새가 빨리 **날아간다.**
(주어) (부사어) (서술어) | → 한 자리 서술어 |
> | 그는 연극을 **보았다.**
(주어) (목적어) (서술어) | → 두 자리 서술어 |
> | 물이 얼음이 **되었다.**
(주어) (보어) (서술어) | → 두 자리 서술어 |
> | 철수는 부모님께 선물을 **드렸다.**
(주어) (필수적 부사어) (목적어) (서술어) | → 세 자리 서술어 |

① 아지랑이가 모락모락 피어올랐다. → 한 자리 서술어
② 그 소년이 무지개를 바라보았다. → 두 자리 서술어
③ 내 동생은 거짓말쟁이가 아니다. → 두 자리 서술어
④ 영국의 날씨는 한국과 다르다. → 세 자리 서술어
⑤ 그가 나에게 친절을 베풀었다. → 세 자리 서술어

03

문장 성분 | 2011학년도 11월 고1 학력평가

국어 수업 시간에 〈보기〉를 통해 관형어의 특성에 대해 알아보았다. 탐구의 결과로 적절하지 <u>않은</u> 것은?

> **보기**
>
> ㄱ. 내가 <u>가던</u> 바다 / 내가 <u>가는</u> 바다 / 내가 <u>갈</u> 바다
> ㄴ. <u>새로운</u> 제품 / <u>예쁜</u> 누나 / <u>달리는</u> 동생
> ㄷ. <u>대학생인</u> 오빠 / <u>사장인</u> 아빠
> ㄹ. <u>온갖 새</u> 물건들 / <u>저 두</u> 남자

① ㄱ을 보니, 관형어의 어미에는 시간의 의미를 담을 수 있겠군.
② ㄴ을 보니, 품사가 달라도 문장에서 관형어의 역할을 할 수 있군.
③ ㄹ을 보니, 두 관형어가 나열될 때에는 관형어가 관형어를 꾸미기도 하는군.
④ ㄴ과 ㄷ을 보니, 용언과 서술격 조사 '이다'가 변형되어 관형어로 쓰일 수 있군.
⑤ ㄱ~ㄹ을 통해 관형어는 꾸밈을 받는 말 앞에 위치한다는 것을 알 수 있군.

04

문장 성분 | 2013학년도 6월 모의평가

〈보기〉의 ㉠의 예로만 짝지은 것은?

> **보기**
>
> 부사어는 다른 말을 꾸며 주는 성분의 하나이므로 대개 문장을 구성하는 데에 꼭 필요하지는 않다. 그러나 어떤 서술어는 부사어를 반드시 요구하기도 하는데, 이처럼 문장의 성립에 반드시 필요한 부사어를 ㉠'필수적 부사어'라 한다. 해당 문장의 서술어가 무엇이냐에 따라 동일한 '체언 + 격 조사' 구성의 부사어라도 필수적 부사어일 수도 있고 아닐 수도 있다.

① ┌ 나는 <u>삼촌과</u> 영화를 보았다.
　└ 어제 본 것은 <u>이것과</u> 꽤 비슷하다.
② ┌ 인공위성이 <u>궤도에서</u> 이탈하였습니다.
　└ 우리는 <u>공원에서</u> 선생님을 만났습니다.
③ ┌ 그들은 <u>몽둥이로</u> 멧돼지를 잡았다.
　└ 왕은 그 용감한 기사를 <u>사위로</u> 삼았다.
④ ┌ 이 지역의 기후는 <u>벼농사에</u> 적합하다.
　└ 나는 <u>오후에</u> 할머니 댁을 방문했습니다.
⑤ ┌ 선생님께서 <u>지혜에게</u> 선행상을 주셨다.
　└ 홍길동 씨는 <u>친구에게</u> 5만 원을 빌렸다.

05

문장 성분 | 2017학년도 10월 고3 학력평가

㉠~㉣에 대해 이해한 내용으로 적절한 것은?

> ㉠ 드디어 나도 일을 끝냈다.
> ㉡ 벌써 바깥이 칠흑같이 어둡다.
> ㉢ 신임 장관은 이번 회의에 참석한다.
> ㉣ 새 컴퓨터가 순식간에 고물이 되었다.

① ㉠과 ㉡에서 주어는 명사구에 조사가 붙은 형태이다.
② ㉠과 ㉢에서 격 조사가 문장의 주어를 나타내 주고 있다.
③ ㉡과 ㉢에서 주어는 서술어가 나타내는 동작의 주체이다.
④ ㉢과 ㉣에서 주어는 체언 구실을 하는 구에 조사가 붙은 형태이다.
⑤ ㉣에서는 상태의 변화를 의미하는 서술어의 영향으로 주어가 두 번 쓰였다.

06

문장 성분 | 2014학년도 11월 고2 학력평가 A형

〈보기〉의 예를 바탕으로 부사어의 특징에 대해 탐구한 내용으로 적절하지 <u>않은</u> 것은?

> ● 보기 ●
> ㉠ 엄마와 그녀는 닮았다. / *그녀는 닮았다.
> ㉡ 그는 밥을 안 먹었다. / *그는 안 밥을 먹었다.
> ㉢ 아빠가 용돈을 아이에게 주었다. / *아빠가 용돈을 주었다.
> ㉣ 겨우 하나를 만들었다는 거야?
>   하나를 겨우 만들었다는 거야?
> ㉤ 경제 및 문화가 발달해야 선진국이다.
>   *경제 문화가 및 발달해야 선진국이다.
>
> *는 문법적으로 잘못된 것.

① ㉠을 보니 문장 전체를 수식하는 부사어 중에는 생략할 수 없는 부사어가 있군.
② ㉡을 보니 부정의 의미를 갖는 부사어는 수식하는 문장 성분 앞으로 위치가 고정되는군.
③ ㉢을 보니 서술어의 행위가 미치는 대상을 가리키는 부사어는 문장을 구성하는 데 꼭 필요한 성분이 되기도 하는군.
④ ㉣을 보니 체언을 꾸며 주던 부사어가 위치를 이동하면 수식하는 성분이 바뀌는 경우도 있군.
⑤ ㉤을 보니 단어를 이어 주는 부사어는 위치를 자유롭게 이동할 수 없군.

07

문장 성분 | 2016학년도 11월 고1 학력평가

〈보기〉는 문장 성분을 이해하기 위한 학습 활동의 일부이다. [A]에 들어갈 내용으로 적절하지 <u>않은</u> 것은?

> ● 보기 ●
> [탐구 방법]
> 1. 특정 문장 성분을 생략할 경우 문장이 성립하는가를 확인하고 그 성분이 문장 구성에 필수적인지를 판단한다.
> 2. 특정 문장 성분이 어떤 기능을 하는가를 문장 내 다른 성분과의 관계를 고려해서 판단한다.
>
> [탐구 대상]
> ㄱ. 꼼꼼한 소윤이가 가위로 색종이를 잘랐다.
> ㄴ. 경민이는 옆집의 효빈이를 동생으로 삼았다.
>
> [탐구 결과]
> | [A] |

① ㄱ의 '색종이를'은 필수적인 성분으로, '잘랐다'라는 행위의 대상으로 기능한다.
② ㄱ의 '꼼꼼한'과 ㄴ의 '옆집의'는 필수적이지 않은 성분으로, 문장 내에서 동일한 기능을 한다.
③ ㄱ의 '소윤이가'와 ㄴ의 '경민이는'은 필수적인 성분으로, 문장 안에서 행위의 주체로 기능을 한다.
④ ㄱ의 '잘랐다'와 ㄴ의 '삼았다'는 필수적인 성분으로, 문장 안에서 주체의 행위를 표현하는 기능을 한다.
⑤ ㄱ의 '가위로'와 ㄴ의 '동생으로'는 필수적이지 않은 성분으로, 문장 내의 특정 단어를 수식하는 기능을 한다.

08

안은문장 | 2021학년도 3월 고3 학력평가

〈보기〉의 ㉠~㉢에 대한 설명으로 적절하지 <u>않은</u> 것은?

> ● 보기 ●
> ㉠ 우리는 봄이 어서 오기를 기다렸다.
> ㉡ 나는 그가 범인이 아니었음에 안도했다.
> ㉢ 우유를 마신 아이가 마루에서 잠들었다.

① ㉠에는 목적어의 기능을 하는 안긴문장이 있다.
② ㉡에는 서술어의 기능을 하는 안긴문장이 있다.
③ ㉢에는 관형어의 기능을 하는 안긴문장이 있다.
④ ㉢과 달리 ㉠에는 안긴문장 속에 부사어가 있다.
⑤ ㉡과 달리 ㉢에는 주어가 생략된 안긴문장이 있다.

09

〈보기〉의 ㉠~㉤에 해당하는 문장으로 적절하지 <u>않은</u> 것은?

• 보기 •

> [학습 활동]
>
> 　겹문장은 홑문장보다 복잡한 생각을 효과적으로 표현할 수 있는 장점이 있다. 〈자료〉에 제시된 홑문장을 활용하여 〈조건〉에 해당하는 겹문장을 만들어 보자.
>
> | 〈자료〉 | 〈조건〉 |
> | --- | --- |
> | • 날씨가 춥다. | ㉠ 명사절을 안은 문장 |
> | • 형은 물을 마셨다. | ㉡ 관형절을 안은 문장 |
> | • 동생은 얼음을 먹었다. | ㉢ 부사절을 안은 문장 |
> | • 동생은 추위와 상관없다. | ㉣ 인용절을 안은 문장 |
> | • 형은 동생에게 불평을 했다. | ㉤ 대등하게 이어진 문장 |

① ㉠: 동생은 추운 날씨에도 얼음을 먹었다.
② ㉡: 형은 얼음을 먹는 동생에게 불평을 했다.
③ ㉢: 동생은 추위와 상관없이 얼음을 먹었다.
④ ㉣: 형은 동생에게 날씨가 춥다고 불평을 했다.
⑤ ㉤: 형은 물을 마셨지만 동생은 얼음을 먹었다.

10

〈보기〉를 이용하여 국어 문장 구조에 관한 수업을 진행하였다. 발표 내용으로 적절하지 <u>않은</u> 것은?

• 보기 •

> ㄱ. 담징은 <u>이마에 흐르는</u> 땀을 씻었다.
> ㄴ. <u>그가 착한 사람임을</u> 모르는 사람은 거의 없다.
> ㄷ. 그 사람은 <u>아는</u> 것도 없이 잘난 척을 해.

① 〈보기〉 문장의 밑줄 친 부분은 모두 다른 문장 속에 안긴 문장입니다.
② 그런데 ㄱ, ㄴ, ㄷ에서 밑줄 친 부분은 각각 관형어, 목적어, 부사어의 구실을 하고 있습니다.
③ ㄱ의 밑줄 친 부분에는 주어가 나타나 있지 않은데, 생략된 주어는 '담징'입니다.
④ ㄴ에서는 밑줄 친 부분뿐 아니라 '그가 착한'과 '그가 착한 사람임을 모르는'도 안긴문장입니다.
⑤ 이처럼 우리말은 문장 속에 문장을 안은 형태로 복잡한 생각을 표현할 수 있습니다.

11

〈보기〉의 ㉠~㉤과 관련된 설명으로 적절한 것은?

• 보기 •

> 주기적으로 운동하기가 ㉠<u>건강의</u> 첫걸음이다. 그것을 꾸준하게 ㉡<u>실천하기</u> ㉢<u>원한다면</u> 제대로 ㉣<u>된</u> 계획 세우기가 ㉤<u>선행되어야</u> 한다.

① ㉠이 서술어인 문장에서 명사절이 주어 기능을 하고 있다.
② ㉡이 서술어인 문장에서 명사절이 목적어 기능을 하고 있다.
③ ㉢이 서술어인 문장에서 명사절이 부사어 기능을 하고 있다.
④ ㉣이 서술어인 문장에서 명사절이 보어 기능을 하고 있다.
⑤ ㉤이 서술어인 문장에서 명사절이 관형어 기능을 하고 있다.

12

〈보기〉는 문법 수업의 일부이다. 선생님의 설명에 따라 ㉠~㉤을 이해한 내용으로 적절하지 <u>않은</u> 것은?

• 보기 •

> **선생님**: 관형절은 안은문장에서 관형어로 쓰이는데 관형절에는 주어가 생략된 관형절, 목적어가 생략된 관형절, 부사어가 생략된 관형절 등이 있어요. 그리고 명사절은 안은문장에서 조사와 결합하여 주어, 목적어, 부사어 등으로 쓰일 수 있어요. 그럼 다음 문장에 대해 관형절과 명사절에 주목하여 분석해 볼까요?
>
> ㉠ 약속 시간에 늦은 친구들이 많았다.
> ㉡ 마지막 문제를 풀기가 생각보다 어렵다.
> ㉢ 나는 아버지께서 주신 빵을 형과 함께 먹었다.
> ㉣ 그는 지금 사는 집에서 계속 머무르기를 희망했다.
> ㉤ 그들은 우리가 어제 목적지에 도착했음을 이미 알았다.

① ㉠에는 주어가 생략된 관형절이 있고, 명사절은 없습니다.
② ㉡에는 관형절이 없고, 주어로 쓰인 명사절이 있습니다.
③ ㉢에는 목적어가 생략된 관형절이 있고, 명사절은 없습니다.
④ ㉣에는 부사어가 생략된 관형절이 있고, 부사어로 쓰인 명사절이 있습니다.
⑤ ㉤에는 관형절이 없고, 목적어로 쓰인 명사절이 있습니다.

13

안은문장 | 2017학년도 7월 고3 학력평가

〈보기〉의 [A]에 들어갈 말로 적절한 것은?

─────── 보기 ●

선생님: 두 개의 홑문장을 하나의 겹문장으로 만들 때, 두 홑문장 중 한 문장에서 특정 성분이 생략되는 경우가 있습니다. 다음은 홑문장 ㉠, ㉡을 하나의 겹문장 ㉢으로 만든 예인데요, ㉢에 대해 설명해 볼까요?

> ㉠ 철수가 공원에서 산책을 하였다.
> \+
> ㉡ 공원은 학교 뒤에 있다.
> ↓
> ㉢ 철수가 산책을 한 공원은 학교 뒤에 있다.

학생: ________________________ [A]

① ㉠이 ㉡에 관형절로 안기면서 ㉠의 목적어가 생략되었습니다.
② ㉠이 ㉡에 관형절로 안기면서 ㉠의 부사어가 생략되었습니다.
③ ㉠이 ㉡에 부사절로 안기면서 ㉠의 부사어가 생략되었습니다.
④ ㉠이 ㉡에 부사절로 안기면서 ㉡의 주어가 생략되었습니다.
⑤ ㉠이 ㉡에 명사절로 안기면서 ㉡의 주어가 생략되었습니다.

14

안은문장 | 2014학년도 수능 A형

〈보기〉의 ㉠~㉤에 대한 설명으로 적절하지 않은 것은?

─────── 보기 ●

명사절은 명사와 마찬가지로 문장에서 다양한 문장 성분으로 쓰인다. 다음의 밑줄 친 명사절이 어떤 문장 성분으로 쓰이는지 알아보자.

㉠ 색깔이 희기가 눈과 같다.
㉡ 농부들은 비가 오기를 기다린다.
㉢ 부모는 언제나 자식이 행복하기 바란다.
㉣ 제비는 겨울이 오기 전에 남쪽으로 떠났다.
㉤ 지금은 우리가 학교에 가기에 아직 이르다.

① ㉠: 명사절이 조사와 결합하여 주어로 쓰였다.
② ㉡: 명사절이 조사와 결합하여 목적어로 쓰였다.
③ ㉢: 명사절이 조사와 결합하지 않고 목적어로 쓰였다.
④ ㉣: 명사절이 조사와 결합하지 않고 부사어로 쓰였다.
⑤ ㉤: 명사절이 조사와 결합하여 부사어로 쓰였다.

15

안은문장 | 2017학년도 6월 모의평가

〈보기〉의 ㉠~㉢에 해당하는 예로 적절하지 않은 것은?

─────── 보기 ●

(가)~(다)는 관형절을 안은 문장이고 [A]~[C]는 안긴 문장인 관형절을 완결된 문장으로 바꾼 것이다. 이를 보면 (가)의 '동생', (나)의 '책', (다)의 '도서관'은 완결된 문장 [A], [B], [C]에서 뒤에 붙는 조사와 함께 각각 ㉠주어, ㉡목적어, ㉢부사어로 기능을 하고 있다.

(가) 어제 책만 읽은 동생에게 오늘은 쉬라고 했다.
　　[A] 동생이 어제 책만 읽었다.
(나) 아이가 읽은 책은 동화책이다.
　　[B] 아이가 책을 읽었다.
(다) 형이 책을 읽은 도서관은 집 근처에 있다.
　　[C] 형이 도서관에서 책을 읽었다.

① ㉠ ┌ 어제 결혼한 그들에게 나는 미리 선물을 주었다.
　　 └ 누나를 많이 닮은 친구를 우리는 오늘도 만났다.
② ㉠ ┌ 나무로 된 탁자에 동생이 낙서를 하고 있다.
　　 └ 그들은 시대에 뒤떨어진 생각을 여전히 하고 있다.
③ ㉡ ┌ 두 사람이 어제 헤어진 공원이 지금 공사 중입니다.
　　 └ 나는 어제 부모님이 시키신 일을 오늘에야 다 끝냈다.
④ ㉡ ┌ 친구가 나에게 준 옷이 나는 마음에 든다.
　　 └ 누나는 털실로 짠 장갑도 내게 주었습니다.
⑤ ㉢ ┌ 아이들이 운동장에서 공을 찬 주말을 기억해 보세요.
　　 └ 그는 관중이 쓰레기를 남긴 경기장을 열심히 청소했다.

16

안은문장 | 2015학년도 수능 A형

다음 ㉠, ㉡의 문장 성분과 문장 구조에 대한 설명이 옳은 것은?

> ㉠ 친구들은 내가 노래 부르기를 원한다.
> ㉡ 우리는 이 지역 토양이 벼농사에 적합함을 몰랐다.

① ㉠에는 부사어가 있지만 ㉡에는 부사어가 없다.
② ㉠에는 명사절이 안겨 있지만 ㉡에는 부사절이 안겨 있다.
③ ㉠에는 서술절이 안겨 있지만 ㉡에는 관형절이 안겨 있다.
④ ㉠의 안긴문장 속에는 관형어가 있지만 ㉡의 안긴문장 속에는 관형어가 없다.
⑤ ㉠의 안긴문장 속에는 목적어가 있지만 ㉡의 안긴문장 속에는 목적어가 없다.

17

안은문장 | 2019학년도 수능

〈보기〉의 ⓐ~ⓒ를 이해한 내용으로 적절하지 <u>않은</u> 것은?

> • 보기 •
> ⓐ 그는 위기를 좋은 기회로 삼았다.
> ⓑ 바다가 눈이 부시게 파랗다.
> ⓒ 동주는 반짝이는 별을 응시했다.

① ⓐ의 '삼았다'는 주어 이외에도 두 개의 문장 성분을 필수적으로 요구하는군.
② ⓑ의 '바다가'와 '눈이'는 각각 다른 서술어의 주어이군.
③ ⓒ의 '별을'은 안긴문장의 목적어이면서 안은문장의 목적어이군.
④ ⓐ의 '좋은'과 ⓒ의 '반짝이는'은 안긴문장의 서술어이군.
⑤ ⓑ의 '눈이 부시게'와 ⓒ의 '반짝이는'은 수식의 기능을 하는군.

18

안은문장 | 2019학년도 9월 모의평가

〈보기〉의 자료를 탐구한 결과로 적절한 것은?

> • 보기 •
> ○ 탐구 과제
>   하나의 문장이 안긴문장으로 다른 문장에 안길 때, 원래 있던 문장 성분이 생략되는 경우가 있다. 아래의 각 문장에서 안긴문장을 파악한 후, 생략된 문장 성분이 있다면 무엇인지 확인해 보자.
>
> ○ 자료
> ㉠ 부모님은 자식이 건강하기를 바란다.
> ㉡ 그 친구는 연락도 없이 그곳에 안 왔다.
> ㉢ 동생은 자신의 판단이 옳았음을 깨달았다.
> ㉣ 그는 내가 늘 쉬던 공원에서 산책을 했다.
> ㉤ 그 사람들은 아주 어려운 과제를 금방 끝냈다.

		안긴문장의 종류	생략된 문장 성분
①	㉠	부사절	없음
②	㉡	명사절	없음
③	㉢	명사절	주어
④	㉣	관형절	부사어
⑤	㉤	관형절	목적어

19

문장의 구조 | 2021학년도 3월 고1 학력평가

㉠~㉤에 대한 설명으로 적절하지 <u>않은</u> 것은?

> ㉠ 그는 우리와 함께 일하기를 거부했다.
> ㉡ 개는 사람보다 후각이 훨씬 예민하다.
> ㉢ 나는 그가 우리를 도와 준 일을 잊지 않았다.
> ㉣ 날이 추워지면 방한 용품이 필요하다.
> ㉤ 수만 명의 관객들이 공연장을 가득 메웠다.

① ㉠: '우리와 함께 일하기를'이 안은문장에서 목적어의 역할을 하고 있군.
② ㉡: '후각이 훨씬 예민하다'가 안은문장에서 서술어의 역할을 하고 있군.
③ ㉢: '그가 우리를 도와 준'이 안은문장에서 관형어의 역할을 하고 있군.
④ ㉣: '날이 추워지다.'와 '방한 용품이 필요하다.'가 대등하게 이어진 문장이군.
⑤ ㉤: '관객들이'가 주어이고 '메웠다'가 서술어인 홑문장이군.

20

문장 성분과 문장 구조 | 2018학년도 3월 고3 학력평가

㉠~㉣의 문장 성분과 문장 구조에 대한 설명으로 적절하지 <u>않은</u> 것은?

> ㉠ 내가 빌린 자전거는 내 친구의 것이다.
> ㉡ 우리는 공연이 시작되기 전에 극장에 도착했다.
> ㉢ 피아노를 잘 치는 영수는 손가락이 누구보다 길다.
> ㉣ 파수꾼이 마을에 사는 사람들을 속였음이 드러났다.

① ㉠, ㉢에는 모두 서술어의 기능을 하는 안긴문장이 있다.
② ㉠, ㉣에는 모두 체언을 수식하는 안긴문장이 있다.
③ ㉡의 안긴문장에는 부사어가 없지만, ㉢의 안긴문장에는 부사어가 있다.
④ ㉡에는 관형어의 기능을 하는 안긴문장이 있고, ㉣에는 조사와 결합하여 주어의 기능을 하는 안긴문장이 있다.
⑤ ㉢, ㉣에는 모두 주어가 생략된 안긴문장이 있다.

21

안은문장 | 2019학년도 3월 고3 학력평가

〈보기〉의 ㉮~㉰에 대한 설명으로 적절하지 <u>않은</u> 것은?

• 보기 •

㉮ 그 사람이 범인임이 확실히 밝혀졌다.
㉯ 부상을 당한 선수는 장애물 달리기를 포기하였다.
㉰ 학생들은 성적이 많이 오르기를 마음속으로 빌었다.

---

① ㉮는 명사절 속에 관형어가 한 개 있다.
② ㉮에는 주어의 기능을 하는 안긴문장이 있다.
③ ㉯에는 주어가 생략된 안긴문장이 있다.
④ ㉰는 ㉮와 달리 안긴문장 속에 부사어가 있다.
⑤ ㉯와 ㉰에는 목적어의 기능을 하는 안긴문장이 있다.

22

이어진문장과 안은문장 | 2013학년도 4월 고3 학력평가 A형

〈보기〉는 이어진문장과 안은문장에 대해 정리한 것이다. 탐구의 결과로 적절하지 <u>않은</u> 것은?

• 보기 •

○ 이어진문장: 둘 이상의 홑문장이 대등하거나 종속적으로 이어진 문장
  ㄱ. 동생은 과일은 좋아하지만, 야채는 싫어한다.
    동생은 야채는 싫어하지만, 과일은 좋아한다.
    (동생은 과일을 좋아하다. / 동생은 야채를 싫어하다.)
  ㄴ. 철수가 오면 그들은 출발할 것이다.
    그들이 출발하면 철수가 올 것이다.
    (철수가 오다. / 그들이 출발하다.)

○ 안은문장: 홑문장을 전체 문장의 한 성분으로 안고 있는 문장
  ㄷ. 언니는 <u>그 아이가 학생임</u>을 알았다.
    (언니는 그것을 알다. / 그 아이가 학생이다.)
  ㄹ. <u>책을 읽던</u> 영수가 수지에게 다가왔다.
    (영수가 책을 읽다. / 영수가 수지에게 다가오다.)

  ※ ── 표시: 안긴문장임.

---

① ㄱ과 ㄴ으로 볼 때, 이어진문장은 두 문장이 '대조'나 '조건'의 의미 관계로 연결되기도 하는군.
② ㄱ과 ㄴ으로 볼 때, 이어진문장은 앞뒤 문장의 순서가 바뀌어도 동일한 의미를 나타내는군.
③ ㄱ과 ㄹ로 볼 때, 이어진문장과 안은문장 모두 중복된 내용을 생략할 수 있군.
④ ㄷ과 ㄹ로 볼 때, 안긴문장은 안은문장에서 명사처럼 쓰이거나 명사를 꾸미는 등 다양한 역할을 하는군.
⑤ ㄷ과 ㄹ로 볼 때, 안긴문장과 안은문장의 주어는 같을 수도 있고 서로 다를 수도 있군.

23

이어진문장과 안은문장 | 2018학년도 6월 고2 학력평가

〈보기〉의 (가)~(다)에 대한 설명으로 적절하지 <u>않은</u> 것은?

• 보기 •

겹문장 속에서 하나의 '주어 + 서술어' 관계가 이루어진 부분을 '절'이라고 한다. '절'은 전체 문장의 한 성분으로 안기거나 서로 이어지거나 한다.

(가) 봄이 오면 꽃이 핀다.
      ㉠   ㉡
(나) 눈이 내린 마을은 고요했다.
      ㉢   ㉣
(다) 나는 그가 왔음을 몰랐다.
          ㉤

---

① (가)에서 ㉠과 ㉡의 위치를 바꾸면 의미가 달라진다.
② (나)에서 ㉢은 ㉣의 주어를 꾸며 주는 역할을 한다.
③ (다)의 ㉤을 생략하면 전체 문장의 의미가 불완전해진다.
④ (나)와 달리 (다)는 절이 전체 문장의 한 성분으로 안겨 있다.
⑤ (가), (나), (다)는 모두 '주어 + 서술어' 관계가 두 번 나타난다.

24

이어진문장과 안은문장 | 2016학년도 4월 고3 학력평가

〈보기〉의 ㉠~㉤에 대한 설명으로 옳지 <u>않은</u> 것은?

• 보기 •

나는 형이 오기를 기다렸고 동생은 형이 준 책을 읽었다.

---

① ㉠은, ㉡과 ㉢이 대등하게 연결된 이어진문장이다.
② ㉡은, '나는'의 서술어인 ㉣을 안고 있다.
③ ㉡과 ㉢은, 각각 '주어 – 서술어'의 관계가 두 번 이상 나타난다.
④ ㉣과 ㉤은, '주어 – 서술어'의 관계가 한 번씩만 나타난다.
⑤ ㉤은, '책'을 수식하는 관형어 역할을 하면서 ㉢에 안겨 있다.

[25~26] 다음 글을 읽고 물음에 답하시오.

일반적으로 문장은 주어와 서술어의 관계에 따라 홑문장과 겹문장으로 나눌 수 있다. 홑문장은 '주어 – 서술어'의 관계가 한 번만 나타나는 문장이고, 겹문장은 '주어 – 서술어'의 관계가 두 번 이상 나타나는 문장이다. 겹문장은 문장의 짜임새에 따라 다시 안은문장과 이어진문장으로 나뉜다.

다른 문장 속에 들어가 하나의 성분처럼 쓰이는 문장을 안긴문장이라고 하며, 이 문장을 포함한 문장을 안은문장이라고 한다. 안긴문장은 문법 단위로는 '절'에 해당하며, 이는 크게 명사절, 관형절, 부사절, 서술절, 인용절의 다섯 가지로 나뉜다.

명사절은 '우리는 그가 돌아오기를 기다린다.'의 밑줄 친 부분과 같이 절 전체가 명사처럼 쓰이는 것으로, 문장에서 주어, 목적어, 보어, 부사어 등의 역할을 한다. 관형절은 절 전체가 관형어의 기능을 하는 것으로, '아이들이 들어오는 소리를 들었다.'의 밑줄 친 부분과 같이 체언 앞에 위치하여 체언을 수식하는 역할을 한다. 부사절은 절 전체가 부사어의 기능을 하는 것으로, '하늘이 눈이 시리도록 푸르다.'의 밑줄 친 부분과 같이 서술어를 수식하는 역할을 한다. 서술절은 '나는 국어가 좋아.'의 밑줄 친 부분과 같이 절 전체가 서술어의 기능을 하는 것이다. 인용절은 '담당자가 "서류는 내일까지 제출하세요."라고 말했다.'의 밑줄 친 부분과 같이 화자의 생각 혹은 느낌이나 다른 사람의 말을 인용한 것이 절의 형식으로 안기는 경우로, '고', '라고'와 결합하여 나타난다.

이어진문장은 둘 이상의 절이 연결 어미에 의해 결합된 문장을 말한다. 절이 이어지는 방법에 따라 대등하게 이어진문장과 종속적으로 이어진문장으로 나뉜다. 대등하게 이어진문장은 앞 절과 뒤 절이 '–고', '–지만' 등의 연결 어미에 의해 이어지며, 각각 '나열', '대조' 등의 대등한 의미 관계로 해석된다. 종속적으로 이어진문장은 앞 절과 뒤 절이 '–아서/–어서', '–(으)면', '–(으)러' 등의 연결 어미에 의해 이어지며, 앞 절이 뒤 절에 대해 각각 '원인', '조건', '목적' 등의 종속적인 의미 관계로 해석된다.

25

이어진문장 | 2021학년도 6월 고1 학력평가

윗글을 바탕으로 이어진문장을 구분한 내용으로 적절한 것은?

	예문	종류	의미 관계
①	무쇠도 갈면 바늘이 된다.	종속	목적
②	하늘도 맑고, 바람도 잠잠하다.	대등	대조
③	나는 시험공부를 하러 학교에 간다.	종속	조건
④	함박눈이 내렸지만 날씨가 따뜻하다.	대등	나열
⑤	갑자기 문이 열려서 사람들이 놀랐다.	종속	원인

26

안은문장 | 2021학년도 6월 고1 학력평가

윗글을 바탕으로 〈보기〉를 탐구한 내용으로 적절하지 않은 것은?

> ──• 보기 •──
>
> ㉠오랫동안 여행을 떠났던 친구가 ㉡자신이 돌아왔음을 알리며 ㉢곧장 나를 만나러 오겠다고 ㉣기분 좋게 약속해서 나는 ㉤마음이 설렜다.

① ㉠은 뒤에 오는 명사 '친구'를 수식하므로 관형절로 안긴문장으로 볼 수 있군.
② ㉡은 서술어 '알리며'의 부사어 역할을 하므로 명사절로 안긴문장으로 볼 수 있군.
③ ㉢은 '고'를 사용하여 친구의 말을 인용하고 있으므로 인용절로 안긴문장으로 볼 수 있군.
④ ㉣은 서술어 '약속해서'를 수식하고 있으므로 부사절로 안긴문장으로 볼 수 있군.
⑤ ㉤은 주어 '나'의 상태를 서술하는 역할을 하므로 서술절로 안긴문장으로 볼 수 있군.

27

안은문장 | 2022학년도 6월 고1 학력평가

〈보기〉의 설명을 참고하여 ⓐ~ⓒ의 밑줄 친 안긴문장에 대해 이해한 것으로 적절한 것은?

> ──• 보기 •──
>
> 다른 문장 속에 들어가 하나의 문장 성분처럼 쓰이는 문장을 안긴문장이라고 하며, 이 안긴문장을 포함하는 문장을 안은문장이라고 한다.
>
> ⓐ 그가 소리도 없이 밖으로 나갔다.
> ⓑ 나는 그가 이 사건의 범인임을 깨달았다.
> ⓒ 어머니께서 시장에서 산 수박은 매우 달았다.

① ⓐ의 안긴문장에는 주어가 생략되어 있다.
② ⓑ의 안긴문장은 조사와 결합하여 부사어의 기능을 한다.
③ ⓒ의 안긴문장에는 체언을 수식하는 관형어가 있다.
④ ⓐ의 안긴문장은 용언을 수식하고, ⓒ의 안긴문장은 체언을 수식한다.
⑤ ⓑ의 안긴문장에는 목적어가 있고, ⓒ의 안긴문장에는 목적어가 생략되어 있다.

28

서술어의 자릿수 | 2022학년도 수능

밑줄 친 서술어가 요구하는 필수 성분의 개수와 종류가 〈보기〉의 문장과 같은 것은?

• 보기 •

이곳의 지형은 외적의 침입을 막기에 <u>유리하다.</u>

① 그 광물이 원래는 귀금속에 <u>속했다.</u>
② 그는 바람이 불기에 옷깃을 <u>여몄다.</u>
③ 우리는 원두막을 하루 만에 <u>지었다.</u>
④ 나는 시간이 남았기에 그와 <u>걸었다.</u>
⑤ 나는 구호품을 수해 지역에 <u>보냈다.</u>

29

서술어의 자릿수 | 2025학년도 6월 모의평가

밑줄 친 서술어가 필수적으로 요구하는 문장 성분의 개수 및 종류가 같은 것끼리 짝지어진 것은?

① ┌ 할아버지는 형님 댁에 <u>계신다.</u>
　 └ 여객선이 <u>도착한</u> 항구엔 안개가 꼈다.
② ┌ 저 친구는 불평이 <u>그칠</u> 날이 없다.
　 └ 그는 배에서 <u>내리는</u> 장면을 상상했다.
③ ┌ 나는 이 호박을 죽으로 <u>만들</u> 것이다.
　 └ 아버지는 뜬눈으로 밤을 <u>새웠다.</u>
④ ┌ 얼음으로 <u>된</u> 성이 나타났다.
　 └ 그는 남이 <u>아니고</u> 가족이다.
⑤ ┌ 그의 신중함은 아무래도 <u>지나쳤다.</u>
　 └ 언니는 간이역만 <u>지나치는</u> 기차를 탔다.

30

문장 성분과 문장 구조 | 2021학년도 9월 고2 학력평가

〈보기〉의 ㄱ~ㄹ을 탐구한 내용으로 적절하지 <u>않은</u> 것은?

• 보기 •

ㄱ. 나는 키가 크다.
ㄴ. 나는 여름만 좋아한다.
ㄷ. 그녀는 시인이자 선생님이다.
ㄹ. 그녀가 사과를 먹고 나는 배를 먹는다.

① ㄱ과 ㄷ을 구성하는 문장 성분의 종류는 동일하군.
② ㄱ과 ㄹ은 모두 주어와 서술어의 관계가 두 번 나타나는군.
③ ㄴ과 ㄷ의 서술어의 개수는 동일하군.
④ ㄴ과 ㄹ은 모두 주어와 목적어를 포함하고 있군.
⑤ ㄷ과 ㄹ은 모두 연결 어미를 포함하고 있군.

31

문장 성분 | 2024학년도 수능

〈학습 활동〉을 수행한 결과로 적절한 것은?

• 학습 활동 •

부사어는 부사, 체언+조사, 용언 활용형 등으로 실현된다. 부사어로써 수식하는 문장 성분은 부사어, 관형어, 서술어 등이다. 일례로 '차가 간다.'의 서술어 '간다'를 수식하기 위해 부사 '잘'을 부사어로 쓰면 '차가 잘 간다.'가 된다. [조건] 중 두 가지를 만족하도록, 주어진 문장에 부사어를 넣어 수정해 보자.

[조건]
㉠ 부사어를 수식하기 위해 부사를 부사어로 쓴 문장
㉡ 관형어를 수식하기 위해 용언 활용형을 부사어로 쓴 문장
㉢ 관형어를 수식하기 위해 부사를 부사어로 쓴 문장
㉣ 서술어를 수식하기 위해 '체언+조사'를 부사어로 쓴 문장
㉤ 서술어를 수식하기 위해 용언 활용형을 부사어로 쓴 문장

	조건	수정 전 ⇨ 수정 후
①	㉠, ㉡	웃는 아기가 귀엽게 걷는다. ⇨ 방긋이 웃는 아기가 참 귀엽게 걷는다.
②	㉠, ㉢	화가가 굵은 선을 쭉 그었다. ⇨ 화가가 조금 굵은 선을 세로로 쭉 그었다.
③	㉡, ㉤	그를 싫어하는 사람이 있다. ⇨ 그를 무턱대고 싫어하는 사람이 많이 있다.
④	㉢, ㉣	딴 사람이 그 문제를 해결했다. ⇨ 전혀 딴 사람이 그 문제를 한순간에 해결했다.
⑤	㉣, ㉤	영미는 그 일을 처리했다. ⇨ 영미는 그 일을 원칙대로 깔끔히 처리했다.

| 문법 요소 |

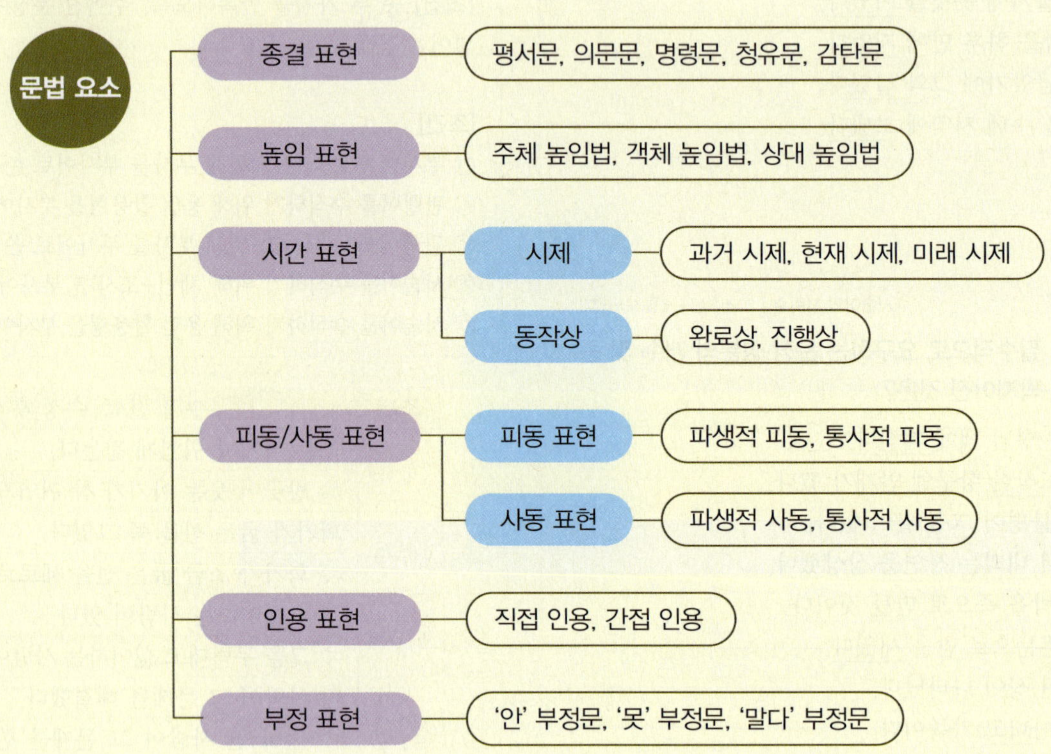

문법 요소
종결 표현
평서문, 의문문, 명령문, 청유문, 감탄문
높임 표현
주체 높임법, 객체 높임법, 상대 높임법
시간 표현
시제
과거 시제, 현재 시제, 미래 시제
동작상
완료상, 진행상
피동/사동 표현
피동 표현
파생적 피동, 통사적 피동
사동 표현
파생적 사동, 통사적 사동
인용 표현
직접 인용, 간접 인용
부정 표현
'안' 부정문, '못' 부정문, '말다' 부정문

V

문법 요소

22 종결 표현

 終 마칠 종. 結 맺을 결. 表 겉 표. 現 나타날 현

- 문장을 끝맺는 표현으로, 종결 어미에 따라 결정된다.
- 평서문, 의문문, 명령문, 청유문, 감탄문으로 나뉘며, 상대 높임법에 따라 각각 다양한 종결 어미가 결합한다.

❶ 평서문 平 평평할 평. 敍 줄 서. 文 글월 문

화자가 청자에게 특별히 요구하는 바 없이 자신의 생각을 단순하게 진술하는 문장으로, 평서형 종결 어미가 결합한다.

• 평서형 종결 어미의 종류

격식체				비격식체	
해라체	하게체	하오체	하십시오체	해체	해요체
−다	−네	−(으)오	−ㅂ니다/습니다	−아/−어	−아요/−어요

꽃이 예쁘**다** / 예쁘**네** / 예쁘**오** / 예쁩**니다** / 예**뻐** / 예뻐**요**.

❷ 의문문 疑 의심할 의. 問 물을 문. 文 글월 문

화자가 청자에게 질문하여 대답을 요구하는 문장으로, 의문형 종결 어미가 결합한다.

• 의문형 종결 어미의 종류

격식체				비격식체	
해라체	하게체	하오체	하십시오체	해체	해요체
−니, −느냐	−나, −는가	−(으)오	−ㅂ니까/습니까	−아/−어	−아요/−어요

꽃이 피**니**(피**느냐**) / 피**나**(피**는가**) / 피**오** / 핍**니까** / **펴** / **펴요**?
피어   피어요

• 의문문의 종류

① 판정 의문문 : 의문사 없이 긍정이나 부정의 대답을 요구하는 의문문
  예 "문법 공부 잘 되니?" → "네." / "아니요."
② 설명 의문문 : 문장 속에 의문사가 포함되어 구체적 설명을 요구하는 의문문
  예 "어떤 단원이 가장 어렵니?" → "제 생각에는 중세 국어가 가장 어려워요."
③ 수사 의문문 : 대답을 요구하지 않고 서술, 명령, 감탄 등의 기능을 하는 의문문
  예 "문법이 정말 재미있지 않니?" → 형식은 의문문이지만 서술의 기능('문법이 정말 재미있다.')을 함.
  "어서 공부하지 못하겠니?" → 형식은 의문문이지만 명령의 기능('어서 공부해라.')을 함.
  "이 얼마나 흥미로운가?" → 형식은 의문문이지만 감탄의 기능('정말 흥미롭구먼!')을 함.

❸ 명령문 命 목숨 명. 令 명령할 령. 文 글월 문

화자가 청자에게 어떤 행동을 요구하는 문장으로, 명령형 종결 어미가 결합한다.

❖ 격식체와 비격식체

격식체는 상대 높임법 중에서 화자와 청자가 의례적으로 격식을 갖추는 관계에 쓰는 높임 표현으로 심리적으로 다소 먼 관계에서 사용됨. 비격식체는 화자와 청자가 격식을 갖추지 않아도 되는 관계에 쓰는 높임 표현으로, 심리적으로 가까운 관계에서 사용됨.

❖ 의문사

의문의 초점이 되는 사물이나 사태를 지시하는 말로, '누구', '언제', '어디', '무엇', '왜', '어떻게', '얼마' 따위가 있음. '물음말'이라고도 하며, 의문사가 포함된 의문문은 구체적 설명을 요구하므로 '설명 의문문'이라고 함.

• 명령형 종결 어미의 종류

격식체				비격식체	
해라체	하게체	하오체	하십시오체	해체	해요체
−아라/−어라	−게	−오, −구려	−(으)십시오	−아/−어	−아요/−어요

책을 보아라 / 보게 / 보오(보구려) / 보십시오 / 봐 / 봐요.

• 명령문의 종류

① 직접 명령문 : 청자를 직접 보면서 말하는 명령문으로, '−아라/−어라'와 결합하여 실현된다. 예 애야, 꿈을 가져라. (가지−+−어라)

② 간접 명령문 : 불특정한 다수를 대상으로 매체를 통해 이루어지는 명령문으로, '−(으)라'와 결합하여 실현된다. 예 청년들이여, 꿈을 가지라. (가지−+−라)

③ 허락 명령문 : 부드러운 명령이나 허락의 뜻을 나타내는 명령문으로, '−(으)려무나, −(으)렴'과 결합하여 실현된다. 예 너도 이제는 꿈을 가지렴. (가지−+−렴)

④ 청유문 請 청할 청, 誘 꾈 유, 文 글월 문

화자가 청자에게 어떤 행동을 함께할 것을 요청하는 문장으로, 청유형 종결 어미가 결합한다. (→ 형용사는 서술어가 될 수 없음.)

• 청유형 종결 어미의 종류

격식체				비격식체	
해라체	하게체	하오체	하십시오체	해체	해요체
−자	−(으)세	−(으)ㅂ시다	−(으)시지요	−아/−어	−아요/−어요

같이 가자 / 가세 / 갑시다 / 가시지요 / 가 / 가요.

⑤ 감탄문 感 느낄 감, 歎 탄식할 탄, 文 글월 문

화자가 청자를 의식하지 않고 자신의 느낌을 표현하는 문장으로, 감탄형 종결 어미가 결합한다.

• 감탄형 종결 어미의 종류 (→ 동사에는 현재 시제 선어말 어미 '−는− / −ㄴ−'이 함께 결합함.)

격식체				비격식체	
해라체	하게체	하오체	하십시오체	해체	해요체
−구나, −어라	−구먼	−구려	—	−군, −아/−어	−군요, −아요/−어요

정말 아름답구나 / 아름답구먼 / 아름답구려 / 아름답군 / 아름답군요!

1 다음 중, 문장의 종결 표현이 <u>잘못</u> 연결된 것은?

① 서둘러 갑시다. – 청유문

② 벌써 도착했구먼. – 감탄문

③ 나는 집에서 왔네. – 평서문

④ 늦지 않게 가 보세. – 명령문

⑤ 어떻게 이제 오느냐? – 의문문

2 〈보기〉의 ㉠에 해당하는 예로 적절한 것은?

• 보기 •

청유문은 화자와 청자 모두가 행동의 주체인 경우가 일반적이지만, 때로는 ㉠행동의 주체가 화자만인 경우나 청자만인 경우도 존재한다.

① (문을 가로막은 사람에게) 좀 나갑시다.

② (늦잠 자는 아들을 깨우며) 이제 일어나자.

③ (교장 선생님을 안내하며) 이쪽으로 가시지요.

④ (선생님이 떠드는 학생들에게) 좀 조용히 하자.

⑤ (친구와 식당에서 주문을 하며) 떡볶이랑 순대 먹자.

3 다음 중, 문장의 종결 표현과 기능이 일치하는 것은?

① 이 문제 정말 쉽지 않니?

② 누가 이런 것도 모르겠니?

③ 이 얼마나 쉬운 문제인가?

④ 어서 문제를 풀지 못하겠니?

⑤ 도대체 무엇이 문제인 거니?

4 다음 중, 청자를 직접 대면하고 말하는 문장이 <u>아닌</u> 것은?

① 철수 좀 불러오렴.

② 희망을 가지려무나.

③ 해결책을 마련하라.

④ 여기서 하나 골라라.

⑤ 다 같이 이걸 보구려.

명령문의 종류
2010학년도 9월 고2 학력평가

1 〈보기 1〉의 ㄱ~ㄷ에 해당하는 예를 〈보기 2〉의 a~c에서 찾아 바르게 짝지은 것은?

• 보기 1 •

화자가 청자에게 어떤 행동을 하도록 요구하는 문장을 명령문이라 하는데, 다음과 같이 구분할 수 있다.

ㄱ. 화자와 청자의 상호적 발화 상황에서 청자의 행동을 요구하는 경우로 '–아라 / 어라'로 실현된다.

ㄴ. 청자가 없는 일방적 발화 상황에서 청자의 행동을 요구하는 경우로 '–(으)라'로 실현된다.

ㄷ. 화자와 청자의 상호적 발화 상황에서 청자의 행동을 요구하되 경계(警戒)의 의미를 전달하는 경우로 '–(으)ㄹ라'로 실현된다.

• 보기 2 •

a. 청년들이여, 꿈을 찾으라.

b. 철수야, 그러다 넘어질라.

c. 영희야, 이것 좀 먹어 봐라.

	ㄱ	ㄴ	ㄷ			ㄱ	ㄴ	ㄷ
①	a	b	c		②	a	c	b
③	b	a	c		④	c	a	b
⑤	c	b	a					

2 〈보기 1〉의 ㉠, ㉡에 해당하는 가장 적절한 예를 〈보기 2〉에서 고른 것은?

의문문의 종류
2014학년도 9월 모의평가
A, B형

───── 보기 1 ─────

대답을 요구하는 의문문에는 긍정이나 부정의 대답을 요구하는 것과 ㉠구체적인 설명을 요구하는 것이 있다. 대답을 요구하지 않는 의문문은 구체적인 담화 상황에 따라 화자의 의도를 나타내는데, 서술을 나타내는 경우, 감탄을 나타내는 경우, ㉡명령을 나타내는 경우 등이 있다.

───── 보기 2 ─────

○ 학교에서 수업을 하는 상황
 ┌ 선생님 : ㉮독서 모둠 활동은 언제, 어디에서 하면 좋겠니?
 └ 학 생 : 3시부터 도서실에서 하면 좋겠어요.

○ 늦잠 자는 아들을 깨우는 상황
 ┌ 어머니 : 학교 늦겠어! ㉯그만 자고 얼른 일어나지 못하겠니?
 └ 아 들 : 엄마, 제발요. 조금만 더 잘래요.

○ 두 학생이 함께 하교하는 상황
 ┌ 학생 A : ㉰나랑 같이 문구점에 갈 수 있니?
 └ 학생 B : 나도 연필 살 게 있었는데, 참 잘됐다.

○ 동생이 억울한 일을 겪은 상황
 ┌ 언 니 : ㉱어쩜 이럴 수 있니?
 └ 동 생 : 아, 정말 억울해서 못 견디겠어.

	㉠	㉡
①	㉮	㉯
②	㉮	㉰
③	㉯	㉱
④	㉰	㉯
⑤	㉰	㉱

3 〈보기〉를 참고할 때, 밑줄 친 말이 ㉠에 가장 가까운 것은?

청유문의 용법
2010학년도 수능

───── 보기 ─────

청유문은 화자가 청자에게 같이 행동할 것을 요청하는 문장이다. 즉, 청유문은 청유형 어미 '-자', '-(으)ㅂ시다' 등이 붙는 서술어의 행동을 화자와 청자가 공동으로 하도록 유발하는 것이다. 그러나 간혹 청자만 행하기를 바라거나 ㉠화자만 행하려는 행동을 나타낼 때에도 쓰인다.

① (반장이 떠드는 친구들에게) 조용히 좀 하자.
② (엄마가 아이에게 약을 먹일 때) 자, 이리 와서 약 먹자.
③ (다툰 친구에게 화해를 청하면서) 오늘 영화나 같이 보러 가자.
④ (식사를 먼저 마친 사람들이 귀찮게 말을 걸 때) 밥 좀 먹읍시다.
⑤ (학급 회의에서 논의가 길어질 때) 이 문제는 나중에 다시 토의합시다.

23 높임 표현

높임 표현

- 화자가 어떤 대상의 높고 낮은 정도를 언어적으로 구별하여 표현하는 방식이나 체계를 말한다.
- 높임의 대상에 따라 주체 높임법, 객체 높임법, 상대 높임법으로 구분할 수 있다.

❶ 주체 높임법 主 주인 주, 體 몸 체

화자가 서술의 주체(주어가 가리키는 대상)를 높이는 방식으로, 직접 높임과 간접 높임으로 나뉜다.

(1) 직접 높임: 주체를 직접적으로 높이는 방식

• 주체 높임의 실현

선어말 어미 사용	서술어에 주체 높임의 선어말 어미 '-(으)시-'를 결합함. 예 아버지께서 철수를 부르신다.(부르-+-시-+-ㄴ-+-다)
조사 사용	주격 조사 '이/가' 대신 '께서'를 사용함. 예 선생님께서 책을 보신다.
특수 어휘 사용	'계시다', '잡수시다', '댁', '진지' 등의 특수 어휘를 사용함. 예 할아버지께서는 진지를 잡수신다.

할머니께서는 언제 댁에 가시니?
높임의 주격 조사   특수 어휘   주체 높임 선어말 어미

(2) 간접 높임: 서술의 주체가 높여야 할 사람과 관련된 대상(신체의 일부분, 소유물, 말이나 생각, 가족 등)일 때, 이를 높임으로써 실제 높여야 할 사람을 간접적으로 높이는 방식

선생님은 귀가 밝으시다.
'밝다'의 주체인 '귀'를 높임. → 신체의 일부분을 높여 '선생님'에 대한 높임을 간접적으로 실현함.

선생님은 걱정이 많으시다.
'많다'의 주체인 '걱정'을 높임. → 생각을 높여 '선생님'에 대한 높임을 간접적으로 실현함.

선생님은 어린 딸이 있으시다.
'있다'의 주체인 '딸'을 높임. → 가족을 높여 '선생님'에 대한 높임을 간접적으로 실현함.

돋보기 잘못된 간접 높임

1. 간접 높임에서는 '계시다'를 쓰지 않는다. (간접 높임에는 특수 어휘를 사용하지 않음.)

예 교장 선생님의 말씀이 계시겠습니다. (×)(→ '계시다'의 주체는 '교장 선생님'이 아니라 '말씀'임.)
  → 교장 선생님의 말씀이 있으시겠습니다. (○)

2. 상대방을 지나치게 의식하여 사물을 높이는 간접 높임 표현은 잘못된 표현이다.

예 • 손님, 찾으시는 물건은 품절이십니다. (×) → 찾으시는 물건은 품절입니다. (○)
  • 손님, 주문하신 음료 나오셨습니다. (×) → 주문하신 음료 나왔습니다. (○)
  • 손님, 그 사이즈는 없으세요. (×) → 그 사이즈는 없습니다. (○)
  • 손님, 음식 포장이세요? (×) → 음식 포장해 드릴까요? (○)
(→ 주체의 소유물 혹은 주체와 밀접한 관계를 맺고 있는 대상이 아닌 경우는 잘못된 간접 높임 표현임.)

❂ 주체 높임에 쓰이는 특수 어휘

예사말	높임말
있다	계시다
먹다	잡수다(잡수시다), 들다(드시다), 자시다
아프다	편찮으시다
자다	주무시다
말	말씀*
밥	진지
술	약주
이	치아
집	댁
이름	성함
나이	연세, 춘추

*'말씀'은 자신의 말을 낮출 때도 사용하는 특수한 단어임.
예 • 선생님의 말씀이 있으셨다.
  → 선생님의 '말'을 높임.
  • 제 말씀도 좀 들어 보세요.
  → 자신의 '말'을 낮춤.

❷ 객체 높임법 客 손님 객, 體 몸 체

화자가 서술의 객체(목적어나 부사어가 가리키는 대상)를 높이는 방식이다.

• 객체 높임의 실현

조사 사용	객체가 부사어인 경우, 부사격 조사 '에게' 대신 '께'를 사용함. 예 동생이 할아버지께 약을 갖다 드렸다.
특수 어휘 사용	'드리다', '모시다', '여쭈다/여쭙다', '뵈다/뵙다'의 특수 어휘를 사용함. 예 나는 할아버지를 모시고 병원에 갔다.

> **서안이가 어머니께 여쭤 보았다.**
> 높임의 부사격 조사　특수 어휘

❸ 상대 높임법 相 서로 상, 對 대답할 대

화자가 청자(대화의 상대)에 대하여 높이거나 낮추어 말하는 방식으로, 문장의 종결 표현을 통해 실현되며 크게 격식체와 비격식체로 나뉜다.

> **이쪽으로 와서**
>
> **앉으십시오 / 앉으시오 / 앉게 / 앉아라** → 격식체
> 하십시오체　　하오체　　하게체　　해라체
>
> **앉아요 / 앉아.** → 비격식체
> 해요체　　해체
>
> *높임의 정도: 하십시오 〉 해요 〉 하오 〉 하게 〉 해 〉 해라

• 상대 높임의 실현

구분		평서형	의문형	명령형	청유형	감탄형
격식체	하십시오체 (아주높임)	합니다	합니까?	하십시오	(하시지요)	—
	하오체 (예사높임)	하오	하오?	하오	합시다	하는구려
	하게체 (예사낮춤)	하네	하나?, 하는가?	하게	하세	하는구먼
	해라체 (아주낮춤)	한다	하니?, 하느냐?	해라, 하렴	하자	하는구나
비격식체	해요체 (두루높임)	해요	해요?	해요	해요	해요, 하는군요
	해체 (두루낮춤)	해	해?	해	해	해, 하는군

↳ 해체에 보조사 '요'를 붙이면 해요체가 됨.

> **밥은 먹었니?　　조금 전에 먹었다.**
> → 거리감 있는 해라체('요'를 붙일 수 없는 반말은 해라체임.)
>
> **밥은 먹었어?　　조금 전에 먹었어.**
> → 친근감 있는 해체('요'를 붙일 수 있고, 붙이면 해요체가 됨.)

1단계 개념 확인 문제

1 밑줄 친 특수 어휘의 사용이 적절하지 <u>않은</u> 것은?

① 아버지께서 진지를 <u>드신다</u>.
② 어머니는 벌써 <u>댁</u>에 가셨니?
③ 할머니께서 많이 <u>편찮으시니</u>?
④ 따로 전하실 말씀이 <u>계신가요</u>?
⑤ 할아버지, <u>춘추</u>가 어떻게 되세요?

2 다음 중, 〈보기〉에서 설명한 예로 적절한 것은?

> • 보기 •
>
> 서술의 주체가 화자보다 아랫사람이지만 주체와 청자 사이의 관계를 고려하여 주체를 높이는 경우도 있다.

① (할머니가 손자에게) 우리 손주, 빨리 세수해요.
② (할머니가 손자에게) 할아버지 나오시라고 해라.
③ (할머니가 손자에게) 이거 아버지께 갖다 드려라.
④ (할머니가 손자에게) 아버지 언제 오신다고 했니?
⑤ (할머니가 손자에게) 어머니 어디 갔는지 모르니?

3 밑줄 친 객체 높임 표현이 적절하지 <u>않은</u> 것은?

① 다른 모자를 보여 <u>드릴게요</u>.
② 가서 할머니 좀 <u>모셔</u> 오너라.
③ 궁금하시면 저에게 <u>여쭤보세요</u>.
④ 오랜만에 <u>뵙게</u> 되어 반갑습니다.
⑤ 이거 아버지께 <u>드리려고</u> 샀어요.

4 다음 중, 상대 높임 표현을 연결한 것이 적절하지 <u>않은</u> 것은?

① 정말 고맙구려. – 하오체
② 밥은 먹었지요? – 해요체
③ 벌써 다 끝났냐? – 해라체
④ 다리가 아프구먼. – 하게체
⑤ 같이 해 봅시다. – 하십시오체

2단계 대표 기출 문제

높임 표현
2019학년도 3월 고1 학력평가

1 〈보기〉의 [A]~[C]에 들어갈 예를 바르게 짝지은 것은?

> • 보기 •
>
> ◦ ㄱ~ㄷ은 높임 표현이 사용된 문장들이다. 아래의 순서도에 따라 ㄱ~ㄷ을 분류해 보자.
>
> > ㄱ. 나는 할아버지께 선물을 드렸다.
> > ㄴ. 할아버지께서 지금 우리 집에 계신다.
> > ㄷ. 어머니께서는 할아버지를 모시고 집에 가셨다.
>
> ⇩
>
> 주어가 나타내는 대상인 주체를 높이는가? — 아니오 → [A]
>
> ↓ 예
>
> 문장의 목적어나 부사어가 나타내는 대상인 객체를 높이는가? — 아니오 → [B]
>
> ↓ 예
>
> [C]

	[A]	[B]	[C]
①	ㄱ	ㄴ	ㄷ
②	ㄱ	ㄷ	ㄴ
③	ㄴ	ㄱ	ㄷ
④	ㄴ	ㄷ	ㄱ
⑤	ㄷ	ㄴ	ㄱ

2 〈보기〉의 높임 표현에 대한 설명으로 적절하지 <u>않은</u> 것은?

높임 표현
2013학년도 3월 고3 학력
평가 A형

> ● 보기 ●
>
> 점원: 손님, 어떤 옷을 ㉠찾으십니까?
> 손님: 셔츠를 좀 보려고요. ㉡저희 아버지께서 입으실 거거든요.
> 점원: 이 셔츠는 어떠세요? 선물로 ㉢드리시면 무척 좋아하실 겁니다.
> 손님: 저희 아버지는 ㉣어깨가 넓으신데 잘 맞을지 모르겠네요.
> 점원: 그러시면 ㉤어르신을 모시고 한번 들러 주세요.

① ㉠: '-ㅂ니까'라는 종결 어미를 사용하여 말을 듣는 상대를 높이고 있다.
② ㉡: '저희'라는 자신을 낮추는 어휘를 사용하여 '아버지'를 높이고 있다.
③ ㉢: '-시-'를 사용해서 선물을 주는 사람을, '드리다'를 사용해서 선물을 받는 사람을 동시에 높이고 있다.
④ ㉣: '아버지'가 높임의 대상이므로 그 신체의 일부가 주어로 올 때도 높임 표현을 쓰고 있다.
⑤ ㉤: 높임을 나타내는 특정한 어휘를 사용하여 높임의 의도를 표현하고 있다.

3 다음은 높임 표현에 대한 탐구 학습지이다. ㉠에 들어갈 내용으로 적절하지 <u>않은</u> 것은?

높임 표현
2019학년도 6월 고1 학력
평가

> ▶ 높임 표현의 종류와 실현 방식에 대해 이해하고 〈보기〉 문장에 나타난 높임 표현을 설명해 보자.

종류	실현 방식
상대 높임	• 대화의 상대, 즉 듣는 이를 높이거나 낮춤. • 종결 어미 '-습니다', '-다', '-(으)십시오', '-(아/어)라' 등을 사용
주체 높임	• 서술의 주체, 즉 문장의 주어를 높임. • 선어말 어미 '-(으)시-' 결합 • 주격 조사 '께서' 사용 • 특수 어휘 '계시다', '주무시다' 등 사용
객체 높임	• 서술의 객체, 즉 문장의 목적어나 부사어를 높임. • 부사격 조사 '께' 사용 • 특수 어휘 '드리다', '뵙다' 등 사용

> ● 보기 ●
>
> ㉠ 채윤아, 할아버지께 물 좀 갖다 드려라.
> ㉡ 선생님, 어제 부모님께서 할머니를 모시고 여행을 가자고 말씀을 하셨습니다.

> ㉮ ____

① ㉠은 종결 어미 '-어라'를 사용하여 대화 상대인 '채윤'을 낮추고 있다.
② ㉠은 부사격 조사 '께'를 사용하여 서술의 객체인 '할아버지'를 높이고 있다.
③ ㉡은 특수 어휘 '말씀'을 사용하여 서술의 객체인 '할머니'를 높이고 있다.
④ ㉡은 종결 어미 '-습니다'를 사용하여 대화 상대인 '선생님'을 높이고 있다.
⑤ ㉡은 주격 조사 '께서'와 선어말 어미 '-시-'를 사용하여 서술의 주체인 '부모님'을 높이고 있다.

24 시간 표현

절대 시제와 상대 시제

절대 시제

발화시를 기준으로 결정되는 문장의 시제로, 전체 문장의 종결 어미를 통해 결정됨.
- 예 • 철수는 어제 도서관에서 <u>공부했다</u>. → 절대 시제: 과거
- • 오늘은 집에서 <u>공부한다</u>. → 절대 시제: 현재

상대 시제

사건시에 의존하여 상대적으로 결정되는 시제로, 종속절의 연결 어미나 관형절의 관형사형 어미 등을 통해 결정됨.
- 예 어제는 도서관에 <u>떠드는</u> 학생들이 <u>많았다</u>.
  - → 상대 시제: 현재('떠드는')
    절대 시제: 과거('많았다')

현재 시제 선어말 어미 '-ㄴ-/-는-'의 불규칙성

동사에 결합하는 현재 시제 선어말 어미 '-ㄴ-/-는-'은 쓰임이 규칙적이지 않고 변형된 형태로 사용되는 경우가 많음.
의문형 어미 '-니', '-나' 앞에서는 동사의 경우에도 현재 시제 선어말 어미가 쓰이지 않으며, 평서형 어미 '-다', 감탄형 어미 '-구나', '-구먼', '-군' 따위와 결합하여 또 다른 종결 어미 '-ㄴ다/-는다', '-는구나', '-는구먼', '-는군' 등을 만들기도 함.
이러한 불규칙성 때문에 현재 시제 선어말 어미 '-ㄴ-/-는-'을 별도의 형태소로 분석하지 않고 종결 어미에 통합하여 파악하는 경향이 있음.

시간 표현 時 때 시, 間 사이 간

시간을 언어적으로 표현하는 방식으로, 시제와 동작상이 있다.

❶ 시제 時 때 시, 制 억제할 제

발화시(화자가 말하는 때)를 기준으로 사건시(사건이 일어나는 때)의 선후 관계를 따져 언어적으로 표현하는 것으로, 과거·현재·미래로 나뉜다.

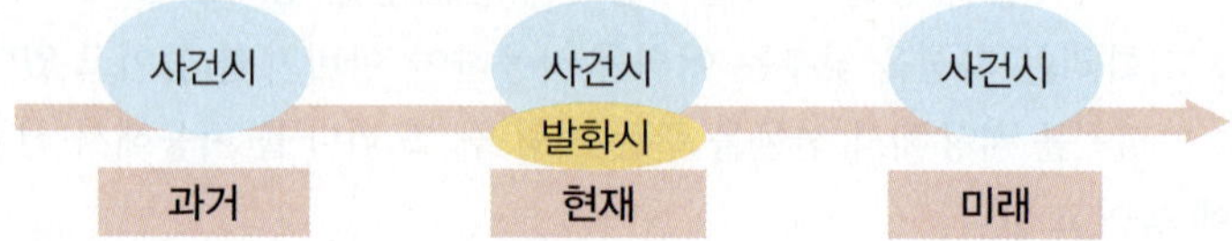

(1) 과거 시제 過 지날 과, 去 갈 거

사건시가 발화시보다 앞서 있는 시제

• 과거 시제의 실현

선어말 어미		-았-/-었- -았었-/-었었-(단절된 과거) -더-(직접 경험하여 알게 된 사실)	예 • 작년 소풍날은 날씨가 궂었다. • 작년만 해도 이 저수지에 물고기가 <u>많았었</u>다. • 선생님은 아침부터 기분이 좋으시<u>더</u>라.
관형사형 전성 어미	동사	-(으)ㄴ -던(완료되지 않고 중단됨.)	예 • 어제 읽<u>은</u> 책은 너무 재밌었다. • 읽<u>던</u> 책을 두고 다른 책을 읽었다.
	형용사	-던	예 예쁘<u>던</u> 꽃이 어느새 다 지고 말았다.
시간 부사어		어제, 옛날, 벌써, 이미	예 그는 <u>이미</u> 떠났다.

(2) 현재 시제 現 나타날 현, 在 있을 재

사건시와 발화시가 일치하는 시제

• 현재 시제의 실현

선어말 어미	동사	-ㄴ-/-는-	예 • 돈은 내가 <u>낸</u>다. / 우린 너만 <u>믿는</u>다.
	형용사, 서술격 조사	단독(기본형)	예 • 저녁노을이 정말 <u>아름답</u>다. • 은혜는 이제 고등학생<u>이</u>다.
관형사형 전성 어미	동사	-는	예 네가 생각이 있<u>는</u> 사람이냐?
	형용사, 서술격 조사	-(으)ㄴ	예 • 그녀는 마당이 넓<u>은</u> 집을 좋아한다. • 이쪽은 내 친구<u>인</u> 은혜야.
시간 부사어		오늘, 지금, 이제	예 그는 <u>지금</u> 운동하고 있다.

(3) 미래 시제 未 아닐 미, 來 올 래

사건시가 발화시보다 나중인 시제

• 미래 시제의 실현

선어말 어미	-겠-	예 내일부터 장마가 시작되<u>겠</u>습니다.
관형사형 전성 어미	-(으)ㄹ -(으)ㄹ 것(관형사형 어미 + 의존 명사)	예 • 숨바꼭질할 사람은 여기 붙어라. • 숙제는 내일 <u>할 것</u>이다.
시간 부사어	내일, 모레, 나중에	예 남은 것은 <u>내일</u> 다시 하겠다.

관형사형 전성 어미 : -(으)ㄴ, -는, -(으)ㄹ, -던

어제 읽은 책	**지금도 좋은 것**
동사 - 과거	형용사 - 현재
오늘 읽는 책	***좋는 것**
동사 - 현재	형용사 - '-는'과 결합 ×
내일 읽을 책	**나중에 좋을 것**
동사 - 미래	형용사 - 미래
잠깐 읽던 책	**예전에 좋던 것**
동사 - 중단된 과거	형용사 - 과거

돋보기 '-았-/-었-'과 '-겠-'의 특별한 쓰임

1. '-았-/-었-'의 쓰임

   ① 현재까지 지속되는 일 예 코스모스가 활짝 피었구나.

   ② 이미 정해진 미래의 사건 예 수행 평가를 끝내려면 오늘 밤에 잠은 다 잤다.

2. '-겠-'의 쓰임

   ① 추측 예 다른 애들은 수행 평가를 다 끝냈겠지?

   ② 주체의 의지 예 이번 달까지 목표치를 달성하겠다.

   ③ 가능성(능력) 예 이걸 어떻게 혼자 다 하겠니?

   ④ 완곡한 태도 예 내가 말해도 되겠니? 이제 그만 돌아가 주시겠어요?

---

❷ 동작상 動 움직일 동, 作 지을 작, 相 서로 상

동사(→ 형용사는 동작상이 없음.)가 가지는 동작의 시간적 속성을 표현하는 문법 범주로, 동작의 완료를 나타내는 완료상과 동작의 진행을 나타내는 진행상이 있다.

(1) 완료상 完 완전할 완, 了 마칠 료, 相 서로 상

시간의 흐름 속에서 어떤 동작이 이미 완료되었음을 표현하는 것으로, 보조 용언 '-아/-어 있다', '-아/-어 버리다', 연결 어미 '-고서'로 실현된다.

> **의자에 앉아 있다. 빵을 먹어 버렸다.**
> 완료상 - 보조 용언 　　　　완료상 - 보조 용언
>
> **빵을 다 먹고서 게임을 시작한다.**
> 완료상 - 연결 어미

(2) 진행상 進 나아갈 진, 行 다닐 행, 相 서로 상

시간의 흐름 속에서 어떤 동작이 진행되고 있음을 표현하는 것으로, 보조 용언 '-고 있다', '-아/-어 가다', 연결 어미 '-(으)면서'로 실현된다.

> **밥을 먹고 있다. 밥을 다 먹어 간다.**
> 진행상 - 보조 용언 　　　　진행상 - 보조 용언
>
> **밥을 먹으면서 단어를 외운다.**
> 진행상 - 연결 어미

1 다음 문장에 대한 설명으로 적절한 것은?

> 영수가 어제 그 자리에 앉아 있었다.

① 사건시보다 발화시가 앞선 시제이다.
② 현재까지 지속되고 있는 상황을 의미한다.
③ 관형사형 어미를 통해 시제가 실현되었다.
④ 시간 부사어와 서술어의 시제가 일치한다.
⑤ 동작의 진행을 의미하는 상이 나타나 있다.

2 다음 문장의 절대 시제와 상대 시제가 맞게 연결된 것은?

> 같이 공부할 친구를 독서실에서 만났다.

① 절대 시제: 과거, 상대 시제: 과거
② 절대 시제: 과거, 상대 시제: 현재
③ 절대 시제: 과거, 상대 시제: 미래
④ 절대 시제: 미래, 상대 시제: 과거
⑤ 절대 시제: 미래, 상대 시제: 현재

3 〈보기〉를 참고할 때, ㉠의 예로 적절한 것은?

> • 보기 •
> 미래 시제를 나타내는 선어말 어미 '–겠–'은 추측이나 의지, 가능성, ㉠완곡한 태도 등의 의미로 쓰인다.

① 네가 좀 와 주면 고맙겠구나.
② 그 문제는 초등학생도 풀겠다.
③ 고향에는 벌써 단풍이 들었겠다.
④ 나는 문법 공부를 열심히 하겠다.
⑤ 동생이 함께 놀러 가겠다고 우긴다.

4 다음 중, 중의적으로 해석될 수 있는 문장은?
① 민아는 급식을 먹고 있다.
② 민아는 머리를 자르고 있다.
③ 민아는 운동장을 뛰고 있다.
④ 민아는 넥타이를 매고 있다.
⑤ 민아는 국어 문제를 풀고 있다.

시간 표현
2020학년도 수능

1 〈학습 활동〉을 해결한 내용으로 적절한 것은?

> • 학습 활동 •
> 관형사형 어미의 형태는 시제 및 단어의 품사에 의해 결정된다. [자료]에서 밑줄 친 단어의 품사와 시제를 분석하여 그 단어에 쓰인 어미가 [표]의 ㉠~㉢ 중 어느 것에 해당하는지 확인해 보자.
>
> **[자료]**
> ⓐ 하늘에 뜬 태양
> ⓑ 우리가 즐겨 부르던 노래
> ⓒ 늘 푸르던 하늘
> ⓓ 운동장에 남은 아이들
> ⓔ 네가 읽는 소설
> ⓕ 이미 아이들로 가득 찬 교실
> ⓖ 달리기가 제일 빠른 친구
>
> **[표] 관형사형 어미 체계**
>
> | | 동사 | 형용사 |
> |---|---|---|
> | 현재 | –는 | ㉠ |
> | 과거 | ㉡ | ㉢ |
> | | –던 | |
> | 미래 | –(으)ㄹ | –(으)ㄹ |

① ⓐ의 '뜬'에 쓰인 어미 '–(으)ㄴ'은 ㉠에 해당한다.
② ⓑ의 '부르던'과 ⓒ의 '푸르던'에 쓰인 어미 '–던'은 ㉢에 해당한다.
③ ⓓ의 '남은'과 ⓕ의 '찬'에 쓰인 어미 '–(으)ㄴ'은 ㉡에 해당한다.
④ ⓔ의 '읽는'에 쓰인 어미 '–는'은 ㉡에 해당한다.
⑤ ⓖ의 '빠른'에 쓰인 어미 '–(으)ㄴ'은 ㉢에 해당한다.

2 밑줄 친 부분이 〈보기〉의 ⓐ~ⓒ에 해당하는 예로 적절하지 않은 것은?

시간 표현
2015학년도 수능 A형

● 보기 ●

> 선어말 어미 '-았-/-었-'은 여러 가지 의미를 지닌다.
> (가) 오늘 아침에 누나는 밥을 안 먹었어요.
> (나) 들판에 안개꽃이 아름답게 피었습니다.
> (다) 이렇게 비가 안 오니 농사는 다 지었다.
>
> (가)에서와 같이 ⓐ사건이나 상태가 과거의 것임을 나타내기도 하고, (나)에서와 같이 ⓑ과거에 일어난 사건의 결과 상태가 현재까지 지속되고 있음을 나타내기도 한다. (가)의 경우와 달리 (나)의 경우에는 '-았-/-었-'을 보조 용언 구성 '-아-/-어 있-'이나 '-고 있-'으로 교체하여도 의미가 달라지지 않는다. 또한 (다)에서와 같이 ⓒ미래의 일을 확정적인 사실로 받아들임을 나타내기도 한다.

① ⓐ   A: 어제 뭐 했니?
        B: 하루 종일 텔레비전만 보았어.

② ⓐ   A: 너 아까 집에 없더라.
        B: 할머니 생신 선물 사러 갔어.

③ ⓑ   A: 감기 걸렸다며?
        B: 응, 그래서인지 아직도 목이 잠겼어.

④ ⓑ   A: 소풍날 날씨는 괜찮았어?
        B: 아주 나빴어.

⑤ ⓒ   A: 너 오늘도 바빠?
        B: 응, 과제 준비하려면 오늘도 잠은 다 잤어.

3 〈보기〉는 과거 시제를 표현하는 방법에 대해 조사한 것이다. ㄱ~ㅁ에 해당하는 예로 적절하지 않은 것은?

시간 표현
2014년 10월 고3 학력평가
A형

● 보기 ●

> ㄱ. 과거 시제란 사건시가 발화시보다 앞서 있는 시제로, 주로 과거 시제 선어말 어미 '-았/었-'을 통해 실현된다.
> ㄴ. '-았었/었었-'은 발화시보다 전에 발생하여 현재와는 단절된 사건을 표현하는 데 쓰일 수 있다.
> ㄷ. '-더-'는 과거 어느 때의 일이나 경험을 회상할 때에 사용하기도 한다.
> ㄹ. 동사 어간에 붙는 관형사형 어미 '-(으)ㄴ'은 과거 시제를 표현하는 데 사용하기도 한다.
> ㅁ. 관형사형 어미 '-던'은 과거 시제를 표현하는 데 사용하기도 한다.

① ㄱ: 너는 이제 집에 돌아오면 혼났다.
② ㄴ: 나는 예전에 그 집에 살았었다.
③ ㄷ: 지난여름에는 정말 덥더라.
④ ㄹ: 방학 동안 읽은 책이 제법 여러 권이다.
⑤ ㅁ: 여름에 푸르던 산이 붉게 물들었다.

25 피동 표현 / 사동 표현

피동 표현의 효과

1. 동작이나 행위를 당하는 대상을 강조할 수 있음.
2. 동작이나 행위의 주체를 드러내지 않을 수 있음.
3. 주체의 책임을 피할 수 있음.
4. 내용의 객관성을 높일 수 있음.

어휘적 피동

'당하다', '받다', '맞다' 등의 단어는 어휘 자체에 피동의 의미가 있음. 해당 단어는 피동문을 만드는 방법에 포함하지 않고, '어휘적 피동'으로 분류함.
예 • 친구들에게 놀림을 당하다.
　 • 심한 스트레스를 받다.

능동문으로 바꿀 수 없는 단어

피동사와 형태만 같을 뿐, 피동사가 아닌 단어들은 능동문으로 바꿀 수 없음.
예 • 날씨가 많이 풀렸다.
　　(*날씨를 많이 풀었다.)
　 • 철수가 감기에 걸렸다.
　　(*감기가 철수를 걸었다.)
　 • 일이 점점 꼬인다.
　　(*일을 점점 꼬았다.)

　　　　　'*'는 비문법적 표현임.

피동 표현

❶ 능동과 피동　能 능할 능, 動 움직일 동 / 被 입을 피, 動 움직일 동

주어가 제힘으로 어떤 행위를 하는 것을 능동, 주어가 다른 주체에 의해 어떤 행위를 당하는 것을 피동이라 한다. (→ 모두 주어에 초점이 맞춰짐.)

　　　　　　　　　　주어　　　　목적어　　　서술어 - 능동사
[능동문] 모기가 아이를 물었다.

[피동문] 아이가 모기에게 물리었다(물렸다).
　　　　　주어　　　　　부사어　　　　서술어 - 피동사

능동문 → 피동문	① 능동문의 주어는 피동문의 부사어가 됨.
	② 능동문의 목적어는 피동문의 주어가 됨.
	③ 능동사는 피동사로 바뀜. (또는 '-아/어지다', '-게 되다'가 붙음.)

❷ 피동 표현의 실현

(1) 파생적 피동(짧은 피동): 접미사에 의한 피동

| 능동사 어간 + 피동 접미사 '-이-, -히-, -리-, -기-' | 예 쌓다 → 쌓이다 / 잡다 → 잡히다
풀다 → 풀리다 / 쫓다 → 쫓기다 |
| 명사 + 피동 접미사 '-되다' | 예 관련하다 → 관련되다 / 생각하다 → 생각되다 |

(2) 통사적 피동(긴 피동): 보조 용언에 의한 피동

| 능동사 어간 + '-아/-어지다' | 예 굳다 → 굳어지다 / 이루다 → 이루어지다 |
| 능동사 어간 + '-게 되다' | 예 드러나다 → 드러나게 되다 / 알다 → 알게 되다 |

돋보기　잘못된 피동 표현

1. 불필요한 피동: 능동으로 표현해야 할 자신의 생각, 예상, 판단 등을 피동으로 말하는 경우
예 • 곧 해결될 것으로 예상됩니다. (×) → 예상합니다 (○)
　 • 쉽지 않을 것으로 판단됩니다. (×) → 판단합니다 (○)

2. 이중 피동: 피동 표현을 한 번만 써야 하는데, 두 번 겹쳐 쓰는 경우
① 피동 접사 + -어지다 / -게 되다
예 • 정말 믿겨지지(믿-+-기-+**-어지-**+-지) 않아. (×) → 믿기지 (○) / 믿어지지 (○)
　 • 운동화 끈이 풀려졌다(풀-+-리-+**-어지-**+-었-+-다). (×) → 풀렸다 (○) / 풀어졌다 (○)
　 • 우리에겐 잊혀질(잊-+-히-+**-어지-**+-ㄹ) 권리가 있다. (×) → 잊힐 (○) / 잊어질 (○)
　 • 인기 작가에 의해 쓰여진(쓰-+-이-+**-어지-**+-ㄴ) 글이다. (×) → 쓰인 (○)
　 단, '밝혀지다', '알려지다'는 이중 피동이 아님. ('밝히다', '알리다'에 '-어지다'가 붙은 것임.)
② -되다 + -어지다
예 • 일이 쉽게 마무리되어졌다. (×) → 마무리되었다 (○)
　 • 조금씩 공감대가 형성되어진다. (×) → 형성된다 (○)

❶ 주동과 사동 主 주인 주, 動 움직일 동 / 使 부릴 사, 動 움직일 동

주어가 행위를 직접 하는 것을 주동, 주어가 다른 주체에게 행위를 하게 하는 것을 사동이라 한다.

• 자동사나 형용사의 경우

> 주어　　　　서술어 - 주동사(한 자리 서술어)
> [주동문] 아기가 웃었다.
>
> [사동문] 아빠가 아기를 웃기었다(웃겼다).
> 새로운 주어　　목적어　　서술어 - 사동사(두 자리 서술어)

주동문 → 사동문	① 새로운 주어나 목적어가 나타남. → '아기가 아빠를 웃기었다.'도 가능함. ② 새로운 주어가 나타나면 주동문의 주어는 사동문의 목적어가 됨. ③ 주동사(자동사나 형용사)가 사동사로 바뀜.(또는 '-게 하다'가 붙음.)

• 타동사의 경우

> 주어　　　목적어　　서술어 - 주동사(두 자리 서술어)
> [주동문] 아이가 밥을 먹었다.
>
> [사동문] 엄마가 아이에게 밥을 먹이었다(먹였다).
> 새로운 주어　　부사어　　목적어　　서술어 - 사동사(세 자리 서술어)

주동문 → 사동문	① 새로운 주어나 부사어가 나타남. → '아이가 동생에게 밥을 먹이었다'도 가능함. ② 새로운 주어가 나타나면 주동문의 주어는 사동문의 부사어가 됨. ③ 주동사(타동사)가 사동사로 바뀜.(또는 '-게 하다'가 붙음.)

❷ 사동 표현의 실현

• **파생적 사동(짧은 사동)**: 접미사에 의한 사동

주동사 어간 + 사동 접미사 '-이-, -히-, -리-, -기-, -우-, -구-, -추-' (일부 자동사의 경우, 두 개의 접미사 '-이우-'가 함께 붙음.)	예 속다 → 속이다 / 밝다 → 밝히다 / 날다 → 날리다 웃다 → 웃기다 / 비다 → 비우다 / 솟다 → 솟구다 늦다 → 늦추다 / 서다 → 세우다(서-+-이우-+-다)
명사 + 사동 접미사 '-시키다'	예 이해하다 → 이해시키다 / 화해하다 → 화해시키다

• **통사적 사동(긴 사동)**: 보조 용언에 의한 사동

주동사 어간 + '-게 하다'	예 먹다 → 먹게 하다 / 뛰다 → 뛰게 하다

돋보기　잘못된 사동 표현과 사동문의 중의성

1. 접사 '-시키다'의 남용: 스스로 해야 할 일을 다른 주체에게 시키는 꼴이 되는 경우
   예 좋은 사람 소개시켜 줄게. (×) → 소개해 (○) / 선생님이 학생을 교육시키다. (×) → 교육하다 (○)

2. 사동문의 중의성: 주어의 행위가 직접 행위인지 간접 행위인지 애매한 경우
   예 • 엄마가 아이에게 옷을 입히신다. → 직접 사동(옷을 직접 입혀 준 경우)과 간접 사동(아이에게 옷을 입으라고 시킨 경우)의 중의적 해석이 가능함.
   • 엄마가 아이에게 옷을 입게 하신다. → 간접 사동(아이에게 옷을 입으라고 시킨 경우)의 의미로만 해석됨.

1 피동 표현의 특징으로 적절하지 <u>않은</u> 것은?

① 내용에 대한 책임을 회피할 수 있다.
② 동작 주체의 역할을 부각할 수 있다.
③ 행위를 당하는 대상을 강조할 수 있다.
④ 전달하는 내용에 객관성을 높일 수 있다.
⑤ 행위의 주체를 분명히 밝히지 않을 수 있다.

2 〈보기〉를 참고할 때, 이중 피동이 <u>아닌</u> 것은?

• 보기 •

피동 표현을 겹쳐 쓰는 이중 피동의 경우, 하나를 제거하면 곧바로 자연스러운 표현이 된다.

① 뚜껑이 <u>벗겨지지</u> 않는다.
② 그 말이 <u>잊혀지지</u> 않는다.
③ 창밖에 멀리 산이 <u>보여진다</u>.
④ 국어 문제가 술술 <u>풀려지네</u>.
⑤ 바구니 가득 빵이 <u>담겨져</u> 있다.

3 〈보기〉의 ㉠에 해당하는 예로 가장 적절한 것은?

• 보기 •

사동 표현에는 직접 사동과 간접 사동의 ㉠<u>중의적 해석이 가능한 경우</u>가 있다.

① 형이 동생에게 가방을 들게 했다.
② 엄마가 동생을 누나에게 업게 했다.
③ 아빠가 보일러의 온도를 낮추신다.
④ 선생님께서 진수에게 책을 읽히신다.
⑤ 할머니께서 손자에게 약을 먹이신다.

4 밑줄 친 사동 표현의 사용이 적절하지 <u>않은</u> 것은?

① 엄마가 할머니를 <u>입원시켜</u> 드렸다.
② 주장이 선수들을 운동장에 <u>집합시켰다</u>.
③ 책상 앞에 있는 창문을 열어서 <u>환기시켰다</u>.
④ 회의 시간에 다툰 철수와 영수를 <u>화해시켰다</u>.
⑤ 선생님이 학생들을 <u>이해시키려고</u> 애를 쓰신다.

피동 / 사동 표현
2015학년도 6월 모의평가
A형

1 〈보기〉의 ㉠, ㉡에 해당하는 것은?

• 보기 •

우리말의 용언 중에는 피동사와 사동사의 형태가 동일한 것이 있다. 예를 들어, '보다'는 사동사와 피동사가 모두 '보이다'로 그 형태가 같다. 이때 ㉠<u>사동사로 쓰인 경우</u>와 ㉡<u>피동사로 쓰인 경우</u>는 다음과 같이 문장에서의 쓰임을 통해 구별된다.

┌ 동생이 새 시계를 내게 <u>보였다</u>. (사동사로 쓰인 경우)
└ 구름 사이로 희미하게 해가 <u>보였다</u>. (피동사로 쓰인 경우)

① ┌ ㉠: 운동화 끈이 <u>풀렸다</u>.
  └ ㉡: 아빠의 칭찬에 피로가 금세 <u>풀렸다</u>.
② ┌ ㉠: 우는 아이가 엄마 등에 <u>업혔다</u>.
  └ ㉡: 누나가 이모에게 아기를 <u>업혔다</u>.
③ ┌ ㉠: 나는 젖은 옷을 햇볕에 <u>말렸다</u>.
  └ ㉡: 동생은 집에 가겠다는 친구를 <u>말렸다</u>.
④ ┌ ㉠: 새들이 따뜻한 곳에서 몸을 <u>녹였다</u>.
  └ ㉡: 햇살이 고드름을 천천히 <u>녹였다</u>.
⑤ ┌ ㉠: 형이 친구에게 꽃다발을 <u>안겼다</u>.
  └ ㉡: 아기 곰이 어미 품에 포근히 <u>안겼다</u>.

2 〈보기〉를 참고할 때, ⓐ의 예로 적절하지 <u>않은</u> 것은?

이중 피동
2021학년도 6월 고2 학력
평가

───● 보기 ●───

학　생: 선생님, '잊혀진 계절'과 '잊힌 계절'의 차이점이 뭔가요?

선생님: '잊혀진'은 피동 표현을 두 번 겹쳐 쓴 ⓐ이중 피동 표현이야. 피동 접미사 '-이-', '-히-', '-리-', '-기-'와 '-아/어지다'를 같이 쓰는 경우가 많이 있어. '잊혀진'의 경우 기본형 '잊다'의 어근 '잊-'에 피동 접미사 '-히-'만 붙어도 피동의 의미를 드러낼 수 있는데, '-어지다'까지 불필요하게 붙여 쓰고 있는 거지.

① 안개에 가려진 풍경이 서서히 드러났다.
② 칠판에 쓰여진 글씨가 잘 보이지 않는다.
③ 예쁜 그릇에 담겨진 음식이 먹음직스럽다.
④ 아이는 살짝 열려진 문틈에 바짝 다가섰다.
⑤ 스크린을 통해 보여진 그 풍경은 아름다웠다.

3 〈보기〉의 주동문 ㉠~㉢을 탐구 과정에 따라 분류하고자 한다. A~C에 해당하는 사례를 바르게 짝지은 것은?

주동과 사동
2020학년도 3월 고2 학력
평가

───● 보기 ●───

　사동문은 주어가 다른 대상을 동작하게 하거나 특정한 상태에 이르도록 하는 문장을 가리킨다. 파생적 사동문은 주동문의 서술어로 쓰인 용언의 어간을 어근으로 삼아 사동 접미사가 붙어 이루어진 문장이며, 통사적 사동문은 주동문의 서술어로 쓰인 용언의 어간에 '-게 하다'가 붙어서 이루어진 문장이다.

[주동문]
㉠ 물통에 물이 가득 찼다.
㉡ 그는 한여름에 더위를 먹었다.
㉢ 아이가 방바닥에 흩어진 구슬을 모았다.

[탐구 과정]

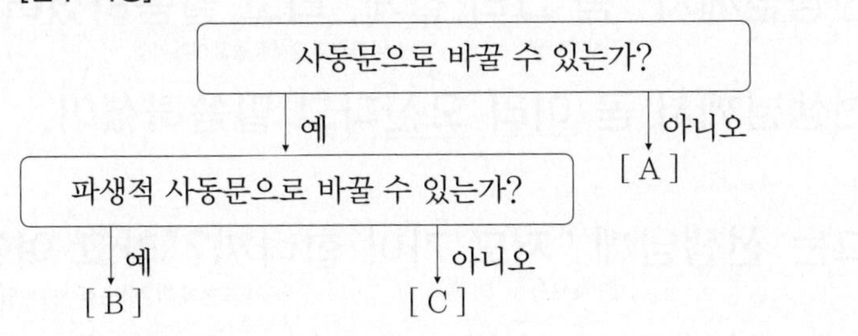

	A	B	C
①	㉠	㉡	㉢
②	㉡	㉠	㉢
③	㉡	㉢	㉠
④	㉢	㉠	㉡
⑤	㉢	㉡	㉠

26 인용 표현 / 부정 표현

인용 표현   리 끌 인. 用 쓸 용

- 다른 사람의 말이나 글을 빌려 와서 전달하는 표현 방식을 말한다.
- 빌려 온 말이나 글은 안긴문장(= 인용절)이 되며, 안은문장의 서술어는 주로 '말하다'와 같은 정보 전달 동사나 '생각하다'와 같은 사유 동사가 사용된다.
- 빌려 오는 방식에 따라 직접 인용과 간접 인용으로 나뉜다.

❶ 직접 인용과 간접 인용

직접 인용	말하는 이가 다른 사람의 말이나 글을 원래의 내용과 형식을 그대로 유지한 채 전하는 방식	• 인용절에 큰따옴표("")를 씀. • 인용절 뒤에 조사 '라고'를 붙임.
간접 인용	말하는 이가 다른 사람의 말이나 글을 자신의 표현으로 바꾸어 내용만 전하는 방식	• 인용절에 큰따옴표를 쓰지 않음. • 인용절 뒤에 조사 '고'를 붙임.

> [직접] 그는 "날씨가 덥네."라고 말했다.
> └ 큰따옴표 - 직접 인용에서 사용 ┘   조사 '라고' - 직접 인용
>
> [간접] 그는 날씨가 덥다고 말했다.
> 조사 '고' - 간접 인용

❷ 간접 인용의 실현 방식 (직접 인용 → 간접 인용)

① 인용절의 종결 어미가 오른쪽과 같이 바뀌고, 조사 '라고' 대신 '고'를 붙임.
② 시간 표현, 높임 표현, 지시어, 대명사 등이 말하는 이를 기준으로 문맥에 맞게 바뀜.

	평서형	의문형	명령형	청유형
동사	-다	-느냐	-(으)라	-자
형용사	-다	-(으)냐		
서술격 조사	-(이)라	-(이)냐		

> [직접] 선생님께서 "곧 그리 갈게."라고 말씀하셨어.
> 지시어 바뀜.   높임 표현과 평서형 종결 어미 바뀜.
>
> [간접] 선생님께서 곧 이리 오신다고 말씀하셨어.
>
> [직접] 그는 선생님께 "저도 가야 합니까?"라고 여쭸다.
> 대명사 바뀜.   높임 표현과 의문형 종결 어미 바뀜.
>
> [간접] 그는 선생님께 자기도 가야 하느냐고 여쭸다.
>
> [직접] 어제 병원에서 "내일 다시 오세요."라고 말했다.
> 시간 표현 바뀜.   높임 표현과 명령형 종결 어미 바뀜.
>
> [간접] 어제 병원에서 오늘 다시 오라고 말했다.

곁주

✿ 인용 표현에 사용되는 서술어

남의 말이나 글을 전달할 때

말하다, 묻다, 대답하다, 명령하다, 설명하다, 보고하다, 제안하다, 쓰다, 적다, 기록하다

자신의 생각 등을 전달할 때

생각하다, 느끼다, 믿다, 결심하다, 추측하다, 판단하다, 확신하다, 상상하다

✿ 간접 인용의 실현 양상

1. 동사와 결합할 때
예 그는 오늘 공부한다고 말했다.
   (평서형)
   그는 오늘 공부하느냐고 물었다.
   (의문형)
   그는 오늘 공부하라고 말했다.
   (명령형)
   그는 오늘 공부하자고 말했다.
   (청유형)

2. 형용사와 결합할 때
예 그는 오늘 날씨가 덥다고 말했다.
   (평서형)
   그는 오늘 날씨가 덥냐고 물었다.
   (의문형)

3. 서술격 조사와 결합할 때
예 그는 시험이 오늘이라고 말했다.
   (평서형)
   그는 시험이 오늘이냐고 물었다.
   (의문형)

- 긍정 표현에 대하여 언어 내용의 의미를 부정하는 문법 기능을 말한다.
- 부정의 의미와 문장의 유형에 따라 '안' 부정문, '못' 부정문, '말다' 부정문으로 나뉜다.

민우는 게임을 **안** 한다 / **하지 않는다.**
→ '안' 부정문　　　　　　짧은 부정문　　　　긴 부정문

민우는 게임을 **못** 한다 / **하지 못한다.**
→ '못' 부정문　　　　　　짧은 부정문　　　　긴 부정문

민우야, 게임을 **하지 말자.**
→ '말다' 부정문(청유문)　　　　긴 부정문

❶ '안' 부정문

주체의 의지에 의한 부정과, 주체의 상태나 사실에 대한 단순 부정이 있다.

짧은 부정문	'안(아니)' + 용언 예 은지는 아침을 안 먹는다.(의지 부정) / 은지는 배가 안 고프다.(상태 부정)
긴 부정문	용언의 어간 + '-지 않다(아니하다)', 체언 + '이/가 아니다' 예 은지는 점심도 먹지 않는다.(의지 부정) / 아까 먹은 것은 점심이 아니다.(사실 부정)

❷ '못' 부정문

주체의 능력 부족에 의한 부정과 외부적 원인에 의한 부정이 있다.

짧은 부정문	'못' + 용언 예 배가 불러서 더 못 먹겠다.(능력 부정) / 밥이 없어서 더 못 먹겠다.(외부적 원인)
긴 부정문	용언의 어간 + '-지 못하다' 예 이젠 더 이상 먹지 못하겠다.(능력 부정 또는 외부적 원인)

❸ '말다' 부정문

명령문이나 청유문에서 사용하는 부정문이다.

긴 부정문	용언의 어간 + '-지 말다' 예 더 이상 먹지 말자.(청유문) 　　더 이상 먹지 말아라/마라.(명령문)

돋보기　부정 표현의 중의성

1. 부정 표현이 미치는 범위가 애매한 경우 중의성을 지니게 됨.
   예 철수가 영희를 놀리지 않았다. → 영희를 놀린 사람은 철수가 아니다.
   　　　　　　　　　　　　　　→ 철수가 놀린 사람은 영희가 아니다.
   　　　　　　　　　　　　　　→ 철수가 영희를 놀린 것이 아니다.

2. 보조사 '은/는, 도, 만' 등을 사용하여 중의성을 해소할 수 있음.
   예 철수가 영희를 놀리지 않았다. → 철수는 영희를 놀리지 않았다. (영희를 놀린 사람은 철수가 아니다.)
   　　　　　　　　　　　　　　→ 철수가 영희는 놀리지 않았다. (철수가 놀린 사람은 영희가 아니다.)
   　　　　　　　　　　　　　　→ 철수가 영희를 놀리지는 않았다. (철수가 영희를 놀린 것이 아니다.)

---

1 직접 인용을 간접 인용으로 바꿀 때, 인용절에서 달라지는 것이 <u>아닌</u> 것은?

① 종결 어미 ② 시간 표현 ③ 높임 표현
④ 부정 표현 ⑤ 인용의 조사

2 〈보기〉에 대한 이해로 적절하지 <u>않은</u> 것은?

● 보기 ●

ㄱ. 우석이가 나에게 "공을 이쪽으로 차."라고 말했다.
ㄴ. 우석이가 나에게 공을 그쪽으로 차라고 말했다.

① 간접 인용에서는 직접 인용과 다른 지시 대명사가 쓰인다.
② 직접 인용과 달리 간접 인용은 큰따옴표를 사용하지 않는다.
③ 직접 인용과 간접 인용에서 인용의 조사는 모두 '라고'가 쓰인다.
④ 간접 인용과 달리 직접 인용은 비격식체의 높임 표현이 나타난다.
⑤ 직접 인용과 달리 간접 인용은 말하는 사람을 기준으로 표현한다.

3 다음 중, 부정문의 의미가 적절하게 연결된 것은?

① 숙제가 많아서 잠을 못 잤다. – 상태에 대한 부정
② 오늘은 구름 한 점 안 보인다. – 의지에 의한 부정
③ 너무 어려워서 문제를 못 풀었다. – 사실에 대한 부정
④ 어머니께서 깨워 주지 않으셨다. – 능력 부족에 의한 부정
⑤ 도서관이 시끄러워서 공부를 못했다. – 외부적 원인에 의한 부정

4 다음 중, 중의적으로 해석될 수 있는 문장이 <u>아닌</u> 것은?

① 철수가 공부는 잘하지 못한다.
② 철수가 숙제를 다 하지 않았다.
③ 철수가 그 일을 원하지 않았다.
④ 철수가 새롬이를 만나지 못했다.
⑤ 철수가 아이스크림을 안 먹었다.

인용 표현
2017학년도 9월 모의평가

1 〈보기〉의 ⓐ~ⓓ에 들어갈 말을 올바르게 짝지은 것은?

● 보기 ●

㉠ 영희 어머니께서는 "네 동생은 착해."라고 말씀하셨다.
㉡ 영희 어머니께서는 내 동생이 착하다고 말씀하셨다.

㉠은 영희 어머니의 발화를 그대로 옮긴 직접 인용이고, ㉡은 영희 어머니의 발화를 풀어 쓴 간접 인용이다. 그런데 직접 인용을 간접 인용으로 바꿀 때나 간접 인용을 직접 인용으로 바꿀 때는 인용절 속의 어미, 인용 조사, 대명사, 지시 표현, 높임 표현 등에 변화가 생길 수 있다.

직접 인용	아들이 어제 저에게 "내일 사무실에 계십시오."라고 말했습니다.

⇩

간접 인용	아들이 어제 저에게 (ⓐ) 사무실에 (ⓑ) 말했습니다.

⇩

직접 인용	언니는 어제 "나의 휴대 전화에 메시지를 꼭 남겨라."라고 나에게 말했다.

⇩

간접 인용	언니는 어제 (ⓒ) 휴대 전화에 메시지를 꼭 (ⓓ) 나에게 말했다.

	ⓐ	ⓑ	ⓒ	ⓓ
①	오늘	있으라고	자기의	남기라고
②	어제	계시라고	자기의	남겨라고
③	오늘	있으라고	나의	남겨라고
④	오늘	계시라고	자기의	남겨라고
⑤	어제	계시라고	나의	남기라고

2. 〈보기〉의 사례를 탐구한 내용으로 적절하지 <u>않은</u> 것은?

부정 표현
2018학년도 7월 고3 학력
평가

> • 보기 •
>
> ㉠ 똑같은 일을 반복하니 지루하다 못해 졸리다.
> ㉡ 나는 자전거를 {못 탄다 / 타지 못한다}.
> ㉢ 컴퓨터를 너무 오래하지 {*않아라 / *못해라 / 마라}.
> ㉣ 시간이 {*못 넉넉하다 / 넉넉하지 못하다}.
> ㉤ ┌ 그녀는 결코 거짓말을 {*했다 / 하지 않았다}.
>   └ 그녀는 분명히 거짓말을 {했다 / 하지 않았다}.
>
> '*'는 비문법적 표현임.

① ㉠을 보니, '못하다'는 앞말의 상태에 미치지 아니함을 나타내어 뒷말을 부정하기도 하는 구나.

② ㉡을 보니, 부정 표현은 부정 부사를 통해 실현되기도 하고, 부정 용언을 통해 실현되기도 하는구나.

③ ㉢을 보니, 명령문의 부정 표현에서는 '않다'나 '못하다'가 아니라 '말다'를 사용하는 것이 자연스럽구나.

④ ㉣을 보니, 서술어가 형용사인 경우에는 부정 부사 대신 부정 용언을 사용하는 것이 자연스럽구나.

⑤ ㉤을 보니, 부사에 따라 반드시 부정 표현이 함께 쓰여야 하는 경우가 있겠구나.

3. 〈보기〉를 참고할 때, ㉠~㉢을 이해한 내용으로 적절하지 <u>않은</u> 것은?

인용 표현
2019학년도 9월 고1 학력평가

> • 보기 •
>
>   다른 사람의 말이나 생각 등을 원래의 내용과 형식 그대로 옮겨 표현하는 것을 '직접 인용', 원래의 내용을 전달하되 말하는 사람의 관점에서 표현하는 것을 '간접 인용'이라 한다.
>   직접 인용은 큰따옴표와 종결 표현에 따른 문장 부호를 사용하고, 조사 '라고'를 붙여 표현한다. 간접 인용은 문장 부호 없이, 앞말의 종결 어미에 조사 '고'를 붙여 표현한다. 간접 인용문은 화자의 관점에서 표현하기 때문에 직접 인용문과 비교할 때 인칭, 지시 표현, 높임 표현, 시간 표현, 종결 표현 등에서 변화가 나타나기도 한다.
>
> ㉠ 어제 진우는 "내일 떠나고 싶다."라고 했다.
>   → 어제 진우는 오늘 떠나고 싶다고 했다.
> ㉡ 아들이 나에게 "잠시만 집에 계세요."라고 했다.
>   → 아들이 나에게 잠시만 집에 있으라고 했다.
> ㉢ 그 바다에서 아영이는 "나는 이곳이 마음에 들어."라고 했다.
>   → 그 바다에서 아영이는 자기는 그곳이 마음에 든다고 했다.

① ㉠ : 직접 인용문에서 쓰인 조사 '라고'가 간접 인용문에서 '고'로 달라졌다.

② ㉠ : 직접 인용문에서 쓰인 시간 표현 '내일'이 간접 인용문에서 '오늘'로 달라졌다.

③ ㉡ : 직접 인용문에서 실현된 주체 높임 표현이 간접 인용문에서 객체 높임 표현으로 바뀌었다.

④ ㉢ : 직접 인용문에서 쓰인 1인칭이 간접 인용문에서 3인칭으로 바뀌었다.

⑤ ㉢ : 직접 인용문에서 쓰인 지시 표현 '이곳'이 간접 인용문에서 '그곳'으로 달라졌다.

01

종결 표현 | 2016학년도 9월 모의평가 A, B형

밑줄 친 부분이 〈보기〉의 ㉠에 해당하는 예로 적절하지 <u>않은</u> 것은?

• 보기 •

일반적으로 의문문은 화자가 청자에게 질문에 대한 대답을 요청하는 문장인데, 화자가 청자에게 행동을 요청할 때 쓰이기도 한다. 청유문은 화자가 청자에게 함께 행동할 것을 요청하는 문장이다. 그러므로 이 문장 유형들은 ㉠화자가 청자에게 요청을 할 때 쓰이는 것이라는 점에서 공통적이다.

① ┌ A: 괜찮다면, 우리 여기서 <u>잠깐 기다릴래요?</u>
　└ B: 좋아요. 10분만 더 기다려요.
② ┌ A: 다친 곳은 어떤가? <u>한번 보세.</u>
　└ B: 보시다시피 많이 좋아졌습니다.
③ ┌ A: 저기요. <u>먼저 좀 내립시다.</u>
　└ B: 아, 예. 저도 여기서 내려요.
④ ┌ A: 저 혹시, <u>모자를 벗어 주실 수 있을까요?</u>
　└ B: 제가 방해가 되었군요. 미안합니다.
⑤ ┌ A: <u>어디 보자.</u> 내가 다 챙겼나?
　└ B: 거기서 혼자 뭐 해요. 빨리 나와요.

02

높임 표현 | 2020학년도 6월 고1 학력평가

〈보기〉의 '학습 활동'을 수행한 결과로 적절한 것은?

• 보기 •

[학습 활동]

다음 담화 상황에 등장하는 ㉠, ㉡이 달라질 때, 언어 예절에 적합한 높임 표현을 사용해 보자.

[담화 상황]

(내가 철수에게)
"어제 ㉠<u>영희가</u> ㉡<u>경희에게</u> 선물을 주는 것을 보았어."

※ 말하는 사람인 '나'와 철수, 영희, 경희는 서로 대등한 관계임.

① ㉠이 높임의 대상인 '선생님'으로 바뀌면 조사 '가'를 '께서'로 고쳐 말해야 한다.
② ㉠이 높임의 대상인 '선생님'으로 바뀌면 조사 '에게'를 '께'로 고쳐 말해야 한다.
③ ㉡이 높임의 대상인 '선생님'으로 바뀌면 '주는'을 '주시는'으로 고쳐 말해야 한다.
④ ㉡이 높임의 대상인 '선생님'으로 바뀌면 '보았어'를 '보셨어'로 고쳐 말해야 한다.
⑤ ㉡이 높임의 대상인 '선생님'으로 바뀌면 '보았어'를 '보았습니다'로 고쳐 말해야 한다.

03

높임 표현 | 2014학년도 11월 고2 학력평가 A형

다음은 높임 표현과 관련된 '학습 활동'의 일부이다. 질문에 대한 답으로 적절하지 <u>않은</u> 것은?

학습 활동

다음의 높임 표현에 대한 설명을 참고하여, 아래의 질문에 답해 보자.

우리말의 높임법은 높이는 대상에 따라 주어가 나타내는 대상을 높이면 주체 높임, 청자를 높이면 상대 높임, 목적어나 부사어가 나타내는 대상을 높이면 객체 높임으로 구분할 수 있습니다. 이러한 높임법은 조사, 특수 어휘, 선어말 어미, 종결 어미 등에 의해 실현됩니다.

질문: 제시된 문장에 실현된 높임 표현에 대해 탐구해 보자.

㉠ 아버지, 할머니께 선물 드리셨어요?
㉡ 어머니, 아버지께서 저녁을 드시러 나가셨습니다.
㉢ 삼촌, 어머니께서 아버지를 모시고 오라고 얘기하시는데요.

① ㉠에는 부사어가 나타내는 대상을 높일 때 사용하는 조사가 있다.
② ㉢에서는 특수 어휘를 사용하여 목적어가 나타내는 대상을 높이고 있다.
③ ㉠과 ㉡에서는 종결 어미를 사용하여 듣는 상대를 높이고 있다.
④ ㉠과 ㉢에는 주어가 나타내는 대상을 높일 때 사용하는 조사가 있다.
⑤ ㉡과 ㉢에는 주어가 나타내는 대상을 높일 때 사용하는 선어말 어미가 있다.

04

높임 표현 | 2016학년도 7월 고3 학력평가

〈보기〉의 ㉠~㉣에 대한 설명으로 옳지 <u>않은</u> 것은?

———• 보기 •———

높임법은 화자가 높이려는 대상이 누구인지에 따라 주체 높임법, 상대 높임법, 객체 높임법으로 구분된다. 주체 높임법은 주어가 나타내는 대상인 주체를 높이는 것이며, 상대 높임법은 대화의 상대인 청자를 높이거나 낮추는 것이고, 객체 높임법은 문장의 목적어나 부사어가 나타내는 대상인 객체를 높이는 것이다.

㉠ 할머니께서 책을 읽고 계신다.
㉡ 누나는 어머니께 모자를 선물로 드렸다.
㉢ 할아버지께서 월요일 오후에 병원에 가신다.
㉣ (선생님과의 대화 중) 선생님, 제가 드릴 말씀이 있습니다.
㉤ (아버지와의 대화 중) 아버지, 저는 아버지를 예전부터 존경해 왔습니다.

① ㉠은 주체인 '할머니'를 높이는 데에 '께서'와 '계시다'를 사용하고 있다.
② ㉡은 객체인 '어머니'를 높이는 데에 '께'와 '드리다'를 사용하고 있다.
③ ㉢은 주체인 '할아버지'를 높이는 데에 '께서'와 '-시-'를 사용하고 있다.
④ ㉣은 주체인 '선생님'을 높이는 데에 '말씀'을 사용하고 있다.
⑤ ㉤은 상대인 '아버지'를 높이는 데에 '-습니다'를 사용하고 있다.

05

높임 표현 | 2014학년도 수능 A, B형

〈보기〉의 ㉠, ㉡이 모두 사용된 문장은?

———• 보기 •———

우리말에서는 일반적으로 선어말 어미나 종결 어미, 조사 등을 통해 높임을 표현하지만, **어휘를 통해 높임을 표현하는 경우도 있다.** 높임 표현에 쓰이는 어휘들은 다음과 같이 분류할 수 있다.

◦ 주체를 높이는 용언(예 계시다) ·············· ㉠
◦ 객체를 높이는 용언(예 드리다)
◦ 높여야 할 인물을 직접 높이는 명사(예 선생님)
◦ 높여야 할 인물과 관련된 것을 높이는 명사(예 진지) ·· ㉡

① 나는 아직 그분의 성함을 기억하고 있다.
② 누나는 여쭐 것이 있다며 할머니 댁에 갔다.
③ 연세가 많으신 할머니께서는 홍시를 잘 잡수신다.
④ 우리는 부모님을 모시고 바닷가로 여행을 떠났다.
⑤ 어머니께서는 몹시 피곤하셨는지 거실에서 주무신다.

06

높임 표현 | 2020학년도 6월 고2 학력평가

〈보기 1〉을 바탕으로 〈보기 2〉의 높임 표현을 바르게 분석한 것은?

———• 보기 1 •———

우리말의 높임법은 주어가 나타내는 대상을 높이는 주체 높임, 목적어나 부사어가 나타내는 대상을 높이는 객체 높임, 청자를 높이거나 낮추는 상대 높임으로 구분할 수 있다. 이러한 높임법은 조사, 특수 어휘, 선어말 어미, 종결 어미 등에 의해 실현된다.

———• 보기 2 •———

영희야, 아버지께서는 할머니를 모시고 먼저 나가셨어.

	주체 높임	객체 높임	상대 높임
①	○	○	높임
②	○	○	낮춤
③	○	×	높임
④	×	○	낮춤
⑤	×	×	높임

07

높임 표현 | 2015학년도 3월 고2 학력평가

〈보기 1〉을 바탕으로 〈보기 2〉에 쓰인 높임의 양상을 바르게 표시한 것은?

———• 보기 1 •———

국어의 높임법은 높임의 대상이 무엇이냐에 따라 크게 셋으로 나뉜다. 주체 높임법에서는 문장의 주어가 가리키는 인물, 객체 높임법에서는 문장의 목적어나 부사어가 지시하는 대상, 상대 높임법에서는 말을 듣는 상대, 즉 청자가 높임의 대상이 된다. 그런데 실제로는 대개 두세 가지의 높임법이 동시에 사용된다. 존대를 [+]로 비존대를 [-]로 나타낸다면, '철수야, 할아버지 오셨어.'와 같은 문장은 [주체 높임 +], [상대 높임 -]로 표시할 수 있다.

———• 보기 2 •———

영희가 할머니를 모시고 공원에 갔어요.

① [주체 높임 -], [객체 높임 +], [상대 높임 +]
② [주체 높임 -], [객체 높임 +], [상대 높임 -]
③ [주체 높임 -], [객체 높임 -], [상대 높임 -]
④ [주체 높임 +], [객체 높임 +], [상대 높임 +]
⑤ [주체 높임 +], [객체 높임 -], [상대 높임 -]

08

시간 표현 | 2020학년도 9월 고1 학력평가

밑줄 친 부분에 주목하여 〈보기〉의 ㄱ~ㅁ을 탐구한 내용으로 적절하지 <u>않은</u> 것은?

> • 보기 •
>
> ㄱ. 그는 어제 고향을 떠났다.
> ㄴ. 지난겨울에는 정말 춥더라.
> ㄷ. 친구와 함께 본 영화는 재미있었다.
> ㄹ. 작년만 해도 이곳에는 나무가 적었었다.
> ㅁ. 축제 준비를 하려면 오늘 밤 잠은 다 잤네.

① ㄱ을 보니, 시간 부사어를 사용하여 과거를 나타내고 있군.
② ㄴ을 보니, 선어말 어미 '-더-'를 사용하여 과거의 경험을 회상하고 있군.
③ ㄷ을 보니, 동사는 관형사형 어미 '-(으)ㄴ'을 사용하여 과거에 일어난 일을 나타내는군.
④ ㄹ을 보니, 선어말 어미 '-었었-'을 사용하여 현재까지 지속되는 과거의 상황을 나타내는군.
⑤ ㅁ을 보니, 선어말 어미 '-았-'이 과거에 일어난 일을 나타내지 않기도 하는군.

09

시간 표현 | 2016학년도 수능 A형

〈보기〉의 ⓐ~ⓒ에 해당하는 예로 적절하지 <u>않은</u> 것은?

> • 보기 •
>
> 보조 용언 구성 '-고 있-'은 크게 두 가지 의미를 지닌다.
>
> (가) 민수는 지금 떡국을 먹고 있다.
> (나) 선생님은 너를 믿고 있다.
> (다) 지혜는 모자를 쓰고 있다.
>
> (가)에서처럼 ⓐ'어떤 동작이 진행되고 있음'을 나타내기도 하고, (나)에서처럼 ⓑ'어떤 상태가 지속되고 있음'을 나타내기도 한다. (가)의 '-고 있-'은 '-는 중이-'로 교체하여도 ⓐ의 의미가 유지되지만, (나)의 '-고 있-'은 교체하면 부자연스러운 문장이 되거나 ⓑ의 의미가 유지되지 않는다. 한편 (가), (나)에서는 특정한 문맥이 주어지지 않아도 그 의미를 확정할 수 있는 데 반해, (다)에서는 문맥이 충분히 주어지지 않으면 '-고 있-'이 ⓒ두 가지 의미 모두로 해석될 수 있다.

①　ⓐ　┌ A : 아빠 들어오실 때 형은 뭐 하고 있었니?
　　　　└ B : 형은 양치질을 하고 있었어요.

②　ⓑ　┌ A : 오빠가 너한테 화가 많이 났나 봐.
　　　　└ B : 오빠는 지금 날 오해하고 있는 것 같아.

③　ⓑ　┌ A : 내일이 고모님 생신이라고 하네.
　　　　└ B : 아, 나 그거 이미 알고 있어.

④　ⓒ　┌ A : 너 안경 잃어버렸다며? 괜찮아?
　　　　└ B : 눈이 아주 나쁘진 않아서 안경 벗고 있어도 괜찮아.

⑤　ⓒ　┌ A : 저 중에 신입 사원이 누구야?
　　　　└ B : 저기에 있잖아. 넥타이를 매고 있네.

10

시간 표현 | 2017학년도 10월 고3 학력평가

다음의 학습 활동을 수행한 결과로 적절하지 <u>않은</u> 것은?

> 학습 활동 : 어떠한 두 사건을 '-다가'나 '-아서/-어서'에 의해 연결할 때, 두 사건의 시제가 문장에서 어떻게 나타나고, 두 사건의 의미가 어떠한 관계를 맺게 되는지 (가)~(라)에서 살펴봅시다.
>
> (가) 찌개를 먹다가 혀를 데었다.
> (나) 찌개를 끓였다가 다시 식혔다.
> (다) 그는 종이를 접어서 주머니에 넣었다.
> (라) 내가 문을 쾅 닫아서 동생이 잠을 깼다.

① (가)와 (나)에서는 앞 절과 뒤 절의 사건이 모두 과거에 일어났지만, (가)에는 (나)와 달리 '-다가'로 연결된 앞 절에 현재 시제 선어말 어미가 나타났어.
② (가)와 (다)에서는 뒤 절의 시제가 과거임을 확인해야 '-다가'와 '-아서/-어서'가 쓰인 앞 절의 사건이 과거에 일어났음을 알 수 있어.
③ (가)와 (라)에서는 모든 사건이 과거에 일어났는데도, '-다가'와 '-아서/-어서'가 쓰인 앞 절에 과거 시제 선어말 어미를 사용하지 않았어.
④ (나)와 (다)에서는 '-다가'와 '-아서/-어서'가 쓰인 앞 절의 사건이 끝난 후 뒤 절의 사건이 일어나고 있어.
⑤ (다)와 (라)에서는 앞 절과 뒤 절이 모두 '-아서/-어서'로 이어졌지만, (라)는 (다)와 달리 앞 절의 사건이 뒤 절 사건의 원인이나 이유로 이해될 수 있어.

11

시간 표현 | 2013학년도 9월 고2 학력평가 A, B형

〈보기〉를 바탕으로 할 때, 영화가 시작된 시각으로 예상되는 시점은?

● 보기 ●

엄마: 아까 낮에 형과 전화하던데, 무슨 이야기 했니?
아들: 형이 영화를 보러 갔는데, 영화관에 도착해 보니까 영화가 곧 시작하겠다고 제게 말했어요.
엄마: 그래? 늦지 않게 영화를 봤겠지?
아들: 네, 그럴 거예요.

(a) 형이 영화관에 도착한 시점
(b) 형이 영화 시작 시간표를 확인한 시점
(c) 형이 동생에게 말한 시점
(d) 아들이 엄마에게 말한 시점

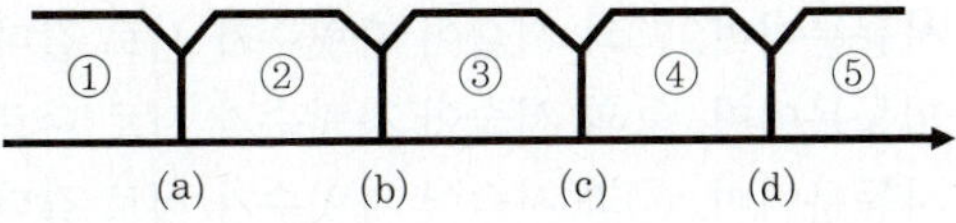

12

사동 표현 | 2019학년도 7월 고3 학력평가

〈보기〉의 ㉠~㉤에 대한 이해로 적절하지 <u>않은</u> 것은?

● 보기 ●

㉠ 담장이 낮다. → 동네 사람들이 담장을 낮춘다.
㉡ 아이가 옷을 입었다. → 엄마가 아이에게 옷을 입히었다.
㉢ 사람들이 방으로 이삿짐을 옮긴다.
㉣ 선생님께서 철수에게 책을 [읽히셨다 / 읽게 하셨다].
㉤ ┌ 아기가 웃는다. → 아빠가 아기를 웃긴다.
　　└ 철수가 짐을 졌다. → 형이 철수에게 짐을 지웠다.

① ㉠: 형용사에 사동 접사가 결합되어 사동사가 되었군.
② ㉡: 주동문이 사동문으로 바뀌면 서술어가 필요로 하는 문장 성분의 개수가 달라지는군.
③ ㉢: 사동문 중에는 대응하는 주동문을 만들 수 없는 경우가 있군.
④ ㉣: 접사에 의한 사동 표현은 직접 사동의 의미로, '-게 하다'에 의한 사동 표현은 간접 사동의 의미로 해석되는군.
⑤ ㉤: 주동문의 서술어가 자동사인지 타동사인지에 따라 주동문의 주어는 사동문에서 그 문장 성분이 달라지는군.

13

사동 표현 | 2014학년도 6월 모의평가 A형

〈보기〉를 참고하여, 학습 자료를 분석한 결과로 옳은 것은?

● 보기 ●

일반적으로 사동문은 주어가 다른 대상을 동작하게 하거나 특정한 상태에 이르도록 하는 문장을 가리킨다. 사동문은 어근에 접미사가 결합한 사동사나 어간에 '-게 하다'가 결합한 구성에 의해 만들어진다.

학습 자료

	A: 주동문	B: 사동사에 의한 사동문	C: '-게 하다'에 의한 사동문
㉠	동생이 숨는다.	누나가 동생을 숨긴다.	누나가 동생을 숨게 한다.
㉡	동생이 밥을 먹는다.	누나가 동생에게 밥을 먹인다.	누나가 동생에게 밥을 먹게 한다.
㉢	실내 온도가 낮다.	누나가 실내 온도를 낮춘다.	누나가 실내 온도를 낮게 한다.
㉣	동생이 공을 찬다.	해당 사례 없음.	누나가 동생에게 공을 차게 한다.

① ㉠, ㉡을 보니, A의 주어는 C에서 동일한 문장 성분으로 나타나는군.
② ㉠, ㉢을 보니, A가 B로 바뀌면 서술어의 자릿수가 늘어나는군.
③ ㉡, ㉢을 보니, A가 B로 바뀌면 겹문장이 되는군.
④ ㉡, ㉣을 보니, A의 서술어가 타동사이면 대응하는 사동사가 없군.
⑤ ㉢, ㉣을 보니, A의 서술어가 형용사이면 사동문을 만들지 못하는군.

14

〈보기〉의 ㉠, ㉡에 해당하는 예끼리 묶인 것으로 적절한 것은?

• 보기 •

[선생님의 설명]

　여러분, '쓰이다'라는 단어를 어떻게 해석해야 할까요? 우선 '쓰이다'는 피동사이기도 하고 사동사이기도 하므로 이를 구별해야겠죠? 또한 '쓰다'는 동음이의어나 다의어이므로 그 의미에도 유의해야 합니다. 단어를 이해할 때, 이러한 점들을 모두 고려해야 해요. 그럼 이와 관련된 학습 활동을 해 볼까요?

[학습 활동]

　다음은 국어사전의 일부이다. 제시된 단어의 의미에 유의하여 각각의 피동사와 사동사가 포함된 예를 들어 보자.

> **갈다¹** 동【…을 …으로】② 어떤 직책에 있는 사람을 다른 사람으로 바꾸다.
>
> **깎다** 동 ①【…을】③ 값이나 금액을 낮추어서 줄이다.
>
> **묻다¹** 동【…에】① 가루, 풀, 물 따위가 그보다 큰 다른 물체에 들러붙거나 흔적이 남게 되다.
>
> **물다²** 동 ①【…을】② 윗니와 아랫니 사이에 끼운 상태로 상처가 날 만큼 세게 누르다.
>
> **쓸다²** 동【…을】① 비로 쓰레기 따위를 밀어내거나 한데 모아서 버리다.

피동문	사동문
㉠	㉡

① ┌ ㉠: 학생회 임원이 새 친구로 갈렸다.
　└ ㉡: 삼촌이 형에게 그 텃밭을 갈렸다.
② ┌ ㉠: 용돈이 이달에 만 원이나 깎였다.
　└ ㉡: 나는 저번 실수로 점수를 깎였다.
③ ┌ ㉠: 내 친구는 가래떡에 꿀만 묻혔다.
　└ ㉡: 누나는 붓에 먹물을 듬뿍 묻혔다.
④ ┌ ㉠: 아빠가 아이 입에 사탕을 물렸다.
　└ ㉡: 큰형이 동네 개에게 발을 물렸다.
⑤ ┌ ㉠: 큰 마당의 눈이 빗자루에 쓸렸다.
　└ ㉡: 내 동생에게 거실 바닥만 쓸렸다.

15

〈보기〉는 문법 수업의 일부이다. 선생님의 설명에 따라 ㉠~㉣을 이해한 내용으로 가장 적절한 것은?

• 보기 •

선생님: 오늘은 사동문과 피동문의 서술어 자릿수에 대해 공부해 봅시다. 주동문이 사동문으로 바뀔 때나, 능동문이 피동문으로 바뀔 때는 서술어 자릿수가 변하기도 합니다. 이 점을 고려하면서 다음 문장들을 살펴봅시다.

㉠ 얼음이 매우 빠르게 녹았다.
㉡ 아이들이 얼음을 빠르게 녹였다.
㉢ 사람들은 산을 멀리서 보았다.
㉣ 그 산이 잘 보였다.

① ㉠은 피동문이며, ㉣과 서술어 자릿수가 서로 같다.
② ㉡은 사동문이며, ㉢과 서술어 자릿수가 서로 같다.
③ ㉡은 피동문이며, ㉣과 서술어 자릿수가 서로 다르다.
④ ㉣은 사동문이며, ㉡과 서술어 자릿수가 서로 같다.
⑤ ㉣은 사동문이며, ㉢과 서술어 자릿수가 서로 다르다.

16

〈보기〉의 학습 과제를 수행한 결과로 적절하지 <u>않은</u> 것은?

• 보기 •

[학습 내용] 주어가 자기 힘으로 동작하는 것을 능동이라고 하고, 주어가 다른 주체에 의해 동작을 당하는 것을 피동이라고 한다. 피동 표현은 주로 어근에 접사 '-이-', '-히-', '-리-', '-기-', '-되다' 등이 결합하여 실현된다.

[학습 과제] 다음의 어근 목록을 활용하여 피동문을 만드시오.

풀-	읽-	안-	깎-	이용

① 이번 시험 문제는 지난번보다 잘 <u>풀렸다</u>.
② 그의 글은 오직 나에게만 아름답게 <u>읽혔다</u>.
③ 친구는 버스에서 자기 짐까지 나에게 <u>안겼다</u>.
④ 날카로운 칼날에 무성하던 잔디가 모두 <u>깎였다</u>.
⑤ 우리 학교 운동장은 가끔 주차장으로도 <u>이용되었다</u>.

17

피동 표현 | 2019학년도 11월 고1 학력평가

〈보기〉는 수업 장면의 일부이다. ㉠에 해당하는 예로 적절한 것은?

● 보기 ●

선생님: 주어가 스스로 행동하지 않고 다른 주체에 의해 어떤 동작을 당하거나 영향을 받는 것을 피동이라고 합니다. 피동문을 만들 때는 능동사의 어근에 피동 접미사 '-이-, -히-, -리-, -기-'를 붙여서 짧은 피동을 만들거나, '-아/-어지다'와 같은 표현을 사용하여 긴 피동을 만듭니다. 그런데 ㉠일부 능동사의 어근에는 피동 접미사가 결합하지 못하여 짧은 피동을 만들 수 없는 경우도 있습니다.

① 물고기가 낚싯줄을 끊었다.
② 경민이가 아기의 볼을 만졌다.
③ 민수가 동생의 이름을 불렀다.
④ 다람쥐가 도토리를 땅에 묻었다.
⑤ 요리사가 음식을 접시에 담았다.

18

피동 표현 | 2018학년도 3월 고2 학력평가

〈보기〉의 ㉠과 ㉡에 해당하는 예로 적절한 것은?

● 보기 ●

　피동문은 서술어가 형성되는 방법에 따라서, '파생적 피동문'과 '통사적 피동문'으로 나뉜다. 파생적 피동문은 능동사 어간을 어근으로 하여 파생 접사 '-이-, -히-, -리-, -기-'가 붙어 만들어진 피동사를 서술어로 하는 문장이다. 한편 통사적 피동문은 서술어로 쓰이는 타동사의 어간에 '-아/어지다' 등이 결합되어 만들어진다.

　그런데 동사의 성격에 따라서는 ㉠피동사로 파생되지 않는 동사도 있다. 또 ㉡능동문의 서술어로 쓰인 동사의 피동사가 존재함에도 불구하고 파생적 피동문으로 바꿀 수 없는 문장도 있다.

	㉠	㉡
①	주다	고양이가 쥐를 잡았다.
②	먹다	사람들이 열심히 풀을 뽑았다.
③	돕다	동생이 부모님께 칭찬을 들었다.
④	만나다	학생들이 벽화를 멋지게 그렸다.
⑤	나누다	누나가 일부러 문을 세게 닫았다.

19

부정 표현 | 2015학년도 3월 고1 학력평가

〈보기〉의 ㉠~㉢을 통해 부정 표현에 대해 탐구한 내용으로 적절하지 <u>않은</u> 것은?

● 보기 ●

㉠ 나팔꽃이 안 예쁘다.
㉡ 그는 다리를 다쳐 축구를 못 한다.
㉢ 고래는 어류가 아니다.

① ㉠에서 '안'을 '못'으로 바꾸면 어색한 문장이 된다.
② ㉠에서 '안'은 '예쁘다'라는 상태를 부정하기 위해 사용되었다.
③ ㉡에서 '못'은 축구를 하고자 하는 '그'의 의지를 부정하고 있다.
④ ㉡에서 '못 한다'는 '하지 못한다'로 바꾸어도 어법상 문제가 없다.
⑤ ㉢에서 '아니다'는 '고래'가 '어류'라는 것을 부정하기 위해 사용되었다.

20

부정 표현 | 2015학년도 7월 고3 학력평가 B형

〈보기〉를 통해 부정 표현의 특성에 대해 탐구한 내용으로 적절하지 <u>않은</u> 것은?

● 보기 ●

ㄱ. 나는 수학 공부를 안 했다.
　　나는 수학 문제가 어려워서 못 풀었다.
ㄴ. 여기에는 이제 해가 비치지 {않는다 / 못한다}.
ㄷ. 그녀를 만나지 {*않아라 / *못해라 / 마라}.
ㄹ. 그는 결코 그 일을 {*했다 / 안 했다}.
　　그는 분명히 그 일을 {했다 / 안 했다}.
ㅁ. 교실이 {안 / *못} 깨끗하다.

* 비문법적 표현.

① ㄱ을 보니, '안' 부정문은 '의지 부정'을 나타내고, '못' 부정문은 '능력 부정'을 나타내는군.
② ㄴ을 보니, 행동 주체의 의지를 부정할 때는 '긴 부정문'만 쓸 수 있군.
③ ㄷ을 보니, 명령문의 부정 표현은 보조 용언 '말다'를 활용하여 사용하는군.
④ ㄹ을 보니, 어떤 부사는 반드시 부정 표현과 함께 쓰여야 하는군.
⑤ ㅁ을 보니, 형용사를 부정할 때에는 부사 '못'을 사용하여 부정 표현을 나타낼 수 없군.

21

높임 표현 | 2021학년도 11월 고2 학력평가

〈보기〉의 ㉠~㉤을 수정하고자 할 때, 적절하지 <u>않은</u> 것은?

> • 보기 •
>
> ㉠ (아들이 아버지에게) 아버지, 무슨 고민이 계신가요?
> ㉡ (형이 동생에게) 삼촌께서 할머니를 데리고 식당으로 가
> 셨어.
> ㉢ (사원이 다른 사원에게) 부장님이 이제 회의실로 온다고
> 하셨어.
> ㉣ (손녀가 할아버지에게) 언니가 할아버지한테 안경을 갖
> 다 주라고 했어요.
> ㉤ (학생이 다른 학생에게) 문제를 풀다가 어려운 것이 있
> 으면 선생님한테 물어봐.

① ㉠: '아버지'를 간접적으로 높이도록 '아버지, 무슨 고민이
있으신가요?'로 수정한다.
② ㉡: '삼촌'을 간접적으로 높이도록 '삼촌께서 할머니를 모
시고 식당으로 가셨어.'로 수정한다.
③ ㉢: '부장님'을 직접적으로 높이도록 '부장님께서 이제 회
의실로 오신다고 하셨어.'로 수정한다.
④ ㉣: '할아버지'를 직접적으로 높이도록 '언니가 할아버지
께 안경을 갖다 드리라고 했어요.'로 수정한다.
⑤ ㉤: '선생님'을 직접적으로 높이도록 '문제를 풀다가 어려
운 것이 있으면 선생님께 여쭤봐.'로 수정한다.

22

높임 표현 | 2021학년도 10월 고3 학력평가

〈보기〉의 ㉠과 ㉡이 모두 사용된 문장으로 적절한 것은?

> • 보기 •
>
> 국어의 높임 표현은 조사나 어미로 실현되기도 하지만
> ㉠그 자체에 높임의 의미가 담긴 특수 어휘를 통해 실현되
> 기도 한다. 또한 국어에는 대상을 높이는 것이 아니라 자신
> 을 낮추는 겸양의 표현도 존재한다. 겸양의 표현은 일부 어
> 미로 실현되기도 하지만 ㉡그 자체에 낮춤의 의미가 있는
> 특수 어휘를 통해 실현되기도 한다.

① 저희가 어머니께 드렸던 선물이 여기 있네요.
② 연세가 지긋하신 할아버지께서 걸어가신다.
③ 제 말씀은 그런 의도가 아니었어요.
④ 이 문제는 아버지께 여쭈어보자.
⑤ 지나야, 가서 할머니 모시고 와.

23

높임 표현 | 2023학년도 3월 고2 학력평가

〈보기 1〉을 참고하여 〈보기 2〉의 ㉠~㉤을 이해한 내용으로 적
절하지 <u>않은</u> 것은?

> • 보기 1 •
>
> 높임 표현은 높임 대상에 따라 주어의 지시 대상을 높이
> 는 주체 높임, 목적어나 부사어의 지시 대상을 높이는 객체
> 높임, 청자를 높이거나 낮추는 상대 높임으로 나뉜다. 높임
> 표현은 크게 문법적 수단과 어휘적 수단에 의해 실현된다.
> 문법적 수단은 조사나 어미를, 어휘적 수단은 특수 어휘를
> 사용하는 것이다.

> • 보기 2 •
>
> [대화 상황]
> **손님**: ㉠어머니께 선물로 드릴 신발을 찾는데, ㉡편하게
> 신으실 수 있는 제품이 있을까요?
> **점원**: ㉢부모님을 모시고 오시는 손님들께서 이 제품을 많
> 이 사 가셔요. ㉣할인 중이라 가격도 저렴합니다.
> **손님**: 좋네요. ㉤저도 어머니를 뵙고, 함께 와야겠어요.

① ㉠: 문법적 수단과 어휘적 수단을 통해 부사어가 지시하
는 대상을 높이고 있다.
② ㉡: 선어말 어미 '-으시-'와 조사 '요'는 같은 대상을 높이
기 위해 쓰이고 있다.
③ ㉢: 동사 '모시다'와 조사 '께서'는 서로 다른 대상을 높이
기 위해 쓰이고 있다.
④ ㉣: 문법적 수단을 통해 대화의 상대방을 높이고 있다.
⑤ ㉤: 어휘적 수단을 통해 목적어가 지시하는 대상을 높이
고 있다.

24

높임 표현 | 2021학년도 11월 고1 학력평가

〈보기 1〉을 바탕으로 〈보기 2〉에 대해 설명한 내용으로 적절하지 <u>않은</u> 것은?

● 보기 1 ●

주체 높임법은 문장의 주어인 서술의 주체에 대하여 높임의 태도를 나타내는 방법이다. 객체 높임법은 문장의 목적어나 부사어가 지시하는 대상, 곧 서술의 객체에 대하여 높임의 태도를 나타내는 방법이다. 주체 높임과 객체 높임의 대상은 문장에서 표면적으로 드러나기도 하고 생략되기도 한다. 한편, 상대 높임법은 화자가 청자인 상대방에 대하여 높이거나 낮추는 태도를 나타내는 방법이다. 한 문장 안에서도 다양한 높임법이 쓰일 수 있다.

● 보기 2 ●

〈아들과 아버지의 통화〉

아들 : ⓐ아버지, 집에 언제 도착하시나요?

아버지 : 무슨 일 있니?

아들 : ⓑ할머니께서 아버지께 전화해 보라고 하셨어요. ⓒ아버지께 드릴 말씀도 있어서요.

아버지 : 그래, 거의 다 왔으니 집에 가서 얘기하자. 그런데 할머니 아직 안 주무시니?

아들 : ⓓ아직 안 주무셔요. ⓔ방금 어머니께서 할머니 모시고 나가셨어요.

① ⓐ는 주체 높임과 상대 높임의 대상이 같다.
② ⓑ는 객체 높임과 상대 높임의 대상이 다르다.
③ ⓒ는 객체 높임과 상대 높임의 대상이 같다.
④ ⓓ는 주체 높임과 상대 높임의 대상이 다르다.
⑤ ⓔ는 주체 높임, 객체 높임, 상대 높임의 대상이 모두 다르다.

25

부정 표현 | 2023학년도 9월 모의평가

〈보기〉의 ㉠, ㉡에 해당하는 예끼리 묶인 것으로 적절한 것은?

● 보기 ●

국어의 부정에는 '안'이나 '-지 않다'를 사용하는 '의지 부정'과 '못'이나 '-지 못하다'를 사용하는 '능력 부정'이 있다고 알려져 있다. 그러나 '안'이나 '-지 않다'가 사용된 부정문이 주어의 의지와 무관한 '단순 부정'을 나타내는 경우도 많다. ㉠형용사가 서술어로 쓰이면 '안'이나 '-지 않다'는 단순 부정을 나타낸다. 형용사가 나타내는 성질이나 상태에는 주어의 의지가 작용할 수 없기 때문이다. ㉡동사가 서술어로 쓰이는 경우에도 주어가 의지를 가지지 못하는 무정물이면 '안'이나 '-지 않다'가 단순 부정을 나타낸다. 또한 동사가 서술어로 쓰이고 주어가 유정물이더라도 '나는 깜빡 잊고 약을 안 먹었다.'에서와 같이 '안'이 단순 부정을 나타낼 수 있다.

① ┌ ㉠ : 옛날엔 통신 기술이 발달하지 않았다.
　└ ㉡ : 주문한 옷이 아직도 도착하지 않았다.
② ┌ ㉠ : 이 문제집은 별로 어렵지 않더라.
　└ ㉡ : 저는 이 은혜를 잊지 않겠습니다.
③ ┌ ㉠ : 나는 그 이야기가 궁금하지 않아.
　└ ㉡ : 동생이 오늘 우산을 안 가져갔어.
④ ┌ ㉠ : 내 얘기에 고모는 놀라지 않았다.
　└ ㉡ : 이 물질은 전기가 통하지 않는다.
⑤ ┌ ㉠ : 밤바다가 그리 고요하지는 않네.
　└ ㉡ : 아주 오래간만에 비가 안 온다.

[26~27] 다음 글을 읽고 물음에 답하시오.

어떤 행위, 사건, 상태의 시간적 위치를 언어적으로 나타내주는 문법 범주를 시제라고 한다. 시제는 사건이 발생한 시점인 사건시와 그 사건을 언어로 표현하는 시점인 발화시의 선후관계에 따라 결정된다.

과거 시제는 사건시가 발화시보다 앞서는 시제로, 주로 선어말 어미 '-았-/-었-'을 통해 실현된다. 또 동사 어간에 붙는 관형사형 어미 '-(으)ㄴ'과 용언의 어간이나 서술격 조사에 붙는 '-던'을 통해 실현된다. 현재 시제는 사건시와 발화시가 일치하는 시제로, 동사에서는 선어말 어미 '-ㄴ-/-는-' 및 관형사형 어미 '-는'을 통해서 실현되고, 형용사나 서술격 조사에서는 관형사형 어미 '-(으)ㄴ'을 통해 실현되거나 선어말 어미 없이 기본형을 사용하여 현재의 의미를 나타낸다. 미래 시제는 사건시가 발화시보다 나중인 시제로, 선어말 어미 '-겠-'을 통해 실현되는 것이 일반적이나 관형사형 어미 '-(으)ㄹ', 관형사형 어미 '-(으)ㄹ'과 의존 명사 '것'이 결합된 '-(으)ㄹ 것'을 통해서도 실현된다. 이러한 방법 외에도 '어제, 지금, 내일' 등과 같은 부사어를 사용하여 시제를 드러내기도 한다.

그런데 시간을 표현하는 데 사용되는 문법 요소가 언제나 특정한 시제를 나타내는 것은 아니다. 예를 들어 선어말 어미 '-ㄴ-/-는-'은 주로 현재 시제를 나타내는 데 사용되지만 ⓐ<u>미래를 나타내는 경우</u>에 쓰이기도 하고, 선어말 어미 '-겠-'은 주로 미래 시제를 표현하는 데 사용되지만 ⓑ<u>추측을 나타내는 경우</u>에 쓰이기도 한다.

26

시간 표현 | 2021학년도 9월 고1 학력평가

윗글을 바탕으로 〈보기〉의 ㉠~㉢을 이해한 내용으로 적절하지 <u>않은</u> 것은?

▸ 보기 ◂

㉠ 비가 지금 내린다.
㉡ 비가 내일 내릴 것이다.
㉢ 내가 찾아간 곳에 비가 많이 내렸다.

① ㉠에는 사건시와 발화시가 일치하는 시제가 나타난다.
② ㉡에는 선어말 어미를 활용한 시간 표현이 나타난다.
③ ㉢에는 관형사형 어미를 활용한 시간 표현이 나타난다.
④ ㉠과 ㉡에는 부사어를 활용한 시간 표현이 나타난다.
⑤ ㉡에는 사건시가 발화시보다 나중인, ㉢에는 사건시가 발화시보다 앞서는 시제가 나타난다.

27

시간 표현 | 2021학년도 9월 고1 학력평가

윗글을 참고할 때 ⓐ, ⓑ에 해당하는 예끼리 묶인 것으로 적절한 것은?

① ┌ ⓐ : 잠시 후 결과가 발표<u>된</u>다.
　 └ ⓑ : 일찍 출발하느라 고생했<u>겠</u>다.
② ┌ ⓐ : 삼촌은 곧 여기를 떠<u>난</u>다.
　 └ ⓑ : 잠시만 비켜주시<u>겠</u>습니까?
③ ┌ ⓐ : 사람은 누구나 꿈을 <u>꾼</u>다.
　 └ ⓑ : 제가 먼저 발표하<u>겠</u>습니다.
④ ┌ ⓐ : 지구는 태양의 주위를 <u>돈</u>다.
　 └ ⓑ : 이제 늦지 않도록 하<u>겠</u>습니다.
⑤ ┌ ⓐ : 그가 내 의도를 알아채고 웃<u>는</u>다.
　 └ ⓑ : 우리 고향은 이미 추수가 다 끝났<u>겠</u>다.

28

시간 표현 | 2022학년도 6월 고2 학력평가

〈보기〉의 ㉡, ㉢이 모두 ㉠을 실현하고 있는 문장으로 적절한 것은?

▸ 보기 ◂

선생님 : 국어의 시제는 화자가 말하는 시점인 발화시와 동작이나 상태가 나타나는 시점인 사건시를 기준으로, ㉠<u>발화시보다 사건시가 앞서는 경우</u>, 발화시와 사건시가 일치하는 경우, 발화시보다 사건시가 나중인 경우로 나뉩니다. 이때 시제는 ㉡<u>선어말 어미</u>, ㉢<u>관형사형 어미</u>, 시간 부사어 등을 통해 실현됩니다.

① 지난번에 먹은 귤이 맛있었다.
② 이것은 내일 내가 읽을 책이다.
③ 이미 한 시간 전에 집에 도착했다.
④ 작년에는 겨울에 함박눈이 왔었다.
⑤ 친구는 지금 독서실에서 공부를 한다.

[29~30] 다음 글을 읽고 물음에 답하시오.

　문장에서 주어가 자기 힘으로 동작이나 행위를 하는 것을 능동, 주어가 다른 주체에 의해 동작이나 행위를 당하는 것을 피동이라 한다. 그리고 능동이 표현된 문장은 능동문, 피동이 표현된 문장은 피동문이라고 한다.

　피동문을 형성하는 방법에는 여러 가지가 있다. 우선 용언 어간에 피동 접미사 '-이-', '-히-', '-리-', '-기-'를 결합하여 새로운 피동사를 파생하는 방법이 있다. 다음으로 연결 어미를 이용하여 구성된 '-아/어지다', '-게 되다'를 어간에 결합하는 방법이나 일부 명사 뒤에 '-되다'를 붙이는 방법도 있다. 이러한 문법 요소를 활용하여 피동의 의미를 나타내는 것을 피동 표현이라고 한다.

　피동 표현을 사용하여 능동문을 피동문으로 만들면, 일반적으로 능동문의 목적어는 피동문의 주어가 되고 능동문의 주어는 피동문의 부사어가 된다. 그런데 피동문에 대응하는 능동문을 상정하기 어려운 경우도 있다. 가령 '날씨가 풀렸다.'라는 문장은 피동문의 서술어가 동작이나 행위가 아니라 자연적인 상태 변화를 나타낸다. 따라서 '(누가) 날씨를 풀었다.'처럼 행위의 주체를 설정하기 어렵기 때문에 능동문으로 만들면 어색하게 느껴지는 것이다.

　피동 표현은 행위의 대상에 초점을 맞추어 표현하기에 행위의 주체가 강조되지 않는다. 따라서 행위의 주체를 모르거나 설정하기 어려울 때, 행위의 주체를 의도적으로 숨기고자 할 때, 객관적인 느낌을 주고자 할 때 등에 사용한다. 한편, 피동의 문법 요소를 두 번 결합한 이중 피동을 사용하는 경우도 있다. 이는 어색한 표현인 경우가 많으므로 주의해야 한다.

29

피동 표현 | 2024학년도 6월 고1 학력평가

윗글을 통해 알 수 있는 내용으로 적절하지 <u>않은</u> 것은?

① 피동 표현을 사용하면 행위의 대상보다 행위의 주체가 강조된다.

② 객관적인 느낌을 전달하려는 의도로 피동 표현을 가용할 수 있다.

③ 주어가 다른 주체에 의해 어떤 행위를 당하는 것을 피동이라 한다.

④ 행위의 주체를 모르거나 설정하기 어려울 때 피동 표현을 사용할 수 있다.

⑤ 피동 접미사 이외의 문법 요소를 활용하여 피동의 의미를 나타낼 수 있다.

30

피동 표현 | 2024학년도 6월 고1 학력평가

윗글을 바탕으로 〈보기〉를 탐구한 결과로 적절하지 <u>않은</u> 것은?

> ● 보기 ●
>
> ㄱ. 아버지가 아들을 안았다. → 아들이 아버지에게 안겼다.
> ㄴ. 조사 결과 화재의 원인은 누전으로 파악됩니다.
> ㄷ. 더위가 꺾였다. → (누가) 더위를 꺾었다.
> ㄹ. 이번 패배는 그의 실책으로 보여진다.

① ㄱ에서는 능동문을 피동문으로 바꿀 때 능동문의 주어가 피동문의 부사어가 되었군.

② ㄴ에서는 명사 뒤에 '-되다'를 결합하여 피동의 의미를 표현했군.

③ ㄷ에서는 서술어가 자연적인 상태의 변화를 나타내어 피동문에 대응하는 능동문을 상정하기 힘들군.

④ ㄹ에서는 피동 접미사가 두 번 결합한 이중 피동이 쓰였군.

⑤ ㄱ과 ㄷ에서는 모두 피동 접미사로 피동의 의미를 표현했군.

31

피동 표현 | 2023학년도 6월 모의평가

〈보기〉의 ㉠~㉤에 해당하는 예로 적절한 것은?

> ● 보기 ●
>
> 　피동문은 대응하는 능동문과 일정한 문법적 관련을 맺는다. 그중 피동문의 서술어는 능동문의 서술어에 피동의 문법 요소를 결부하여 만드는데, 국어에서는 ㉠동사 어근에 피동 접사 '-이-', '-히-', '-리-', '-기-'를 결합하는 방법(접-/접히-), ㉡접사 '-하-'를 접사 '-받-', '-되-', '-당하-' 등으로 교체하는 방법(사랑하-/사랑받-), ㉢동사 어간에 '-아지-/-어지-'를 결합하는 방법(주-/주어지-) 등이 쓰인다. 단, '날씨가 풀리다'에서처럼 ㉣자연적으로 발생하는 사태를 표현할 때에는 피동문에 대응하는 능동문을 상정하기 어려운 경우가 있다.
>
> 　한편 '없어지다'나 '거긴 잘 가지지 않는다.'처럼 ㉤'-아지-/-어지-'는 형용사나 자동사에 변화의 의미를 더하는 데 쓰이기도 하는데 이런 용법일 때는 피동문을 이루지 않는다.

① ㉠ : 아버지가 아이에게 두터운 점퍼를 <u>입혔다</u>.

② ㉡ : 내 몫의 일거리는 형에게 <u>건네받았다</u>.

③ ㉢ : 언론에 의해 사건의 전모가 자세히 <u>밝혀졌다</u>.

④ ㉣ : 그 사람은 많은 사람들에게 <u>존경받는다</u>.

⑤ ㉤ : 모두가 바라던 소원이 드디어 <u>이루어졌다</u>.

32

〈보기〉의 ㉠~㉢에 들어갈 수 있는 내용으로 적절하지 <u>않은</u> 것은?

• 보기 •

> 선생님: 능동·피동 표현과 주동·사동 표현에서 높임 표현과 시간 표현이 어떻게 나타나는지 알아봅시다.
>
> > ⓐ 형이 동생을 업었다.
> > ⓑ 동생이 형에게 업혔다.
> > ⓒ 나는 동생에게 책을 읽혔다.
> > ⓓ 나는 동생이 책을 읽게 했다.
>
> 먼저 ⓐ, ⓑ에서 '형'을 높임의 대상인 '어머니'로 바꿀 때, 서술어에는 어떤 차이가 생기는지 말해 볼까요?
>
> 학생: ㉠
>
> 선생님: 맞아요. 그럼 ⓒ나 ⓓ에서 '동생'을 '할머니'로 바꾸면 어떻게 될까요?
>
> 학생: ㉡
>
> 선생님: '-(으)시-'가 어떻게 나타나는지를 잘 이해하고 있네요. 그럼 ⓐ, ⓑ, ⓒ의 서술어에서 '-었-'을 '-고 있-'으로 바꾸면 어떤 의미를 나타낼까요? ⓐ와 ⓑ의 차이점이나 ⓐ의 ⓒ의 공통점을 말해 볼까요?
>
> 학생: ㉢
>
> 선생님: '-고 있-'의 의미가 어떻게 나타나는지도 잘 이해하고 있군요.

① ㉠: ⓐ에서는 서술어에 '-으시-'를 넣어야 하지만, ⓑ에서는 '-시-'를 넣지 않습니다.

② ㉡: ⓒ에서는 '동생에게'를 '할머니께'로 바꾸고, '읽혔다'에 '-시-'를 넣어야 합니다.

③ ㉡: ⓓ에서는 '동생이'를 '할머니께서'로 바꾸고, '읽게'에 '-으시-'를 넣어야 합니다.

④ ㉢: ⓐ는 동작의 완료 후 상태 지속의 의미를 나타낼 수 있지만, ⓑ는 그럴 수 없습니다.

⑤ ㉢: ⓐ와 ⓒ는 모두 동작의 진행 의미를 나타낼 수 있습니다.

33

〈보기〉의 '학습 자료'를 바탕으로 '학습 과제'를 수행한 결과로 적절하지 <u>않은</u> 것은?

• 보기 •

> [학습 자료]
> - 직접 인용: 원래의 말이나 글을 그대로 큰 따옴표(" ")에 넣어 인용하는 것. 조사 '라고'를 사용함.
> - 간접 인용: 인용된 말이나 글을 자신의 관점에서 다시 서술하여 표현하는 것. 조사 '고'를 사용함.
>
> [학습 과제]
> 밑줄 친 부분에 주목하여 직접 인용을 간접 인용으로 바꾸어 보자.
>
> ㄱ. 지아가 "꽃이 벌써 <u>폈구나!</u>"라고 했다.
> → 지아가 꽃이 벌써 <u>폈다</u>고 했다.
> ㄴ. 지아가 "버스가 벌써 <u>갔어요.</u>"라고 했다.
> → 지아가 버스가 벌써 <u>갔다</u>고 했다.
> ㄷ. 나는 어제 지아에게 "<u>내일</u> 보자."라고 했다.
> → 나는 어제 지아에게 <u>오늘</u> 보자고 했다.
> ㄹ. 전학을 간 지아는 "<u>이</u> 학교가 좋다."라고 했다.
> → 전학을 간 지아는 <u>그</u> 학교가 좋다고 했다.
> ㅁ. 지아는 나에게 "민지가 <u>너</u>를 불렀다."라고 했다.
> → 지아는 나에게 민지가 <u>자기</u>를 불렀다고 했다.

① ㄱ   ② ㄴ   ③ ㄷ   ④ ㄹ   ⑤ ㅁ

34

〈보기〉에서 선생님이 제시한 과제를 수행한 결과로 적절하지 **않은** 것은?

● 보기 ●

선생님 : 아래의 예문을 봅시다.

> (ㄱ) 외국에 있는 친구가 어제 전화로 나에게 "네가 오늘 말한 책이 여기 있어."라고 말했다.

> (ㄴ) 외국에 있는 친구가 어제 전화로 나에게 내가 어제 말한 책이 거기 있다고 말했다.

(ㄱ)은 친구의 말을 그대로 전한 직접 인용이고, (ㄴ)은 친구의 말을 인용하는 화자의 관점으로 바꾸어 표현한 간접 인용입니다. (ㄱ)이 (ㄴ)으로 바뀌면서 인칭 대명사, 시간 표현, 지시 표현이 '나', '어제', '거기'로 바뀌었습니다. 또한 종결 어미 '-어'가 '-다'로, 직접 인용의 조사 '라고'가 간접 인용의 조사 '고'로 바뀌었습니다. 이를 바탕으로 [자료]의 직접 인용을 간접 인용으로 바르게 바꿨는지 분석해 볼까요?

[자료]

직접 인용	외국에 있는 형이 어제 전화로 "나는 내일 이곳에서 볼 시험 때문에 걱정이 많아."라고 말했다.

간접 인용	외국에 있는 형이 어제 전화로 자기는 오늘 그곳에서 볼 시험 때문에 걱정이 많다라고 말했다.

① '나'는 앞서 언급한 형을 다시 가리키므로 인칭 대명사 '자기'로 바르게 바꿨군.

② '내일'은 인용을 하는 화자가 말한 시점을 기준으로 할 때, '오늘'이 아닌 '어제'로 바꿔야겠군.

③ '이곳'은 인용을 하는 화자의 관점에서 형이 있는 곳을 가리키므로 '그곳'으로 바르게 바꿨군.

④ 직접 인용에 쓰인 종결 어미 '-아'를 간접 인용에서 종결 어미 '-다'로 바르게 바꿨군.

⑤ '라고'는 직접 인용에 쓰이는 조사이므로 간접 인용에 쓰이는 조사 '고'로 바꿔야겠군.

35

〈보기〉의 ⓐ~ⓒ에 대해 탐구한 내용으로 적절하지 **않은** 것은?

● 보기 ●

[탐구 과제] 직접 인용절을 가진 안은 문장이 간접 인용절을 가진 안은 문장으로 바뀌었을 때의 높임 표현, 지시 표현, 인용 조사 등의 변화 탐구하기

[탐구 자료]

직접 인용절을 가진 안은 문장		간접 인용절을 가진 안은 문장	
그가 어제 나에게 "내일 서울에 갑니다."라고 말했다.	⇨	그가 어제 나에게 오늘 서울에 간다고 말했다.	…ⓐ
희수가 민주에게 "힘든 일은 나에게 맡겨라."라고 말했다.	⇨	희수가 민주에게 힘든 일은 자기에게 맡기라고 말했다.	…ⓑ
부산에 간 친구가 나에게 "이곳이 참 아름답구나."라고 말했다.	⇨	부산에 간 친구가 나에게 그곳이 참 아름답다고 말했다.	…ⓒ

① ⓐ: '오늘'을 보니, 직접 인용절의 시간 부사가 간접 인용절에서는 바뀌어 나타났군.

② ⓐ: '간다고'를 보니, 직접 인용절에서 '그'가 '나'를 고려해 사용한 높임 표현이 간접 인용절에서는 바뀌어 나타나는군.

③ ⓑ: '맡기라고'를 보니, 직접 인용절이 명령문일 때 간접 인용절의 인용 조사는 '고'가 사용되었군.

④ ⓒ: '그곳이'를 보니, 직접 인용절의 발화자인 '친구'의 관점으로 지시 표현이 바뀌어 나타나는군.

⑤ ⓒ: '아름답다고'를 보니, 직접 인용절의 감탄형 종결 어미는 간접 인용절에서 평서형 종결 어미로 바뀌어 나타났군.

01

종결 표현

밑줄 친 부분 중, 〈보기〉의 ㉮~㉰에 제시된 조건이 모두 적용된 것은?

보기

㉮ 발화 의도와 발화 형태가 일치하지 않는 문장이다.
㉯ 화자가 이미 언급한 대상을 가리키는 지시어가 나타난다.
㉰ 발화 의도에 맞는 종결 표현으로 수정할 경우 말하는 사람과 듣는 사람이 모두 서술의 주체가 된다.

---

① (지각한 학생이 선생님께 야단맞는 상황)
  A: 저 시계 보이지? 대체 지금이 몇 시니?
  B: 9시 10분이요.
  A: 내가 지금 시간 물어봤니?

② (시험이 끝나고 채점한 후에 집에 가는 상황)
  A: 왜 이렇게 기운이 없어 보여?
  B: 배도 고픈데 우리 저기에서 떡볶이나 먹을까?
  A: 그래, 많이 먹고 우리 힘내자.

③ (기차역 휴게실에서 TV를 보며 전화를 하는 상황)
  A: 나 지금 TV 보고 있어. 이 드라마 장난 아니다.
  B: 대사가 안 들려요. 좀 조용히 합시다.
  A: 야, 내가 문자로 할게.

④ (친구들이 돈을 모아 생일 선물을 사려는 상황)
  A: 예슬이 생일 선물로 어떤 걸 사면 좋을까?
  B: 맨날 카드 지갑 이야기하던데 그건 어떨까?
  C: 맞아, 나도 기억 나. 그걸로 하자.

⑤ (무거운 짐을 들고 가시는 선생님을 본 상황)
  A: 어머, 선생님께서 무거운 짐을 옮기시나 봐.
  B: 혼자 옮기시기 힘드신 것 같지 않니?
  A: 그래. 우리가 도와드리자.

02

높임 표현 | 2015학년도 9월 모의평가 B형 변형

〈보기〉의 담화 상황으로 볼 때, ㉠~㉤에 대한 설명으로 적절한 것은?

보기

지민: 민준아, ㉠선생님이 다음 국어 시간에 있을 모둠 과제 발표는 네가 주도해서 준비하라고 하셔.
민준: 시인을 소개하는 모둠 과제 말이지? 그런데 어떤 시인을 주제로 발표하는 게 좋을지에 대해서도 이야기가 ㉡있었니?
지민: 아니. 그건 네가 직접 ㉢선생님한테 여쭤 봐.
민준: 그런데 선생님께서 저번 수업 시간에 윤동주의 시가 ㉣당신의 애송시라고 ㉤말했잖아. 윤동주의 시 세계를 주제로 하여 발표하는 건 어떨까?

---

① ㉠: 객체가 '선생님'이므로, 객체 높임의 조사를 사용하여 '선생님께서'로 바꿔 말해야 한다.

② ㉡: 주어가 '(선생님의) 이야기가'이므로, 특수 어휘를 사용하여 '계셨니'로 바꿔 말해야 한다.

③ ㉢: 주체가 '선생님'이므로, 주체 높임의 조사를 사용하여 '선생님께'로 바꿔 말해야 한다.

④ ㉣: 3인칭인 '선생님'을 높이는 것이므로 존칭의 대명사를 사용하여 '자신의'로 바꿔 말해야 한다.

⑤ ㉤: 주체가 '선생님'이므로 특수 어휘와 선어말 어미를 사용하여 '말씀하셨잖아'로 바꿔 말해야 한다.

03

시간 표현

다음 밑줄 친 부분이 〈보기〉에 나타난 ㉠~㉢의 예로 적절한 것은?

보기

선어말 어미 '-았-/-었-'은 여러 가지 의미로 쓰인다. ㉠사건이나 상태가 과거의 것임을 나타내기도 하고, ㉡과거에 일어난 사건의 결과가 현재까지 지속되고 있음을 나타내기도 한다. 또 ㉢미래의 일을 확정적인 사실로 받아들이고 있음을 나타내기도 한다.

---

① ㉠: 지난주에 걸린 감기가 아직 안 나았어요.
② ㉠: 영수야, 넌 정말 아버지를 많이 닮았구나.
③ ㉡: 그걸 부수다니, 너 이제 엄마한테 혼났다.
④ ㉡: 어머니, 오늘은 학교에 지각하지 않았어요.
⑤ ㉢: 시험 범위를 다 들여다보려면 잠은 다 잤군.

04

높임 표현

'주체 높임'에 대한 탐구 활동을 할 때, 〈보기〉의 ㉮~㉰에 해당하는 예문으로 바르게 묶인 것은?

━━━━ ● 보기 ●

[탐구 과제] 주체 높임법의 다양한 사례
[탐구 내용]

- **간접 높임**: 높여야 할 대상을 간접적으로 높이는 것으로, 주체 높임 선어말 어미 '-(으)시-'를 사용하여 높여야 할 대상의 신체 부분이나 소유물 등을 높인다.
  예 ________ ㉮ ________

- **압존법**: 화자의 입장에서는 높여야 할 대상이지만, 청자가 더 높은 대상일 때 청자를 고려하여 주체를 높이지 않는 표현이다.
  예 ________ ㉯ ________

- **가존법**: 화자에게는 높일 필요가 없는 대상이지만, 청자를 고려하여 주체를 특별히 높이는 표현이다.
  예 ________ ㉰ ________

	㉮	㉯	㉰
①	어머니, 그런데 무슨 걱정 있으세요?	할아버지, 삼촌이 오늘 늦는다고 전화했습니다.	(제자 자녀에게) 자네가 김 군의 아들이로군.
②	할머니께서는 지금 댁에 계신다.	사장님, 부장님께서는 출장 가셨습니다.	(손자에게) 아버지는 지금 어디 계시니?
③	선생님은 정말 귀여운 아이가 있으시다.	할머니, 어머니가 이걸 가져다 드리라고 했어요.	(제자 자녀에게) 네 아버지는 운동을 잘 하셨지.
④	아버지께서는 친구분들보다 키가 크시다.	어머니, 형이 저 먼저 가 있으라고 했어요.	(아들에게) 너희 형은 아직 집에 안 들어왔니?
⑤	할아버지께서는 연세가 아주 많으시다.	교장 선생님, 담임 선생님은 교무실에 가셨습니다.	(손자에게) 가서 어머니 좀 모시고 오렴.

05

높임 표현

화자와 주체, 화자와 청자의 상하 관계에 따른 높임 표현의 사례를 분석하는 탐구 활동을 하였다. 〈보기〉의 ㉠~㉣ 중, 적절한 분석으로 바르게 묶인 것은?

━━━━ ● 보기 ●

우리말에서는 문장의 주어(주체)가 화자보다 상위자이면 주체 높임을 나타내는 선어말 어미 '-(으)시-'를 사용한다. 또 청자와 화자의 관계에 따라 상대 높임의 종결 어미를 달리 사용한다.

[탐구 활동]

	높임 표현의 사례	화자와 주체의 관계	화자와 청자의 관계
㉠	어머니께서는 모임이 있으셔서 나가셨어요. →	화자＜주체	화자＜청자
㉡	선생님께서 모두 강당으로 오라고 말씀 하셨어. →	화자＜주체	화자≧청자
㉢	그 친구가 그런 실수를 할 줄은 정말 몰랐네. →	화자≧주체	화자＜청자
㉣	갈 사람이 모두 모였으면 이제 출발합시다. →	화자≧주체	화자≧청자

※ '＜', '＞', '≧' : 화자와 주체, 화자와 청자의 관계로, 높임의 등급이 아닌 상대와의 실제 상하 관계를 표시함.

① ㉠, ㉡, ㉢
② ㉠, ㉡, ㉣
③ ㉠, ㉢, ㉣
④ ㉡, ㉢, ㉣
⑤ ㉠, ㉡, ㉢, ㉣

06

높임 표현 | 2019학년도 11월 고1 학력평가 변형

〈보기 1〉을 바탕으로 〈보기 2〉에서 사용된 높임의 양상을 바르게 분석한 것은?

► 보기 1 ◄

주체 높임법은 서술의 주체에 해당하는 문장의 주어를 높이는 방법이고, 객체 높임법은 서술의 객체에 해당하는 목적어나 부사어가 지시하는 대상을 높이는 방법이다. 이러한 높임을 실현하기 위해서는 선어말 어미, 조사, 특수 어휘를 사용한다.

► 보기 2 ◄

어머니께서는 할머니를 병원까지 모셔다 드리셨다.

	주체 높임법			객체 높임법	
	선어말 어미	조사	특수 어휘	조사	특수 어휘
①	○	×	○	○	×
②	×	×	○	○	×
③	×	○	○	×	○
④	○	○	○	×	○
⑤	○	○	×	×	○

07

시간 표현

〈보기〉의 ㉮~㉰에 해당하는 예로 적절하지 <u>않은</u> 것은?

► 보기 ◄

시간 표현 중에는 발화시를 기준으로, ㉮어떤 동작이 진행되고 있음을 나타내는 것과 ㉯완료된 어떤 상태가 지속되고 있음을 나타내는 것이 있다. 그런데 문맥이 충분히 주어지지 않았을 때 ㉰두 가지 의미 모두로 해석되는 경우도 있다.

① ㉮ A: 철수는 지금 방에서 뭐하고 있니?
  B: 아직 문제를 풀고 있는 것 같아요.
② ㉯ A: 이번 시험 범위는 교과서 전부래.
  B: 이제 알았어? 난 벌써 알고 있었지.
③ ㉯ A: 선생님, 시험 문제는 많이 어려운가요?
  B: 개념을 이해하고 있는가만 평가하는 거야.
④ ㉰ A: 이 모자 어때? 새로 샀는데.
  B: 그런데 교실에서 모자를 쓰고 있어도 돼?
⑤ ㉰ A: 저 사람들 중에 너희 누나가 누구야?
  B: 저기 있잖아. 파란 운동화를 신고 있네.

08

시간 표현

〈보기〉에 나타난 (가), (나), (다)가 나타내는 시간 표현에 관한 설명으로 가장 적절한 것은?

► 보기 ◄

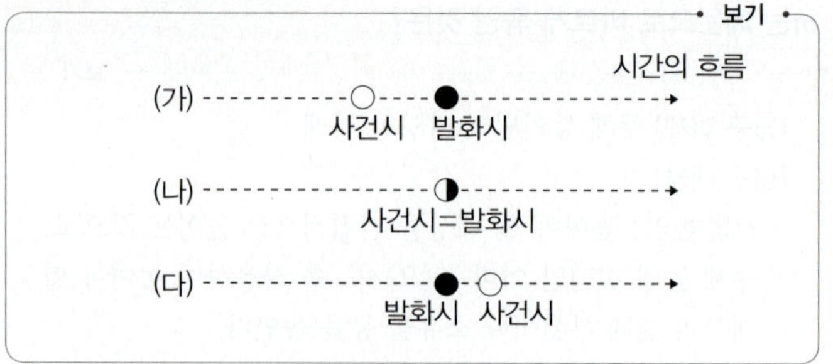

① (가)의 시간 표현은 선어말 어미 '-았-/-었-', '-았었-/-었었-', '-던' 등을 결합해서 나타낸다.
② (나)의 시간 표현에서 동사와 서술격 조사는 선어말 어미의 결합 없이 기본형으로 시제를 나타낸다.
③ (나)의 시간 표현에서 형용사와 서술격 조사는 시제를 나타내는 관형사형 어미를 사용하지 않는다.
④ (다)의 시간 표현에서 동사와 형용사는 다른 관형사형 어미의 결합을 통해 시제를 나타낸다.
⑤ (다)의 시간 표현은 일반적으로 '-겠-'을 사용하여 나타내는데, '-(으)ㄹ 것'과 같은 표현을 사용하기도 한다.

09

피동 표현

다음 밑줄 친 표현 중 ㉠의 예로 적절하지 <u>않은</u> 것은?

㉠이중 피동 표현이란 피동이 이중으로 실현된 것으로, '보여지다'나 '형성되어지다'처럼 피동 표현이 연달아 적용되는 것을 말한다. 이러한 이중 피동 표현은 피동 표현이 과도하게 적용된 것이므로 중복을 피해 표현하는 것이 바람직하다.

① 알려지지 않았던 그의 비밀이 <u>드러났다</u>.
② 수학 문제가 너무 어려워서 안 <u>풀려진다</u>.
③ 우리에겐 <u>잊혀질</u> 권리도 있다고 생각해요.
④ 범인이 그녀라는 건 정말 <u>믿겨지지</u> 않아요.
⑤ 철수가 도와준 덕분에 쉽게 <u>마무리되어졌다</u>.

10

〈보기〉를 바탕으로 '사동'에 대해 학습하였다. ㉠~㉤에 해당하는 예로 적절하지 <u>않은</u> 것은?

──── 보기 ────

　사동문은 용언에 사동 접미사 '-이-', '-히-', '-리-', '-기-', '-우-', '-구-', '-추-' 등을 붙인 사동사를 사용하여 만들 수 있는데, ㉠'남으로 하여금 어떤 동작을 하도록 한다'의 의미를 지닌다. 이때 ㉡용언에 사동 접미사가 두 개 붙는 경우도 있다. 또한 ㉢용언에 '-게 하다'를 붙여 사동문을 만들 수도 있다. 사동문은 ㉣의미가 중의적으로 나타나기도 한다. 한편, ㉤사동사의 형태를 띠지만 사동의 의미에서 다소 멀어진 경우도 있다.

① ㉠: 우천 시에는 경기 시간을 <u>늦출</u> 수 있다.
② ㉡: 정원을 다 <u>채우지</u> 못해 강좌가 폐강되었다.
③ ㉢: 어머니께서는 은우에게 밥을 빨리 <u>먹게 하셨다</u>.
④ ㉣: 선생님께서 앞에 앉은 학생에게 책을 <u>읽히셨다</u>.
⑤ ㉤: 그는 섣부르게 투자하면 돈을 다 <u>날린다</u>고 말했다.

11

〈보기〉의 ㉠과 ㉡의 예가 바르게 묶인 것은?

──── 보기 ────

　용언 중에는 사동사와 피동사에서 동일한 형태의 접사를 쓰는 경우가 있다. 예를 들어 '보다'는 사동사와 피동사가 모두 '보이다'로 그 형태가 같다. 이처럼 같은 단어에 동일한 형태의 접사가 결합할 때는, ㉠사동사로 쓰인 경우와 ㉡피동사로 쓰인 경우를 문장에서의 쓰임을 통해 구별해야 한다.

① ┌ ㉠: 어느덧 고지가 눈앞에 <u>보였다</u>.
　└ ㉡: 동생이 새 휴대폰을 내게 <u>보였다</u>.
② ┌ ㉠: 우는 아기가 엄마 등에 <u>업혔다</u>.
　└ ㉡: 엄마가 아빠 등에 아기를 <u>업혔다</u>.
③ ┌ ㉠: 친구가 나에게 꽃다발을 <u>안겼다</u>.
　└ ㉡: 커다란 인형이 동생 품에 <u>안겼다</u>.
④ ┌ ㉠: 비에 젖은 양말을 햇볕에 <u>말렸다</u>.
　└ ㉡: 오늘따라 김밥이 예쁘게 <u>말렸다</u>.
⑤ ┌ ㉠: 햇살이 마당에 쌓인 눈을 <u>녹였다</u>.
　└ ㉡: 방 안에 들어가 언 몸을 <u>녹였다</u>.

12

〈보기〉의 ㉠~㉣에 들어갈 말로 바르게 묶인 것은?

──── 보기 ────

직접 인용	영희는 어제 나에게 "내일 너희 오빠도 오는 거니?"라고 물었다.
	↓
간접 인용	영희는 어제 나에게 (　㉠　) 오빠도 (　㉡　) 물었다.

간접 인용	아들이 어제 저에게 오늘 사무실에 있으라고 말했어요.
	↓
직접 인용	아들이 어제 저에게 "(　㉢　) 사무실에 (　㉣　)."라고 말했어요.

	㉠	㉡	㉢	㉣
①	오늘	오느냐고	내일	있어요
②	내일	오느냐고	내일	있으세요
③	오늘	오느냐고	내일	계세요
④	내일	오냐라고	오늘	계세요
⑤	오늘	오냐라고	오늘	있으세요

13

〈보기〉의 ㉮~㉰를 간접 인용으로 바꿀 때 나타나는 변화에 대한 설명으로 적절하지 <u>않은</u> 것은?

──── 보기 ────

㉮ 민호는 "내가 먼저 갈게."라고 말했다.
㉯ 철수는 선생님께 "저도 가야 합니까?"라고 여쭀다.
㉰ 면접관이 나에게 "거기 앉으세요."라고 말했다.

① ㉮와 ㉯에서는 인칭 대명사에 변화가 나타난다.
② ㉯와 ㉰에서는 상대 높임 표현에 변화가 나타난다.
③ ㉯에서는 인용문의 종결 표현이 '-겠냐'로 바뀐다.
④ ㉰에서는 인용문의 종결 표현이 '-(으)라'로 바뀐다.
⑤ ㉮, ㉯, ㉰ 모두 인용의 조사 '라고'가 '고'로 바뀐다.

| 한글 창제 |

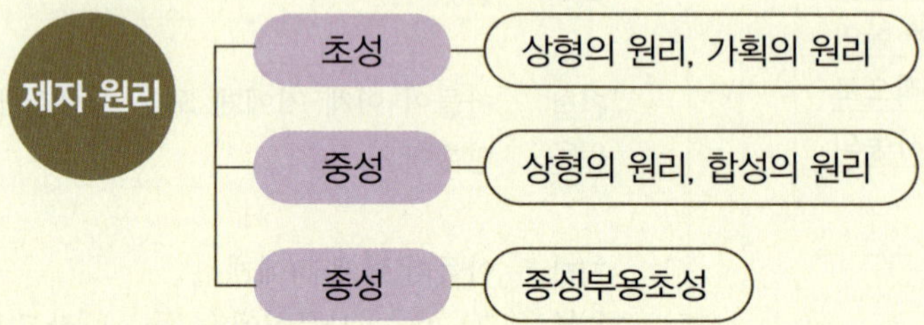
제자 원리
초성 — 상형의 원리, 가획의 원리
중성 — 상형의 원리, 합성의 원리
종성 — 종성부용초성

| 국어의 변천 |

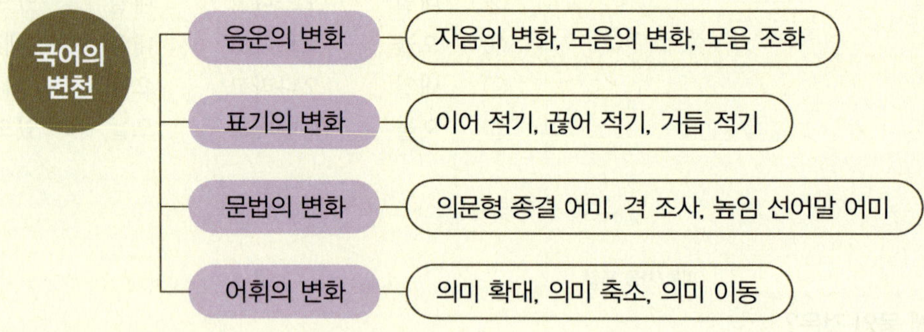
국어의 변천
음운의 변화 — 자음의 변화, 모음의 변화, 모음 조화
표기의 변화 — 이어 적기, 끊어 적기, 거듭 적기
문법의 변화 — 의문형 종결 어미, 격 조사, 높임 선어말 어미
어휘의 변화 — 의미 확대, 의미 축소, 의미 이동

| 중세 국어 자료 |

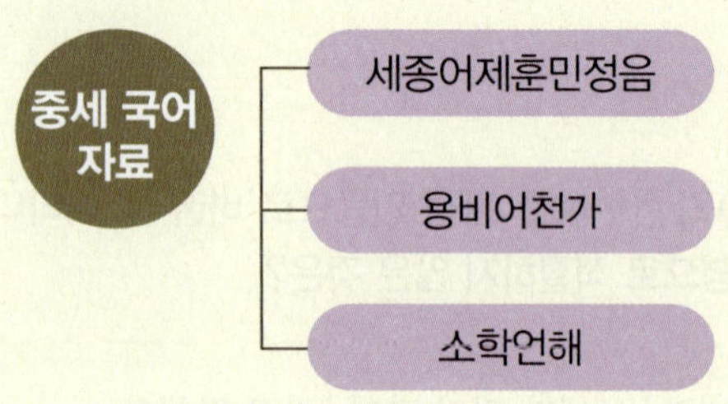
중세 국어 자료
세종어제훈민정음
용비어천가
소학언해

VI

국어의 역사

27 훈민정음 창제

한글 창제

◎ 훈민정음(訓民正音)

'훈민정음' 즉, '백성을 가르치는 바른 소리'라는 이름의 문자는 조선 제4대 왕인 세종대왕에 의해 세종 25년(1443년) 12월에 만들어졌고, 세종 28년(1446년)에 반포됨.

◎ 가획자와 이체자

1. 가획자
획을 더하여 만든 글자로, 소리의 세기에 따라 획을 더한다는 점에서 훈민정음의 과학성과 체계성을 돋보이게 하는 글자

2. 이체자
다른 형체의 글자라는 뜻으로, 형태도 다르지만 획을 더해 소리의 세기를 나타내는 가획의 원리에서 벗어난 글자

훈민정음의 제자 원리   製 지을 제, 字 글자 자, 原 근원 원, 理 다스릴 리

상형의 원리로 기본자를 만든 후, 초성(자음)은 가획의 원리, 중성(모음)은 합성의 원리를 적용하여 그 밖의 글자를 만든다.

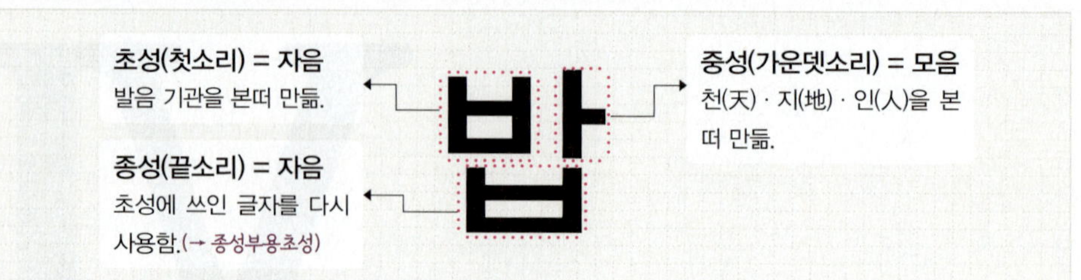

❶ 초성   初 처음 초, 聲 소리 성 - 17자

- 발음하는 기관(조음 기관)의 모양을 본떠 'ㄱ, ㄴ, ㅁ, ㅅ, ㅇ' 다섯 자의 기본자를 만든 다음, 기본자에 획을 더해 가획자를 만든다.
- 가획의 원리(→ 소리의 세기에 따라 획을 더함.)에서 벗어나는 글자인 이체자 'ㆁ, ㄹ, ㅿ'을 만든다.

구분	상형	기본자	가획자		이체자
			1차 가획	2차 가획	
어금닛소리[아음(牙音)]	혀뿌리가 목구멍을 막는 모양	ㄱ	ㅋ		ㆁ
혓소리[설음(舌音)]	혀끝이 윗잇몸에 붙는 모양	ㄴ	ㄷ	ㅌ	ㄹ
입술소리[순음(脣音)]	입술의 모양	ㅁ	ㅂ	ㅍ	
잇소리[치음(齒音)]	이의 모양	ㅅ	ㅈ	ㅊ	ㅿ
목청소리[후음(喉音)]	목구멍의 모양	ㅇ	ㆆ	ㅎ	

• ◯는 현재 소실된 문자

❷ 중성   中 가운데 중, 聲 소리 성 - 11자

- 성리학에서 말하는 우주의 기본 요소인 '삼재(三才)', 즉 '천(天)·지(地)·인(人)'을 상형하여 기본자 'ㆍ, ㅡ, ㅣ'를 만든 다음, 기본자끼리 결합하여 초출자(1차 결합으로 만든 글자)를 만든다.
- 초출자에 'ㆍ'를 더해 재출자(2차 결합으로 만든 글자)를 만든다.

구분	상형	기본자	초출자	재출자
천(天)	하늘의 둥근 모양	ㆍ	ㅗ(ㆍ + ㅡ), ㅏ(ㅣ + ㆍ)	ㅛ(ㅗ + ㆍ), ㅑ(ㅏ + ㆍ)
지(地)	땅의 편평한 모양	ㅡ	ㅜ(ㅡ + ㆍ), ㅓ(ㆍ + ㅣ)	ㅠ(ㅜ + ㆍ), ㅕ(ㅓ + ㆍ)
인(人)	사람이 서 있는 모양	ㅣ		

• ◯는 현재 소실된 문자

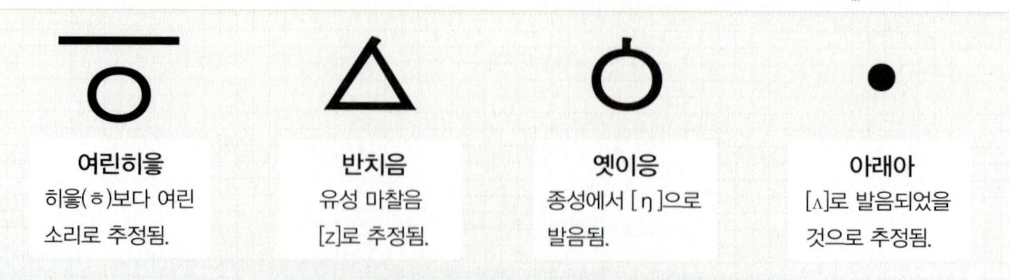

③ 종성 終 마칠 종, 聲 소리 성

종성의 글자는 별도로 만들지 않고 초성으로 쓰는 글자를 다시 사용한다.

= 종성부용초성(終 마칠 종, 聲 소리 성, 復 다시 부, 用 쓸 용, 初 처음 초, 聲 소리 성)

돋보기 종성 표기의 변화

1. 종성부용초성(終聲復用初聲)
   - 훈민정음의 제자 원리(글자를 만드는 원리)이면서 동시에 종성 운용 방법임.
   - 종성에 모든 초성을 사용하는 것으로, 창제 초기 문헌인 〈용비어천가〉 등 일부 문헌에서만 찾아볼 수 있음. 예 곶('곶'의 'ㅈ' 종성 표기)

2. 팔종성법(八終聲法) = 팔종성가족용(八終聲可足用)
   - 종성에 'ㄱ, ㄴ, ㄷ, ㄹ, ㅁ, ㅂ, ㅅ, ㆁ'의 8개 자음만 사용하는 표기법(→ 종성에서 'ㄷ'과 'ㅅ'을 구별하여 발음한 것으로 추정함.)
   - 훈민정음의 해설서인 〈훈민정음 해례본〉에서 설명하는 종성 사용 방법으로, 15~16세기 중세 국어 대부분의 문헌에서 찾아볼 수 있음. 예 ᄉᆞᄆᆞᆺ디(기본형 'ᄉᆞᄆᆞᆾ다'의 종성 'ㅊ'이 'ㅅ'으로 변화함.)

3. 칠종성법(七終聲法)
   - 종성에 'ㄱ, ㄴ, ㄹ, ㅁ, ㅂ, ㅅ, ㆁ'의 7개 자음만 사용하는 표기법
   - 17세기 이후 근대 국어 시기의 종성 표기 방식으로, 발음은 [ㄷ]으로 하면서도 표기는 'ㅅ'으로 함. 예 ᄀᆞᆺᄒᆞᆫ, 것출

문자의 운용 運 옮길 운, 用 쓸 용

이어 쓰기 [연서(連書)]		입술소리인 'ㅁ, ㅂ, ㅍ, ㅃ' 아래에 'ㅇ'을 이어 써서 순경음(입술가벼운소리)을 만드는 방법 예 ᄝ, ᄫ, ᅗ, ᄬ(→ 고유어의 표기에는 순경음 비읍 'ᄫ'만 사용됨.)
나란히 쓰기 [병서(竝書)]	각자(各字) 병서	같은 초성을 두 개 나란히 쓰는 방법 예 ㄲ, ㄸ, ㅃ, ㅆ, ㅉ, ㆅ
	합용(合用) 병서	서로 다른 초성을 두 개나 세 개 나란히 쓰는 방법(→ 합용 병서를 초성에 사용할 경우 '어두 자음군'이라 함.) 예 ㅳ, ㅄ, ㅶ, ㅷ, ㅺ, ㅼ, ㅽ, ㅴ, ㅵ(→ 'ㅴ, ㅵ'의 'ㅂ'은 발음이 되고, 'ㅅ'은 된소리 표시임.)
붙여 쓰기 [부서(附書)]		초성에 중성을 붙여 한 음절을 이루는 방법으로, 중성은 초성의 아래쪽이나 오른쪽에 놓임. 예 ᄀᆞ, 그, 고, 구, 가, 거

고ᄫᅡ > 고와
'ᄫ'이 반모음 'ㅗ'로 바뀜.

셔ᄫᅳᆯ > 서울
'ᄫ'이 반모음 'ㅜ'로 바뀜.

수ᄫᅵ > 수이 > 쉬
'ᄫ'이 사라짐.

ᄠᅳᆮ > 뜻 ᄡᆞᆯ > 쌀 ᄭᅮᆷ > 꿈 ᄣᆡ > 때[時]
어두 자음군이 근대 국어 시기를 거치면서 된소리로 변함.

시험 정복 Q&A

Q 훈민정음 중 지금 사용하지 않는 글자는 무엇인가요?

A 훈민정음 가운데 'ᅙ', 'ᅀ', 'ᅌ', 'ㆍ' 네 글자는 왼쪽에 제시된 순서대로 소실되어 지금 사용하지 않습니다. '십 원(ᅙ)을 가지고 산(ᅀ)에 올라가 사과(ᅌ)를 사 먹었더니 씨(ㆍ)만 남았다.'는 암기법이 있죠.

'ᅌ(옛이응)'은 소릿값이 없는 'ㅇ(이응)'과 구별하여 종성에서 [ŋ]으로 발음되던 자음이었지만 지금은 'ㅇ'으로 쓰고 있어요.

'ㆍ(아래아)'는 [ʌ]로 발음되던 모음인데 지금 이 발음을 제대로 하지 못하기 때문에 'ㅏ'로 읽으면 돼요. [ʌ]는 영어 단어 'cup[kʌp]'을 읽을 때 사용되는 발음이랍니다.

시험 정복 Q&A

Q 어두 자음군은 어떻게 읽어요?

A 어두 자음군은 단어의 첫머리에 '자음의 무리'가 오는 것을 말합니다. 서로 다른 자음 두 개나 세 개를 나란히 쓰는 합용 병서가 초성에 사용된 거예요.

예
- 'ㅳ, ㅄ' → 'ㅂ'과 'ㄷ', 'ㅂ'과 'ㅅ'을 모두 발음한 것으로 봄.
- 'ㅺ', 'ㅼ' → 'ㅅ'은 뒤에 있는 'ㄱ', 'ㄷ'을 'ㄲ', 'ㄸ'으로 발음하라는 된소리 표시로 봄.
- 'ㅴ, ㅵ' → 'ㅂ'은 발음이 되지만 'ㅅ'은 된소리 표시인 것임.

다만 지금은 이런 발음을 제대로 할 수 없기 때문에 편의상 마지막 음운을 된소리로 읽는 거예요. 'ㅂ계 어두 자음군'도 근대 국어 시기에 'ㅅ계 어두 자음군'으로 바뀌면서 된소리로 변했으니까요. 'ᄠᅳᆮ > ᄯᅳᆺ > 뜻'과 같은 단계를 거친 것이죠.

그리고 문제에서 합용 병서가 현대 국어에는 사용되지 않는다는 선택지는 틀린 거예요. 현대 국어에서도 합용 병서는 종성에서 겹받침으로 사용해요. 어두 자음군으로는 쓰지 않는 거죠.

1 다음 중, 훈민정음 28자에 해당하는 것은?

① ㅸ   ② ㆅ   ③ ㅑ
④ ㅢ   ⑤ ㅘ

2 〈보기〉의 ㉠과 ㉡에 들어갈 말로 적절한 것은?

> ──────── • 보기 •
>
> 훈민정음의 기본자는 (㉠)의 원리를 바탕으로 만들어졌다. 그러나 그 밖의 초성은 기본자에 획을 더해 만든 것과 달리, 기본자 외의 중성은 기본자를 (㉡)하여 만들었다.

① ㉠ – 상형, ㉡ – 가획
② ㉠ – 상형, ㉡ – 합성
③ ㉠ – 가획, ㉡ – 상형
④ ㉠ – 가획, ㉡ – 합성
⑤ ㉠ – 합성, ㉡ – 가획

3 종성 표기에 대한 설명으로 적절하지 <u>않은</u> 것은?

① 종성 표기는 '팔종성법'에서 '칠종성법'으로 변화하였다.
② 중세 국어에서는 주로 8개 자음을 종성으로 사용하였다.
③ 8개 자음만 종성으로 사용하는 것을 '팔종성가족용'이라 한다.
④ 모든 초성을 종성에 표기하는 방식을 '종성부용초성'이라 한다.
⑤ 근대 국어에서는 'ㄱ, ㄴ, ㄷ, ㄹ, ㅁ, ㅂ, ㅇ'의 종성을 사용하였다.

4 중세 국어의 어두 자음군이 사용된 단어와, 그에 대응되는 현대 국어의 단어가 <u>잘못</u> 연결된 것은?

① 뿜 > 꿈   ② 발 > 쌀   ③ 뜯 > 뜻
④ 뿔 > 뿔   ⑤ 빼 > 때

훈민정음의 제자 원리
2013학년도 3월 고3 학력
평가 B형

1 다음은 '훈민정음'에 대한 발표를 위해 학생들이 수집한 자료이다. 자료의 활용 방안으로 적절하지 <u>않은</u> 것은?

[초성자]

조음 위치에 따른 분류	기본자	가획자	이체자
어금닛소리	ㄱ	ㅋ	ㆁ
혓소리	ㄴ	ㄷ, ㅌ	ㄹ
입술소리	ㅁ	ㅂ, ㅍ	
잇소리	ㅅ	ㅈ, ㅊ	ㅿ
목구멍소리	ㅇ	ㆆ, ㅎ	

[중성자]

기본자	초출자	재출자
·, ㅡ, ㅣ	ㅗ, ㅏ, ㅜ, ㅓ	ㅛ, ㅑ, ㅠ, ㅕ

[종성자]
종성에는 초성 글자를 다시 쓴다.

① 같은 위치에서 소리 나는 기본자와 가획자는 형태상의 유사성이 있음을 설명한다.
② 가획자는 기본자에 획을 더하는 방식으로 만들었다는 점을 설명한다.
③ 이체자는 가획자에 한 번 더 획을 더하여 만들었다는 점을 설명한다.
④ 모음의 초출자와 재출자는 기본자의 결합으로 만들어졌다는 점을 설명한다.
⑤ 받침에 쓰는 자음을 추가로 만들지 않음으로써 문자 운용의 효율성을 높일 수 있었음을 설명한다.

2 〈보기 1〉의 학생 의견과 관련된 한글의 제자 원리를 〈보기 2〉에서 찾아 바르게 짝지은 것은?

훈민정음의 제자 원리
2015학년도 수능 B형

● 보기 1 ●

학습 활동: 오늘날 우리가 한글을 사용하면서 생각한 바를 각자 정리하여 발표해 봅시다.
- **학생 1**: 'ㄱ'의 글자 모양이 그 소리를 낼 때 혀뿌리가 목구멍을 막는 모양과 관련된다니 한글은 정말 대단해요.
- **학생 2**: 휴대 전화 자판 중에는 'ㆍ, ㅡ, ㅣ'를 나타내는 3개의 자판만으로 모든 모음자를 입력하는 것도 있어서 참 편리해요.
- **학생 3**: 〈예사소리〉 – 〈거센소리〉 – 〈된소리〉의 관계가 〈A〉 – 〈A에 획 추가〉 – 〈AA〉로 글자 모양에 나타나 있어서 참 체계적인 문자인 것 같아요.
- **학생 4**: 'ㅁ'과 'ㅁ'에 획을 추가해서 만든 자음자들은 'ㅁ' 모양을 공통으로 포함하고 있는데, 이때 포함된 'ㅁ' 모양은 이들 자음자들의 공통된 소리 특징을 반영한 것이에요.
- **학생 5**: 한글은 음절 단위로 모아쓰기를 하면서도 받침 글자를 따로 만들지 않았어요. 만약 그렇지 않았다면 지금보다 글자 수가 훨씬 많아졌을 거예요.

● 보기 2 ●

한글의 제자 원리
가. 초성자와 중성자의 기본자는 상형의 원리로 만들었다.
나. 기본자에 가획하여 새로운 초성자를 만들었다.
다. 초성자를 나란히 써서 또 다른 초성자로 사용하였다.
라. 기본자 외의 8개 중성자는 기본자를 합하여 만들었다.

① 학생 1 – 가, 나
② 학생 2 – 다, 라
③ 학생 3 – 나, 다
④ 학생 4 – 나, 라
⑤ 학생 5 – 가, 라

3 〈보기 1〉의 (가), (나)에 따른 표기의 사례를 〈보기 2〉의 ㉠~㉣에서 찾아 바르게 짝지은 것은?

훈민정음의 제자 원리
2014학년도 9월 모의평가
B형

● 보기 1 ●

(가) ㅇ룰 입시울쏘리 아래 니서 쓰면 입시울 가비야ㅸ 소리 ᄃ외ᄂ니라
　　[풀이] ㅇ을 순음 아래 이어 쓰면 순경음이 된다.
(나) 첫소리룰 어울워 ᄡᅳ디면 글바 쓰라
　　[풀이] 초성 글자를 합하여 사용할 때에는 나란히 써라.

● 보기 2 ●

나랏 말ᄊᆞ미 中듕國귁에 달아 文문字ᄍᆞ와로 서르 ᄉᆞᄆᆞᆺ디 아니ᄒᆞᆯ씨 이런 젼ᄎᆞ로 어린 百ᄇᆡᆨ姓셩이 니르고져 홇 배 이셔도 ㉠ᄆᆞᄎᆞᆷ내 제 ᄠᅳ들 시러 펴디 몯홇 노미 하니라 내 이룰 爲윙ᄒᆞ야 어엿비 너겨 새로 스믈여듧 字ᄍᆞ룰 ㉡ᇰᄀᆞ노니 사ᄅᆞ마다 ᄒᆡ여 ㉢수비 니겨 날로 ᄡᅮ메 便뼌安한킈 ᄒᆞ고져 홇 ㉣ᄯᆞᄅᆞ미니라

– 〈훈민정음〉 언해

<table>
<tr><td></td><td>(가)</td><td>(나)</td><td></td><td>(가)</td><td>(나)</td></tr>
<tr><td>①</td><td>㉠</td><td>㉡</td><td>②</td><td>㉠</td><td>㉢</td></tr>
<tr><td>③</td><td>㉡</td><td>㉣</td><td>④</td><td>㉢</td><td>㉡</td></tr>
<tr><td>⑤</td><td>㉢</td><td>㉣</td><td></td><td></td><td></td></tr>
</table>

28 음운·표기·문법의 변화

❶ 자음의 변화

ㆆ (여린히읗)	훈민정음 창제 직후에 사라지기 시작함. (→ 주로 동국정운식 한자음 표기에 사용되고 한글 표기에서는 관형사형 어미 '-(으)ㄹ' 뒤에 쓰이거나 된소리 부호, 절음 부호 등으로 쓰여 세조대까지 사용됨.) 예 갏 길 > 갈 길, 몯ᄒᆶ 노미 > 못할 사람이, 便뻔安ᅙᅡᆫ킈 > 편하게
ㅿ (반치음)	16세기경 소멸하기 시작하였으며, 사라지거나[∅] 'ㅅ'으로 바뀜. 예 • ᄆᆞᅀᆞᆷ > 마음, 어버ᅀᅵ > 어버이(→ 사라짐.) • 한ᅀᅮᆷ > 한숨, 몸ᅀᅩ > 몸소(→ 'ㅅ'으로 변화)
ㆁ (옛이응)	임진왜란 이후 초성에서 쓰이지 않고, 종성에서의 [ŋ] 음가는 'ㅇ(이응)'이 그 역할을 대신하게 됨. 예 스ᇰ이 > 스승이, 호ᅌᅵ이다 > 호리이다, ᄀᆞᇂ장 > ᄀᆞ장, 싱ᄀᆞᆨ > 싱각
ㅸ (순경음 비읍)	15세기 후반에 소멸하여 반모음 'ㅗ/ㅜ'로 바뀌거나 사라짐[∅]. 예 더ᄫᅥ > 더워, 치ᄫᅵ > 치위, 수ᄫᅵ > 수이 > 쉬, 갓가ᄫᅵ > 갓가이 > 가까이

❷ 모음의 변화

· (아래아)	1단계	16세기, 둘째 음절 이후에서 주로 'ㅡ'로 바뀜.	예 ᄆᆞᅀᆞᆷ > ᄆᆞ음 > ᄆᆞ음 > 마음
	2단계	18세기, 첫째 음절에서 주로 'ㅏ'로 바뀜.	

'·[ʌ]'의 음가는 18세기에 소멸하였고, 문자는 계속 표기하다가 한글 맞춤법 통일안 공포(1933년) 이후 폐지되었다.

'ㅿ'이 소멸됨.   첫째 음절에서 '·'가 'ㅏ'가 됨.

$$ ᄀᆞᅀᆞᆯ > ᄀᆞ올 > ᄀᆞ을 > 가을 $$

둘째 음절에서 '·'가 'ㅡ'가 됨.

❸ 모음 조화

양성 모음	어감이 밝고 산뜻한 모음 예 ·ㅗㅏ(→ 단모음) ㅐㅐ(→ 중세 국어에서는 이중 모음)
음성 모음	어감이 어둡고 큰 모음 예 ㅡㅜㅓ(→ 단모음) ㅔㅔ(→ 중세 국어에서는 이중 모음)
중성 모음	어떤 모음과도 잘 어울리는 모음 예 ㅣ

나ᄂᆞᆫ 나ᄅᆞᆯ 나ᄋᆡ / 마ᄀᆞ니(막-+-ᄋᆞ니)
양성 모음 체언 + 양성 모음 조사   양성 모음 용언 어간 + 양성 모음 어미

너는 너를 너의 / 머그니(먹-+-으니)
음성 모음 체언 + 음성 모음 조사   음성 모음 용언 어간 + 음성 모음 어미

양성 모음은 양성 모음끼리 음성 모음은 음성 모음끼리 어울리는 모음 조화가 중세 국어에서는 잘 지켜졌지만 근대 이후 파괴되기 시작했다. (→ '·'의 소실로 인해 모음 조화에 많은 혼란이 일어남.)

❖ 표기법의 변화

중세	이어 적기가 보편적이며, 끊어 적기도 쓰임.
	↓
근대	끊어 적기가 확대되고, 거듭 적기가 보임. 일부 이어 적기가 남아 있음.
	↓
현대	끊어 적기가 쓰임.

- 한글 창제 초기인 15세기에는 이어 적기가 원칙이었다. 16세기부터 끊어 적기가 나타났으며, 과도기적 표기라 할 수 있는 거듭 적기도 사용되었다.
- 근대 국어 시기(17~19세기)에는 이어 적기, 끊어 적기, 거듭 적기가 모두 혼재하게 되었다.

이어 적기 [연철(連綴)]	한 음절의 종성을 다음 자의 초성으로 내려서 쓰는 것(→ 소리 나는 대로 적는 표기) 예 말쓰미(말씀 +이), 니믈(님+을)
끊어 적기 [분철(分綴)]	여러 형태소가 연결될 때, 각각의 원형을 밝혀 쓰는 것(→ 어법에 맞게 적는 표기) 예 말씀이(말씀 +이), 님을(님+을)
거듭 적기 [중철(重綴)]	이어 적기와 끊어 적기를 모두 사용하여 표기하는 것(→ 과도적 표기) 예 말씀미(말씀 +이), 님믈(님+을)

님+을(목적격 조사) → 니믈   님을   님믈

이어 적기   끊어 적기   거듭 적기

문법의 변화

❶ 의문형 종결 어미

중세 국어의 의문문에서는 주어의 인칭이나 의문사의 유무에 따라 다른 종결 어미(또는 의문 보조사)를 사용하였다.

주어가 2인칭인 경우		• -ㄴ다/-는다 예 네 엇뎨 안다(네가 어찌 알았느냐?)
주어가 2인칭이 아닌 경우	판정 의문문 (의문사 ×)	• -ㄴ가(-아/-어), -잇가, -녀 등 '아' 계열 의문형 어미 예 잇는가(있는가?), 잇느녀(있느냐?) • 보조사 '가'(→ 체언 뒤) 예 이 ᄯ리 너희 죵가(이 딸이 너희 종이냐?)
	설명 의문문 (의문사 ○)	• -ㄴ고(-오), -잇고, -뇨 등 '오' 계열 의문형 어미 예 엇더혼고(어떠한가?), 어디 잇느뇨(어디 있느냐?) • 보조사 '고'(→ 체언 뒤) 예 네 스승이 누고(네 스승이 누구인가?)

- 판정 의문문 : 의문사 없이 '예/아니요'의 대답을 요구하는 의문문
  설명 의문문 : 의문사가 포함되어 구체적 설명을 요구하는 의문문

❷ 격 조사

(1) 주격 조사

현대 국어의 '이/가'와 달리(→ '가'는 17세기 이후 나타남.), 중세 국어에서는 '이/ㅣ/∅'의 형태로 쓰였다.

이	자음으로 끝난 체언 뒤(→ 이어 적기가 이루어짐.) 예 사롬 +이 → 사로미(사람이)
ㅣ	'ㅣ' 모음 이외의 모음으로 끝난 체언 뒤(→ 앞 모음과 결합함.) 예 부텨+ㅣ → 부톄(부처가)
∅	'ㅣ' 모음이나 반모음 'ㅣ'로 끝난 체언 뒤(→ 주격 조사가 드러나지 않음.) 예 자최+∅ → 자최(자취가) → 중세 국어에서 'ㅐ, ㅔ, ㅚ, ㅟ'는 반모음 'ㅣ'로 끝난 이중 모음임.

- 영형태 주격 조사(∅) : 주격 조사를 생략한 것이 아니라 모음 'ㅣ'나 반모음 'ㅣ' 뒤에서 형태적으로 드러나지 않는 것

시미(쉼이)   공직(공ᄌ +ㅣ)   불휘(불휘+∅)

[현대어] 샘이   [현대어] 공자가   [현대어] 뿌리가

1 중세 국어 '무숨'의 변화 과정을 나타낸 것으로 적절한 것은?

① 무숨 > 무음 > 마음 > 마음
② 무숨 > 무음 > 무음 > 마음
③ 무숨 > 마숨 > 마음 > 마음
④ 무숨 > 무음 > 무음 > 마음
⑤ 무숨 > 무음 > 마음 > 마음

3 다음 중, 표기법과 그에 따른 예가 바르게 묶인 것은?

① 거듭 적기 – 일홈을(이름을)
② 이어 적기 – 거시라(것이라)
③ 끊어 적기 – 기픈(깊은)
④ 이어 적기 – 홈이(함이)
⑤ 거듭 적기 – 몸이며(몸과)

2 〈보기〉의 ㉠에 들어갈 말로 적절한 것은?

> • 보기 •
>
> **선생님**: 중세 국어의 의문형 종결 어미는 의문사가 없을 때 쓰는 '아' 계열 어미와, 의문사가 있을 때 쓰는 '오' 계열 어미, 그리고 주어가 2인칭일 때 사용하는 '-ㄴ다' 등이 있었어요. 그럼 다음 문장을 중세 국어의 의문형 어미를 사용해서 완성해 볼까요?
>
> "이것은 대체 무엇에 쓰는 (㉠   )?"

① 물건가   ② 물건인가   ③ 물건인고
④ 물건이녀   ⑤ 물건인다

4 〈보기〉의 물음에 대해 학생이 답으로 제시할 예로 적절한 것은?

> • 보기 •
>
> **선생님**: 중세 국어 시기에는 자음으로 끝나는 체언 뒤에는 '이'를, 모음으로 끝나는 체언 뒤에는 'ㅣ'를 주격 조사로 사용했답니다. 그런데 'ㅣ' 모음이나 반모음 'ㅣ'로 끝난 체언 뒤에는 주격 조사를 붙이지 않고 생략했어요. 그러면 여러분도 주변 사물의 이름에 중세 국어의 주격 조사를 한번 붙여 볼까요?

① 책상+∅   ② 의자+이   ③ 연필+ㅣ
④ 지우개+이   ⑤ 교과서+ㅣ

모음의 변화
2014학년도 6월 모의평가
B형

1 〈보기〉의 ㉠과 ㉡에 속하는 사례를 바르게 제시한 것은?

> • 보기 •
>
> 모음 '·'는 중세 국어 이후 크게 두 단계의 변화를 겪었다. 제1 단계 변화에서는 ㉠단어의 둘째 음절 이하에 놓인 모음 '·'가 'ㅡ'로 변화하였다. 이 변화가 일어나고 난 뒤 제2 단계 변화에서는 ㉡첫째 음절에 놓인 모음 '·'가 'ㅏ'로 변화하였다. 단어에 따라 이러한 변화에 예외가 보이기도 하지만 대체로 이 두 단계의 변화를 겪어 '·'는 모음 체계에서 사라지게 되었다.

	㉠	㉡
①	마늘 > 마늘	흙 > 흙
②	사슴 > 사슴	ᄀᆞ장 > 가장
③	ᄒᆞ나 > 하나	오늘 > 오늘
④	사ᄅᆞᆷ > 사람	ᄃᆞ리 > 다리
⑤	아ᄃᆞᆯ > 아들	다ᄉᆞᆺ > 다섯

2 〈보기 1〉의 ㉠~㉢에 해당하는 예만을 〈보기 2〉에서 고른 것은?

────● 보기 1 ●

중세 국어의 주격 조사는 음운 조건에 따라 '이', '∅(영형태)', 'ㅣ'로 실현되었다.
• 자음 다음에는 '이'가 나타났다. ─────────────────── ㉠
   예 바비(밥+이) [밥이]
• 모음 '이'나 반모음 'ㅣ' 다음에는 '∅(영형태)'로 실현되어, 나타나지 않았다. ────── ㉡
   예 활 쏘리 (활 쏠 이+∅) [활 쏠 이가], 새(새+∅) [새가]
• 모음 '이'와 반모음 'ㅣ' 이외의 모음 다음에는 'ㅣ'가 나타났다. 예 쇠(쇼+ㅣ) [소가]
• 음운 조건에 관계없이 생략되기도 했다. ─────────────── ㉢
   예 곳 됴코[꽃 좋고], 나모 셧는 [나무 서 있는]

────● 보기 2 ●

ⓐ: **나리 져므러**   [날이 저물어]
ⓑ: **太子 오ᄂᆞ다 드르시고**   [태자 온다 들으시고]
ⓒ: **내해 ᄃᆞ리 업도다**   [개천에 다리가 없도다]
ⓓ: **아ᄃᆞ리 孝道ᄒᆞ고**   [아들이 효도하고]
ⓔ: **孔子ㅣ 드르시고**   [공자가 들으시고]

① ㉠: ⓐ, ⓓ   ② ㉠: ⓐ, ⓔ
③ ㉡: ⓑ, ⓒ   ④ ㉡: ⓑ, ⓓ
⑤ ㉢: ⓒ, ⓔ

3 〈보기〉의 ㉠~㉢에 들어갈 말로 적절한 것은?

────● 보기 ●

  중세 국어에서는 의문문의 종류에 따라 종결 어미나 보조사가 달리 쓰인다. 예를 들면 용언의 어간에 어미가 결합하여 서술어가 될 때 판정 의문문에서는 종결 어미 '-녀', 설명 의문문에서는 종결 어미 '-뇨'가 쓰인다. 반면, 체언에 보조사가 결합하여 서술어가 될 때 판정 의문문에서는 보조사 '가', 설명 의문문에서는 보조사 '고'가 쓰인다. 그런데 주어가 2인칭일 때에는 의문문의 종류와 관계없이 종결 어미 '-ㄴ다'가 쓰인다. 중세 국어 의문문의 예는 아래와 같다.

○ 이 일후미 (㉠)
   [이 이름이 무엇인가?]
○ 네 엇뎨 아니 (㉡)
   [네가 어찌 안 가는가?]
○ 그듸는 보디 (㉢)
   [그대는 보지 않는가?]

	㉠	㉡	㉢
①	므스고	가ᄂᆞ뇨	아니ᄒᆞᄂᆞ다
②	므스고	가ᄂᆞ다	아니ᄒᆞᄂᆞ다
③	므스고	가ᄂᆞ뇨	아니ᄒᆞᄂᆞ녀
④	므스가	가ᄂᆞ다	아니ᄒᆞᄂᆞ다
⑤	므스가	가ᄂᆞ뇨	아니ᄒᆞᄂᆞ녀

29 문법·어휘의 변화

(2) 목적격 조사

현대 국어의 '을/를'과 달리, 중세 국어에서는 모음 조화를 반영하여 '올/을/룰/를'의 형태로 쓰였다.

올	양성 모음으로 끝난 받침 있는 체언 뒤(→ 이어 적기) 예 무숨+올 → 무수물(마음을)
을	음성 모음으로 끝난 받침 있는 체언 뒤(→ 이어 적기) 예 믈+을 → 므를(물을)
룰	양성 모음으로 끝난 받침 없는 체언 뒤 예 죠히+룰 → 죠히룰(종이를)
를	음성 모음으로 끝난 받침 없는 체언 뒤 예 너+를 → 너를(너를)

뜨들(뜯 + **을**)
[현대어] 뜻을

부모룰(부모 + **룰**)
[현대어] 부모를

(3) 관형격 조사

- 현대 국어의 '의'와 달리, 중세 국어에서는 모음 조화를 반영한 '이/의'와 'ㅅ'이 쓰였다.
- '이/의'는 앞에 오는 체언이 평칭(→ 높이지도, 낮추지도 않고 예사로 부르는 것)의 유정 명사일 때, 'ㅅ'은 앞 체언이 평칭의 무정 명사이거나 존칭(→ 높여 부르는 것)의 유정 명사일 때 쓰였다.

이	양성 모음으로 끝난 유정 명사 뒤 예 사룸+이 → 사루미(사람의)
의	음성 모음으로 끝난 유정 명사 뒤 예 거붑+의 → 거부븨(거북의)
ㅅ	• 무정 명사 뒤 예 나라+ㅅ → 나랏(나라의) • 높임의 대상(존칭) 뒤 예 부텨+ㅅ → 부텻(부처의)

사스미(사슴+**이**)
[현대어] 사슴의

나랏 말쓰미(나라+**ㅅ** 말씀이)
[현대어] 나라의 말이

유정(有情) 명사와 무정(無情) 명사

유정 명사	감정을 나타내는, 사람이나 동물을 가리키는 명사
무정 명사	감정을 나타내지 못하는, 식물이나 무생물을 가리키는 명사

시험 정복 Q & A

Q 중세 국어의 문법에서 가장 중요한 것은 무엇인가요?

A 가장 중요한 것은 중세 국어에서 모음 조화가 체계적으로 지켜졌다는 것과 이어 적기 표기가 많다는 것입니다. 이것만 잘 기억하고 있으면 다른 문법적 특징들은 쉽게 이해될 거예요.

(4) 부사격 조사(처소)

현대 국어의 '에'와 달리, 중세 국어에서는 모음 조화를 반영한 '애/에'와 '예'가 쓰였다.

애	양성 모음으로 끝난 체언 뒤 예 바룰+애 → 바르래(바다에)
에	음성 모음으로 끝난 체언 뒤 예 꿈+에 → 꾸메(꿈에)
예	'ㅣ' 모음이나 반모음 'ㅣ'로 끝난 체언 뒤 예 빈+예 → 빈예(배에)

꾸메(꿈 + **에**)
[현대어] 꿈에

후세예(후세 + **예**)
[현대어] 후세에

❸ 높임 선어말 어미

(1) 주체 높임 선어말 어미

선어말 어미 '−시−'와 함께, 음운 환경에 따라 '−샤−'의 형태도 나타났다.

−시−	자음으로 시작하는 일반적인 어미 앞 예 가시니(가−+−시−+−니)
−샤−	'아/어', '오/우'로 시작하는 모음 어미 앞(→ 결합 후 '아/어', '오/우' 탈락) 예 가샤(가−+−샤−+−(아)), 가샤티(가−+−샤−+−(오)티) (→ −샤−'를, '−시−'가 뒤에 오는 어미 '−아'나 '−오−'와 결합한 형태로 보는 견해도 있음.)

(2) 객체 높임 선어말 어미

현대 국어에서 특수 어휘를 사용하는 것과 달리, 중세 국어에서는 객체 높임에서 선어말 어미 '−습−'이 음운 환경에 따라 다양한 형태로 쓰였는데 모음으로 시작하는 어미 앞에서는 '−슿−, −즇−, −슿−'과 같이 선어말 어미의 종성이 'ㅸ'으로 바뀌었다.

−습−/−슿−	어간의 끝소리 'ㄱ, ㅂ, ㅅ, ㅎ' 뒤 예 막습거늘(막−+−습−+−거늘), 돕스ᄫᅵ니(돕−+−슿−+−ᄋᆞ니)
−줍−/−즇−	어간의 끝소리 'ㄷ, ㅌ, ㅈ, ㅊ' 뒤 예 듣줍게(듣−+−줍−+−게), 얻즈ᄫᅡ(얻−+−즇−+−ᄋᆞ)
−ᅀᅟᅩᆸ−/−ᅀᅟᅩᆸ슿−	어간의 끝소리 'ㄴ, ㄹ, ㅁ' 또는 모음으로 끝나는 어간 뒤 예 보ᅀᅟᅩᆸ게(보−+−ᅀᅟᅩᆸ−+−게), ᄀᆞ초ᅀᅳᄫᅡ(ᄀᆞ초−+−ᅀᅟᅳᆸ슿−+−아)

'ㅸ'이 'ㅗ'로 바뀌며 '·' 탈락

부모씌 받ᄌᆞᄫᅩᆫ(받−+−즇−+−ᄋᆞᆫ) > 받ᄌᆞ온

객체(부사어)를 높이기 위해 선어말 어미 '−즇−' 사용

[현대어] 부모님께 받은

어휘의 의미 변화

❶ 의미 확대

의미 영역이 넓어지는 것으로, 해당 단어의 사용 영역이 넓어지는 현상이다.

다리[脚]	사람이나 짐승의 하체 > 무생물의 아랫부분(책상 다리, 의자 다리)
영감(令監)	정삼품과 종이품의 벼슬아치 > 나이가 많아 중년이 지난 남자

❷ 의미 축소

의미 영역이 좁아지는 것으로, 대체로 해당 단어의 사용 영역이 좁아지는 현상이다.

얼굴	형체, 꼴 > 안면(눈, 코, 입이 있는 머리의 앞면)
놈, 계집	일반적인 남자와 여자 > 남자와 여자(혹은 아내)를 낮잡아 이르는 말
말씀(>말씀)	일반적인 말 > 특정한 경우의 말(남의 말을 높이거나 자기 말을 낮춤.)

❸ 의미 이동(= 전이)

단어의 의미 영역 자체가 달라지는 현상이다.

어리다	어리석다 > 나이가 적다
어엿브다(>어여쁘다)	가엾다, 불쌍하다 > 예쁘다

✪ 상대 높임 선어말 어미

상대 높임 표현이 종결 어미를 통해서만 실현되는 현대 국어와 달리, 중세 국어에서는 선어말 어미 '−이−'도 쓰임.

예 ᄒᆞᄂᆞ이다(합니다), 내시니이다(내셨습니다)

1 다음 중, 양성 모음으로 끝나는 체언 뒤에 결합하는 조사끼리 적절하게 묶인 것은?

① 울 / 를 / 익 / 에
② 울 / 룰 / 익 / 애
③ 울 / 룰 / 의 / 에
④ 을 / 룰 / 의 / 애
⑤ 을 / 를 / 익 / 애

2 관형격 조사 'ㅅ'이 붙을 수 있는 명사로 적절하지 않은 것은?

① 왕(王) 　② ᄀᆞ룸(강) 　③ 누리(세상)
④ 져비(제비) 　⑤ 나리(내/냇물)

3 중세 국어의 높임법에 대한 설명으로 적절한 것은?

① 현대 국어와 달리 주체 높임에서 선어말 어미를 사용하였다.
② 현대 국어와 마찬가지로 객체 높임에서 선어말 어미를 사용하였다.
③ 주체 높임의 선어말 어미 '-시-'가 '-샤-'의 형태로 나타나기도 하였다.
④ 선어말 어미 '-ᅀᆞ-/-ᄌᆞ-/-ᅀᆞ-'은 뒤에 오는 어미의 음운 환경에 따라 선택되었다.
⑤ '-ᅀᆞ-/-ᄌᆞ-/-ᅀᆞ-'은 앞에 오는 어간에 따라 '-ᅀᆞ-/-ᄌᆞ-/-ᅀᆞ-'으로 나타나기도 하였다.

4 다음 단어 중, 의미 변화의 양상이 나머지와 다른 것은?

① 놈 　② 계집 　③ 얼굴
④ 어리다 　⑤ 말ᄊᆞᆷ(말씀)

목적격 조사(중세 국어)
2014학년도 3월 고3 학력
평가 B형

1 〈보기〉에서 ㉠~㉢에 들어갈 목적격 조사로 옳은 것은?

→ 보기 ←

　　15세기 국어의 모음 중 'ㆍ, ㅏ, ㅗ'는 양성 모음, 'ㅡ, ㅓ, ㅜ'는 음성 모음, 'ㅣ'는 중성 모음에 해당한다. 당시에는 체언과 조사가 결합할 때 모음 조화가 엄격하게 지켜졌는데, 모음 조화란 양성 모음은 양성 모음끼리, 음성 모음은 음성 모음끼리 어울리는 현상이다. 15세기 국어에서 목적격 조사는 '울, 을, 룰, 를'이 있다. 이들 가운데 어떤 것이 선택되는가는 체언이 자음으로 끝나느냐 모음으로 끝나느냐와 함께 체언과의 모음 조화에 따라서 결정되었다.

중세 국어	현대 국어	중세 국어	현대 국어
사ᄅᆞᆷ + ㉠	사람 + 을	누 + ㉢	누구 + 를
천하 + ㉡	천하 + 를	ᄠᅳᆮ + ㉣	뜻 + 을

	㉠	㉡	㉢	㉣
①	울	룰	를	을
②	울	룰	을	를
③	을	울	를	룰
④	을	를	룰	울
⑤	룰	울	을	를

2 〈학습 활동〉을 수행한 결과로 적절하지 <u>않은</u> 것은?

관형격 조사(중세 국어)
2021학년도 6월 모의평가

• 학습 활동 •

현대 국어와 달리 중세 국어의 관형격 조사에는 여러 형태가 있다. 선행 체언이 무정물일 때는 'ㅅ'이 쓰이고, 유정물일 때는 모음 조화에 따라 '이', '의' 등이 쓰인다. 다만 유정물이라도 존칭의 대상일 때는 이들 대신 'ㅅ'이 쓰인다. 이를 참고하여 선행 체언과 후행 체언이 관형격 조사로 연결되었을 때의 모습을 아래 표의 ㉠~㉤에 채워 보자.

선행 체언	아바님 (아버님)	그력 (기러기)	아돌 (아들)	수플 (수풀)	둥잔 (등잔)
후행 체언	곁 (곁)	목 (목)	나ㅎ (나이)	가온디 (가운데)	기름 (기름)
적용 모습	㉠	㉡	㉢	㉣	㉤

① ㉠: 아바니믜(아바님 + 의) 곁
② ㉡: 그력의(그력 + 의) 목
③ ㉢: 아드릭(아돌 + 익) 나ㅎ
④ ㉣: 수픐(수플 + ㅅ) 가온디
⑤ ㉤: 둥잟(둥잔 + ㅅ) 기름

3 〈보기〉의 ㉠과 ㉡에 들어갈 말로 바르게 짝지어진 것은?

높임 선어말 어미(중세 국어)
2019학년도 9월 모의평가

• 보기 •

중세 국어에서는 객체를 높이기 위해 선어말 어미를 사용했는데, 이 선어말 어미는 음운 조건에 따라 다음과 같이 다양한 형태로 실현되었다.

어간 말음 조건	형태	용례
'ㄱ, ㅂ, ㅅ, ㅎ'일 때	-습-	돕습고
'ㄷ, ㅈ, ㅊ'일 때	-줍-	묻줍고
모음이나 'ㄴ, ㅁ, ㄹ'일 때	-슙-	보슙고

객체 높임 선어말 어미 뒤에 모음으로 시작하는 어미가 오면, 객체 높임 선어말 어미는 '-ᅀᆞᇦ-, -ᄌᆞᇦ-, -ᅀᆞᇦ-'으로 실현되었다.

• 아래 문장에서 객체 높임의 대상은 (㉠)이다.
 - 王(왕)이 부텻긔 더옥 敬信(경신)호 ᄆᆞᅀᆞᆷᄋᆞᆯ 내ᅀᆞᄫᅡ
  [왕이 부처께 더욱 공경하고 믿는 마음을 내어]
• 어간 '듣-'과 어미 '-ᄋᆞ며' 사이에 객체 높임 선어말 어미가 결합하면 다음과 같이 활용했다.
 - 내 아래브터 부텻긔 이런 마를 몯 (㉡)
  [내가 예전부터 부처께 이런 말을 못 들으며]

	㉠	㉡
①	王(왕)	듣ᄌᆞᄫᅡ며
②	王(왕)	듣ᄉᆞᄫᅡ며
③	부텨	듣ᄌᆞᄫᅡ며
④	부텨	듣ᄌᆞ비며
⑤	ᄆᆞᅀᆞᆷ	듣ᅀᆞᄫᅡ며

세종어제훈민정음

〈훈민정음〉의 어제 서문(御製序文)과 자모의 음가와 운용 방법을 설명한 예의(例義)를 한글로 풀이한 것. 1459년(세조 5년)에 간행된 〈월인석보〉의 첫머리에 실려 있음.

훈민정음의 창제 정신

자주 정신	중국과 다른 우리말을 표기하기 위해 새 글자를 만듦.
애민 정신	문자 생활을 하지 못하는 백성들을 가엾게 여김.
창조 정신	새로운 문자 28자를 만듦.
실용 정신	백성들이 쉽게 익혀 사용할 수 있도록 만듦.

세종어제훈민정음

世·솅 宗종 御·엉製·젱 訓·훈民민正·졍音흠
세종 임금이 지은 백성을 가르치는 바른 소리('솅, 엉, 젱'의 'ㅇ'은 음가 즉, 소릿값이 없는 형식 종성임.)

나·랏 :말쓰·미 中듕國·귁·에 달·아 文문字·쫑·와·로 서르 ᄉᆞᄆᆞᆺ·디 아·니홀·씨 ·이
자주 정신

런 젼·ᄎᆞ·로 어·린 百·ᄇᆡᆨ姓·셩·이 니르·고·져 ·홇 ·배 이·셔·도 ᄆᆞᄎᆞᆷ:내 제 ·ᄠᅳ·들 시·러

펴·디 :몯 홇 ·노·미 하·니·라 ·내 ·이·를 爲·윙·ᄒᆞ·야 :어엿·비 너·겨 ·새·로 ·스·믈
애민 정신　　　　　　　　　　　　　창조 정신

여·듧 字·쫑·를 ᄆᆡᆼ·ᄀᆞ노·니 :사ᄅᆞᆷ:마·다 :히·여 :수·비 니·겨 ·날·로 ·뿌·메 便뼌安한
실용 정신

·킈 ᄒᆞ·고·져 홇 ᄯᆞᄅᆞᆷ·미니·라

[현대어 풀이]
우리나라의 말이 중국과 달라 문자와 서로 통하지 아니하여서, 이런 까닭으로 어리석은 백성이 말하고자 하는 바가 있어도 마침내 제 뜻을 능히 펴지 못하는 사람이 많다. 내가 이것을 위하여 가엾게 여기어 새로 스물여덟 글자를 만드니, 사람들로 하여금 쉽게 익혀서 날마다 쓰는 데 편하게 하고자 할 따름이다.

❶ 표기의 특징

(1) 방점 표기

음의 성조(소리의 높낮이)를 표시하기 위해 글자의 왼쪽에 방점을 찍어 나타내었다.

평성(平聲)	낮은 소리 → 점 없음.	나·랏:말쓰·미
거성(去聲)	높은 소리 → 점 1개	평성 - 거성 - 상성 - 평성 - 거성 (입성)
상성(上聲)	낮다가 높아지는 소리 → 점 2개	

·평성·거성·상성 중, 종성이 'ㄱ, ㄷ, ㅂ, ㅅ'인 경우, 짧고 빨리 끝나는 소리인 입성(入聲)으로 발음함.

(2) 동국정운식 표기

한자음의 표준화를 위해 세종 30년에 간행한 〈동국정운(東國正韻)〉에 규정된 한자음 표기 방법으로, 현실음이 아닌 이상적 한자음 표기이다.

중국 원음에 가깝게 표기함.	예 中듕國·귁, 便뼌安한
초성·중성·종성을 고루 갖추기 위해 형식 종성 'ㅇ, ㆁ'을 사용함.	예 ·솅, ·엉, ·젱, ·쫑, ·윙

(3) 두음 법칙, 구개음화, 원순 모음화 미적용

두음 법칙 X	'ㅣ' 모음 앞에서 'ㄴ'이 탈락하여 단어의 첫머리에 올 수 있는 자음을 제한하는 두음 법칙이 일어나지 않았음. 예 니르·고·져(근대 국어: 이르고자)
구개음화 X	'ㄷ, ㅌ'이 'ㅣ'나 반모음 'ㅣ' 앞에서 'ㅈ, ㅊ'으로 바뀌는 구개음화가 일어나지 않았음. 예 ᄉᆞᄆᆞᆺ·디, 펴·디(근대 국어: ᄉᆞ뭇지, 펴지) → 근대 국어 시기에는 형태소 내부에서도 구개음화가 일어났음.
원순 모음화 X	입술소리인 'ㅁ, ㅂ, ㅍ, ㅃ' 아래에서 평순 모음인 'ㅡ'가 원순 모음인 'ㅜ'로 바뀌는 원순 모음화가 일어나지 않았음. 예 ·스·믈(근대 국어: 스물)

이러한 음운 변화는 근대 국어 시기(17~19세기)에 나타나기 시작함.

❷ 본문 분석

원문(방점 생략)	현대어 풀이	음운·표기·문법·어휘의 특징
나랏	우리나라의	• (나라 +)ㅅ: 무정 명사에 결합하는 관형격 조사 사용
말ㅆ미	말이	• 말씀: 의미 축소(일반적인 말 > 높임 또는 낮춤의 의미로 변화) • (말씀 +)이: 주격 조사 → 이어 적기 • ㅆ: 각자 병서 사용
中듕國귁에	중국과	• 듕귁: 동국정운식 한자음 표기(중국 원음에 가까운 표기) • 에: 비교 부사격 조사(= 와 / 과)
달아	달라	• 달아: '다ᄅ－＋－아 → 달아'의 'ㄹㅇ형' 활용
文문字쫑와로	문자와(한자와는)	• 쫑: 동국정운식 한자음 표기(형식 종성 'ㅇ' 사용)
서르	서로	• 서르: 모음 조화가 지켜짐. > '서로'로 모음 조화가 파괴됨.
ᄉᆞᄆᆞᆺ디	통하지	• ᄉᆞᄆᆞᆺ디: 기본형 'ᄉᆞᄆᆞᆺ다' → 팔종성법에 따른 표기(ㅊ → ㅅ) • ᄉᆞᄆᆞᆺ디: 구개음화 적용 × > 근대에 'ᄉᆞᄆᆞᆺ지'로 구개음화 적용
아니ᄒᆞᆯ씨 이런 전ᄎᆞ로	아니하여서 이런 까닭으로	• ㅆ: 각자 병서 사용 • －ㄹ씨: 이유를 나타내는 종속적 연결 어미
어린	어리석은	• 어린: 의미 이동(어리석은 > 나이가 적은)
百ᄇᆡᆨ姓셩이	백성이	• ᄇᆡᆨ셩: 동국정운식 한자음 표기(중국 원음에 가까운 표기) • (百ᄇᆡᆨ姓셩 +)이: 주격 조사
니르고져	이르고자(말하고자)	• 니르고져: 두음 법칙 적용 × > '이르고자'로 두음 법칙 적용
ᄒᆞᇙ 배 이셔도	하는 바가 있어도	• ㆆ: 된소리 부호 → [ᄒᆞᆶ빼이셔도]로 발음함. • 배: 바 + ㅣ (모음으로 끝나는 체언 뒤에 주격 조사 'ㅣ' 결합)
ᄆᆞᄎᆞᆷ내 제 ᄠᅳ들	마침내 제 뜻을	• ᄠᅳ들: 합용 병서(어두 자음군) 'ㅄ' 사용 • (ᄠᅳᆮ +)을: 목적격 조사 → 모음 조화 ○, 이어 적기
시러	능히	• 시러: '얻다'의 뜻을 지닌 '싣다'의 활용 – '능히'는 의역된 표현
펴디	펴지	• 펴디: 구개음화 적용 × > 근대에 '펴지'로 구개음화 적용
몯ᄒᆞᇙ	못하는	• ㆆ: 절음 부호 → 'ᄒᆞᆯ'의 'ㄹ'을 'ㄷ'처럼 짧게 발음하라는 표시
노미	사람이	• 놈: 의미 축소(일반적인 사람 > 남자를 낮잡아 부르는 말) • (놈 +)이: 주격 조사 → 이어 적기
하니라	많다	• 하다: 많다(형용사)
내	내가	• 내: 나 + ㅣ (모음으로 끝나는 체언 뒤에 주격 조사 'ㅣ' 결합)
이룰 爲윙ᄒᆞ야	이것을 위하여	• 윙: 동국정운식 한자음 표기(형식 종성 'ㅇ' 사용) • 윙ᄒᆞ야[위하야]: 모음 조화가 지켜짐.
어엿비	가엾게	• 어엿비: 의미 이동(가엾게, 불쌍하게 > 예쁘게)
너겨	여기어	• 너겨: 두음 법칙 적용 × > '여겨'로 두음 법칙 적용
새로 스믈여듧 字쫑ᄅᆞᆯ	새로 스물여덟 글자를	• 스믈: 원순 모음화 적용 × > 근대에 '스물'로 원순 모음화 적용 • 쫑: 동국정운식 한자음 표기(형식 종성 'ㅇ' 사용)
ᄆᆡᇰᄀᆞ노니	만드니	• ᄆᆡᇰᄀᆞ노니: '만들다'의 뜻을 지니는 단어 'ᄆᆡᇰᄀᆞᆯ다'의 활용
사ᄅᆞᆷ마다 ᄒᆡᅇᅧ	사람들로 하여금	• ㆀ: 각자 병서 사용
수ᄫᅵ	쉽게	• ㅸ: 순경음 비읍 사용, '수ᄫᅵ > 수이 > 쉬'로 'ㅸ'이 사라짐.
니겨	익혀서	• 니겨: 두음 법칙 적용 × > '익혀'로 두음 법칙 적용
날로 ᄡᅮ메	날마다 쓰는 데	• ᄡᅮᆷ: ᄡᅳ－＋－움(명사형 전성 어미) → 모음 조화 ○, 이어 적기 • (ᄡᅮᆷ +)에: 부사격 조사 → 모음 조화 ○, 이어 적기
便뼌安안ᄒᆡᆨ킈	편하게	• 뼌한: 동국정운식 한자음 표기(중국 원음에 가까운 표기)
ᄒᆞ고져 ᄒᆞᇙ	하고자 할	• ㆆ: 절음 부호 → 'ᄒᆞᆯ'의 'ㄹ'을 'ㄷ'처럼 짧게 발음하라는 표시
ᄯᆞᄅᆞ미니라	따름이다	• ㄸ: 합용 병서(어두 자음군) 'ㄸ' 사용 → 'ㅅ'은 된소리 표시 • (ᄯᆞᄅᆞᆷ +)이니라: 서술격 조사 '이다'의 활용 → 이어 적기

1 〈세종어제훈민정음〉에 드러난 창제 정신이 <u>아닌</u> 것은?

① 자주 정신
② 애민 정신
③ 창조 정신
④ 근면 정신
⑤ 실용 정신

2 〈세종어제훈민정음〉에서 알 수 있는 중세 국어의 특징으로 적절한 것은?

① 방점을 사용하여 소리의 길이를 표시했다.
② 초성에 두 개 이상의 음운이 올 수 있었다.
③ 한자음을 당시의 현실 발음에 맞게 표기했다.
④ 종성부용초성의 원칙에 따라 종성을 표기했다.
⑤ 형태소의 원형을 밝혀 적는 경향이 두드러졌다.

3 다음 단어에 결합된 격 조사를 잘못 연결한 것은?

① :말ᄊᆞ·미 – 주격 조사
② 中듀國·귁·에 – 부사격 조사
③ ·홇 ·배 – 관형격 조사
④ ·ᄠᅳ·들 – 목적격 조사
⑤ ·노·미 – 주격 조사

4 다음 중, 〈보기〉의 설명과 관련이 <u>없는</u> 것은?

● 보기 ●

> 15세기 국어는 현대 국어와 달리, 두음 법칙, 구개음화, 원순 모음화 현상이 일어나지 않았다.

① 니르·고·져
② 펴·디
③ :어엿·비
④ ·스·믈
⑤ 니·겨

세종어제훈민정음
2018학년도 11월 고1 학력평가

1 〈보기 1〉을 바탕으로 〈보기 2〉의 ㉠~㉤을 탐구한 내용으로 적절하지 <u>않은</u> 것은?

● 보기 1 ●

> 조사와 어미는 앞말의 뒤에 붙어서 문장 안에서 문법적 의미를 표시한다는 점에서 유사한 특징을 지닌다.

● 보기 2 ●

> 나랏 말ᄊᆞ미 ㉠中듕國귁에 달아 文문字ᄍᆞ와로 서르 ᄉᆞᄆᆞᆺ디 ㉡아니ᄒᆞᆯᄊᆡ 이런 젼ᄎᆞ로 ㉢어린 百ᄇᆡᆨ姓셩이 니르고져 ᄒᆞᇙ ㉣배 이셔도 ᄆᆞᄎᆞᆷ내 제 ㉤ᄠᅳ들 시러 펴디 몯ᄒᆞᇙ 노미 하니라
> – 〈훈민정음〉 언해
>
> **[현대어 풀이]**
> 우리나라의 말이 중국과 달라 문자와 서로 통하지 아니하므로 이런 까닭으로 어리석은 백성이 말하고자 하는 바가 있어도 마침내 제 뜻을 능히 펴지 못하는 사람이 많다.

	탐구 대상	비교 대상	탐구한 내용
①	㉠의 '에'	'중국과'의 '과'	'에'는 앞말이 장소임을 표시하는 조사이다.
②	㉡의 '-ㄹᄊᆡ'	'아니하므로'의 '-므로'	'-ㄹᄊᆡ'는 앞말이 뒤에 오는 내용과 인과 관계로 연결됨을 표시하는 어미이다.
③	㉢의 '-ㄴ'	'어리석은'의 '-은'	'-ㄴ'은 앞말이 뒤에 오는 말을 수식함을 표시하는 어미이다.
④	㉣의 'ㅣ'	'바가'의 '가'	'ㅣ'는 앞말이 문장의 주어임을 표시하는 조사이다.
⑤	㉤의 '을'	'뜻을'의 '을'	'을'은 앞말이 문장의 목적어임을 표시하는 조사이다.

2 〈보기〉의 (가)를 바탕으로 (나)를 이해한 것으로 적절하지 <u>않은</u> 것은?

세종어제훈민정음
2014학년도 수능 B형

● 보기 ●

(가) 15세기 국어의 음운과 표기의 특징
  ㉠ 자음 'ㅿ'과 'ㅸ'이 존재하였다.
  ㉡ 초성에 오는 'ㅳ'은 'ㅂ'과 'ㄷ'이, 'ㅄ'은 'ㅂ'과 'ㅅ'이 모두 발음되었다.
  ㉢ 종성에서 'ㄷ'과 'ㅅ'이 다르게 발음되었다.
  ㉣ 평성, 거성, 상성의 성조를 방점으로 구분하였다.
  ㉤ 연철 표기(이어 적기)를 하였다.

(나) 나·랏 :말ᄊ·미 中듕國·귁·에 달·아 文문字·ᄍ·와·로 서르 ᄉᄆᆺ·디 아·니ᄒᆞᆯ·씨 ·이런 젼·ᄎ·로 어·린 百·빅姓·셩·이 니르·고·져 ·홇 ·배 이·셔·도 ᄆᆞ·ᄎᆞᆷ:내 제 ·ᄠ·들 시·러 펴·디 :몯홇 ·노·미 하·니·라 ·내 ·이·롤 爲·윙·ᄒᆞ·야 :어엿·비 너·겨 ·새·로 ·스·믈여·듧 字·ᄍ·ᄅᆞᆯ 밍·ᄀᆞ노·니 :사ᄅᆞᆷ:마·다 :ᄒᆡ·ᅇᅧ :수·ᄫᅵ 니·겨 ·날·로 ·ᄡᅮ·메 便뼌安한·킈 ᄒᆞ·고·져 홇 ᄯᆞᄅᆞ·미니·라

① ㉠을 보니, ':수·ᄫᅵ'에는 오늘날에는 없는 자음이 들어 있군.
② ㉡을 보니, '·ᄠ·들'의 'ㅳ'에서는 두 개의 자음이 발음되었군.
③ ㉢을 보니, ':어엿·비'에서 둘째 음절의 종성은 'ㄷ'으로 발음되었군.
④ ㉣을 보니, ':ᄒᆡ·ᅇᅧ'의 첫 음절과 둘째 음절은 성조가 달랐군.
⑤ ㉤을 보니, '·ᄡᅮ·메'에는 연철 표기가 적용되었군.

3 〈보기〉에 대한 이해로 적절한 것은?

세종어제훈민정음
2021학년도 9월 모의평가

● 보기 ●

나·랏 :말ᄊ·미 中듕國·귁·에 달·아 文문字·ᄍ·와·로 서르 ᄉᄆᆺ·디 아·니ᄒᆞᆯ·씨 ·이런 젼·ᄎ·로 어·린 百·빅姓·셩·이 니르·고·져 ·홇 ·배 이·셔·도 ᄆᆞ·ᄎᆞᆷ:내 제 ·ᄠ·들 시·러 펴·디 :몯홇 ·노·미 하·니·라 ·내 ·이·롤 爲·윙·ᄒᆞ·야 :어엿·비 너·겨 ·새·로 ·스·믈여·듧 字·ᄍ·ᄅᆞᆯ 밍·ᄀᆞ노·니 :사ᄅᆞᆷ:마·다 :ᄒᆡ·ᅇᅧ :수·ᄫᅵ 니·겨 ·날·로 ·ᄡᅮ·메 便뼌安한·킈 ᄒᆞ·고·져 홇 ᄯᆞᄅᆞ·미니·라   ─ 〈훈민정음〉 언해, 세조 5년(1459)

[현대어 풀이]
  우리나라의 말이 중국과 달라 문자와 서로 통하지 아니하여서 이런 까닭으로 어리석은 백성이 말하고자 하는 바가 있어도 마침내 제 뜻을 능히 펴지 못하는 사람이 많다. 내가 이를 위하여 가엾게 여겨 새로 스물여덟 자를 만드니, 모든 사람들로 하여금 쉽게 익혀 날마다 쓰는 데 편하게 하고자 할 따름이다.

① ':말ᄊ·미'와 '·홇 ·배'에 쓰인 주격 조사는 그 형태가 동일하군.
② '하·니·라'의 '하다'는 현대 국어의 동사 '하다'와 품사가 동일하군.
③ '·이·롤'과 '·새·로'에는 동일한 강약을 표시하는 방점이 쓰였군.
④ ':ᄒᆡ·ᅇᅧ'와 '便뼌安한·킈 ᄒᆞ·고·져'에는 모두 피동 표현이 쓰였군.
⑤ '·ᄡᅮ·메'에는 '사용하다'라는 의미를 지닌 동사 '쓰다'가 쓰였군.

◆ 용비어천가

1445년(세종 27년)에 짓고 1447년(세종 29년)에 간행된, 조선 왕조의 창업을 노래한 장편 서사시로 모두 125장으로 이루어짐. 훈민정음으로 기록된 첫 작품으로, 한자어는 한자로만 기록되어 있고 한자음은 표기되어 있지 않음.

◆ 용비어천가의 창작 동기

• 새 왕조의 정당성 부각
• 훈민정음의 실용성 시험
• 후대 왕에 대한 권계

용비어천가

용비어천가(龍飛御天歌)
용이 날아올라 하늘을 다스림을 노래한다는 의미

海東(해동) 六龍(육룡)·이 ᄂᆞᄅᆞ·샤 :일·마다 天福(천복)·이시·니 古聖(고성)·이 同符
우리나라 / 당시 임금인 세종의 여섯 조상 - 목조, 익조, 도조, 환조, 태조, 태종 / 중국의 역대 성왕

(동부)·ᄒᆞ시·니   〈제1장〉
부절(신표로 삼는 물건)이 꼭 들어맞듯 서로 일치함.

불·휘 기·픈 남·ᄀᆞᆫ ᄇᆞᄅᆞ·매 아·니 :뮐·ᄊᆡ 곶 :됴·코 여·름 ·하ᄂᆞ·니
기초가 튼튼한 나라 / 시련, 내우외환 / 문화의 융성을 축원함.

:시·미 기·픈 ·므·른 ·ᄀᆞ모·래 아·니 그·츨·ᄊᆡ :내·히 이·러 바·ᄅᆞ·래 ·가ᄂᆞ·니   〈제2장〉
유서가 깊은 나라 / 시련, 내우외환 / 영원한 발전을 축원함.

[현대어 풀이]
해동의 여섯 용이 나시어, 일마다 하늘의 복이시니 옛날의 성인과 서로 꼭 들어맞으시니.   〈제1장〉
뿌리가 깊은 나무는 바람에 아니 움직이므로, 꽃 좋고 열매 많으니.
샘이 깊은 물은 가뭄에 아니 그치므로, 내(川)가 이루어져 바다에 가느니.   〈제2장〉

---

❶ 본문 분석

원문(방점 생략)	현대어 풀이	음운·표기·문법·어휘의 특징
ᄂᆞᄅᆞ샤	나시어	• ᄂᆞᄅᆞ샤: 눌-+-ᄋᆞ샤-+-(아)→ 이어 적기 • 샤: 주체 높임 선어말 어미 '-(ᄋᆞ)샤-' 사용
천복이시니	하늘의 복이시니	• 시: 주체 높임 선어말 어미 '-시-' 사용
고성이	옛날의 성인과	• 이: 비교 부사격 조사(= 와 / 과)(주격 조사가 아님.)
ᄒᆞ시니	하시니	• 시: 주체 높임 선어말 어미 '-시-' 사용
불휘	뿌리가	• 불휘: 불휘+∅(영형태 주격 조사)
기픈	깊은	• 기픈: 깊-+-은 → 이어 적기
남ᄀᆞᆫ	나무는	• 남ㄱ: '나모'의 특수한 활용 형태 → 모음으로 시작하는 조사 앞에서 'ㅗ'가 탈락하고 'ㄱ'이 덧붙는 'ㄱ' 종성 체언 • 남ᄀᆞᆫ: 남ㄱ+은 → 모음 조화 ○, 이어 적기
ᄇᆞᄅᆞ매	바람에	• ᄇᆞᄅᆞ매: ᄇᆞ름+애(원인 부사격 조사) → 모음 조화 ○, 이어 적기
아니 뮐ᄊᆡ	아니 움직이므로	• 뮐ᄊᆡ: 뮈-+-ㄹᄊᆡ(이유의 종속적 연결 어미)
곶	꽃	• 곶: '곶'의 'ㅈ' 종성 표기 → 종성부용초성
됴코	좋고	• 됴코: 둏-+-고 → 구개음화 적용 × > '좋고'로 구개음화 적용
여름 하ᄂᆞ니	열매 많으니	• 하다: 많다(형용사)
시미	샘이	• 시미: 쉼+이(주격 조사) → 이어 적기
므른	물은	• 므른: 믈+은 → 모음 조화 ○, 이어 적기, 원순 모음화 ×
ᄀᆞ모래	가뭄에	• ᄀᆞ모래: ᄀᆞ물+애(원인 부사격 조사) → 모음 조화 ○, 이어 적기
아니 그츨ᄊᆡ	아니 그치므로	• 그츨ᄊᆡ: 그츠-+-ㄹᄊᆡ(이유의 종속적 연결 어미)
내히	내가	• 내ㅎ: 'ㅎ' 종성 체언. 단독으로 쓰일 때는 'ㅎ'이 탈락하고, 자음으로 시작하는 조사가 결합할 때는 조사의 첫소리와 축약되며, 모음으로 시작하는 조사가 결합할 때는 'ㅎ'이 유지됨. • 내히: 내ㅎ+이(주격 조사)
바ᄅᆞ래	바다에	• 바ᄅᆞ래: 바롤+애(처소 부사격 조사) → 모음 조화 ○, 이어 적기

소학언해(小學諺解)

〈소학〉을 훈민정음으로 풀이한 언해서

孔·공子·ᄌᆞ 曾증子·ᄌᆞᆨ뒤·려 닐·러 ᄀᆞᆯ·ᄋ·샤·ᄃᆡ ·몸·이며 얼굴·이며 머·리털·이·며

공자의 제자

·ᄉᆞᆯ·ᄒᆞᆫ 父·부母:모·씌 받ᄌᆞ·온 거·시·라 敢:감·히 헐·워 샹히·오·디 아·니 :홈·이

:효·도·이 비·르·소미·오 ·몸·을 셰·워 道:도·를 行·ᄒᆡᆼ·ᄒᆞ·야 일·홈·을 後:후世:셰·예

입신양명(立身揚名), 출장입상(出將入相), 유방백세(流芳百世)

:베퍼 ·뻐 父·부母:모롤 :현·뎌케 :홈·이 :효·도·이 ᄆᆞᆺ·ᄎᆞ·미·니·라

이로써

孔子謂曾子曰 身體髮膚 受之父母 不敢毀傷 孝之始也 立身行道 揚名於後世 以顯父母 孝之終也
공자 위증자 왈 신체발부 수지부모 불감훼상 효지시야 입신행도 양명어후세 이현부모 효지종야

[현대어 풀이]
공자께서 증자에게 일러 말씀하시기를, 몸과 형체와 머리털과 살은 부모께 받은 것이라, 감히 헐게 하여 상하게 하지 아니함이 효도의 비롯함(시작)이고, 몸을 세워(입신·출세하여) 도를 행하여 이름을 후세에 날려 이로써 부모를 현저하게(드러나게) 함이 효도의 마침(끝)이니라.

✿ **소학언해**

1587년(선조 20년)에 교정청에서 간행한 〈소학(小學)〉을 훈민정음으로 풀이한 언해서. 〈소학〉은 중국 송나라의 유자징이 주희의 가르침을 기록한 기초 수양서로, 예절과 충효 등의 내용을 담고 있음. 〈세종어제훈민정음〉과 약 130년의 시차를 보이고 있어, 15세기와 16세기에 나타난 중세 국어의 변화 양상을 보여 주는 중요한 자료임.

✿ **'효'의 시작과 끝**

'효'의 시작	신체를 보호하고 지키는 것
'효'의 끝	출세하여 부모를 빛나게 하는 것

❶ 본문 분석

원문(방점 생략)	현대어 풀이	음운·표기·문법·어휘의 특징
孔공子ᄌᆞ딘	공자께서	• 공ᄌᆞ: 동국정운식 한자음 폐지(15세기: 공ᄍᆞ) • 공ᄌᆞᆨ: 공ᄌᆞ + ㅣ (주격 조사)
曾증子ᄌᆞᆨ뒤려	증자에게	• 증ᄌᆞᆨ뒤려: 증ᄌᆞ + ᄃᆞ려(부사격 조사)
닐러	일러	• 닐러: '니르-+-어 → 닐러'의 'ㄹㄹ형' 활용(15세기: 닐어) • 닐러: 두음 법칙 적용 × > '일러'로 두음 법칙 적용
ᄀᆞᆯᄋᆞ샤ᄃᆡ	말씀하시기를	• ᄀᆞᆯᄋᆞ샤ᄃᆡ: ᄀᆞᆯᄋᆞ-+-시-+-(오)-+-ᄃᆡ → 끊어 적기 • 샤: 주체 높임 선어말 어미 '-샤-' 사용
몸이며	몸과	• 몸이며: 몸+이며(= 접속 조사 '와/과') → 끊어 적기
얼굴이며	형체와	• 얼굴: 의미 축소(형체, 꼴 > 안면)
ᄉᆞᆯ혼	살은	• ᄉᆞᆯㅎ: 'ㅎ' 종성 체언 • ᄉᆞᆯ혼: ᄉᆞᆯㅎ+ᄋᆞᆫ → 모음 조화 ○
父부母모씌	부모께	• 씌: 께(높임의 부사격 조사)
받ᄌᆞ온	받은	• 받ᄌᆞ온: 받-+-ᄌᆞᇦ-+-ᄋᆞᆫ → 받ᄌᆞᄫᆞᆫ(15세기 표기) > 받ᄌᆞ온 (ᄫᆞ의 소실) • ᄌᆞᇦ: 객체 높임 선어말 어미 '-ᄌᆞᇦ-'('-ᄌᆞᇦ-'은 '-ᄌᆞᆸ-'의 이형태)
거시라	것이라	• 거시라: 것+이-+-라(연결 어미 '-아'의 이형태) → 이어 적기
헐워	헐게 하여	• 헐워: 헐-+-우-+-어 → 사동 접사 '-우-' 사용
샹히오디	상하게 하지	• 샹히오디: 구개음화 적용 ×
효도이	효도의	• 효도이: 효도+익 → 관형격 조사의 혼란('ㅅ' → '익'), 모음 조화 ○
비르소미오	비롯함이고	• 비르소미오: 비릇-+-옴+이-+-오('이-' 뒤에서 '-고'가 '-오'로 바뀜.) → 모음 조화 파괴, 이어 적기(15세기: 비르수미오)
셰워	세워	• 셰워: 셔-+-이우-+-어 → 사동 접사 '-이우-' 사용
힝ᄒᆞ야	행하여	• 힝ᄒᆞ야: 모음 조화 ○ > '행하여'로 모음 조화 파괴
後후世셰예	후세에	• 후셰예: 후셰+예(부사격 조사)
뻐	이로써	• 뻐: 이로써, 그것으로써 – 원문 '以(써 이)'를 직역한 표현
父부母모롤	부모를	• 부모롤: 부모 + 롤(목적격 조사) → 모음 조화 ○
현뎌케	현저하게	• 현뎌케: 구개음화 적용 × > '현저하게'로 구개음화 적용
ᄆᆞᆺᄎᆞ미니라	마침이니라	• ᄆᆞᆺᄎᆞ미니라: 몿-+-ᄋᆞᆷ+이니라(서술격 조사 '이다'의 활용) → 명사 파생 접미사 '-ᄋᆞᆷ/-음' 사용

1 〈용비어천가〉에서 확인할 수 있는 중세 국어의 특징으로 적절하지 **않은** 것은?

① 이어 적기가 주로 사용되었다.
② 동국정운식 표기가 사용되었다.
③ 모음 조화가 비교적 잘 지켜졌다.
④ 종성부용초성의 원칙이 지켜졌다.
⑤ 주체 높임 선어말 어미가 사용되었다.

2 〈보기〉를 참고할 때, 'ㅎ' 종성 체언의 영향을 받은 예로 적절하지 **않은** 것은?

— 보기 —

　　'ㅎ' 종성 체언은 뒤에 결합한 형태소의 첫소리와 결합하여 거센소리로 축약되는 경향이 있다. 예를 들어 '짜ㅎ(땅)'에 조사 '과'가 붙으면 '짜콰(땅과)'가 되는 것이며, 이러한 흔적이 현대 국어의 어휘에서도 나타난다.

① 안팎　　　② 암탉　　　③ 수컷
④ 위층　　　⑤ 살코기

3 〈소학언해〉에서 확인할 수 있는 16세기 국어의 특징으로 적절한 것은?

① 모음 조화 현상이 더욱 규칙적으로 나타났다.
② 끊어 적기뿐만 아니라 이어 적기도 나타났다.
③ 순경음 비읍은 소실되었지만 여린히읗이 사용되었다.
④ 동국정운식 표기 방식에 따라 형식 종성이 사용되었다.
⑤ 소리의 높낮이를 나타내는 방점 표기가 나타나지 않았다.

4 〈보기〉에서 밑줄 친 부분을 15세기 표기로 적은 것은?

— 보기 —

　　父·부母:모·끠 받ᄌ·온 거·시·라

① 받ᄌᆞᆸ온
② 받ᄌᆞᆸᄫᆞᆫ
③ 받ᄌᆞᄫᆞᆫ
④ 받ᄌᆞᆯᄋᆞᆫ
⑤ 받ᄌᆞᄫᆞᆫ

용비어천가
2021학년도 4월 고3 학력평가

1 〈보기〉에 나타난 중세 국어의 특징을 탐구한 내용으로 적절하지 **않은** 것은?

— 보기 —

불휘 기픈 남ᄀᆞᆫ ᄇᆞᄅᆞ매 아니 뮐씨 곶 됴코 여름 하ᄂᆞ니
ᄉᆡ미 기픈 므른 ᄀᆞᄆᆞ래 아니 그츨씨 내히 이러 바ᄅᆞ래 가ᄂᆞ니

[현대어 풀이]
뿌리가 깊은 나무는 바람에 아니 움직이므로 꽃이 좋고 열매가 **많으니**,
샘이 깊은 물은 가뭄에 아니 그치므로 **내**(川)가 이루어져 **바다**에 가느니.

– 〈용비어천가(龍飛御天歌)〉 제2장

① '불휘'와 'ᄉᆡ미'를 보니, '이' 모음으로 끝난 체언 뒤에 동일한 형태의 주격 조사가 사용되었음을 알 수 있군.
② 'ᄇᆞᄅᆞ매'와 'ᄀᆞᄆᆞ래'를 보니, '애'가 현대 국어의 부사격 조사와 같은 기능으로 사용되었음을 알 수 있군.
③ '하ᄂᆞ니'를 보니, '하다'가 현대 국어와 다른 의미로 쓰였음을 알 수 있군.
④ '므른'과 '바ᄅᆞ래'를 보니, 앞 형태소의 끝소리를 다음 형태소의 첫소리로 옮겨 적는 방식이 사용되었음을 알 수 있군.
⑤ '내히'를 보니, 체언이 모음으로 시작하는 조사와 결합할 때 체언의 끝소리 'ㅎ'이 연음되어 나타나는 경우가 있었음을 알 수 있군.

2 〈보기〉의 중세 국어 자료에 나타난 특징을 탐구한 내용으로 적절하지 않은 것은?

중세 국어 자료 분석
2020학년도 6월 고2 학력 평가

보기

[중세 국어] 불·휘기·픈남·ᄀᆞᆫᄇᆞᄅᆞ·매아·니:뮐·ᄊᆡ
[현대 국어] 뿌리가 깊은 나무는 바람에 아니 움직이므로

〈용비어천가〉

[중세 국어] ·첫소·리·ᄅᆞᆯ어·울·워ᄡᅮᇙ·디·면ᄀᆞᆯ·ᄫᅡ·쓰·라
[현대 국어] 첫소리를 합하여 쓸 것이면 나란히 쓰라.

〈훈민정음언해〉

[중세 국어] ·몸·이며얼굴·이며머·리털·이·며·ᄉᆞᆯ·ᄒᆞᆫ
[현대 국어] 몸과 형체와 머리털과 살은

〈소학언해〉

① '기·픈'은 '깊은'과 견주어 보니, 소리 나는 대로 적었음을 알 수 있군.
② ':뮐·ᄊᆡ'는 '움직이므로'에 대응하는 것을 보니, 현대 국어에서는 쓰이지 않는 단어임을 알 수 있군.
③ '·ᄅᆞᆯ'은 '를'과 견주어 보니, 현대 국어와 단어의 형태가 달랐음을 알 수 있군.
④ 'ᄡᅮᇙ·디·면'은 '쓸 것이면'에 대응하는 것을 보니, 초성에 서로 다른 두 개의 자음이 함께 사용되었음을 알 수 있군.
⑤ '얼굴'은 '형체'라는 의미였던 것을 보니, 현대 국어로 오면서 단어의 의미가 확대되었음을 알 수 있군.

3 다음을 바탕으로 학생이 정리한 내용 중, 적절하지 않은 것은?

소학언해
2014학년도 6월 고2 학력 평가 B형

孔子ㅣ **曾子ᄃᆞ려** 닐러 ᄀᆞᆯᄋᆞ샤ᄃᆡ 몸이며 얼굴이며 머리털이며 ᄉᆞᆯ ᄒᆞᆫ 父母ᄭᅴ 받ᄌᆞ온 **거시라** 敢히 헐워 **샹히오디** 아니홈이 효도ᄋᆡ 비르소미오 **몸을** 셰워 道를 行ᄒᆞ야 일홈을 後世예 베퍼 ᄡᅧ 父母ᄅᆞᆯ 현뎌케 **홈이** 효도ᄋᆡ ᄆᆞᄎᆞᆷ이니라

– 〈소학언해〉(1587년)

[현대어 풀이]

공자께서 증자에게 일러 말씀하시기를, 몸과 형체와 머리털과 살은 부모께 받은 것이므로, 감히 헐게 하여 상하게 하지 아니함이 효도의 시작이고, 입신하여 도를 행하여 이름을 후세에 날려 이로써 부모를 드러나게 함이 효도의 끝이다.

〈소학언해〉에 나타난 중세 국어의 특징

①	曾子ᄃᆞ려	→	현대 국어에는 사용하지 않는 형태의 조사가 나타나고 있다.
②	거시라	→	'-라'가 문장을 종결하는 어미로 사용되고 있다.
③	샹히오디	→	'-게 하다'의 의미를 지니는 사동 표현이 나타나고 있다.
④	몸을	→	조사 선택에 모음 조화가 지켜지지 않고 있다.
⑤	홈이	→	현대 국어에서와 같이 끊어 적기 표기법이 사용되고 있다.

01

훈민정음의 제자 원리 | 2014학년도 9월 고2 학력평가 B형

〈보기〉의 설명을 바탕으로 학생이 탐구한 내용이다. 적절하지 **않은** 것은?

● 보기 ●

훈민정음의 초성은 발음 기관의 모양을, 중성은 하늘, 땅, 그리고 사람이 서 있는 모양을 본떠서 상형의 원리로 기본자를 만들었습니다. 여기에 초성은 '가획(加劃)'의 원리를 적용하여 가획자와 예외적인 글자인 이체자를 만들었고, 중성은 '합용(合用)'의 원리를 적용하여 초출자와 재출자를 만들었습니다. 종성은 따로 글자를 만들지 않고 초성의 글자를 다시 사용하였습니다. 이를 바탕으로 '연서(이어 쓰기)', '병서(나란히 쓰기)', '부서(붙여 쓰기)' 등의 방법으로 글자를 운용했습니다. 다음 예를 통해 그 특징을 파악해 보십시오.

	원리	예시		
㉠	가획	기본자	가획자	이체자
		ㄴ	ㄷ, ㅌ	ㄹ
㉡	합용	기본자	초출자	재출자
		·, ㅡ, ㅣ	ㅗ, ㅏ, ㅜ, ㅓ	ㅛ, ㅑ, ㅠ, ㅕ
㉢	연서	병, 명, 픵, 뼝		
㉣	병서	ㄲ, ㄸ, ㅃ, ㅆ, ㅉ, ㆅ, ㅺ, ㅳ, ㅄ		
㉤	부서	ᄀ, 가, 고, 거		

① ㉠과 ㉡의 기본자는 모두 상형의 원리로 만들었지만, 초성은 가획의 방법으로, 중성은 합용의 방법으로 글자를 더 만들었겠군.

② ㉡의 초출자 'ㅗ'는 기본자 '·'와 'ㅡ'를 합해서 만들었겠군.

③ ㉢과 ㉣의 예를 보면 훈민정음 제작 당시는 현대 국어에는 사용하지 않는 자음도 사용했겠군.

④ ㉣의 예를 보면 병서는 같은 글자를 나란히 적기도 하고 다른 글자를 나란히 적어 운용하기도 했군.

⑤ ㉤의 예는 초성의 아래나 왼쪽에 중성을 붙여서 사용한 것으로 현대 국어도 사용하는 글자 운용 방법이군.

02

표기법의 변화 | 2014학년도 10월 고3 학력평가 B형

〈보기 1〉을 바탕으로 〈보기 2〉의 ㉠~㉤을 바르게 분류한 것은?

● 보기 1 ●

국어의 표기법은 이어 적기에서 끊어 적기가 확대되는 방향으로 변하여 왔다. 여기서 이어 적기란 형태소를 소리 나는 대로 이어 적는 방식이고, 끊어 적기란 각 형태소들을 분리하여 적는 방식이다. 한편 근대 국어에는 여러 형태소가 연결될 때에 형태소의 모음 사이에서 나는 자음을 각각 앞 음절의 종성으로 적고 뒤 음절의 초성으로 적는 과도기적 방식이 나타났는데 이를 거듭 적기라 한다.

● 보기 2 ●

부엉이 對答(대답)ᄒ야 갈오딕 이 地方(지방) 스룸은 내 ㉠우름 쇼릭를 미워ᄒᄂᆫ 故(고)로 나는 다른 地方(지방)으로 올무랴 ᄒ노라 ᄒ니 비둘기 ㉡우서 갈오딕 즈네 우는 쇼릭를 곳치지 안코 居處(거처)만 옴기면 如舊(여구)히 ᄯ ㉢미워홈을 免(면)치 못ᄒ리라 ᄒ얏소 이 이익기는 춤 滋味(자미)잇습ᄂᆞ이다 여러분 즁에도 自家(자가)의 악흔 ㉣일은 곳치지 안코 다른 딕로만 가랴고 ᄒᄂ니 ㉤잇스면 이는 亦是(역시) 이 비둘기의게 우슴을 보오리다

– 〈신정심상소학〉(1896년)

[현대어 풀이]

부엉이가 대답하여 가로되 "이 지방 사람은 내 울음소리를 미워하는 까닭에 나는 다른 지방으로 옮기려 한다."라고 하니 비둘기가 웃어 가로되 "자네가 우는 소리를 고치지 않고 거처만 옮기면 여전히 또 미워함을 피하지 못할 것이다."라고 하였다. 이 이야기는 참 재미있습니다. 여러분 중에도 자기의 악한 일은 고치지 않고 다른 데로만 가려고 하는 이가 있으면 이것 역시 이 비둘기에게 웃음을 살 것입니다.

	이어 적기	끊어 적기	거듭 적기
①	㉠, ㉡	㉢, ㉣	㉤
②	㉠, ㉢	㉡, ㉣	㉤
③	㉡, ㉢	㉠, ㉤	㉣
④	㉡, ㉤	㉠, ㉢	㉣
⑤	㉢, ㉣	㉡, ㉤	㉠

03
관형격 조사(중세 국어) | 2015학년도 6월 모의평가 B형

〈보기 1〉을 참고하여 〈보기 2〉의 ㉠과 ㉡에 알맞은 것을 고른 것은?

• 보기1 •

현대 국어의 관형격 조사는 '의'만 있지만, 중세 국어의 관형격 조사는 '익, 의, ㅅ, ㅣ'가 있었다. 이 중 '익, 의, ㅅ'은 결합하는 명사의 특징에 따라 다음과 같이 구분되어 사용되었다.

명사			관형격 조사
의미 특징	끝 음절 모음		
사람이나 동물	양성 모음	+	익
사람이나 동물	음성 모음	+	의
사람이면서 높임의 대상	양성 모음 / 음성 모음	+	ㅅ
사람도 아니고 동물도 아님.	양성 모음 / 음성 모음	+	ㅅ

㉰ 늄+익: 느믹 뜯 거스디 아니ᄒ거든 (남의 뜻 거스르지 아니하거든)

거붑+의: 거부븨 터리 ᄀ티 (거북의 털과 같고)

大王+ㅅ: 大王ㅅ 말ᄊᆞ미ᅀᅡ 올커신마ᄅᆞᆫ (대왕의 말씀이야 옳으시지만)

나모+ㅅ: 나못 여름 먹ᄂ니 (나무의 열매 먹으니)

• 보기2 •

∘ 父母ㅣ 아ᄃᆞᆯ+㉠ 마ᄅᆞᆯ 드르샤
 (부모가 아들의 말을 들으시어)
∘ 다ᄉᆞᆺ 술위+㉡ 글워ᄅᆞᆯ 닐굴 디니라
 (다섯 수레의 글을 읽어야 할 것이다)

	㉠	㉡
①	익	ㅅ
②	ㅅ	익
③	의	ㅅ
④	ㅅ	의
⑤	익	의

04
중세 국어의 특징 | 2021학년도 수능

〈보기〉의 ㉠과 ㉡에 들어갈 말로 적절한 것은?

• 보기 •

학생: 현대 국어와는 달리 중세 국어의 'ㅔ', 'ㅐ'가 이중 모음이었다는 근거가 궁금해요.

선생님: 'ㅔ', 'ㅐ'로 끝나는 체언과 결합하는 조사의 형태가 무엇인지 (가)를 참고하여 (나)를 살펴보면 알 수 있단다.

(가)

체언의 끝소리	조사의 형태	예
자음	이라	지비라[집이다]
단모음 '이'나 반모음 'ㅣ'	∅라	스싀라[스싀(사이)이다]
		불휘라[불휘(뿌리)이다]
그 밖의 모음	ㅣ라	젼ᄎᆞ라[젼ᄎᆞ(까닭)이다]
		곡되라[곡도(꼭두각시)이다]

(나)

今(금)은 이제라[이제이다], 下(하)는 아래라[아래이다]

학생: (가)의 ㉠ 에서처럼 (나)의 '이제'와 '아래'가 ㉡ 형태의 조사를 취하는 것을 보니 'ㅔ', 'ㅐ'가 반모음 'ㅣ'로 끝나는 이중 모음이었음을 알 수 있어요.

	㉠	㉡
①	지비라	이라
②	스싀라	∅라
③	불휘라	∅라
④	젼ᄎᆞ라	ㅣ라
⑤	곡되라	ㅣ라

05

〈보기〉에 제시된 '선생님'의 질문에 대한 답으로 적절한 것은?

━━━━━━━━━━━━━━━━━━ ● 보기 ●

선생님: 중세 국어에서는 각 글자의 왼편에 점을 찍어 소리의 높낮이를 표시하였습니다. 점이 없으면 낮은 소리, 점이 한 개면 높은 소리, 점이 두 개면 처음은 낮고 나중이 높은 소리를 나타냈습니다. 가령 ':말·미'는 다음과 같이 소리의 높낮이를 표시할 수 있습니다.

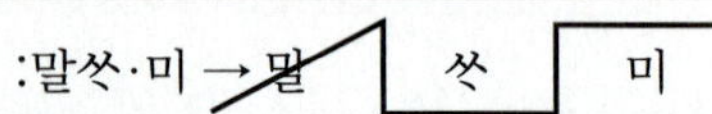

자, 그럼 다음의 밑줄 친 ⓐ는 소리의 높낮이를 어떻게 표시할 수 있을까요?

불·휘기·픈남·ᄀᆞᆫ·ᄇᆞᄅᆞ·매 ⓐ아·니:뮐·ᄊᆡ

– 〈용비어천가(龍飛御天歌)〉 제2장 중에서

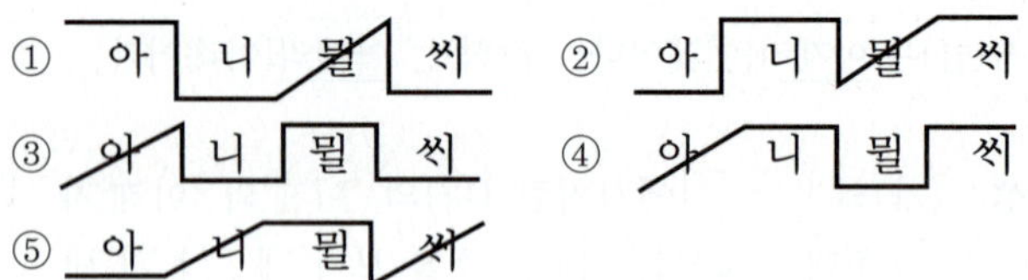

06

〈보기〉를 바탕으로 현대 국어와 중세 국어의 특징을 비교한 내용으로 적절하지 <u>않은</u> 것은?

━━━━━━━━━━━━━━━━━━ ● 보기 ●

- ㉠효도홈과 공슌호물 (효도함과 공손함을)
- 兄(형)ㄱ ㉡ᄠᅳ디 일어시ᄂᆞᆯ ㉢聖孫(성손)ᄋᆞᆯ ㉣내시니이다
  (형의 뜻이 이루어지시매 (하늘이) 성손을 내셨습니다.)
- 世尊(세존)ㅅ 安否(안부) ㉤묻ᄌᆞᆸ고 니르샤ᄃᆡ 므스므라 오시니잇고
  (세존의 안부를 여쭙고 이르시되 무슨 까닭으로 오셨습니까?)

① ㉠을 보니 현대 국어와 달리 명사형 어미 '–옴'이 사용되었군.
② ㉡을 보니 현대 국어와 달리 어두 자음군이 사용되었군.
③ ㉢을 보니 현대 국어와 달리 목적격 조사 'ᄋᆞᆯ'이 사용되었군.
④ ㉣을 보니 현대 국어와 마찬가지로 주체 높임 선어말 어미 '–시–'가 사용되었군.
⑤ ㉤을 보니 현대 국어와 마찬가지로 청자를 높이는 특수 어휘가 사용되었군.

07

〈보기〉의 설명을 참고할 때, ㉠과 ㉡에 들어갈 단어로 적절한 것은?

━━━━━━━━━━━━━━━━━━ ● 보기 ●

중세 국어 의문문의 종결 어미는 인칭의 종류와 물음말의 유무에 따라 달라진다. 주어가 1, 3인칭일 경우, 물음말이 있는 의문문에는 '–ㄴ고', '–ㄹ고'와 같은 '오'형 어미가 사용되었고, 물음말이 없는 의문문에는 '–ㄴ가', '–ㄹ가'와 같은 '아'형 어미가 사용되었다. 그리고 주어가 2인칭일 경우, 물음말의 유무와 상관없이 '–ㄴ다'가 사용되었다.

- 부톄 世間에 ______㉠______
  (부처가 세간에 나신 것인가?)

- 네 뉘손ᄃᆡ 글 ______㉡______
  (너는 누구에게서 글을 배웠는가?)

- 어느 사ᄅᆞ미 少微星이 잇다 니ᄅᆞ던고
  (어떤 사람이 소미성이 있다고 말하던가?)

	㉠	㉡
①	나샤미신가	빈혼다
②	나샤미신가	빈호ᄂᆞᆫ고
③	나샤미신고	빈혼다
④	나샤미신다	빈호ᄂᆞᆫ고
⑤	나샤미신다	빈호ᄂᆞᆫ가

08

〈보기〉를 참고할 때, ㉠과 ㉡에 해당하는 사례로 적절한 것은?

━━━━━━━━━━━━━━━━━━ ● 보기 ●

중세 국어에서 '이/의'는 ㉠관형격 조사와 ㉡부사격 조사로 모두 사용되는 양상을 보인다. 대체로 높임을 나타내지 않는 유정 명사 뒤에서는 관형격 조사로 쓰이고, 시간이나 장소 등을 나타내는 일부 체언 뒤에서는 부사격 조사로 사용되었다. 한편 '이/의'는 모음 조화의 양상에 따라 '이' 또는 '의'로 실현되었다.

	㉠	㉡
①	겨틔 서서 (곁에 서서)	거부븨 터리 ᄀᆞᆮ고 (거북의 털과 같고)
②	거부븨 터리 ᄀᆞᆮ고 (거북의 털과 같고)	겨틔 서서 (곁에 서서)
③	거부븨 터리 ᄀᆞᆮ고 (거북의 털과 같고)	바ᄆᆡ 비취니 (밤에 비치니)
④	바ᄆᆡ 비취니 (밤에 비치니)	사ᄅᆞᄆᆡ ᄠᅳ들 (사람의 뜻을)
⑤	사ᄅᆞᄆᆡ ᄠᅳ들 (사람의 뜻을)	겨틔 서서 (곁에 서서)

09

주격 조사(중세 국어) | 2018학년도 9월 고2 학력평가

〈보기〉의 설명을 참고할 때, ㉠~㉢에 들어갈 말로 적절한 것은?

보기

일반적으로 중세 국어의 주격 조사는 앞에 결합하는 체언의 끝소리에 따라 달라졌다. 체언의 끝소리가 자음일 때 '이'가 나타났고, 체언의 끝소리가 모음 'ㅣ'도, 반모음 'ㅣ'도 아닌 모음일 때는 'ㅣ'가 나타났다. 그런데 체언의 끝소리가 모음 'ㅣ'이거나, 반모음 'ㅣ'일 때는 아무런 형태가 나타나지 않았다.

◦ ___㉠___ 가칠 므러
(뱀이 까치를 물어)
◦ ___㉡___ 기픈 남ᄀᆞᆫ
(뿌리가 깊은 나무는)
◦ ___㉢___ 세상에 나매
(대장부가 세상에 나와)

	㉠	㉡	㉢
①	ᄇᆡ얌	불휘ㅣ	대장뷔
②	ᄇᆡ얌	불휘ㅣ	대장뷔ㅣ
③	ᄇᆡ야미	불휘	대장뷔
④	ᄇᆡ야미	불휘	대장뷔ㅣ
⑤	ᄇᆡ야미	불휘ㅣ	대장뷔

10

높임 선어말 어미(중세 국어) | 2019학년도 6월 고2 학력평가

〈보기 1〉을 바탕으로 〈보기 2〉를 분석한 것으로 적절하지 않은 것은?

보기 1

[중세 국어의 주체 높임법과 객체 높임법]

○ **주체 높임법**: 문장의 주어에 해당하는 대상을 높이는 것이다. 주체 높임법은 주로 선어말 어미 '-시-/-샤-'를 통해 실현된다. 또한 특수 어휘나 조사에 의해 실현되기도 한다.
○ **객체 높임법**: 문장의 목적어나 부사어에 해당하는 대상을 높이는 것이다. 객체 높임법은 주로 선어말 어미 '-ᅀᆞᆸ-/-ᄌᆞᆸ-/-ᅀᆞᆸ-'을 통해 실현된다. 또한 특수 어휘나 조사에 의해 실현되기도 한다.

보기 2

㉠ 世尊(세존)ㅅ 安否(안부) 묻ᄌᆞᆸ고 니ᄅᆞ샤ᄃᆡ[A] 므스므라 오시니잇고[B]
[세존의 안부를 여쭙고 이르시되 무슨 까닭으로 오셨습니까?]

㉡ 네 아ᄃᆞ리 各各(각각) 어마님내 뫼ᅀᆞᆸ고
[네 아들이 각각 어머님을 모시고]

① ㉠의 [A]에서 주체 높임은 실현되었으나 그 주체가 생략되었다.
② ㉠의 [A]에서 선어말 어미를 사용하여 객체 높임이 실현되었다.
③ ㉠의 [B]에서는 주체를 높이기 위해 선어말 어미가 사용되었다.
④ ㉡에서 특수 어휘를 사용하여 주체인 '아ᄃᆞᆯ'을 존대하였다.
⑤ ㉡에서는 객체인 '어마님'을 높이기 위해 선어말 어미를 사용하였다.

11

서술격 조사(중세 국어) | 2018학년도 6월 모의평가

〈보기 1〉을 참고할 때, 〈보기 2〉의 ㉮~㉱에 들어갈 말로 적절한 것은?

> ● 보기 1 ●
>
> 　일반적으로 중세 국어에서는 서술격 조사가 앞에 결합하는 체언의 끝소리에 따라 달리 나타났다.
> 　먼저 체언의 끝소리가 자음일 때 '이'가 나타났다.
> ○ 샹녜 쓰는 힛 일후미라(일훔＋이라)
> 　(보통 쓰는 해의 이름이다)
>
> 　체언의 끝소리가 모음 '이'이거나 반모음 'ㅣ'일 때는 아무런 형태가 나타나지 않았다.
> ○ 牛頭는 쇠 머리라(머리＋라)
> 　(우두는 소의 머리이다)
>
> 　그리고 체언의 끝소리가 모음 '이'도, 반모음 'ㅣ'도 아닌 모음일 때는 'ㅣ'가 나타났다.
> ○ 生佛은 사라 겨신 부톄시니라(부텨＋ㅣ시니라)
> 　(생불은 살아 계신 부처이시다)

> ● 보기 2 ●
>
> ○ 齒는 　㉮　 (치는 이이다)
> ○ 所는 　㉯　 (소는 바이다)
> ○ 樓는 　㉰　 (누는 다락이다)

	㉮	㉯	㉰
①	니이라	바이라	다락라
②	니라	배라	다락ㅣ라
③	니이라	바라	다락ㅣ라
④	니라	배라	다라기라
⑤	니ㅣ라	바이라	다라기라

12

중세 국어의 특징 | 2021학년도 3월 고3 학력평가

〈보기〉는 중세 국어를 학습하기 위한 자료이다. 〈보기〉를 바탕으로 중세 국어의 특징을 탐구한 내용으로 적절하지 <u>않은</u> 것은?

> ● 보기 ●
>
> 　太子ㅣ 앗겨 ᄆᆞᅀᆞ매 너교ᄃᆡ 비들 만히 니르면 몯 ᄉᆞ가 ᄒᆞ야 닐오ᄃᆡ 金으로 ᄯᅡ해 ᄭᆞ로ᄆᆞᆯ ᄈᆞᆷ 업게 ᄒᆞ면 이 東山ᄋᆞᆯ ᄑᆞ로리라 須達이 닐오ᄃᆡ 니ᄅᆞ샨 양ᄋᆞ로 호리이다 太子ㅣ 닐오ᄃᆡ 내 롱담ᄒᆞ다라 須達이 닐오ᄃᆡ 太子ㅅ 法은 거즛마ᄅᆞᆯ 아니ᄒᆞ시ᄂᆞᆫ 거시니 구쳐 ᄑᆞᆯ시리이다
>
> **[현대어 풀이]**
>
> 　태자가 아껴 마음에 여기되 '값을 많이 이르면 못 살까.' 하여 이르되 "금으로 땅에 깔음을 틈 없게 하면 이 동산을 팔겠다." 수달이 이르되 "이르신 양으로 하겠습니다." 태자가 이르되 "내가 농담하였다." 수달이 이르되 "태자의 도리는 거짓말을 하시지 않는 것이니 하는 수 없이 파실 것입니다."

① '金으로'와 '양ᄋᆞ로'를 통해 모음 조화에 따라 형태를 달리하는 부사격 조사가 있었음을 확인할 수 있다.

② 'ᄈᆞᆷ'을 통해 단어 첫머리에 자음이 연속하여 올 수 있었음을 확인할 수 있다.

③ '니ᄅᆞ샨'을 통해 주체인 수달을 높이는 선어말 어미가 쓰였음을 확인할 수 있다.

④ '太子ㅅ'을 통해 'ㅅ'이 관형격 조사로 쓰였음을 확인할 수 있다.

⑤ '거즛마ᄅᆞᆯ'을 통해 자음으로 끝나는 체언에 모음으로 시작하는 조사가 결합할 때 이어 적기를 하였음을 확인할 수 있다.

13

'ㅎ' 종성 체언(중세 국어) | 2016학년도 6월 모의평가 B형

〈보기 1〉을 참고할 때, 〈보기 2〉의 ㉠~㉢에 들어갈 말로 적절한 것은?

• 보기 1 •

중세 국어 체언 중에는 'ㅎ'을 끝소리로 가진 것들이 있다. 이러한 체언을 'ㅎ' 종성 체언이라고 하는데 조사가 뒤따를 경우에 다음과 같이 나타난다.

뒤따르는 조사	'ㅎ' 종성 체언의 실현 양상
모음으로 시작하는 조사	'ㅎ'은 뒤따르는 모음에 이어 적는다. 예: 싸히 (짜+이) 즐어늘 (땅이 질거늘)
'ㄱ, ㄷ'으로 시작하는 조사	'ㅎ'은 뒤따르는 'ㄱ', 'ㄷ'과 어울려 'ㅋ', 'ㅌ'으로 나타난다. 예: 싸토 (짜+도) 뮈더니 (땅도 움직이더니)
관형격 조사 'ㅅ'	'ㅎ'은 나타나지 않는다. 예: 다른 짯 (짜+ㅅ) 風俗은 (다른 땅의 풍속은)

• 보기 2 •

중세 국어	현대 국어
㉠ (나랗+올) 아ᅀᅳ 맛디고	나라를 아우에게 맡기고
㉡ (긿+ㅅ) 네거리예	길의 네거리에
㉢ (않+과) 밧	안과 밖

	㉠	㉡	㉢
①	나라홀	긼	안콰
②	나라홀	긿	안과
③	나라홀	긼	안과
④	나라올	긼	안콰
⑤	나라올	긿	안콰

14

'ㅎ' 종성 체언(중세 국어) | 2021학년도 3월 고2 학력평가

한글 맞춤법과 중세 국어 자료를 함께 참고하여 탐구한 결과로 적절하지 <u>않은</u> 것은?

한글 맞춤법	【제31항】 두 말이 어울릴 적에 'ㅎ' 소리가 덧나는 것은 소리대로 적는다. ∘ 수캐(○) / 수개(×) ∘ 살코기(○) / 살고기(×)
관련 자료	중세 국어에서는 '숳', '암ㅎ[雌]', '수ㅎ[雄]', '안ㅎ[內]', '나랗' 등의 'ㅎ' 종성 체언이 있었다. 'ㅎ' 종성 체언은 단독형으로 쓰일 때에는 'ㅎ'이 나타나지 않지만, 아래와 같은 경우 'ㅎ'이 나타나기도 하였다. **'ㅎ'이 나타나는 경우 / 예** 모음으로 시작하는 말과 결합하는 경우 'ㅎ'을 이어 적음. → 하늘ㅎ + 이 → 하늘히(하늘이) 자음 'ㄱ, ㄷ, ㅂ'으로 시작하는 말과 결합하는 경우 'ㅋ, ㅌ, ㅍ'이 됨. → 고ㅎ + 기리 → 고키리(코끼리) 현대 국어에서는 몇 개의 복합어에서만 'ㅎ' 종성 체언의 흔적이 남아 있는데, '수캐', '살코기', '암평아리' 등이 그에 해당한다.

① '안팎'은 'ㅎ' 종성 체언인 '안ㅎ'에 '밖'이 결합한 흔적이 남아 있는 경우이겠군.

② '수캐'는 'ㅎ'이 'ㄱ'과 어울려 'ㅋ'으로 되는 거센소리되기가 이루어진 것이겠군.

③ '살코기'의 '살'은 중세 국어에서 단독으로 쓰일 경우 '숳'의 형태로 사용되었겠군.

④ '나라'는 중세 국어에서 조사 '이'와 결합하는 경우 '나라히'의 형태로 사용되었겠군.

⑤ '암평아리'는 중세 국어에서 'ㅎ' 종성 체언 '암ㅎ'에 '병아리'가 결합한 흔적일 수 있겠군.

15

훈민정음의 제자 원리 | 2021학년도 3월 고1 학력평가

〈보기〉는 수업의 일부이다. 선생님의 설명을 참고할 때 ㉠에 해당하는 것은?

선생님 : 훈민정음의 초성 중 기본자는 발음 기관의 모양을 본뜨는 '상형'의 원리로 만들어졌어요. 'ㄱ'은 혀뿌리가 목구멍을 막는 모양을, 'ㄴ'은 혀가 윗잇몸에 닿는 모양을, 'ㅁ'은 입 모양을, 'ㅅ'은 이[齒] 모양을, 'ㅇ'은 목구멍 모양을 본뜬 것이에요. 기본자에 소리의 세기에 따라 획을 더하는 '가획'의 원리를 적용하여 가획자 'ㅋ, ㄷ, ㅌ, ㅂ, ㅍ, ㅈ, ㅊ, ㆆ, ㅎ'을 만들었고, 상형이나 가획의 원리를 적용하지 않고 별도로 이체자 'ㆁ, ㄹ, ㅿ'을 만들었지요. 중성은 하늘, 땅, 사람의 모양을 본떠서 기본자 'ㆍ, ㅡ, ㅣ'를 만들고, '합성'의 원리를 적용하여 초출자 'ㅗ, ㅏ, ㅜ, ㅓ'와 재출자 'ㅛ, ㅑ, ㅠ, ㅕ'를 만들었어요. 종성은 초성의 글자를 다시 사용했답니다. 그러면 선생님과 함께 카드놀이를 하며 훈민정음에 대하여 공부해 봅시다. ㉠아래의 카드 중 [조건]을 모두 만족하는 글자 카드를 찾아볼까요?

[조건]
- 초성: 이[齒] 모양을 본뜬 기본자에 가획하여 만든 글자
- 중성: 초출자 'ㅗ'에 기본자 'ㆍ'를 결합하여 만든 글자
- 종성: 상형이나 가획의 원리를 적용하지 않고 별도로 만든 글자

① 별　② 죨　③ 심　④ 창　⑤ 동

16

훈민정음의 제자 원리와 운용 방법 | 2023학년도 수능

〈학습 활동〉을 수행한 결과로 적절하지 <u>않은</u> 것은?

다음은 중세 국어의 문자 및 표기와 관련된 내용이다. 자료에서 ⓐ~ⓔ를 확인할 수 있는 예를 모두 골라 묶어 보자.

ⓐ 乃냉終즁ㄱ소리는 다시 첫소리를 쓰ᄂ니라
[종성 글자는 따로 만들지 않고 다시 초성 글자를 사용한다]

ⓑ ㅇ를 입시울쏘리 아래 니어 쓰면 입시울 가비야톤 소리 두외ᄂ니라
[ㅇ을 순음 글자 아래 이어 쓰면 순경음 글자가 된다]

ⓒ 첫소리를 어울워 뚫디면 굴방쓰라 乃냉終즁ㄱ소리도 혼가지라
[초성 글자를 합하여 사용하려면 옆으로 나란히 쓰라 종성 글자도 마찬가지이다]

ⓓ ㆍ와 ㅡ와 ㅗ와 ㅜ와 ㅛ와 ㅠ와란 첫소리 아래 브텨 쓰고
['ㆍ, ㅡ, ㅗ, ㅜ, ㅛ, ㅠ'는 초성 글자 아래에 붙여 쓰고]

ⓔ ㅣ와 ㅏ와 ㅓ와 ㅑ와 ㅕ와란 올흔녀긔 브텨 쓰라
['ㅣ, ㅏ, ㅓ, ㅑ, ㅕ'는 초성 글자 오른쪽에 붙여 쓰라]

자료　삐니, 분, 사비, 스ㄱ볼, 딱, 훍

① ⓐ: 분, 딱, 훍　　② ⓑ: 사비, 스ㄱ볼
③ ⓒ: 삐니, 딱, 훍　　④ ⓓ: 분, 스ㄱ볼, 훍
⑤ ⓔ: 삐니, 사비, 딱

17

모음 조화(중세 국어) | 2023학년도 9월 고2 학력평가

〈보기〉를 참고하여 중세 국어를 이해한다고 할 때, ㉠과 ㉡의 사례로 바르게 짝지어진 것은?

모음 조화는 ㉠양성 모음은 양성 모음끼리 어울리고 ㉡음성 모음은 음성 모음끼리 어울리는 현상으로, 중세 국어에서는 현대 국어보다 규칙적으로 적용되었다.

	㉠	㉡
①	ᄇᆞᄅ매[바람에]	·뿌·메[씀에]
②	·뿌·메[씀에]	뜨·들[뜻을]
③	뜨·들[뜻을]	거부븨[거북의]
④	ᄆᆞᅀᆞᆷ믈[마음을]	바ᄂᆞᆯ롤[바늘을]
⑤	나롤[나를]	도즈기[도적의]

[18~19] 다음 글을 읽고 물음에 답하시오.

[A]
'나의 살던 고향'은 '내가 살던 고향'과 같은 의미로 '나'에 관형격 조사 '의'가 결합하여 '살던'의 의미상 주어를 나타내는 특이한 구조이다. 이처럼 관형격 조사 '의'가 주격 조사처럼 해석되는 경우가 중세 국어에서도 확인된다. 예를 들어, '聖人의(聖人+의) マ른치샨 法[성인의 가르치신 법]'의 경우, '聖人'은 관형격 조사 '의'와 결합하고 있지만 후행하는 용언인 'マ른치샨'의 의미상 주어로 기능하고 있다. 그런데 이러한 '의'는 중세 국어 관형격 조사 결합 원칙의 예외에 해당한다. 중세 국어의 관형격 조사는 평칭의 유정 체언에는 모음 조화에 따라 '익/의'가, 무정 체언 또는 존칭의 유정 체언에는 'ㅅ'이 결합하는 원칙이 있었는데, 'ㅅ'이 쓰일 자리에 '의'가 쓰였기 때문이다.

중세 국어 격조사 결합 원칙의 또 다른 예외는 부사격 조사에서도 확인된다. 시간이나 장소를 나타내는 부사격 조사는 결합하는 선행 체언의 끝음절을 기준으로, 모음 조화에 따라 '나중애'(나중+애), '므레'(믈+에)에서처럼 '애/에'가 쓰인다. 단, 끝음절이 모음 '이'나 반모음 'ㅣ'로 끝날 때에는 ㉠'뉘예'(뉘+예)에서처럼 '예'가 쓰였다. 그런데 '애/에/예'가 쓰일 위치에 부사격 조사인 '익/의'가 쓰이는 경우도 있다. 이러한 예외는 '봄', '나조ㅎ[저녁], ㉡'우ㅎ'[위], '밑' 등의 일부 특수한 체언들에서 확인된다. 가령, '나조ㅎ'에는 '익'가 결합하여 ㉢'나조희'(나조ㅎ+익)로, '밑'에는 '의'가 결합하여 '미틔'(밑+의)로 나타났다.

중세 국어의 부사격 조사 가운데 관형격 조사가 그 구성 성분으로 분석되는 독특한 경우도 있다. 가령, '익그에'는 관형격 조사 '익'에 '그에'가 결합된 형태이고, 'ㅅ긔' 역시 관형격 조사 'ㅅ'에 '긔'가 결합된 부사격 조사다. 이들은 ㉣'ㄴ미그에'(ㄴ미+익그에)나 '어마닚긔'(어마님+ㅅ긔)와 같이 사용되었는데 평칭의 유정 명사 'ㄴ미'에는 '익그에'가, 존칭의 유정 명사 '어마님'에는 'ㅅ긔'가 쓰인다. 중세 국어의 '익그에'와 'ㅅ긔'는 각각 현대 국어의 '에게'와 ㉤'께'로 이어진다.

18

관형격 조사와 부사격 조사(중세 국어) | 2024학년도 6월 모의평가

윗글의 ㉠~㉤을 이해한 내용으로 적절하지 <u>않은</u> 것은?

① ㉠은 부사격 조사 '예'와 결합하는 선행 체언의 끝음절에서 반모음 'ㅣ'가 확인된다.

② ㉡에 시간이나 장소를 나타내는 부사격 조사가 결합하면 '우희'가 된다.

③ ㉢은 현대 국어로 '저녁의'로 해석되어 관형격 조사의 쓰임이 확인된다.

④ ㉣의 'ㄴ미그에'에서는 관형격 조사 '익'가 분석된다.

⑤ ㉤이 현대 국어에서 존칭 체언에 사용되는 것은 중세 국어 관형격 조사 'ㅅ'과 관련된다.

19

관형격 조사와 부사격 조사(중세 국어) | 2024학년도 6월 모의평가

[A]를 바탕으로 〈자료〉를 탐구한 내용으로 적절한 것은?

• 자료 •

ⓐ 수픐(수플+ㅅ) 神靈이 길헤 나아
　　[현대어 풀이 : 풀의 신령이 길에 나와]

ⓑ ᄂ미(ᄂ미+익) 말 드러아 알 씨라
　　[현대어 풀이 : 남의 말 들어야 아는 것이다]

ⓒ 世界ㅅ(世界+ㅅ) 일올 보샤
　　[현대어 풀이 : 세계의 일을 보시어]

ⓓ 이 사ᄅ미(사룜+익) 잇는 方面을
　　[현대어 풀이 : 이 사람의 있는 방면을]

ⓔ 孔子의(孔子+의) 기티신 글워리라
　　[현대어 풀이 : 공자의 남기신 글이다]

① ⓐ : '神靈(신령)'이 존칭의 유정 명사이므로 '수플'에 'ㅅ'이 결합한 것이군.

② ⓑ : 'ᄂ미'이 유정 명사이고 끝음절 모음이 음성 모음이므로 '익'가 결합한 것이군.

③ ⓒ : '世界(세계)ㅅ'이 '보샤'의 의미상 주어이고, 'ㅅ'은 예외적 결합이군.

④ ⓓ : '이 사ᄅ미'가 '잇는'의 의미상 주어이고, '익'는 예외적 결합이군.

⑤ ⓔ : '孔子(공자)의'가 '기티신'의 의미상 주어이고, '의'는 예외적 결합이군.

20

격 조사(중세 국어) | 2023학년도 3월 고3 학력평가

〈학습 활동〉을 수행한 결과로 적절한 것은?

• 학습 활동 •

㉠~㉤을 통해 중세 국어의 격 조사가 실현된 양상을 탐구해 보자.

㉠ 太子ㅅ(태자+ㅅ) 버들 사ᄆᆞ샤 時常 겨틔(곁+의) 이셔
(현대어 풀이 : 태자의 벗을 삼으시어 늘 곁에 있어)

㉡ 衆生ᄋᆡ(중생+ᄋᆡ) ᄆᆞᅀᆞᄆᆞᆯ(ᄆᆞᅀᆞᆷ+ᄋᆞᆯ) 조차
(현대어 풀이 : 중생의 마음을 따라)

㉢ 니르고져 홇 배(바+ㅣ) 이셔도 ᄆᆞᄎᆞᆷ내 제 ᄠᅳ들(ᄠᅳᆮ+을)
(현대어 풀이 : 이르고자 하는 바가 있어도 마침내
제 뜻을)

㉣ 바ᄅᆞ래(바ᄅᆞᆯ+애) ᄇᆞᄅᆞ미(ᄇᆞᄅᆞᆷ+이) 자고
(현대어 풀이 : 바다에 바람이 자고)

㉤ 그르세(그릇+에) 담고 버믜 고기란 도기(독+ᄋᆡ)
다마
(현대어 풀이 : 그릇에 담고 범의 고기는 독에 담아)

	비교 자료	탐구 결과
①	㉠의 '太子ㅅ' ㉡의 '衆生ᄋᆡ'	체언이 무정 명사이냐 유정 명사이냐에 따라 관형격 조사의 형태가 다르게 나타난다고 볼 수 있겠군.
②	㉠의 '겨틔' ㉤의 '도기'	체언 끝이 자음이냐 모음이냐에 따라 부사격 조사의 형태가 다르게 나타난다고 볼 수 있겠군.
③	㉡의 'ᄆᆞᅀᆞᄆᆞᆯ' ㉢의 'ᄠᅳ들'	체언 끝이 자음이냐 모음이냐에 따라 목적격 조사의 형태가 다르게 나타난다고 볼 수 있겠군.
④	㉢의 '배' ㉣의 'ᄇᆞᄅᆞ미'	체언의 모음이 양성 모음이냐 음성 모음이냐에 따라 주격 조사의 형태가 다르게 나타난다고 볼 수 있겠군.
⑤	㉣의 '바ᄅᆞ래' ㉤의 '그르세'	체언의 모음이 양성 모음이냐 음성 모음이냐에 따라 부사격 조사의 형태가 다르게 나타난다고 볼 수 있겠군.

21

높임 표현(중세 국어) | 2023학년도 6월 모의평가

〈보기 1〉을 참고하여 〈보기 2〉에서 밑줄 친 부분을 중심으로 ㉠~㉤을 이해한 내용으로 적절하지 <u>않은</u> 것은?

• 보기 1 •

객체 높임은 일반적으로 주체가 목적어나 부사어로 지시되는 대상인 객체보다 지위가 낮을 때 어휘적 수단이나 문법적 수단으로써 객체를 높이 대우하는 것이다. 전자는 **객체 높임의 동사**('ᄉᆞᆲ-', '아뢰-' 등)를 쓰는 방법이고, 후자는 **객체 높임의 조사**('ᄭᅴ', '께')를 쓰는 방법과 **객체 높임의 선어말 어미**('-ᅀᆸ-' 등)를 쓰는 방법이다. 중세 국어에서는 이 세 가지 방법을 다 썼으나 현대 국어에서는 객체 높임의 선어말 어미를 쓰지 않는다. 다음에서 중세 국어와 현대 국어를 비교해 보면 이를 확인할 수 있다.

이 말 다 ᄉᆞᆲ고 부처ᄭᅴ 禮數ᄒᆞᅀᆸ고
[이 말 다 아뢰고 부처께 절 올리고]

• 보기 2 •

㉠ 나도 이제 너희 스승니믈 보ᅀᆸ고져 ᄒᆞ노니
[나도 이제 너희 스승님을 뵙고자 하니]

㉡ 須達이 舍利弗ᄭᅴ 가 [수달이 사리불께 가서]

㉢ 내 이제 世尊ᄭᅴ ᄉᆞᆲ노니 [내가 이제 세존께 아뢰니]

㉣ 여보, 당신이 이모님께 어머님 모시고 갔어요?

㉤ 선생님께서 그 아이에게 다친 덴 없는지 여쭤 보셨다.

① ㉠ : 어휘적 수단으로 객체인 '너희 스승님'을 높이 대우하고 있다.

② ㉡ : 문법적 수단으로 객체인 '舍利弗(사리불)'을 높이 대우하고 있다.

③ ㉢ : 조사 'ᄭᅴ'와 동사 'ᄉᆞᆲ노니'는 같은 대상을 높이기 위해 쓰이고 있다.

④ ㉣ : 조사 '께'와 동사 '모시고'는 서로 다른 대상을 높이기 위해 쓰이고 있다.

⑤ ㉤ : 주체와 객체의 관계를 고려하면 동사 '여쭤'의 사용은 부적절하다.

22

중세 국어의 특징 | 2021학년도 9월 고2 학력평가

〈보기〉의 ㉠~㉢에 들어갈 말로 바르게 짝지어진 것은?

● 보기 ●

　　중세 국어에서 과거 시제는 선어말 어미 '-더-'를 사용하여, 미래 시제는 선어말 어미 '-리-'를 사용하여 표현하였다. 하지만 현재 시제는 품사에 따라 다르게 표현했는데, 동사는 선어말 어미 '-ᄂ-'를 사용하였고 형용사와 '체언 + 이다'는 특정한 선어말 어미를 사용하지 않았다.

- 내 (　㉠　) [내가 가겠습니다.]
- 사르미 (　㉡　) [사람의 스승이시다.]
- 네 이제 쏘 (　㉢　) [네가 이제 또 묻는다.]

	㉠	㉡	㉢
①	가리이다	스스이시다	묻ᄂ다
②	가리이다	스스이시다	묻다
③	가리이다	스스이시ᄂ다	묻ᄂ다
④	가더이다	스스이시다	묻ᄂ다
⑤	가더이다	스스이시ᄂ다	묻다

23

중세 국어의 특징 | 2022학년도 11월 고2 학력평가

〈보기 1〉을 참고하여 〈보기 2〉를 탐구한 내용으로 적절하지 않은 것은?

● 보기 1 ●

　　중세 국어에서는 시제를 표현하기 위해 다음과 같이 선어말 어미를 사용하였다. 과거 시제를 표현할 때는 동사와 형용사 모두 '-더-'를 사용하였고, 동사의 경우에는 아무런 선어말 어미를 쓰지 않기도 했다. 현재 시제를 표현할 때는 동사의 경우 '-ᄂ-'를 사용하였고, 형용사의 경우 선어말 어미를 쓰지 않았다. 미래 시제를 표현할 때는 동사와 형용사 모두 '-리-'를 사용하였다.

● 보기 2 ●

㉠ 分明(분명)히 너ᄃ려 닐오리라
　[분명하게 너한테 말하겠다.]
㉡ 네 이제 쏘 묻ᄂ다 [네가 이제 또 묻는다.]
㉢ 나리 ᄒ마 西(서)의 가니 어엿브다
　[날이 벌써 서쪽으로 저무니 불쌍하다.]
㉣ ᄆ올 사ᄅᆷ이 우디 아니리 업더라
　[마을 사람들이 울지 않는 이가 없었다.]
㉤ 네 겨집 그려 가던다 [네가 아내를 그리워해서 갔느냐?]

① ㉠을 보니 동사의 경우 '-리-'를 사용하여 미래 시제를 표현했음을 확인할 수 있군.

② ㉡을 보니 동사의 경우 '-ᄂ-'를 사용하여 현재 시제를 표현했음을 확인할 수 있군.

③ ㉢을 보니 형용사의 경우 아무런 선어말 어미도 사용하지 않는 방식으로 현재 시제를 표현했음을 확인할 수 있군.

④ ㉣을 보니 형용사의 경우 '-더-'를 사용하여 과거 시제를 표현했음을 확인할 수 있군.

⑤ ㉤을 보니 동사의 경우 아무런 선어말 어미도 사용하지 않는 방식으로 과거 시제를 표현했음을 확인할 수 있군.

24

중세 국어의 특징(차자 표기) | 2025학년도 6월 모의평가

〈탐구 활동〉의 ⓐ~ⓓ로 적절하지 않은 것은?

● 탐구 활동 ●

　　차자 표기는 우리말을 한자로 표기하는 것이다. 차자 표기된 한자는 한자의 훈이나 음으로 읽게 된다. 이때 한자의 본뜻이 유지되기도 하고 그렇지 않기도 하다. 아래는 이러한 차자 표기 방식들을 '水(물-수)'로써 응용해 보인 것이다.

	훈으로 읽음	음으로 읽음
본뜻 유지	예 '水'를 '물'의 뜻으로 '물'로 읽음 ·········· ㉠	예 '水'를 '물'의 뜻으로 '수'로 읽음
본뜻 무시	예 '水'를 '물'의 뜻과 상관 없이 '물'로 읽음 ····· ㉡	예 '水'를 '물'의 뜻과 상관 없이 '수'로 읽음 ····· ㉢

　　다음 한자(훈-음)를 이용해 차자 표기를 해 보고 그 방식을 설명해 보자.

火(불-화), 土(흙-토), 多(많다-다), 衣(옷-의), 乙(새-을)

　　예컨대, 고유어 표현 ⓐ의 밑줄 친 부분을 ⓑ로 표기하고 ⓒ(으)로 읽는다면 ⓓ의 방식을 이용한 것이다.

	ⓐ	ⓑ	ⓒ	ⓓ
①	불빛이 일다	火	불	㉠
②	진흙이 굳다	土	흙	㉠
③	웃음이 많다	多	다	㉡
④	시옷을 적다	衣	옷	㉡
⑤	찬물을 담다	乙	을	㉢

01
세종어제훈민정음

〈보기〉를 바탕으로 중세 국어의 특징을 탐구한 내용으로 적절하지 <u>않은</u> 것은?

─ 보기 ─

㉠世·솅宗종御·엉製·졩訓·훈民민正·졍音흠

㉡나·랏 :말싸·미 中듕國·귁·에 달·아 ㉢文문字·쭝·와·로 서르 스뭇·디 아·니홀·씨 ·이런 ㉣젼·ᄎ·로 어·린 百·빅姓·셩·이 ㉤니르·고·져 ·홇 ㉥배 이·셔·도 무·춤:내 제 ·뜨·들 시·러 펴·디 :몯ᄒᆞᆯ ·노·미 하·니·라 ㉦·내 ·이·ᄅᆞᆯ 爲·윙·ᄒᆞ·야 :어엿·비 ㉧너·겨 ·새·로 ㉨·스·믈여·듧 字·쭝·ᄅᆞᆯ 밍·ᄀᆞ노·니 :사름:마·다 :히·여 :수·비 니·겨 ·날·로 ·ᄡㅡ·메 便뼌安한·킈 ᄒᆞ·고·져 ᄒᆞᇙ ᄯᆞᄅᆞ·미니·라

─ 〈월인석보(月印釋譜)〉, 세조 5년(1459)

[현대어 풀이]

우리나라의 말이 중국과 달라 문자와 서로 통하지 아니하여서 이런 까닭으로 어리석은 백성이 말하고자 하는 바가 있어도 마침내 제 뜻을 능히 펴지 못하는 사람이 많다. 내가 이를 위하여 가엾게 여기어 새로 스물여덟 자를 만드니, 모든 사람들로 하여금 쉽게 익혀 날마다 쓰는 데 편하게 하고자 할 따름이다.

① ㉠과 ㉢의 'ㅇ'은 음가가 없는 형식 종성으로, 중세 국어의 한자음 표기 방식이 현대 국어와 달랐음을 알 수 있군.

② ㉡의 'ㅅ'과 ㉣의 '로'는 현대 국어의 '의'와 '(으)로'에 해당하는 조사로, 각각 관형격 조사와 부사격 조사로 볼 수 있군.

③ ㉤과 '니르–'와 ㉧의 '너–'에서 'ㄴ'이 어두에 사용된 것으로 보아, 현대 국어와 달리 두음 법칙이 적용되지 않았음을 알 수 있군.

④ ㉥의 '배'와 ㉦의 '나'에 결합한 'ㅣ'는 현대 국어의 '가'에 해당하는 조사로, 모음으로 끝나는 체언 뒤에 결합하는 주격 조사로 볼 수 있군.

⑤ ㉨의 '스믈'과 '여듧'은 각각 현대 국어의 '스물'과 '여덟'에 해당하는 단어로, 입술소리 아래에서 'ㅡ'의 원순 모음화가 일어나지 않았음을 알 수 있군.

02
용비어천가

〈보기〉의 자료는 중세 국어 문헌인 〈용비어천가〉이다. 이를 탐구한 내용으로 적절하지 <u>않은</u> 것은?

─ 보기 ─

불·휘 기·픈 남·ᄀᆞᆫ ᄇᆞᄅᆞ·매 아·니 :뮐·씨 곶 :됴·코 여·름 ·하ᄂᆞ·니
:시·미 기·픈 ·므·른 ·ᄀᆞ모·래 아·니 그·츨·씨 :내·히 이·러 바·ᄅᆞ·래 ·가ᄂᆞ·니

─ 〈용비어천가(龍飛御天歌)〉 제2장

*남ㄱ: 나무('ㄱ' 종성 체언)
*내ㅎ: 내('ㅎ' 종성 체언)

[현대어 풀이]

뿌리가 깊은 나무는 바람에 아니 움직이므로, 꽃 좋고 열매 많으니.
샘이 깊은 물은 가뭄에 아니 그치므로, 내(川)가 이루어져 바다에 가느니.

① '기·픈'과 '·므·른'을 보니, 이어 적기가 이루어졌다는 것을 알 수 있다.

② ':시·미'와 ':내·히'를 보니, 동일한 형태의 조사가 결합하였다는 것을 알 수 있다.

③ '곶'과 ':됴·코'를 보니, 현대 국어와 달리 구개음화가 이루어지지 않았다는 것을 알 수 있다.

④ 'ᄇᆞᄅᆞ·매'와 '·ᄀᆞ모·래'를 보니, 양성 모음끼리 어울리는 모음 조화가 지켜졌다는 것을 알 수 있다.

⑤ ':뮐·씨'와 '그·츨·씨'를 보니, 앞말이 이유임을 나타내는 어미로 '–ㄹ씨'를 사용하였다는 것을 알 수 있다.

[03~04] 다음 글을 읽고 물음에 답하시오.

나·랏 :말싸·미 ㉠中듕國·귁·에 달·아 文문字·쭝·와·로 서르 스뭇·디 ㉡아·니홀·씨 ·이런 젼·ᄎ·로 ㉢어·린 ㉣百·빅姓·셩·이 니르·고·져 ·홇 ·배 이·셔·도 무·춤:내 제 ·뜨·들 시·러 펴·디 :몯ᄒᆞᆯ ·노·미 하·니·라 ·내 ·이·ᄅᆞᆯ 爲·윙·ᄒᆞ·야 :어엿·비 너·겨 ·새·로 ·스·믈여·듧 字·쭝·ᄅᆞᆯ 밍·ᄀᆞ노·니 :사름:마·다 :히·여 :수·비 니·겨 ·날·로 ㉤·ᄡㅡ·메 便뼌安한·킈 ᄒᆞ·고·져 ᄒᆞᇙ ᄯᆞᄅᆞ·미니·라

─ 〈월인석보(月印釋譜)〉, 세조 5년(1459)

03

세종어제훈민정음

㉠~㉤에 쓰인 형태소에 대해 탐구한 것으로 적절한 것은?

	탐구 대상	현대어 풀이	탐구 결과
①	㉠의 '에'	'중국과'의 '과'	'에'는 앞말이 뒷말과 대등한 자격으로 연결됨을 나타내는 조사이다.
②	㉡의 '-ㄹ씨'	'아니하므로'의 '-므로'	'-ㄹ씨'는 앞말이 뒤에 오는 내용과 역접의 관계로 연결됨을 나타내는 어미이다.
③	㉢의 '-ㄴ'	'어리석은'의 '-은'	'-ㄴ'은 앞말이 뒤에 오는 말의 꾸밈을 받을 수 있도록 만드는 어미이다.
④	㉣의 '이'	'백성이'의 '이'	'이'는 앞말이 비교 대상임을 나타내는 조사이다.
⑤	㉤의 '움'	'씀에'의 '-ㅁ'	'-움'은 앞말이 명사와 같은 기능을 하도록 만드는 어미이다.

04

세종어제훈민정음

이 글에 나타난 중세 국어의 특징과 그 예를 정리한 것으로 적절하지 <u>않은</u> 것은?

	중세 국어의 특징	예
①	어두에 합용 병서가 사용되었다.	·ᄠᅳ·들, ·스·믈여·듧, ·ᄡᅮ·메
②	이어 적기 방식으로 표기되었다.	:말ᄊᆞ·미, ·ᄠᅳ·들, ·노·미
③	한자음은 동국정운식으로 표기되었다.	中듕國·귁, 文문字·짱, 便뼌安한
④	종성 표기가 팔종성법에 따라 이루어졌다.	스·ᄆᆞᆺ·디
⑤	현대 국어에서 쓰이지 않는 음운이 사용되었다.	딩·ᄀᆞ노·니, :히·여, :수·ᄫᅵ

05

세종어제훈민정음

〈보기 1〉을 바탕으로, 〈보기 2〉에서 확인할 수 있는 중세 국어의 특징을 탐구한 내용으로 적절한 것은?

• 보기 1 •

단어의 의미 영역이 넓어지는 것을 의미 확대, 단어의 의미 영역이 좁아지는 것을 의미 축소라 한다. 또 단어의 의미 영역 자체가 달라지는 것은 의미 이동이라 한다.

• 보기 2 •

나·랏 ㉠:말ᄊᆞ·미 中듕國·귁·에 달·아 文문字·짱·와 ·로 서르 ᄉᆞᄆᆞᆺ·디 아·니ᄒᆞᆯ·씨 ·이런 젼·ᄎᆞ·로 ㉡어·린 百·ᄇᆡᆨ姓·셩·이 니르·고·져 ·홇 ·배 이·셔·도 ᄆᆞ·ᄎᆞᆷ:내 제 ·ᄠᅳ·들 시·러 펴·디 :몯홇 ㉢·노·미 ㉣하·니·라 ·내 ·이·를 爲·윙·ᄒᆞ·야 ㉤:어엿·비 너·겨 ·새·로 ·스·믈여·듧 字·짱·를 ᄆᆡᇰ·ᄀᆞ노·니 :사ᄅᆞᆷ:마·다 :히·여 :수·ᄫᅵ 니·겨 ·날·로 ·ᄡᅮ·메 便뼌安한·킈 ᄒᆞ·고·져 홇 ᄯᆞᄅᆞᆷ·미니·라

– 〈월인석보(月印釋譜)〉, 세조 5년(1459)

[현대어 풀이]

우리나라의 말이 중국과 달라 문자와 서로 통하지 아니하여서 이런 까닭으로 어리석은 백성이 말하고자 하는 바가 있어도 마침내 제 뜻을 능히 펴지 못하는 사람이 많다. 내가 이를 위하여 가엾게 여기어 새로 스물여덟 자를 만드니, 모든 사람들로 하여금 쉽게 익혀 날마다 쓰는 데 편하게 하고자 할 따름이다.

① ㉠의 '말씀'은 중세 국어에서는 '말'의 의미로 쓰였고, 현대 국어에서는 남의 말을 높여 이르거나 자기 말을 낮추어 이르는 말로 쓰이므로 의미 확대에 해당한다.

② ㉡의 '어리다'는 중세 국어에서는 '어리석다'의 의미로 쓰였고, 현대 국어에서는 '나이가 적다'라는 의미가 더해졌으므로 의미 확대에 해당한다.

③ ㉢의 '놈'은 중세 국어에서는 '보통 사람'의 의미로 쓰였고, 현대 국어에서는 남자를 낮잡아 이르는 말로 쓰이므로 의미 이동에 해당한다.

④ ㉣의 '하다'는 중세 국어에서는 '많다'의 의미로 쓰였고, 현대 국어에서는 '행동이나 작용을 이루다'라는 뜻으로 쓰이므로 의미 축소에 해당한다.

⑤ ㉤의 '어엿비'는 중세 국어에서는 '가엾게, 불쌍하게'의 의미로 쓰였고, 현대 국어에서는 '예쁘게'라는 뜻으로 쓰이므로 의미 이동에 해당한다.

06
용비어천가

〈보기〉의 자료는 중세 국어 문헌인 〈용비어천가〉이다. 〈보기〉의 ㉠~㉨에 대해 탐구한 내용으로 적절한 것은?

──────── • 보기 •

海東(해동) ㉠六龍(육룡)·이 ㉡ᄂᆞᄅᆞ·샤 :일·마다 天福
(천복)·이시·니 ㉢古聖(고성)·이 同符(동부)·ᄒᆞ시·니
〈제1장〉

㉣불·휘 기·픈 ㉤남·ᄀᆞᆫ ᄇᆞᄅᆞ·매 아·니 :뮐·씨 곶 :됴·코
여·름 ·하ᄂᆞ·니

㉥:시·미 기·픈 ㉦·므·른 ㉧·ᄀᆞᄆᆞ·래 아·니 그·츨·씨
:내·히 이·러 ㉨바·ᄅᆞ·래 ·가ᄂᆞ·니
〈제2장〉

[현대어 풀이]

해동의 여섯 용이 나시어, 일마다 하늘의 복이시니 옛날
의 성인과 서로 꼭 들어맞으시니.
〈제1장〉

뿌리가 깊은 나무는 바람에 아니 움직이므로, 꽃 좋고 열
매 많으니.

샘이 깊은 물은 가뭄에 아니 그치므로, 내(川)가 이루어
져 바다에 가느니.
〈제2장〉

──────────

① ㉠의 '이'와 ㉢의 '이'는 모두 앞말이 주어임을 나타내는 조
사이다.
② ㉡의 '–샤–'는 현대 국어와 달리 객체를 높이는 데 사용된
선어말 어미이다.
③ ㉣과 ㉥의 'ㅣ'는 현대 국어와 달리 중세 국어에서만 사용
된 주격 조사이다.
④ ㉤의 '은'과 ㉦의 '은'은 형태는 다르지만 동일한 기능을 하
는 조사이다.
⑤ ㉧과 ㉨에 사용된 '애'는 모두 앞의 체언이 원인이 됨을 의
미하는 부사격 조사이다.

[07~08] 다음 글을 읽고 물음에 답하시오.

──────────

㉠孔·공子·ᄌᆞ·ㅣ ㉡曾증子·ᄌᆞᄃᆞ·려 닐·러 ᄀᆞᆯ·ᄋᆞ·샤·ᄃᆡ ·몸
·이며 ㉢얼굴·이며 머·리털·이·며 ·슬·흔 父·부母:모·씌
㉣받ᄌᆞ·온 거·시·라 敢:감·히 ㉤헐·워 샹히·오·디 아·니
:홈·이 :효·도·의 비·르소미·오 ·몸·을 셰·워 道:도·를
行·ᄒᆡᆼ·ᄒᆞ·야 일·홈·을 後·후世:셰·예 :베퍼 ·뻐 父·부母:모
·룰 :현·뎌케 :홈·이 :효·도·의 ᄆᆞ·ᄎᆞᆷ·이니·라
– 〈소학언해〉 권2, 선조 20년(1587)

[현대어 풀이]

공자께서 증자에게 일러 말씀하시기를, 몸과 형체와 머
리털과 살은 부모께 받은 것이라, 감히 헐게 하여 상하게
하지 아니함이 효도의 비롯함(시작)이고, 몸을 세워(입신·
출세하여) 도를 행하여 이름을 후세에 날려 이로써 부모를
현저하게(드러나게) 함이 효도의 마침(끝)이니라.

07
중세 국어의 특징

이 글에서 확인할 수 있는 중세 국어의 특징으로 적절하지 <u>않은</u>
것은?

	탐구 대상	중세 국어의 특징
①	거·시·라, ᄆᆞ·ᄎᆞᆷ·이·니·라	이어 적기와 끊어 적기가 모두 사용되었다.
②	샹히·오·디, :현·뎌케	구개음화가 일어나지 않았다.
③	아·니:홈·이, 비·르소미·오	명사형 어미 '–옴'이 사용되었다.
④	行·ᄒᆡᆼ·ᄒᆞ·야, :효·도·이	모음 조화가 문란해지기 시작하였다.
⑤	道:도·를, 父·부母:모·룰	한자음을 현실 발음으로 표기하였다.

08
소학언해

㉠~㉤에 대한 탐구로 적절하지 <u>않은</u> 것은?

① ㉠을 통해 현대 국어와 다른 형태의 주격 조사가 사용되었
음을 알 수 있다.
② ㉡을 통해 중세 국어에서 쓰이던 부사격 조사가 현대에는
사라지기도 했음을 알 수 있다.
③ ㉢을 통해 단어의 의미 영역이 현대 국어에서 좁아지기도
한다는 사실을 알 수 있다.
④ ㉣을 통해 현대 국어와 달리 객체 높임에서 선어말 어미를
사용했음을 알 수 있다.
⑤ ㉤을 통해 중세 국어의 사동 표현에서는 접미사가 사용되
지 않았음을 알 수 있다.

09

〈보기 1〉과 〈보기 2〉의 자료를 비교하여 탐구한 결과로 적절한 것은?

▸ 보기 1 ◂

나·랏 :말쏘·미 中듕國·귁·에 달·아 文문字·쫑·와·로 서르 스뭇·디 아·니홀·씨 ·이런 젼·ᄎ·로 어·린 百·빅姓·셩·이 니르·고·져 ·홇 ·배 이·셔·도 ᄆ·ᄎᆷ:내 제 ·ᄠ·들 시·러 펴·디 :몯홇 ·노·미 하·니·라 ·내 ·이·를 爲·윙·ᄒ·야 :어엿·비 너·겨 ·새·로 ·스·믈여·듧 字·쫑·를 링·ᄀ노·니 :사름:마·다 :히·뼈 :수·비 니·겨 ·날·로 ·뿌·메 便뼌安한·킈 ᄒ·고·져 홇 ᄯ〮ᄅᆞ·미니·라

– 〈월인석보(月印釋譜)〉, 세조 5년(1459)

▸ 보기 2 ◂

孔·공子·ᄌᆞ 曾증子·ᄌᆞᄃᆞ·려 닐·러 ᄀᆞᆯ〮ᄋᆞ·샤·ᄃᆡ ·몸·이며 얼굴·이며 머·리털·이·며 ·술·흔 父·부母:모·ᄭᅴ 받ᄌ·온 거·시·라 敢:감·히 헐·워 샹ᄒᆡ·오·디 아·니:홈·이 :효·도·이 비·르·소미·오 ·몸·을 셰·워 道:도·ᄅᆞᆯ 行·ᄒᆡᆼ·ᄒ·야 일:홈·을 後:후世:셰·예 :베퍼 ·뼈 父·부母:모ᄅᆞᆯ :현·뎌케 :홈·이 :효·도·익 ᄆ·ᄎᆷ·이·니·라

– 〈소학언해〉 권2, 선조 20년(1587)

① '나·랏'과 '父·부母:모·ᄭᅴ'를 통해 현대 국어와 형태가 다른 관형격 조사로 'ㅅ'과 'ᄭᅴ'가 쓰였다는 것을 알 수 있다.
② '中듕國·귁·에'와 '後:후世:셰·예'를 통해 비교의 부사격 조사로 '예'나 '에'가 쓰였다는 것을 알 수 있다.
③ '·홇 ·배'와 '孔·공子·ᄌᆞ'를 통해 자음으로 끝나는 체언 뒤에는 주격 조사 'ㅣ'가 결합했다는 것을 알 수 있다.
④ '·뿌·메'와 '비·르·소미·오'를 통해 명사형 어미로 '-옴/-움'이 사용되었고 점차 모음 조화가 문란해졌음을 알 수 있다.
⑤ 'ᄯ〮ᄅᆞ·미니·라'와 'ᄆ·ᄎᆷ·이·니·라'를 통해 용언의 어간에 결합하는 종결 어미로 '이니라'가 사용되었다는 것을 알 수 있다.

10

〈보기 1〉을 바탕으로, 〈보기 2〉의 특징을 탐구한 내용으로 적절하지 <u>않은</u> 것은?

▸ 보기 1 ◂

현대 국어와 달리 중세 국어에서는 띄어쓰기를 하지 않았으며, 형태소의 원형을 밝히지 않고 소리 나는 대로 표기하는 방식이 일반적이었다. 따라서 형태소가 결합할 때는 앞 형태소의 종성을 뒤에 결합하는 형태소의 초성으로 넘겨 표기하였다. 또한 양성 모음은 양성 모음끼리, 음성 모음은 음성 모음끼리 결합하는 모음 조화를 엄격히 지켰다. 이러한 모음 조화는 형태소 내부에서도 적용되었다.

▸ 보기 2 ◂

ᄆᆞᆯ·ᄀᆞᆫ ᄀᆞ·ᄅᆞᇝ ᄒᆞᆫ고·ᄇᆡ ᄆᆞᄉᆞᆯ·ᄒᆞᆯ아·나ᄒᆞ르ᄂᆞ니
:긴녀·릆江村(강촌)·애:일:마·다幽深(유심)·ᄒᆞ도다
절·로가·며절·로오ᄂᆞ·닌집우횟져비오
서르親(친)ᄒ·며서르갓갑ᄂᆞ·닌믌가·온·딧ᄀᆞᆯ며기로·다

*ᄀᆞ롬 : 강
*ᄆᆞᄉᆞᆯㅎ : 마을

[현대어 풀이]

맑은 강의 한 굽이가 마을을 안아 흐르는데
긴 여름의 강촌에 일마다 그윽하구나.
절로 가며 절로 오는 것은 집 위의 제비이고
서로 친하며 서로 가까운 것은 물 가운데 갈매기로구나.

– 초간본 〈분류두공부시언해〉, (1481)

① 'ᄆᆞᆯ·ᄀᆞᆫ'과 'ᄆᆞᄉᆞᆯ·ᄒᆞᆯ'을 통해 앞 형태소의 종성을 뒤에 결합하는 형태소의 초성으로 넘겨 표기하였음을 알 수 있다.
② '아·나'와 '오ᄂᆞ·닌'을 통해 형태소의 원형을 밝히지 않고 소리 나는 대로 표기하였음을 알 수 있다.
③ 'ᄀᆞ·ᄅᆞᇝ'과 '江村(강촌)·애'를 통해 형태소의 결합에서 모음 조화가 잘 지켜졌음을 알 수 있다.
④ '집우횟져비오'를 통해 중세 국어에서는 띄어쓰기가 이루어지지 않았음을 알 수 있다.
⑤ '서르'와 '가·온·딧'을 통해 모음 조화가 형태소 내부에서도 적용되었음을 알 수 있다.

| 정답과 해설

2022 개정 교육 과정

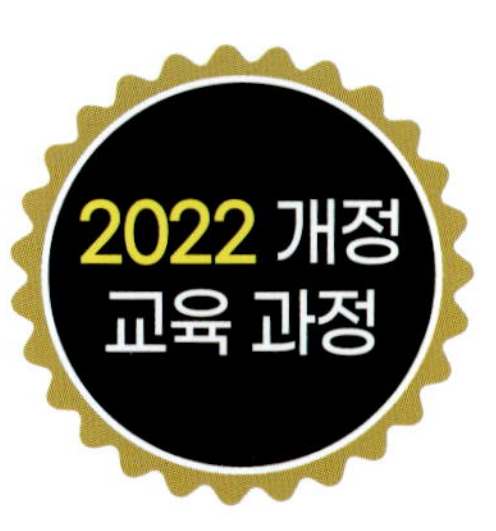

고등국어 고고

高·GO | 고등 국어로 달려가자

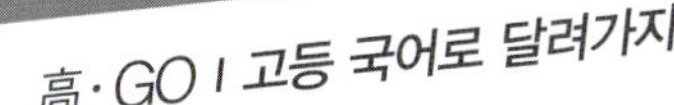

문법

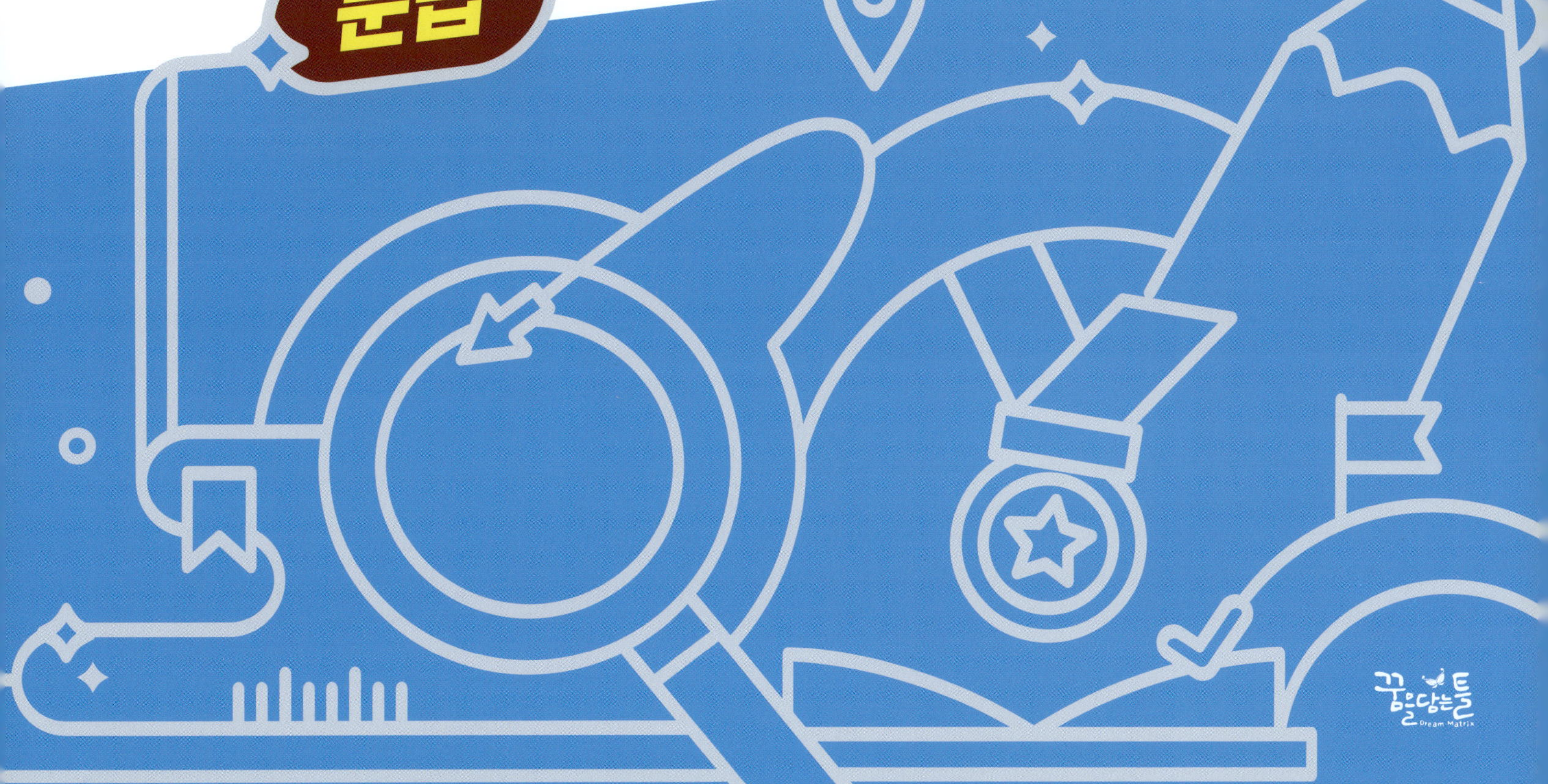

꿈을담는틀 Dream Matrix

고등국어

정답과 해설

Ⅰ | 단어

01 단어의 분류 / 체언

1단계 개념 확인 문제 12쪽

1 ③ **2** ② **3** ② **4** ③

---

1 ③

'어디'는 잘 모르는 어떤 곳을 가리키는 지시 대명사로, 형태가 변하지 않는 불변어이다.

❌ 오답 피하기
① '높은'은 형용사 '높다'의 어간 '높-'에 관형사형 어미 '-은'이 결합하여 활용된 가변어이다.
② '나는'은 동사 '날다'의 어간 '날-'에 관형사형 어미 '-는'이 결합하여 활용된 가변어이다.
④ '가는'은 동사 '가다'의 어간 '가-'에 관형사형 어미 '-는'이 결합하여 활용된 가변어이다.
⑤ '일까'는 서술격 조사 '이다'의 어간 '이-'에 의문형 종결 어미 '-ㄹ까'가 결합하여 활용된 가변어이다.

---

2 ②

'하나'는 수효를 세는 맨 처음 수를 뜻하는 수사이다. '하나' 다음으로 '둘', '셋', '넷' 등으로 이어질 수 있다.

❌ 오답 피하기
① '처음'은 시간적으로나 순서상으로 맨 앞을 뜻하고 수효를 셀 수 없는 말이므로 명사이다.
③ '보름'은 열닷새 동안을 뜻하는 명사이다.
④ '하루'는 한 낮과 한 밤이 지나는 동안을 뜻하는 명사이다.
⑤ '첫째'는 여러 형제자매 가운데서 제일 손위인 사람을 뜻하는 명사이다.

---

3 ②

'모든'은 체언 '일'을 수식하는 관형사이다. 조사가 결합할 수 있는 체언과 달리, 관형사인 '모든'에는 조사 결합이 불가능하다.

❌ 오답 피하기
① '댁'은 대등한 관계이거나 아랫사람인 듣는 이를 높여 이르는 2인칭 대명사로, 조사 '에게'와 결합하여 쓰이고 있다.
③ '자기'는 '그'를 도로 가리키는 3인칭 재귀칭 대명사로, 조사 '의'가 생략된 형태로 쓰이고 있다.
④ '거기'는 앞에서 이미 이야기한 대상을 가리키는 지시 대명사로, 조사 '까지'와 결합하여 쓰이고 있다.
⑤ '나위'는 더 할 수 있는 여유나 더 해야 할 필요를 뜻하는 의존 명사로, 조사 '가'가 생략된 형태로 쓰이고 있다.

---

4 ③

③에서의 '무엇'은 정하지 않은 대상이나 이름을 밝힐 필요가 없는 대상을 가리키는 부정칭 대명사이다.

❌ 오답 피하기
① 잘 모르는 때를 가리키는 미지칭 대명사이다.
② 때가 특별히 정해지지 않았음을 나타내는 부정칭 대명사이다.
④ 일정하게 정해져 있지 아니하거나 꼭 집어 댈 수 없는 곳을 가리키는 부정칭 대명사이다.
⑤ 잘 모르는 어느 곳을 가리키는 미지칭 대명사이다.

2단계 대표 기출 문제 12~13쪽

1 ③ **2** ③ **3** ⑤

---

1 ③ 유형 품사 분류 기준

기능에 따라 예문의 단어를 분류하였을 때 형용사 '깊다'와 동사 '모르다'는 서술어 역할을 하는 용언이다. 명사 '호수', '강', '깊이', 대명사 '누구'는 기능상 체언으로 분류할 수 있다. 이에 결합하는 '가, 의, 는, 도'는 조사로 기능상 관계언으로 분류된다.

❌ 오답 피하기
① 형태가 변하는 가변어에 해당하는 것은 형용사 '깊다'와 동사 '모른다(모르다)'이며, 나머지는 모두 불변어이다. '깊이'는 '깊다'에서 파생된 명사로, 형태가 변하지 않는 불변어이다.
④, ⑤ 의미에 따라 예문의 단어를 분류하면, '호수, 강, 깊이'는 명사, '누구'는 대명사, '깊다'는 형용사, '모르다'는 동사, '가, 의, 는, 도'는 조사이다.

---

2 ③ 유형 의존 명사의 제약

의존 명사 '바'는 '나아갈(나아가-+-ㄹ)', '생각한(생각하-+-ㄴ), 아는(알-+-는), 공헌한(공헌하-+-ㄴ)'처럼 용언의 관형사형만 선행 요소로 결합할 수 있으며, '그(체언)'나 '생각의(체언+조사)'처럼 그 외의 선행 요소는 결합이 어려우므로 ㉡에 해당한다. 또 '바+를(목적격 조사), 바+이다(서술격 조사), 바+와(부사격 조사), 바+가(주격 조사)'처럼 다양한 격 조사와 결합하여 여러 성분으로 쓰일 수 있으므로 ㉢에 해당한다. 그리고 '바'가 용언과 결합할 때는 '밝히다(밝혔다)', '다르다', '없다', '크다'와 같은 다양한 용언과 두루 결합하여 쓰일 수 있으므로 ㉣에 해당한다.

---

3 ⑤ 유형 지시 대명사와 인칭 대명사

'저희'는 앞에 나온 '아이들'을 도로 가리키는 재귀칭 대명사로, 3인칭으로 사용되고 있다.

❌ 오답 피하기
① '이것'은 말하는 이에게 가까이 있는 사물을 가리키는 지시 대명사로, 학생이 들고 있는 책을 가리킨다.
② '그것'은 앞에서 이미 이야기한 대상을 가리키는 지시 대명사로, 할아

버지께서 사 주신 책들을 가리킨다.
③ '당신'은 재귀칭 대명사인 '자기'를 아주 높여서 이르는 말로, 3인칭으로 사용되고 있다. 앞에 나온 '할아버지'를 도로 가리킨다.
④ '우리'는 말하는 이가 자기와 친밀한 관계의 대상을 가리킬 때 쓰는 대명사로, 선생님 혹은 선생님의 가족을 가리키기 때문에 청자(학생)를 포함하지 않는다.

02 관계언

1 ②

'한테'는 어떤 행동이 미치는 대상임을 나타내는 부사격 조사로, '에게'보다 더 구어적인 표현에서 쓰이는 조사이다.

❌ **오답 피하기**
① '고양이와 개'에서 '와'는 둘 이상의 사물이나 사람을 같은 자격으로 이어 주는 접속 조사이다.
③ '밖에'는 '그것 말고는', '그것 이외에는', '기꺼이 받아들이는', '피할 수 없는'의 뜻을 나타내는 보조사로, 주로 뒤에 부정을 나타내는 말이 따른다.
④ '는'은 문장 속에서 어떤 대상이 화제임을 나타내는 보조사이다.
⑤ '까지'는 그것이 극단적인 경우임을 나타내는 보조사이다.

2 ③

'와'는 상대로 하는 대상임을 나타내는 부사격 조사로, 생략한다면 영수가 헤어진 상대가 누구인지 명확하지 않게 된다.

❌ **오답 피하기**
① '수지 언제 왔니?'와 같이 '가'를 생략해도 '수지'가 주어가 된다는 것을 알 수 있다.
② '철수는 어디 가니?'와 같이 '로'를 생략해도 '어디'가 부사어가 된다는 것을 알 수 있다.
④ '미희는 너 정말 좋아해.'와 같이 '를'을 생략해도 '너'가 목적어가 된다는 것을 알 수 있다.
⑤ '나는 민주 노래가 좋다.'와 같이 '의'를 생략해도 '민주'가 관형어가 된다는 것을 알 수 있다.

3 ①

'고래는 물고기가 아니다.'에서 '가'는 '되다', '아니다' 앞에 쓰여 바뀌게 되는 대상이나 부정하는 대상임을 나타내는 보격 조사이다.

❌ **오답 피하기**
②, ③ '가'와 '이'는 앞말이 일정한 동작의 주체임을 나타내는 주격 조사

이다.
④ '께서'는 그 대상을 높임과 동시에 그 대상이 문장의 주어임을 나타내는 주격 조사이다.
⑤ '에서'는 단체를 나타내는 명사 뒤에 붙어 앞말이 주어임을 나타내는 주격 조사이다.

4 ⑤

'책이나 옷'에서 '이나'는 둘 이상의 사물을 같은 자격으로 이어 주는 접속 조사이다.

❌ **오답 피하기**
① '백 명이나'에서 '이나'는 수량이 크거나 많음, 혹은 정도가 높음을 강조하는 보조사이다.
② '과일이나'에서 '이나'는 마음에 차지 않는 선택, 또는 최소한 허용되어야 할 선택이라는 뜻을 나타내는 보조사이다.
③, ④ '산이나 들이나'와 '축구나 야구나'에서 '(이)나'는 여러 가지 중에서 어느 것을 선택해도 상관없음을 나타내는 보조사이다.

1 ③   　　유형 조사의 기능과 특성

ㄱ은 격 조사의 예, ㄴ은 접속 조사의 예, ㄷ은 보조사의 예이다. 그리고 ㄹ은 조사가 체언('꽃')과 용언('예쁘게'), 부사('천천히')의 뒤에 쓰인 예이고, ㅁ은 조사가 생략되거나 겹쳐서 쓰인 예이다. ㄷ에서 '만'은 '한정', '도'는 '포함, 강조'의 뜻을 앞말에 더해 주는 보조사로, 이것이 앞의 체언을 다른 품사로 바꾸지는 않는다.

❌ **오답 피하기**
① 주격 조사 '이/가'는 각각 앞의 체언 '동생', '여기'가 문장에서 주어의 자격을, 목적격 조사 '을'은 앞의 체언 '책'이 문장에서 목적어의 자격을, 서술격 조사 '이다'는 앞의 체언 '천국'이 서술어의 자격을 갖도록 해 준다.
② 접속 조사 '와'는 '엄마'와 '나'를, '랑'은 '나'와 '동생'을 같은 자격으로 이어 준다.
④ 격 조사와 접속 조사는 주로 체언 뒤에 붙지만, 보조사는 다른 단어와의 결합이 비교적 자유롭기 때문에 용언 '예쁘게'나 부사 '천천히' 뒤에 붙어 쓰이기도 한다.
⑤ 조사는 '이것 좋다'와 같이 생략되거나 '만으로도(만＋으로＋도)'와 같이 둘 이상 겹쳐 쓰이기도 한다.

2 ③   　　유형 부사격 조사의 기능

ⓐ의 '에서'는 '고마운 마음'이 '말씀'을 '드리는' 근거가 되게 하고, ⓓ의 '에서'는 '보탬이라도 되고자 하는 뜻'이 '일'을 '행한' 근거가 되게 하므로 ㉠에 해당한다. ⓑ와 ⓒ의 '에서'는 각각 '동창회'와 '도서관'이 처소가 되게 하므로 ㉡에 해당하고, ⓔ의 '에서'는 어떤 상황이 '죽은 부모가 살아 돌아온다'는 상황과 비

교가 되게 하므로 ㉢에 해당한다.

3 ③   유형 격 조사와 보조사의 구분

〈보기 1〉에서 '격 조사'는 체언이 서술어나 다른 체언과 가지는 관계를 표시해 주는 조사로 설명되어 있는데, 이는 '격 조사'가 체언에만 결합한다는 의미로 이해할 수 있다. 그런데 (다)의 '멀리는'에서 '멀리'는 부사이므로, '는'을 격 조사로 바꿀 수는 없다.

⊗ 오답 피하기

① (가)에서 '은'은 주격 조사 '이'가 놓이는 자리에 쓰인 보조사로, 문장 속에서 어떤 대상이 화제임을 나타내고 있다.
② (나)에서 '는'은 목적격 조사 '를'이 놓이는 자리에 쓰인 보조사로, 어떤 대상이 다른 것과 대조됨을 나타내고 있다.
④ (다)에서 '는'은 부사 '멀리'에 결합하여 강조의 뜻을 더해 주는 보조사로 볼 수 있다.
⑤ '은/는'은 앞말의 음운 환경에 따라 선택을 달리하는 조사로, 앞말에 받침이 있으면 '은', 받침이 없으면 '는'이 선택된다.

03 용언

1단계   **개념 확인 문제**   20쪽

1 ③   **2** ②   **3** ③   **4** ②

1 ③

'젊다'는 '나이가 한창때에 있다'는 의미의 형용사이고, '늙다'는 '사람이나 동물, 식물 따위가 나이를 많이 먹다'라는 의미의 동사이다. 동사인 '늙다'는 '자꾸 늙는다.', '멋있게 늙어라.', '멋있게 늙자.'와 같이 현재형, 명령형, 청유형 활용이 가능한 반면, '젊다'는 이와 같은 활용이 불가능하다는 점에서 형용사임을 확인할 수 있다.

⊗ 오답 피하기

① '웃다'와 '울다'는 모두 동사이다.
② '좁다'와 '넓다'는 모두 형용사이다.
④ '알다'와 '모르다'는 모두 동사이다.
⑤ '쉽다'와 '어렵다'는 모두 형용사이다.

2 ②

어말 어미는 단어의 끝(어말)에 결합하는 어미로, 문장에서의 쓰임에 따라 하나의 어간에 종결 어미, 연결 어미, 전성 어미 등이 선택적으로 하나만 결합할 수 있다.

⊗ 오답 피하기

① 용언의 어간에 어미 '-다'가 결합한 형태가 그 단어의 기본형이 된다.
③ 선어말 어미는 2개 이상 함께 결합할 수 있기 때문에, 선어말 어미의

앞에 올 수 있는 것은 어간이나 또 다른 선어말 어미이다.
④ 종결 어미와 연결 어미는 어말 어미이므로, 선어말 어미와 달리 한 어간에 함께 결합할 수 없다.
⑤ 관형사형 전성 어미 '-(으)ㄴ, -는, -(으)ㄹ, -던'은 다른 전성 어미와 달리 과거, 현재, 미래의 시제를 구분하는 역할을 한다.

3 ③

'-니까'는 앞말이 원인이나 근거, 전제 따위가 됨을 나타내는 연결 어미 '-니'를 강조하여 이르는 종속적 연결 어미이다.

⊗ 오답 피하기

① '-고'는 본용언 '내리다'와 보조 용언 '있다'를 연결하며 진행의 의미를 더하는 보조적 연결 어미이다.
② '-는'은 용언 '있다'가 체언 '비'를 수식할 수 있도록 만들어 주며, 현재의 의미를 더하는 관형사형 전성 어미이다.
④ '-기'는 용언 '하다'를 명사와 같은 쓰임이 가능하도록 만들어 주는 명사형 전성 어미이다.
⑤ '틀렸군'은 동사 '틀리다'의 어간 '틀리-'에 과거 시제 선어말 어미 '-었-'과 감탄형 종결 어미 '-군'이 결합한 형태이다.

4 ②

②에서 '먹고'와 '놀았다'는 각각 실질적 의미가 있는 본용언이다.

⊗ 오답 피하기

① '버렸다'는 '끝내'에 완료의 의미를 더하는 보조 용언이다.
③ '두었다'는 '켜'에 유지의 의미를 더하는 보조 용언이다.
④ '볼까'는 '풀어'에 시도의 의미를 더하는 보조 용언이다.
⑤ '있다'는 '공부하고'에 진행의 의미를 더하는 보조 용언이다.

2단계   **대표 기출 문제**   20~21쪽

1 ④   **2** ③   **3** ④

1 ④   유형 동사와 형용사의 구분

'기대가 크다'의 '크다'는 일의 규모, 범위, 정도, 힘 따위가 대단하거나 강하다는 의미의 형용사이며, '키가 쑥쑥 큰다'의 '크다'는 동식물이 몸의 길이가 자란다는 의미의 동사이다. 현재 시제 선어말 어미 '-ㄴ-'이 결합되어 있는 형태를 통해 '키가 쑥쑥 큰다'의 '크다'는 동사임을 확인할 수 있다. 반면 '기대가 크다'의 '크다'는 형용사이므로 '기대가 *큰다'와 같이 현재 시제 선어말 어미와 결합하여 활용될 수 없다.

⊗ 오답 피하기

① '길다'와 '긴'은 모두 형용사이다.
② '젊다'와 '젊은'은 모두 형용사이다.
③ '따뜻하다'와 '따뜻한'은 모두 형용사이다.
⑤ '늦다'와 '늦은'은 모두 시간이 알맞을 때를 지나 있다는 의미의 형용사이다.

2 ③　　　　　　　　　　　　　　　유형 선어말 어미와 어말 어미

'먹었겠니(먹-+-었-+-겠-+-니)'는 동사 '먹다'의 어간 '먹-'에, 과거 시제 선어말 어미 '-었-'과 추측의 의미를 나타내는 선어말 어미 '-겠-', 그리고 어말 어미로 의문형 종결 어미 '-니'가 결합한 형태이다. 따라서 ⓒ의 '-겠-'은 화자의 추측을 나타내므로 주체의 의지를 나타내는 기능을 한다고 볼 수 없다.

✖ 오답 피하기

① '심었구나(심-+-었-+-구나)'는 동사 '심다'의 어간 '심-'에, 과거 시제 선어말 어미 '-었-'과 어말 어미로 감탄형 종결 어미 '-구나'가 결합한 형태이다.
② '청소하는(청소하-+-는)'은 동사 '청소하다'의 어간 '청소하-'에, 어말 어미로 현재 시제를 나타내는 관형사형 전성 어미 '-는'이 결합한 형태이다.
④ '읽은(읽-+-은)'은 동사 '읽다'의 어간 '읽-'에, 어말 어미로 과거 시제를 나타내는 관형사형 전성 어미 '-은'이 결합한 형태이다.
⑤ '불겠지만(불-+-겠-+-지만)'은 동사 '불다'의 어간 '불-'에, 추측의 의미를 나타내는 선어말 어미 '-겠-'과 어말 어미로 대등적 연결 어미 '-지만'이 결합한 형태이다.

3 ④　　　　　　　　　　　　　　　유형 연결 어미의 기능과 종류

ⓐ '-려고'는 '달리기 연습하다'와 '일찍 왔어요'를 이어 주는 종속적 연결 어미('목적'의 의미)이다. ⓑ '-게'는 본용언 '출전하다'와 보조 용언 '됐거든요'를 연결하는 보조적 연결 어미('피동')이다. ⓒ '-게'는 '확인할 수 있다'와 '내가 좀 도와줄까'를 이어 주는 종속적 연결 어미('목적')이다. ⓓ '-고'는 본용언 '고민하다'와 보조 용언 '있었는데'를 연결하는 보조적 연결 어미('진행')이다. ⓔ '-고'는 '연습하다'와 '준비하다'를 이어 주는 대등적 연결 어미('나열')이다.

04 용언의 활용 / 수식언 / 독립언

1단계 개념 확인 문제　　　　　　　　　　24쪽

1 ④　　**2** ③　　**3** ⑤　　**4** ②

1 ④

'발라라'는 동사 '바르다'의 어간 '바르-'에 명령형 종결 어미 '-아라'가 결합한 형태로, 어간의 '르'가 'ㄹㄹ'로 바뀌는 '르' 불규칙 활용에 해당한다.

✖ 오답 피하기

① '잠가야'는 동사 '잠그다'의 어간 '잠그-'에 연결 어미 '-아야'가 결합한 형태로, 어간의 'ㅡ'가 탈락한 규칙 활용에 해당한다.
② '치렀다'는 동사 '치르다'의 어간 '치르-'에 과거 시제 선어말 어미 '-었-'과 평서형 종결 어미 '-다'가 결합한 형태로, 어간의 'ㅡ'가 탈락한 규칙 활용에 해당한다.

③ '줘'는 동사 '주다'의 어간 '주-'에 명령을 나타내는 종결 어미 '-어'가 결합한 '주어'가 줄어든 형태로, 어간 '주-'가 변하지 않는 규칙 활용에 해당한다.
⑤ '나는'은 동사 '날다'의 어간 '날-'에 관형사형 전성 어미 '-는'이 결합한 형태로, 어간의 'ㄹ'이 탈락한 규칙 활용에 해당한다.

2 ③

'까다로울수록'은 형용사 '까다롭다'의 어간 '까다롭-'에 모음으로 시작하는 어미 '-을수록'이 결합할 때, 어간의 'ㅂ'이 'ㅜ'로 바뀌는 'ㅂ' 불규칙 활용이 일어나는 단어이다. 이때 'ㅂ'이 'ㅜ'로 바뀌면서 어미의 '으'는 탈락해서 '까다로울수록'이 되는 것이다.

3 ⑤

㉠ '다른'은 명사 '친구'를 꾸며 주는 관형사인 반면, '이미'는 용언 '떠난'을 꾸며 주는 부사이다.

✖ 오답 피하기

① '경제적'은 명사 '동물'을 꾸며 주는 관형사이다.
② '한'은 단위를 나타내는 명사 '송이'를 꾸며 주는 관형사이다.
③ '아무'는 명사 '소식'을 꾸며 주는 관형사이다.
④ '첫'은 명사 '월급'을 꾸며 주는 관형사이다.

4 ②

②의 '뭐'는 '무어'의 준말로, 정하지 않은 대상이나 이름을 밝힐 필요가 없는 대상을 가리키는 지시 대명사이다.

✖ 오답 피하기

① '무어'의 준말로, 주로 반말로 어리광을 피울 때, 말끝에 붙이는 감탄사이다.
③ '무어'의 준말로, 놀랐을 때 쓰는 감탄사이다.
④ '무어'의 준말로, 친구나 아랫사람이 불러 대답하거나 맞서 대응해야 할 때, 왜 그러느냐는 뜻으로 쓰는 감탄사이다.
⑤ '무어'의 준말로, 사실을 이야기할 때, 상대의 생각을 가볍게 반박하거나 새롭게 일깨워 주는 뜻으로 쓰는 감탄사이다.

2단계 대표 기출 문제　　　　　　　　24~25쪽

1 ④　　**2** ④　　**3** ③

1 ④　　　　　　　　　　　　　　　유형 용언의 활용

㉠: '묻었다'는 어간 '묻-'에 선어말 어미 '-었-'과 종결 어미 '-다'가 결합한 규칙 활용이다. 또 '우러러'는 어간 '우러르-'에 연결 어미 '-어'가 결합하고 어간의 'ㅡ'가 탈락한 규칙 활용이다.
㉡: '일러'는 어간 '이르-'에 연결 어미 '-어'가 결합한 형태로,

어간의 '르'가 'ㄹㄹ'로 바뀌는 '르' 불규칙 활용이다.
ⓒ : '이르러'는 어간 '이르-'에 연결 어미 '-어'가 결합한 형태로, 어미 '-어'가 '-러'로 교체된 '러' 불규칙 활용이다.
ⓔ : '파래'는 어간 '파랗-'의 'ㅎ'이 탈락하고 어미의 형태도 바뀐 'ㅎ' 불규칙 활용이다.

2 ④
유형 부사의 종류와 기능

'아주 새 차'에서 '아주'는 성분 부사로 관형사 '새'를 수식하고 있다.

❌ 오답 피하기
① '매우 빨리 달린다'에서 '매우'는 성분 부사로 부사 '빨리'를 수식하고 있다.
② '설마 나에게 맞는 옷이 없을까?'에서 '설마'는 문장 부사로 뒤에 이어지는 문장 '나에게 맞는 옷이 없을까?'를 수식하고 있다.
③ '바로 옆에'에서 '바로'는 성분 부사로 명사 '옆'을 수식하고 있다.
⑤ '과연 그 아이의 재능이 정말 뛰어나군.'에서 '과연'은 문장 부사로 뒤에 이어지는 문장 전체를 수식하고 있지만, '정말'은 성분 부사로 용언 '뛰어나군'을 수식하고 있다.

3 ③
유형 감탄사의 특성

ⓒ은 상대의 물음이나 요구에 대하여 분명하지 않은 태도를 나타낼 때 쓰는 감탄사이다. 그런데 아들을 상대하는 상황에 쓰인 ⓒ과 달리, 아버지를 상대하는 상황에 쓰인 ⓢ은 상대 높임의 보조사 '요'가 첨가된 형태로 굳어진 감탄사이다. 이를 통해 감탄사도 상대에 따라 다른 형태로 쓰일 수 있음을 알 수 있다.

❌ 오답 피하기
① ㉠은 상대의 말에 놀랐음을 나타내는 감탄사로 볼 수 있다.
② ㉡은 윗사람이 묻는 말에 긍정하여 대답하는 의미로 쓰인 감탄사이다. 그러나 ㉣은 윗사람에게 조르거나 사정할 때 쓰는 감탄사로, 상대방을 의식하면서 하는 말이다.
④ ㉢은 의문스러울 때 사용하는 감탄사로, '그런데, 음, 작심삼일이'처럼 앞뒤에 쉼표가 사용되었다는 점을 통해 문장 속에서 독립적으로 쓰이고 있음을 알 수 있다.
⑤ ㉤은 윗사람이 묻는 말에 부정하여 대답할 때 쓰는 감탄사인 반면, "아니, 이게 어떻게 된 일이냐?"의 '아니'는 놀라거나 감탄스러울 때, 또는 의아스러울 때 쓰는 감탄사이다.

05 형태소와 단어

---

1 ②

관형사 '저', 명사 '날', 용언의 어간 '날-'과 '있-'은 모두 실질적 의미를 지니는 실질 형태소이지만, '들'은 복수 접미사로 문법적 의미를 나타내는 형식 형태소이다.

2 ②

'책'과 '가방'은 각각 명사로 자립 형태소이며, '책가방'은 두 개의 명사 어근이 결합하여 이루어진 합성어이다.

❌ 오답 피하기
① 조사 '가'는 명사 '상유'에 결합해야 하는 의존 형태소이다.
③ 조사 '을'과 연결 어미 '-고'는 문법적 기능을 하는 형식 형태소이다.
④ 용언의 어간 '들-'과 '가-'는 다른 형태소와 결합해야 하는 의존 형태소이면서, 각 용언의 실질적 의미를 지니는 실질 형태소이다.
⑤ '간다'는 3개의 형태소가 결합된 형태로, 용언의 어간 '가-', 현재 시제 선어말 어미 '-ㄴ-', 평서형 종결 어미 '-다'로 분석할 수 있다.

3 ⑤

'예쁜 꽃이 피었다'에 사용된 단어는 형용사 '예쁜', 명사 '꽃', 조사 '이', 동사 '피었다'로 모두 4개이다. 그리고 형태소는 용언의 어간 '예쁘-', 관형사형 어미 '-ㄴ', 명사 '꽃', 조사 '이', 용언의 어간 '피-', 과거 시제 선어말 어미 '-었-', 평서형 종결 어미 '-다'로 모두 7개이다.

4 ④

'짓누르다'는 동사 '누르다'에 접두사 '짓-'이 결합한 파생 동사로, 어간은 '짓누르-', 어근은 '누르-'이다.

❌ 오답 피하기
① '쫓기다'는 동사 '쫓다'에 피동 접미사 '-기-'가 결합한 파생 동사로, 어간은 '쫓기-', 어근은 '쫓-'이다.
② '높푸르다'는 형용사 '높다'와 '푸르다'가 결합한 합성어로, 어간은 '높푸르-', 어근은 '높-'과 '푸르-'이다.
③ '시뻘겋다'는 형용사 '뻘겋다'에 접두사 '시-'가 결합한 파생 형용사로, 어간은 '시뻘겋-', 어근은 '뻘겋-'이다.
⑤ '사랑스럽다'는 명사 '사랑'에 접미사 '-스럽다'가 결합한 파생 형용사로, 어간은 '사랑스럽-', 어근은 '사랑'이다.

1 ②
유형 형태소 분석

명사 '경찰'은 실질적 의미가 있는 실질 형태소이므로 ㉠의 대답은 '예'이고, 조사 '을'은 홀로 쓰일 수 없는 의존 형태소이므로 ㉡의 대답은 '아니요'이다. 또 용언의 어간 '잡-'은 홀로 쓰

일 수는 없지만 실질적 의미를 지닌 실질 형태소이므로 ㉢의
대답은 '예'이다.

2 ① 유형 이형태

이형태는 환경에 따라 다른 형태로 사용되지만 의미와 기능은
동일한 형태소이다. 그런데 '광주에'의 '에'는 앞말이 진행 방향
의 부사어임을 나타내는 격 조사이며, '경주에서'의 '에서'는 앞
말이 출발점의 뜻을 갖는 부사어임을 나타내는 격 조사이다.
따라서 서로 의미와 기능이 다른 '에'와 '에서'는 이형태 관계로
볼 수 없다.

❌ 오답 피하기

② '으로'와 '로'는 어떤 일의 수단이나 도구를 나타내는 격 조사로, 앞말
이 자음으로 끝날 때는 '으로', 모음으로 끝날 때는 '로'로 나타난다.
③ '나'와 '이나'는 마음에 차지 않는 선택이라는 뜻을 나타내는 보조사
로, 앞말이 모음으로 끝날 때는 '나', 자음으로 끝날 때는 '이나'로 나
타난다.
④ '-으면'과 '-면'은 일반적으로 분명한 사실을 어떤 일에 대한 조건으
로 말할 때 쓰는 연결 어미로, 앞말이 자음으로 끝날 때는 '-으면', 모
음으로 끝날 때는 '-면'으로 나타난다.
⑤ '-아라'와 '-어라'는 명령형 종결 어미로, 앞말이 양성 모음(ㅏ, ㅗ)일
때는 '-아라', 그 외의 모음일 때는 '-어라'로 나타난다.

3 ④ 유형 어근과 어간

㉠: '줄이다'는 동사 '줄다'에 사동 접미사 '-이-'가 결합된 파생
어로, 어근은 '줄-'이다.
㉡: '힘들다'는 명사 '힘'과 동사 '들다'가 결합한 합성어로, 어근
은 '힘'과 '들-'이다.
㉢: '오가다'는 동사 '오다'와 '가다'가 결합한 합성어로, 어근은
'오-'와 '가-'이다.

06 파생어

1단계 개념 확인 문제 32쪽

1 ⑤　　**2** ⑤　　**3** ①　　**4** ②

1 ⑤

'뛰어가다'는 동사 '뛰다'의 어근 '뛰-'와 연결 어미 '-어', 동사
'가다'가 결합한 합성어이다. 나머지는 모두 파생어이다.

❌ 오답 피하기

① '드높다'는 형용사 '높다'에 접두사 '드-'가 결합한 파생어이다.
② '치뜨다'는 동사 '뜨다'에 접두사 '치-'가 결합한 파생어이다.
③ '꽃답다'는 명사 '꽃'에 접미사 '-답다'가 결합한 파생어이다.
④ '짓누르다'는 동사 '누르다'에 접두사 '짓-'이 결합한 파생어이다.

2 ⑤

접두사와 접미사는 모두 실질적 의미가 있는 형태소, 즉 어근
에 결합한다.

❌ 오답 피하기

① 명사 '사랑'에 접미사 '-하다'가 결합할 경우 동사 '사랑하다'가 만들
어지고, 명사 '행복'에 접미사 '-하다'가 결합할 경우 형용사 '행복하
다'가 만들어진다.
② 접두사는 명사나 용언의 어근 앞에 결합하여 특정한 뜻을 더하거나
강조한다.
③ '헛-'과 같은 접두사는 '헛수고', '헛디디다'와 같이 명사와 동사에 모
두 붙을 수 있다.
④ 접두사는 특정한 뜻을 더하는 역할만 하지만, 접미사는 단어를 '명사,
동사, 형용사, 부사' 등 다양한 품사로 바꾸는 역할을 하기도 한다.

3 ①

'장서가'는 책을 많이 간직하여 둔 사람으로, 접미사 '-가'가
㉯의 의미로 쓰인 단어이다.

❌ 오답 피하기

② '대식가'는 음식을 보통 사람보다 많이 먹는 사람으로, 접미사 '-가'
는 ㉰의 의미로 쓰였다.
③ '건축가'는 건축에 대한 전문적인 지식이나 기술을 가진 사람으로, 접
미사 '-가'는 ㉮의 의미로 쓰였다.
④ '외교가'는 사교, 교섭 따위에 능란한 사람으로, 접미사 '-가'는 ㉱의
의미로 쓰였다.
⑤ '전략가'는 전략을 세우는 데 능한 사람으로, 접미사 '-가'는 ㉱의 의
미로 쓰였다.

4 ②

㉠이 결합한 경우, 그 단어의 품사는 서술어의 기능을 유지하
는 용언이며, 부사어의 수식을 받을 수 있다. ②의 '쉬기'는 동
사 '쉬다'의 어간 '쉬-'에 명사형 전성 어미 '-기'가 결합한 형
태로, 국어사전에 표제어로 등재되지 않는, 용언의 활용형이
다. 또한 부사어 '집에서'의 수식을 받고 있으며, '집에서 쉬
다.'와 같이 표현할 수 있다는 사실을 통해 서술어의 기능이
유지됨을 확인할 수 있다.

❌ 오답 피하기

① '잠'은 '자다'의 어간 '자-'에 명사 파생 접미사 '-(으)ㅁ'이 결합한 단
어로, 눈이 감긴 채 의식 활동이 쉬는 상태를 뜻하는 명사이다.
③ '굵기'는 '굵다'의 어간 '굵-'에 명사 파생 접미사 '-기'가 결합한 단어
로, 사물의 둘레, 너비, 부피 따위의 큰 정도를 뜻하는 명사이다.
④ '꿈'은 '꾸다'의 어간 '꾸-'에 명사 파생 접미사 '-(으)ㅁ'이 결합한 파
생된 단어로, 실현하고 싶은 희망이나 이상을 뜻하는 명사이다.
⑤ '춤'은 '추다'의 어간 '추-'에 명사 파생 접미사 '-(으)ㅁ'이 결합한 파
생된 단어로, 장단에 맞추거나 흥에 겨워 팔다리와 몸을 율동적으로
움직여 뛰노는 동작을 뜻하는 명사이다.

<table><tr><td>**2단계**</td><td>**대표 기출 문제**</td><td>32~33쪽</td></tr></table>

1 ④　　**2** ⑤　　**3** ④

1　④　　유형 어근과 접사의 결합 양상

'꾀보'는 명사 어근 '꾀'에 접미사 '-보'가 결합하여 만들어진 파생 명사이다. 따라서 '-보'가 결합함으로써 의미가 더해졌을 뿐, 품사가 바뀌지는 않았다.

⊗ 오답 피하기

① '군말'은 하지 않아도 좋을 쓸데없는 말을 뜻하고, '군살'은 영양 과잉이나 운동 부족 따위 때문에 찐 군더더기 살을 뜻한다. 따라서 접두사 '군-'은 '쓸데없는'의 의미를 어근에 더해 준다고 볼 수 있다.

② '발표 1'과 '발표 2'에 예로 제시된 단어 '선무당'과 '꾀보'는 각각 어근에 접두사와 접미사가 결합하여 만들어진 말로, 이를 통해 접두사와 접미사는 어근과 결합하여 새로운 단어를 만드는 역할을 한다는 것을 알 수 있다.

③ '멋쟁이'와 '장난꾸러기'도 각각 명사 '멋'과 '장난'에 접미사 '-쟁이'와 '-꾸러기'가 결합하여 새로운 의미가 더해진 단어이므로 '발표 2'의 예로 추가할 수 있다.

⑤ '숙제하다'는 '숙제'에 접미사 '-하다'가 결합하여 명사에서 동사로 품사가 바뀐 예이다. 따라서 '발표 3'의 예로 '숙제하다'를 추가할 수 있다.

2　⑤　　유형 접두사의 유형

'수꿩'과 '숫양'에 사용된 접두사 '수-'와 '숫-'은 뒤에 결합하는 어근이 어떤 대상이냐에 따라 달리 선택되는 접두사이므로 두 단어는 ㄹ에 해당하는 사례로 볼 수 있다. 그러나 접두사와 결합한 어근 '꿩'과 '양'이 모두 명사이므로, ㄷ이 아니라 ㄱ에 해당하는 사례이다.

⊗ 오답 피하기

① '군기침'과 '군살'은 각각 명사 '기침'과 '살'에 접두사 '군-'이 결합하여 생성된 단어이므로, ㄱ에 해당하는 사례로 볼 수 있다.

② '빗나가다'와 '빗맞다'는 각각 동사 '나가다'와 '맞다'에 접두사 '빗-'이 결합하여 생성된 단어이므로, ㄴ에 해당하는 사례로 볼 수 있다.

③ '헛디디다'는 동사 '디디다'에, '헛수고'는 명사 '수고'에 각각 접두사 '헛-'이 결합하여 생성된 단어이므로, ㄷ에 해당하는 사례로 볼 수 있다.

④ '새빨갛다'와 '샛노랗다'는 형용사 '빨갛다'와 '노랗다'에 접두사 '새-'와 '샛-'이 결합하여 생성된 단어이므로, ㄴ에 해당하는 사례로 볼 수 있다. 또, 뒤에 결합하는 어근의 어두 자음이 된소리인가 울림소리인가에 따라 '새-'와 '샛-'의 선택이 달라지고 있으므로, ㄹ에 해당하는 사례로 볼 수 있다.

3　④　　유형 접사와 어미의 구별

ㄱ '살기'는 부사어 '홀로'의 수식을 받고 있으며, '홀로 살다.'와 같은 표현을 통해 동사로서 서술하는 기능이 유지되고 있음을 알 수 있다. ㄴ '잠'은 부사어 '충분히'의 수식을 받고 있으며, '충분히 자다.'와 같은 표현을 통해 동사로서 서술하는 기능이 유지되고 있음을 알 수 있다. ㅁ '아름답기'는 부사어 '매우'의 수식을 받고 있으며, '매우 아름답다.'와 같은 표현을 통해 형용사로서 서술하는 기능이 유지되고 있음을 알 수 있다. 따라서 ㄱ, ㄴ, ㅁ은 ⓐ의 예이다.

ㄷ '얼음'은 서술하는 기능은 없으며, 관형어 '시원한'의 수식을 받고 있는 파생 명사이다. ㄹ '놀이'는 서술하는 기능은 없으며, 관형어 '건전한'의 수식을 받고 있는 파생 명사이다. 따라서 ㄷ, ㄹ은 ⓑ의 예이다.

---

07 합성어

<table><tr><td>**1단계**</td><td>**개념 확인 문제**</td><td>36쪽</td></tr></table>

1 ③　　**2** ⑤　　**3** ②　　**4** ⑤

1　③

'오르내리다'는 동사 '오르다'와 동사 '내리다'가 결합한 합성어로, 동사 어간 '오르-' 뒤에 연결 어미 '-고'가 생략된 비통사적 합성어이다.

⊗ 오답 피하기

① '본받다'는 명사 '본'과 동사 '받다'가 결합한 통사적 합성어로, '본을 받다'에서 조사 '을'이 생략된 형태로 볼 수 있다.

② '장가들다'는 명사 '장가'와 동사 '들다'가 결합한 통사적 합성어로, '장가를 들다'에서 조사 '를'이 생략된 형태로 볼 수 있다.

④ '깎아지르다'는 '깎다'와 '지르다'가 결합한 합성어로, 동사 어간 '깎-'과 '지르다'가 연결 어미 '-아'로 연결된 통사적 합성어이다.

⑤ '남부끄럽다'는 명사 '남'과 형용사 '부끄럽다'가 결합한 통사적 합성어로, '남에게 부끄럽다'에서 조사 '에게'가 생략된 형태로 볼 수 있다.

2　⑤

'산들바람'은 부사 '산들'이 체언 '바람'을 바로 수식하는 형태로 이루어진 비통사적 합성어이다.

⊗ 오답 피하기

① '온종일'은 관형사 '온'과 명사 '종일'이 결합한 통사적 합성어이다.

② '구석구석'은 명사 '구석'과 '구석'이 결합한 통사적 합성어이다.

③ '나무다리'는 명사 '나무'와 '다리'가 결합한 통사적 합성어이다.

④ '이리저리'는 부사 '이리'와 '저리'가 결합한 통사적 합성어이다.

3　②

'말다툼'은 동사 '다투다'의 어근 '다투-'에 명사 파생 접미사 '-ㅁ'이 결합한 '다툼'과 명사 '말'이 결합한 합성어이다. '앞날개'도 동사 '날다'의 어근 '날-'에 명사 파생 접미사 '-개'가 결합한 '날개'와 명사 '앞'이 결합한 합성어이다.

❌ 오답 피하기

① '울음보'는 동사 '울다'의 어근 '울-'과 명사 파생 접미사 '-음'이 결합한 파생어 '울음'에 접미사 '-보'가 결합한 파생어이다.
③ '구경꾼'은 명사 '구경'과 접미사 '-꾼'이 결합한 파생어이다.
④ '헛웃음'은 동사 '웃다'의 어근 '웃-'에 명사 파생 접미사 '-음'이 결합한 파생어 '웃음'에 접두사 '헛-'이 결합한 파생어이다.
⑤ '날짐승'은 동사 '날다'의 어근 '날-'과 명사 '짐승'이 결합한 합성어이다.

4 ⑤

'회덮밥'은 동사 '덮다'의 어근 '덮-'과 명사 '밥'이 결합한 합성어 '덮밥'에 새로운 어근인 명사 '회'가 결합한 합성어이다.

❌ 오답 피하기

① '바다'와 '맑다'는 모두 하나의 어근으로 되어 있는 단일어이다.
② '밤낮'은 명사 '밤'과 '낮'이 결합한 합성어이다.
③ '믿음'은 동사 '믿다'의 어근 '믿-'에 접미사 '-음'이 결합된 파생어이다.
④ '곁눈질'은 명사 '곁'과 '눈'이 결합한 합성어 '곁눈'에 접미사 '-질'이 결합된 파생어이다.

2단계 대표 기출 문제 36~37쪽

1 ⑤ **2** ② **3** ①

---

1 ⑤ 유형 통사적 합성어와 비통사적 합성어

'앞서다'는 명사 '앞'과 동사 '서다'가 '체언+용언'의 형태로 결합한 합성어이다. 따라서 '앞서다'는 ㉠에 들어갈 예로 적절하며, ㉢의 예로 볼 수 없다. ㉢에 들어갈 예로는 '검붉다'(용언의 어간 '검-'에 연결 어미가 생략된 상태로 용언 '붉다'가 결합된 합성어)와 같은 합성어가 적절하다.

❌ 오답 피하기

① '낯설다'는 명사 '낯'과 형용사 '설다'가 '체언+용언'의 형태로 결합한 합성어이다.
② '첫사랑'은 관형사 '첫'과 명사 '사랑'이 '관형사+체언'의 형태로 결합한 합성어이다.
③ '뜬소문'은 동사 '뜨다'와 명사 소문이 결합한 합성어로, '용언의 관형사형(어간 '뜨-'에 관형사형 전성 어미 '-ㄴ'이 결합한 형태)+체언'의 형태로 결합한 합성어이다.
④ '덮밥'은 동사 '덮다'와 명사 '밥'이 결합한 합성어로, 관형사형 전성 어미 '-은'의 결합 없이 어간 '덮-'에 바로 '밥'이 결합되어 있다. 따라서 '용언의 어간+체언'의 형태로 결합한 합성어로 볼 수 있다.

2 ② 유형 합성어의 분류

'보리밥'은 보리로 지은 밥이라는 뜻이다. 어근 '보리'가 어근 '밥'을 수식하고 있으므로 ㉤에 해당한다.

❌ 오답 피하기

① '논밭'은 논과 밭을 아울러 이르는 말이다. 어근 '논'과 어근 '밭'이 대등한 관계로 결합해 있으므로 ㉮에 해당한다.
③ '돌다리'는 돌로 만든 다리라는 뜻이다. 어근 '돌'이 어근 '다리'를 수식하고 있으므로 ㉤에 해당한다.
④ '길바닥'은 길의 바닥 표면이라는 뜻이다. 어근 '길'이 어근 '바닥'을 수식하고 있으므로 ㉤에 해당한다.
⑤ '피땀'은 무엇을 이루기 위하여 애쓰는 노력과 정성을 비유적으로 이르는 말이다. 어근 '피'와 어근 '땀'이 결합하여 원래 지닌 의미와는 다른 새로운 의미로 쓰이고 있으므로 ㉰에 해당한다.

3 ① 유형 직접 구성 성분 분석

'울음보'는 ㉠에서 어근 '울음'과 접사 '-보'로 분석되고, ㉡에서 어근 '울-'과 접사 '-음'으로 분석된다.

❌ 오답 피하기

② '헛웃음'은 ㉠에서 접사 '헛-'과 어근 '웃음'으로 분석되고, ㉡에서 어근 '웃-'과 접사 '-음'으로 분석된다.
③ '손목뼈'는 ㉠에서 어근 '손목'과 어근 '뼈'로 분석되고, ㉡에서 어근 '손'과 어근 '목'으로 분석된다.
④ '얼음길'은 ㉠에서 어근 '얼음'과 어근 '길'로 분석되고, ㉡에서 어근 '얼-'과 접사 '-음'으로 분석된다.
⑤ '물놀이'는 ㉠에서 어근 '물'과 어근 '놀이'로 분석되고, ㉡에서 어근 '놀-'과 접사 '-이'로 분석된다.

1등급 완성 수능 기출 문제 38~47쪽

01 ①	02 ①	03 ①	04 ③	05 ②	06 ⑤
07 ⑤	08 ①	09 ②	10 ④	11 ③	12 ④
13 ②	14 ①	15 ③	16 ①	17 ④	18 ①
19 ③	20 ①	21 ①	22 ①	23 ②	24 ⑤
25 ④	26 ②	27 ⑤	28 ②	29 ①	30 ③
31 ④	32 ②				

01 ① 유형 단어의 품사 구분

ㄱ의 '그곳'은 앞에서 이미 이야기한 곳을 가리키는 지시 대명사이다. 그러나 ㄴ의 '그'는 체언 '사람' 앞에 놓여서 어떤 대상을 지시하는 지시 관형사이다.

❌ 오답 피하기

② ㄱ의 '아주'는 용언 '쉽게' 앞에, ㄴ의 '잘'은 용언 '잤다고' 앞에 놓여서 그 뜻을 한정하는 부사이다.
③ ㄱ의 '구울(굽-+-을 → 구울)'은 기본형 '굽다'의 어간 '굽-'에 어미 '-을'이 결합한 형태로, 어간의 'ㅂ'이 '우'로 바뀌면서 어미의 '으'가 탈락한 'ㅂ' 불규칙 활용을 하는 단어이다. ㄷ의 '지어(짓-+-어 → 지어)'는 기본형 '짓다'의 어간 '짓-'에 어미 '-어'가 결합한 형태로,

어간의 끝소리 'ㅅ'이 탈락하는 'ㅅ' 불규칙 활용을 하는 단어이다.
④ ㄱ의 '쉽게'는 기본형 '쉽다'의 어간 '쉽-'에 부사형 전성 어미 '-게'가 결합한 형태이며, ㄷ의 '멋진'은 기본형 '멋지다'의 어간 '멋지-'에 관형사형 전성 어미 '-ㄴ'이 결합한 형태이다. 이때 '쉽게'와 '멋진'의 품사는 모두 어떤 대상의 성질이나 상태를 나타내는 형용사이다.
⑤ ㄴ의 '가'는 대명사 '자기'를 주어로 만들어 주는 주격 조사, ㄷ의 '에서'는 명사 '식당'을 부사어로 만들어 주는 부사격 조사이다. 따라서 둘 다 앞말과 다른 말과의 문법적인 관계를 나타내는 조사이다.

02 ①
유형 의존 명사와 자립 명사

자립 명사가 관형어의 수식 없이 사용될 수 있는 것과 달리 의존 명사는 관형어의 수식이 반드시 필요하다. 그런데 '군데'는 관형어 '여러'의 수식 없이 '*군데가 있다.', '*군데의 잘못'처럼 쓰일 수 없으므로, 자립 명사가 아니다. '군데'는 '한 군데, 두 군데, 몇 군데' 등에서처럼 '낱낱의 곳을 세는 단위'의 의미를 지니는 의존 명사이다.

❌ 오답 피하기
② 단위를 나타내는 '그릇'은 자립 명사로 관형어 '두'의 수식 없이도 '그릇이 예쁘다.'처럼 쓰일 수 있다.
③ 단위를 나타내는 '덩어리'는 자립 명사로 관형어 '세'의 수식 없이도 '덩어리가 크다.'처럼 쓰일 수 있다.
④ 단위를 나타내는 '숟가락'은 자립 명사로 관형어 '몇'의 수식 없이도 '숟가락을 들다.'처럼 쓰일 수 있다.
⑤ 단위를 나타내는 '발자국'은 자립 명사로 관형어 '서너'의 수식 없이도 '발자국이 생겼다.'처럼 쓰일 수 있다.

03 ①
유형 대명사의 쓰임

A의 질문에 대한 B의 대답 '아니, 내가 영희에게 민수 말이 맞느냐고 물어봤는데, 자기는 분명히 말하고 가져갔다고 그러더라.'를 보았을 때, ㉠은 '영희가 말도 없이 책을 가져갔다'를 간단히 표현하려고 사용한 대명사로 볼 수 있다. 또한 A가 '~났더라'라고 하여 민수가 화가 많이 났음을 직접 확인했음을 말하고 있으므로 이를 사실이냐고 묻는다는 것은 어색하다.

❌ 오답 피하기
② ㉡은 B가 앞서 언급한 '영희'를 도로 나타내기 위한 3인칭 재귀칭 대명사이다.
③ ㉢은 어떤 사람을 특별히 정하지 않고 이르는 부정칭 대명사이다.
④ ㉣은 잘 모르는 사람을 가리키는 미지칭 대명사이다.
⑤ ㉤은 A가 앞에서 이미 이야기한 곳인 '교실'을 가리키는 지시 대명사이다.

04 ③
유형 품사 통용

㉠의 '온다'와 ㉡의 '온다'는 모두 주체의 동작이나 행위를 서술하는 동사이다. 따라서 '품사 통용'의 사례로 볼 수 없다.

❌ 오답 피하기
① ㉠의 '아니'는 '가겠다' 앞에 놓여 부정이나 반대의 뜻을 나타내는 부

사이며, ㉡의 '아니'는 놀라거나 감탄스러울 때, 또는 의아스러울 때 사용하는 감탄사이다.
② ㉠의 '대로'는 관형어 '느낀'의 수식을 받는 의존 명사이며, ㉡의 '대로'는 체언 '말씀' 뒤에 붙어 특별한 의미를 더하는 보조사이다.
④ ㉠의 '만큼'은 앞에 있는 관형어 '노력한'의 수식을 받는 의존 명사이며, ㉡의 '만큼'은 체언 '대궐' 뒤에 붙어 문법적 관계를 나타내는 부사격 조사이다.
⑤ 주격 조사 '이'가 붙은 ㉠의 '다섯'은 수사(체언)이며 체언 '사람'을 수식하는 ㉡의 '다섯'은 수를 나타내는 관형사이다.

05 ②
유형 형용사와 관형사

ㄱ의 '아름다운'과 ㅁ의 '빠른'은, 기본형 '아름답다'와 '빠르다'의 어간 '아름답-'과 '빠르-'에 관형사형 어미 '-은'과 '-ㄴ'이 결합한 형용사로, '꽃이 아름답다.', '일처리가 빠르다.'처럼 주어를 서술하는 기능을 할 수 있다. 그러나 ㄴ, ㄷ, ㄹ의 '웬', '새', '모든'은 뒤에 오는 체언을 수식하는 관형사로, 형태가 바뀌지 않는 불변어이며 주어를 서술하는 기능을 하지 못한다.

06 ⑤
유형 선어말 어미의 기능

'내가 어제 마신 약은 생각보다 안 쓰더라.'에서 '쓰더라'의 '-더-'는 과거에 직접 경험하여 알게 된 사실을 현재의 말하는 장면에 그대로 옮겨 와서 전달한다는 뜻을 나타내는 선어말 어미로, '-더-'의 가장 일반적인 쓰임에 해당한다. 자신의 행동이나 상태를 타인이 관찰하듯이 진술한 '-더-'와는 쓰임이 다르다. 본인만이 직접 느껴 알 수 있는 감각인 '쓰다'가 서술어인 평서문에서 1인칭 주어와 '-더-'가 함께 쓰인다는 점에서 ㄴ의 예에 해당한다.

❌ 오답 피하기
① '아까 수첩을 보니 다음 주에 약속이 있더라.'의 선어말 어미 '-더-'는 미래의 일이지만 그것을 안 시점이 과거('아까')일 때 쓰인 것이다.
② '나는 그의 합격이 놀랍더라.'의 선어말 어미 '-더-'는 본인만이 직접 느껴 알 수 있는 감정이나 감각을 표현하는 형용사('놀랍다')가 서술어일 때 1인칭 주어 '나'와 함께 쓰인 것이다.
③ '영수야. 넌 내가 그리 말했는데도 안 믿더냐?'의 선어말 어미 '-더-'는 의문문에서 2인칭 주어 '넌'과 함께 쓰인 것이다.
④ '기어이 우승한 그날, 우리 어찌 아니 기쁘더냐?'는 형식은 의문문이지만 강한 긍정 진술을 내포하고 있는 수사 의문문으로, 이때 선어말 어미 '-더-'는 1인칭 주어 '우리'와 함께 쓰인 것이다.

07 ⑤
유형 격 조사와 보조사의 특성

'빵만으로'에는 체언 '빵' 뒤에 한정의 의미를 지니는 보조사 '만'과 부사격 조사 '으로'가 붙어 있다. 이때 보조사가 격 조사 앞에 붙어 있으므로, 보조사는 격 조사 뒤에만 붙을 수 있다는 설명은 적절하지 않다.

❌ 오답 피하기
① '민수(가 / 는)'과 '운동(을 / 은)'을 통해, 격 조사 '가'와 '을'이 올 자리에

보조사 '는'과 '은'이 올 수도 있음을 알 수 있다.
② '국수 먹었는데'와 '무엇을 먹었어?'를 통해, '무엇을'과 달리 '국수를'의 목적격 조사 '를'이 생략될 수도 있음을 알 수 있다.
③ '형(은/*는)'과 '나(*은/는)'을 통해, 받침이 있는 말 '형' 뒤에서는 '은'이, 받침이 없는 말 '나' 뒤에서는 '는'이 선택되고 있음을 알 수 있다.
④ '어서요 읽어 보세요.'를 통해 '읽어 보세요'를 수식하는 부사 '어서' 뒤에 보조사 '요'가 붙을 수 있음을 알 수 있다.

08 ①
유형 어미의 기능

'거기에는 눈이 왔겠다.'에서 선어말 어미 '-겠-'은 과거의 사건을 추측하는 데 쓰이고 있으며, '지금 거기에는 눈이 오겠지.'에서 선어말 어미 '-겠-'은 현재의 사건을 추측하는 데 쓰이고 있다.

오답 피하기
② 선어말 어미 '-았-'은 '그가 집에 갔다.'에서는 과거 시제를 나타내고 있지만, '막차를 놓쳤으니 나는 집에 다 갔다.'에서는 미래의 사건이 이미 정해진 사실인 양 말할 때 쓰이고 있다.
③ 관형사형 어미 '-ㄹ'은 '내가 떠날 때 비가 올 것이다.'에서는 미래의 사건을 나타내는 기능을 하고 있지만, '내가 떠날 때 비가 왔다.'에서는 과거의 사건을 나타내는 기능을 하고 있다.
④ 현재 시제 선어말 어미 '-ㄴ-'은 '그는 지금 학교에 간다.'에서는 현재의 사건을 나타낼 때 쓰이고 있지만, '그는 내년에 진학한다고 한다.'에서는 미래의 사건을 나타낼 때 쓰이고 있다.
⑤ '작다'와 같은 형용사는 과거 시제를 나타낼 때는 '작년에 그는 키가 작았다.'와 같이 과거 시제 선어말 어미 '-았-'이 나타나지만, 현재 시제를 나타낼 때는 '오늘 보니 그는 키가 작다.'와 같이 시제 선어말 어미가 나타나지 않는다.

09 ②
유형 용언의 불규칙 활용

'파래서'는 '파랗다'의 어간 '파랗-'에 연결 어미 '-아서'가 결합할 때, 어간과 어미가 모두 바뀌는 'ㅎ' 불규칙 활용에 해당한다.

오답 피하기
① '오너라'는 '오다'의 어간 '오-'에 명령형 어미 '-거라'가 결합할 때, 어미 '-거라'가 '-너라'로 바뀐 형태에 해당한다.
③ '지어'는 '짓다'의 어간 '짓-'에 연결 어미 '-어'가 결합할 때, 어간 '짓-'의 끝소리 'ㅅ'이 탈락하는 'ㅅ' 불규칙 활용에 해당한다.
④ '물어'는 '묻다'의 어간 '묻-'에 연결 어미 '-어'가 결합할 때, 어간 '묻'의 끝소리 'ㄷ'이 'ㄹ'로 바뀌는 'ㄷ' 불규칙 활용에 해당한다.
⑤ '하여'는 '하다'의 어간 '하-'에 연결 어미 '-어'가 결합할 때, 어미 '-어'가 '-여'로 교체되는 '여' 불규칙 활용에 해당한다.

10 ④
유형 용언의 활용

'치르다'는 어간 '치르-'에 연결 어미 '-어'가 결합할 때 어간의 'ㅡ'가 탈락하는 규칙 활용에 해당한다. 반면, '흐르다'는 어간 '흐르-'에 연결 어미 '-어'가 결합할 때, 어간의 '르'가 'ㄹㄹ'로 바뀌는 '르' 불규칙 활용이므로 ⓒ이 아니라 ㉠에 해당한다.

오답 피하기
① '낫다'는 어간 '낫-'에 연결 어미 '-아'가 결합할 때, 어간의 끝소리 'ㅅ'이 탈락하는 'ㅅ' 불규칙 활용으로 ㉠에 해당한다.
② '엿듣다'는 어간 '엿듣-'에 연결 어미 '-어'가 결합할 때, 어간의 끝소리 'ㄷ'이 'ㄹ'로 바뀌는 'ㄷ' 불규칙 활용으로 ㉠에 해당한다.
③ '하다'는 어간 '하-'에 연결 어미 '-어'가 결합할 때, 어미 '-어'가 '-여'로 교체되는 '여' 불규칙 활용으로 ⓒ에 해당한다.
⑤ '파랗다'는 어간 '파랗-'에 연결 어미 '-아'가 결합할 때, 어간과 어미가 모두 바뀌는 'ㅎ' 불규칙 활용으로 ⓒ에 해당한다.

11 ③
유형 어미의 기능

'가는 이유'의 '-는'은 동사 '가다'의 어간 '가-'에 결합한 관형사형 전성 어미로, '가다'가 체언 '이유'를 수식할 수 있도록 해 주는 기능을 한다. 따라서 '-는'은 ⓒ에 해당한다.

오답 피하기
① '도착했겠구나.'의 '-구나'는 감탄형 종결 어미로, 문장을 끝맺어 주는 기능을 한다.
② '오시지?'의 '-지'는 의문형 종결 어미로, 문장을 끝맺어 주는 기능을 한다.
④ '먹었으나'의 '-으나'는 대등적 연결 어미로, '형은 밥을 먹었다.'와 '누나는 밥을 먹지 않았다.'를 연결해 주는 기능을 한다.
⑤ '운동하기에'의 '-기'는 동사 '운동하다'의 어간 '운동하-'에 결합한 명사형 전성 어미로, '운동하다'를 명사처럼 사용할 수 있도록 해 주는 기능을 한다.

12 ④
유형 형태소의 분류

ⓒ '에'와 ㉣ '-는'은 각각 조사와 관형사형 전성 어미로, 문법적 기능을 하는 형식 형태소이다. 반면 ⓛ '있-'은 동사 '있다'의 어간으로, 실질적 의미를 지니고 있으면서 혼자 쓰일 수 없는 의존 형태소이다. 그리고 ㉠ '어느'와 ⓜ '자리'는 각각 관형사와 명사로 실질적 의미를 지니고 있으면서 혼자 쓰일 수 있는 자립 형태소이다. 따라서 ⓒ과 ㉣은 A에, ⓛ은 B에, ㉠과 ⓜ은 C에 해당한다.

13 ②
유형 단어와 형태소 구분

선어말 어미 '-었-'은 자립할 수 없는 형태소로 역시 자립할 수 없는 형태소인 용언의 어간 '먹-', 어말 어미 '-다'와 결합하여 쓰이고 있다.

오답 피하기
① '는'과 '를'은 자립성은 없지만 자립할 수 있는 형태소에 붙으면서 쉽게 분리할 수 있는 말로 조사이다. 〈보기〉에 제시된 단어의 정의를 볼 때, 조사도 단어로 인정됨을 알 수 있다.
③ 조사 '는', '를'과 어미 '-었-', '-다'는 이와 결합한 말에 특정한 기능을 부여하거나 특별한 의미를 더해 주는 형식 형태소로, 문법적 기능을 하는 형태소이다.
④ '풋사과'는 접사 '풋-'과 명사 '사과'로 분석되는 단어이며, '먹었다'는

어간 '먹-'과 과거 시제 선어말 어미 '-었-', 평서형 종결 어미 '-다'
로 분석되는 단어이다.
⑤ '먹-'은 동사 '먹다'의 어간으로 실질적 의미를 지닌 형태소이지만,
자립할 수 없는 말이기 때문에 그 자체가 단어로 인정되지는 않는 형
태소이다.

14 ① 유형 합성어의 분류

'뛰노는'의 기본형 '뛰놀다'는 동사 '뛰다'와 '놀다'가 결합한 합
성어로, '뛰다'의 어간 '뛰-'와 '놀다'가 연결 어미 '-어'가 생략
된 상태로 결합되어 있다. 따라서 어미가 반드시 있어야 하는
우리말의 일반적인 문장 구성 방식에 어긋나는 비통사적 합성
어로 볼 수 있다.

❌오답 피하기

② '몰라볼'의 기본형 '몰라보다'는 동사 '모르다'와 '보다'가 결합한 합성
어로, '모르다'의 어간 '모르-'와 '보다'가 연결 어미 '-아'로 연결되어
있다. 따라서 연결 어미가 자연스럽게 사용된 통사적 합성어이다.
③ '타고난'의 기본형 '타고나다'는 동사 '타다'와 '나다'가 결합한 합성어
로, '타다'의 어간 '타-'와 '나다'가 연결 어미 '-고'로 연결되어 있다.
따라서 연결 어미가 자연스럽게 사용된 통사적 합성어이다.
④ '지난달'은 동사 '지나다'와 명사 '달'이 결합한 합성어로, '지나다'의 어
간 '지나-'와 '달'이 관형사형 전성 어미 '-ㄴ'으로 연결되어 있다. 따
라서 관형사형 전성 어미가 자연스럽게 사용된 통사적 합성어이다.
⑤ '굳은살'은 동사 '굳다'와 명사 '살'이 결합한 합성어로, '굳다'의 어간
'굳-'과 '살'이 관형사형 전성 어미 '-은'으로 연결되어 있다. 따라서
관형사형 전성 어미가 자연스럽게 사용된 통사적 합성어이다.

15 ③ 유형 형태소의 특성

'은'과 '는'은 앞말의 받침 유무에 따라 다르게 결합하며, '듣
다'의 어간 '듣-'은 뒤에 모음으로 시작하는 어미가 결합할 때
'들-'로 바뀌는 특징이 있다. 또 '-았-'과 '-었-'은 앞에 오는
어간의 모음이 양성 모음(ㅏ, ㅗ)인가, 음성 모음(ㅓ, ㅜ)인가
에 따라 다르게 결합한다. 따라서 밑줄 친 말들은 모두 반드시
다른 말과 결합하여 쓰이는 형태소이며 음운 환경에 따라 그
형태가 바뀌는 공통점이 있다.

❌오답 피하기

① 반드시 다른 말과 결합하여 쓰인다는 진술은 타당하지만, 해당 형태
소들은 모두 의존 형태소들이기 때문에 기본적으로 단어의 자격을
가질 수 없다. 그러나 '은/는'과 같은 조사의 경우는 예외적으로 단어
의 자격을 부여한다.
② '은/는'은 의존 형태소이지만 예외적으로 단어의 자격을 가진다. 그러
나 나머지는 단어의 자격을 가질 수 없다. 또한 '은/는', '-았-/-었-'
은 문법적 의미를 나타내는 형식 형태소이지만, 동사 어간 '듣(들)-'
은 실질적 의미를 나타내는 실질 형태소이다.
④ 음운 환경에 따라 형태가 바뀐다는 진술은 타당하지만, 동사 어간 '듣
(들)-'은 실질 형태소이다.
⑤ 반드시 다른 말과 결합하여 쓰인다는 진술은 타당하지만, 동사 어간
'듣(들)-'은 실질 형태소이다.

16 ① 유형 직접 구성 성분 분석

'어느새'는 관형사 '어느'와 명사 '새'를 직접 구성 성분으로 하는
합성어로, 새로운 품사인 부사가 된 단어이다. 따라서 [A]의 사
례로 볼 수 없다.

❌오답 피하기

② '남달랐다'의 기본형 '남다르다'는 명사 '남'과 형용사 '다르다'를 직접
구성 성분으로 하는 합성어로, 맨 끝 구성 성분의 품사에 따라 형용
사로 쓰이는 단어이다.
③ '늦잠'은 형용사 '늦다'의 어간 '늦-'과 명사 '잠'을 직접 구성 성분으로
하는 합성어로, 맨 끝 구성 성분의 품사에 따라 명사로 쓰이는 단어
이다. (일반적으로 '늦잠'은 명사 '잠'에 접두사 '늦-'이 결합한 파생어
로 보지만, 위처럼 합성어로 분석하는 경우도 있다.)
④ '낯선'의 기본형 '낯설다'는 명사 '낯'과 형용사 '설다'를 직접 구성 성
분으로 하는 합성어로, 맨 끝 구성 성분의 품사에 따라 형용사로 쓰
이는 단어이다.
⑤ '하루빨리'는 명사 '하루'와 부사 '빨리'를 직접 구성 성분으로 하는 합
성어로, 맨 끝 구성 성분의 품사에 따라 부사로 쓰이는 단어이다.

17 ④ 유형 형태소의 특성

용언의 어간인 ㉠ '묻-'은 모음으로 시작하는 어미가 결합할 때
'물-'로 바뀐다. 어미인 ㉡ '-었-'과 '-았-'은 앞에 오는 어간의
모음이 음성 모음(ㅓ, ㅜ)인가, 양성 모음(ㅏ, ㅗ)인가에 따라 다
르게 결합한다. 조사인 ㉢ '는'과 '은'은 앞말의 받침 유무에 따라
다르게 결합한다. 그런데 실질적 의미를 지니는 ㉠과 달리, ㉡,
㉢은 문법적 의미를 나타낸다.

❌오답 피하기

① 용언의 어간인 ㉠만 실질적인 의미를 나타내는 것은 맞지만, 단어의
자격을 가지는 것은 조사인 ㉢뿐이다.
② 조사인 ㉢만 단어의 자격을 가진다는 것은 맞지만, 문법적인 의미를
나타내는 ㉡, ㉢과 달리 용언의 어간인 ㉠은 실질적 의미를 지닌다.
③ 어미인 ㉡, 조사인 ㉢만 문법적 의미를 나타내는 것은 맞지만, 조사
㉢은 단어의 자격을 갖는다.
⑤ 반드시 다른 말과 결합하여 쓰인다는 것이 공통점인 것은 맞지만, 음
운 환경에 따라 그 형태가 바뀌는 것은 ㉠, ㉡, ㉢ 모두이다.

18 ① 유형 파생어의 구조

'싸움꾼'은 어근 '싸우-'에 접미사 '-ㅁ'이 붙어 먼저 '싸움'이
만들어지고, 여기에 다시 접미사 '-꾼'이 붙은 것이다. 따라서
'싸움꾼'은 '(어근＋접미사)＋접미사'의 구조로 된 파생어이므
로 '뜨개질'과 단어의 구조가 동일하다.

❌오답 피하기

② '군것질'은 어근 '것'에 접두사 '군-'이 붙어 먼저 '군것'이 만들어지고,
여기에 다시 접미사 '-질'이 붙은 것이다. 따라서 '군것질'은 '(접두
사＋어근)＋접미사'의 구조로 된 파생어이다.
③ '놀이터'는 어근 '놀-'에 접미사 '-이'가 붙어 먼저 '놀이'가 만들어지
고, 여기에 다시 어근 '터'가 붙은 것이다. 따라서 '놀이터'는 '(어
근＋접미사)＋어근'의 구조로 된 합성어이다.

④ '병마개'는 어근 '막-'에 접미사 '-애'가 붙어 먼저 '마개'가 만들어
지고, 여기에 다시 어근 '병'이 붙은 것이다. 따라서 '병마개'는 '어
근+(어근+접미사)'의 구조로 된 합성어이다.
⑤ '미닫이'는 어근 '밀-'에 어근 '닫-'이 붙어 먼저 '미닫-'이 만들어지
고, 여기에 다시 접미사 '-이'가 붙은 것이다. 따라서 '미닫이'는 '(어
근+어근)+접미사'의 구조로 된 파생어이다.

19 ③　　　　　　　　　　　　유형 단어의 구조

'겹겹이'는 어근 '겹'과 '겹'이 결합하여 먼저 합성어 '겹겹'을 이
루고, 여기에 다시 접사 '-이'가 결합하여 만들어진 파생어이
다. '겹겹이'의 구조는 '(어근+어근)+접사'로 분석할 수 있어
㉠에 해당한다. 또 명사 '겹겹'에 접사 '-이'가 결합하여 부사
'겹겹이'가 만들어졌으므로, 접사가 결합하여 어근의 품사가 변
하는 경우인 ㉡에 해당한다.

❌ 오답 피하기

① '군것질'은 어근 '것'에 접두사 '군-'이 결합하여 먼저 파생어 '군것'을
이루고, 여기에 다시 접미사 '-질'이 붙은 것이다. 따라서 '군것질'은
'(접두사+어근)+접미사'의 구조로 된 파생어이다. 즉 ㉠에 해당하지
않는다. 또한 품사가 변하지 않았으므로 ㉡에도 해당하지 않는다.
② '바느질'은 어근 '바늘'에 접미사 '-질'이 결합하여 만들어진 파생어
로, 'ㄹ'이 탈락한 단어이다. 즉 ㉠에 해당하지 않는다. 또한 품사가
변하지 않았으므로 ㉡에도 해당하지 않는다.
④ '다듬이'는 어근 '다듬-'에 접미사 '-이'가 결합하여 만들어진 파생어
이다. 즉 ㉠에 해당하지 않는다. 다만 접사가 결합되어 동사에서 명사
로 품사가 바뀐 것이므로 ㉡에만 해당한다.
⑤ '헛웃음'은 어근 '웃-'에 접미사 '-음'이 결합하여 먼저 파생어 '웃음'
을 이루고, 여기에 다시 접두사 '헛-'이 붙은 것이다. 따라서 '헛웃음'
은 '접두사+(어근+접미사)'의 구조로 된 파생어이다. 즉 ㉠에 해당하
지 않는다. 또한 동사의 어근에 해당하는 '웃-'에 접미사 '-음'이 결합
되어 동사에서 명사로 품사가 바뀐 후 접두사 '헛-'이 결합되었으므
로 ㉡에도 해당하지 않는다.

20 ③　　　　　　　　　유형 명사 파생 접미사와 명사형 전성 어미

㉯ '춤'과 ㉱ '걸음'은 각각 관형어 '현란한'과 '학생들의'의 수식
을 받으며 서술하는 기능이 없는 명사이다. 반면 ㉮ '웃음'과 ㉰
'그림'은 각각 부사어 '멋쩍게'와 '잘'의 수식을 받으며, '멋쩍게
웃다.', '잘 그리다.'와 같이 서술하는 기능이 있는 동사이다.

21 ①　　　　　　　　　　　유형 보조사와 의존 명사

체언 '라면'에 결합한 '마저도'는 보조사 '마저'와 보조사 '도'가
함께 쓰인 형태이다. '마저'는 이미 어떤 것이 포함되고 그 위
에 더함의 뜻을 나타내는 보조사로, 하나 남은 마지막임을 나
타낼 때 쓰인다.

❌ 오답 피하기

② 체언 '형'에 결합한 '도'는 주격 조사 '이'가 쓰일 자리에 특별한 의미
를 더하기 위해 대신 쓰인 보조사이다.

③ 체언 '동생'에 결합한 '만을'은 특별한 의미를 더하기 위한 보조사 '만'
과 목적격 조사 '을'이 함께 쓰인 것이다.
④ 체언 '아침'에 결합한 '에'는 부사격 조사로 문법적 관계를 나타내기
위해 쓰인 것이다.
⑤ 부사격 조사 '에'에 결합한 '만'은 보조사가 결합할 수 있는 앞말이 체
언에 국한되지 않음을 보여 주고 있다.

22 ①　　　　　　　　　　　유형 보조사와 의존 명사

ⓐ의 '만큼'은 대명사 '너'에 결합한 조사(표준국어대사전에서
는 격조사로 보고 있지만, 그 외의 사전에서는 보조사로 보기
도 함)이고, ⓑ의 '만큼'은 관형어 '먹을'의 수식을 받는 의존 명
사이다.

❌ 오답 피하기

② ⓐ의 '뿐'은 관형어 '있을'의 수식을 받는 의존 명사이고, ⓑ의 '뿐'은
대명사 '너'에 결합한 보조사이다.
③ ⓐ의 '듯이'는 관형어 '뛸'의 수식을 받는 의존 명사이고, ⓑ의 '-듯이'
는 용언 '다르다'의 어간 '다르-'에 결합한 연결 어미이다.
④ ⓐ의 '든지'는 체언 '사과'에 결합한 보조사이고, ⓑ의 '-든지'는 용언
'부르다'의 어간 '부르-'에 결합한 연결 어미이다.
⑤ ⓐ의 '-지'는 용언 어간 '좋-'에 결합한 보조적 연결 어미이고, ⓑ의
'지'는 관형어 '만난'의 수식을 받는 의존 명사이다.

23 ②　　　　　　　　　　　유형 동사와 형용사 구분

㉡의 '밝는다'는 '밝다'에 현재 시제 선어말 어미 '-는-'이 결합
한 형태이며, '밝다'는 밤이 지나고 환해지며 새날이 온다는 의
미의 동사이다.

❌ 오답 피하기

① ㉠의 '던졌다'는 '던지다'의 과거형으로, 대상의 동작을 나타내는 동사이
다. '던진다'와 같이 현재 시제 선어말 어미 '-ㄴ-'이 결합할 수 있다.
③ ㉢의 '아는'은 '알다'의 어간 '알-'에 현재 시제의 관형사형 어미 '-는'
이 결합한 형태로 동사이다.
④ ㉣의 '입어라'는 '입다'의 어간 '입-'에 명령형 어미 '-어라'가 결합한
형태로 동사이다.
⑤ ㉤의 '건강하자'는 기본형 '건강하다'에 청유형 어미 '-자'가 결합한 표
현으로, '건강하다'는 청유형 어미가 결합할 수 없으므로 형용사이다.

24 ⑤　　　　　　　　　　　유형 어미의 특성과 기능

5문단 두 번째 문장의 '한 용언에서 서로 다른 선어말 어미가
동시에 쓰이기도 한다.'라는 진술을 통해 맞는 설명임을 알 수
있다.

❌ 오답 피하기

① 2문단 첫 번째 문장의 '어간 뒤에 어미가 결합하여 용언을 이룬다.'라
는 진술을 통해 틀린 설명임을 알 수 있다.
② 2문단 첫 번째 문장의 '어간이나 어미는 문장에서 홀로 쓰일 수 없고'
라는 진술을 통해 틀린 설명임을 알 수 있다.
③ 1문단 두 번째 문장의 '형태가 변하는 부분을 어미라고 한다.'라는 진

술을 통해 틀린 설명임을 알 수 있다.
④ 5문단 두 번째 문장의 '(선어말 어미는) 활용할 때 어말 어미처럼 반드시 나타나지는 않지만'이라는 진술을 통해 틀린 설명임을 알 수 있다.

25 ④　　　유형 어미의 특성과 기능

ㄹ의 '뜨는'은 '뜨다'의 어간 '뜨-'에 관형사형 전성 어미 '-는'이 결합하여 체언 '해'를 수식하고 있다. 따라서 용언이 관형사처럼 쓰이고 있다.

❌ 오답 피하기

① ㄱ의 '아니'는 '알다'의 어간 '알-'에 의문형 종결 어미 '-니'가 결합하면서 'ㄹ'이 탈락한 형태이다.
② ㄴ의 '맛있구나'는 '맛있다'의 어간 '맛있-'에 감탄형 종결 어미 '-구나'가 결합하여 문장을 종결하고 있다.
③ ㄷ의 '높고'는 '높다'의 어간 '높-'에 대등적 연결 어미 '-고'가 결합하여 앞뒤의 말을 연결하고 있다.
⑤ ㅁ의 '먹었다'는 '먹다'의 어간 '먹-'과 평서형 종결 어미 '-다' 사이에 과거 시제 선어말 어미 '-었-'이 결합하여 과거 시제를 나타내고 있다.

26 ②　　　유형 어근과 접사

'군살'은 명사 어근 '살'과 '쓸데없는'의 뜻을 더하는 접두사 '군-'으로 구성된 단어이다.

❌ 오답 피하기

① '쌓이다'는 동사 '쌓다'의 어근 '쌓-'에 피동 접미사 '-이-'가 결합한 단어이다. 따라서 '쌓다'와 '쌓이다'의 어근은 '쌓-'으로 동일하다.
③ '헛발질'은 명사 어근 '발'에 '이유 없는', '보람 없는'의 뜻을 더하는 접두사 '헛-'과 '그 신체 부위를 이용한 어떤 행위'의 뜻을 더하는 접미사 '-질'로 구성된 단어이다.
④ '맨손'의 어근 '손'은 다른 말과 자유롭게 결합할 수 있는 어근이다.
⑤ '따뜻하다'의 이근 '따뜻-'은 형용사 파생 접미사 '-하다', 부사 파생 접미사 '-이'와만 결합하는 품사가 분명하지 않고 다른 말과의 결합에 제약이 따르는 불규칙 어근이다.

27 ⑤　　　유형 어근과 접사

ⓐ에 해당하는 단어는 어근의 앞에 접두사가 결합한 파생어이다. 용언 '솟다'의 어근 '솟-'에 접두사 '치-'가 결합한 '치솟다'와 명사 어근 '사랑' 앞에 접두사 '풋-'이 결합한 '풋사랑'이 ⓐ에 해당한다. ⓑ에 해당하는 단어는 어근의 뒤에 접미사가 결합한 파생어이면서, 접사가 단어의 품사를 형용사로 바꾸지 않는 단어이다. 용언 '없다'의 어근 '없-'에 접미사 '-이'가 결합하여 부사가 된 '없이'와 용언 '좁다'의 어근 '좁-'에 접미사 '-히-'가 결합하여 동사 '좁히다'가 ⓑ에 해당한다.

❌ 오답 피하기

'눈높이'는 어근 '눈'과 '높-', 접미사 '-이'로 구성된 단어로 둘 이상의 어근으로 이루어져 있으므로 ⓐ에 해당하지 않는다. '슬기롭다'는 명사 어근 '슬기'에 접미사 '-롭다'가 결합하여 형용사로 파생된 단어이므로 ⓐ, ⓑ 모두에 해당하지 않는다.

28 ②　　　유형 수사와 관형사 구분

'세 권'의 '세'는 그 수량이 셋임을 나타내는 단어이며, 체언을 수식하는 수 관형사로만 쓰인다. 참고로 같은 의미를 나타내는 수사는 '셋'의 형태로 쓰인다.

❌ 오답 피하기

①, ③, ④, ⑤ '하나'는 수사로 쓰이는 단어이다. 참고로 같은 의미를 나타내는 수 관형사는 '한'의 형태로 쓰인다. '둘째'와 '여섯'은 수사로도 쓰이고 수 관형사로도 쓰이는 단어이다.

29 ①　　　유형 파생어의 분류

'일찍이'는 부사 어근 '일찍'에 접미사 '-이'가 결합하여 부사 '일찍이'로 파생된 단어이다. 따라서 품사는 바뀌지 않았다.

❌ 오답 피하기

② '마음껏'은 명사 어근 '마음'에 '그것이 닿는 데까지'의 뜻을 더하고 부사를 만드는 접미사 '-껏'이 결합하여 부사 '마음껏'으로 파생된 단어이다.
③ '가리개'는 동사 '가리다'의 어근 '가리-'에 명사 파생 접미사 '-개'가 결합하여 명사 '가리개'로 파생된 단어이다.
④ '높이다'는 형용사 '높다'의 어근 '높-'에 사동 접미사 '-이-'가 결합하여 동사 '높이다'로 파생된 단어이다.
⑤ '슬기롭다'는 명사 어근 '슬기'에 형용사 파생 접미사 '-롭다'가 결합하여 형용사 '슬기롭다'로 파생된 단어이다.

30 ③　　　유형 합성어의 형성 과정

ⓒ '감싼(감싸다)'은 '감다'와 '싸다'가 결합한 합성어로, 동사 '감다'의 어간 '감-' 뒤에 연결 어미 '-아(서)'가 생략된 형태이다. 우리말에서 어미의 생략은 일반적인 문장 구성 방식에 맞지 않는 형태이므로, ⓒ은 비통사적 합성어로 [A]에 해당한다. ⓐ '이른바'는 동사 '이르다'와 의존 명사 '바'가 결합한 합성어로, 어간 '이르-'와 '바' 사이에 관형사형 전성 어미 '-ㄴ'이 사용되었다. ⓒ '바로잡을(바로잡다)'은 부사 '바로'와 동사 '잡다'가 결합한 합성어로, 부사가 용언을 수식하는 구조이다. ⓓ '건널목'은 동사 '건너다'와 명사 '목'이 결합한 합성어로, 어간 '건너-'와 '목' 사이에 관형사형 전성 어미 '-ㄹ'이 사용되었다. 따라서 ⓐ, ⓒ, ⓓ은 모두 우리말의 일반적인 문장 구성 방식에 맞는다고 볼 수 있다.
다만, 합성어 '바로잡다(ⓒ)'와 '건널목(ⓓ)'은 모두 뒤 어근의 품사와 일치하는 동사와 명사이지만, 합성어 ⓐ '이른바'는 부사로 뒤 어근 '바'(의존 명사)와 품사가 일치하지 않는다. 그러므로 ⓐ은 [B]에 해당하고, ⓒ과 ⓓ은 [C]에 해당한다.

31 ④　　　유형 합성어의 분류

'돌다리'는 명사 '돌'과 명사 '다리'가 결합한 단어이고, '하얀색'은 용언 '하얗다'의 관형사형 '하얀'과 명사 '색'이 결합한 단어이며, '잘생기다'는 부사 '잘'과 용언 '생기다'가 결합한 단어이다.

이들은 모두 우리말의 어순이나 단어 배열법과 일치하는 통사적 합성어이다.

❌ 오답 피하기

'덮밥'은 용언 '덮다'의 어간 '덮-'과 명사 '밥'이 전성 어미 '-은'이 없이 결합한 단어이고, '높푸르다'는 용언 '높다'의 어간 '높-'과 용언 '푸르다'가 연결 어미 '-고'가 없이 결합한 단어이다. 이들은 우리말의 어순이나 단어 배열법과 일치하지 않는 비통사적 합성어이다.

32 ②

유형 직접 구성 성분(요소) 분석

'떠넘기다'의 형태소를 분석하면 '뜨-(어근) + -어(연결 어미) + 넘-(어근) + -기-(접사)+-다(종결 어미)'로 나눌 수 있으며, 직접 구성 요소는 '떠-'와 '넘기다'이다. 따라서 '떠넘기다'의 어간 '떠넘기-'는 2개의 어근과 1개의 접사, 즉 3개 이상의 구성 요소로 이루어져 있으며, 직접 구성 요소가 먼저 어근('떠-'의 '뜨-')과 어근('넘-')으로 분석되므로 ㉠과 ㉡을 모두 충족하는 예로 적절하다.

❌ 오답 피하기

① '내리쳤다'의 어간은 '내리치-'이며, 동사 '내리다'의 어근 '내리-'와 동사 '치다'의 어근 '치-'가 결합한 형태로 ㉡을 충족한다. 그러나 직접 구성 요소는 2개이므로 ㉠을 충족하지 못한다.

③ '헛돌았다'의 어간은 '헛돌-'이며, 동사 '돌다'의 어근 '돌-'에 접두사 '헛-'이 결합한 형태로 구성 요소는 2개이다. 즉 ㉠과 ㉡ 모두 충족하지 못한다.

④ '오간다'의 어간은 '오가-'이며, 동사 '오다'의 어근 '오-'와 동사 '가다'의 어근 '가-'가 결합한 형태로 ㉡을 충족한다. 그러나 직접 구성 요소는 2개이므로 ㉠을 충족하지 못한다.

⑤ '짓밟혀도'의 어간은 '짓밟히-'이며, 동사 '밟다'의 어근 '밟-'에 피동 접미사 '-히-'가 결합한 파생어에. 다시 접두사 '짓-'이 결합한 형태이다. 따라서 어간의 구성 요소는 3개로 ㉠을 충족하지만, 직접 구성 요소가 먼저 접사('짓-')와 어근('밟히-'의 '밟-')으로 분석되므로 파생어에 해당해 ㉡을 충족하지 못한다.

08 음운의 개념과 체계

1단계 개념 확인 문제			52쪽
1 ③	**2** ⑤	**3** ④	**4** ①

1 ③

㉠은 'ㄴ, ㄹ, ㅣ' 총 세 개의 음운으로 이루어진 단어로, 초성의 'ㅇ'은 음운이 아니라 해당 자리가 비었음을 표시한 것이다. ㉡은 'ㅅ, ㄴ, ㄹ, ㅣ' 총 네 개의 음운으로 이루어진 단어이다. 따라서 ㉠과 ㉡의 의미 차이를 만드는 요소는 'ㅅ' 음운의 존재 여부이다.

2 ⑤

발음할 때 한 번에 낼 수 있는 소리의 단위인 음절은 모음을 중심으로 이루어지며, 모음이 두 개이면 한 음절이 아닌 두 음절이 된다. 따라서 '모음+자음+모음'의 구조는 하나의 음절을 이룰 수 없다.

3 ④

최소 대립쌍은 하나의 음운으로 인해 뜻이 구별되는 단어들의 쌍을 가리킨다. 그런데 '밤'과 '빵'은 중성 'ㅏ' 모음만 동일할 뿐, 초성이 'ㅂ'과 'ㅃ', 종성이 'ㅁ'과 'ㅇ'으로 두 음운이 다르기 때문에 최소 대립쌍으로 볼 수 없다.

❌ 오답 피하기

① '밤'과 '땀'은 초성 'ㅂ'과 'ㄸ'의 차이에 의해 뜻이 구별되는 최소 대립쌍이다.

② '밤'과 '방'은 종성 'ㅁ'과 'ㅇ'의 차이에 의해 뜻이 구별되는 최소 대립쌍이다.

③ '밤'과 '뱀'은 중성 'ㅏ'와 'ㅐ'의 차이에 의해 뜻이 구별되는 최소 대립쌍이다.

⑤ '밤[夜]'과 '밤:[栗]'은 단음과 장음의 차이에 의해 뜻이 구별되는 최소 대립쌍이다.

4 ①

'뛰다'는 있던 자리로부터 몸을 높이 솟구쳐 오른다는 의미의 단어로 그 주체가 사람이나 동물일 때 사용한다. 이에 비해 '튀다'는 탄력 있는 물체가 솟아오른다는 의미의 단어로 그 주체가 사물일 때 쓰는 말이다. 따라서 이 두 단어는 〈보기〉에서 설명하는 '예사소리 - 된소리 - 거센소리'로 소리의 세기에 따라 느낌이 달라지는 예가 아니라, 의미 자체가 다른 단어이다.

✕ 오답 피하기

② '발갛다'의 의미는 밝고 엷게 붉다이며, '빨갛다'의 의미는 밝고 짙게 붉다이다. 따라서 예사소리와 된소리의 차이에 따라 느낌의 차이가 생기는 예이다.

③ '캄캄하다'는 아주 까맣게 어둡다는 의미를 나타내는 단어로, '깜깜하다'보다 거센 느낌을 준다.

④ '빵긋대다'는 입을 예쁘게 약간 벌리며 소리 없이 가볍게 자꾸 웃는다는 의미를 나타내는 단어로, '방긋대다'보다 센 느낌을 준다.

⑤ '쫑알거리다'는 작은 목소리로 혼잣말을 자꾸 한다는 의미를 나타내는 단어로, '종알거리다'보다 센 느낌을 준다.

2단계 **대표 기출 문제**   52~53쪽

1 ②   **2** ③   **3** ①

---

1   ②

유형 음운의 특징

(ㄱ)에서는 '발'의 초성, 중성, 종성을 각각 다른 음운으로 바꾸어 의미가 다른 단어를 만들고 있으며, (ㄴ)에서는 '눈'을 길거나 짧게 발음함으로써 역시 의미가 다른 단어를 만들고 있다. 따라서 (ㄱ)과 (ㄴ)을 함께 고려할 때, '음운'은 단어의 뜻을 구별해 준다는 사실을 알 수 있다.

✕ 오답 피하기

① 초성, 중성, 종성의 음운은 문자로 표기할 수 있음을 (ㄱ)에서 확인할 수 있지만, (ㄴ)에 나타난 소리의 길이는 문자로 표기할 수 없다.

③ (ㄱ)과 (ㄴ)은 음운의 변화를 보여 주는 사례가 아니라, 음운이 바뀌거나 장단음으로 발음되는 경우의 의미 차이를 보여 주는 것이다.

④ 자음의 경우 초성과 종성에 사용되며, 모음은 중성에만 사용되기 때문에 음운이 어떤 위치든 나타날 수 있는 것은 아니다.

⑤ (ㄱ)이나 (ㄴ)은 음운의 변화에 따라 의미가 변화하는 사례를 보여 주는 것으로, 감정의 차이를 표현한 것은 아니다.

2   ③

유형 최소 대립쌍

[A]에서 최소 대립쌍은 '쉬리－소리', '마루－머루', '구실－구슬'이며, 음운 'ㅟ'와 'ㅗ', 'ㅏ'와 'ㅓ', 'ㅣ'와 'ㅡ'가 추출된다. 여기서 평순 모음은 'ㅏ', 'ㅓ', 'ㅣ', 'ㅡ'로 4개이므로, 3개의 평순 모음을 확인할 수 있다는 설명은 적절하지 않다.

✕ 오답 피하기

① 전설 모음은 'ㅟ', 'ㅣ' 2개이다.

② 중모음은 'ㅗ', 'ㅓ' 2개이다.

④ 고모음은 'ㅟ', 'ㅣ', 'ㅡ' 3개이다.

⑤ 후설 모음은 'ㅗ', 'ㅏ', 'ㅓ', 'ㅡ' 4개이다.

3   ①

유형 자음의 분류

'식물'이 [싱물]로 발음되는 것은, 두 자음 'ㄱ'과 'ㅁ'이 만날 때, 앞 자음 'ㄱ'이 'ㅇ'으로 바뀌는 현상에 따른 것이다. 'ㄱ'과 'ㅇ'은 모두 연구개음이므로 조음 위치는 같지만, 'ㄱ'은 파열

음, 'ㅇ'은 비음이어서 조음 방식이 다름을 자음 분류표에서 확인할 수 있다. 따라서 '식물'이 [싱물]로 발음되는 것은 앞 자음의 조음 방식이 달라지는 것으로, 이는 '입는[임는]', '뜯는[뜬는]'에서도 확인할 수 있다. 모두 앞 자음 'ㅂ'과 'ㄷ'이 조음 방식이 다른 'ㅁ'과 'ㄴ'으로 바뀌고 있다.

---

09   음운 변동의 유형 / 교체 ①

1단계 **개념 확인 문제**   56쪽

1 ④   **2** ③   **3** ④   **4** ⑤

---

1   ④

'잡다[잡따]'에서 일어나는 음운 현상은 된소리되기로, 'ㄷ'이 [ㄸ]으로 바뀌는 '교체'에 해당한다.

✕ 오답 피하기

① '신래[실라]'에서 일어나는 음운 현상은 유음화로, 'ㄴ'이 [ㄹ]로 바뀌는 '교체'에 해당한다.

② '굳이[구지]'에서 일어나는 음운 현상은 구개음화로, 'ㄷ'이 [ㅈ]으로 바뀌는 '교체'에 해당한다.

③ '놓대[노타]'에서 일어나는 음운 현상은 거센소리되기로, 'ㅎ'과 'ㄷ'이 결합하여 [ㅌ]으로 줄어드는 '축약'에 해당한다.

⑤ '낳아[나아]'에서 일어나는 음운 현상은 자음 탈락으로, 'ㅎ'이 사라지는 '탈락'에 해당한다.

2   ③

[달글]은 '닭을'에서 앞 음절의 종성인 겹자음 'ㄺ' 중 'ㄱ'이 뒤 음절 '을'의 초성으로 옮겨 가는 연음 법칙이 바르게 적용된 발음이다.

✕ 오답 피하기

① 연음 법칙에 따라 [비치]로 발음해야 한다.

② 연음 법칙에 따라 [흘기]로 발음해야 한다.

④ 연음 법칙에 따라 [바테]로 발음해야 한다.

⑤ 연음 법칙에 따라 [부어케서]로 발음해야 한다.

3   ④

'겉을[거틀]'에서는 앞 음절의 종성 'ㅌ'이 모음으로 시작하는 뒤 음절의 초성으로 옮겨 가는 연음 법칙이 적용된다. 그러나 음운의 형태와 개수에는 변화가 없기 때문에 음운 교체는 일어나지 않았다.

✕ 오답 피하기

① '겉[걷]'에서는 음절의 끝소리 규칙이 적용되어 어말의 종성 'ㅌ'이 대표음 [ㄷ]으로 교체된다.

② '겉도[겉또]'에서는 음절의 끝소리 규칙이 적용되어 종성 'ㅌ'이 자음으로 시작하는 음절 앞에서 대표음 [ㄷ]으로 교체된다. 또한 '도'의 초성 'ㄷ'은 된소리 [ㄸ]으로 교체된다.

③ '겉이[거치]'에서는 구개음화가 일어나 종성 'ㅌ'이 형식 형태소 'ㅣ' 모음 앞에서 [ㅊ]으로 교체된다.

⑤ '겉옷[거돋]'에서는 종성 'ㅌ'이 실질 형태소 '옷' 앞에서 대표음 [ㄷ]으로 교체되는 음절의 끝소리 규칙이 일어난다. 또한 '옷'의 종성 'ㅅ'도 대표음인 [ㄷ]으로 교체되어, 두 번의 교체가 일어난다.

4 ⑤

음절의 종성에 있는 자음을 발음할 때 뒤에 모음으로 시작하는 형식 형태소가 오면 연음 법칙만 적용되지만, 뒤에 모음으로 시작하는 실질 형태소가 오면 음절의 끝소리 규칙과 연음 법칙이 차례로 적용된다. 따라서 형식 형태소 '이' 앞에서는 '무릎이[무르피]'로, 실질 형태소 '아래' 앞에서는 '무릎 아래[무르바래]'로 발음된다.

1 ①　　　**2** ④　　　**3** ①

1 ①　　　　　　　　　　　　　　　유형 음운 변동의 유형

'못한'은 음절의 끝소리 규칙에 의해 [몯한]으로 바뀐 뒤, 거센소리되기에 의해 [모탄]으로 발음되는 단어이다. 따라서 '못'의 종성 'ㅅ'이 'ㄷ'으로 바뀌는 교체(ⓐ)와, 앞 음절의 종성 'ㄷ'과 뒤 음절의 초성 'ㅎ'이 'ㅌ'으로 줄어드는 축약(ⓒ)의 과정을 거쳐 발음된다.

2 ④　　　　　　　　　　　　　　　유형 음절의 끝소리 규칙

음절 끝의 자음은 'ㄱ, ㄷ, ㅂ' 중 하나로 바뀌므로, '밖[박]'과 '밑[믿]'을 음운 변동의 예로 추가할 수 있다.

❌ **오답** 피하기
① 음절 끝의 자음이 바뀌는 것은 '부엌[부억]', '옷[옫]', '빚[빋]', '앞[압]'이고, '간, 달, 섬, 창'은 바뀌지 않는다.
② '옷[옫]'과 '빚[빋]'은 음절 끝의 자음이 예사소리인 'ㅅ'과 'ㅈ'인데도 음절의 끝소리 규칙이 적용되었다. 음절 끝의 자음이 안 바뀌는 경우는 예사소리일 때가 아니라, 음절 끝의 자음이 대표음인 'ㄱ, ㄴ, ㄷ, ㄹ, ㅁ, ㅂ, ㅇ' 중 하나일 때이다.
③ 음절 끝의 자음이 바뀐 '부엌[부억]', '옷[옫]', '빚[빋]', '앞[압]'을 통해, 음절 끝의 자음이 'ㄱ, ㄷ, ㅂ' 중 하나로 바뀐다는 사실을 알 수 있다.
⑤ 음절 끝에서는 'ㄱ, ㄴ, ㄷ, ㄹ, ㅁ, ㅂ, ㅇ'만 발음된다.

3 ①　　　　　　　　　　　유형 음절의 끝소리 규칙과 연음 법칙

'활동'의 내용을 통해 음절의 받침 뒤에 모음으로 시작하는 실질 형태소가 오면 받침이 대표음으로 바뀐다는 사실을 알 수 있다. 따라서 '옷 안'이 [오단]으로 발음되는 이유는 '옷 안'의 '안'이 실질 형태소이기 때문이다. 그리고 이 원리대로 하면, '숲 위'는 앞 음절 받침 'ㅍ' 뒤에 모음으로 시작하는 실질 형태소 '위'가 오므로, 앞 음절의 받침을 대표음 [ㅂ]으로 바꾸어서 뒤 음절의 첫소리로 발음해야 한다. 따라서 [수뷔]로 발음해야 한다.

10 교체 ②

1 ⑤　　　**2** ④　　　**3** ②　　　**4** ⑤

1 ⑤

'핥는다[할는다 → 할른다]'는 겹받침 'ㄾ'이 [ㄹ]로 발음되는 자음군 단순화와 비음 'ㄴ'이 앞에 오는 유음 'ㄹ'의 영향을 받아 [ㄹ]로 발음되는 유음화가 일어나는 단어이다. 즉, 비음화는 일어나지 않는다.

❌ **오답** 피하기
① '닦는다[닥는다 → 당는다]'는 음절의 끝소리 규칙과 비음화가 일어나는 단어이다.
② '먹는다[멍는다]'는 비음화가 일어나는 단어이다.
③ '꽂는다[꼳는다 → 꼰는다]'는 음절의 끝소리 규칙과 비음화가 일어나는 단어이다.
④ '잡는다[잠는다]'는 비음화가 일어나는 단어이다.

2 ④

'불난리[불란리 → 불랄리]'는 2회의 유음화가 일어나는 단어이다.

❌ **오답** 피하기
① '광한루[광할루]'는 1회의 유음화가 일어나는 단어이다.
② '마천루[마철루]'는 1회의 유음화가 일어나는 단어이다.
③ '물놀이[물로리]'는 1회의 유음화가 일어나는 단어이다. '이'가 [리]로 되는 것은 연음 법칙이 일어나는 것이다.
⑤ '귤나무[귤라무]'는 1회의 유음화가 일어나는 단어이다.

3 ②

'착륙료[착뉵료 → 창뉵료 → 창뉵뇨 → 창늉뇨]'는 모두 4회의 비음화가 일어나는 단어이다.

❌ **오답** 피하기
① '꽃내음[꼳내음 → 꼰내음]'은 음절의 끝소리 규칙과 비음화, 모두 2회의 음운 변동이 일어나는 단어이다.
③ '밭농사[받농사 → 반농사]'는 음절의 끝소리 규칙과 비음화, 모두 2회의 음운 변동이 일어나는 단어이다.

④ '빛나무[빈나무 → 빈나무]'은 음절의 끝소리 규칙과 비음화, 모두 2회의 음운 변동이 일어나는 단어이다.
⑤ '법률안[법뉼안 → 범뉼안 → 범뉴란]'은 2회의 비음화가 일어나는 단어이다. 종성의 'ㄹ'이 다음 음절의 초성으로 이동하는 연음 법칙은 음운 변동으로 보지 않는다.

4 ⑤

'잡목[잠목]'은 뒤에 오는 비음 'ㅁ'의 영향으로 앞 음절의 종성 'ㅂ'이 [ㅁ]으로 바뀌는 역행 동화이며, 동화의 결과로 영향을 미친 음운과 영향을 받은 음운이 모두 [ㅁ]으로 동일해졌기 때문에 완전 동화에 해당한다.

❎ 오답 피하기
① '찰나[찰라]'은 순행 동화, 완전 동화가 일어난 단어이다.
② '읍내[음내]'은 역행 동화, 불완전 동화가 일어난 단어이다.
③ '심리[심니]'는 순행 동화, 불완전 동화가 일어난 단어이다.
④ '백마[뱅마]'는 역행 동화, 불완전 동화가 일어난 단어이다.

2단계 대표 기출 문제 60~61쪽

1 ④   **2** ⑤   **3** ①

---

1 ④

유형 비음화와 유음화

'ㄱ, ㄷ, ㅂ'이 비음 'ㄴ, ㅁ'의 앞에서 비음 'ㅇ, ㄴ, ㅁ'으로 바뀌는 현상(비음화)이 일어나는 것은 '먹물[멍물]', '입는[임는]', '닫는[단는]', '막내[망내]'이다. 그리고 비음 'ㄴ'이 유음 'ㄹ' 앞뒤에서 'ㄹ'로 바뀌는 현상(유음화)이 일어나는 것은 '설날[설랄]', '권리[궐리]', '물난리[물랄리]'이다. 따라서 ㉠과 ㉡의 예가 바르게 연결된 것은, '닫는[단는]'과 '권리[궐리]'이다.

❎ 오답 피하기
① '먹물[멍물]'은 ㉠의 예가 맞지만, '중력[중녁]'은 ㉡의 예가 아니라 비음화가 일어나는 단어이다.
② '설날[설랄]'은 ㉡의 예가 맞지만, '국밥[국빱]'은 ㉠의 예가 아니라 된소리되기가 일어나는 단어이다.
③ '입는[임는]'은 ㉠의 예가 맞지만, '막내[망내]'는 ㉡의 예가 아니라 ㉠의 예로 비음화가 일어나는 단어이다.
⑤ '물난리[물랄리]'는 ㉡의 예가 맞지만, '솜이불[솜니불]'은 ㉠의 예가 아니라 'ㄴ' 첨가가 일어나는 단어이다.

2 ⑤

유형 동화의 분류

'잡념[잠념]'은 세 번째 음운 'ㅂ'이 'ㅁ'으로 변동되었으므로 '001000'으로 표시할 수 있으며, 뒤에 있는 비음 'ㄴ'의 영향을 받은 역행 동화에 해당한다.

❎ 오답 피하기
① '국민[궁민]'은 세 번째 음운 'ㄱ'이 'ㅇ'으로 변동되었으므로 '001000'으로 표시할 수 있으며, 뒤에 있는 비음 'ㅁ'의 영향을 받은 역행 동화에 해당한다.

② '글눈[글룬]'은 네 번째 음운 'ㄴ'이 'ㄹ'로 변동되었으므로 '000100'으로 표시할 수 있으며, 앞에 있는 유음 'ㄹ'의 영향을 받은 순행 동화에 해당한다.
③ '명랑[명낭]'은 네 번째 음운 'ㄹ'이 'ㄴ'으로 변동되었으므로 '000100'으로 표시할 수 있으며, 앞에 있는 비음 'ㅇ'의 영향을 받은 순행 동화에 해당한다.
④ '신랑[실랑]'은 세 번째 음운 'ㄴ'이 'ㄹ'로 변동되었으므로 '001000'으로 표시할 수 있으며, 뒤에 있는 유음 'ㄹ'의 영향을 받은 역행 동화에 해당한다.

3 ①

유형 유음화와 비음화

'ㄴ'과 'ㄹ'이 연쇄적으로 발음될 때 뒤에 있는 'ㄹ'의 영향으로 'ㄴ'이 'ㄹ'로 바뀌는 역행적 유음화가 일어나는 것은 '산란기[살:란기]', '대관령[대:괄령]'이며 '물난리[물랄리]'는 역행적 유음화와 순행적 유음화가 모두 일어난다. 그리고 동일한 조건에서 'ㄹ'의 비음화가 일어나는 것은 '결단력[결딴녁]', '의견란[의:견난]', '표현력[표현녁]', '입원료[이붠뇨]', '생산량[생산냥]', '향신료[향신뇨]'이다. 따라서 ㉠과 ㉡의 예가 바르게 연결된 것은, '산란기[살:란기]'와 '표현력[표현녁]'이다. 참고로 '줄넘기[줄럼끼]'는 순행적 유음화가 일어나는 단어이다.

---

11 교체 ③

1단계 개념 확인 문제 64쪽

1 ③   **2** ③   **3** ④   **4** ⑤

---

1 ③

구개음화는 치조음이자 파열음인 'ㄷ, ㅌ'이 경구개음이자 파찰음인 'ㅈ, ㅊ'으로 바뀌는 현상으로, 조음 위치와 조음 방법이 모두 바뀌는 음운 변동이다.

❎ 오답 피하기
① 구개음화는 'ㅣ'나 반모음 'ㅣ[j]'로 시작하는 형식 형태소(조사, 접사, 어미) 앞에서 일어난다.
② 구개음화는 하나의 형태소 안에서는 일어나지 않고, 두 형태소가 결합할 때 일어난다.
④ 구개음화는 치조음 'ㄷ, ㅌ'이 경구개음 'ㅈ, ㅊ'으로 바뀌는 현상이고, 이에 따라 구개음화라고 하는 것이다.
⑤ 구개음화는 'ㄷ, ㅌ'을 'ㅣ' 모음과 비슷한 위치에서 발음하는 'ㅈ, ㅊ'으로 바꿈으로써 발음을 쉽게 하기 위한 동화 현상이다.

2 ③

'신겼다'는 '신-＋-기-＋-었-＋-다'로 분석할 수 있으며, 사동 접사 '-기-'는 된소리로 발음하지 않기 때문에 [신결따]가 아닌 [신결따]로 발음한다.

① '웃기다'는 '웃-+-기-+-다'와 같이 분석할 수 있으며, 사동 접사 '-기-'가 '웃기다[욷:끼다]'와 같이 된소리로 발음된다. 그러나 어간 의 받침 'ㅅ[ㄷ]' 뒤에서 된소리되기가 일어나는 예이므로 ㉠과는 거 리가 멀다.

② '감더라[감:떠라]'는 어간 '감-'의 'ㅁ' 받침 뒤에서 선어말 어미 '-더-'의 첫소리 'ㄷ'이 된소리로 발음되는 예이다.

④ '앉지는[안찌는]'은 어간 '앉-'의 'ㄵ' 받침 뒤에서 어미 '-지'의 첫소 리 'ㅈ'이 된소리로 발음되는 예이다.

⑤ '옮지는[옴찌는]'은 어간 '옮-'의 'ㄼ' 받침 뒤에서 어미 '-지'의 첫소 리 'ㅈ'이 된소리로 발음되는 예이다.

3 ④

'끝인사'는 실질 형태소인 명사 '끝'과 '인사'가 결합한 합성 명 사로, 음절의 끝소리 규칙에 의해 [끋인사 → 끄딘사]로 발음 될 뿐, 구개음화는 일어나지 않는다.

❌ 오답 피하기

① '훑이다[훌치다]'에서는 접사 '-이-' 앞에서 'ㅌ'이 'ㅊ'으로 바뀌는 구 개음화가 일어난다.

② '갇히다[가티다 → 가치다]'에서는 어간 받침 'ㄷ'과 접사 '-히-'의 'ㅎ'이 축약되어 'ㅌ'이 된 뒤 'ㅊ'으로 바뀌는 구개음화가 일어난다.

③ '해돋이[해도지]'에서는 접사 '-이' 앞에서 'ㄷ'이 'ㅈ'으로 바뀌는 구 개음화가 일어난다.

⑤ '샅샅이[삳싸치]'에서는 접사 '-이' 앞에서 'ㅌ'이 'ㅊ'으로 바뀌는 구 개음화가 일어난다.

4 ⑤

'비바람[비바람]'은 '비와 바람'으로 의미 관계가 대등하다고 볼 수 있으며, 된소리되기가 일어나지 않는다.

❌ 오답 피하기

① '손등[손뜽]'은 '손의 등'이라는 의미로, '기원·소유주'의 의미 관계를 형성한다고 볼 수 있다.

② '술병'은 '술을 담는 병'이라는 의미로, '용도'의 의미 관계를 형성한 다고 볼 수 있다.

③ '물고기[물꼬기]'는 '물에 사는 고기'라는 의미로, '장소'의 의미 관계를 형성한다고 볼 수 있다.

④ '봄바람[봄빠람]'은 '봄에 부는 바람'이라는 의미로, '시간'의 의미 관 계를 형성한다고 볼 수 있다.

2단계 대표 기출 문제 64~65쪽

1 ④　　**2** ④　　**3** ⑤

1 ④　　유형 된소리되기

어간 받침 'ㄴ(ㄵ), ㅁ(ㄻ)' 뒤에 결합되는 어미의 첫소리 'ㄱ, ㄷ, ㅅ, ㅈ'을 된소리로 발음하는 유형에 해당하는 예는 '신다

[신:따]', '앉다[안따]', '담다[담:따]'이고, 한자어에서 'ㄹ' 받침 뒤에 결합되는 자음 'ㄷ, ㅅ, ㅈ'을 된소리로 발음하는 유형에 해당하는 예는 '갈등[갈뜽]', '발전[발쩐]', '월세[월쎄]'이다. 따 라서 ㉠과 ㉡에 해당하는 예로 묶인 것은 '담다'와 '발전'이다.

❌ 오답 피하기

① '신다'는 ㉠의 조건에 맞기 때문에 [신:따]로 발음하지만, '굴곡(屈曲)' 은 'ㄹ' 뒤에 결합되는 자음이 'ㄱ'이므로 ㉡의 조건에 맞지 않아 된소 리되기가 일어나지 않는다.

② '앉다'는 ㉠의 조건에 따라 [안따]로 발음된다. 그런데 '불법(不法)[불 법/불뻡]'은 현재 된소리로 발음하는 것을 복수 표준 발음으로 인정 하지만, 'ㄹ' 받침 뒤에 결합하는 'ㄷ, ㅅ, ㅈ'을 된소리로 발음한다는 ㉡의 조건에는 해당되지 않는 예이다.

③ '넓다[널따]'는 어간 받침이 'ㄼ'이므로 ㉠의 조건에 맞지 않는다. '갈 등(葛藤)'은 ㉡의 조건에 따라 [갈뜽]으로 발음한다.

⑤ '끓다[끌타]'는 ㉠의 조건에 맞지 않아 된소리되기가 일어나지 않는 다. '월세(月貰)'는 ㉡의 조건에 따라 [월쎄]로 발음한다.

2 ④　　유형 구개음화

'묻히고[무티고 → 무치고]'는 어간 '묻-'이 형식 형태소인 접 미사 '-히-'와 만날 때 'ㄷ'과 'ㅎ'이 결합하여 [ㅌ]을 이루고, [ㅌ]이 [ㅊ]으로 발음되는 구개음화가 일어난다.

❌ 오답 피하기

① '붙인[부친]'은 어간 '붙-'이 형식 형태소인 접미사 '-이-'와 만나 구 개음화가 일어난다.

② '낱낱이[난:나치]'는 실질 형태소인 명사 '낱낱'과 형식 형태소인 접사 '-이'가 결합한 파생 부사이다. 따라서 형식 형태소인 '-이'와 만날 때 '낱'의 받침 'ㅌ'은 [ㅊ]으로 발음되는 구개음화가 일어난다.

③ '밭이랑[받이랑 → 받니랑 → 반니랑]'은 실질 형태소인 명사 '밭'과 '이랑'이 결합한 합성 명사로, 이때 'ㅌ'은 실질 형태소인 '이랑'의 'ㅣ' 모음과 만나므로 구개음화가 일어나지 않는다.

⑤ '홑이불[혿이불 → 혿니불 → 혼니불]'은 접사 '홑-'과 실질 형태소인 명사 '이불'이 결합한 파생어이다. '홑'은 형식 형태소이지만, 뒤에 결 합하는 '이불'이 실질 형태소이므로 'ㅌ'은 '이불'의 모음 'ㅣ'와 만날 때 구개음화가 일어나지 않는다.

3 ⑤　　유형 음운의 교체

'땀받이[땀바지]'는 앞말의 끝소리 'ㄷ'이 연음되어 뒷말의 가운 뎃소리 'ㅣ'와 만나는 상황에서 구개음화가 일어나는 예이므로 ㉡에 해당한다. 또 앞의 음운 'ㄷ'만 'ㅈ'으로 변한 경우이므로 ⓐ에 해당한다.

❌ 오답 피하기

① '마천루[마철루]'는 앞말의 끝소리 'ㄴ'과 뒷말의 첫소리 'ㄹ'이 만나는 상황에서 유음화가 일어나는 예이므로 ㉠에 해당하고, 앞의 음운만 변한 경우이므로 ⓐ에 해당한다.

② '목덜미[목떨미]'는 앞말의 끝소리 'ㄱ'과 뒷말의 첫소리 'ㄷ'이 만나는 상황에서 된소리되기가 일어나는 예이므로 ㉠에 해당하고, 뒤의 음 운만 변한 경우이므로 ⓑ에 해당한다.

③ '박람회[방남회]'는 앞말의 끝소리 'ㄱ'과 뒷말의 첫소리 'ㄹ'이 만나는 상황에서 앞의 음운인 'ㄱ'이 'ㅇ'으로, 뒤의 음운인 'ㄹ'이 'ㄴ'으로 바뀌어 비음화가 두 번 일어나는 예이므로 ㉠에 해당하고, 두 음운이 모두 변한 경우이므로 ㉢에 해당한다.

④ '쇠붙이[쇠부치]'는 앞말의 끝소리 'ㅌ'이 연음되어 뒷말의 가운뎃소리 'ㅣ'와 만나는 상황에서 구개음화가 일어나는 예이므로 ㉡에 해당한다. 또 앞의 음운 'ㅌ'만 'ㅊ'으로 변한 경우이므로 ㉣에 해당한다.

② '앎은'은 겹자음 'ㄻ' 뒤에 형식 형태소인 조사 '은'이 결합한 경우이므로, 연음 법칙을 적용하여 [알믄]으로 발음한다.

③ '삶이'는 겹자음 'ㄻ' 뒤에 형식 형태소인 조사 '이'가 결합한 경우이므로, 연음 법칙을 적용하여 [살미]로 발음한다.

⑤ '값없는'은 '값'의 겹자음 'ㅄ' 뒤에 실질 형태소 '없ー'이 결합한 경우이므로 자음군 단순화가 일어난다. 그 뒤 '없ー'의 겹자음 'ㅄ'도 자음 'ㄴ' 앞에서 자음군 단순화가 일어나 'ㅂ'이 되고, 다시 비음화에 의해 'ㅁ'으로 바뀐다. 즉, '값없는[가볐는 → 가볍는 → 가범는]'과 같이 분석된다.

12 탈락

1 ③

'오ー+ー아서 → 와서[와서]'는 음운 탈락이 일어난 것이 아니라, 'ㅗ'가 반모음화된 후 'ㅏ'와 결합하여 이중 모음 '와'가 된 것이다.

✖ 오답 피하기
① '사서'는 어간 '사ー'의 'ㅏ'가 탈락한 사례이다.
② '커서'는 어간 '크ー'의 'ㅡ'가 탈락한 사례이다.
④ '끓어서[끄러서]'는 겹자음 'ㅀ'의 'ㅎ'이 탈락한 사례이다.
⑤ '많아서[마ː나서]'는 겹자음 'ㄶ'의 'ㅎ'이 탈락한 사례이다.

2 ①

'켜'는 '켜다'의 어간 '켜ー'에 어미 'ー어'가 결합할 때, 어간의 'ㅕ'가 탈락한 예이다. '켜ー'의 'ㅕ'는 반모음 'ㅣ'와 'ㅓ'로 분석할 수 있으며, 뒤에 결합한 어미 '어'와 동일한 모음인 'ㅓ'가 탈락한 것이다. 즉, '켜(ㅋ+ㅣ+ㅓ)ー+ー어 → 켜'와 같이 분석된다.

✖ 오답 피하기
② '따라라'는 '따르다'의 어간 'ㅡ'가 어미 'ー아라' 앞에서 탈락한 예이다.
③ '담갔다'는 '담그다'의 어간 'ㅡ'가 선어말 어미 'ー았ー' 앞에서 탈락한 예이다.
④ '잠가'는 '잠그다'의 어간 'ㅡ'가 어미 'ー아' 앞에서 탈락한 예이다.
⑤ '고파서'는 '고프다'의 어간 'ㅡ'가 어미 'ー아서' 앞에서 탈락한 예이다.

3 ④

'닭을'은 겹자음 'ㄺ' 뒤에 형식 형태소인 조사 '을'이 결합한 경우이므로, 자음군 단순화는 일어나지 않고 연음 법칙만 적용하여 [달글]로 발음해야 한다.

✖ 오답 피하기
① '흙 위'는 겹자음 'ㄺ' 뒤에 실질 형태소 '위'가 결합한 경우이므로, 자음군 단순화가 일어나 [흐귀]로 발음한다.

4 ④

'열ー+닫다 → 여닫다'는 '열다'의 어근 '열ー'과 '닫다'가 결합한 합성어에서 어근의 'ㄹ'이 탈락한 예이다. 그러나 다른 단어들은 용언의 활용에서 특정 어미가 결합할 때 어간 말 자음 'ㄹ'이 탈락한 예이다.

✖ 오답 피하기
① '알다'의 어간 '알ー'에 어미 'ー오'가 결합할 경우 'ㄹ'이 탈락하여 '아오'가 된다.
② '걸다'의 어간 '걸ー'에 어미 'ー는'이 결합할 경우 'ㄹ'이 탈락하여 '거는'이 된다.
③ '거칠다'의 어간 '거칠ー'에 어미 'ーㄴ'이 결합할 경우 'ㄹ'이 탈락하여 '거친'이 된다.
⑤ '밀다'의 어간 '밀ー'에 어미 'ーㅂ니까'가 결합할 경우 'ㄹ'이 탈락하여 '밉니까'가 된다.

1 ①
유형 자음군 단순화

㉠에 들어갈 단어는 끝소리에 위치한 겹자음 중 앞에 있는 자음만 발음되는 '값[갑]'과 '넋[넉]'이다. '닭[닥]', '삶[삼ː]'은 겹자음 중 뒤에 있는 자음이 발음되는 단어이다.

2 ②
유형 음운의 탈락

'낳다'는 모음으로 시작하는 어미 앞에서 'ㅎ' 탈락이 일어나는 단어로, '낳아[나아]'와 같이 발음된다. 그러나 음운의 탈락이 표기에는 반영되지 않아, 표기는 '낳아'로 한다.

✖ 오답 피하기
① '돌다'는 어간의 'ㄹ'이 'ㄴ'으로 시작하는 어미 앞에서 탈락되는 단어로, '돌ー+ー니 → 도니'와 같은 음운 변동이 일어난다.
③ '쓰다'는 어간의 모음 'ㅡ'가 모음으로 시작하는 어미 앞에서 탈락되는 단어로, '쓰ー+ー어 → 써'와 같은 음운 변동이 일어난다.
④ '가다'는 어간의 모음 'ㅏ'와 동일 음운이 연결될 때, 한 음운이 탈락되는 단어로, '가ー+ー아 → 가'와 같은 음운 변동이 일어난다.

⑤ ⓐ~ⓓ를 통해, 음운의 탈락에는 'ㄹ' 탈락이나 'ㅎ' 탈락과 같은 자음 탈락과, 'ㅡ' 탈락이나 'ㅏ / ㅓ' 탈락과 같은 모음 탈락이 있음을 알 수 있다.

3 ①

㉠의 비표준 발음과 ㉡의 표준 발음은 모두 '읽는[글는 → 글른]', '짧네[짤네 → 짤레]'처럼 자음군 단순화 후 '유음화'가 일어나고 있다. 이에 비해 ㉠의 표준 발음과 ㉡의 비표준 발음은 모두 '읽는[극는 → 긍는]', '짧네[짭네 → 짬네]'처럼 자음군 단순화 후 '비음화'가 일어나고 있다. 그리고 ㉢과 ㉣의 표준 발음 '끊기고[끈키고]'와 '뚫지[뚤치]'에서는 'ㅎ'과 'ㄱ'이 'ㅋ'으로, 'ㅎ'과 'ㅈ'이 'ㅊ'으로 축약되는 '거센소리되기'가 일어난다.

13 첨가 / 축약

1단계	개념 확인 문제	72쪽

1 ⑤　　**2** ⑤　　**3** ①　　**4** ②

1 ⑤
'불여우[불녀우 → 불려우]'는 'ㄴ' 첨가가 일어난 후, 'ㄴ'이 앞 음절의 종성 'ㄹ'의 영향을 받아 유음 [ㄹ]로 교체되는 단어이다. 따라서 첨가된 음운이 인접한 음운의 영향 때문에 교체되는 경우에 해당한다.

❌ 오답 피하기
① '막일[막닐 → 망닐]'은 'ㄴ' 첨가가 일어난 후 첨가된 'ㄴ'의 영향으로 앞 음절의 종성 'ㄱ'이 [ㅇ]으로 교체된 경우이다.
② '영업용[영업뇽 → 영엄뇽]'은 'ㄴ' 첨가가 일어난 후 첨가된 'ㄴ'의 영향으로 앞 음절의 종성 'ㅂ'이 [ㅁ]으로 교체된 경우이다.
③ '늦여름[늗여름 → 늗녀름 → 는녀름]'은 'ㄴ' 첨가가 일어난 후 첨가된 'ㄴ'의 영향으로 앞 음절의 종성 발음 [ㄷ]이 [ㄴ]으로 교체된 경우이다.
④ '구급약[구:급냑 → 구:금냑]'은 'ㄴ' 첨가가 일어난 후 첨가된 'ㄴ'의 영향으로 앞 음절의 종성 'ㅂ'이 'ㅁ'으로 교체된 경우이다.

2 ⑤
⑤에서 '래(來)'가 단어의 첫머리에서 발음될 때는 두음 법칙에 따라 'ㄹ'이 'ㄴ'으로 교체된다는 사실을 확인할 수 있다.

❌ 오답 피하기
① '수리 : 이발'에서 '리(理)'가 단어의 첫머리에서 발음될 때는 두음 법칙에 따라 'ㄹ'이 탈락한다는 사실을 확인할 수 있다.
② '은닉 : 익명'에서 '닉(匿)'이 단어의 첫머리에서 발음될 때는 두음 법칙에 따라 'ㄴ'이 탈락한다는 사실을 확인할 수 있다.

③ '급류 : 유행'에서 '류(流)'가 단어의 첫머리에서 발음될 때는 두음 법칙에 따라 'ㄹ'이 탈락한다는 사실을 확인할 수 있다.
④ '만년 : 연세'에서 '년(年)'이 단어의 첫머리에서 발음될 때는 두음 법칙에 따라 'ㄴ'이 탈락한다는 사실을 확인할 수 있다.

3 ①
'아니오[아니요]'는 반모음 첨가에 의해 '오'가 [요]로 발음되는 것이 허용되는 단어이다. 표준 발음법 제22항에서 표준 발음으로 허용하고 있는 반모음 첨가의 예로는, '되어[되어/되여]', '피어[피어/피여]', '이오[이오/이요]', '아니오[아니오/아니요]'가 있다.

❌ 오답 피하기
② '학교에[학교예]'는 반모음 'ㅣ'가 첨가되어 '에'가 [예]로 발음되고 있지만 표준 발음으로 인정되지 않는다.
③ '좋아요[조와요]'는 반모음 'ㅗ'가 첨가되어 '아'가 [와]로 발음되고 있지만, 표준 발음으로 인정되지 않는다.
④ '개었다[개엳따]'는 반모음 'ㅣ'가 첨가되어 '었'이 [옄]으로 발음되고 있지만, 표준 발음으로 인정되지 않는다.
⑤ '두어라[두워라]'는 반모음 'ㅜ'가 첨가되어 '어'가 [워]로 발음되고 있지만, 표준 발음으로 인정되지 않는다.

4 ②
'숱한[순한 → 수탄]'은 앞 음절의 끝소리인 'ㅌ'이 음절의 끝소리 규칙에 따라 'ㄷ'으로 바뀐 후, 뒤 음절 첫소리 'ㅎ'과 축약되어 'ㅌ'으로 바뀌는 거센소리되기 현상이 일어난 단어이다. 따라서 ㉮는 음절의 끝소리 규칙, ㉯는 거센소리되기에 해당한다.

2단계	대표 기출 문제	72~73쪽

1 ③　　**2** ④　　**3** ①

1 ③

㉡ '살피+어 → [살펴]'는 어간 '살피-'의 'ㅣ'가 반모음 'ㅣ'로 바뀐 뒤 어미 'ㅓ'와 결합하여 이중 모음 'ㅕ'가 된 예이며, ㉢ '배우+어 → [배워]'는 어간 '배우-'의 'ㅜ'가 반모음 'ㅜ'로 바뀐 뒤 어미 'ㅓ'와 결합하여 이중 모음 'ㅝ'가 된 예이다. 반면 ㉠ '기+어 → [기여]'는 첨가된 반모음 'ㅣ'와 어미 'ㅓ'가 결합한 예이며, ㉣ '나서+어 → [나서]'는 어간 '나서-'의 'ㅓ'가 같은 'ㅓ'로 시작하는 어미 앞에서 탈락한 예이다.

2 ④

'국물[궁물]'에서의 [궁]은 'ㄱ'이 [ㅇ]으로 바뀐 교체(비음화)의 결과이고, 음절 유형은 '자음+모음+자음'으로 〈보기〉에서 설명한 4에 해당되므로 '국[국]'과 같다.

❌ 오답 피하기

① '밥상[밥쌍]'에서의 [쌍]은 'ㅅ'이 [ㅆ]으로 바뀐 교체(된소리되기)의 결과이고, 음절 유형은 '자음+모음+자음'으로 '상[상]'과 같다.

② '집일[짐닐]'에서의 [닐]은 'ㄴ' 소리가 덧난 첨가('ㄴ' 첨가)의 결과이고, 음절 유형은 '자음+모음+자음'이다. 그러나 단일어인 '일[일]'의 음절 유형은 '모음+자음'이므로 음절 유형이 달라졌다고 볼 수 있다.

③ '의복함[의보캄]'에서의 [캄]은 앞 음절의 종성 'ㄱ'과 'ㅎ'이 합쳐진 축약(거센소리되기)의 결과이고, 음절 유형은 '자음+모음+자음'으로 '함[함]'과 같다.

⑤ '화살[화살]'에서의 [화]는 단일어인 '활'에서 'ㄹ'이 탈락한 결과이고, 음절 유형은 '자음+모음'이다. 그러나 단일어인 '활[활]'의 음절 유형은 '자음+모음+자음'이므로 음절 유형이 달라졌다고 볼 수 있다.

3 ①
유형 음운 변동의 결과

'흙하고[흑하고→흐카고]'는 자음군 단순화(탈락)에 의해 겹자음 'ㄺ' 중 'ㄹ'이 사라지고, 'ㄱ'과 뒤에 오는 'ㅎ'이 합쳐져 'ㅋ'이 되는 거센소리되기(축약)가 일어나면서 음운의 개수가 두 개 줄었다.

❌ 오답 피하기

② '저녁연기[저녁년기 → 저녕년기]'는 'ㄴ' 첨가(첨가)에 의해 'ㄴ' 소리가 덧나고, 앞 음절의 종성 'ㄱ'이 비음화(교체)에 의해 [ㅇ]으로 바뀌면서 음운의 개수가 한 개 늘었다.

③ '부엌문[부억문 → 부엉문]'과 '볶는[복는 → 봉는]'은 모두 음절의 끝소리 규칙(교체)과 비음화(교체)가 각각 일어난 단어로, 음운의 개수는 변하지 않았지만 두 번의 교체가 일어났다.

④ '없지[업지 → 업찌]'는 자음군 단순화(탈락)와 된소리되기(교체)가, '묽고[묵꼬 → 물꼬]'는 된소리되기(교체)와 자음군 단순화(탈락)가 차례로 일어난 단어로, 음운의 개수가 각각 한 개 줄었다.

⑤ '넓네[널네 → 널레]'는 자음군 단순화(탈락)와 유음화(교체)가, '밝는[박는 → 방는]'은 자음군 단순화(탈락)와 비음화(교체)가 일어난 단어로, 음운의 개수가 각각 한 개 줄었다.

1등급 완성 수능 기출 문제
80~89쪽

01 ①	02 ③	03 ②	04 ①	05 ④	06 ⑤
07 ③	08 ⑤	09 ②	10 ④	11 ④	12 ①
13 ①	14 ⑤	15 ②	16 ④	17 ⑤	18 ①
19 ②	20 ④	21 ⑤	22 ③	23 ③	24 ①
25 ④	26 ③	27 ⑤	28 ④	29 ①	30 ④
31 ④					

01 ①
유형 음운의 특징

제시된 자료에서 'ㅁ'은 코로 공기를 내보내는 비음이자 울림소리이며, 'ㅃ'은 파열음이라는 사실을 확인할 수 있다. 따라서

비음인 'ㅁ'이 파열음인 'ㅃ'보다 강하게 파열되며 나는 소리라는 이해는 적절하지 않다.

❌ 오답 피하기

② 안울림소리인 'ㅃ'과 달리, 'ㅁ'은 울림소리라는 사실을 확인할 수 있으므로 적절한 설명이다.

③ 파열음인 'ㅃ'과 달리, 'ㅁ'은 코로 공기를 내보내는 비음이라는 사실을 확인할 수 있으므로 적절한 설명이다.

④ 두 입술 사이에서 나는 소리가 가장 먼저 발달하며, 이 중 'ㅁ'이 'ㅃ'보다 습득이 더 빠르다는 사실을 확인할 수 있으므로 적절한 설명이다.

⑤ 자음은 공기의 흐름이 방해를 받는 소리라는 사실을 확인할 수 있으며, 자음 중 'ㅁ'과 'ㅃ'에 대해 설명하고 있으므로 적절한 내용이다.

02 ③
유형 단모음 체계

〈보기〉에 나타난 놀이의 승리 조건 중 첫 번째는 전설 모음을, 두 번째는 평순 모음을, 세 번째는 고모음을 의미한다. 이를 모두 만족시키는 모음은 'ㅣ'이다.

❌ 오답 피하기

① 'ㅔ'는 전설 모음, 평순 모음, 중모음이다.

② 'ㅜ'는 후설 모음, 원순 모음, 고모음이다.

④ 'ㅟ'는 전설 모음, 원순 모음, 고모음이다.

⑤ 'ㅏ'는 후설 모음, 평순 모음, 저모음이다.

03 ②
유형 단모음 체계

'게'와 '개'의 의미 차이를 만드는 음운은 'ㅔ'와 'ㅐ'이다. 'ㅔ'와 'ㅐ'는 혀의 높이(입의 개폐)에서 차이가 있다. 'ㅔ'는 중모음인 반면, 'ㅐ'는 저모음이다. 저모음은 입이 크게 열려서 혀의 위치가 낮은 것으로 '개모음'이라고도 하며, 중모음은 그보다는 입이 덜 열려서 혀의 위치가 중간인 것으로 '반개모음'이라고도 한다. 따라서 '개'를 발음할 때는 '게'에 비해 입을 더 크게 벌려서 혀의 높이를 낮추어야 한다.

❌ 오답 피하기

① 'ㅐ'와 'ㅔ'는 모두 평순 모음이기 때문에, 둘 다 입술을 동그랗게 오므리면 안 된다.

③ 'ㅔ'와 'ㅐ'는 모두 단모음이기 때문에, 둘 다 소리 내는 동안 입술과 혀가 움직이지 말아야 한다.

④ 'ㅐ'는 'ㅔ'와 마찬가지로 평순 모음이지만 저모음(개모음)이기 때문에, 'ㅔ'를 발음할 때보다 입을 더 크게 벌려야 한다.

⑤ 'ㅔ'와 'ㅐ'는 모두 전설 모음이기 때문에, 둘 다 혀의 최고점이 앞쪽에 있다는 느낌으로 발음해야 한다.

04 ①
유형 비음화

㉠은 음절의 끝소리 규칙이 적용된 후 일어나는 비음화에 대한 설명이며, ㉡은 자음군 단순화가 적용된 후 일어나는 비음화에 대한 설명이다. 각각의 경우에 해당하는 예를 찾으면, '깎는[깍는 → 깡는]'과 '흙만[흑만 → 흥만]'이 ㉠과 ㉡의 예로 적절하다.

② '끝물[끋물 → 끈물]'은 ㉠의 예로 적절하지만, '앉자[안자 → 안짜]'는 자음군 단순화를 겪은 후 된소리되기가 일어나므로 ㉡의 예로 적절하지 않다.

③ '듣는[든는]'은 비음화만 일어나므로 ㉠의 예로 적절하지 않고, '읊는[읖는 → 읍는 → 음는]'은 자음군 단순화와 음절의 끝소리 규칙을 모두 겪은 후 비음화가 일어나므로 역시 ㉡의 예로 적절하지 않다.

④ '숯내[숟내 → 순내]'는 ㉠의 예로 적절하지만, '닳은[다른]'은 'ㅎ' 탈락과 연음 법칙만 적용되고 있으므로 ㉡의 예로 적절하지 않다.

⑤ '앞마당[압마당 → 암마당]'은 ㉠의 예로 적절하지만, '값이[갑시 → 갑씨]'는 연음 법칙이 적용된 후 된소리되기가 일어나므로 ㉡의 예로 적절하지 않다.

05 ④　　　　　유형 음운 변동

A는 음운 변동은 일어났지만 음운의 수에 변화가 생기지 않은 '교체'에 해당한다. ㉣ '같이[가치]'는 구개음화에 의해 'ㅌ'이 'ㅊ'으로 교체되었고, ㉤ '난로[날:로]'는 유음화에 의해 'ㄴ'이 'ㄹ'로 교체되었으므로 A로 분류할 수 있다.

B는 음운의 수에 변화가 생겼지만 음운의 수가 줄지는 않고 오히려 늘어난 '첨가'에 해당한다. ㉠ '집안일[지반닐]'은 'ㄴ' 첨가가 이루어졌으므로 B로 분류할 수 있다.

C는 음운의 수가 줄었지만, 새로운 음운이 있지는 않은 '탈락'에 해당한다. ㉡ '좋은[조:은]'은 'ㅎ' 탈락이 일어났고, ㉥ '읊는[음:는]'은 자음군 단순화에 의해 'ㄹ'이 탈락했으므로 C로 분류할 수 있다.

D는 음운의 수가 줄면서 새로운 음운이 나타난 '축약'에 해당한다. ㉢ '않고[안코]'는 'ㅎ'과 'ㄱ'이 합쳐져 'ㅋ'으로 바뀐 거센소리되기(자음 축약)가 일어났으므로 D로 분류할 수 있다.

06 ⑤　　　　　유형 음운 변동

'꽃[꼳]'과 '부엌[부억]'은 인접한 음운의 영향 없이 일어난 음절의 끝소리 규칙의 결과이므로 ⓐ의 예로 적절하다. '곡물[공물]', '속는다[송는다]', '맏며느리[만며느리]'는 자음 'ㅁ'이나 'ㄴ'의 영향을 받아 각각 'ㅇ, ㄴ'으로 발음되는 자음 동화가 일어난 결과이므로 ⓑ의 예로 적절하다. '굳이[구지]'는 'ㄷ'이 모음 'ㅣ'의 영향을 받아 'ㅈ'으로 바뀌는 구개음화가 일어난 결과이므로 모음의 영향을 받은 경우이다.

07 ③　　　　　유형 구개음화

㉢ '굳히다[구티다 → 구치다]'와 '닫히다[다티다 → 다치다]'는 'ㅎ'이 탈락한 것이 아니라, 'ㄷ'과 'ㅎ'이 거센소리되기에 의해 'ㅌ'으로 축약된 후 형식 형태소의 'ㅣ' 모음 앞에서 구개음화가 일어난 것이다.

① ㉠ '맏이[마지]'와 '같이[가치]'는 구개음화에 의해 'ㄷ'이 'ㅈ'으로, 'ㅌ'이 'ㅊ'으로 바뀐 예로, 이를 통해 'ㄷ', 'ㅌ'이 끝소리일 때 구개음화가

일어난다는 사실을 알 수 있다.

② ㉡ '밭이[바치]'와 '밭을[바틀]'을 통해 'ㅌ'이 'ㅊ'으로 바뀌는 구개음화는 특정한 모음인 'ㅣ' 모음 앞에서 일어난다는 사실을 알 수 있다. '밭을[바틀]'은 구개음화가 아니라 연음이 일어난 것이다.

④ ㉣ '밑이[미치]'와 '끝인사[끄딘사]'를 통해 구개음화는 '인사'처럼 실질 형태소가 뒤에 올 때에는 일어나지 않는다는 사실을 알 수 있다.

⑤ ㉤ '해돋이[해도지]'와 '견디다[견디다]'를 통해, 어근 '돋-'과 접사 '-이'가 결합하는 상황에서는 구개음화가 일어나지만, 하나의 형태소인 어근 '견디-'에서는 구개음화가 일어나지 않는다는 사실을 알 수 있다.

08 ⑤　　　　　유형 음운 변동

(가)는 음절의 끝소리 규칙, (나)는 자음군 단순화에 대한 설명이다. '읊고[읖고 → 읍고 → 읍꼬]'는 자음군 단순화에 의해 겹자음 'ㄿ' 중 'ㄹ'이 탈락한 후, 음절의 끝소리 규칙에 의해 'ㅍ'이 'ㅂ'으로 바뀐 예이다. 따라서 (가)와 (나) 모두에 해당하는 음운 변동이 있으며, 그 뒤 된소리되기가 일어나고 있다.

① '꽂힌[꼬친]'은 앞 음절의 종성 'ㅈ'과 뒤 음절의 초성 'ㅎ'이 거센소리되기에 의해 'ㅊ'으로 축약한 예이므로, (가)와는 관계가 없다.

② '몫이[목씨]'는 겹자음 'ㄳ' 중 'ㅅ'이 뒤 음절로 연음된 후 된소리되기가 일어난 예이므로, (나)와는 관계가 없다.

③ '비옷[비옫]'은 음절의 끝소리 규칙이 일어난 예이므로, (나)가 아닌 (가)에 해당한다.

④ '않고[안코]'는 앞 음절의 종성 'ㅎ'과 뒤 음절의 초성 'ㄱ'이 거센소리되기에 의해 'ㅋ'으로 축약한 예이므로, (가), (나) 모두와 관계가 없다.

09 ②　　　　　유형 음운 변동

'안팎을[안파끌]'의 종성 'ㄲ'은 형식 형태소 '을' 앞에서 그대로 연음하여야 한다. 그런데 [안파글]은 음절의 끝소리 규칙을 적용하고 연음함으로써, 부정확한 발음이 된 것이다.

① '찰흙이[찰흘기]'의 종성 'ㄺ' 중 'ㄱ'은 형식 형태소 '이' 앞에서 그대로 연음하여야 한다. 그런데 자음군 단순화를 적용한 후 연음함으로써, [찰흐기]와 같은 부정확한 발음이 나타나게 된 것이다.

③ '넋이[넉씨]'의 종성 'ㄳ' 중 'ㅅ'은 형식 형태소 '이' 앞에서 그대로 연음하고 된소리로 발음해야 한다. 그런데 자음군 단순화를 적용한 후 연음함으로써, [너기]와 같은 부정확한 발음이 나타나게 된 것이다.

④ '끝을[끄틀]'의 종성 'ㅌ'은 형식 형태소 '을' 앞에서 그대로 연음하여야 한다. 그런데 구개음화를 적용한 후 연음함으로써, [끄츨]과 같은 부정확한 발음이 나타나게 된 것이다.

⑤ '숲에[수페]'의 종성 'ㅍ'은 형식 형태소 '에' 앞에서 그대로 연음하여야 한다. 그런데 음절의 끝소리 규칙을 적용한 후 연음함으로써, [수베]와 같은 부정확한 발음이 나타나게 된 것이다.

10 ④　　　　　유형 음운 변동

'맨입[맨닙]'과 같이 'ㄴ' 첨가가 일어난 예로 ㉠에 들어갈 단

어는 '논일[논닐]'이 되며, ㉡에 들어갈 '설날[설:랄]', '좋은[조:은]'에서 확인할 수 있는 유음화와 'ㅎ' 탈락이 함께 일어난 단어로 '닳는[달는 → 달른]'이 된다.

❌ 오답 피하기

① '논일[논닐]'은 ㉠의 예로 적절하지만, 음절의 끝소리 규칙, 'ㄴ' 첨가, 비음화가 일어난 '늦여름[늗여름 → 늗녀름 → 는녀름]'은 ㉡의 예로 적절하지 않다.

② '닳는[달른]'은 ㉡의 예로 적절하지만, 'ㅎ' 탈락이 일어난 '닿은[다은]'은 ㉠의 예로 적절하지 않다.

③ 유음화가 일어난 '칼날[칼랄]'은 ㉠의 예로 적절하지 않으며, 음절의 끝소리 규칙, 'ㄴ' 첨가, 비음화가 일어난 '나뭇잎[나묻입 → 나묻닙 → 나문닙]' 또한 ㉡의 예로 적절하지 않다.

⑤ 'ㅎ' 탈락이 일어난 '닿은[다은]'과 유음화만 일어난 '칼날[칼랄]'은 각각 ㉠과 ㉡의 예로 적절하지 않다.

11 ④　　　　　　　　　　　　　　　　유형 축약과 탈락

'크-+-어서 → 커서'는 어간의 모음 'ㅡ'가 'ㅓ'로 시작하는 어미 앞에서 탈락한 예로, 탈락이 모음에서 일어나는 경우에 해당된다. 따라서 ㉡과 ㉣에 해당한다.

❌ 오답 피하기

① '싫다[실타]'는 앞 음절의 종성 'ㅎ'과 뒤 음절의 초성 'ㄷ'이 거센소리되기에 의해 'ㅌ'으로 축약된 예로, ㉠과 ㉢에 해당된다.

② '좋아요[조:아요]'는 자음 'ㅎ'이 탈락한 예로, ㉡과 ㉢에 해당한다.

③ '울-+-는 → 우는'은 자음 'ㄹ'이 탈락한 예로, ㉡과 ㉢에 해당한다.

⑤ '나누-+-었다 → 나눴다'는 어간의 'ㅜ'가 반모음 'ㅜ'로 교체된 후 어미의 'ㅓ'와 결합하여 이중 모음 'ㅝ'를 이룬 예로, 모음 사이에서 이루어지는 음절 축약에 해당한다. 따라서 ㉠과 ㉣에 해당하는 것으로 볼 수 있다.

12 ①　　　　　　　　　　　　　　　　유형 음운 변동

'읽느라[익느라 → 잉느라]'는 자음군 단순화에 의해 겹자음 'ㄺ' 중 'ㄹ'이 탈락한 후, 비음화에 의해 'ㄱ'이 'ㅇ'으로 교체된 단어이다. 따라서 ㉠과 ㉡이 일어난 예이다.

❌ 오답 피하기

② '훑고서[훌꼬서]'는 겹자음 'ㄾ' 중 'ㅌ'이 음절의 끝소리 규칙에 의해 'ㄷ'으로 교체된 후, 종성 'ㄷ' 뒤에 있는 'ㄱ'이 된소리되기에 의해 교체되고, 이어서 'ㄷ'이 탈락한 단어로 볼 수 있다. 따라서 ㉠과 ㉢이 일어난 예이다.

③ '예삿일[예:삳닐 → 예:산닐]'은 음절의 끝소리 규칙에 의해 'ㅅ'이 'ㄷ'으로 교체되고, 'ㄴ'이 첨가된 후, 비음화에 의해 'ㄷ'이 'ㄴ'으로 교체된 단어이다. 따라서 ㉠과 ㉢이 일어난 예이다.

④ '알약을[알냑을 → 알략을 → 알랴글]'은 'ㄴ' 첨가가 일어난 후, 유음화에 의해 'ㄴ'이 'ㄹ'로 교체된 단어이다. 따라서 ㉠과 ㉢이 일어난 예이다.

⑤ '앓았다[알앋다 → 아랃따]'는 'ㅎ'이 탈락하고, 음절의 끝소리 규칙에 의해 'ㅆ'이 'ㄷ'으로 교체된 후, 된소리되기에 의해 'ㄷ'이 'ㄸ'으로 교체된 단어이다. 따라서 ㉠과 ㉡이 일어난 예이다.

13 ①　　　　　　　　　　　　　　　　유형 음운 변동

'맨입'의 발음이 [맨닙]으로 바뀌는 ⓐ는 'ㄴ' 첨가 현상이며, '국민'의 발음이 [궁민]으로 바뀌는 ⓑ는 비음화 현상에 해당한다. 따라서 ⓐ와 ⓑ가 모두 일어나는 단어는 '막일[막닐 → 망닐]'이다.

❌ 오답 피하기

② '담요[담:뇨]'는 'ㄴ' 첨가 현상만 일어난 단어이다.

③ '낙엽[나겹]'은 앞 음절의 종성 'ㄱ'이 뒤 음절의 초성으로 연음되었을 뿐, 음운 변동이 나타나지 않는 단어이다.

④ '곡물[공물]'은 비음화 현상만 일어난 단어이다.

⑤ '강약[강약/강냑]'은 아무 음운 변동 없이 그대로 발음할 수도 있고, 'ㄴ' 첨가 현상을 적용하여 [강냑]으로 발음할 수도 있는 단어이다.

14 ⑤　　　　　　　　　　　　　　　　유형 음운 변동

'논+일 → [논닐]'은 'ㄴ'으로 끝나는 형태소와 'ㅣ' 모음으로 시작하는 형태소가 결합할 때 'ㄴ'이 추가된 단어이므로, 음운 변동의 유형 중 첨가('ㄴ' 첨가)에 해당한다.

❌ 오답 피하기

① '줍+고 → [줍꼬]'는 'ㅂ'의 영향을 받아 'ㄱ'이 'ㄲ'으로 바뀐 단어이므로, 음운 변동의 유형 중 교체(된소리되기)에 해당한다.

② '넣+은 → [너:은]'은 'ㅎ'으로 끝나는 어간과 모음으로 시작하는 어미가 결합할 때 'ㅎ'이 없어진 단어이므로, 음운 변동의 유형 중 탈락('ㅎ' 탈락)에 해당한다.

③ '먹+는 → [멍는]'은 'ㄴ'의 영향을 받아 'ㄱ'이 'ㅇ'으로 바뀐 단어이므로, 음운 변동의 유형 중 교체(비음화)에 해당한다.

④ '쌓+지 → [싸치]'는 'ㅈ'이 'ㅎ'과 합쳐져서 'ㅊ'으로 줄어든 단어이므로, 음운 변동의 유형 중 축약(거센소리되기)에 해당한다.

15 ②　　　　　　　　　　　　　　　　유형 음운 변동

㉠ '흙일[흑일 → 흑닐 → 흥닐]'은 자음군 단순화(탈락), 'ㄴ' 첨가(첨가), 비음화(교체) 등 총 3회의 음운 변동이 일어난 단어이며, 음운의 개수에는 변화가 없다. ㉡ '닳는[달는 → 달른]'은 자음군 단순화(탈락), 유음화(교체) 등 총 2회의 음운 변동이 일어난 단어이며, 음운의 개수가 하나 줄어들었다. ㉢ '발야구[발냐구 → 발랴구]'는 'ㄴ' 첨가(첨가), 유음화(교체) 등 총 2회의 음운 변동이 일어난 단어이며, 음운의 개수가 하나 늘어났다. 따라서 ㉠~㉢에 공통적으로 일어난 음운 변동은 교체이다. 첨가는 ㉡에서 일어나지 않았다.

16 ④　　　　　　　　　　　　　　　　유형 음운 변동

동화는 조음 위치나 조음 방법이 같은 음운으로 바뀌는 현상으로, 비음화, 유음화, 구개음화 등이 이에 해당한다. ㉣ '뽑+느라 → [뽐느라]'는 파열음 'ㅂ'이 뒤에 위치한 비음 'ㄴ'의 영향으로 조음 방법이 같은 비음 'ㅁ'으로 바뀌었으므로 동화에 해당한다.

① 동화는 인접한 음운과 비슷한 음운으로 바뀌는 것인데, ㉠은 'ㄱ'이 인접한 음운 'ㄷ'과 비슷한 성격의 음운으로 바뀐 것이 아니라 'ㄲ'으로 바뀌었다. 즉, 동화가 아니라 된소리되기이다.

② ㉡은 'ㅎ'이 인접한 음운 'ㄱ'과 합쳐져서 'ㅋ'으로 축약된 것이므로 동화에 해당하지 않는다. 또한 'ㅎ'은 거센소리가 아니다.

③ ㉢은 동화로 볼 수 있다. 그러나 '훑네[훌너 → 훌레]'는 겹자음 'ㄸ' 중 'ㅌ'이 탈락한 후, 'ㄴ'이 인접한 음운 'ㄹ'의 영향을 받아 'ㄹ'로 바뀐 것(유음화)이므로, 'ㅌ'의 영향을 받았다는 설명은 적절하지 않다.

⑤ ㉤은 동화가 아니라 된소리되기가 일어난 단어이다. '넓더라[넓떠라 → 널떠라]'는 'ㅂ' 뒤의 'ㄷ'이 'ㄸ'으로 바뀐 뒤, 겹자음 'ㄼ'의 'ㅂ'이 탈락한 것이므로 'ㅂ'이 'ㄷ'으로 바뀌었다는 설명은 적절하지 않다.

17 ⑤　　　　　　　　　　　　　　　유형 음운 변동

'잃＋지 → [일치]'에서는 앞 음절의 'ㅎ'과 뒤 음절의 'ㅈ'이 거센소리되기에 의해 'ㅊ'으로 축약되었다. 그러나 ㄹ에서는 '읽고[읽꼬 → 글꼬]'와 같이 된소리되기와 자음군 단순화가 차례로 일어나고 있다. 따라서 ㄹ에 자음이 축약된 음운 변동이 있다는 설명은 적절하지 않다.

① '값＋도 → [갑또]'에서는 겹자음 중 한 개의 자음이 탈락하는 자음군 단순화와 된소리되기가 일어난다. 그리고 '맑네[막네 → 망네]'와 같이 자음군 단순화와 비음화가 일어나는 ㉠에서도 겹자음 중 한 개의 자음이 탈락하는 음운 변동(자음군 단순화)이 일어난다.

② '입＋니 → [임니]'에서는 'ㅂ'이 인접하는 자음 'ㄴ'과 조음 방법이 같은 비음 'ㅁ'으로 바뀌는 비음화가 일어난다. 그리고 '맑네[막네→망네]', '꽃말[꼳말 → 꼰말]'과 같이 ㉠과 ㉡에서도 모두 비음화가 일어난다.

③ '물약[물냑 → 물략]'에서는 'ㄴ' 첨가가 일어난 후 'ㄴ'이 인접한 'ㄹ'의 영향으로 'ㄹ'로 바뀌는 유음화가 일어남으로써 자음의 교체가 이루어진다. 그리고 '낮일[낟일 → 낟닐 → 난닐]'처럼 음절의 끝소리 규칙과 'ㄴ' 첨가, 비음화가 차례로 일어나는 ㉡에서도 자음의 교체가 이루어진다.

④ '팥＋죽 → [팓쭉]'에서는 음절 끝의 'ㅌ'이 'ㄷ'으로 교체되는 음절의 끝소리 규칙과 된소리되기가 일어나는데, 음절의 끝소리 규칙은 음절 끝에 올 수 있는 자음이 제한되어 있기 때문에 일어나는 음운 변동이다. '낮일[낟일 → 난닐]', '꽃말[꼳말 → 꼰말]'에서도 음절 끝의 'ㅈ'과 'ㅊ'이 'ㄷ'으로 바뀌는 음절의 끝소리 규칙이 일어난다.

18 ①　　　　　　　　　　　　　　　유형 음운 변동

출력된 '끄너지다'는 '끊어지다'의 겹자음 'ㄶ' 중 'ㅎ'이 자음군 단순화에 의해 탈락하는 현상을 분석하지 못한 결과이다. 출력된 '업쌔다'는 '없애다'의 겹자음 'ㅄ' 중 'ㅅ'이 연음될 때 된소리되기에 의해 'ㅆ'으로 교체되는 현상을 분석하지 못한 결과이다. 출력된 '피부치'는 '피붙이'의 'ㅌ'이 구개음화에 의해 'ㅊ'으로 교체되는 현상을 분석하지 못한 결과이다. 출력된 '우더른'은 '웃어른'의 'ㅅ'이 음절의 끝소리 규칙에 의해 'ㄷ'으로 교체

된 후 연음되는 현상을 분석하지 못한 결과이다. 출력된 '암탁'은 '암탉'의 겹자음 'ㄺ' 중 'ㄹ'이 자음군 단순화에 의해 탈락하는 현상을 분석하지 못한 결과이다. 따라서 프로그램이 분석하지 못한 음운 변동 현상은 ㉠과 ㉡이다.

19 ②　　　　　　　　　　　　　　　유형 반모음화

'살피－＋－어 → [살펴]'는 반모음화가 일어난 사례로, 어간 '살피－'의 모음 'ㅣ'가 반모음 'ĭ'로 교체된 후, 어미의 모음 'ㅓ'와 결합하여 이중 모음 'ㅕ'를 만든 것이다. 따라서 ㉠의 예로 적절하다.

① '뛰－＋－어 → [뛰여]'는 반모음 첨가가 일어난 사례로, 어미의 모음 'ㅓ' 앞에 반모음 'ĭ'가 첨가되어 이중 모음 'ㅕ'를 만든 것이다.

③ '치르－＋－어 → [치러]'는 모음 탈락이 일어난 사례로, 어간의 모음 'ㅡ'가 모음으로 시작하는 어미 앞에서 탈락한 것이다.

④ '끼－＋－어 → [끼여]'는 반모음 첨가가 일어난 사례로, 어미의 모음 'ㅓ' 앞에 반모음 'ĭ'가 첨가되어 이중 모음 'ㅕ'를 만든 것이다.

⑤ '자－＋－아서 → [자서]'는 모음 탈락이 일어난 사례로, 어간의 모음 'ㅏ'가 같은 'ㅏ' 모음으로 시작하는 어미 '－아서' 앞에서 탈락한 것이다.

20 ④　　　　　　　　　　　　　　　유형 반모음화

'견디－＋－어서 → [견뎌서]'는 반모음화가 일어난 사례로, 어간 '견디－'의 모음 'ㅣ'가 반모음 'j'로 교체된 후, 어미의 모음 'ㅓ'와 결합하여 이중 모음 'ㅕ'를 만든 것이다. 따라서 단모음이 반모음 'j'로 교체된 예로 적절하다.

① '뛰－＋－어 → [뛰여]'는 반모음 첨가가 일어난 사례로, 어미의 모음 'ㅓ' 앞에 반모음 'j'가 첨가되어 이중 모음 'ㅕ'를 만든 것이다.

② '차－＋－아도 → [차도]'는 모음 탈락이 일어난 사례로, 어간의 모음 'ㅏ'가 같은 'ㅏ' 모음으로 시작하는 어미 '－아도' 앞에서 탈락한 것이다.

③ '잠그－＋－아 → [잠가]'는 모음 탈락이 일어난 사례로, 어간의 모음 'ㅡ'가 모음으로 시작하는 어미 앞에서 탈락한 것이다.

⑤ '키우－＋－어라 → [키워라]'는 반모음화가 일어난 사례로, 어간 '키우－'의 모음 'ㅜ'가 반모음 'w'로 교체된 후, 어미의 모음 'ㅓ'와 결합하여 이중 모음 'ㅝ'를 만든 것이다.

21 ⑤　　　　　　　　　　　　　　　유형 음운 변동

'먹물[멍물]', '중력[중녁]', '집념[짐념]'은 비음화, '칼날[칼랄]'은 유음화, '톱밥[톱빱]'은 된소리되기가 일어난다. 이 중에서 뒤 음절의 초성 자리에 놓인 음운이 바뀌는 단어(㉠)는 '중력[중녁]', '칼날[칼랄]', '톱밥[톱빱]'이고, 앞 음절의 종성 자리에 놓인 음운이 바뀌는 단어(㉡)는 '먹물[멍물]', '집념[짐념]'이다.

22 ③　　　　　　　　　　　　　　　유형 구개음화

구개음화는 'ㄷ', 'ㅌ'이 'ㅣ'나 반모음 'ĭ'로 시작하는 형식 형

태소와 만나 [ㅈ], [ㅊ]으로 바뀌는 현상이다. '끝인사'는 '끝'의 받침 'ㅌ'이 'ㅣ'로 시작하는 실질 형태소 '인사'를 만났기 때문에 구개음화가 일어나지 않고 음절의 끝소리 규칙과 연음 법칙이 적용되어 [끄딘사]로 발음된다. '곧이'의 '-이'는 부사를 만들어 주는 접사로, 형식 형태소이므로 '곧이'는 [고지]로 발음된다. '곧이어'의 '이어'는 부사로 실질 형태소이므로 '곧이어'는 구개음화가 일어나지 않고 연음 법칙이 적용되어 [고디어]로 발음된다.

23 ③
유형 최소 대립쌍

최소 대립쌍은 다른 모든 소리는 같고 단 하나의 소리 차이로 의미가 구별되는 단어의 쌍이다. 그러므로 ㉠에 들어갈 단어는 앞사람이 말한 '달'과도 하나의 소리만 달라야 하고, 뒷사람이 말한 '굴'과도 하나의 소리만 달라야 한다. 따라서 ㉠에 들어갈 단어는 '둘'로, '달'과 '둘'은 'ㅏ'와 'ㅜ'만 다를 뿐 'ㄷ'과 'ㄹ'이 똑같은 최소 대립쌍이며, '둘'과 '굴'도 'ㄷ'과 'ㄱ'만 다를 뿐 'ㅜ'와 'ㄹ'이 똑같은 최소 대립쌍이다.

24 ①
유형 음운 변동

첫 번째 조건인 '비음이 아닌 음운이 인접한 비음의 영향으로 [ㅁ, ㄴ, ㅇ] 중 하나로 변화했는가?'는 비음화에 대한 설명이다. 두 번째 조건인 '예사소리인 초성이 앞 음절의 종성 [ㄱ, ㄷ, ㅂ]의 영향으로 된소리로 변화했는가?'는 된소리되기에 대한 설명이다. ㉠은 첫 번째 조건인 비음화와 두 번째 조건인 된소리되기를 모두 충족하는 단어이다. '옷맵시[온맵씨]'는 음절의 끝소리 규칙, 비음화, 된소리되기가 일어나 [온맵시 → 온맵시 → 온맵씨]의 과정을 거치므로 ㉠에 해당한다. ㉡은 첫 번째 조건인 비음화는 충족하면서 두 번째 조건인 된소리되기는 충족하지 않는 단어이다. '꽃말[꼰말]'은 음절의 끝소리 규칙과 비음화가 일어나 [꼳말 → 꼰말]의 과정을 거치므로 ㉡에 해당한다.

❌ 오답 피하기
② '덮개[덥개 → 덥깨]'는 음절의 끝소리 규칙과 된소리되기가 일어나므로 ㉠에 해당하는 단어가 아니다. '묵념[뭉념]'은 비음화가 일어나므로 ㉡에 해당하는 단어이다.
③ '부엌문[부억문 → 부엉문]'은 음절의 끝소리 규칙과 비음화가 일어나므로 ㉠에 해당하는 단어가 아니다. '앞날[압날 → 암날]'은 음절의 끝소리 규칙과 비음화가 일어나므로 ㉡에 해당하는 단어이다.
④ '광안리[광알리]'는 유음화가 일어나므로 ㉠에 해당하는 단어가 아니다. '권력가[궐력가 → 궐력까]'는 유음화와 된소리되기가 일어나므로 ㉡에 해당하는 단어가 아니다.
⑤ '귓속말[귇속말 → 귇쏙말 → 귇쏭말]'은 음절의 끝소리 규칙과 된소리되기, 비음화가 일어나고, '습득물[습뜩물 → 습뜽물]'도 된소리되기와 비음화가 일어나므로 모두 ㉠에 해당하는 단어이다.

25 ④
유형 음운 변동

'해맑다[해막따 → 해막따]'는 된소리되기에 의해 'ㄷ'이 [ㄸ]으로 교체되고, 자음군 단순화에 의해 'ㄺ'의 'ㄹ'이 탈락되는 단어이다. 탈락으로 인해 음운의 개수가 8개에서 7개로 줄어든다.

❌ 오답 피하기
① '샅샅이[샅샅이 → 샅쌑이 → 샅싸치]'는 음절의 끝소리 규칙에 의해 'ㅌ'이 [ㄷ]으로 교체되고, 된소리되기에 의해 'ㅅ'이 [ㅆ]으로 교체되며, 구개음화에 의해 'ㅌ'이 [ㅊ]으로 교체되는 단어로, 교체만 세 번 일어나는 단어이다. 음운의 개수는 변하지 않는다.
② '넓히다[널피다]'는 거센소리되기에 의해 'ㅂ'과 'ㅎ'이 [ㅍ]으로 축약되는 단어이다. 축약으로 인해 음운의 개수가 하나 줄어든다.
③ '교육열[교육녈 → 교융녈]'은 합성어에서 [ㄴ]의 첨가가 일어나고, 첨가된 [ㄴ]의 영향으로 비음화가 일어나 'ㄱ'이 [ㅇ]으로 교체되는 단어이다. 첨가로 인해 음운의 개수가 하나 늘어난다.
⑤ '국화꽃[구콰꽃 → 구콰꼳]'은 거센소리되기에 의해 'ㄱ'과 'ㅎ'이 [ㅋ]으로 축약되고, 음절의 끝소리 규칙에 의해 'ㅊ'이 [ㄷ]으로 교체되는 단어이다. 축약으로 인해 음운의 개수가 하나 줄어든다.

26 ③
유형 음운 변동

'값없이[갑없이 → 가법시 → 가법씨]'는 자음군 단순화로 탈락이 한 번, 된소리되기로 교체가 한 번 일어나는 단어이고, ⓒ '칡넝쿨[칙넝쿨 → 칭넝쿨]'은 자음군 단순화로 탈락이 한 번, 비음화로 교체가 한 번 일어나는 단어이다.

❌ 오답 피하기
① '백합화[배캅화 → 배카콰]'는 'ㄱ'과 'ㅎ'의 축약과 'ㅂ'과 'ㅎ'의 축약으로 축약만 두 번 일어나는 단어이다. ⓐ '국화꽃[구콰꽃 → 구콰꼳]'은 'ㄱ'과 'ㅎ'의 축약이 한 번, 된소리되기로 교체가 한 번 일어나는 단어이다.
② '샅샅이[샅샅이 → 샅쌑이 → 샅싸치]'는 음절의 끝소리 규칙, 된소리되기, 구개음화로 교체가 세 번 일어나는 단어이다. ⓑ '옆집[엽집 → 엽찝]'은 음절의 끝소리 규칙, 된소리되기로 교체가 두 번 일어나는 단어이다.
④ '몫몫이[목몫이 → 몽몫이 → 몽목씨]'는 비음화와 된소리되기로 교체가 두 번, 자음군 단순화로 탈락이 한 번 일어나는 단어이다. ⓓ '삯일[삭일 → 삭닐 → 상닐]'은 자음군 단순화로 탈락이 한 번, [ㄴ] 첨가로 첨가가 한 번, 비음화로 교체가 한 번 일어나는 단어이다.
⑤ '백분율[백뿐율 → 백뿐뉼]'은 된소리되기로 교체가 한 번, [ㄴ] 첨가로 첨가가 한 번 일어나는 단어이다. ⓔ '호박엿[호박녓 → 호방녓 → 호방녇]'은 음절의 끝소리 규칙과 비음화로 교체가 두 번, [ㄴ] 첨가로 첨가가 한 번 일어나는 단어이다.

27 ⑤
유형 음운 변동

㉠은 'ㄴ + ㄹ → [ㄹ] + [ㄹ]'인 경우, ㉡은 'ㄹ + ㄴ → [ㄹ] + [ㄹ]'인 경우, ㉢은 'ㄴ + ㄹ → [ㄴ] + [ㄴ]'인 경우에 해당한다. '불놀이[불로리]'는 유음화와 연음 법칙이 일어나는 단어이다. 'ㄹ + ㄴ → [ㄹ] + [ㄹ]'인 경우에 해당하는, 즉 'ㄹ'의 뒤에서 'ㄴ'이 [ㄹ]로 발음되는 단어이므로 ㉡만 적용된다.

❌ 오답 피하기
① '신라[실라]'는 'ㄴ + ㄹ → [ㄹ] + [ㄹ]'인 경우에 해당하는, 즉 'ㄹ'의

앞에서 'ㄴ'이 [ㄹ]로 발음되는 단어로 ㉠만 적용된다.
② '칼날[칼랄]'은 'ㄹ + ㄴ → [ㄹ] + [ㄹ]'인 경우에 해당하는, 즉 'ㄹ'의 뒤에서 'ㄴ'이 [ㄹ]로 발음되는 단어로 ㉡만 적용된다.
③ '생산량[생산냥]'은 'ㄴ + ㄹ → [ㄴ] + [ㄴ]'인 경우에 해당하는, 즉 'ㄴ' 뒤에서 'ㄹ'이 [ㄴ]으로 발음되는 단어로 ㉢만 적용된다.
④ '물난리[물란리 → 물랄리]'는 'ㄴ + ㄹ → [ㄹ] + [ㄹ]'와 'ㄹ + ㄴ → [ㄹ] + [ㄹ]'인 경우에 해당하는, 즉 'ㄹ'의 앞이나 뒤에서 'ㄴ'이 [ㄹ]로 발음되는 단어로 ㉠과 ㉡이 모두 적용된다.

28 ④   유형 음운 변동

'벽난로[병난로 → 병날로]'는 첫째 음절의 종성에서 'ㄱ'이 [ㅇ]으로 바뀌는 비음화가 일어난 후, 둘째 음절의 종성 위치에서 'ㄴ'이 [ㄹ]로 바뀌는 유음화가 일어난다. 둘째 음절의 초성 위치에서는 음운 변동이 일어나지 않는다.

✖ 오답 피하기

① '옷고름[옫고름 → 옫꼬름]'은 첫째 음절의 종성 위치에서 음절의 끝소리 규칙이, 둘째 음절의 초성 위치에서 된소리되기가 일어나는 단어이다. 음절의 끝소리 규칙과 된소리되기는 모두 교체 현상이므로 음운의 개수는 변하지 않는다.
② '색연필[색년필 → 생년필]'은 첨가된 [ㄴ]으로 인해 첫째 음절의 종성 'ㄱ'이 [ㅇ]으로 바뀌는 단어이다. 파열음 'ㄱ'이 비음인 [ㅇ]으로 바뀌는 비음화는 조음 방법이 변하는 음운 변동이다.
③ '꽃망울[꼳망울 → 꼰망울]'은 음절의 끝소리 규칙에 의해 첫째 음절의 종성 'ㅊ'이 [ㄷ]으로 교체된 후, 다시 비음화에 의해 [ㄴ]으로 교체되는 단어이다. 따라서 첫째 음절의 종성에서만 음운 변동이 두 번 일어난다.
⑤ '벼훑이[벼훌치]'는 'ㅌ'이 [ㅊ]으로 바뀌는 구개음화가 일어나는 단어이다. 치조음인 'ㅌ'이 경구개음인 [ㅊ]으로 바뀌는 것은 조음 위치의 변화이고, 파열음인 'ㅌ'이 파찰음인 [ㅊ]으로 바뀌는 것은 조음 방법의 변화이므로 '벼훑이[벼훌치]'는 조음 위치와 조음 방법이 모두 변하는 음운 변동이 일어난다.

29 ①   유형 음운 변동

ⓐ '뜨-+-어서 → 떠서[떠서]'는 모음 'ㅡ'가 탈락하는 단어이므로 ㉮에 해당한다. ⓒ '좋-+-아 → 좋아[조:아]'는 자음 'ㅎ'이 탈락하는 단어이면서 음운 변동의 결과가 표기 '좋아'에 반영되지 않으므로 ㉯에 해당한다. ⓑ '둥글-+-ㄴ → 둥근[둥근]'은 자음 'ㄹ'이 탈락하는 단어이면서 음운 변동의 결과가 표기 '둥근'에 반영되므로 ㉰에 해당한다.

30 ④   유형 된소리되기

'안겨라'는 '안다'에 피동 접사 '-기-'가 결합한 '안기다'의 어간 '안기-'에 어미 '-어라'가 결합한 것이다. 피동 접사가 결합한 경우이므로 'ㄴ' 뒤의 'ㄱ'이 된소리로 바뀌지 않는다.

✖ 오답 피하기

① '푼다'는 '풀다'의 어간 '풀-'에 선어말 어미 '-ㄴ-'과 어말 어미 '-다'가 결합한 것이다. 'ㄴ'과 'ㄷ'이 모두 어미에 속해 있는 소리이기 때문에 'ㄴ' 뒤의 'ㄷ'이 된소리로 바뀌지 않는다.
② '여름도'는 체언 '여름'에 조사 '도'가 결합한 것이다. 'ㅁ'과 'ㄷ'이 체언과 조사가 결합하면서 이어진 소리이기 때문에 'ㅁ' 뒤의 'ㄷ'이 된소리로 바뀌지 않는다.
③ '잠가'는 '잠그다'의 어간 '잠그-'에 어미 '-아'가 결합하면서 'ㅡ' 탈락이 일어난 것이다. 'ㅁ'과 'ㄱ'이 모두 하나의 형태소인 '잠그-'에 속해 있기 때문에 'ㅁ' 뒤의 'ㄱ'이 된소리로 바뀌지 않는다.
⑤ '큰지'는 '크다'의 어간 '크-'에 어미 '-ㄴ지'가 결합한 것이다. 'ㄴ'과 'ㅈ'은 모두 어미에 속해 있는 소리로, 어간과 어미가 결합하면서 이어진 소리가 아니기 때문에 'ㄴ' 뒤의 'ㅈ'이 된소리로 바뀌지 않는다.

31 ④   유형 음운 변동

'읽고[일꼬]'는 자음군 단순화와 된소리되기가 모두 일어난 단어이다. 그런데 자음군 단순화가 먼저 일어나서 '읽고[일고]'가 된다고 보면, 종성 [ㄹ] 뒤에서 'ㄱ'이 된소리로 발음되는 것을 설명할 수 없다. [자료]를 확인해 볼 때, [ㄹ] 뒤는 된소리되기가 일어나는 조건이 아니기 때문이다. 따라서 '읽고'는 [읽꼬] → [일꼬]의 순서로, 즉 겹자음 'ㄺ' 중 뒤의 자음인 'ㄱ'으로 인해 둘째 음절의 초성이 [ㄲ]으로 바뀌고, 그 후 자음군 단순화가 일어나서 'ㄺ' 중 'ㄱ'이 탈락한다고 보아야 최종 발음을 설명할 수 있다.

시험 대비 **내신 기출 문제**   90~93쪽

| 01 ② | 02 ④ | 03 ④ | 04 ③ | 05 ① | 06 ⑤ |
| 07 ③ | 08 ⑤ | 09 ② | 10 ① | 11 ④ | 12 ④ |

01 ②   유형 음운 변동

㉠은 앞 음절 종성의 파열음 'ㄱ'과 'ㅂ'이 인접한 음운인 비음 'ㅁ' 앞에서 각각 조음 방식이 동일한 비음 [ㅇ]과 [ㅁ]으로 바뀐 것이며, ㉡은 비음 'ㄴ'이 인접한 음운인 유음 'ㄹ'의 앞이나 뒤에서 조음 방식이 동일한 유음 [ㄹ]로 바뀐 것이다. 따라서 ㉠과 ㉡은 인접한 음운과 동일한 조음 방식으로 바뀐다는 공통점이 있다.

✖ 오답 피하기

① ㉠은 앞 음절 자음(종성)의 조음 방식만 바뀐 것이지만, ㉡은 앞 음절 자음 'ㄷ'과 'ㅌ'이 각각 조음 방식과 조음 위치가 모두 다른 자음 [ㅈ]과 [ㅊ]으로 바뀐 것이다.
③ ㉠은 비음 'ㅁ' 앞에 있는 'ㄱ'과 'ㅂ'이 각각 비음 [ㅇ]과 [ㅁ]으로 바뀐 것이지만, ㉣은 어간의 받침 'ㄵ([ㄴ])'이나 'ㅁ' 뒤에서 예사소리 'ㄷ'과 'ㅈ'이 된소리 [ㄸ]과 [ㅉ]으로 바뀐 것이다.

④ ㉡은 앞 음절 종성 ‘ㄷ’과 ‘ㅌ’이 인접한 음운인 ‘ㅣ’ 모음 앞에서 각각 [ㅈ]과 [ㅊ]으로 바뀐 것이며, ㉢의 ‘신래[실라]’도 앞 음절 종성 ‘ㄴ’이 인접한 음운인 ‘ㄹ’ 앞에서 [ㄹ]로 바뀐 것이다. 그러나 ㉢의 ‘칼날[칼랄]’은 앞 음절 종성이 아니라 뒤 음절 초성이 인접한 음운인 ‘ㄹ’ 뒤에서 [ㄹ]로 바뀐 것이다.

⑤ ㉢의 ‘신래[실라]’와 ‘칼날[칼랄]’, ㉣의 ‘닳지[달찌]’는 모두 한 개의 음운만 바뀐다는 공통점이 있다. 그러나 ㉣의 ‘앉다[안따]’는 자음군 단순화에 따라 겹받침의 ‘ㅈ’이 탈락하고, 뒤 음절 초성 ‘ㄷ’이 [ㄸ]으로 바뀐 것이므로, 두 개의 음운이 바뀐 것이다.

02 ④　　　　　　　　　　　　　　　유형 음운 변동

ⓐ ‘앉히다[안치다]’의 [치]는 ‘ㅈ’과 ‘ㅎ’이 축약되어 발음된 것이며, ⓑ ‘훑이다[훌치다]’의 [치]는 ‘ㅌ’이 ‘ㅣ’ 모음 앞에서 [ㅊ]으로 교체(구개음화)되어 발음된 것이다.

❌ 오답 피하기

①, ③ ㉠은 ⓐ에서 ‘축약’이, ⓑ에서 ‘교체’가 일어나 발음된 것이다.

②, ⑤ ⓒ ‘낮대[날익다 → 낟늑다 → 난늑다 → 난늑따]’의 [늑]은 ‘ㄴ’이 첨가되어 발음된 것이며, ⓓ ‘빈익빈[비닉삔]’의 [닉]은 앞 음절 종성 ‘ㄴ’이 연음되어 발음된 것이다. 그러나 연음 법칙은 ‘교체’, ‘첨가’, ‘탈락’, ‘축약’ 중 어느 음운 변동에도 해당하지 않는다.

03 ④　　　　　　유형 된소리되기와 자음군 단순화

‘닭도[닥또]’는 ‘ㄱ’ 뒤에서 예사소리 ‘ㄷ’이 된소리 [ㄸ]으로 바뀐 것으로, 자음군 단순화에 따라 ‘ㄹ’이 탈락한 다음 된소리되기가 일어나든, 된소리되기가 일어난 다음에 ‘ㄹ’이 탈락하든 표준 발음 [닥또]로 동일하게 발음된다. 그러나 ‘핥고[핥고 → 핥꼬 → 할꼬]’는 ‘ㅌ’이 음절의 끝소리 규칙에 의해 ‘ㄷ’으로 바뀌고 ‘ㄷ’ 뒤에서 ‘ㄱ’이 [ㄲ]으로 바뀌는 과정을 거쳐야 표준 발음 [할꼬]로 발음될 수 있다. 즉 된소리되기가 먼저 적용되어야 표준 발음으로 발음되는 것이다. 만약 자음군 단순화가 먼저 적용될 경우, 된소리되기가 일어날 근거가 사라져 표준 발음이 아닌 [할고]로 발음된다.

❌ 오답 피하기

① ‘흙과[흑꽈]’와 ‘읊고[읍꼬]’는 모두 ㉠의 예이다.

② ‘읽고[읽꼬 → 일꼬]’와 ‘핥고[핥고 → 핥꼬 → 할꼬]’는 모두 ㉡의 예이다. 둘 다 자음군 단순화가 먼저 적용될 경우, 된소리되기가 일어날 근거가 사라져 표준 발음이 아닌 [일고], [할고]로 각각 발음된다.

③ ‘핥고[핥고 → 핥꼬 → 할꼬]’는 ㉡의 예이고, ‘흙과[흑꽈]’는 ㉠의 예이다.

⑤ ‘읽고[읽꼬 → 일꼬]’는 ㉡의 예이고, ‘닭도[닥또]’는 ㉠의 예이다.

04 ③　　　　　　　　　　　　　　　유형 구개음화

ⓐ에 들어갈 것은 ‘(ㄷ 또는 ㅌ)+ㅣ’의 연쇄가 한 형태소 내부에 있는 단어로 ‘견디다’, ‘디디다’, ‘느티나무’이며, ⓑ에 들어갈 것은 ‘ㄷ 또는 ㅌ’ 뒤에 오는 ‘ㅣ’로 시작하는 형태소에 문법적인 의미가 있는 단어로 ‘밭이다’, ‘곧이듣다’, ‘붙임표’이며 구개음화가 일어난다. ⓒ에 들어갈 것은 ‘ㄷ 또는 ㅌ’ 뒤에 오는

‘ㅣ’로 시작하는 형태소에 실질적인 의미가 있는 단어로 ‘곧이어’, ‘끝일’, ‘겉잎’이다.

05 ①　　　　　　　　　　　　　　　유형 음운 변동

‘맨입[맨닙]’과 ‘식용유[시굥뉴]’는 모두 ‘ㄴ’ 첨가가 한 번씩 일어나므로 좌표상의 위치는 ㉮이다.

❌ 오답 피하기

② ‘알약[알냑 → 알략]’은 첨가와 교체가 한 번씩 일어나므로 좌표상의 위치는 ㉯이다. 그러나 ‘송별연[송:벼련]’은 연음 법칙만 적용될 뿐 다른 음운 변동이 일어나지 않으므로 좌표상의 위치가 별표 자리에서 변하지 않는다.

③ ‘덧입다[덛입다 → 덛닙다 → 던닙다 → 던닙따]’는 한 번의 첨가(‘ㄴ’ 첨가)와 세 번의 교체(음절의 끝소리 규칙, 비음화, 된소리되기)가 일어나므로 좌표상의 위치가 ㉯보다 오른쪽으로 한 칸 이동해야 한다.

④ ‘낳아[나아]’와 ‘역할[여칼]’은 모두 좌표상의 위치가 ㉰이지만, ‘ㄱ’과 ‘ㅎ’이 만나 [ㅋ]으로 축약이 일어난 ‘역할’과 달리 ‘낳아’는 ‘ㅎ’ 탈락이 일어난 단어이다.

⑤ ‘난리[날:리]’와 ‘협력[협력 → 혐녁]’처럼 교체만 일어난 단어는 좌표상의 위치가 별표 자리에서 교체가 일어난 횟수만큼 오른쪽으로 이동해야 한다.

06 ⑤　　　　　　　　　　　　　　　유형 음운 변동

(가)에 들어갈 것은 음운 교체가 일어난 단어로, ‘굳이[구지]’, ‘닫니[단니]’, ‘쫓는[쫃는 → 쫀는]’이며, (나)에 들어갈 것은 음운 탈락이 일어난 단어로, ‘예뻐(예쁘−＋−어)’, ‘좋아[조:아]’, ‘둥근(둥글−＋−ㄴ)’이다. 따라서 (가)에 ‘쫓는’, (나)에 ‘둥근’이 들어간 ⑤가 답이 된다.

❌ 오답 피하기

①, ②, ③, ④ ‘꽃힌[꼬친]’과 ‘국화[구콰]’는 음운 축약이 일어난 단어이며, ‘담요[담:뇨]’는 ‘솜이불[솜:니불]’과 같이 음운 첨가가 일어난 단어이다. ‘말이[마리]’는 연음 법칙만 적용될 뿐, 음운 변동은 일어나지 않은 단어이다.

07 ③　　　　　　　　　　　　　　　유형 비음화와 유음화

‘공권력[공꿘녁]’, ‘상견례[상견녜]’, ‘생산량[생산냥]’, ‘의견란[의:견난]’, ‘이원론[이:원논]’의 다섯 단어는 ‘ㄴ’ 뒤에 오는 ‘ㄹ’이 비음 [ㄴ]으로 발음되는 단어로, ㉮에 해당하는 예이다. ‘광한루[광:할루]’, ‘대관령[대:괄령]’, ‘물난리[물랄리]’는 모두 ‘ㄴ’이 ‘ㄹ’의 앞이나 뒤에서 [ㄹ]로 발음되는 유음화가 일어나는 단어이다.

08 ⑤　　　　　　　　　　　　　　　유형 된소리되기

‘찬희’의 질문은 ‘굴속(굴＋속, 굴의 속)’, ‘술잔(술＋잔, 술의 잔)’과 같이 합성어에서 일어나는 사잇소리 현상에 대한 것으로, ㉣ 제28항의 규정을 이용하여 대답할 수 있다.

‘미주’의 질문은 ‘−(으)ㄹ’로 시작하는 어미에서 일어나는 된소

리되기에 관한 것으로, 〈보기 2〉에 제시된 규정으로는 설명할
수 없다. ⓒ 제27항은 관형사형 '-(으)ㄹ' 뒤에 연결되는 'ㄱ,
ㄷ, ㅂ, ㅅ, ㅈ'이 된소리로 발음되는 경우에 대한 설명이며,
어미 '-(으)ㄹ수록' 대한 설명은 제27항에 이어지는 [붙임] 조
항에서 찾을 수 있다.
'수비'의 질문에서 '맛있는 감자'의 '감자'는 명사지만 '눈을 감
자'의 '감자'는 '감다'의 어간 '감-'에 연결 어미 '-자'가 결합한
것으로, '감다'의 어간 받침 'ㅁ' 뒤에 결합되는 어미의 첫소리
'ㄱ, ㄷ, ㅅ, ㅈ'이 된소리로 발음되는 예이다. 이는 ⓐ 제24항
의 규정을 이용하여 대답할 수 있다.

09 ②   유형 음운 변동

파열음 뒤에서 예사소리가 된소리로 교체되어 발음되는 역 이
름은 '동대문역사문화공원[동대문역싸문화공원]', '을지로입구
[을찌로입꾸]', '합정[합쩡]', '홍대입구[홍대입꾸]', '서울대입구
[서울대입꾸]'로, 모두 다섯 번 들을 수 있다.

❌ 오답 피하기

① 비음의 영향을 받아 조음 방법이 같은 비음으로 발음되는 역 이름은
'상왕십리[상왕십니 → 상왕심니]'와 '충정로[충정노]'로, 비음화의 횟
수는 모두 세 번이지만 역 이름은 두 번 들을 수 있다.
③ 유음의 영향을 받아 유음이 아닌 소리가 유음으로 발음되는 역 이름
은 '문래[물래]'와 '신림[실림]'으로, 모두 두 번 들을 수 있다.
④ 한자어로 된 역 이름의 'ㄹ' 뒤에서 된소리로 교체되어 발음되는 단
어는 '을지로(乙支路)[을찌로]'로, '을지로4가[을찌로사가]', '을지로3
가[을찌로삼가]', '을지로입구[을찌로입꾸]'와 같이 모두 세 번 들을
수 있다.
⑤ 앞 음절의 끝소리가 뒤에 나오는 첫소리와 만나 거센소리로 발음되
는 역 이름은 들을 수 없다.

10 ①   유형 모음 탈락

'써(쓰- + -어)'는 '쓰다'의 어간 '쓰-'에 어미 '-어'가 결합할
때, 모음 'ㅡ'가 탈락하는 현상이 표기에 반영된 것이다. 나머
지는 모두 모음 'ㅓ'가 탈락한 예이다.

❌ 오답 피하기

② '켜(켜- + -어)'는 '켜다'의 어간 '켜-'에 어미 '-어'가 결합할 때, 모음
'ㅓ'의 탈락이 표기에 반영된 것이다. 이때, 어간 '켜-'의 'ㅕ'는 반모
음 'ㅣ[j]'와 모음 'ㅓ'가 결합한 모음이므로 'ㅓ' 탈락에 해당된다.
③ '펴(펴- + -어)'는 '펴다'의 어간 '펴-'에 어미 '-어'가 결합할 때, 모음
'ㅓ'의 탈락이 표기에 반영된 것이다. 이때, 어간 '펴-'의 'ㅕ'는 반모
음 'ㅣ[j]'와 모음 'ㅓ'가 결합한 모음이므로 'ㅓ' 탈락에 해당된다.
④ '서(서- + -어)'는 '서다'의 어간 '서-'에 어미 '-어'가 결합할 때 나타
나는 모음 'ㅓ'의 탈락이 표기에 반영된 것이다.
⑤ '건너(건너- + -어)'는 '건너다'의 어간 '건너-'에 어미 '-어'가 결합할
때 나타나는 모음 'ㅓ'의 탈락이 표기에 반영된 것이다.

11 ④   유형 겹받침의 발음

'읊고'는 제11항에 따라 겹받침 'ㄿ'은 [ㅂ]으로 발음되며 [ㅂ]

뒤의 예사소리 'ㄱ'은 된소리가 되어 [읍꼬]로 발음해야 한다.

❌ 오답 피하기

① '밟고'는 제10항의 '다만'에 따라 [밥:꼬]로 발음해야 한다.
② '넓지'는 제10항에 따라 [널찌]로 발음해야 한다. '넓죽하다, 넓둥글다'
의 경우에만 '넓-'이 [넙]으로 발음된다.
③ 제11항의 '다만'에서는 용언의 어간 말음 'ㄺ'이 'ㄱ' 앞에서 [ㄹ]로 발
음되는 것을 설명하고 있다. 그런데 '흙과'는 명사 '흙' 뒤에 조사 '과'
가 결합한 형태이므로, 제11항에 따라 겹받침 'ㄺ'은 'ㄱ'으로 발음되
며 [ㄱ] 뒤의 예사소리 'ㄱ'은 된소리가 되어 [흑꽈]로 발음해야 한다.
⑤ 제14항은 모음으로 시작하는 형식 형태소가 올 때 겹받침의 뒤엣것
을 뒤 음절 첫소리로 연음시키는 것에 대해 설명하고 있다. 이때 'ㄳ'
의 'ㅅ'은 된소리로 발음한다는 설명에 따라, '넋을'은 [넉쓸]로 발음해
야 한다.

12 ④   유형 음운 변동

'몫몫이[목몫이 → 몽몫이 → 몽목씨]'는 자음군 단순화로 첫
번째 음절의 'ㅅ'이 탈락한 뒤, 'ㄱ'이 [ㅇ]으로 교체(비음화)되
고, 두 번째 음절의 'ㅅ'이 연음된 후 된소리되기에 의해 [ㅆ]으
로 바뀐 단어이다. 따라서 한 번의 탈락과 두 번의 교체가 일
어나며, 음운의 개수는 1개 줄어든다.

❌ 오답 피하기

① '걷잡다[걷잡다 → 걷짭다 → 걷짭따]'는 음절의 끝소리 규칙과 두 번
의 된소리되기가 일어난 단어로, 모두 세 번의 음운 변동(교체)이 일
어나지만 음운의 개수에는 변화가 없다.
② '앓는[알는 → 알른]'은 'ㅎ' 탈락과 유음화가 일어나는 단어로, 탈락
과 교체가 각각 한 번씩 일어나 음운의 개수가 1개 줄어든다.
③ '설익다[설닉다 → 설릭다 → 설릭따]'는 'ㄴ' 첨가와 유음화, 된소리
되기가 일어나는 단어로, 한 번의 첨가와 두 번의 교체가 일어나며
음운의 개수는 1개 늘어난다.
⑤ '삯일[삭일 → 삭닐 → 상닐]'은 자음군 단순화로 겹받침의 'ㅅ'이 탈
락하고 'ㄴ' 첨가 및 비음화가 일어나는 단어로, 첨가, 탈락, 교체가
모두 한 번씩 일어나 음운의 개수에는 변화가 없다.

III | 한글 맞춤법

14 총칙 / 소리에 관한 것

1단계 개념 확인 문제   98쪽

1 ③   **2** ②   **3** ⑤   **4** ④

---

1   ③

'남자'는 소리대로 적으면서 동시에 어법에 맞게 적은 예이다. 그러나 '여자(女子)'의 한자 '女(여자 녀)'의 발음은 원래 '녀'인데, 두음 법칙에 따라 단어의 첫머리에서 '여'로 표기된 경우로, 발음의 편의를 위해 소리대로 적은 예라 할 수 있다. 따라서 '여자'는 어법에 맞게 적은 예로 보기 어렵다.

❌ 오답 피하기

① '바가지'는 명사 '박'에 접미사 '−아지'가 결합한 파생어이고, '이파리'는 명사 '잎'에 접미사 '−아리'가 결합한 파생어이다. 따라서 둘 다 형태소의 원형과 달리 소리대로 적은 예이다.

② '더워'는 어간 '덥−'에 어미 '−어'가 결합한 것이고, '더우며'는 어간 '덥−'에 어미 '−으며'가 결합한 것이다. 이는 어간 '덥−'의 원형을 밝히지 않고 모두 소리대로 적은 예이다.

④ '닮아'와 '닮으니'는 [달마]와 [달므니]로 발음되지만, 어간의 '닮−'과 어미 '−아', '−으니'의 원형을 그대로 표기한 경우로 어법에 맞게 적은 예이다.

⑤ '먹이다'와 '먹히다'는 [머기다]와 [머키다]로 발음되지만, 어간의 '먹−'과 접미사 '−이−', '−히−'의 원형을 그대로 표기한 경우로 어법에 맞게 적은 예이다.

---

2   ②

[몹:씨]는 'ㅂ' 받침 뒤에서 나는 된소리는 된소리로 적지 않는다는 한글 맞춤법 제5항의 규정에 따라 '몹시'로 표기한다.

❌ 오답 피하기

① 두 모음 사이에서 나는 된소리는 된소리로 적는다는 규정에 따라 발음과 같이 '가끔'으로 표기한다.

③, ④, ⑤ 'ㄴ, ㄹ, ㅁ, ㅇ' 받침 뒤에서 나는 된소리는 된소리로 적는다는 규정에 따라 발음과 같이 '엉뚱', '살짝', '움찔'로 표기한다.

---

3   ⑤

'익명(匿名)'의 한자 '匿(숨길 닉)'은 원래 발음이 '닉'인데, 단어의 첫머리에서 'ㄴ'이 탈락하여 '익'으로 표기된 것이다.

❌ 오답 피하기

① '양심(良心)'의 한자 '良(어질 량)'은 원래 발음이 '량'인데, 단어의 첫머리에서 'ㄹ'이 탈락하여 '양'으로 표기된 것이다.

② '역사(歷史)'의 한자 '歷(지날 력)'은 원래 발음이 '력'인데, 단어의 첫머리에서 'ㄹ'이 탈락하여 '역'으로 표기된 것이다.

③ '예의(禮儀)'의 한자 '禮(예도 례)'는 원래 발음이 '례'인데, 단어의 첫머리에서 'ㄹ'이 탈락하여 '예'로 표기된 것이다.

④ '이발(理髮)'의 한자 '理(다스릴 리)'는 원래 발음이 '리'인데, 단어의 첫머리에서 'ㄹ'이 탈락하여 '이'로 표기된 것이다.

---

4   ④

'률'의 경우 단어의 첫머리 이외에는 본음대로 적어야 하므로 '출석률(出席率)'은 본음대로 '출석률'로 표기해야 한다.

❌ 오답 피하기

① '률'은 단어의 첫머리 이외의 경우에는 본음대로 적어야 하므로 '법률'은 바른 표기이다.

② '렬'은 단어의 첫머리 이외의 경우에는 본음대로 적어야 하므로 '행렬'은 바른 표기이다.

③ 'ㄴ' 받침 뒤에 이어지는 '렬, 률'은 '열, 율'로 적어야 하므로 '진열'은 바른 표기이다.

⑤ 모음 뒤에 이어지는 '렬, 률'은 '열, 율'로 적어야 하므로 '실패율'은 바른 표기이다.

2단계 대표 기출 문제   98~99쪽

1 ⑤   **2** ③   **3** ④

---

1   ⑤   **유형** 소리에 관한 것

〈보기〉에서 제시하고 있는 한글 맞춤법 규정은 제5항과 제27항인데 제5항이 한 단어 안에서 이루어지는 발음의 특징과 표기를 설명하는 반면 제27항은 둘 이상의 단어가 어울리거나 접두사가 붙어서 이루어진 말의 표기를 설명하고 있다. 따라서 '깍두기'와 같은 한 단어의 표기와 '사위'에 접두사 '맏'이 붙어서 이루어진 파생어 '맏사위'의 표기가 같은 규정이 적용된 표기일 수 없다. '깍두기'는 [깍뚜기]로 발음되지만 제5항의 'ㄱ, ㅂ' 받침 뒤에서 나는 된소리는 된소리로 적지 않는다는 규정에 따라 '깍두기'로 표기하는 것이므로, ㉬의 '맏사위'가 아니라 ㉮의 '국수'를 표기할 때 적용된 규정을 따른 것이다.

❌ 오답 피하기

① ㉮의 '어깨, 잔뜩, 살짝, 듬뿍, 몽땅'은 각각 '모음(ㅓ)과 ㄴ, ㄹ, ㅁ, ㅇ 받침' 뒤에서 나는 된소리를 소리 나는 대로 표기한 예이다.

② ㉯에서는 'ㄱ, ㅂ' 받침 뒤에서 나는 된소리는 된소리로 적지 않는다고 설명하고 있다. 따라서 '납짝'이 아니라 '납작'으로 적는 이유는 '법석'과 같이 'ㅂ' 받침 뒤에서 된소리가 나기 때문이라고 볼 수 있다.

③ '짭짤하다'의 경우 'ㅂ' 받침 뒤에서 된소리 '짤'로 표기하는 이유는 비슷한 음절인 '짭'과 '짤'이 겹쳐서 발음되는 상황이므로 발음의 일관성을 유지하기 위함이라고 볼 수 있는데, 이는 ㉰에 설명되어 있다.

④ '물병'은 '물'과 '병'의 합성어로 이는 둘 이상의 단어가 어울려 이루어진 단어이므로, '칼날'과 같이 ㉱의 적용을 받아 각각 그 원형을 밝혀 적어야 한다.

2 ③

'퍼서'와 '펐다'는 모두 '푸다'의 어간 '푸-'에 어미 '-어서', '-었다'가 결합한 형태로, 형태소의 원형을 밝히지 않고 소리 나는 대로 표기한 ㉠에 해당한다.

❌ **오답 피하기**

① '먹어'와 '먹은'은 '먹다'의 어간 '먹-'과 어미 '-어', '-은'이 결합한 형태로 형태소의 원형을 밝혀 적은 것이므로 ㉡에 해당한다.

② '굳이'와 '같이'는 각각 어근 '굳-'과 '같-'에 접사 '-이'가 결합한 형태로, [구지], [가치]와 같이 소리 나는 대로 적지 않고 원형을 밝혀 적은 것이므로 ㉡에 해당한다.

④ '미덥다'와 '우습다'는 각각 동사 '믿다'와 '웃다'에서 파생된 형용사로, 어근 '믿-'과 '웃-'의 원형을 밝히지 않고 소리 나는 대로 표기하였다. 따라서 두 단어 모두 ㉠에 해당한다.

⑤ '노인(老人)'과 '원로(元老)'에서 한자 '老'는 '늙을 로'자이지만 이를 각각 '노'와 '로'로 다르게 적고 있다. 이는 형태소의 원래 형태보다 소리 나는 대로 적는 것을 우선으로 하는 ㉠에 해당한다.

3 ④

〈보기〉의 제5항에서 설명하는 '뚜렷한 까닭 없이 나는 된소리'는 일반적인 음운 규칙으로 설명할 수 없는 예외적인 경우를 뜻하는 것으로, 이러한 발음을 표기에 반영함으로써 올바르게 발음할 수 있게 하는 것이다. 그러나 '국수'의 경우, 파열음 'ㄱ' 뒤에서 'ㄱ, ㄷ, ㅂ, ㅅ, ㅈ'은 예외 없이 된소리로 발음되므로, 표기에 된소리를 밝혀 적을 이유가 없는 것이다.

❌ **오답 피하기**

① 제5항에서 '두 모음 사이에서 나는 된소리'는 '뚜렷한 까닭 없이 나는 된소리'에 해당한다. 따라서 두 모음 사이에 예사소리가 오면 예외 없이 된소리가 된다는 설명은 적절하지 않다.

② 예사소리인 파열음 'ㄱ, ㄷ, ㅂ' 뒤에 'ㄱ, ㄷ, ㅂ, ㅅ, ㅈ'이 올 때 된소리로 발음되는 것은 된소리되기의 기본 조건으로 규칙성을 찾을 수 있으며, 이에 따라 '몹시'는 [몹:씨]로 발음된다. 다만 이처럼 된소리 발음에 규칙성이 있는 경우 굳이 된소리를 밝혀 적지 않는 것이다.

③ '딱딱'을 '딱닥'으로 적어도 파열음 'ㄱ' 뒤에서 'ㄷ'이 된소리로 바뀌어 [딱딱]으로 발음된다. 다만 제13항의 규정은 같은 음절이 겹쳐 나는 부분은 일관성 있게 같은 글자로 적도록 하는 것으로 이해할 수 있다.

⑤ 제5항에서 설명한 것과 같이 한 단어 안에서 비음인 'ㄴ' 뒤에서 나는 된소리는 '뚜렷한 까닭 없이 나는 된소리'에 해당한다. '잔뜩'은 비음으로 끝난 용언의 어간 뒤의 예사소리가 된소리로 변한 것이 아니라 한 단어 안에서 뚜렷한 까닭 없이 된소리가 나는 것이므로 올바른 발음을 위해 표기에 된소리를 밝혀 적는 것이다.

15 형태에 관한 것 ①

1단계   개념 확인 문제   102쪽

1 ②   **2** ②   **3** ④   **4** ①

1 ②

'드러나다'는 '들다'와 '나다'가 결합한 합성어로, 앞말 '들다'의 본뜻에서 거리가 멀어진 단어이므로 원형을 밝혀 적지 않는다. 따라서 '들어나다'가 아닌 '드러나다'로 적어야 한다.

❌ **오답 피하기**

① '늘어나다'는 앞말 '늘다'의 본뜻이 유지되고 있으므로, 원형을 밝혀 적는다.

③ '넘어지다'는 앞말 '넘다'의 본뜻이 유지되고 있으므로, 원형을 밝혀 적는다.

④ '떨어지다'는 앞말 '떨다'의 본뜻이 유지되고 있으므로, 원형을 밝혀 적는다.

⑤ '접어들다'는 앞말 '접다'의 본뜻이 유지되고 있으므로, 원형을 밝혀 적는다.

2 ②

'너는 저 산의 높이 아니?'에서 '높이'는 목적격 조사 '를'이 생략된 형태이며, 형용사 '높다'의 어간 '높-'에 접미사 '-이'가 붙어 명사로 파생된 단어이다.

❌ **오답 피하기**

① '같이'는 '같다'의 어간 '같-'에 접미사 '-이'가 붙어 부사로 파생된 단어로, 용언 '가시죠'를 수식하고 있다.

③ '깊이'는 '깊다'의 어간 '깊-'에 접미사 '-이'가 붙어 부사로 파생된 단어로, 용언 '파요'를 수식하고 있다.

④ '길이'는 '길다'의 어간 '길-'에 접미사 '-이'가 붙어 부사로 파생된 단어로, 용언 '빛나리라'를 수식하고 있다.

⑤ '굳이'는 '굳다'의 어간 '굳-'에 접미사 '-이'가 붙어 부사로 파생된 단어로, 용언 '나서야'를 수식하고 있다.

3 ④

'쓰레기'는 '쓸다'의 어간 '쓸-'에 접미사 '-에기'가 붙어서 명사로 바뀐 것이다. 따라서 〈보기〉의 예로 적절하지 않다.

❌ **오답 피하기**

① '노름'을 이루는 형태소는 '놀(다)-+-음'으로 분석할 수 있다. 그러나 어간에 접미사 '-음'이 붙어서 명사로 바뀔 때, 도박을 가리키는 말이 되면서 그 어간의 뜻과 멀어진 단어이다. 따라서 원형을 밝혀 적지 않는 예로 적절하다.

② '코끼리'를 이루는 형태소는 '코+길(다)-+-이'로 분석할 수 있다. 그러나 접미사 '-이'가 붙어서 명사로 바뀔 때, 동물 이름을 가리키는 말이 되면서 그 어간의 뜻과 멀어진 단어이며, '코끼리'의 '기'가 이후 된소리 '끼'로 바뀐 것이다. 따라서 원형을 밝혀 적지 않는 예로 적절하다.

③ '목거리'를 이루는 형태소는 '목+걸(다)-+-이'로 분석할 수 있다. 그러나 접미사 '-이'가 붙어서 명사로 바뀔 때, 목이 붓고 아픈 병을 가리키는 말이 되면서 그 어간의 뜻과 멀어진 단어이다. 따라서 원형을 밝혀 적지 않는 예로 적절하다.

⑤ '무녀리'를 이루는 형태소는 '문+열(다)-+-이'로 분석할 수 있다. 그러나 접미사 '-이'가 붙어서 명사로 바뀔 때, 여러 마리 새끼 중에서

가장 먼저 나온 새끼를 가리키는 말이 되면서 그 어간의 뜻과 멀어진 단어이다. 따라서 원형을 밝혀 적지 않는 예로 적절하다.

4 ①

'깨끗이'는 '-하다'가 붙는 단어 '깨끗하다'의 어근 '깨끗-'에 접미사 '-이'가 붙어 부사가 된 단어이다. 따라서 ㉮의 예로 적절하지 않다.

❌ 오답 피하기

② '곰곰이'는 부사 '곰곰'에 접미사 '-이'가 붙어서 뜻을 더하는 단어이다.
③ '생긋이'는 부사 '생긋'에 접미사 '-이'가 붙어서 뜻을 더하는 단어이다.
④ '더욱이'는 부사 '더욱'에 접미사 '-이'가 붙어서 뜻을 더하는 단어이다.
⑤ '일찍이'는 부사 '일찍'에 접미사 '-이'가 붙어서 뜻을 더하는 단어이다.

2단계 대표 기출 문제　　　　　102~103쪽

1 ③　　**2** ④　　**3** ⑤

---

1 ③

유형 형태에 관한 것

'벌어지다'는 앞말 '벌다'의 본뜻이 유지되고 있어 원형을 밝혀 적은 단어이고, ㉯의 '사라지다'는 앞말 '살다'의 본뜻에서 멀어져 원형을 밝히어 적지 않은 단어이다. 따라서 두 단어를 표기할 때에 적용된 규정은 다르다.

❌ 오답 피하기

① ㉮의 규정대로 용언의 어간과 어미를 구별하여 적으면 어간의 형태와 어미의 형태를 알아볼 수 있으므로, 어간이 표시하는 어휘의 실질적 의미와 어미가 표시하는 문법적 의미를 쉽게 파악할 수 있다.
② '넘어'로 적는 것은 ㉮의 '먹어'와 마찬가지로, 어간 '넘-'과 어미 '-어'를 구별하여 적은 것이다.
④ '들어가다'로 적는 것은 앞말 '들다'의 본뜻이 유지되고 있기 때문이다. 이는 ㉯에서 설명한 규정에 따라 단어를 표기한 결과이다.
⑤ ㉰의 '오시오'와 마찬가지로, '-오'가 종결형에서 사용되는 어미이기 때문에 '것이오'로 그 원형을 밝혀 적은 것이다.

2 ④

유형 형태에 관한 것

'너머'는 동사 '넘다'의 어간 '넘-'에 접미사 '-어'가 붙어 품사가 명사로 바뀐 것으로, ㉢에 따라 어간의 원형을 밝히어 적지 않은 것이다.

❌ 오답 피하기

① '마중'은 '맞다'의 어간 '맞-'에 접미사 '-웅'이 붙어 명사로 바뀐 것으로, ㉢에 따라 어간의 원형을 밝히어 적지 않은 것이다.
② '걸음'은 '걷다'의 어간 '걷-'에 접미사 '-음'이 붙어 명사로 바뀐 것으로, ㉠에 따른 것이다. 이때 어간 '걷-'의 받침 'ㄷ'이 'ㄹ'로 바뀌는 'ㄷ' 불규칙 활용이 일어났지만, 접미사 '-음'과 어간을 구분하여 적고 있음을 알 수 있다.
③ '마개'는 '막다'의 어간 '막-'에 접미사 '-애'가 붙어 명사로 바뀐 것

로, ㉢에 따라 어간의 원형을 밝히어 적지 않은 것이다.
⑤ '노름'은 '놀다'의 어간 '놀-'에 접미사 '-음'이 붙어 명사로 바뀐 것이지만, 어간의 뜻과 거리가 멀어진 '도박'의 의미를 지니는 단어이므로, ㉢에 따라 어간의 원형을 밝히어 적지 않은 것이다.

3 ⑤

유형 형태에 관한 것

'일찍이'는 부사 '일찍'에 '-이'가 붙어서 부사 '일찍이'가 된 것이므로, ㉢의 '더욱이'와 같은 규정이 적용된 사례로 볼 수 있다. '더욱이' 역시 부사 '더욱'에 '-이'가 붙어서 부사 '더욱이'가 된 것이기 때문이다.

❌ 오답 피하기

① '급히'는 '급하다'의 어근 '급-'에 '-히'가 붙어서 부사가 된 것이므로, ㉠이 아니라 ㉡과 같은 규정이 적용된 사례이다.
② '방긋이'는 부사 '방긋'에 '-이'가 붙어서 역시 부사 '방긋이'가 된 것이므로, ㉠이 아니라 ㉢과 같은 규정이 적용된 사례이다.
③ '많이'는 '많다'의 어간 '많-'에 '-이'가 붙어서 부사가 된 것이므로, ㉡이 아니라 ㉠과 같은 규정이 적용된 사례이다.
④ '깊이'는 '깊다'의 어간 '깊-'에 '-이'가 붙어서 부사가 된 것이므로, ㉡이 아니라 ㉠과 같은 규정이 적용된 사례이다.

---

16 형태에 관한 것 ②

1단계 개념 확인 문제　　　　　106쪽

1 ①　　**2** ①　　**3** ⑤　　**4** ④

---

1 ①

'뭇국[무ː꾹 / 묻ː꾹]'은 고유어인 '무'와 '국'의 결합으로 이루어진 합성어로, 뒷말의 첫소리가 된소리로 발음되는 단어이다. 따라서 '뭇국'은 사이시옷을 바르게 표기한 예이다.

❌ 오답 피하기

② '위층[위층]'은 고유어 '위'와 한자어 '층(層)'의 결합으로 이루어진 합성어이다. 그러나 뒷말의 첫소리가 거센소리이기 때문에 사이시옷을 표기하지 않는다.
③ '인사말[인사말]'은 한자어 '인사(人事)'와 고유어 '말'의 결합으로 이루어진 합성어이다. 그러나 뒷말의 첫소리가 된소리로 나거나 'ㄴ' 소리가 덧나는 경우가 아니기 때문에 사이시옷을 표기하지 않는다.
④ '소수점[소ː수쩜]'은 한자어인 '소수(小數)'와 '점(點)'의 결합으로 이루어진 합성어로, 뒷말의 첫소리가 된소리로 발음되는 단어이다. 그러나 한자어는 제30항 3에서 제시한 단어 6개(곳간, 셋방, 숫자, 찻간, 툇간, 횟수)에만 사이시옷이 들어가고, 그 외의 한자어에는 사이시옷이 들어가지 않는 원칙에 따라 사이시옷을 표기하지 않는다.
⑤ '뒤풀이[뒤ː푸리]'는 고유어인 '뒤'와 '풀이'의 결합으로 이루어진 합성어이다. 그러나 뒷말의 첫소리가 된소리로 나거나 'ㄴ' 소리가 덧나는 경우가 아니기 때문에 사이시옷을 표기하지 않는다.

2 ①

'될까요'는 '되다'의 어간 '되-'에 의문형 종결 어미 '-ㄹ까'와 보조사 '요'가 결합된 형태로, 바른 표기이다.

❌ **오답 피하기**

② '돼서는'은 '되다'의 어간 '되-'에 연결 어미 '-어서'가 붙은 '되어서'의 준말이다. 따라서 '되서'는 잘못된 표기이다.

③ '된다면'은 '되다'의 어간 '되-'에 어떠한 사실을 가정하여 조건으로 삼는 뜻을 나타내는 연결 어미 '-ㄴ다면'이 붙은 형태이다. 따라서 '됀다면'은 잘못된 표기이다.

④ '됐으면'은 '되다'의 어간 '되-'에 과거 시제 선어말 어미 '-었-'과 연결 어미 '-으면'이 붙은 '되었으면'의 준말이다. 따라서 '됬으면'은 잘못된 표기이다.

⑤ '되니'는 '되다'의 어간 '되-'에 연결 어미 '-니'가 붙은 형태이다. 따라서 '돼니'는 잘못된 표기이다.

3 ⑤

'거북지'는 '거북하지'의 준말로, 'ㅎ' 앞의 음운이 안울림소리인 'ㄱ'의 경우 '하'가 아주 줄어들므로 '거북지'로 표기한다.

❌ **오답 피하기**

① '넉넉지'는 '넉넉하지'의 준말로, 'ㅎ' 앞의 음운이 안울림소리이면서 예사소리인 'ㄱ'의 경우 '하'가 아주 줄어들므로 '넉넉지'로 표기해야 한다. 따라서 '넉넉치'는 잘못된 표기이다.

② '섭섭지'는 '섭섭하지'의 준말로, 'ㅎ' 앞의 음운이 안울림소리이면서 예사소리인 'ㅂ'의 경우 '하'가 아주 줄어들므로 '섭섭지'로 표기해야 한다. 따라서 '섭섭치'는 잘못된 표기이다.

③ '간편치'는 '간편하지'의 준말로, 'ㅎ' 앞의 음운이 울림소리 'ㄴ'인 경우 '하'의 'ㅏ'가 줄고 남은 'ㅎ'과 어미의 'ㅈ'이 축약하여 '간편치'로 표기해야 한다. 따라서 '간편지'는 잘못된 표기이다.

④ '정결치'는 '정결하지'의 준말로, 'ㅎ' 앞의 음운이 울림소리 'ㄹ'인 경우 '하'의 'ㅏ'가 줄고 남은 'ㅎ'과 어미의 'ㅈ'이 축약하여 '정결치'로 표기해야 한다. 따라서 '정결지'는 잘못된 표기이다.

4 ④

'쏘이어라'는 '쏘이다'의 어간 '쏘이-'에 명령형 어미 '-어라'가 붙은 형태로, 준말은 '쐬어라' 또는 '쏘여라'가 가능하며, '쐬어라'를 다시 '쐐라'로 줄여 쓸 수 있다. 그러나 ④의 '쐬여라'와 같은 표기는 불가능하다.

<table><tr><td>**2단계**</td><td>**대표 기출 문제**</td><td>106~107쪽</td></tr></table>

1 ④	**2** ①	**3** ④

1 ④   **유형** 형태에 관한 것

'장마＋비'는 앞말이 모음으로 끝난 합성어(1단계)이며, '고유

어＋고유어'의 구성(2단계)으로 되어 있다. 그리고 뒷말의 첫소리 '비'가 [장마삐/장맏삐]와 같이 된소리로 발음(3-1단계)되므로 사이시옷을 표기하여 '장맛비'로 쓰게 되는 것이다. 따라서 3-2단계를 만족시킨다는 설명은 적절하지 않다.

❌ **오답 피하기**

① '개-＋살구'는 어근 '살구'에 접두사 '개-'가 결합된 파생어이므로, 1단계를 만족시키지 못한다.

② '총무＋과'는 모두 한자어로 이루어진 어근 '총무(總務)'와 '과(課)'가 결합한 합성어이므로, 2단계를 만족시키지 못한다.

③ '만두＋국'은 앞말이 모음으로 끝난 합성어(1단계)이고, 한자어 '만두(饅頭)'와 고유어 '국'의 결합(2단계)이며, [만두꾹/만둗꾹]과 같이 된소리로 발음된다(3-1단계). 따라서 '만둣국'이라고 쓴다.

⑤ '허드레＋일'은 앞말이 모음으로 끝난 합성어(1단계)이고, '고유어＋고유어'의 결합(2단계)이며, [허드렌닐]과 같이 'ㄴㄴ' 소리가 덧나고 있다(3-2단계). 따라서 사이시옷을 표기하여 '허드렛일'로 쓴다.

2 ①   **유형** 형태에 관한 것

〈보기〉의 설명을 통해, 어간 모음 'ㅚ' 뒤에 '-어'가 붙을 경우 'ㅙ'로 줄어진다는 것을 알 수 있다. 따라서 '쐬-'와 '-어라'가 결합된 '쐬어라'의 준말은 '쐐라'이며, '쐬라'는 잘못된 표기이다.

❌ **오답 피하기**

② 〈보기〉에서 설명한 것은 어간 모음 'ㅚ' 뒤에 '-어'가 붙는 경우이다. 그런데 '괴-'와 '-느냐'의 결합에서는 '-어'가 들어갈 수 없어 따로 준말이 존재하지 않으므로 '괘느냐'가 아니라 '괴느냐'로 써야 한다.

③ '좨도'는 어간 '죄-'에 연결 어미 '-어도'가 결합한 '죄어도'의 준말이다.

④ '봬서'는 어간 '뵈-'에 연결 어미 '-어서'가 결합한 '뵈어서'의 준말로 적절한 표기이다.

⑤ '쇠더라도'는 어간 '쇠-'에 연결 어미 '-더라도'가 결합된 말로, 어미 '-어'가 들어가지 않으므로 따로 준말이 존재하지 않는다. 따라서 '쇄더라도'로 적을 수 없다.

3 ④   **유형** 형태에 관한 것

'무심하지'의 준말은 '무심치'로, ㉠의 규정에 따라 어간의 끝음절 '하'의 'ㅏ'가 줄고 'ㅎ'이 다음 음절의 첫소리 'ㅈ'과 어울려 거센소리 'ㅊ'으로 된다. ㉡의 규정은 안울림소리 받침 뒤에서 나타나는 것인데, '무심하지'의 받침인 'ㅁ'은 울림소리이므로 ㉡의 규정과는 관계가 없다.

❌ **오답 피하기**

① '다정하다'의 준말은 '다정타'로, ㉠의 규정에 따라 어간 끝음절의 'ㅎ'이 다음 음절의 첫소리 'ㄷ'과 어울려 거센소리 'ㅌ'으로 된 결과이다.

② '분발토록'은 '분발하도록'의 준말로, ㉠의 규정에 따라 어간의 끝음절 '하'의 'ㅏ'가 줄고 'ㅎ'이 다음 음절의 첫소리 'ㄷ'과 어울려 거센소리 'ㅌ'으로 된 결과이다.

③ '이렇다'는 '이러하다'의 준말로, ㉡의 규정에 따라 어간 끝소리의 '하'의 'ㅏ'가 줄고 'ㅎ'이 어간의 끝소리로 굳어져 받침으로 적은 결과이다. 이때는 '이러타'로 표기하지 않는다.

⑤ '깨끗하지'의 준말은 '깨끗지'로, 안울림소리 받침인 'ㅅ' 뒤에서 어간의 끝음절 '하'가 아주 줄 적에는 준 대로 적는다는 ⓒ의 규정을 따른 결과이다.

17 띄어쓰기

1단계 개념 확인 문제   110쪽

1 ④   **2** ⑤   **3** ①   **4** ③

1 ④

'지'는 어떤 일이 있었던 때로부터 지금까지의 동안을 뜻하는 의존 명사로, 관형어인 '간'과 띄어 써야 한다.

❌ 오답 피하기
① '데'는 곳, 장소를 뜻하는 의존 명사로, '도망칠'과 띄어 써야 한다.
② '만'은 한정의 의미를 지니는 보조사로, '웃기'와 붙여 써야 한다.
③ '만'은 횟수를 나타내는 의존 명사 '두 번'과 띄어 써야 한다.
⑤ '뿐'은 그것만이고 더는 없음을 뜻하는 보조사로, '철수'와 붙여 써야 한다.

2 ⑤

'친구와 같이 수행 평가를 한다.'에서 '같이'는 '둘 이상의 사람이나 사물이 함께'라는 뜻을 나타내는 부사로, 앞말과 띄어 써야 한다.

❌ 오답 피하기
① '같이'는 '함께'의 뜻을 나타내는 부사로, '모두'와 띄어 써야 한다.
② '같이'는 '어떤 상황이나 행동 따위와 다름이 없이'라는 뜻을 나타내는 부사로, '물과'와 띄어 써야 한다.
③ '같이'는 '처럼'의 뜻을 나타내는 격 조사로, '소'와 붙여 써야 한다.
④ '같이'는 '처럼'의 뜻을 나타내는 격 조사로, '얼음장'과 붙여 써야 한다.

3 ①

'천 원'은 순서를 나타내는 경우나 숫자와 어울리어 쓴 경우가 아니므로, 단위를 나타내는 명사 '원'은 숫자 '천'과 띄어 써야 한다.

❌ 오답 피하기
② '제1과'는 '제1 과'로 띄어 쓰는 것이 원칙이지만, 순서를 나타내면서 숫자와 어울리어 쓴 경우이므로 '제과'로 붙여 쓸 수 있다.
③ '5 개'는 띄어 쓰는 것이 원칙이며, 숫자와 어울리어 쓴 경우이므로 '5개'처럼 붙여 쓸 수 있다.
④ '두 시'는 띄어 쓰는 것이 원칙이며, 순서를 나타내는 경우이므로, '두시'처럼 붙여 쓸 수 있다.
⑤ '오층'은 '오 층'으로 띄어 쓰는 것이 원칙이지만, 순서를 나타내는 경우이므로 '오층'으로 붙여 쓸 수 있다.

4 ③

③에서 본용언 '덤벼들어'는 합성 동사이기 때문에 보조 용언 '보든가'와 붙여 쓸 수 없다.

❌ 오답 피하기
① '올성싶다'처럼 본용언 '올'과 보조 용언 '성싶다'를 붙여 쓸 수 있다.
② '아는척하니'처럼 본용언 '아는'과 보조 용언 '척하니'를 붙여 쓸 수 있다.
④ '먹어봐'처럼 본용언 '먹어'와 보조 용언 '봐'를 붙여 쓸 수 있다.
⑤ '할만하다'처럼 본용언 '할'과 보조 용언 '만하다'를 붙여 쓸 수 있다.

2단계 대표 기출 문제   110~111쪽

1 ①   **2** ⑤   **3** ③

1 ①   **유형** 띄어쓰기

㉠에서 '밖에'는 '그것 이외에는'의 뜻을 나타내는 보조사로, 제41항을 적용해 '안개꽃밖에'처럼 붙여 써야 한다.

❌ 오답 피하기
② ㉡에서 '만큼'은 '앞말과 비슷한 정도임'을 나타내는 격 조사로, 제41항을 적용해 '너만큼'으로 붙여 써야 한다.
③ ㉢에서 '원'은 단위를 나타내는 명사로, 제43항을 적용해 띄어 써야 한다. 그러나 이때 띄어 쓴다는 것은 앞말 '천'과 띄어 쓰는 것을 의미하며, '그만한 수나 양을 가진 것'의 뜻을 더하는 '짜리'는 접미사이므로 붙여 써야 한다.
④ ㉣에서 '줄'은 '어떤 방법'의 뜻을 나타내는 의존 명사로, 제42항을 적용해 '어찌할 줄'로 띄어 써야 한다.
⑤ ㉤ '7연구실'은 '7 연구실'로 띄어 쓰는 것이 원칙이지만, 숫자와 어울리어 쓰이는 경우이므로 제43항을 적용해 붙여 쓸 수도 있다.

2 ⑤   **유형** 띄어쓰기

선생님이 조사는 앞말에 붙여 쓴다고 설명하였으므로 [A]에 들어갈 것은 조사이다. 따라서 체언 '봉사', '너', '때' 뒤에 붙은 ㉠의 '보다', ㉢의 '밖에', ㉣의 '만큼'은 모두 앞말과 붙여 써야 한다. 특히 ㉠의 '봉사보다는'은 체언 '봉사'에 격 조사 '보다'와 보조사 '는'을 함께 붙여 쓴 경우이다. 반면, ㉡의 '뿐'은 의존 명사로, 관형어인 '도울'과 띄어 써야 한다. ㉢의 '밖에'는 그것 말고는', '그것 이외에는', '기꺼이 받아들이는', '피할 수 없는'의 뜻을 나타내는 보조사로 대명사인 '너'와 붙여 써야 한다. ㉣의 '만큼'은 격 조사로 앞말과 붙여 써야 한다.

3 ③   **유형** 띄어쓰기

㉢의 '웃고만 있었다'는 본용언 '웃고'와 보조 용언 '있었다'가 결합한 것이며, 본용언과 보조 용언은 띄어 쓰는 것이 원칙이지만 붙여 쓸 수도 있다. 다만 '웃고만 있었다'의 경우 본용언 뒤

에 조사 '만'이 붙었기 때문에 보조 용언과 반드시 띄어 써야 하는 것일 뿐, 둘 다 서술의 기능이 있는 본용언이어서 띄어 쓴 것은 아니다.

❌ 오답 피하기
① '밖에'는 보조사이므로 체언 '일'과 붙여 쓴다.
② '자루'는 단위를 나타내는 명사이므로 수를 나타내는 말 '두'와 띄어 쓴다.
④ '척'은 의존 명사이므로 관형어인 '아는'과 띄어 쓴다.
⑤ '대'는 사물과 사물의 대립을 나타내는 말로, 두 말을 이어 줄 때에 쓰이는 의존 명사이다. 따라서 '청군 대 백군'으로 띄어 써야 한다.

1등급 완성 수능 기출 문제   118~127쪽

01 ④	02 ⑤	03 ⑤	04 ②	05 ③	06 ①
07 ②	08 ①	09 ①	10 ⑤	11 ①	12 ④
13 ②	14 ①	15 ④	16 ②	17 ①	18 ②
19 ①	20 ④	21 ⑤	22 ③	23 ⑤	24 ⑤
25 ①	26 ①	27 ⑤			

01 ④
유형 한글 맞춤법 총칙

'옷소매'와 '밥알'은 모두 합성어이지만, 소리대로 '온쏘매', '바발'로 적지 않고 어법에 맞게 적고 있다. 따라서 '옷소매'와 '밥알'은 ㄹ에 해당한다.

❌ 오답 피하기
① '이파리'와 '얼음'은 모두 파생어이지만, 소리대로 적은 '이파리'가 ㉠에 해당하는 것과 달리, 어법에 맞게 적은 '얼음'은 ㉢에 해당한다.
② '마소'와 '낮잠'은 모두 합성어이지만, 소리대로 적은 '마소'가 ㉡에 해당하는 것과 달리, 소리대로 '낟짬'이라고 적지 않고 어법에 맞게 적은 '낮잠'은 ㉣에 해당한다.
③ '웃음'과 '바가지'는 모두 파생어이지만, 어법에 맞게 적은 '웃음'이 ㉢에 해당하는 것과 달리, 소리대로 적은 '바가지'는 ㉠에 해당한다.
⑤ 파생어인 '꿈'은 소리대로 적으면서도 어법에 맞게 적은 ㉤에 해당하는 단어이다. 그러나 합성어이면서 소리대로 적은 '사랑니'는 ㉡에 해당한다.

02 ⑤
유형 한글 맞춤법 총칙

'틀림없이 꼭'의 의미를 지닌 '반드시[반드시]'는 소리대로 적은 것으로, 어근의 본뜻을 파악하기 어려운 경우이다.

❌ 오답 피하기
① '어름[어:름]'은 소리대로 적은 것으로, 표기하기에 편리하다.
② '얼음[어름]'은 발음인 [어름]과 달리, '얼다'의 어간 '얼-'과 접미사 '-음'의 본 모양을 밝히어 적은 것이다. 이처럼 어법에 맞게 적으면 의미 파악이 쉬워진다.
③ '어름[어:름]'과 '얼음[어름]'은 모음의 장단을 제외하고 발음만으로는

의미를 구분하기 어렵다.
④ '반듯이[반드시]'처럼 '반듯하다'의 어근 '반듯'과 접미사 '-이'의 본 모양을 밝히어 적으면, 뜻이 쉽게 파악된다.

03 ⑤
유형 형태에 관한 것

'뻐꾸기'의 어근 '뻐꾹'은 '뻐꾹하다'나 '뻐꾹거리다'처럼 동사나 형용사로 파생될 수 없는 어근으로, 이에 접미사 '-이'가 결합하였기 때문에 그 원형을 밝혀 적지 아니한 것이다. 따라서 어근 '뻐꾹'이 동사나 형용사로 파생될 수 있는 어근이라는 설명은 적절하지 않다.

❌ 오답 피하기
① '얼루기'의 '얼룩'은 '얼룩하다'나 '얼룩거리다'처럼 동사나 형용사로 파생될 수 없는 어근이므로 어근의 원형을 밝혀 적지 않고 '얼루기'와 같이 표기한 것이다. 이는 제23항의 [붙임]에 해당하는 사례가 되므로, 〈보기〉에 제시된 '깍두기'와 같은 규정 때문이라고 할 수 있다.
② '오뚝이'의 어근 '오뚝'은 '오뚝하다'와 같이 형용사로 파생될 수 있으므로, 원형을 밝혀 적는다. 이는 '깔쭉거리다'와 같이 동사로 파생될 수 있는 어근 '깔쭉'을 '깔쭉이'처럼 표기하는 것과 같은 규정 때문이라 할 수 있다.
③ '부스러기'는 '부스럭거리다'와는 아무 관련이 없는 단어이므로, 어근의 원형을 밝혀 적지 않는다.
④ '딱따구리'로 표기하는 것은 의성어 '딱딱'에 '-이'와 다른 모음으로 시작하는 접미사 '-우리'가 붙어서 명사가 된 것이기 때문에 소리 나는 대로 적는다.

04 ②
유형 형태에 관한 것

선생님의 설명에 따르면, '-이오'가 모음으로 끝나는 체언과 결합하는 경우 '-요'로 줄어 쓰이기도 한다. 그러나 ㄴ의 '서울'은 자음으로 끝나는 체언이므로 '-이오'를 줄여 '요'라고 썼다고 할 수는 없다. ㄴ이 선배의 물음에 대한 후배의 대답임을 고려할 때, ㄴ의 밑줄 친 '요'는 청자에게 존대의 뜻을 나타내는 보조사 '요'라고 볼 수 있다. 따라서 연결형의 '이요'로 바꾸어 적을 수 없다.

❌ 오답 피하기
① ㄱ의 '-이오'는 하오체 종결 어미로, [이오]로 발음하는 것이 원칙이지만 [이요]로 발음할 수 있다.
③ '-오'는 하오체 종결 어미이므로, ㄷ의 '부산이오.'는 하오체 문장에 해당한다.
④ ㄹ의 '요'는 '소설이오?'라는 앞말과 동등한 높임의 등급을 가진 종결 어미가 쓰여야 함을 생각할 때, 모음 'ㅘ'로 끝나는 체언 '영화' 뒤에서 '-이오'가 줄어든 형태에 해당한다고 볼 수 있다.
⑤ ㅁ의 밑줄 친 '요'는 '무얼 좋아하세요?'라는 앞말과 동등한 높임 표현이 이루어져야 함을 생각할 때, 청자에게 존대의 뜻을 나타내는 보조사 '요'에 해당한다고 볼 수 있다.

05 ③
유형 형태에 관한 것

'앎'은 어간 '알-'에 '-ㅁ'이 붙어서 된 명사로, 어간의 원형을

밝혀 적은 것이며, 원래 어간의 뜻과 멀어진 것도 아니다. 따라서 Ⅱ의 ㄱ이 아니라 Ⅰ의 ㄱ에 해당한다.

✕ 오답 피하기

① '길이'는 어간 '길–'에 '–이'가 붙어서 명사가 된 것으로, 어간의 원형을 밝혀 적고 있다. 따라서 Ⅰ의 ㄱ에 해당한다.
② '익히'는 어간 '익–'에 '–히'가 붙어서 부사가 된 것으로, 어간의 원형을 밝혀 적고 있다. 따라서 Ⅰ의 ㄴ에 해당한다.
④ '자주'는 어간 '잦–'에 '–우'가 붙어서 부사가 된 것으로, '–이'나 '–음/–ㅁ' 이외의 모음으로 시작된 접미사가 붙어서 다른 품사로 바뀐 것이다. 따라서 Ⅱ의 ㄴ에 해당한다.
⑤ '부터'는 어간 '붙–'에 '–어'가 붙어서 조사가 된 것으로, '–이'나 '–음/–ㅁ' 이외의 모음으로 시작된 접미사가 붙어서 다른 품사로 바뀐 것이다. 따라서 Ⅱ의 ㄴ에 해당한다.

06 ①　　　　　　　　　　유형 형태에 관한 것

'멋쟁이'는 명사 '멋' 뒤에 자음으로 시작된 접미사 '–쟁이'가 붙어서 된 것이므로 ㉠에 해당하고, '굵기'는 '굵다'의 어간 '굵–' 뒤에 자음으로 시작된 접미사 '–기'가 붙어서 된 것이므로 ㉡에 해당한다. '얄따랗다'는 '얇다'에서 '얄따랗다'가 파생될 때, 겹받침 중 앞의 'ㄹ'만 발음되므로 ㉢에 해당한다.

✕ 오답 피하기

② '넋두리'는 명사 '넋' 뒤에 자음으로 시작된 접미사 '–두리'가 붙어서 된 것이므로 ㉠에 해당하며, '말끔하다'는 '맑다'의 겹받침 중 앞의 'ㄹ'만 발음되므로 ㉢에 해당한다. 그러나 '값지다'는 명사 '값' 뒤에 자음으로 시작된 접미사 '–지다'가 붙어서 된 것이므로 ㉡이 아니라 ㉠에 해당한다.
③ '낚시'는 '낚다'의 어간 '낚–' 뒤에 자음으로 시작된 접미사 '–시'가 붙어서 된 것이므로 ㉡에 해당하며, '할짝거리다'는 '핥다'의 겹받침 중 앞의 'ㄹ'만 발음되므로 ㉢에 해당한다. 그러나 '먹거리'는 '먹다'의 어간 '먹–' 뒤에 자음으로 시작된 접미사 '–거리'가 붙어서 된 것이므로 ㉠이 아니라 ㉡에 해당한다.
④ '굵적거리다'는 어근 '굵적'과 접미사 '–거리다'가 결합한 것이며, '짤막하다'는 '짧다'의 겹받침 중 앞의 'ㄹ'만 발음되므로 ㉢에 해당한다. 그러나 '오뚝이'는 부사 '오뚝'에 모음으로 시작된 접미사 '–이'가 붙어서 만들어진 것이므로 ㉠, ㉡, ㉢ 어디에도 해당하지 않는다.
⑤ '옆구리'는 명사 '옆' 뒤에 자음으로 시작된 접미사 '–구리'가 붙어서 된 것이므로 ㉠에 해당하며, '지우개'는 '지우다'의 어간 '지우–' 뒤에 자음으로 시작된 접미사 '–개'가 붙어서 된 것이므로 ㉡에 해당한다. 그러나 '깊숙하다'는 '깊다'의 어간 '깊–' 뒤에 자음으로 시작된 접미사 '–숙–'과 '–하다'가 붙어서 된 것이므로 ㉢이 아니라 ㉡에 해당한다.

07 ②　　　　　　　　　　유형 형태에 관한 것

'무덤'과 '지붕'은 각각 어근 '묻–'과 접미사 '–엄', 어근 '집'과 접미사 '–웅'이 결합한 파생어이지만 어근의 원형을 밝혀 적지 않고 있다. 또한 '뒤뜰', '쌀알'은 각각 '뒤+뜰', '쌀+알'로, 어근과 어근이 결합한 합성어이면서 어근의 원형을 밝혀 적고 있다. '마중'은 어근 '맞–'과 접미사 '–웅'이 결합한 파생어이면서

어근의 원형을 밝혀 적지 않는 경우이며, '길이'는 어근 '길–'과 접미사 '–이'가 결합한 파생어이면서 어근의 원형을 밝혀 적는 경우이다.

08 ①　　　　　　　　　　유형 형태에 관한 것

〈보기〉에 따르면 어간 끝 모음 'ㅏ'와 접사 '–이–'가 결합한 경우 'ㅐ'로 줄어든다. 따라서 '파이다'의 준말인 ㉠은 '패다'이며, '파인'의 준말인 ㉡은 '팬'이다. 또한 'ㅐ, ㅔ' 뒤에 '–어, –었–'이 어울려 줄 적에는 준 대로 적는다고 하였으므로, '팼다'의 본말인 ㉢은 '패었다'임을 알 수 있다.

09 ①　　　　　　　　　　유형 형태에 관한 것

'도매가격(都賣價格)'과 '도맷값(都賣–)'은 ⓐ, ⓒ, ⓓ의 조건을 모두 충족한다. 다만 '도맷값'이 '한자어 + 고유어'의 구성으로 사이시옷 표기의 조건을 충족한 반면, '도매가격'은 '한자어 + 한자어'의 구성으로 사이시옷 표기의 조건을 충족하지 못하였다. 따라서 ㉠에서 표기가 달라지는 '1가지 조건'은 ⓐ가 아니라 ⓑ이다.

✕ 오답 피하기

② '전세방(傳貰房)'과 '아랫방(––房)'은 ⓐ, ⓒ, ⓓ의 조건을 모두 충족한다. 다만 '전세방'이 '한자어 + 한자어'의 구성으로 사이시옷 표기의 조건을 충족하지 못하였다. 따라서 ㉡에서 표기가 달라지는 '1가지 조건'은 ⓑ이다.
③ '버섯국'과 '조갯국'은 ⓐ, ⓑ, ⓓ의 조건을 모두 충족한다. 다만 '버섯'과 '국'이 결합한 '버섯국'의 앞말이 모음으로 끝나지 않기 때문에 '버섯국'에서는 사이시옷 표기를 별도로 하지 않는 것이다. 따라서 ㉢에서 표기가 달라지는 '1가지 조건'은 ⓒ이다.
④ '인사말(人事–)'과 '존댓말(尊待–)'은 ⓐ, ⓑ, ⓒ의 조건을 모두 충족한다. 다만 '존댓말[존댄말]'에서 앞말 끝소리에 'ㄴ' 소리가 덧나는 것과 달리, '인사말[인사말]'에서는 두 말이 결합할 때 음운 변화가 나타나지 않는다. 따라서 ㉣에서 표기가 달라지는 '1가지 조건'은 ⓓ이다.
⑤ '나무껍질'과 '나뭇가지'는 ⓐ, ⓑ, ⓒ의 조건을 모두 충족한다. 다만 '나뭇가지[나무까지/나묻까지]'에서 뒷말 첫소리 '가'가 된소리로 바뀌는 것과 달리, '나무껍질[나무껍찔]'의 뒷말 첫소리 '껍'은 원래 된소리이다. 따라서 ㉤에서 표기가 달라지는 '1가지 조건'은 ⓓ이다.

10 ⑤　　　　　　　　　　유형 형태에 관한 것

'그게'는 체언 '그것'과 조사 '이'가 어울려 준 대로 적은 경우로, ㄴ의 규정을 적용한 사례이다.

✕ 오답 피하기

① '무얼'은 체언 '무엇'과 조사 '을'이 어울려 준 대로 적은 경우로, ㄴ의 규정을 적용한 사례이다.
② '이건'은 체언 '이것'과 조사 '은'이 어울려 준 대로 적은 경우로, ㄴ의 규정을 적용한 사례이다.
③ '너희'는 이인칭 대명사로 체언이 단독으로 쓰인 형태이므로 ㄱ과 ㄴ 어디에도 해당하지 않는 사례이다.

④ '여기에'는 체언 '여기'와 조사 '에'를 구별하여 적은 경우로, 'ㄱ'에 해당하는 사례이다.

11 ① 유형 형태에 관한 것

'놓이어'를 '놓여'로 줄여 쓴 것은 '놓이–'의 'ㅣ' 뒤에 '–어'가 왔기 때문이므로, 'ㅣ' 뒤에 '–어'가 와서 'ㅕ'로 줄 적에는 준 대로 적는다는 제36항에 따른 것이다. 제35항 [붙임 1]은 '놓아'가 '놔'로 줄어들 때에만 적용된다.

✖ 오답 피하기
② '꾸었다'를 '꿨다'로 줄여 쓴 것은 제35항에 따른 것으로, 'ㅜ'로 끝난 어간에 '–었–'이 어울려 'ㅝ'으로 되어 준 대로 적은 것이다.
③ '누이니'를 '뉘니'로 쓴 것은 'ㅜ'로 끝난 어간에 '–이–'가 와서 'ㅟ'로 줄 적에는 준 대로 적는다는 제37항에 따른 것이다.
④ '참되어'를 '참돼'로 줄여 쓴 것은 제35항 [붙임 2]에 따른 것으로, 'ㅚ' 뒤에 '–어'가 어울려 'ㅙ'로 된 것이다.
⑤ '치이었다'를 '치였다'로 줄여 쓴 것은 'ㅣ' 뒤에 '–어'가 와서 'ㅕ'로 줄 적에는 준 대로 적는다는 제36항에 따른 것이다.

12 ④ 유형 형태에 관한 것

'높이'는 '높다'의 어간 '높–'에 접미사 '–이'가 붙어서 명사로 된 것이므로, 제19항을 적용해 '높이'로 적어야 한다. '높다'는 '–하다'나 '–거리다'가 붙는 단어가 아니므로 제23항의 규정과는 무관한 단어이다.

✖ 오답 피하기
① '돌아가다'는 '돌다'와 '가다'가 결합한 합성 동사로 앞말인 '돌다'의 본뜻이 유지되고 있으므로, 제15항 [붙임 1]을 적용해서 '돌아가다'로 적어야 한다.
② '드러났다(드러나다)'는 '들다'와 '나다'가 결합한 합성 동사로 앞말인 '들다'의 본뜻에서 멀어진 것이므로, 제15항 [붙임 1]을 적용해서 '드러났다'로 적어야 한다.
③ '얼음'은 동사 '얼다'의 어간 '얼–'에 접미사 '–음'이 붙어서 명사로 된 것이므로, 제19항을 적용해 '얼음'으로 적어야 한다.
⑤ '홀쭉이'는 '–하다'가 붙는 단어 '홀쭉하다'의 어근 '홀쭉'에 접미사 '–이'가 붙어서 명사로 된 것이므로, 제23항을 적용해 '홀쭉이'로 적어야 한다.

13 ② 유형 형태에 관한 것

'부치다'는 '편지를 부치다.'처럼 '편지나 물건 따위를 일정한 수단이나 방법을 써서 상대에게로 보내다.'의 의미를 지니기도 하지만, ②의 용례처럼 '어떤 문제를 다른 곳이나 다른 기회로 넘기어 맡기다.'의 의미를 지닐 때에는 '안건을 회의에 부치다.', '표결에 부치다.' 등과 같이 쓰인다.

✖ 오답 피하기
① '어제저녁'의 준말로, '제'에서 'ㅔ'가 탈락한 후 'ㅈ'이 앞 음절의 종성이 되므로, '엇저녁'이 아니라 '엊저녁'으로 써야 한다.
③ '적지 않은'의 준말로, '적잖은'이 아니라 '적잖은'으로 써야 한다.

④ '깍뚜기'가 아니라 '깍두기'로 써야 한다.
⑤ '편편하고 얇으면서 꽤 넓다.'의 의미를 지니는 말이며, '넓다'에서 나온 말이므로, '넙적하게'가 아니라 '넓적하게'로 써야 한다.

14 ① 유형 띄어쓰기

㉠ '살아가다'는 사전에 표제어로 실리는 하나의 단어이므로 붙여 써야 한다. ㉡ '받아 가다(받아서 가다)'는 '확인 사항'에서 '–아'를 '–아서'로 바꿔 쓸 수 있으면 '본용언+본용언'의 구성이며, 단어와 단어는 띄어 쓴다고 했기 때문에 띄어 써야 한다. ㉢ '닮아 가다'는 사전에 표제어로 실리지 않고 '닮아서 가다'로 쓸 수 없기 때문에 '본용언+보조 용언'의 구성으로, 띄어 씀을 원칙으로 하되 붙여 씀도 허용하는 경우이다.

15 ④ 유형 띄어쓰기

관형어 '먹을'의 수식을 받고 있는 '만큼'은 앞의 내용에 상당한 수량이나 정도임을 나타내는 의존 명사이므로 앞말과 띄어 써야 한다.

✖ 오답 피하기
① 관형어 '아는'의 수식을 받고 있는 '대로'는 '어떤 모양이나 상태와 같이'라는 뜻을 나타내는 의존 명사이므로 앞말과 띄어 써야 한다.
② 관형어 '악해질'의 수식을 받고 있는 '대로'는 어떤 상태가 매우 심하다는 뜻을 나타내는 의존 명사이므로 앞말과 띄어 써야 한다.
③ 체언 '생각' 뒤에 붙은 '대로'는 앞에 오는 말과 달라짐이 없음을 나타내는 조사이므로 앞말에 붙여 써야 한다.
⑤ 체언 '말' 뒤에 붙은 '만큼'은 앞말과 비슷한 정도나 한도임을 나타내는 조사이므로 앞말에 붙여 써야 한다.

16 ② 유형 문장 부호

'저 친구, 저러다가 큰일 한번 내겠어.'의 쉼표는 문장의 앞부분에서 조사 없이 쓰인 화제가 되는 제시어 다음에 쓴 것이다. 문장의 연결 관계를 분명히 하고자 할 때 절과 절 사이에 쉼표를 쓴 예는 '콩 심으면 콩 나고, 팥 심으면 팥 난다.'와 같은 경우이다.

✖ 오답 피하기
① 같은 자격의 어구인 '근면', '검소', '협동'을 열거할 때, 그 사이에 쉼표를 쓴 것이다.
③ '여름에는 바다에서 (휴가를 즐기고), 겨울에는 산에서 휴가를 즐겼다.'라는 문장에서 '휴가를 즐기고'라는 같은 말이 되풀이되는 것을 피하기 위해 쉼표를 쓴 것이다.
④ '네'라는 대답하는 말 뒤에 쉼표를 쓴 것이다.
⑤ '나는 그 말이 별로 탐탁지 않아.'라는 문장 중간에 '솔직히 말하면'이라는 어구가 끼어든 경우여서, 그 앞뒤에 쉼표를 쓴 것이다.

17 ① 유형 그 밖의 것

㉠은 '–겠–' 뒤에 붙어 어떤 사실을 긍정적으로 묻는 뜻을 나타내는 종결 어미로 사용되었다. 따라서 '–지3'에 해당한다.

② ㉡은 '걸은' 뒤에 쓰이고 조사 '도'와 결합한 의존 명사로, 어떤 일이 있었던 때로부터 지금까지의 동안을 의미한다. 따라서 '지1'에 해당한다.
③ ㉢은 어미 '-었-' 뒤에 붙어 문장을 종결하고 있는 어미로, '-지3'에 해당한다.
④ ㉣은 연결 어미이며 '대등한 관계'와 '종속 관계'를 대조적으로 연결하고 있으므로, '-지2「2」'에 해당한다.
⑤ ㉤은 용언의 어간 '버리-'와 결합하고 '마시오'가 뒤따라 금지의 의미로 쓰인 연결 어미이므로 '-지2「1」'에 해당한다.

18 ②

(가)의 '대로¹⁰-(1)'은 '앞에 오는 말에 근거하거나 달라짐이 없다.'는 의미를 나타내고 있으며, (나)의 '대로⁶-(4)'는 '서로 구별되게 따로따로'의 의미를 나타내고 있다. 따라서 두 말의 쓰임은 유사하지 않으며, (나)의 '대로⁶-(4)'와 쓰임이 유사한 것은 (가)의 '대로¹⁰-(2)'이다.

① (가)의 '대로¹⁰'의 용례인 '법대로, 큰 것대로'와 (나)의 '대로⁶'의 용례인 '명령대로, 펼쳐놓은대로, 생각나는대로, 우리대로, 그들대로'를 볼 때, 모두 '대로'를 앞말에 붙여 썼음을 알 수 있다.
③ (가)의 '대로¹¹'은 의존 명사, '대로¹⁰'은 조사이며, (나)의 '대로⁶'은 불완전 명사(의존 명사)이다. 따라서 모두 문장의 첫머리에 쓰일 수 없는 말임을 알 수 있다.
④ (가)의 '대로¹¹'은 하나의 표제어에 세 가지의 뜻이, '대로¹⁰'은 하나의 표제어에 두 가지의 뜻이, (나)의 '대로⁶'은 하나의 표제어에 네 가지의 뜻이 있는 단어임을 알 수 있다.
⑤ '너는 너대로 나는 나대로 길을 가다.'의 '대로'는 (가)에서는 '따로따로 구별됨'을 나타내는 보조사, (나)에서는 '서로 구별되게 따로따로'의 뜻을 나타내는 명사임을 알 수 있다.

19 ①

'부엌'은 [부억]으로 소리 나는 단어이다. 따라서 '엌'은 소리 나는 대로 표기한 경우로 볼 수 없다.

② 둘째 문단의 '자음이나 모음과 같은 음소를 조합하여 다양한 말소리를 그대로 기호로 나타낼 수 있는 표음 문자인 한글'에서 확인할 수 있다.
③ '모이'는 [모이]로 소리 나는 단어이므로, 'ㅁ'과 'ㅗ'로 조합된 한 음절과 'ㅣ'로 된 한 음절을 소리 나는 대로 적은 것으로 볼 수 있다.
④ '웃으면'은 실질 형태소인 '웃다'의 어간 '웃-'에 형식 형태소인 어미 '-으면'이 결합한 것으로, 실질 형태소와 형식 형태소의 경계가 드러나도록 어법에 맞게 표기한 것이다. 이 경계가 드러나지 않게 표기하게 되면 '우스면'이 될 수 있다.
⑤ '시켜[시켜]'와 '식혜[시켸]'는 발음이 같기 때문에, 형태소의 원형을 밝혀 어법에 맞게 표기하지 않고 소리 나는 대로 적으면 의미의 구별이 어려울 수 있다.

20 ②

[A]에는 본말이 어간과 어미가 결합한 말이면서 본말의 어간에서 끝음절의 모음이 줄어들고 자음만 남는 경우 자음을 앞 음절의 받침으로 적은 준말이 들어가야 한다.
㉠: '걷다'는 본말 '거두다'의 어간 '거두-'에서 끝음절의 모음 'ㅜ'가 줄어들고 남은 자음 'ㄷ'을 앞 음절의 받침으로 적은 것이다.
㉣: '갖고'는 본말 '가지고'의 어간 '가지-'에서 끝음절의 모음 'ㅣ'가 줄어들고 남은 자음 'ㅈ'을 앞 음절의 받침으로 적은 것이다.

㉡, ㉤: 본말이 어간과 어미가 결합한 말이 아닌 경우에 해당한다. ㉡의 '저녁놀'은 명사 '저녁'과 '노을'이 합성어 '저녁노을'을 이룬 후 '저녁놀'로 줄어든 것이다. ㉤의 '엊그저께'는 명사 '어제'와 '그저께'가 합성어 '어제그저께'를 이룬 후 '엊그저께'로 줄어든 것이다.
㉢: '돼'는 본말이 어간과 어미가 결합한 말이지만, '되다'의 어간 '되-'의 'ㅚ'와 어미 '-어'가 결합해서 만들어진 준말이다.

21 ⑤

ⓔ '믿음(믿-+-음)'은 지문 (ㄱ)의 '웃음(웃-+-음)'과 마찬가지로, '-음/-ㅁ'이 비교적 여러 어근에 결합하고 결합한 후에도 어근의 본래 뜻이 유지되므로 형태소의 본모양을 밝혀 적은 것이다.

① ⓐ '쓰러진(쓸-+-어+지-+-ㄴ)'은 '쓸다'와 '지다'가 결합한 단어로, 지문 (ㄴ)의 '사라진'과 마찬가지로 앞말이 '쓸다'의 본뜻에서 멀어져서 소리대로 적은 것이다.
② ⓑ '작은(작-+-은)'은 지문의 '먹어, 먹는'과 마찬가지로, 어간 '작-'과 어미 '-은'이 구별되도록 형태소의 본모양을 밝혀 적은 것이다.
③ ⓒ '마중(맞-+-웅)'은 지문 (ㄱ)의 '마감(막-+-암)'과 마찬가지로, 접미사 '-웅'이 여러 어근에 널리 결합하지 못하고 일부 어근에만 결합해서 소리대로 적은 것이다.
④ ⓓ '끝이(끝+이)'는 지문의 '잎이'와 마찬가지로, '끝'이라는 체언의 의미가 쉽게 파악되도록 형태소의 본모양을 밝혀 적은 것이다.

22 ③

'할 지'는 '하다'의 어간 '하-'에 어미 '-ㄹ지'가 결합한 것이다. '지'가 어미 '-ㄹ지'의 일부이므로 '할지'와 같이 붙여 써야 한다.

① '동네 인심 한번 고약하구나.'에서 '한번'은 어떤 행동이나 상태를 강조하는 뜻을 나타내는 말이므로 붙여 쓴다.
② '만난 지'의 '지'는 시간의 경과를 나타내므로 앞말과 띄어 쓴다.
④ '견우와 직녀는 일 년에 한 번 만난다.'에서 '한 번'은 일의 횟수를 나타내므로 띄어 쓴다.
⑤ '부지런한지'는 '부지런하다'의 어간 '부지런하-'에 어미 '-ㄴ지'가 결합한 것이다. '지'가 어미 '-ㄴ지'의 일부이므로 '부지런한지'와 같이 붙여 쓴다.

23 ⑤　　　　　　　　　　　　　　　　　　

'읽는 데'의 '데'는 '일'을 나타내는 의존 명사이므로 앞말과 띄어 써야 한다.

❌ **오답 피하기**

① '있는데'의 '-는데'는 '있다'의 어간 '있-'에 결합한 연결 어미이므로 어간에 붙여 쓴다.
② '가는 데'의 '데'는 '장소'의 뜻을 나타내는 의존 명사이므로 앞말 '가는'과 띄어 쓴다.
③ '잘하데'의 '-데'는 '잘하다'의 어간 '잘하-'에 결합한 종결 어미이므로 어간에 붙여 쓴다.
④ '의지할 데'의 '데'는 '곳'의 뜻을 나타내는 의존 명사이므로 앞말 '의지할'과 띄어 쓴다.

24 ⑤　　　　　　　　　　　　　　　　　　

'손가락'은 '굵다 ①'의 용례에 제시된 '나뭇가지'처럼 지름을 가지는 물체이므로 '굵은 손가락'으로 쓰는 것이 적절하다.

❌ **오답 피하기**

① '가늘다', '굵다', '두껍다'는 각각 중심적 의미 ①과 주변적 의미 ②를 갖고 있는 다의어이다.
② '가늘다 ②'의 뜻은 '소리의 울림이 보통에 미치지 못하고 약하다.'이므로, 그 용례로 '열차의 기적 소리가 가늘게 들려왔다.'를 추가할 수 있다.
③ '두껍다 ②'의 뜻은 '층을 이루는 사물의 높이나 집단의 규모가 보통의 정도보다 크다.'이므로, 그 용례로 '그 책은 수요층이 두껍다'를 들 수 있다.
④ '굵다 ①'과 '가늘다 ①'은 반의 관계에 있는 단어로, '나뭇가지가 굵다.'를 '나뭇가지가 가늘다.'로 바꾸면 '가늘다 ①'의 용례가 될 수 있다.

25 ①　　　　　　　　　　　　　　　　　　

㉠: 책을 두고 온 장소를 물어보는 말에 대답을 하는 상황이므로 '집' 뒤에 처소의 부사격 조사 '에'와 보조사 '요'가 결합한 '에요'가 적절하다.
㉡: 설명의 뜻을 나타내는 종결 어미를 사용해야 하는 상황이며 '아니다'의 어간 '아니-' 뒤에 붙는 어미이므로 '-에요'가 적절하다.
㉢: 설명의 뜻을 나타내는 종결 어미를 사용해야 하는 상황이며 서술격 조사 '이다'의 어간 '이-' 뒤에 어미 '-에요'가 결합한 '이에요'가 적절하다.

26 ①　　　　　　　　　　　　　　　　　　

'깨끗하지 않다'는 '하'의 앞 음절 '끗[끋]'의 받침 소리가 [ㄷ]이므로 '하'가 통째로 줄기 때문에 '깨끗지 않다'로 써야 한다.

❌ **오답 피하기**

② '연구하도록'은 '하'의 앞 음절 '구[구]'에 받침이 없는 경우로, '하'의 'ㅏ'가 줄기 때문에 '연구토록'으로 적어야 한다.

③ '간편하게'는 '하'의 앞 음절 '편[편]'에 받침 소리 [ㄱ, ㄷ, ㅂ]이 아닌 경우로, '하'의 'ㅏ'가 줄기 때문에 '간편케'로 적어야 한다.
④ '생각하다 못해'는 '하'의 앞 음절 '각[각]'의 받침 소리가 [ㄱ]인 경우로, '하'가 통째로 줄기 때문에 '생각다 못해'로 써야 한다.
⑤ '답답하지 않다'는 '하'의 앞 음절 '답[답]'의 받침 소리가 [ㅂ]인 경우로, '하'가 통째로 줄기 때문에 '답답지 않다'로 써야 한다.

27 ⑤　　　　　　　　　　　　　　　　　　

'누-'에 '-이-'가 붙은 '누이-'를 ㉢을 적용하여 준 대로 적으면 '뉘-'가 된다. 그러나 '뉘-'의 뒤에 '-어'가 붙는 경우에는 '뉘어'로 적어야 한다. ㉣은 'ㅣ' 뒤에 '-어'가 와서 'ㅕ'로 줄 적에 대한 설명이므로, 'ㅟ' 뒤에 '-어'가 붙는 '뉘어'와는 관련이 없는 설명이다. 다만 '누이어(누-＋-이-＋-어)'에 ㉢이 아닌 ㉣이 적용될 경우 '누여'로 줄 수는 있다.

❌ **오답 피하기**

① '개었다'와 '베어는 'ㅐ, ㅔ' 뒤에 '-어, -었-'이 어울려 준 대로 적는 ㉠을 적용할 경우, '갰다'와 '베'로 적을 수 있다.
② '꼬아'와 '쑤었다'는 'ㅗ, ㅜ'로 끝난 어간에 '-아/-어, -았-/-었-'이 어울려 'ㅘ/ㅝ, ㅘ/ㅚ'으로 될 적에 준 대로 적는 ㉡을 적용할 경우, '꽈'와 '쒔다'로 적을 수 있다.
③ 어간 '차-'에 '-이-'가 붙은 '차이-'를 ㉢을 적용하여 준 대로 적으면 '채-'가 되므로, 뒤에 '-었다'가 붙는 경우 '채었다'로 적을 수 있다.
④ 어간 '쏘-'에 '-이-'가 붙은 '쏘이-'를 ㉢을 적용하여 준 대로 적으면 '쐬-'가 되므로, 뒤에 '-어'가 붙는 경우 오는 경우 '쐬어'로 적을 수 있다. 그리고 다시 'ㅚ' 뒤에 '-어'가 어울려 'ㅙ'로 될 적에도 준 대로 적는 ㉡을 적용하면 '쐐'로 적을 수 있다.

<table>
<tr><td colspan="6">🐱 시험 대비 내신 기출 문제　　　　　　128~131쪽</td></tr>
<tr><td>01 ④</td><td>02 ②</td><td>03 ②</td><td>04 ②</td><td>05 ⑤</td><td>06 ③</td></tr>
<tr><td>07 ②</td><td>08 ②</td><td>09 ①</td><td>10 ③</td><td></td><td></td></tr>
</table>

01 ④　　　　　　　　　　　　　　　　　　

'안색이 안돼(안되어) 보여서 보약을 지어 보냈다.'에서 '안돼'는 '안되다² 「2」'의 의미로 쓰인 것으로, '안되어'가 '안돼'로 축약된 것이므로 어법에 맞는 표기이다.

❌ **오답 피하기**

① '배고픈데 밥은 아직 안됐니?'의 '안'은 부사이므로 '안 됐니(되었니)'와 같이 띄어 써야 한다. '안'이 부사라는 것은 '안 됐니?'의 반대말이 '잘됐니?'가 아니라 '됐니?'인 데서 알 수 있다. 따라서 '안되다'의 「1」

을 활용한 예문으로 볼 수 없다.
② '자식이 안되기를 바라는 부모는 없다.'에서 '안되기를'은 '안되다'의 「2」의 의미로 쓰였다. '안되다'의 「3」을 활용한 예문으로는 '이번 시험에서 우리 중 안되어도 세 명은 합격할 것 같다.'를 들 수 있다.
③ '혼자 보내기가 안되서 역까지 배웅했다.'의 '안되서'는 '안돼서(안되어서)'를 잘못 표기한 것으로, 이때 '안돼서'는 '안되다²'의 「1」의 의미로 쓰였다.
⑤ '올해는 비가 너무 많이 와서 과일 농사가 안 돼 큰일이다.'의 '안 돼'는 '안돼(안되어)'로 붙여 써야 한다. 이때 '안돼'는 '안되다'의 「1」의 의미로, 반대말은 '잘돼(잘되어)'이다.

02 ②
유형 형태에 관한 것

제19항에서는 어간에 '-이'나 '-음/-ㅁ'이 붙어서 명사로 된 것은 어간의 원형을 밝혀 적는다고 설명하고 있으며, 이를 통해 '-이'나 '-음/-ㅁ'이 제19항 해설에서 말하는 '널리 쓰이는 접미사'임을 알 수 있다. 따라서 '노름(놀-+-음)'에 결합한 '-음'과 '놀이(놀-+-이)'에 결합한 '-이'는 모두 널리 쓰이는 접미사이다. 다만 '노름(도박)'의 경우 그 어간의 뜻과 멀어진 단어이기 때문에 원형을 밝혀 적지 않은 것이다.

❌ 오답 피하기

① '걷다'는 'ㄷ' 불규칙 활용을 하는 단어로, 어간 '걷-'의 'ㄷ'이 모음으로 시작하는 접미사 앞에서 'ㄹ'로 바뀐다. 모음으로 시작하는 접미사 '-음'이 결합했을 때 '거듬'이나 '거름'과 같이 소리 나는 대로 표기하지 않고, 각각의 형태소를 구분하여 '걸음'으로 적기 때문에 어간의 원형을 밝혀 적은 예로 볼 수 있다.
③ 제19항 [붙임]의 내용과 제19항 해설의 두 번째 항목 내용을 통해 '-이'나 '-음' 이외의 모음으로 시작된 접미사는 모두 널리 쓰이지 않는 접미사임을 알 수 있다. '마개'의 '-애' 또한 널리 쓰이지 않는 접미사이므로 어간의 원형을 밝혀 적지 않고 '마개'로 적는다.
④ '마중'은 동사 '맞다'에 접미사 '-웅'이 붙어 명사가 된 단어이며, '자주'는 형용사 '잦다'에 접미사 '-우'가 붙어 부사가 된 단어이다.
⑤ 제19항 해설의 내용과 제19항 [붙임]의 예시인 '무덤'을 통해 '묻다'의 어간 '묻-'에 결합한 접미사 '-엄'은 널리 쓰이지 않는 접미사임을 알 수 있다. 따라서 '무덤'의 '-엄'과 같은 접미사가 결합한 단어인 '주검(죽-+-엄)'을 널리 쓰이지 않는 접미사가 붙어 어간의 원형을 밝혀 적지 않은 예로 추가할 수 있다.

03 ②
유형 형태에 관한 것

㉠에 해당하는 것은 접미사 '-거리다'가 붙을 수 있는 어근을 가지고 있으면서 접미사 '-이'가 붙어서 된 명사로, 〈탐구 대상〉 어휘 중 '삐죽이(삐죽-+-이)', '쌕쌕이(쌕쌕-+-이)'가 해당되며, 이때 어근과 접사의 원형을 밝혀 적는다. ㉡에 해당하는 것은 접미사 '-거리다'가 붙을 수 없는 어근에 '-이'가 붙어서 된 명사로, 〈탐구 대상〉 어휘 중 '뻐꾸기(뻐꾹+-이)', '개구리(개굴+-이)'가 해당되며, 이 경우에는 형태소의 원형을 밝히어 적지 않고 소리 나는 대로 적는다. 따라서 ㉠과 ㉡의 예가 바르게 묶인 것은 ②이다.

04 ②
유형 형태에 관한 것

'어떻든'은 '어떠하다'의 준말 '어떻다'의 어간 '어떻-'에 어미 '-든'이 결합한 형태로, 'ㅎ'이 첨가되어 굳어진 것이 아니라 원래 어간에 있던 'ㅎ'이 어간의 끝소리로 굳어진 것이다.

❌ 오답 피하기

① '연구토록(연구하도록)'은 '연구하다'의 어간 '연구하-'에서 끝음절 '하'의 'ㅏ'가 줄고 'ㅎ'이 다음 음절의 첫소리와 어울려 거센소리로 된 표기이다. '가타(가하다)' 또한 '가하다'의 어간 '가하-'에서 끝음절 '하'의 'ㅏ'가 줄고 'ㅎ'이 다음 음절의 첫소리와 어울려 거센소리로 된 표기이므로 ㉮의 규정이 적용된 것이다.
③ '섭섭하다 못해'를 '섭섭다 못해'로 적는 것은 '섭섭하다'의 어간 '섭섭하-'에서 끝음절 '하'가 아주 줄었기 때문에 준 대로 적은 것이다. 이것은 ㉰에서 설명한 어간의 끝음절 '하'가 아주 준 경우로 설명할 수 있다.
④ '깨끗하지 않다'를 '깨끗지 않다'로 적는 것은 '깨끗하다'의 어간 '깨끗하-'에서 끝음절 '하'가 아주 준 경우이기 때문이다. 이는 ㉰에서 예로 든 '거북하지'가 '거북지'로 표기될 때도 적용된 규정에 따른 것이다.
⑤ '아무튼'과 '하여튼'은 원형을 밝혀 적지 않고 소리 나는 대로 적은 부사이므로, '요컨대'를 표기할 때 적용된 규정과 같은 규정이 적용된 것으로 볼 수 있다.

05 ⑤
유형 형태에 관한 것

'내달은'의 기본형은 '내닫다'로 어간의 끝소리가 'ㄹ'인 단어가 아니며, 모음으로 시작하는 어미가 결합할 때 어간의 'ㄷ'이 'ㄹ'로 바뀌는 'ㄷ' 불규칙 활용을 하는 단어이다. 따라서 '내달은'은 바른 표기이며 〈보기〉의 밑줄 친 부분에 해당하는 예로 적절하지 않다.

❌ 오답 피하기

① '거칠다'의 어간 '거칠-'에 관형사형 어미 '-ㄴ'이 결합할 경우, 'ㄹ'을 탈락시키고 '거친'으로 표기해야 한다.
② '내걸다'의 어간 '내걸-'에 관형사형 어미 '-ㄴ'이 결합할 경우, 'ㄹ'을 탈락시키고 '내건'으로 표기해야 한다.
③ '깃들다'의 어간 '깃들-'에 관형사형 어미 '-ㄴ'이 결합할 경우, 'ㄹ'을 탈락시키고 '깃든'으로 표기해야 한다.
④ '낯설다'의 어간 '낯설-'에 관형사형 어미 '-ㄴ'이 결합할 경우, 'ㄹ'을 탈락시키고 '낯선'으로 표기해야 한다.

06 ③
유형 형태에 관한 것

㉠에 들어갈 말은 된소리로 발음되면서 한자어끼리 결합한 말로, '초점(焦點)[초쩜]', '대가(代價)[대:까]', '개수(個數)[개:쑤]'가 있다. '위층'과 '아래쪽'은 없던 소리가 첨가되어 된소리로 발음되는 단어가 아니다.
㉡에 들어갈 말은 [ㄴ] 음 또는 [ㄴㄴ] 음이 될 수 있다. ㉡이 [ㄴ] 음일 경우, ㉢에 들어갈 적절한 예는 '머릿니[머린니]', '잇몸[인몸]', '뒷머리[뒨:머리]', '아랫니[아랜니]'가 된다. ㉡이 [ㄴㄴ] 음일 경우, ㉢에 들어갈 적절한 예는 '훗일[훈:닐]'이다.

그리고 ②에 들어갈 말은 파생어로, 사이시옷을 붙이지 않는
'해님'과 '낚시꾼'이 있으며 둘 다 소리의 첨가가 일어나지 않
는다. '꼬리말[꼬리말]', '뒤풀이[뒤:푸리]'는 합성어로서 소리
의 첨가가 일어나지 않는 단어이며, '소수점[소:수쩜]'은 소리
의 첨가가 일어나는 합성어이지만 한자어이기 때문에 사이시
옷 표기를 하지 않는다. 따라서 ㉠~㉣에 들어갈 말로 바르게
묶인 것은 ③이다.

07 ②

'아는 척을 하지'는 본용언 '아는'과, '의존 명사+하다'로 구성
된 보조 용언 '척하지'가 결합된 형태로, '척을 하지'는 보조 용
언 '척하지'의 중간에 조사 '을'이 들어간 경우이다. 즉, 본용언
과 보조 용언 사이가 아니라, 보조 용언 중간에 조사가 들어갔
으므로 붙여 쓸 수 없다.

❌ 오답 피하기
① '떠먹어 보아라'는 본용언 '떠먹어(떠먹다)'가 '뜨다'와 '먹다'의 결합으
　로 이루어진 합성어이므로, 보조 용언 '보아라'를 붙여 쓸 수 없다.
③ '읽을 만한데'는 본용언 '읽을'과 보조 용언 '만한데'가 연결된 경우로,
　보조 용언이 의존 명사 '만'에 '하다'가 결합한 합성어이므로 '읽을만
　한데'와 같이 붙여 쓰는 것이 허용된다.
④ '기억해 둘 만하다'는 본용언 '기억해'에 보조 용언 '둘'과 '만하다'가
　거듭 연결된 서술어로, '기억해둘 만하다'처럼 앞의 보조 용언만 본용
　언에 붙여 쓰는 것이 허용된다.
⑤ '견뎌 왔다'는 본용언 '견뎌(견디ㅣ-+-어)'와 보조 용언 '왔다'가 보조
　적 연결 어미 '-아/-어'로 연결된 서술어로, '견뎌왔다'와 같이 붙여
　쓰는 것이 허용된다.

08 ②

'쫓아가든지'는 쫓아가도 상관없다는, 즉 어떤 일의 내용을 가
리지 않겠다는 의미를 나타내므로, '-든지'가 바르게 쓰인 것
이다.

❌ 오답 피하기
① '멋있으시든데'는 오늘 본 할아버지가 멋있으셨다는, 즉 지난 일을 나
　타내는 표현이므로, '-던'을 사용해 '멋있으시던데'로 써야 한다.
③ '어떡하던'은 일의 내용을 가리지 않는다는 뜻을 나타내고 있으므로,
　'-든지'를 사용해 '어떡하든' 또는 '어떡하든지'로 써야 한다.
④ '무엇이던지'는 일의 내용을 가리지 않는다는 뜻을 나타내고 있으므
　로, '-든지'를 사용해 '무엇이든지'로 써야 한다.
⑤ '먹든지'는 동생이 많이 먹은, 즉 지난 일을 나타내는 표현이므로,
　'-던'을 사용해 '먹던지'로 써야 한다.

09 ①

'부딪히다'는 '부딪다'의 피동사로, 다른 대상에 의해 행위를 당
한다는 의미를 지니고 있다. 그런데 '파도가 바위에 부딪히고
있었다.'는 파도가 움직이지 않는 바위에 의해 부딪는 행위를
당하고 있었다는 말이 되므로 어색한 표현이 된다. 따라서 '파
도가 바위에 부딪치고 있었다.'로 표현해야 올바르다. '부딪치

다'는 '무엇과 무엇이 힘 있게 마주 닿거나 마주 대다.'라는 의
미인 '부딪다'를 강조하여 이르는 말로, '그들은 이제 눈길을
부딪치지 않는다.'는 바르게 쓰인 예이다.

❌ 오답 피하기
② '회장 임명 동의안을 표결에 부친다.'의 '부친다(부치다)'는 '어떤 문제
　를 다른 곳이나 다른 기회로 넘기어 맡기다.'라는 의미이고, '동생이
　갈수록 공부에 흥미를 붙인다.'의 '붙인다(붙이다)'는 '어떤 감정이나
　감각을 생기게 하다.'라는 의미로, 각각 바르게 쓰인 예이다.
③ '불길이 걷잡을 수 없이 번지고 있다.'의 '걷잡을(걷잡다)'은 '한 방향
　으로 치우쳐 흘러가는 형세 따위를 붙들어 잡다.'라는 의미이고, '아
　무리 겉잡아도 삼 일은 걸릴 일이다.'의 '겉잡아도(겉잡다)'는 '겉으로
　보고 대강 짐작하여 헤아리다.'라는 의미로, 각각 바르게 쓰인 예이
　다.
④ '문제의 답을 맞히면 상품을 드립니다.'의 '맞히면(맞히다)'은 '문제에
　대한 답을 틀리지 않게 하다.'라는 의미이고, '나는 친한 친구와 답을
　맞추어 보았다.'의 '맞추어(맞추다)'는 '둘 이상의 일정한 대상들을 나
　란히 놓고 비교하여 살피다.'라는 의미로, 각각 바르게 쓰인 예이다.
⑤ '체육 대회 참가 인원을 더 늘려야 한다.'의 '늘려야(늘리다)'는 '수나
　분량 따위를 본디보다 많아지게 하거나 무게를 더 나가게 하다.'라는
　의미이고, '동생의 키가 커서 바짓단을 늘여야 한다.'의 '늘여야(늘이
　다)'는 '본디보다 더 길어지게 하다.'라는 의미로, 각각 바르게 쓰인 예
　이다.

10 ③

'고이'는 'ㅂ' 불규칙 활용을 하는 형용사 '곱다'의 어간 '곱-'에
접미사 '-이'가 결합할 때 어간의 종성 'ㅂ'이 탈락한 단어이
다. 따라서 '-하다'가 붙지 않는 용언의 어간 뒤가 아니라 'ㅂ'
불규칙 용언의 어간 뒤이기 때문에 '-이'가 붙은 것이다.

❌ 오답 피하기
① '곰곰이'는 부사 '곰곰' 뒤에 접미사 '-이'가 결합한 단어이다.
② '족히'는 '-하다'가 붙는 단어 '족하다'의 어근 '족-'에 접미사 '-히'가
　결합한 단어이다.
④ '익히'는 '익이'로 표기되지 않는다는 점에서 '익다'의 어간 뒤에 접미
　사가 결합된 단어가 아님을 알 수 있다. '익히'는 '-하다'가 붙는 단어
　인 '익숙하다'의 어근 '익숙-'에 접미사 '-히'가 결합한 단어 '익숙히'
　가 줄어든 형태이다.
⑤ '가붓이'는 '-하다'가 붙는 단어 '가붓하다'의 어근에 접미사가 결합한
　단어로, 'ㅅ' 받침 뒤이기 때문에 접미사 '-이'가 붙은 것이다.

Ⅳ │ 문장

18 문장의 개념 / 문장 성분 ①

1단계 개념 확인 문제   136쪽

| 1 ② | 2 ③ | 3 ④ | 4 ① |

1 ②

구는 둘 이상의 어절이 모여 하나의 의미를 이루는 단위이다. 〈보기〉의 문장은 명사구인 '오늘 아침은'과 동사구인 '먹지 못했다', 총 2개의 구로 이루어진 문장이다.

2 ③

다른 성분들의 기능을 판단하는 기준이 되는 것은 주어가 아니라 서술어이다. 서술어를 중심으로 동작이나 상태의 주체가 되는지, 대상이 되는지 등을 판단함으로써 문장 성분을 구분하게 된다.

❌ **오답 피하기**
① 격 조사는 문장의 성분을 결정짓는 역할을 하지만, 문장에 따라 격 조사가 생략된 형태로 나타나기도 한다.
② 용언(동사, 형용사)은 그 자체로 서술어로 쓰이고, 체언은 서술격 조사 '이다'가 붙음으로써 서술어로 쓰일 수 있다.
④ 목적어는 타동사가 서술어인 문장에서 동작의 대상이 되는 문장 성분이다.
⑤ 보어는 서술어 '되다'와 '아니다' 앞에서 주어와 서술어만으로는 불완전한 내용을 보충하는 문장 성분이다.

3 ④

ⓓ는 뒤에 오는 체언인 '희망'을 수식하는 관형어로, 주성분이 아니라 부속 성분이다.

❌ **오답 피하기**
① ⓐ는 보조사 '는' 대신 주격 조사 '가'가 붙을 수 있는 말로, 주어이며 주성분이다.
② ⓑ는 보조사 '만' 대신 목적격 조사 '를'이 붙을 수 있는 말로, 목적어이며 주성분이다.
③ ⓒ는 본용언과 보조 용언의 결합으로 이루어진 동사구로, 서술어이며 주성분이다.
⑤ ⓔ는 서술격 조사 '이다'가 생략된 형태로, 서술어이며 주성분이다.

4 ①

'친구도'는 서술어 '아니다' 앞에 오는 말로, 보격 조사 '가'가 붙어 '친구가'로 쓰여야 할 말에 보조사 '도'가 붙은 보어이다.

❌ **오답 피하기**
② '선생님께서는'은 높임의 의미를 지니는 주격 조사 '께서'가 붙은 주어이다. '이 책은'은 목적격 조사 '을' 대신 보조사 '은'이 붙은 목적어이다.
③ '학교에서는' 주어가 단체일 때 사용하는 주격 조사 '에서'가 붙은 주어이다.
④ '너희'는 주격 조사 '가'가 생략된 형태로 쓰이고 있는 주어이다.
⑤ '기분마저'는 주격 조사 '이'가 붙어 '기분이'로 쓰여야 할 말에 보조사 '마저'가 붙은 주어이다.

2단계 대표 기출 문제   136~137쪽

| 1 ② | 2 ② | 3 ③ |

1 ②   〔유형〕 문장 성분

〈보기〉를 통해 서술어 '되다, 아니다'가 필요로 하는 성분은 문장 성분 중에서 주어를 제외하고 조사 '이/가'가 붙은 보어임을 알 수 있다. 따라서 ㄴ에서 서술어 '되었다'가 필요로 하는 성분은 주어 '언니는', 보어 '대학생이'이다. '올해'는 '올해에'에서 부사격 조사 '에'가 생략된 형태로, '되었다'를 수식하는 부사어이므로 부속 성분이다.

❌ **오답 피하기**
① ㄱ에서 문장의 맨 끝에 나오는 '찍었다'는 동사로, '동생'의 동작을 풀이하는 서술어이다.
③ ㄱ에는 '사진을'이라는 목적어가 있지만, ㄴ에는 목적어가 없다.
④ ㄱ의 주어는 '동생이', ㄴ의 주어는 '언니는'으로, 각각 주어가 하나씩 있다.
⑤ ㄱ에는 주어 '동생이', 목적어 '사진을', 서술어 '찍었다'의 세 가지 주성분이 있으며, ㄴ에도 주어 '언니는', 보어 '대학생이', 서술어 '되었다'의 세 가지 주성분이 있다. ㄱ의 '철수의'는 관형어, ㄴ의 '올해'는 부사어로 둘 다 부속 성분이다.

2 ②   〔유형〕 문장 성분

ㄱ의 주어 '새가'에는 주격 조사 '가'가 붙어 있고, ㄹ에서 안긴문장의 주어 '우리 반이'와 안은문장의 주어 '우리 반이 승리했음이'에는 주격 조사 '이'가 붙어 있다. 주격 조사 '가'와 '이'는 음운론적 이형태로, 모음으로 끝나는 체언 뒤에는 '가', 자음으로 끝나는 체언 뒤에는 '이'가 사용된다. 따라서 주격 조사의 형태는 앞말과 관계가 있다.

❌ **오답 피하기**
① ㄱ의 주어 '새가'에는 주격 조사 '가'가 붙어 있지만, ㄷ의 주어 '우리'에는 주격 조사 '가'가 생략되어 있다. 따라서 주격 조사는 생략될 수도 있음을 알 수 있다.
③ ㄱ의 주어는 '새가'로 문장에 나타나지만, ㅁ에는 주어 '네가'가 생략되어 있다. 따라서 상황에 따라 주어가 생략될 수도 있음을 알 수 있다.
④ ㄴ의 주어 '영희는'은 문장의 맨 뒤에 있고, ㄷ의 주어 '우리'는 주격 조사가 생략된 채로 문장의 맨 앞에 있다. 따라서 주어의 위치는 이동할 수 있음을 알 수 있다.

⑤ ㄷ의 주어는 '우리'라는 한 단어이지만, ㄹ의 주어는 '우리 반이 승리 했음'이라는 절이다. '우리 반이 승리했음이'는 '우리 반이 승리했음' 이라는 명사절에 주격 조사 '이'가 붙은 형태로, 이를 통해 주어는 한 단어뿐 아니라 절이 될 수도 있음을 알 수 있다.

3 ③ 문장 성분

㉠의 목적어는 '빵을'이고, ㉤의 목적어는 '우유나'이다. 목적격 조사 '을'이 붙은 '빵을'과 달리, '우유나'는 목적격 조사 '를'이 붙을 자리에 보조사 '나'가 붙은 형태이다. ㉠, ㉤은 목적어가 생략되면 문장이 불완전해지므로 목적어를 생략할 수 없는 경 우이다.

❌ 오답 피하기

① ㉠의 목적어 '빵을'은 서술어 '먹었다'의 대상으로, ㉢의 목적어 '모습 을'은 서술어 '보시고'의 대상으로 쓰이고 있다.
② ㉠의 목적어 '빵을'은 주어 '나는' 뒤에 있지만, ㉢의 목적어 '모습을' 은 주어 '어머니께서' 앞에 나오고 있다. 따라서 목적어의 자리는 고 정적이지 않음을 알 수 있다.
④ 목적어 '빵을'이 있는 ㉠과 달리 ㉥에는 목적어가 나타나지 않는다. ㉥의 서술어 '고우셨다'와 같이 자동사가 서술어로 쓰인 문장에서는 목적어가 필요하지 않다.
⑤ ㉡ '빵을'은 자음 'ㅇ' 뒤에 목적격 조사 '을'이 붙은 예이고, ㉣ '우유 를'은 모음 'ㅠ' 뒤에 목적격 조사 '를'이 붙은 예이다. 목적격 조사 '을/를'은 이형태로 앞말이 자음으로 끝나는가, 모음으로 끝나는가에 따라 달리 선택된다.

19 문장 성분 ② / 서술어의 자릿수

1단계	개념 확인 문제	140쪽

1 ② **2** ③ **3** ③ **4** ④

1 ②

'다른'은 비교가 되는 두 대상이 서로 같지 아니하다는 의미의 형용사 '다르다'에 관형사형 어미 '-ㄴ'이 붙은, 형용사의 관 형사형이다. '당장 문제 되거나 해당되는 것 이외의'라는 뜻의 관 형사 '다른'이 서술 기능이 없는 것과 달리, ②에서의 '다른'은 '남과 다르다'와 같이 서술 기능이 있는 형용사이다.

❌ 오답 피하기

① '모든'은 '빠짐이나 남김이 없이 전부의'를 의미하는 단어로, 형태가 변하지 않는 관형사이다.
③ '온갖'은 '이런저런 여러 가지의'를 의미를 의미하는 단어로, 형태가 변하지 않는 관형사이다.
④ '여러'는 '수효가 한둘이 아니고 많은'을 의미를 의미하는 단어로, 형 태가 변하지 않는 관형사이다.
⑤ '세'는 그 수량이 셋임을 나타내는 말로, 형태가 변하지 않는 관형사 이다.

2 ③

'보통'은 동사 '일어난다'를 수식하는 부사어이다. '그는 일곱 시에는 보통 일어난다.'와 같이 어순을 바꿀 수 있다는 점에 서, '보통'이 '일곱 시'를 수식하는 것이 아니라 동사 '일어난다' 를 수식하고 있음을 알 수 있다.

❌ 오답 피하기

① '경제적'은 명사 '동물'을 수식하고 있으며 어순을 바꿀 수 없는 관형 어이다.
② '현관'은 관형격 조사 '의'가 생략된 채 체언 단독으로 명사 '앞'을 수 식하고 있으며 어순을 바꿀 수 없는 관형어이다.
④ '우리의'는 체언 '우리'에 관형격 조사가 결합하여 명사 '희생'을 수식 하고 있으며 어순을 바꿀 수 없는 관형어이다.
⑤ '다른'은 명사 '생각'을 수식하고 있으며 어순을 바꿀 수 없는 관형어 이다. 이때, '다른'은 '당장 문제 되거나 해당되는 것 이외의'라는 의미 를 지닌 관형사로, '남과 다른 능력'의 '다른'과는 품사가 다르다.

3 ③

'이름조차'는 목적격 조사 '을' 대신 보조사 '조차'가 결합한 목 적어이다.

❌ 오답 피하기

① '아버지와'는 형용사 '다르다'를 수식하는 필수적 부사어이다.
② '많이도'는 동사 '먹는구나'를 수식하는 부사어이다.
④ '그러나'는 '아내는 조용히 말했다.'와 '아내는 단호하게 말했다.' 두 문 장을 이어 주는 부사어이다.
⑤ '잽싸게'는 동사구 '사라져 버렸다'를 수식하는 부사어이다.

4 ④

문형 정보 【…에 / 에게】를 볼 때, '생기다'는 '옷에 얼룩이 생기 다'와 같이 주어 외에도 부사어를 필요로 하는 두 자리 서술어 임을 알 수 있다.

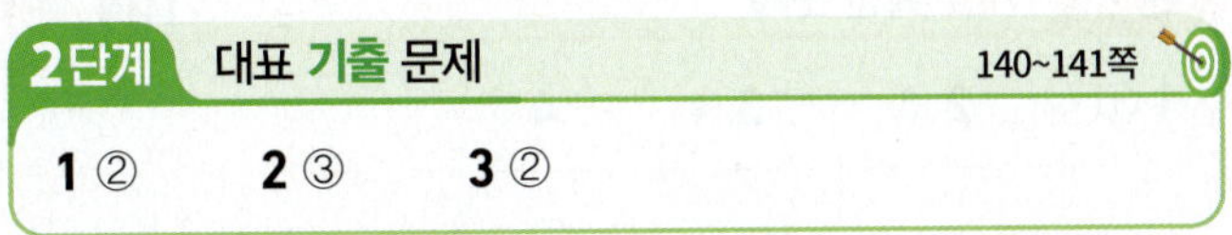

2단계	대표 기출 문제	140~141쪽

1 ② **2** ③ **3** ②

1 ② 문장 성분

'탐구 관련 지식'을 통해 관형어는 체언을, 부사어는 용언을 한 정하는 기능을 한다는 사실을 알 수 있으므로, 체언 '글'을 수 식하는 ㉠, ㉡은 관형어로, 용언 '달린다'를 수식하는 ㉢, ㉣은 부사어로 분류할 수 있다. 또 형용사는 활용을 한다는 설명을 바탕으로 '새롭다'가 활용을 한 ㉠ '새로운'과 '빠르다'가 활용을 한 ㉢ '빠르게'는 형용사로 분류할 수 있으며, 명사 '글'을 수식 하며 활용을 하지 않는 ㉡ '새'는 관형사로, 동사 '달린다'를 수 식하며 활용을 하지 않는 ㉣ '빨리'는 부사로 분류할 수 있다.

2 ③ |유형| 문장 성분

부사어 '너무'는 서술어 '샀다'를 수식하는 것이 아니라 관형사 '헌'을 수식하고 있다.

❌ **오답 피하기**

① '주어 - 서술어' 구성으로 이루어진 절인 '눈이 부시게(눈이 부시다.)'가 전체 문장에서 부사어로 쓰여 형용사 '푸른'을 수식하고 있다.

② 명사 '하늘'에 부사격 조사 '에서'가 붙은 '하늘에서'와 부사 '펑펑'이 각각 부사어로 쓰여 동사구 '내리고 있다'를 꾸미고 있다.

④ '엄마와'와 '취미로'는 모두 부사어지만, ㉠의 '엄마와'는 ㉡의 '취미로'와 달리 생략했을 때 문장이 성립하지 않으므로, 필수 성분인 필수적 부사어이다.

⑤ ㉠의 '재로'와 ㉡의 '재가'는 모두 생략하면 문장이 성립하지 않는다는 점에서 둘 다 서술어가 반드시 필요로 하는 성분이지만, '재로'가 부사격 조사 '로'가 붙은 부사어인 것과 달리 '재가'는 보격 조사 '가'가 붙은 보어이다.

3 ② |유형| 서술어의 자릿수

㉡은 본래 가지고 있던 특징 따위가 그대로 있거나 뚜렷이 나타난다는 의미의 자동사로, 주어 '글이'만 필수적으로 요구하는 한 자리 서술어이다. '개성이 살아 있다.'와 같은 예에서도 확인할 수 있지만, 주어 외에 나머지 성분을 생략한 '글이 살았다.'만으로도 문장이 성립한다.

❌ **오답 피하기**

① ㉠은 주어 '불씨가'만 필수적으로 요구하는 한 자리 서술어이다.

③ ㉢은 주어 '그는'과 목적어 '벼슬을'을 필수적으로 요구하는 두 자리 서술어이다.

④ ㉣은 주어 '그는'과 목적어 '일손을'을 필수적으로 요구하는 두 자리 서술어이다.

⑤ ㉤은 주어 '형은'과 목적어 '책을', 부사어 '위에'를 필수적으로 요구하는 세 자리 서술어이다.

20 문장의 구조 / 이어진문장

1단계 개념 확인 문제 144쪽

1 ① **2** ③ **3** ④ **4** ①

1 ①

'민준이는 도서관에 자주 간다.'는 '주어＋부사어＋부사어＋서술어'로 이루어진 홑문장이다.

❌ **오답 피하기**

② '혜란이는 학생이다.(주어＋서술어)'와 '성격이 좋다.(주어＋서술어)'가 결합한 겹문장이다.

③ '부모는 바란다.(주어＋서술어)'와 '자식이 행복하다.(주어＋서술어)'가 결합한 겹문장이다.

④ '그는 갔다.(주어＋서술어)'와 '그의 예술은 살아 있다.(관형어＋주어＋서술어)'가 결합한 겹문장이다.

⑤ '인생은 짧다.(주어＋서술어)'와 '나의 사랑은 영원하다.(관형어＋주어＋서술어)'가 결합한 겹문장이다.

2 ③

ㄱ은 앞 절과 뒤 절의 순서를 바꾸어도 의미가 크게 달라지지 않는다. 즉, '하늘이 맑았다.'와 '날씨가 쌀쌀했다.'가 대조의 연결 어미 '-지만'에 의해 대등하게 연결된 이어진문장이다. 따라서 앞 절과 뒤 절이 대조의 의미 관계로 이어져 있다고 할 수 있다.

❌ **오답 피하기**

① ㄱ은 앞 절과 뒤 절이 대등하게 이어져 있다.

② ㄱ은 앞 절과 뒤 절이 의미상 대칭 관계를 이루기 때문에 앞뒤 순서를 바꿔도 문장이 성립하며 의미 차이가 크지 않다.

④ ㄴ은 앞 절과 뒤 절이 종속적으로 연결되어 있기 때문에 의미상 대칭 관계를 이루지 않는다.

⑤ ㄴ은 앞 절 '시간이 다 되었다.'와 뒤 절 '나는 일어섰다.'가 원인과 결과의 의미 관계로 이어져 있다.

3 ④

④는 선택의 의미를 지니는 연결 어미 '-든지'에 의해 대등하게 연결된 이어진문장이다.

❌ **오답 피하기**

① 조건의 의미를 지니는 연결 어미 '-면'에 의해 종속적으로 연결된 이어진문장이다.

② 양보의 의미를 지니는 연결 어미 '-ㄹ지라도'에 의해 종속적으로 연결된 이어진문장이다.

③ 의도의 의미를 지니는 연결 어미 '-려고'에 의해 종속적으로 연결된 이어진문장이다.

⑤ 양보의 의미를 지니는 연결 어미 '-을지언정'에 의해 종속적으로 연결된 이어진문장이다.

4 ①

①은 양보의 의미를 지니는 연결 어미 '-더라도'에 의해 종속적으로 연결된 이어진문장이다. 전환의 의미를 지니는 연결 어미로는 '잠을 자다가 무서운 꿈을 꾸었다.'에 사용된 것과 같은 '-다가'가 있다.

❌ **오답 피하기**

② 목적의 의미를 지니는 연결 어미 '-려고'에 의해 연결된 이어진문장이다.

③ 나열의 의미를 지니는 연결 어미 '-고'에 의해 연결된 이어진문장이다.

④ 조건의 의미를 지니는 연결 어미 '-면'에 의해 연결된 이어진문장이다.

⑤ 원인의 의미를 지니는 연결 어미 '-아서'에 의해 연결된 이어진문장이다.

2단계 대표 기출 문제 144~145쪽

1 ⑤ **2** ② **3** ①

1 ⑤   유형 이어진문장

이어진문장은 '주어-서술어'의 관계가 둘 이상 나타나는 겹문장으로, 두 문장으로 나눌 수 있다. 그런데 ⑤에 쓰인 '사귀어 왔다'는 행위의 상대를 필요로 하는 서술어이기 때문에, 조사 '과'는 접속 조사가 아니라 격 조사이다. 결국 ⑤는 '*그 사람은 오래전부터 서로 사귀어 왔다.'와 '*나는 오래전부터 서로 사귀어 왔다.'로 나눌 수 없는 문장이기 때문에 이어진문장이 아닌 홑문장이다.

⊗ 오답 피하기

① '나는 시를 좋아한다.'와 '나는 소설을 좋아한다.'가 접속 조사 '와'에 의해 연결된 이어진문장이다.

② '그녀는 집에서 공부했다.'와 '그녀는 도서관에서 공부했다.'가 접속 조사 '과'에 의해 연결된 이어진문장이다.

③ '고향의 산은 예전 그대로였다.'와 '고향의 하늘은 예전 그대로였다.'가 접속 조사 '과'에 의해 연결된 이어진문장이다.

④ '성난 군중이 앞문으로 들이닥쳤다.'와 '성난 군중이 뒷문으로 들이닥쳤다.'가 접속 조사 '과'에 의해 연결된 이어진문장이다.

2 ②   유형 이어진문장

ㄱ과 ㄷ은 각각 '암벽 등반은 재미있고 힘들다.', '암벽 등반은 재미있지만 힘들다.'와 같이 앞 절과 뒤 절의 순서를 바꾸어도 의미에 변화가 생기지 않는 대등하게 이어진 문장이다. 그러나 ㄴ은 '암벽 등반은 재미있어서 힘들다.'와 같이 앞 절과 뒤 절의 순서를 바꾸게 되면 의미에 변화가 생기는, 종속적으로 이어진 문장이다. 따라서 ㄱ, ㄴ, ㄷ 모두 앞 절과 뒤 절의 순서를 바꾸어도 의미에 변화가 생기지 않는다는 설명은 적절하지 않다.

⊗ 오답 피하기

① ㄱ, ㄴ, ㄷ은 모두 '암벽 등반은 힘들다.(주어＋서술어)'와 '암벽 등반은 재미있다.(주어＋서술어)'라는 두 홑문장이 이어진 문장이다.

③ ㄱ, ㄴ, ㄷ에서 뒤 절의 주어가 없는 이유는 그 주어가 앞 절의 주어('암벽 등반은')와 같아서 뒤 절의 주어를 생략했기 때문이다.

④ ㄱ과 ㄷ에 사용된 '-고'와 '-지만'은 각각 나열과 대조의 의미를 갖는 연결 어미이며, 이와 같은 관계로 이어진 문장이 대등하게 이어진 문장임을 〈보기 1〉에서 확인할 수 있다.

⑤ ㄴ에 사용된 '-어서'는 원인의 의미를 갖는 연결 어미이며, 이와 같은 관계로 이어진 문장이 종속적으로 이어진 문장임을 〈보기 1〉에서 확인할 수 있다.

3 ①   유형 이어진문장

'책을 많이 읽으면'의 '-으면'은 앞 절과 뒤 절이 조건의 의미 관계임을 나타내는 연결 어미이다.

⊗ 오답 피하기

② '책을 읽으려고'의 '-으려고'는 의도의 의미 관계를 나타내는 연결 어미이다.

③ '책을 아무리 읽어도'의 '-어도'는 양보의 의미 관계를 나타내는 연결 어미이다.

④ '책을 읽고 있는데'의 '-는데'는 배경의 의미 관계를 나타내는 연결 어미이다.

⑤ '책을 다양하게 읽어서'의 '-어서'는 인과의 의미 관계를 나타내는 연결 어미이다.

21 안은문장

<table><tr><td>**1단계 개념 확인 문제**</td><td>148쪽</td></tr></table>

1 ④   **2** ④   **3** ④   **4** ③

1 ④

④는 '아름다운'이라는 관형절(그림이 아름답다.)이 쓰인 문장으로, 관형절이 체언 '그림'을 수식하는 역할을 하고 있다.

⊗ 오답 피하기

① '가뭄이 끝나기'라는 명사절이 목적격 조사 '를'과 결합하여 목적어 역할을 하고 있다.

② '그녀가 거짓말을 했음'이라는 명사절이 주격 조사 '이'와 결합하여 주어 역할을 하고 있다.

③ '그가 이 사건의 범인임'이라는 명사절이 주격 조사 '이'와 결합하여 주어 역할을 하고 있다.

⑤ '그녀가 오기'라는 명사절이 목적격 조사 '를'과 결합하여 목적어 역할을 하고 있다.

2 ④

'영희가 탄'은 '버스에'라는 부사어가 생략된 관형절이다. 그런데 다른 밑줄 친 관형절은 모두 주어가 생략되었다.

⊗ 오답 피하기

① '볼에 흐르는'은 '눈물이'라는 주어가 생략된 관형절이다.

② '잘 익은'은 '사과가'라는 주어가 생략된 관형절이다.

③ '대학생이 된'은 '형이'라는 주어가 생략된 관형절이다.

⑤ '숙제를 하는'은 '동생이'라는 주어가 생략된 관형절이다.

3 ④

'그는 이제 바보가 아니었다.'는 '주어＋부사어＋보어＋서술어'의 구조로 이루어진 홑문장이다.

⊗ 오답 피하기

① '하늘이 개었다'라는 서술절을 지닌 안은문장이다.

② '코가 정말 길다'라는 서술절을 지닌 안은문장이다.

③ '상상력이 풍부했다'라는 서술절을 지닌 안은문장이다.

⑤ '마음이 따뜻하시다'라는 서술절을 지닌 안은문장이다.

4 ③

③은 '눈이 와서'라는 앞 절과 '교통이 마비되었다.'라는 뒤 절

이 원인의 의미 관계를 이루며 종속적으로 연결된 이어진문장이다.

❌ **오답 피하기**
① '발이 닳도록'이라는 부사절을 지닌 안은문장이다.
② '코가 예쁘게'라는 부사절을 지닌 안은문장이다.
④ '눈이 시리도록'이라는 부사절을 지닌 안은문장이다.
⑤ '소리도 없이'라는 부사절을 지닌 안은문장이다.

2단계 대표 기출 문제 148~149쪽

1 ②　　**2** ②　　**3** ①

---

1 ② 　유형 안은문장

㉠에서 안긴문장 '누나가 주인임'은 명사절로, 주격 조사 '이'와 결합하여 안은문장에서 주어의 기능을 한다. ㉡에서 안긴문장 '(삼촌이) 농담을 던짐'은 명사절로, 부사격 조사 '으로써'와 결합하여 안은문장에서 부사어의 기능을 한다. ㉢에서 안긴문장 '동생이 고향으로 돌아오기'는 명사절로, 목적격 조사 '를' 대신 보조사 '만'과 결합하여 안은문장에서 목적어의 기능을 한다. 따라서 ㉠~㉢에서 안긴문장의 종류는 모두 명사절로 동일하고, ㉠의 안긴문장은 주어, ㉡의 안긴문장은 부사어, ㉢의 안긴문장은 목적어의 기능을 해 안은문장 안에서 각각 다른 기능을 한다.

2 ② 　유형 안은문장

㉮에서 안긴문장 '노래를 부르기'는 명사절로, 안은문장에서 주어로 쓰이고 있다. ㉯에서 안긴문장 '아무도 모르게'는 부사절로, 안은문장에서 용언인 '피었다'를 꾸미는 부사어로 쓰이고 있다. 따라서 안긴문장이 서술어로 쓰이지 않으면서 체언을 수식하고 있지 않는 ⓒ에 해당하는 것은 ㉮와 ㉯이다.
한편 ㉰에서 안긴문장 '동생이 오기'는 명사절로, 안은문장에서 체언인 '전'을 꾸미는 관형어로 쓰이고 있으므로 ⓑ에 해당한다. 또 ㉱에서 안긴문장 '마음씨가 착하다'는 서술절로, 안은문장에서 서술어로 쓰이고 있으므로 ⓐ에 해당한다.

3 ① 　유형 안은문장

안긴문장 '그가 여행을 간'은 '주어＋목적어＋서술어'로 구성된 관형절이다. 관형절 '그가 여행을 간'과 이 관형절이 안긴 '그녀는 사실을 몰랐다.'라는 문장에는 서로 중복된 단어가 없다. 따라서 생략된 문장 성분 없이 관형절이 안은문장의 체언 '사실'을 수식하고 있으므로 ㉠에 해당하는 예로 적절하지 않다.

❌ **오답 피하기**
② 관형절인 '내가 사는'은 부사어('마을에')가 관형절이 수식하는 체언 '마을'과 중복되어 생략되었으므로 ㉠에 해당하는 예이다.
③ 관형절인 '책장에 있던'은 주어('소설책이')가 관형절이 수식하는 체언 '소설책'과 중복되어 생략되었으므로 ㉠에 해당하는 예이다.

④ 관형절인 '동생이 먹을'은 목적어('딸기를')가 관형절이 수식하는 체언 '딸기'와 중복되어 생략되었으므로 ㉠에 해당하는 예이다.
⑤ 관형절인 '골짜기에 흐르는'은 주어('물이')가 관형절이 수식하는 체언 '물'과 중복되어 생략되었으므로 ㉠에 해당하는 예이다.

1등급 완성 수능 기출 문제 150~157쪽

01 ④	02 ④	03 ③	04 ⑤	05 ④	06 ①
07 ⑤	08 ②	09 ①	10 ③	11 ①	12 ④
13 ②	14 ④	15 ③	16 ⑤	17 ③	18 ④
19 ④	20 ②	21 ⑤	22 ②	23 ④	24 ②
25 ⑤	26 ②	27 ④	28 ①	29 ①	30 ③
31 ④					

---

01 ④ 　유형 문장 성분과 문장 구조

ㄱ은 주어('그가')와 서술어('되었다')의 관계가 한 번만 나타나는 홑문장이지만, ㄴ은 '창문이 ~ 많다'라는 '주어-서술어'의 구조가 안은문장의 서술어 역할을 하고 있는 겹문장으로, ㄷ과 ㄹ처럼 주어와 서술어의 관계가 두 번 이상 나타난다.

❌ **오답 피하기**
① ㄱ에는 서술어 '되었다'가 필요로 하는 보어 '대학생이'가 있지만, ㄷ에는 보어가 없다.
② ㄹ에는 '부자를'과 '사람을'이라는 목적어가 있지만, ㄴ에는 목적어가 없다.
③ ㄱ과 ㄴ에는 각각 '마침내'와 '아주'라는 부사어가 있지만, ㄷ과 ㄹ에는 부사어가 없다.
⑤ ㄷ은 '그가 정당했음'이라는 명사절이 전체 문장 속에 안겨 있고, ㄹ은 '절약은 부자를 만들고'라는 앞 절과 '절제는 사람을 만든다'라는 뒤 절이 연결 어미 '-고'로 대등하게 이어져 있다.

---

02 ④ 　유형 서술어의 자릿수

'다르다'는 주어 외에 비교 대상과 관련된 필수적 부사어('한국과')를 필요로 하는 두 자리 서술어이다. '영국의'는 주어('날씨는')를 꾸며 주는 관형어로서 서술어의 자릿수와 관련이 없다.

❌ **오답 피하기**
① '피어올랐다'는 주어('아지랑이가')만 필요로 하는 한 자리 서술어이다. 여기서 '모락모락'은 빼도 문장의 구성에 지장이 없으므로 필수적 부사어가 아닌 수의적 부사어이다.
② '바라보았다'는 주어('소년이')와 목적어('무지개를')를 필요로 하는 두 자리 서술어이다. '그'는 체언 '소년'을 수식하는 관형어이다.
③ '아니다'는 주어('동생은')와 보어('거짓말쟁이가')를 필요로 하는 두 자리 서술어이다. '내'는 체언 '동생'을 수식하는 관형어이다.
⑤ '베풀었다'는 주어('그가'), 목적어('친절을') 외에 필수적 부사어('나에게')를 필요로 하는 세 자리 서술어이다.

03 ③　유형 문장 성분

ㄹ의 '온갖 새 물건들'에서 관형어 '온갖'과 '새'는 모두 체언인 '물건들'을 꾸미고 있다. '저 두 남자'에서 관형어 '저'와 '두'도 모두 체언인 '남자'를 꾸미고 있다. 즉 관형어가 두 개 이상 나열될 경우에는 관형어가 관형어를 꾸미는 것이 아니라, 모두 각각 뒤에 오는 체언을 꾸민다.

❌ 오답 피하기
① ㄱ에서 '가던'은 과거, '가는'은 현재, '갈'은 미래의 의미를 담고 있다.
② ㄴ에서 '새로운'과 '예쁜'은 형용사 '새롭다'와 '예쁘다'에 관형사형 전성 어미 '-(으)ㄴ'이 결합한 것이며, '달리는'은 동사 '달리다'에 관형사형 전성 어미 '-는'이 결합한 것이다. 따라서 품사가 달라도 문장에서 관형어의 역할을 할 수 있음을 보여 준다.
④ ㄴ은 모두 용언(동사, 형용사)이 관형어로 쓰인 예이며, ㄷ에서 '대학생인'과 '사장인'은 '대학생이다'와 '사장이다'에 사용된 서술격 조사 '이다'의 어간 '이-'에 관형사형 전성 어미 '-ㄴ'이 붙은 형태이다. 이를 통해 서술격 조사 '이다'가 변형되어 관형어로 쓰인다는 것을 알 수 있다.
⑤ ㄱ~ㄹ은 모두 밑줄 친 관형어가 꾸밈을 받는 말 앞에 위치한다는 사실을 보여 준다. 우리말은 수식어가 반드시 피수식어의 앞에 나오는 구성으로 이루어져 있다.

04 ⑤　유형 문장 성분

서술어 '주다'는 '~에/에게 ~을 주다'의 구조로 실현되므로 '지혜에게'는 문장 구조상 반드시 필요한 필수적 부사어이다. 또한 서술어 '빌리다'는 '~에서/에게서(에게) ~을 빌리다'의 구조로 실현되므로 '친구에게'도 필수적 부사어이다.

❌ 오답 피하기
① 서술어 '보다'는 '~을 보다'의 구조를 이루므로 '삼촌과'는 생략해도 문장의 구성에 지장이 없는 수의적 성분인 반면, 서술어 '비슷하다'는 '~와/과 비슷하다'의 구조를 이루므로 '이것과'는 필수적 부사어이다.
② 서술어 '이탈하다'는 '~에서 이탈하다'의 구조를 이루므로 '궤도에서'는 필수적 부사어인 반면, '만나다'는 '~을 만나다'의 구조를 이루므로 '공원에서'는 생략해도 문장의 구성에 지장이 없는 수의적 성분이다.
③ '잡다'는 '~을 잡다'의 구조를 이루므로 '몽둥이로'는 생략해도 문장의 구성에 지장이 없는 수의적 성분인 반면, '삼다'는 '~을 ~으로 삼다'의 구조를 이루므로 '사위로'는 필수적 부사어이다.
④ '적합하다'는 '~에/에게 적합하다'의 구조를 이루므로 '벼농사에'는 필수적 부사어인 반면, '방문하다'는 '(어떤 사람이나 장소)에 방문하다'의 구조를 이루므로 '오후에'는 생략해도 문장의 구성에 지장이 없는 수의적 성분이다.

05 ④　유형 문장 성분

ㄷ의 주어('신임 장관은')는 명사 '신임'과 명사 '장관'이 결합해 명사구를 이루고 여기에 조사 '은'이 붙은 형태이며, ㄹ의 주어('새 컴퓨터가')는 관형사 '새'와 명사 '컴퓨터'가 결합해 명사구를 이루고 여기에 조사 '가'가 붙은 형태이다.

❌ 오답 피하기
① ㄱ의 주어('나도')와 ㄴ의 주어('바깥이')는 명사구에 조사가 붙은 형태가 아니라, 각각 대명사와 명사에 조사가 붙은 형태이다.
② ㄱ의 주어('나도')와 ㄷ의 주어('신임 장관은')에 붙은 '도'와 '은'은 격조사가 아니라 보조사로, 특별한 의미를 더해 주고 있다.
③ ㄷ의 주어('신임 장관은')는 서술어('참석한다')가 나타내는 동작의 주체이지만, ㄴ의 주어('바깥이')는 서술어('어둡다')가 나타내는 상태의 주체이다.
⑤ ㄹ에서 상태의 변화를 의미하는 서술어('되었다')의 주어는 '새 컴퓨터가'이며, '고물이'는 '되었다'가 필요로 하는 보어이다. 따라서 주어는 한 번 쓰였다.

06 ①　유형 문장 성분

㉠에서 '엄마와'는 문장 전체를 수식하는 부사어가 아니라, 서술어 '닮았다'를 수식하는 성분 부사어이며, '~와/과 닮았다'처럼 비교 대상이 필요한 서술어 '닮다'가 꼭 필요로 하는 필수적 부사어이다. 따라서 생략할 수 없는 부사어인 것은 맞지만, 문장 전체를 수식하는 부사어라는 설명은 적절하지 않다.

❌ 오답 피하기
② ㉡에서 부정의 의미를 갖는 부사어 '안'은 그것이 수식하는 성분인 '먹었다' 바로 앞으로 위치가 고정되어 있다. 이는 '*그는 안 밥을 먹었다.'와 같이 위치가 달라졌을 때 문장이 성립되지 않는 것을 통해서도 확인할 수 있다.
③ ㉢에서 '주었다'는 주어, 목적어, 필수적 부사어를 필요로 하는 세 자리 서술어이다. 따라서 '아이에게'는 문장을 구성하는 데 꼭 필요한 성분인 필수적 부사어로, 생략하면 문장이 성립되지 않는다.
④ ㉣에서 '겨우'는 '하나를'이라는 목적어를 수식하고 있다. 그러나 '하나를 겨우 만들었다는 거야?'에서 '겨우'는 '만들었다'라는 서술어를 수식하고 있다.
⑤ ㉤에서 부사어 '및'은 '경제'와 '문화'를 이어 주는 부사어로, 반드시 두 단어 사이에 있어야 한다.

07 ⑤　유형 문장 성분

ㄱ의 '가위로'는 생략해도 문장이 성립하므로 수의적 성분이지만, ㄴ의 '동생으로'는 서술어 '삼았다'가 꼭 필요로 하는 필수적 부사어이다.

❌ 오답 피하기
① ㄱ의 '색종이를'은 서술어 '잘랐다'가 꼭 필요로 하는 목적어로서 필수적인 성분이다.
② ㄱ의 '꼼꼼한'과 ㄴ의 '옆집의'는 모두 '소윤이'와 '효빈이'라는 체언을 수식하는 관형어로서 필수적이지 않은 성분이며, 동일하게 문장 안에서 뒤에 오는 체언을 수식하는 기능을 한다.
③ ㄱ의 '소윤이가'와 ㄴ의 '경민이는'은 문장 안에서 행위의 주체로 기능을 하는 주어로서 필수적인 성분이다.
④ ㄱ의 '잘랐다'와 ㄴ의 '삼았다'는 문장 안에서 주체의 행위를 표현하는 기능을 하는 서술어로서 필수적인 성분이다.

08 ②
유형 안은문장

ⓛ에서 안긴문장인 '그가 범인이 아니었음'은 부사격 조사 '에'가 붙어 안은문장에서 부사어의 기능을 하고 있다. 따라서 ⓛ에 서술어의 기능을 하는 안긴문장이 있다는 설명은 적절하지 않다.

⊗ 오답 피하기

① ㉠에서 안긴문장인 '봄이 어서 오기'는 목적격 조사 '를'이 붙어 안은 문장에서 목적어의 기능을 하고 있다.

③ ⓒ에서 안긴문장인 '우유를 마신'은 체언인 '아이'를 꾸며 주는 관형절로, 안은문장에서 관형어의 기능을 하고 있다.

④ ㉠에서 안긴문장인 '봄이 어서 오기'에는 부사어('어서')가 있지만, ⓒ의 안긴문장 '우유를 마신'에는 부사어가 없다.

⑤ ⓒ에서 안긴문장 '우유를 마신'에는 주어('아이가')가 생략되어 있지만, ⓛ의 안긴문장 '그가 범인이 아니었음'에는 주어('그가')가 생략되지 않았다.

09 ①
유형 이어진문장과 안은문장

제시된 겹문장은 〈자료〉의 문장 '날씨가 춥다.'가 관형절 '추운'의 형태로 안겨 있는 문장이다. 따라서 명사절을 안은 문장이 아니라 관형절을 안은 문장이다.

⊗ 오답 피하기

② 제시된 겹문장은 〈자료〉의 문장 '동생은 얼음을 먹었다.'가 관형절 '얼음을 먹는'의 형태로 안겨 있는 문장이다.

③ 제시된 겹문장은 〈자료〉의 문장 '동생은 추위와 상관없다.'가 부사절 '추위와 상관없이'의 형태로 안겨 있는 문장이다.

④ 제시된 겹문장은 〈자료〉의 문장 '날씨가 춥다.'가 간접 인용절로 안겨 있는 문장이다.

⑤ 제시된 겹문장은 〈자료〉의 문장 '형은 물을 마셨다.'와 '동생은 얼음을 먹었다.'가 연결 어미 '-지만'을 통해 대등하게 이어진 문장이다.

10 ③
유형 안은문장

ㄱ의 안긴문장 '이마에 흐르는'은 안은문장의 목적어인 '땀'을 수식하는 관형절로, 주어인 '땀이'가 생략된 형태이다. 전체 문장의 주어는 '땀방울'이지만, 안긴문장의 주어는 안긴문장이 수식하는 목적어와 일치하는 '땀'이다.

⊗ 오답 피하기

① ㄱ의 '이마에 흐르는'은 관형절, ㄴ의 '그가 착한 사람임'은 명사절, ㄷ의 '아는 것도 없이'는 부사절로, 〈보기〉 문장의 밑줄 친 부분은 모두 다른 문장 속에 안긴 문장이다.

② ㄱ의 안긴문장은 체언 '땀'을 수식하는 관형어. ㄴ의 안긴문장은 목적격 조사 '을'이 붙은 목적어, ㄷ의 안긴문장은 '잘난 척을 해'라는 행동을 수식하는 부사어의 구실을 하고 있다.

④ ㄴ에서 '그가 착한'은 '사람임을'을, '그가 착한 사람임을 모르는'은 '사람은'을 수식하는 안긴문장(관형절)이다.

⑤ ㄱ~ㄷ을 통해, 안은문장은 문장 속에 다른 문장을 안은 형태로 복잡한 생각을 표현할 수 있는 문장이라는 사실을 알 수 있다.

11 ①
유형 안은문장

㉠이 서술어인 문장 '주기적으로 운동하기가 건강의 첫걸음이다.'에서 명사절('주기적으로 운동하기')이 주격 조사 '가'와 결합하여 전체 문장의 주어 기능을 하고 있다.

⊗ 오답 피하기

② ⓛ이 서술어인 문장 '그것을 꾸준하게 실천하기(실천하다)'에서 명사절은 존재하지 않는다.

③ ⓒ이 서술어인 문장 '그것을 꾸준하게 실천하기 원한다면(원하다)'에서 명사절('그것을 꾸준하게 실천하기')이 목적어 기능을 하고 있으며, 명사절 뒤에 목적격 조사 '를'이 생략되었다.

④ ⓔ이 서술어인 문장 '(계획 세우기가) 제대로 된(되다)'에서는 명사절('계획 세우기')이 생략되어 있는데, 이는 생략되어 있지만 주격 조사 '가'와 결합하여 주어 기능을 하고 있다.

⑤ ⓜ이 서술어인 문장 '제대로 된 계획 세우기가 선행되어야 한다(하다).'에서 명사절('제대로 된 계획 세우기')이 주격 조사 '가'와 결합하여 주어 기능을 하고 있다.

12 ④
유형 안은문장

ⓔ에는 부사어('집에')가 생략된 관형절 '지금 사는'이 있지만, 부사어로 쓰인 명사절은 없으며, 주어('그가')가 생략되어 목적어로 쓰인 명사절 '계속 머무르기'가 있다.

⊗ 오답 피하기

① ㉠에는 주어('친구들이')가 생략된 관형절 '약속 시간에 늦은'이 있고, 명사절은 없다.

② ⓛ에는 관형절이 없고, 주격 조사 '가'가 붙어 주어로 쓰인 명사절 '마지막 문제를 풀기'가 있다.

③ ⓒ에는 목적어('빵을')가 생략된 관형절 '아버지께서 주신'이 있고, 명사절은 없다.

⑤ ⓜ에는 관형절이 없고, 목적격 조사 '을'이 붙어 목적어로 쓰인 명사절 '우리가 어제 목적지에 도착했음'이 있다.

13 ②
유형 안은문장

ⓒ의 안긴문장인 관형절 '철수가 산책을 한'은 ㉠이 ⓛ에 관형절로 안기면서 ㉠의 부사어인 '공원에서'가 생략된 형태이다.

14 ④
유형 안은문장

ⓔ의 안긴문장인 명사절 '겨울이 오기'는 전체 문장에서 '전(前)'이라는 체언(명사)을 수식하고 있다. 즉 명사절이 조사와 결합하지 않은 것은 맞지만, 명사절이 명사 '전'을 수식하기 때문에 부사어가 아닌 관형어로 쓰였다.

⊗ 오답 피하기

① ㉠의 안긴문장인 명사절 '색깔이 희기'는 주격 조사 '가'와 결합하여 주어로 쓰였다.

② ⓛ의 안긴문장인 명사절 '비가 오기'는 목적격 조사 '를'과 결합하여 목적어로 쓰였다.

③ ⓒ의 안긴문장인 명사절 '자식이 행복하기'는 목적격 조사 '를'이 생략된 채 목적어로 쓰였다.

⑤ ⓜ의 안긴문장인 명사절 '우리가 학교에 가기'는 부사격 조사 '에'와 결합하여 부사어로 쓰였다.

15 ③　　

③의 두 번째 문장에서 관형절 '어제 부모님이 시키신'을 완결된 문장으로 바꾸면 '어제 부모님이 일을 시키셨다.'가 된다. 이때 '일'은 목적격 조사 '을'이 붙어 안긴문장에서 목적어의 기능을 하고 있다. 하지만 첫 번째 문장에서 관형절 '두 사람이 어제 헤어진'을 완결된 문장으로 바꾸면 '두 사람이 어제 공원에서 헤어졌다.'가 된다. 이때 '공원'은 부사격 조사 '에서'가 붙어 부사어의 기능을 하고 있다.

✖ 오답 피하기
① 첫 번째 문장에서 관형절 '어제 결혼한'을 완결된 문장으로 바꾸면 '그들이 어제 결혼했다.'가 된다. 또 두 번째 문장의 관형절 '누나를 많이 닮은'을 완결된 문장으로 바꾸면 '친구가 누나를 많이 닮았다.'가 된다. 따라서 안은문장의 '그들'과 '친구'는 뒤에 붙는 주격 조사와 함께 안긴문장에서 주어의 기능을 하고 있다.
② 첫 번째 문장에서 관형절 '나무로 된'을 완결된 문장으로 바꾸면 '탁자가 나무로 되었다.'가 된다. 또 두 번째 문장의 관형절 '시대에 뒤떨어진'을 완결된 문장으로 바꾸면 '생각이 시대에 뒤떨어졌다.'가 된다. 따라서 안은문장의 '탁자'와 '생각'은 뒤에 붙는 주격 조사와 함께 안긴문장에서 주어의 기능을 하고 있다.
④ 첫 번째 문장에서 관형절 '친구가 나에게 준'을 완결된 문장으로 바꾸면 '친구가 나에게 옷을 주었다.'가 된다. 또 두 번째 문장의 관형절 '털실로 짠'을 완결된 문장으로 바꾸면 '누나는 털실로 장갑을 짰다'가 된다. 따라서 안은문장의 '옷'과 '장갑'은 뒤에 붙는 목적격 조사와 함께 안긴문장에서 목적어의 기능을 하고 있다.
⑤ 첫 번째 문장에서 관형절 '아이들이 운동장에서 공을 찬'을 완결된 문장으로 바꾸면 '아이들이 주말에 운동장에서 공을 찼다.'가 된다. 또 두 번째 문장의 관형절 '관중이 쓰레기를 남긴'을 완결된 문장으로 바꾸면 '관중이 경기장에 쓰레기를 남겼다.'가 된다. 따라서 안은문장의 '주말'과 '경기장'은 뒤에 붙는 부사격 조사와 함께 안긴문장에서 부사어의 기능을 하고 있다.

16 ⑤　　

㉠의 안긴문장 '내가 노래 부르기'에는 '노래(목적격 조사 '를'이 생략됨.)'라는 목적어가 있지만 ㉡의 안긴문장 '이 지역 토양이 벼농사에 적합함'에는 목적어가 없다.

✖ 오답 피하기
① ㉡에는 부사어 '벼농사에'가 있지만, ㉠에 사용된 문장 성분은 주어, 목적어, 서술어로, 부사어가 없다.
②, ③ ㉠의 안긴문장과 ㉡의 안긴문장은 각각 명사형 어미 '-기, -(으)ㅁ'이 붙어서 만들어진 명사절이다. 부사절이나 서술절, 관형절은 ㉠, ㉡ 어디에도 나타나지 않는다.
④ ㉠의 안긴문장에는 관형어가 없고, ㉡의 안긴문장에는 관형사 '이'가 '지역'을 수식하는 관형어로 쓰이고 있으며, '이 지역'이라는 명사구는 '토양'을 수식하는 관형어로 쓰이고 있다.

17 ③　　

ⓒ의 안은문장은 '동주는 별을 응시했다.'이며, 안긴문장은 관

형절 '(별이) 반짝이는'이다. 따라서 '별을'은 안긴문장의 생략된 주어이면서 안은문장의 목적어이다. ⓒ의 안긴문장에는 목적어가 없다.

✖ 오답 피하기
① ⓐ의 '삼았다'는 주어 '그는' 이외에도 목적어 '위기를'과 필수적 부사어 '기회로'를 필수적으로 요구하는 세 자리 서술어이다.
② ⓑ의 '바다가'는 안긴문장의 서술어 '파랗다'의 주어이며, '눈이'는 안긴문장의 서술어 '부시게'의 주어이다.
④ ⓐ의 '좋은'은 안긴문장인 관형절 '(기회가) 좋은'의 서술어이며, ⓒ의 '반짝이는'은 안긴문장인 관형절 '(별이) 반짝이는'의 서술어이다.
⑤ ⓑ의 안긴문장인 부사절 '눈이 부시게'는 용언 '파랗다'를 수식하고, ⓒ의 안긴문장인 관형절 '반짝이는'은 체언 '별'을 수식하는 기능을 한다.

18 ④　　

㉣의 안긴문장은 '내가 늘 쉬던'으로, 체언 '공원'을 수식하는 관형절이다. 그리고 안긴문장(내가 늘 공원에서 쉬었다.)에서 생략된 문장 성분은 부사어 '공원에서'이다.

✖ 오답 피하기
① ㉠의 안긴문장은 '자식이 건강하기'로, 명사절이다. 안긴문장에서 생략된 문장 성분은 없다.
② ㉡의 안긴문장은 '연락도 없이'로, 서술어 '안 왔다'를 수식하는 부사절이다. 안긴문장에서 생략된 문장 성분은 없다.
③ ㉢의 안긴문장은 '자신의 판단이 옳았음'으로, 명사절이다. 안긴문장에서 생략된 문장 성분은 없다.
⑤ ㉤의 안긴문장은 '아주 어려운'으로, 체언 '과제'를 수식하는 관형절이다. 안긴문장에서 생략된 문장 성분은 주어 '과제가'이다.

19 ④　　

㉣은 '날이 추워지다.'와 '방한 용품이 필요하다.'가 조건의 의미를 지니는 연결 어미 '-면'을 통해 종속적으로 이어진 문장이다.

✖ 오답 피하기
① ㉠에서 명사절인 '우리와 함께 일하기'는 목적격 조사 '를'이 붙어 안은문장에서 목적어의 역할을 하고 있다.
② ㉡에서 서술절인 '후각이 훨씬 예민하다.'는 안은문장에서 서술어의 역할을 하고 있다.
③ ㉢에서 관형절인 '그가 우리를 도와 준'은 안은문장에서 체언 '일'을 수식하는 관형어의 역할을 하고 있다.
⑤ ㉤은 '관형어(수만 명의)+주어(관객들이)+목적어(공연장을)+부사어(가득)+서술어(메웠다)'의 구조로 이루어져, 주어와 서술어의 관계가 한 번만 나타나는 홑문장이다.

20 ①　　

㉢에서 '손가락이 누구보다 길다'는 '손가락이'라는 주어와 '길다'라는 서술어를 갖추고 있으면서 문장 전체의 주어인 '영수

는'을 서술하고 있으므로, 서술어의 기능을 하는 안긴문장에 해당한다. 그러나 ㉠에서 '내 친구의 것이다'는 '내 친구의 것'이라는 명사구에 서술격 조사 '이다'가 붙어 주어 '자전거는'을 서술하고 있지만, 주어와 서술어의 관계가 나타나지 않으므로 안긴문장에 해당하지 않는다. ㉠에는 관형어의 기능을 하는 안긴문장('내가 빌린')이 있다.

❌ **오답 피하기**
② ㉠의 안긴문장인 관형절 '내가 빌린'은 체언 '자전거'를 수식하고 있으며, ㉣의 안긴문장인 관형절 '마을에 사는'은 체언 '사람들'을 수식하고 있다.
③ ㉡의 안긴문장인 명사절 '공연이 시작되기'에는 부사어가 없지만, ㉢의 안긴문장인 관형절 '피아노를 잘 치는'과 서술절 '손가락이 누구보다 길다'에는 용언 '치는'을 수식하는 부사어 '잘'과 '길다'를 수식하는 부사어 '누구보다'가 있다.
④ ㉡의 안긴문장인 명사절 '공연이 시작되기'는 명사 '전'을 꾸며 주는 관형어의 기능을 하고 있으며, ㉣의 안긴문장인 명사절 '파수꾼이 마을에 사는 사람들을 속였음'은 조사 '이'와 결합하여 안은문장에서 주어의 기능을 하고 있다.
⑤ ㉢의 안긴문장인 관형절 '피아노를 잘 치는'에는 주어 '영수가' 생략되어 있으며, ㉣의 안긴문장인 관형절 '마을에 사는'에는 주어 '사람들이'가 생략되어 있다.

21 ⑤
유형 **안은문장**

㉺의 안긴문장인 명사절 '성적이 많이 오르기'는 목적격 조사 '를'이 붙어 안은문장의 목적어 기능을 하고 있다. 그러나 ㉺의 안긴문장인 관형절 '부상을 당한'은 체언 '선수'를 수식하는 관형어 기능을 하고 있다.

❌ **오답 피하기**
① ㉮의 안긴문장인 명사절 '그 사람이 범인임'에는 체언 '사람'을 수식하는 '그'라는 관형어가 한 개 있다.
② ㉮의 안긴문장 '그 사람이 범인임'은 주격 조사 '이'가 붙어 안은문장에서 주어의 기능을 하고 있다.
③ ㉯의 안긴문장 '부상을 당한'은 주어 '선수가'가 생략된 관형절이다.
④ ㉮의 안긴문장에는 부사어가 없지만, ㉯의 안긴문장 '성적이 많이 오르기'에는 용언 '오르기'를 수식하는 부사어 '많이'가 있다.

22 ②
유형 **이어진문장과 안은문장**

ㄱ은 앞뒤 문장의 순서가 바뀌어도 의미 차이가 없다. 그러나 ㄴ에서 '철수가 오면 그들은 출발할 것이다.'와 '그들이 출발하면 철수가 올 것이다.'는 조건에 해당하는 내용과 결과에 해당하는 내용으로 앞뒤 문장의 순서가 뒤바뀌면 의미 차이가 생김을 알 수 있다.

❌ **오답 피하기**
① ㄱ은 연결 어미 '-지만'을 통해 대조의 의미 관계로 연결된 문장이고, ㄴ은 연결 어미 '-면'을 통해 조건의 의미 관계로 연결된 문장이다.
③ ㄱ에서는 '동생은 과일을 좋아하다.'와 '동생은 야채를 싫어하다.'가 결합하면서 중복된 주어 '동생은'을 생략하였다. ㄹ에서는 '영수가 책

을 읽다.'와 '영수가 수지에게 다가오다.'가 안긴문장과 안은문장으로 결합하면서 중복된 주어 '영수가'를 안긴문장에서 생략하였다. 따라서 이어진문장과 안은문장 모두 중복된 내용을 생략할 수 있다.
④ ㄷ의 안긴문장인 명사절 '그 아이가 학생임'은 안은문장에서 목적격 조사 '을'이 붙어 목적어의 역할을 하고 있으므로 명사처럼 쓰이고 있다. ㄹ의 안긴문장인 관형절 '책을 읽던'은 안은문장에서 명사 '영수'를 꾸미는 관형어의 역할을 하고 있다.
⑤ ㄷ에서 안은문장의 주어는 '언니는'이고, 안긴문장의 주어는 '아이가'로 각각 주어가 다르다. 그러나 ㄹ은 안은문장과 안긴문장의 주어가 모두 '영수가'로 동일하다. 따라서 안긴문장과 안은문장의 주어는 같을 수도 있고, 서로 다를 수도 있다.

23 ④
유형 **이어진문장과 안은문장**

(나)에서는 ㉢이 전체 문장에서 '마을'을 수식하는 관형어 기능을 하며 안겨 있고, (다)에서는 ㉤이 목적격 조사 '을'과 결합하여 전체 문장에서 목적어 기능을 하며 안겨 있다. 따라서 (나)와 (다)의 절은 모두 전체 문장의 한 성분으로 안겨 있다.

❌ **오답 피하기**
① (가)에서 ㉠은 ㉡에 대하여 '조건'의 의미를 갖기 때문에 ㉠과 ㉡의 위치를 바꾸면 '꽃이 피면 봄이 온다.'가 되어 원래의 문장과 의미가 달라진다.
② (나)에서 관형절 ㉢은 ㉣의 주어 '마을은'을 꾸며 주는 역할을 한다.
③ (다)의 ㉤을 생략하면 서술어 '몰랐다'가 필요로 하는 목적어가 없는 문장이 되어 전체 문장의 의미가 불완전해진다.
⑤ (가)의 ㉠과 ㉡은 각각 '주어+서술어'의 관계로 이루어져 있으며, 종속적으로 이어져 있다. (나)의 ㉢과 ㉣은 각각 '주어+서술어'의 관계로 이루어져 있으며, ㉢이 관형절로 안겨 있다. (다)는 '주어+서술어'의 관계로 되어 있는 안은문장 '나는 몰랐다.'에 '주어+서술어'의 관계로 되어 있는 ㉤이 명사절로 안겨 있다. 즉, (가), (나), (다)는 모두 '주어+서술어' 관계가 문장 속에 두 번씩 나타나는 겹문장이다.

24 ②
유형 **이어진문장과 안은문장**

㉡의 주어 '나는'의 서술어는 '기다렸고'이고, ㉣은 서술어 '기다렸고'의 목적어 역할을 하는 명사절이다. 따라서 ㉣이 '나는'의 서술어라는 설명은 적절하지 않다.

❌ **오답 피하기**
① ㉠은, ㉡과 ㉢이 나열의 의미를 나타내는 연결 어미 '-고'에 의해 대등하게 연결된 이어진문장이다.
③ ㉡은 '나는(주어)+기다렸고(서술어)'의 구조를 지닌 안은문장에 '형이(주어)+오기(서술어)'라는 구조의 명사절이 안긴 문장이다. ㉢은 '동생은(주어)+책을(목적어)+읽었다(서술어)'의 구조를 지닌 안은문장에 '형이(주어)+준(서술어)'이라는 구조의 관형절이 안긴 문장이다. 따라서 ㉡과 ㉢은 모두 '주어-서술어'의 관계가 두 번 이상 나타난다.
④ ㉣은 '형이(주어)+오기(서술어)'라는 구조를 지니며, ㉤은 '형이(주어)+준(서술어)'이라는 구조를 지닌다. 따라서 ㉣과 ㉤은 '주어-서술어'의 관계가 한 번씩만 나타난다.
⑤ ㉤은 체언인 '책'을 수식하는 관형어 역할을 하면서 ㉢에 관형절로 안겨 있다.

25 ⑤　　　유형 이어진문장

앞 절 '갑자기 문이 열려서'와 뒤 절 '사람들이 놀랐다'가 연결 어미 '−어서'로 이어지며, 앞 절이 뒤 절에 대해 '원인'의 종속적인 의미 관계로 해석된다.

❌ 오답 피하기

① 앞 절 '무쇠도 갈면'과 뒤 절 '바늘이 된다'가 연결 어미 '−면'으로 이어지며, 앞 절이 뒤 절에 대해 '조건'의 종속적인 의미 관계로 해석된다.
② 앞 절 '하늘도 맑고'와 뒤 절 '바람도 잠잠하다'가 연결 어미 '−고'로 이어지며, 앞 절과 뒤 절이 '나열'의 대등한 의미 관계로 해석된다.
③ 앞 절 '나는 시험공부를 하러'와 뒤 절 '학교에 간다'가 연결 어미 '−러'로 이어지며, 앞 절이 뒤 절에 대해 '목적'의 종속적인 의미 관계로 해석된다.
④ 앞 절 '함박눈이 내렸지만'과 뒤 절 '날씨가 따뜻하다'가 연결 어미 '−지만'으로 이어지며, 앞 절과 뒤 절이 '대조'의 대등한 의미 관계로 해석된다.

26 ②　　　유형 안은문장

ⓒ '자신이 돌아왔음'은 명사형 전성 어미 '−음'과 결합한 명사절로 안긴문장이다. 목적격 조사 '을'과 결합하여 서술어 '알리며'의 목적어 역할을 한다.

❌ 오답 피하기

① ㉠ '오랫동안 여행을 떠났던'은 관형사형 전성 어미 '−던'과 결합하여 명사 '친구'를 수식하고 있으므로 관형절로 안긴문장이다.
③ ㉢ '곧장 나를 만나러 오겠다'는 인용 부사격 조사 '고'와 결합하여 친구의 말을 인용한 것이므로 인용절로 안긴문장이다.
④ ㉣ '기분 좋게'는 부사형 전성 어미 '−게'와 결합하여 서술어 '약속해서'를 수식하고 있으므로 부사절로 안긴문장이다.
⑤ ㉤ '마음이 설렜다'는 주어 '나'의 상태를 서술하며, 절 전체가 서술어의 기능을 하고 있으므로 서술절로 안긴문장이다.

27 ④　　　유형 안은문장

ⓐ의 안긴문장 '소리도 없이'는 부사절로 안긴문장으로 용언 '나갔다'를 수식한다. ⓒ의 안긴문장 '어머니께서 시장에서 산'은 관형절로 안긴문장으로 체언 '수박'을 수식한다.

❌ 오답 피하기

① ⓐ의 안긴문장 '소리도 없이'는 주어 '소리도'와 서술어 '없이'로 이루어진 안긴문장이다. 따라서 주어가 생략되어 있지 않다.
② ⓑ의 안긴문장 '그가 이 사건의 범인임'은 목적격 조사 '을'과 결합하여 문장 전체에서 목적어의 기능을 한다.
③ ⓒ의 안긴문장 '어머니께서 시장에서 산'은 주어 '어머니께서', 부사어 '시장에서', 서술어 '산(사다)'으로 이루어져 있다. 체언을 수식하는 관형어는 찾아볼 수 없다.
⑤ ⓒ의 안긴문장 '어머니께서 시장에서 산'에는 목적어 '수박을'이 생략되어 있지만, ⓑ의 안긴문장 '그가 이 사건의 범인임'에는 목적어가 없다.

28 ①　　　유형 서술어의 자릿수

〈보기〉의 서술어 '유리하다'는 주어 '지형은'과 필수적 부사어 '막기에'를 요구하는 두 자리 서술어이다. 서술어가 요구하는 필수 성분의 개수와 종류가 같은 것은 주어 '광물이'와 필수적 부사어 '귀금속에'를 요구하는 '속했다(속하다)'이다.

❌ 오답 피하기

② '여몄다(여미다)'는 주어 '그는'과 목적어 '옷깃을'을 요구하는 두 자리 서술어이다.
③ '지었다(짓다)'는 주어 '우리는'과 목적어 '원두막을'을 요구하는 두 자리 서술어이다.
④ '걸었다(걷다)'는 주어 '나는'을 요구하는 한 자리 서술어이다.
⑤ '보냈다(보내다)'는 주어 '나는'과 목적어 '구호품을', 필수적 부사어 '수해 지역에'를 요구하는 세 자리 서술어이다.

29 ①　　　유형 서술어의 자릿수

'계신다(계시다)'는 주어 '할아버지는'과 필수적 부사어 '댁에'를 요구하는 두 자리 서술어이며, '도착한(도착하다)'도 주어 '여객선이'와 생략된 필수적 부사어 '항구에'를 요구하는 두 자리 서술어이다.

❌ 오답 피하기

② '그칠(그치다)'은 주어 '불평이'를 요구하는 한 자리 서술어이며, '내리는(내리다)'은 주어 '그는'과 필수적 부사어 '배에서'를 요구하는 두 자리 서술어이다.
③ '만들(만들다)'은 주어 '나는'과 목적어 '호박을', 필수적 부사어 '죽으로'를 요구하는 세 자리 서술어이며, '새웠다(새우다)'는 주어 '아버지는'과 목적어 '밤을'을 요구하는 두 자리 서술어이다.
④ '된(되다)'은 생략된 주어 '성이'와 필수적 부사어 '얼음으로'를 요구하는 두 자리 서술어이며, '아니고(아니다)'는 주어 '그는'과 보어 '남이'를 요구하는 두 자리 서술어이다.
⑤ '지나쳤다(지나치다)'는 주어 '신중함은'을 요구하는 한 자리 서술어이며, '지나치는(지나치다)'는 생략된 주어 '기차가'와 목적어 '간이역만'을 요구하는 두 자리 서술어이다.

30 ③　　　유형 문장 성분과 문장 구조

'ㄴ. 나는 여름만 좋아한다.'는 홑문장으로 서술어는 '좋아한다'로 하나이다. 반면 'ㄷ. 그녀는 시인이자 선생님이다.'는 '그녀는 시인이다.'와 '그녀는 선생님이다.'의 두 문장이 일정한 자격과 함께 다른 자격이 있음을 나타내는 연결 어미 '−자'로 연결된 이어진문장이다. 따라서 ㄷ은 서술어가 '시인이자'와 '선생님이다'로 두 개이다.

❌ 오답 피하기

① 'ㄱ. 나는 키가 크다.'는 '주어+(주어+서술어)'로 구성된 문장이며, 'ㄷ. 그녀는 시인이자 선생님이다.'는 '주어+서술어+서술어'로 구성된 문장이다. 따라서 ㄱ과 ㄷ을 구성하는 문장 성분은 주어와 서술어로 동일하다.
② 'ㄱ. 나는 키가 크다.'는 '키가 크다'가 '주어+서술어'의 관계를 형성하며, 전체 문장의 주어인 '나는'과 서술절로 안긴문장인 '키가 크다'

가 다시 '주어+서술어'의 관계를 형성한다. 'ㄹ. 그녀가 사과를 먹고 나는 배를 먹는다.'는 앞 절에서 '그녀가'와 '먹고'가 '주어 + 서술어'의 관계를 형성하며, 뒤 절에서 '나는'과 '먹는다'가 다시 '주어 + 서술어'의 관계를 형성한다. 따라서 ㄱ과 ㄹ은 모두 주어와 서술어의 관계가 두 번 나타난다.

④ 'ㄴ. 나는 여름만 좋아한다.'는 주어 '나는'과 목적어 '여름만'을 포함하고 있으며, 'ㄹ. 그녀가 사과를 먹고 나는 배를 먹는다.'는 주어 '그녀가', '나는'과 목적어 '사과를', '배를'을 포함하고 있다.

⑤ 'ㄷ. 그녀는 시인이자 선생님이다.'는 앞 절과 뒤 절이 연결 어미 '-자'로 연결되어 있으며, 'ㄹ. 그녀가 사과를 먹고 나는 배를 먹는다.'는 앞 절과 뒤 절이 연결 어미 '-고'로 연결되어 있다.

31 ④

유형 문장 성분

'전혀 딴 사람이 그 문제를 한순간에 해결했다.'에는 부사어 '전혀'와 '한순간에'가 추가되었다. '전혀'는 관형어 '딴'을 수식하기 위한 부사이므로 ⓒ을 만족시키며, '한순간에'는 서술어 '해결했다'를 수식하기 위한 '체언(한순간) + 조사(에)'이므로 ⓔ을 만족시킨다. 따라서 [조건] 중 ⓒ과 ⓔ을 만족시킨다.

❌ 오답 피하기

① '방긋이 웃는 아기가 참 귀엽게 걷는다.'에는 부사어 '방긋이'와 '참'이 추가되었다. '방긋이'는 관형어 '웃는'을 수식하기 위한 부사이므로 ⓒ을 만족시키며, '참'은 부사어 '귀엽게'를 수식하기 위한 부사이므로 ⓐ을 만족시킨다. 따라서 [조건] 중 ⓐ과 ⓒ을 만족시킨다.

② '화가가 조금 굵은 선을 세로로 쭉 그었다.'에는 부사어 '조금'과 '세로로'가 추가되었다. '조금'은 관형어 '굵은'을 수식하기 위한 부사이므로 ⓒ을 만족시키며, '세로로'는 서술어 '그었다'를 수식하기 위한 '체언(세로)+조사(로)'이므로 ⓔ을 만족시킨다. 따라서 [조건] 중 ⓒ과 ⓔ을 만족시키는 문장이다.

③ '그를 무턱대고 싫어하는 사람이 많이 있다.'에는 부사어 '무턱대고'와 '많이'가 추가되었다. '무턱대고'는 관형어 '싫어하는'을 수식하기 위한 부사이므로 ⓒ을 만족시키며, '많이'는 서술어 '있다'를 수식하기 위한 부사이다. 따라서 주어진 [조건] 중 ⓒ만 만족시킨다.

⑤ '영미는 그 일을 원칙대로 깔끔히 처리했다.'에는 부사어 '원칙대로'와 '깔끔히'가 추가되었다. '원칙대로'는 서술어 '처리했다'를 수식하기 위한 '체언(원칙)+조사(대로)'이므로 ⓔ을 만족시킨다. '깔끔히'는 서술어 '처리했다'를 수식하기 위한 부사이다. 따라서 주어진 [조건] 중 ⓔ만 만족시킨다.

V | 문법 요소

22 종결 표현

1단계 개념 확인 문제
162쪽

1 ④　　**2** ①　　**3** ⑤　　**4** ③

1 ④

'가 보세'는 하게체의 종결 어미가 사용된 예로, 문장의 종결 표현은 화자가 청자에게 어떤 행동을 함께할 것을 요청하는 청유문이다.

❌ 오답 피하기

① '갑시다'는 하오체의 종결 어미가 사용된 예로, 문장의 종결 표현은 청유문이다.

② '도착했구면'은 하게체의 종결 어미가 사용된 예로, 문장의 종결 표현은 감탄문이다.

③ '왔네'는 하게체의 종결 어미가 사용된 예로, 문장의 종결 표현은 평서문이다.

⑤ '오느냐'는 해라체의 종결 어미가 사용된 예로, 문장의 종결 표현은 의문문이다.

2 ①

문을 가로막은 사람에게 '좀 나갑시다.'라고 말하는 것은 내가 나갈 수 있게 비켜 달라는 의미이다. 따라서 형식은 청유문이지만 명령의 기능을 하고 있으며, 서술어 '나갑시다'의 행동 주체는 화자만 해당된다.

❌ 오답 피하기

② '일어나자'의 행동 주체는 청자만 해당된다.

③ '가시지요'의 행동 주체는 화자와 청자 모두이다.

④ '하자'의 행동 주체는 청자만 해당된다.

⑤ '먹자'의 행동 주체는 화자와 청자 모두이다.

3 ⑤

⑤는 의문문으로, '무엇'에 대한 청자의 대답을 요구하는 의문의 기능을 하고 있다.

❌ 오답 피하기

① 형식은 의문문이지만 서술의 기능('이 문제 정말 쉽다.')을 하고 있다.

② 형식은 의문문이지만 서술의 기능('이런 것은 다 안다.')을 하고 있다.

③ 형식은 의문문이지만 감탄의 기능('정말 쉬운 문제구면')을 하고 있다.

④ 형식은 의문문이지만 명령의 기능('어서 문제를 풀어라.')을 하고 있다.

4 ③

③의 '마련하라'는 동사 어간 '마련하-'에 간접 명령문의 명령

형 어미 '-(으)라'가 결합한 것으로, 불특정 다수를 대상으로 하여 매체를 통해 이루어지는 간접 명령문이 사용된 예이다.

① '불러오렴'은 허락 명령문의 명령형 어미 '-(으)렴'이 결합한 예로, 청자를 대면한 상황에서 말하고 있다.
② '가지려무나'는 허락 명령문의 명령형 어미 '-(으)려무나'가 결합한 예로, 청자를 대면한 상황에서 말하고 있다.
④ '골라라'는 해라체의 명령형 어미 '-아라'가 결합한 예로, 청자를 대면한 상황에서 말하고 있다.
⑤ '보구려'는 하오체의 명령형 어미 '-구려'가 결합한 예로, 청자를 대면한 상황에서 말하고 있다.

2단계 대표 기출 문제   162~163쪽

1 ④   **2** ①   **3** ④

1 ④   유형 명령문의 종류

a는 '찾-+-으라' 형태로 종결되므로 청자가 없는 상황에서 말하는 간접 명령문이다. 따라서 ㄴ에 해당된다. b는 '넘어지-+-ㄹ라' 형태로 종결되므로 화자와 청자의 상호적 발화 상황에서 청자에게 조심하라는 경계의 의미를 전달하는 명령문이다. 따라서 ㄷ에 해당된다. c는 '보-+-아라' 형태로 종결되므로 화자와 청자의 상호적 발화 상황에서 청자의 행동을 직접 요구하는 명령문이다. 따라서 ㄱ에 해당된다.

2 ①   유형 의문문의 종류

㉮는 '언제'와 '어디'라는 의문사를 통해 구체적인 설명을 요구하는 의문문이므로 ㉠에 해당된다. ㉯는 의문문의 형식이지만, '그만 자고 얼른 일어나라.'라는 명령의 의미를 나타내므로 ㉡에 해당된다.

㉰ 듣는 이에게 긍정이나 부정의 대답을 요구하는 의문문이다.
㉱ 듣는 이의 대답을 요구하지 않는 의문문이며, '이럴 수는 없다.'라는 의미의 서술을 나타내 동생이 억울한 일을 겪은 상황에서 자신의 느낌을 표현하였다.

3 ④   유형 청유문의 용법

화자와 달리 다른 사람은 식사를 마친 상황이므로, '밥 좀 먹읍시다.'는 화자만 행하려는 행동을 나타내는 청유문이다.

① 떠드는 친구들에게 하는 말이므로, 청자만 행하기를 바라는 청유문이다.
② 아이에게 약을 먹이는 상황이므로, 청자만 행하기를 바라는 청유문이다.
③ 친구에게 화해를 청하는 상황이므로, 서술어의 행동을 화자와 청자

가 공동으로 하도록 유발하는 청유문이다.
⑤ 학급 회의에서 여러 사람이 논의하는 상황이므로, 서술어의 행동을 화자와 청자가 공동으로 하도록 유발하는 청유문이다.

23 높임 표현

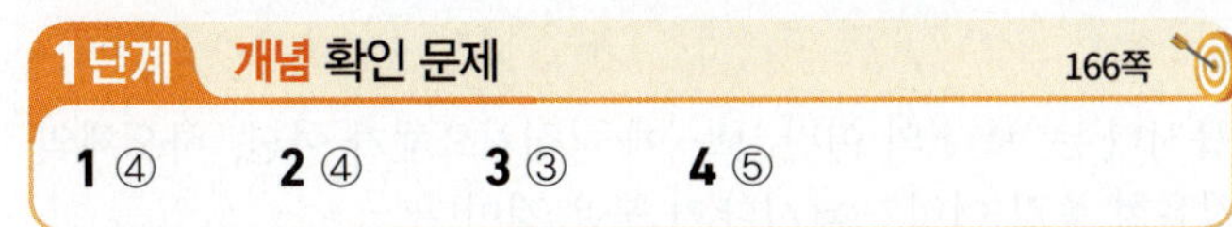

1단계 개념 확인 문제   166쪽

1 ④   **2** ④   **3** ③   **4** ⑤

1 ④

'계신가요'의 주체는 사람이 아닌 '말씀'으로, 간접 높임에 해당한다. 그런데 간접 높임에서는 특수 어휘 '계시다'를 쓰지 않으므로, '있으신가요'로 고쳐 써야 한다.

① 주체인 아버지를 높이기 위해 '밥'의 높임말인 '진지'와 '먹다'의 높임말인 '드시다'를 사용했다.
② 주체인 어머니를 높이기 위해 '집'의 높임말인 '댁'을 사용했다.
③ 주체인 할머니를 높이기 위해 '아프다'의 높임말인 '편찮으시다'를 사용했다.
⑤ 서술의 주체가 높여야 할 대상인 할아버지와 관련된 '나이'이므로 '나이'의 높임말인 '춘추'를 사용했다.

2 ④

④에서 '아버지'는 화자인 '할머니'보다 아랫사람이지만, 청자인 '손자'를 기준으로 주체 높임 표현을 사용하였다. 즉, 서술의 주체인 '아버지'를 높이기 위해 주체 높임 선어말 어미 '-시-'를 사용한 것이다.

① 화자가 비격식체인 '해요체'를 사용하여 청자인 '손주'를 높이고 있다.
② '할아버지'는 화자보다 아랫사람이 아니므로 적절한 예가 아니다.
③ 화자인 '할머니'보다 아랫사람인 '아버지'를, '손자'를 기준으로 높여서 말하고 있지만 주체 높임 표현이 아닌 객체 높임 표현이 사용된 예이다.
⑤ 높임 표현이 사용되지 않았으므로 적절한 예가 아니다.

3 ③

③에 사용된 객체 높임의 특수 어휘 '여쭤보세요(여쭤보다)'는 부사어가 가리키는 대상을 높일 때 쓰인다. 그런데 부사어가 가리키는 대상이 화자 자신('저')이므로, 결국 객체 높임 표현을 사용하여 자기 자신을 높이는 결과가 발생하였다. 따라서 적절한 객체 높임 표현으로 볼 수 없다.

① 객체 높임의 특수 어휘 '드릴게요(드리다)'를 사용하여, 생략된 부사어 '당신에게'를 높이고 있다.

② 객체 높임의 특수 어휘 '모셔(모시다)'를 사용하여, 목적어 '할머니'를 높이고 있다.
④ 객체 높임의 특수 어휘 '뵙게(뵙다)'를 사용하여, 생략된 목적어 '당신을'을 높이고 있다.
⑤ 객체 높임의 특수 어휘 '드리려고(드리다)'를 사용하여, 부사어 '아버지께'를 높이고 있다.

4 ⑤

'봅시다'는 '보다'의 어간 '보-'에 하십시오체가 아닌, 하오체의 청유형 종결 어미 '-ㅂ시다'가 붙은 것이다.

❌ 오답 피하기
① '고맙구려'는 하오체의 감탄형 종결 어미가 사용된 예이다.
② '먹었지요?'는 해요체의 의문형 종결 어미가 사용된 예이다.
③ '끝났냐?'는 해라체의 의문형 종결 어미가 사용된 예이다.
④ '아프구먼'은 하게체의 감탄형 종결 어미가 사용된 예이다.

2단계 대표 기출 문제 166~167쪽

1 ①   **2** ②   **3** ③

1 ①
유형 높임 표현

ㄱ은 부사격 조사 '께'와 특수 어휘 '드렸다(드시다)'를 사용하여 객체인 '할아버지'를 높이고 있고, ㄴ은 주격 조사 '께서'와 특수 어휘 '계신다(계시다)'를 사용하여 주체인 '할아버지'를 높이고 있다. 그런데 ㄷ은 주격 조사 '께서'와 주체 높임 선어말 어미 '-시-'를 사용하여 주체인 '어머니'를 높이면서, 특수 어휘 '모시고'를 사용하여 객체인 '할아버지'도 높이고 있다. 따라서 객체 높임 표현만 사용된 것은 ㄱ, 주체 높임 표현만 사용된 것은 ㄴ, 주체 높임 표현과 객체 높임 표현이 모두 사용된 것은 ㄷ임을 알 수 있다. 그러므로 [A]에는 ㄱ, [B]에는 ㄴ, [C]에는 ㄷ이 들어가야 한다.

2 ②
유형 높임 표현

ㄴ에서 '저희'는 청자를 고려하여 자신을 낮추는 표현일 뿐, 행위의 주체인 '아버지'를 높이는 표현이 아니다. ㄴ에서는 '아버지'를 높이기 위해 주체 높임의 주격 조사 '께서'를 사용하였다.

❌ 오답 피하기
① ㉠에서 '-ㅂ니까'는 상대 높임의 하십시오체에 해당하는 종결 어미로, 말을 듣는 상대를 높이는 표현이다.
③ ㉢에서 '드리다'는 객체 높임의 특수 어휘로, 선물을 받는 사람을 높이고 있다. 그리고 선어말 어미 '-시-'는 '주다'의 주체에 해당하는 '손님'을 높이는 표현이다.
④ ㉣에서 '어깨'는 높임의 대상이 되는 '아버지'의 신체이므로, 선어말 어미 '-사-'를 사용하여 아버지를 간접적으로 높인 표현이다.
⑤ ㉤에서 '어르신'과 '모시다'라는 높임을 나타내는 특정한 어휘를 사용해 높임의 의도를 표현하였다.

3 ③
유형 높임 표현

ㄴ에서 '말씀'은 서술의 주체인 '부모님'을 높이기 위해 사용한 특수 어휘이다.

❌ 오답 피하기
① ㉠에서 '드려라(드리-+-어라)'에 사용된 '-어라'는 해라체의 명령형 종결 어미로, 대화 상대인 '채윤'을 낮추고 있는 상대 높임 표현이다.
② ㉠에서 부사격 조사 '께'는 서술의 객체인 '할아버지'를 높이고 있는 객체 높임 표현이다.
④ ㄴ에서 '-습니다'는 하십시오체의 평서형 종결 어미로, 대화 상대인 '선생님'을 높이고 있는 상대 높임 표현이다.
⑤ ㄴ에서 주격 조사 '께서'와 '하셨습니다'의 선어말 어미 '-시-'는 서술의 주체인 '부모님'을 높이고 있는 주체 높임 표현이다.

24 시간 표현

1단계 개념 확인 문제 170쪽

1 ④   **2** ③   **3** ①   **4** ④

1 ④

'영수가 어제 그 자리에 앉아 있었다.'는 '어제'라는 시간 부사어와 선어말 어미 '-었-'으로 실현된 과거 시제의 문장이다. 따라서 시간 부사어와 서술어의 시제가 과거로 일치한다.

❌ 오답 피하기
① 사건시보다 발화시가 앞선 시제는 미래 시제이다.
② 어제 상황을 전달할 뿐, 상황이 현재까지 지속되는 것은 아니다.
③ 해당 문장에 관형사형 어미는 사용되지 않았다.
⑤ '앉아 있었다'는 동작의 진행을 의미하는 상이 아니라, 동작의 완료를 의미하는 완료상이다.

2 ③

절대 시제는 안은문장의 서술어 '만났다'에서 선어말 어미 '-었-'으로 실현된 과거이며, 상대 시제는 안긴문장 '같이 공부할'에서 관형사형 어미 '-ㄹ'로 실현된 미래이다.

3 ①

①에서 '-겠-'은 상대방에게 조심스럽게 부탁의 말을 전하는 '완곡한 태도'의 의미를 나타내고 있다.

❌ 오답 피하기
② '-겠-'이 '가능성(능력)'의 의미를 나타내고 있다.
③ '-겠-'이 '추측'의 의미를 나타내고 있다.
④ '-겠-'이 '의지'의 의미를 나타내고 있다.
⑤ '-겠-'이 '의지'의 의미를 나타내고 있다.

4 ④

④에서 '넥타이를 매고 있다'는 넥타이를 매는 동작의 진행과 넥타이를 맨 상태의 지속, 두 가지 의미로 해석될 수 있는 진행상이다. 나머지는 모두 동작의 진행만을 의미하는 진행상이다.

1 ③　　　　　　　　　　　　　유형 시간 표현

ⓓ의 '남은'과 ⓕ의 '찬'은 모두 동사 어간 '남-'과 '차-'에 관형사형 어미 '-(으)ㄴ'이 결합하여 과거를 나타내고 있다. 즉, 어미 '-(으)ㄴ'이 동사 어간에 결합하여 과거 시제를 나타내고 있으므로, ⓛ에 해당한다.

❌ **오답 피하기**

① ⓐ의 '뜬'은 동사 어간 '뜨-'에 관형사형 어미 '-(으)ㄴ'이 결합하여 과거를 나타내고 있으므로, ㉠이 아니라 ⓛ에 해당한다.
② ⓑ의 '부르던'은 동사 어간 '부르-'에 관형사형 어미 '-던'이 결합하여 과거를 나타내고 있으며, ⓒ의 '푸르던'은 형용사 어간 '푸르-'에 관형사형 어미 '-던'이 결합하여 과거를 나타내고 있다. 따라서 ⓒ의 '-던'만 ⓒ에 해당한다.
④ ⓔ의 '읽는'은 동사 어간 '읽-'에 관형사형 어미 '-는'이 결합하여 현재를 나타내고 있으므로, ⓛ에 해당하지 않는다.
⑤ ⓖ의 '빠른'은 형용사 어간 '빠르-'에 관형사형 어미 '-(으)ㄴ'이 결합하여 현재를 나타내고 있으므로, ⓒ이 아니라 ㉠에 해당한다.

2 ④　　　　　　　　　　　　　유형 시간 표현

'아주 나빴어.'는 '소풍날'이라는 과거의 날씨에 대해 진술하여 그 상태가 과거의 것임을 나타낸다. 즉, ⓑ가 아니라, ⓐ에 해당하는 예이다.

❌ **오답 피하기**

① '어제'라는 과거에 텔레비전을 본 사건을 진술하여 그 사건이 과거의 것임을 나타낸다. 따라서 ⓐ에 해당하는 예이다.
② '아까'라는 과거에 할머니 생신 선물을 사러 간 사건을 진술하여 그 사건이 과거의 것임을 나타낸다. 따라서 ⓐ에 해당하는 예이다.
③ '아직도'라는 부사어를 통해 목이 잠긴 과거 사건의 결과 상태가 현재까지 지속되고 있음을 나타낸다. 따라서 ⓑ에 해당하는 예이다.
⑤ 과제 준비 때문에 오늘도 잠을 자지 못할 것이라는 미래의 일을 확정적인 사실로 받아들임을 나타낸다. 따라서 ⓒ에 해당하는 예이다.

3 ①　　　　　　　　　　　　　유형 시간 표현

과거 시제 선어말 어미 '-았/었-'은 일반적으로 과거 시제를 나타내지만, 미래의 사건이나 일이 실현될 것임을 확신할 때는 미래 시제의 기능을 하기도 한다. '너는 이제 집에 돌아오면 혼

났다.'는 과거의 일이 아니라 앞으로 일어날 일에 대한 확신을 드러내고 있으므로 ㄱ의 예로 적절하지 않다.

❌ **오답 피하기**

② 〈보기〉에서 '-았/었-'은 발화시보다 전에 발생하여 현재와는 단절된 사건을 표현하는 데 쓰일 수 있다고 하였다. '나는 예전에 그 집에 살았었다.'는 지금은 그 집에 살고 있지 않다는 의미를 드러내므로, ㄴ의 예로 적절하다.
③ 〈보기〉에서 '-더-'는 과거 어느 때의 일이나 경험을 회상할 때에 쓰일 수 있다고 하였다. '지난여름에는 정말 덥더라.'에서 형용사 '덥다'에 과거 시제 선어말 어미 '-더-'가 붙어 지난여름에 더웠던 경험을 회상하고 있으므로, ㄷ의 예로 적절하다.
④ 〈보기〉에서 동사 어간에 붙는 관형사형 어미 '-(으)ㄴ'은 과거 시제를 표현하는 데 사용하기도 한다고 하였다. '방학 동안 읽은 책이 제법 여러 권이다.'에서 '읽은'은 동사 '읽다'의 어간 '읽-'에 관형사형 어미 '-(으)ㄴ'이 붙어 과거 시제임을 드러내므로, ㄹ의 예로 적절하다.
⑤ 〈보기〉에서 관형사형 어미 '-던'은 과거 시제를 표현하는 데 사용하기도 한다고 하였다. '여름에 푸르던 산이 붉게 물들었다.'에서 형용사 '푸르다'의 어간 '푸르-'에 관형사형 어미 '-던'이 붙어 과거 시제임을 드러내므로, ㅁ의 예로 적절하다.

25 피동 표현 / 사동 표현

1 ②

피동 표현은 동작 주체가 아니라, 동작이나 행위를 당하는 대상을 부각하는 표현이다. 동작 주체를 드러내지 않음으로써, 내용에 대한 책임을 피하거나 전달하는 내용의 객관성을 높일 수 있다.

2 ①

'벗겨지다'는 이중 피동이 아니라 '씌운 것을 열거나 걷어 내다.'라는 의미의 단어 '벗기다'에 '-어지다'가 붙어 피동 표현이 된 것이다.

❌ **오답 피하기**

② '잊혀지다'는 이중 피동으로, '잊히다' 또는 '잊어지다'로 써야 한다.
③ '보여지다'는 이중 피동으로, '보이다'로 써야 한다.
④ '풀려지다'는 이중 피동으로, '풀리다' 또는 '풀어지다'로 써야 한다.
⑤ '담겨지다'는 이중 피동으로, '담기다' 또는 '담아지다'로 써야 한다.

3 ⑤

⑤는 직접 사동(할머니가 직접 손자의 입에다 약을 넣어 주는 경우)과 간접 사동(손자에게 약을 먹으라고 시킨 경우)의 중의적 해석이 가능한 경우이다.

① 간접 사동(형이 동생에게 가방을 들도록 지시한 경우)의 의미로만 해석된다.
② 간접 사동(엄마가 누나에게 동생을 업도록 지시한 경우)의 의미로만 해석된다.
③ 직접 사동(아빠가 보일러의 온도를 직접 조작한 경우)의 의미로만 해석된다.
④ 간접 사동(선생님께서 진수에게 책을 읽도록 지시한 경우)의 의미로만 해석된다.

4 ③

③은 창문을 연 주체가 누구에게 지시를 한 것이 아니라 스스로 행위를 하는 상황이므로, 사동 표현이 아니라 주동 표현을 사용해야 한다. 즉 탁한 공기를 맑은 공기로 바꿨다는 의미의 '환기했다'로 써야 한다.

① '할머니'가 입원할 수 있도록 주어인 '엄마'가 도운 것이므로, 적절한 사동 표현이다.
② '선수들'이 집합하도록 주어인 '주장'이 지시한 것이므로, 적절한 사동 표현이다.
④ '철수와 영수'가 화해할 수 있도록 생략된 주어가 도운 것이므로, 적절한 사동 표현이다.
⑤ '학생'이 이해할 수 있도록 주어인 '선생님'이 애를 쓰신 것이므로, 적절한 사동 표현이다.

2단계 대표 기출 문제   174~175쪽

1 ⑤	2 ①	3 ②

1 ⑤   [유형] 피동/사동 표현

형태가 같은 피동사와 사동사를 구분할 때는 문장에서 목적어의 유무를 살펴보아야 한다. 대체로 목적어가 쓰인 경우는 다른 대상이 어떤 행동을 할 수 있도록 도와주는 사동, 목적어가 쓰이지 않은 경우는 다른 대상에게 행동을 당하는 피동으로 볼 수 있다.
'형이 친구에게 꽃다발을 안겼다.'에서는 목적어 '꽃다발을'이 있으므로 '안겼다'는 사동사이고, '아기 곰이 어미 품에 포근히 안겼다.'에서는 목적어가 없으므로 '안겼다'는 피동사이다.

① 목적어가 없는 ⓐ과 ⓑ에서 '풀렸다'는 모두 '풀어졌다'는 의미를 나타내는 피동사이다.
② 목적어가 없는 ⓐ에서 '업혔다'는 피동사이지만, '아기를'이라는 목적어가 있는 ⓑ에서 '업혔다'는 사동사이다.
③ '옷을'이라는 목적어가 있는 ⓐ에서 '말렸다'는 '마르다'의 사동사 '말리다'가 활용한 것이다. 그러나 ⓑ의 '말렸다'는 다른 사람이 하고자 하는 어떤 행동을 못하게 방해한다는 의미를 지니는 '말리다'가 활용

한 형태일 뿐, 사동사가 아니다. '말리다'의 '-리-'는 접사가 아니라 원래 단어의 일부이다.
④ 각각 '몸을', '고드름을'이라는 목적어가 있는 ⓐ과 ⓑ에서 '녹였다'는 모두 '녹게 했다'는 의미를 나타내는 사동사이다.

2 ①   [유형] 이중 피동

'가려진'은 기본형 '가리다'의 어근 '가리-'에 '-어지다'만 붙은 것으로, 이중 피동 표현(ⓐ)의 예가 아니다.

② '쓰여진'은 기본형 '쓰다'의 어근 '쓰-'에 피동 접미사 '-이-'와 '-어지다'가 결합된 이중 피동 표현으로, '쓰인'으로 써야 한다.
③ '담겨진'은 기본형 '담다'의 어근 '담-'에 피동 접미사 '-기-'와 '-어지다'가 결합된 이중 피동 표현으로, '담긴'으로 써야 한다.
④ '열려진'은 기본형 '열다'의 어근 '열-'에 피동 접미사 '-리-'와 '-어지다'가 결합된 이중 피동 표현으로, '열린'으로 써야 한다.
⑤ '보여진'은 기본형 '보다'의 어근 '보-'에 피동 접미사 '-이-'와 '-어지다'가 결합된 이중 피동 표현으로, '보인'으로 써야 한다.

3 ②   [유형] 주동과 사동

제시된 탐구 과정을 볼 때, A는 주동문은 존재하지만 그것을 사동문으로 바꿀 수 없는 경우이다. ⓑ을 사동문으로 바꿀 경우 'X가 그에게 한여름에 더위를 먹였다.'가 되는데, 이때 'X'에 해당하는 주체를 상정할 수 없어 비문이 되므로, ⓑ은 A에 해당한다.
ⓐ을 사동문으로 바꿀 경우 'X가 물통에 물을 가득 채웠다.'와 같이 서술어 '찼다'를 사동 접미사 '-이우-'를 이용하여 '채웠다'로 바꿀 수 있으므로, ⓐ은 B에 해당한다.
ⓒ을 사동문으로 바꿀 경우 'X가 아이에게 방바닥에 흩어진 구슬을 모으게 했다.'와 같이 서술어 '모았다'는 접미사를 사용하지 못하고 동사 어간 '모으-'에 '-게 하다'를 붙여서 '모으게 했다'로 바꿔야 한다. 즉, 파생적 사동문으로 바꿀 수 없으므로, ⓒ은 C에 해당한다.

26 인용 표현 / 부정 표현

1단계 개념 확인 문제   178쪽

1 ④	2 ③	3 ⑤	4 ①

1 ④

인용절에서 부정 표현은 직접 인용과 간접 인용에서 동일하게 나타난다.

① 간접 인용에서는 인용하는 말의 문장 형식에 따라 인용절의 종결 어미가 달라진다.

② 인용절에서 행위가 이루어진 시점과 안은문장의 발화 시점에 차이가 있기 때문에, 직접 인용을 간접 인용으로 바꾸게 되면 인용절에서의 시간 표현이 달라진다.
③ 간접 인용은 말하는 사람의 표현으로 바꾸어 말하는 것이기 때문에, 말하는 사람을 기준으로 인용절에서의 높임 표현이 달라진다.
⑤ 직접 인용에서는 인용의 조사로 '라고'를 사용하지만, 간접 인용에서는 '고'를 사용한다.

2 ③

ㄱ과 달리 ㄴ은 '공을 그쪽으로 차라'가 간접 인용된 부분이며, 인용의 조사로 '고'가 쓰였다. 즉 직접 인용에서는 인용의 조사로 '라고'가 쓰인 반면, 간접 인용에서는 '고'가 쓰인다.

❌ 오답 피하기
① 직접 인용에서 사용된 지시 대명사 '이쪽'이 간접 인용에서 '그쪽'으로 바뀌었다.
② 간접 인용에서는 인용 부호인 큰따옴표를 사용하지 않는다.
④ ㄱ의 "공을 이쪽으로 차."에서 '차'는 동사 '차다'의 어간 '차-'에 비격식체 해체의 명령형 종결 어미 '-아'가 결합한 것이다. 다만 '차아'에서 동일 음운인 어간의 'ㅏ'가 탈락하여 '차'로 표기되었다. ㄴ의 '차라고'에서는 격식체 해라체가 사용되었다.
⑤ 간접 인용은 말하는 사람을 기준으로 표현하는 것이기 때문에, 지시 대명사나 시간 표현, 높임 표현 등이 달라진다. 〈보기〉에서도 직접 인용에서는 '이쪽'이라는 대명사가 사용되었지만 간접 인용에서는 말하는 사람인 '나'를 기준으로 하여 대명사 '그쪽'으로 표현하였다.

3 ⑤

'도서관이 시끄러워서'라는 외부 이유가 제시되었으므로 ⑤는 외부적 원인에 의한 부정으로 볼 수 있다.

❌ 오답 피하기
① '숙제가 많아서'라는 이유가 있으므로 상태에 대한 부정이 아닌, 외부적 원인에 의한 부정으로 볼 수 있다.
② '구름 한 점 안 보인다'를 통해 구름이 보이는 상태에 대한 부정으로 볼 수 있다.
③ '너무 어려워서'라는 이유가 있으므로 사실에 대한 부정이 아닌, 화자의 능력 부족 또는 외부적 원인에 의한 부정으로 볼 수 있다.
④ '깨워 주지 않으셨다'를 통해 '어머니'의 의지에 의한 부정임을 알 수 있다.

4 ①

①에서 '잘하지 못한다'는 '공부'를 잘한다는 사실을 부정하고 있을 뿐, 중의적으로 해석되지 않는다.

❌ 오답 피하기
② '다 하지 않았다'는 숙제를 전부 안 했다는 것인지, 일부만 안 했다는 것인지 중의적으로 해석될 수 있는 문장이다.
③ '않았다'가 부정하는 대상이 주어인 '철수'인지, 목적어인 '그 일'인지, 서술어인 '원하지'인지 중의적으로 해석될 수 있는 문장이다.

④ '못했다'가 부정하는 대상이 주어인 '철수'인지, 목적어인 '새롬이'인지, 서술어인 '만나지'인지 중의적으로 해석될 수 있는 문장이다.
⑤ '안'이 부정하는 대상이 주어인 '철수'인지, 목적어인 '아이스크림'인지, 서술어인 '먹었다'인지 중의적으로 해석될 수 있는 문장이다.

1 ①

유형 인용 표현

어제 발화된 직접 인용에서 '내일'은 지금 시점에서 '오늘'(ⓐ)로 바뀐다.
아들의 발화인 직접 인용에서 사용된 주체 높임 표현 '계시다'는 말하는 이를 기준으로 하여 '있다'로 바뀌며, '-ㅂ시오'라는 상대 높임 표현의 하십시오체 명령형 어미가 간접 인용에서는 '-(으)라'로 바뀌게 된다. 따라서 '계십시오'가 '있으라'로 바뀌게 되며, 인용의 조사 '라고'도 간접 인용에서는 '고'로 바뀐다. 즉, ⓑ는 '있으라고'가 된다.
또 1인칭 대명사 '나'는 간접 인용에서 3인칭 재귀 대명사 '자기'로 바뀌어 ⓒ는 '자기의'가 된다.
명령형 '남겨라'는 간접 인용에서 종결 어미 '-(으)라'를 사용하는 '남기라'로 바뀌고 직접 인용 조사 '라고'는 간접 인용 조사 '고'로 바뀌어 ⓓ는 '남기라고'가 된다.

2 ①

유형 부정 표현

㉠의 '지루하다 못해 졸리다'에서 '못해'는 앞말이 뜻하는 행동이나 상태가 극에 달해 그것을 더 이상 유지할 수 없음을 나타내는 말이다. 즉 지루함을 넘어서서 졸릴 정도라는 의미로 쓰인 것이므로, 앞말 '지루하다'의 상태에 미치지 아니함을 나타내는 것도 아니고, 뒷말 '졸리다'를 부정하는 것도 아니다.

❌ 오답 피하기
② ㉡은 부정 표현이 부정 부사 '못'과 부정 용언 '못한다'를 통해 모두 실현 가능하다는 것을 보여 주고 있다.
③ ㉢은 명령문에서는 '안' 부정문이나 '못' 부정문을 쓰지 못하고, '말다' 부정문을 써야 한다는 것을 보여 주고 있다.
④ ㉣은 '넉넉하다'와 같은 형용사의 경우에는 부정 부사 '못'을 사용하는 것이 자연스럽지 않고 부정 용언 '못하다'를 사용하는 것이 자연스러움을 보여 주고 있다.
⑤ ㉤은 '분명히'와 같은 부사와 달리, '결코'와 같은 부사는 반드시 부정 표현이 함께 쓰여야 한다는 것을 보여 주고 있다.

3 ③

유형 인용 표현

㉡에서 직접 인용의 '계세요'가 간접 인용의 '있으라'로 바뀐 것은 주체 높임 표현의 특수 어휘 '계시다'가 '있다'로 바뀐 것이다. 이는 주체 높임이 쓰이지 않게 된 것일 뿐, 객체 높임 표현과는 상관이 없다.

① 직접 인용문에서 쓰인 인용의 조사 '라고'가 간접 인용문에서는 '고'로 바뀌었다.

② '어제' 발화된 직접 인용의 '내일'은 말하는 사람을 기준으로 하는 간접 인용에서는 지금 시점의 '오늘'에 해당한다.

④ 직접 인용문에 쓰인 1인칭 대명사 '나'는 간접 인용문에서는 3인칭 재귀칭 대명사인 '자기'로 바뀌었다.

⑤ 직접 인용문에서 쓰인 지시 표현 '이곳'은 말하는 사람을 기준으로 하는 간접 인용문에서는 '그곳'으로 바뀌었다.

1등급 완성 수능 기출 문제   180~191쪽

01 ⑤	02 ①	03 ④	04 ④	05 ③	06 ②
07 ①	08 ④	09 ④	10 ①	11 ④	12 ④
13 ②	14 ⑤	15 ②	16 ③	17 ②	18 ③
19 ③	20 ②	21 ②	22 ①	23 ②	24 ②
25 ⑤	26 ②	27 ①	28 ①	29 ①	30 ④
31 ③	32 ②	33 ⑤	34 ②	35 ④	

01   ⑤   [유형] 종결 표현

B의 '거기서 혼자 뭐 해요.'로 보아 '어디 보자.'는 특정한 청자를 염두에 두고 하는 발화가 아니라 혼잣말임을 짐작할 수 있다. 따라서 ㉠에 해당하지 않는다.

❌ 오답 피하기

① 의문문을 사용해 화자가 청자에게 기다리는 행위를 함께할 것을 요청하고 있다.

② 청유문을 사용해 화자가 청자에게 청자의 다친 곳을 보여 줄 것을 요청하고 있다.

③ 청유문을 사용해 화자가 내릴 수 있도록 비켜 달라고 청자에게 요청하고 있다.

④ 의문문을 사용해 화자가 청자에게 모자를 벗어 줄 것을 요청하고 있다.

02   ①   [유형] 높임 표현

높임 표현은 화자와 청자의 관계, 또는 발화자와 발화된 문장의 성분과의 관계에 따라 청자를 높이는 상대 높임, 문장의 주체를 높이는 주체 높임, 문장의 객체를 높이는 객체 높임 등이 사용된다. ㉠이 높임의 대상인 '선생님'으로 바뀌면 문장의 주체인 '선생님'을 높이기 위해 주격 조사 '가'를 주체 높임법에 맞게 '께서'로 고쳐 말해야 한다.

❌ 오답 피하기

② 부사격 조사 '께'는 문장의 객체를 높이는 표현으로, 문장의 주체인 ㉠이 '선생님'으로 바뀌는 것과는 상관이 없다.

③ ㉢이 높임의 대상인 '선생님'으로 바뀌면 문장의 객체인 '선생님'을 높여야 하므로 '주는'을 '주시는'이 아니라, '드리는'으로 고쳐 말해야 한다.

④ '보셨어'에 사용된 선어말 어미 '-시-'는 문장의 주체를 높이는 표현으로, 주어진 담화에서는 생략된 주체인 '나'와 호응한다. 따라서 문장의 객체인 ㉢이 '선생님'으로 바뀌는 것과는 상관이 없다.

⑤ '보았습니다'는 청자를 높이는 상대 높임 표현으로, 문장의 객체인 ㉢이 '선생님'으로 바뀌는 것과는 상관이 없다.

03   ④   [유형] 높임 표현

㉠에서는 선어말 어미 '-시-'를 사용하여 주체인 '아버지'를 높이고 있으며, 조사 '께', 특수 어휘 '드리다'를 사용하여 객체인 '할머니'를 높이고 있다. 또한 상대 높임 해요체의 종결 어미 '-어요'를 사용하여 청자인 '아버지'를 높이고 있다.

㉡에서는 선어말 어미 '-시-', 조사 '께서', 특수 어휘 '드시다'를 사용하여 주체인 '아버지'를 높이고 있다. 또한 상대 높임 하십시오체의 종결 어미 '-습니다'를 사용하여 청자인 '어머니'를 높이고 있다.

㉢에서는 선어말 어미 '-시-', 조사 '께서'를 사용하여 주체인 '어머니'를 높이고 있으며, 특수 어휘 '모시다'를 사용하여 객체인 '아버지'를 높이고 있다. 또한 상대 높임 해요체의 종결 어미 '-어요'를 사용하여 청자인 '삼촌'을 높이고 있다.

결국 ㉢에서는 주체인 '어머니'를 높이기 위해 조사 '께서'를 사용하고 있음을 확인할 수 있지만, ㉠에서는 주체인 '아버지'를 높일 때 사용하는 조사를 확인할 수 없다.

❌ 오답 피하기

① ㉠에서는 부사어가 나타내는 대상인 '할머니'를 높이기 위해 조사 '께'를 사용하고 있다.

② ㉢에서는 목적어가 나타내는 대상인 '아버지'를 높이기 위해 특수 어휘 '모시다'를 사용하고 있다.

③ ㉠과 ㉡에서는 듣는 상대인 '아버지'와 '어머니'를 높이기 위해 종결 어미 '-어요'와 '-습니다'를 각각 사용하고 있다.

⑤ ㉡과 ㉢에서는 주어가 나타내는 대상인 아버지와 어머니를 높이기 위해 선어말 어미 '-시-'를 사용하고 있다.

04   ④   [유형] 높임 표현

㉣에서 문장의 주체는 '선생님'이 아니라 '제(나)'이며, 선생님은 문장의 객체이다. 그리고 '말씀'은 '선생님'을 높이는 것이 아니라, 자기의 말을 낮추어 이르는 겸양의 표현이다.

❌ 오답 피하기

① ㉠은 주체인 '할머니'를 높이기 위해 주격 조사 '가' 대신 '께서'를. '있다' 대신 주체 높임 특수 어휘 '계시다'를 사용하고 있다.

② ㉡은 객체인 '어머니'를 높이기 위해 부사격 조사 '에게' 대신 '께'를. '주다' 대신 객체 높임 특수 어휘 '드리다'를 사용하고 있다.

③ ㉢은 주체인 '할아버지'를 높이기 위해 주격 조사 '가' 대신 '께서'를 사용하고, 서술어 '가신다'에서는 주체 높임 선어말 어미 '-시-'를 사용하고 있다.

⑤ ㉤은 상대인 '아버지'를 높이기 위해 하십시오체의 평서형 종결 어미 '-습니다'를 사용하고 있다.

05 ③

③에서 '잡수신다(잡수시다)'는 '먹다'의 높임 표현으로, 주체인 '할머니'를 높이는 용언(㉠)이다. 또 '연세'는 '나이'의 높임 표현으로, 높여야 할 인물('할머니')과 관련된 것('할머니'의 나이)을 높이는 명사(㉡)이다.

오답 피하기
① '그분'은 '그 사람'의 높임 표현으로, 높여야 할 인물을 직접 높이는 대명사이다. 또 '성함'은 '이름'의 높임 표현으로, 높여야 할 인물과 관련된 것('그 사람'의 이름)을 높이는 명사(㉡)이다.
② '여쭐(여쭈다)'은 '묻다'의 높임 표현으로, 물음을 받는 대상인 객체 '할머니'를 높이는 용언이다. 또 '댁'은 '집'의 높임 표현으로, 높여야 할 인물과 관련된 것('할머니'의 집)을 높이는 명사(㉡)이다.
④ '부모님'은 '부모'를 높이는 표현으로, 높여야 할 인물인 '부모'를 직접 높이는 명사이다. 또 '모시고(모시다)'는 '데리다'의 높임 표현으로, 객체인 '부모님'을 높이는 용언이다. 따라서 ㉠과 ㉡이 모두 사용되지 않았다.
⑤ '주무신다(주무시다)'는 '자다'의 높임 표현으로, 주체인 '어머니'를 높이는 용언(㉠)이다.

06 ②

〈보기 2〉에서는 조사 '께서'와 '나가셨어(나가- + -시- + -었- + -어)'의 선어말 어미 '-시-'를 통해 문장의 주체인 '아버지'를 높이고 있으며, 특수 어휘 '모시고'를 사용해 객체인 '할머니'를 높이고 있다. 또 '나가셨어'라는 상대 높임 해체의 평서형 종결 어미를 사용해 청자인 '영희'를 낮추고 있다.

07 ①

〈보기 2〉에서 조사 '께서'를 사용하거나 서술어 '갔어요'에 주체 높임의 선어말 어미 '-시-'를 사용하지 않았으므로, [주체 높임 -]로 실현되었다. 반면 '모시고'라는 객체 높임의 특수 어휘를 사용하였으므로 객체인 '할머니'에 대한 존대는 [객체 높임 +]로 실현되었다. 또 종결 표현에서 청자를 높이는 해요체의 '요'가 쓰여 [상대 높임 +]로 실현되었다.

08 ④

ㄹ의 '적었었다'는 서술어 '적다'에 선어말 어미 '-었었-'이 결합된 표현으로, 현재와 비교하여 다르거나 단절되어 있는 과거의 사건을 나타내고 있다.

오답 피하기
① ㄱ은 시간 부사어 '어제'를 사용하여 과거를 나타내고 있다.
② ㄴ은 선어말 어미 '-더-'를 사용하여 화자가 과거에 직접 경험한 일을 회상하고 있다.

③ ㄷ은 동사 '보다'의 어간 '보-'에 관형사형 어미 '-(으)ㄴ'을 결합하여 과거에 일어난 일을 나타내고 있다.
⑤ ㅁ은 미래의 일을 확정적인 사실로 받아들이고 있음을 나타내는 문장으로, 선어말 어미 '-았-'이 과거에 일어난 일을 나타내지 않기도 한다는 것을 보여 주고 있다.

09 ④

'안경 벗고 있어도'는 안경을 잃어버린 후인 상황 맥락이 전제되어 있기 때문에, 안경을 벗은 상태가 지속되고 있음을 나타낸다고 보아야 한다. 따라서 ⓒ가 아닌, ⓑ에 해당하는 예이다.

오답 피하기
① '양치질을 하고 있었어요.'는 '양치질을 하는 중이었어요.'로 교체해도 원래의 의미가 유지되는 것을 볼 때, 동작이 진행되고 있음을 나타내는 ⓐ에 해당하는 예이다.
② '오해하고 있는 것 같아.'는 '오해하는 중인 것 같아.'로 교체하면 부자연스러운 문장이 되는 것을 볼 때, 상태가 지속되고 있음을 나타내는 ⓑ에 해당하는 예이다.
③ '이미 알고 있어.'는 '이미 아는 중이야.'로 교체하면 부자연스러운 문장이 되는 것을 볼 때, 상태가 지속되고 있음을 나타내는 ⓑ에 해당하는 예이다.
⑤ '넥타이를 매고 있네.'는 지금 넥타이를 매는 동작이 진행되고 있음을 나타낼 수도 있고, 넥타이를 맨 상태가 지속되고 있음을 나타낼 수도 있다. 따라서 두 가지 의미 모두로 해석될 수 있는 ⓒ에 해당하는 예이다.

10 ①

(가)와 (나)에서는 앞 절과 뒤 절의 사건이 모두 과거에 일어났다. 그런데 (나)의 앞 절에는 과거 시제 선어말 어미 '-었-'이 사용된 반면, (가)의 앞 절에는 동사 '먹다'의 어간 '먹-'에 바로 어미 '-다가'가 결합하여 시제를 나타내는 선어말 어미가 사용되고 있지 않다. 즉 (가)에서는 앞 절에 특정 시제를 나타내는 선어말 어미를 사용하지 않음으로써, 뒤 절의 시간 표현에 기대어 앞 절과 뒤 절의 시제가 동일한 시점의 과거로 표현된다.

오답 피하기
② (가)와 (다)에서는 앞 절에는 시제를 나타내는 시간 표현이 없지만, 뒤 절의 시제가 과거이므로, 이에 기대어 앞 절의 사건도 과거에 일어난 것임을 알 수 있다.
③ (가)와 (라)에서는 모든 사건이 과거에 일어났는데도, 앞 절의 연결 어미 '-다가'와 '-아서/-어서'에 과거 시제 선어말 어미를 사용하지 않았다.
④ (나)에서 찌개를 끓이는 행위와 다시 식히는 행위, (다)에서 종이를 접는 행위와 주머니에 넣는 행위는 선후 관계가 존재하는 행위로, 앞 절의 사건이 끝난 후 뒤 절의 사건이 일어나고 있다.
⑤ (다)와 (라)에서는 앞 절과 뒤 절이 모두 '-아서/-어서'로 이어지고 있다. 그러나 (다)의 앞 절과 뒤 절이 단순한 선후 관계로 이어지고 있는 것과 달리, (라)의 앞 절은 뒤 절에서 벌어진 사건의 원인이나 이유로 이해될 수 있다.

11 ④   유형 시간 표현

〈보기〉의 엄마와 아들의 대화에서 형이 동생(아들)에게 '영화가 곧 시작하겠다'고 말했다는 내용이 있다. 이는 (c)를 기준으로 미래 시제에 해당한다. 또한 엄마가 '영화를 봤겠지?'라고 한 것은 과거 사실에 대한 추측이므로, 엄마와 아들(동생)이 대화를 나누는 시점 (d)는 영화가 시작된 이후가 된다. 따라서 영화가 시작된 시각은 (c)와 (d) 사이이다.

12 ④   유형 사동 표현

㉣에서 '읽히셨다'는 접사에 의한 사동 표현이고, '읽게 하셨다'는 '-게 하다'에 의한 사동 표현인데, 두 표현 모두 '선생님께서 철수에게 책을 읽도록 시키는' 간접 사동의 의미로만 해석된다.

❌ **오답 피하기**

① ㉠의 '낮춘다'는 형용사 '낮다'의 어근에 사동 접사 '-추-'가 결합되어 '낮추다'라는 사동사가 된 것이다.

② ㉡에서 주동문의 서술어 '입었다'는 주어와 목적어를 필요로 하는 두 자리 서술어지만, 사동문의 서술어 '입히었다'는 주어, 부사어, 목적어를 필요로 하는 세 자리 서술어이다.

③ ㉢은 '이삿짐'을 주어로 하면 '이삿짐이 방으로 옮는다.'와 같이 쓸 수 없는 문장이 되므로, 대응하는 주동문을 만들 수 없다.

⑤ ㉤에서 '웃다'와 같은 자동사가 서술어인 경우 주동문의 주어 '아기가'는 사동문에서 목적어 '아기를'이 되며, '지다'와 같은 타동사가 서술어인 경우 주동문의 주어 '철수가'는 사동문에서 부사어 '철수에게'가 된다는 사실을 알 수 있다.

13 ②   유형 사동 표현

㉠의 A(주동문)에서 서술어 '숨는다'는 주어 '동생이'를 필수 성분으로 요구하는 한 자리 서술어로 사용되었는데, ㉠의 B(사동사에 의한 사동문)의 서술어 '숨긴다'는 주어 '누나가'와 목적어 '동생을'을 모두 필수 성분으로 요구하는 두 자리 서술어로 사용되었다.

또 ㉢의 A(주동문)에서 서술어 '낮다'는 주어 '온도가'를 필수 성분으로 요구하는 한 자리 서술어로 사용되었는데, ㉢의 B(사동사에 의한 사동문)의 서술어 '낮춘다'는 주어 '누나가'와 목적어 '온도를'을 모두 필수 성분으로 요구하는 두 자리 서술어로 사용되었다.

따라서 ㉠과 ㉢을 통해 A가 B로 바뀌면 서술어의 자릿수가 늘어나는 것을 확인할 수 있다.

❌ **오답 피하기**

① ㉠과 ㉡에서 A(주동문)의 주어는 모두 '동생이'인데, C('-게 하다'에 의한 사동문)에서는 각각 목적어 '동생을'과 부사어 '동생에게'로 나타나고 있다.

③ 겹문장은 주어와 서술어가 두 개 이상 나타나는 문장인데, ㉡과 ㉢에서 A와 B는 모두 주어와 서술어가 하나씩 존재하는 홑문장이다.

④ ㉡과 ㉣에서 A의 서술어 '먹는다(먹다)'와 '찬다(차다)'는 모두 목적어가 필요한 타동사이다. 그런데 ㉡에서의 '먹는다'는 B의 '먹인다'와 같

이 대응하는 사동사가 있지만, ㉣에서의 '찬다'는 B의 사례가 없음을 통해 대응하는 사동사가 없다는 것을 알 수 있다.

⑤ ㉢과 ㉣에서 A의 서술어는 형용사인 '낮다'와 타동사인 '찬다(차다)'이다. 그런데 '찬다'는 B의 사례가 없는 것에서 알 수 있듯이 사동사에 의한 사동문을 만들지 못하지만, 형용사인 '낮다'는 B, C와 같은 사동문을 만들 수 있다.

14 ⑤   유형 피동/사동 표현

㉠의 '쓸리다'는 '쓸다² ①'의 피동사이고, ㉡의 '쓸리다'는 '쓸다² ①'의 사동사이다. ㉡의 '쓸리다'를 '쓸게 하다'로 바꿀 수 있다는 점에서 ㉡이 사동문임을 확인할 수 있다.

❌ **오답 피하기**

① ㉠의 '갈리다'는 피동사이고, ㉡의 '갈리다'는 사동사이다. 그런데 ㉠의 '갈리다'가 '갈다¹ ②'에 대응하는 피동사인 것과 달리, ㉡의 '갈리다'는 '쟁기나 트랙터 따위의 농기구나 농기계로 땅을 파서 뒤집다.'의 뜻을 지닌 '갈다'에 대응하는 사동사이다.

② ㉠과 ㉡의 '깎이다'는 둘 다 '깎다❶③'에 대응하는 피동사이다.

③ ㉠과 ㉡의 '묻히다'는 둘 다 '묻다¹ ①'에 대응하는 사동사이다.

④ ㉠의 '물리다'는 '입 속에 넣어 두다.'의 뜻을 지닌 '물다'에 대응하는 사동사이다. 그리고 ㉡의 '물리다'는 '물다²❶②'에 대응하는 피동사이다.

15 ②   유형 피동/사동 표현

㉡은 '녹게 했다'의 의미를 지니는 사동문이며, 서술어 '녹였다'는 주어와 목적어를 필요로 하는 사동사로 두 자리 서술어이다. ㉢의 서술어 '보았다'도 주어와 목적어를 필요로 하는 타동사로 두 자리 서술어이다.

❌ **오답 피하기**

① ㉠의 서술어 '녹았다'와 ㉣의 서술어 '보였다'는 주어만 필요로 하는 한 자리 서술어이다. 그러나 ㉠은 피동문이 아니라 주동문이다.

③ ㉡의 서술어 '녹였다'는 두 자리 서술어, ㉣의 서술어 '보였다'는 한 자리 서술어로, 서술어의 자릿수가 서로 다르다. 그러나 ㉡은 피동문이 아니라 사동문이다.

④ ㉣은 보는 행위를 당했다는 의미의 피동문이며, ㉣의 서술어 '보였다'는 한 자리 서술어로 두 자리 서술어인 ㉡의 '녹였다'와 서술어의 자릿수가 서로 다르다.

⑤ ㉣의 서술어 '보였다'는 한 자리 서술어, ㉢의 서술어 '보았다'는 두 자리 서술어로 서술어의 자릿수가 서로 다르다. 그러나 ㉣은 사동문이 아니라 피동문이다.

16 ③   유형 피동 표현

③에서 '안겼다(안기다)'는 '두 팔로 감싸게 하거나 그렇게 하여 품 안에 있게 하다.'의 의미로, '안게 했다'로 바꿀 수 있는 사동 표현이다. 따라서 피동문의 예로는 적절하지 않다.

❌ **오답 피하기**

① '풀렸다(풀리다)'는 '모르거나 복잡한 문제 따위가 밝혀지거나 해결되

다.'의 의미로, 어근 '풀-'에 피동 접사 '-리-'가 결합하여 피동문의 서술어로 쓰이고 있다.
② '읽혔다(읽히다)'는 '글에 담긴 뜻이 헤아려져 이해되다.'의 의미로, 어근 '읽-'에 피동 접사 '-히-'가 결합하여 피동문의 서술어로 쓰이고 있다.
④ '깎였다(깎이다)'는 '풀이나 털 따위가 잘리다.'의 의미로, 어근 '깎-'에 피동 접사 '-이-'가 결합하여 피동문의 서술어로 쓰이고 있다.
⑤ '이용되었다(이용되다)'는 '대상이 필요에 따라 이롭게 쓰이다.'의 의미로, 어근 '이용-'에 피동 접사 '-되다'가 결합하여 피동문의 서술어로 쓰이고 있다.

17 ②

'만졌다(만지다)'의 경우, 동사 어근 '만지-'에 피동 접미사를 붙일 수 없고, '-어지다'를 사용하여 '만져졌다'와 같은 긴 피동을 만들어야 한다.

오답 피하기
① '끊었다(끊다)'의 경우, 동사 어근 '끊-'에 피동 접미사 '-기-'를 붙여서 '끊겼다(끊-+-기-+-었-+-다)'와 같은 짧은 피동을 만들 수 있다.
③ '불렀다(부르다)'의 경우, 동사 어근 '부르-'에 피동 접미사 '-이-'를 붙여서 '불렸다(부르-+-이-+-었-+-다)'와 같은 짧은 피동을 만들 수 있다.
④ '묻었다(묻다)'의 경우, 동사 어근 '묻-'에 피동 접미사 '-히-'를 붙여서 '묻혔다(묻-+-히-+-었-+-다)'와 같은 짧은 피동을 만들 수 있다.
⑤ '담았다(담다)'의 경우, 동사 어근 '담-'에 피동 접미사 '-기-'를 붙여서 '담겼다(담-+-기-+-었-+-다)'와 같은 짧은 피동을 만들 수 있다.

18 ③

'돕다'는 어근에 접사를 붙일 수 없는 단어로, 피동사로 파생되지 않는다. 또 '동생이 부모님께 칭찬을 들었다.'는 '들었다'의 피동사 '들렸다(들-+-리-+-었-+-다)'가 존재하지만, '칭찬이 부모님에 의해 동생에게 들렸다.'는 어색한 문장이 되므로 파생적 피동문으로 바꿀 수 없다.

오답 피하기
① '주다'는 어근에 접사를 붙일 수 없는 단어로, 피동사로 파생되지 않는다. 그러나 '고양이가 쥐를 잡았다.'는 '잡았다'의 피동사 '잡혔다(잡-+-히-+-었-+-다)'가 존재하고 '쥐가 고양이에게 잡혔다.'처럼 파생적 피동문으로 바꿀 수 있는 문장이다.
② '사람들이 열심히 풀을 뽑았다.'는 '뽑았다'의 피동사 '뽑혔다(뽑-+-히-+-었-+-다)'가 존재하지만, '풀이 열심히 사람들에게 뽑혔다.'는 어색한 문장이 되므로 파생적 피동문으로 바꿀 수 없다. 그러나 '먹다'는 피동사 '먹히다'로 파생되는 단어이므로, ㉠의 예로 적절하지 않다.
④ '만나다'는 어근에 접사를 붙일 수 없는 단어로, 피동사로 파생되지 않는다. 그러나 '학생들이 벽화를 멋지게 그렸다.'는 '벽화가 학생들에 의해 멋지게 그려졌다'처럼 통사적 피동문으로 바꿀 수는 있지만, 파생적 피동문으로는 바꿀 수 없는 문장이다. '그렸다'는 어근에 접사를 붙일 수 없는 단어이다.

⑤ '누나가 일부러 문을 세게 닫았다.'는 '닫았다'의 피동사 '닫혔다(닫-+-히-+-었-+-다)'가 존재하지만, '문이 누나에 의해 일부러 세게 닫혔다.'는 어색한 문장이 되므로 파생적 피동문으로 바꿀 수 없다. 그러나 '나누다'는 피동사 '나뉘다(나누-+-이-+-다)'로 파생되는 단어이므로, ㉠의 예로 적절하지 않다.

19 ③

㉡에서 부정 부사 '못'은 축구를 하고자 하는 '그'의 의지를 부정하고 있는 것이 아니라, 다리를 다쳐 축구를 하고 싶어도 할 수 없어 '그'의 능력을 부정하고 있다.

오답 피하기
①, ② ㉠에서 부정 부사 '안'은 '예쁘다'라는 상태를 부정하기 위해 사용되었다. 이를 주체의 능력 부족이나 외부적 원인에 의한 부정에 사용되는 부정 부사 '못'으로 바꾸면 어색한 문장이 된다.
④ ㉡의 짧은 부정문을 '그는 다리를 다쳐 축구를 하지 못한다.'라는 긴 부정문으로 바꾸어도 어법상 문제가 없다.
⑤ ㉢은 '고래는 어류이다.'의 부정문으로, '고래'가 '어류'라는 것을 부정하기 위해 부정 형용사 '아니다'가 사용되었다.

20 ②

ㄴ은 행동 주체의 의지를 부정하는 것이 아니라 '해가 비치다'라는 객관적 사실을 부정하는 표현이며, '해가 안 비친다.'와 같은 짧은 부정문도 쓸 수 있다.

오답 피하기
① ㄱ에서 '안 했다'는 수학 공부를 스스로 안 했다는 '의지 부정'을, '못 풀었다'는 수학 문제를 풀고 싶어도 풀 수 있는 실력이 되지 못해서 못 풀었다는 '능력 부정'을 나타내는 것으로 볼 수 있다.
③ ㄷ에서 명령문은 '안' 부정문과 '못' 부정문을 쓸 수 없고, '말다' 부정문을 사용해야 한다는 것을 알 수 있다.
④ ㄹ에서 '결코'와 같은 부사는 반드시 부정 표현과 함께 쓰여야 한다는 것을 알 수 있다.
⑤ ㅁ에서 '깨끗하다' 같은 형용사를 부정할 때는 부사 '못'을 사용하여 부정 표현을 나타낼 수 없음을 알 수 있다.

21 ②

㉡을 '삼촌께서 할머니를 모시고 식당으로 가셨어.'로 수정하는 것은 적절하나, 수정의 이유는 객체인 '할머니'를 높여야 하기 때문이다. '모시고'는 행위의 대상(객체)인 '할머니'를 높이기 위한 표현이며, '삼촌'을 간접적으로 높이기 위한 표현이 아니다. 한편 행위의 주체인 삼촌을 직접적으로 높이기 위해 높임의 주격 조사 '께서'와 주체 높임의 선어말 어미 '-시-'를 적절하게 사용하고 있다.

오답 피하기
① ㉠의 서술어 '계신가요(계시다)'의 주체는 '고민'이며, '고민'은 실제 높여야 할 대상인 '아버지'와 관련되어 있기 때문에 간접적으로 높여서 표현해야 한다. 즉 '고민'을 높임으로써 '아버지'에 대한 존대를 간

접적으로 표현하는 것이며, 이때 '아버지, 무슨 고민이 있으신가요
(있- +-으시-+-ㄴ가+요)?'와 같이 주체 높임 선어말 어미 '-으
시-'를 사용해야 한다. 한편 '있다'의 특수 어휘 '계시다'는 주체를 직
접 높이는 경우에 사용한다.
③ ㉢은 행위의 주체인 '부장님'을 직접적으로 높이기 위해 주체 높임의
주격 조사 '께서'와 주체 높임 선어말 어미 '-시-'를 사용하여 '부장
님께서 이제 회의실로 오신다고 하셨어.'로 수정해야 한다.
④ ㉣은 행위의 객체인 부사어 '할아버지'를 높이기 위해 객체 높임의 부
사격 조사 '께'와 특수 어휘 '드리다'를 사용하여 '언니가 할아버지께
안경을 갖다 드리라고 했어요.'로 수정해야 한다.
⑤ ㉤은 행위의 객체인 부사어 '선생님'을 높이기 위해 객체 높임의 부사
격 조사 '께'와 특수 어휘 '여쭈다'를 사용하여 '문제를 풀다가 어려운
것이 있으면 선생님께 여쭤봐.'로 수정해야 한다.

22 ①
유형 높임 표현

객체인 '어머니'를 높이는 특수 어휘 '드리다(㉠)'와 청자 앞에
서 자신을 낮추는 특수 어휘 '저희(㉡)'가 모두 사용되었다.

❌ 오답 피하기
② 주체인 '할아버지'를 높이는 특수 어휘 '연세'(㉠)'만 사용되었다.
③ 청자 앞에서 자신을 낮추는 특수 어휘 '제'와 '말씀(㉡)'만 사용되었다.
④ 객체인 '아버지'를 높이는 특수 어휘 '여쭈다'(㉠)'만 사용되었다.
⑤ 객체인 '할머니'를 높이는 특수 어휘 '모시다'(㉠)'만 사용되었다.

23 ②
유형 높임 표현

㉡의 '신으실'에서 선어말 어미 '-으시-'는 생략된 행위의 주
체 '어머니'를 높이기 위해 쓰인 것이며, 보조사 '요'는 청자인
'점원'을 높이기 위해 쓰인 것이다. 따라서 선어말 어미 '-으
시-'와 조사 '요'는 높이는 대상이 다르다.

❌ 오답 피하기
① ㉠에서 '손님'은 부사어가 지시하는 대상 '어머니'를 높이기 위해 문
법적 수단으로 조사 '께'를 사용하고, 어휘적 수단으로 특수 어휘 '드
릴(드리다)'을 사용하고 있다.
③ ㉢에서 동사 '모시다'는 행위의 대상(객체)인 '부모님'을 높이기 위해
쓰인 것이고, 조사 '께서는'은 주체인 '손님들'을 높이기 위해 쓰인 것이
다. 따라서 '모시다'와 '께서는'은 높이는 대상이 다르다.
④ ㉣에서 화자인 '점원'은 청자인 '손님'을 높이기 위해 상대 높임 하십
시오체의 평서형 종결어미 '-ㅂ니다'를 사용하고 있다.
⑤ ㉤에서 '손님'은 목적어가 지시하는 대상 '어머니'를 높이기 위해 객
체 높임의 특수 어휘 '뵙고(뵙다)'를 사용하고 있다.

24 ②
유형 높임 표현

ⓑ에서 행위의 대상인 객체는 부사어 '아버지께'의 '아버지'이며,
'아버지'와 '아들'이 대화하는 발화 상황에서 청자인 상대는 '아버
지'이다. 따라서 ⓑ는 객체 높임과 상대 높임의 대상이 같다.

❌ 오답 피하기
① ⓐ에서 서술어 '도착하시나요(도착하다)'의 주체는 '아버지'이며, '아버

지'와 '아들'이 대화하는 발화 상황에서 청자인 상대는 '아버지'이다.
따라서 ⓐ는 주체 높임과 상대 높임의 대상이 같다.
③ ⓒ에서 행위의 대상인 객체는 부사어 '아버지께'의 '아버지'이며, '아
버지'와 '아들'이 대화하는 발화 상황에서 청자인 상대는 '아버지'이
다. 따라서 ⓒ는 객체 높임과 상대 높임의 대상이 같다.
④ ⓓ에서 서술어 '주무셔요(주무시다)'의 주체는 '할머니'이며, '아버지'
와 '아들'이 대화하는 발화 상황에서 청자인 상대는 '아버지'이다. 따
라서 ⓓ는 주체 높임과 상대 높임의 대상이 다르다.
⑤ ⓔ에서 서술어 '나가셨어요(나가다)'의 주체는 '어머니'이며, 행위의
대상인 객체는 부사어 '할머니'이다. 그리고 '아버지'와 '아들'이 대화
하는 발화 상황에서 청자인 상대는 '아버지'이므로, ⓔ는 주체 높임,
객체 높임, 상대 높임의 대상이 모두 다르다.

25 ⑤
유형 부정 표현

'밤바다가 그리 고요하지는 않네.'의 '고요하다'는 형용사이므
로 단순 부정을 나타내는 ㉠의 예로 적절하다. '아주 오래간만
에 비가 안 온다.'의 주어 '비'는 의지를 가지지 못하는 무정물
이므로 단순 부정을 나타내는 ㉡의 예로 적절하다.

❌ 오답 피하기
① '발달하지 않았다'의 '발달하다'는 동사이므로 ㉠의 예로 적절하지 않
다. '도착하지 않았다'의 주어 '옷'은 의지를 가지지 못하는 무정물이
므로 단순 부정을 나타내는 ㉡의 예로 적절하다.
② '어렵지 않더라'의 '어렵다'는 형용사이므로 단순 부정을 나타내는 ㉠
의 예로 적절하다. '잊지 않겠습니다'의 주어 '저'는 의지를 가질 수
있는 유정물이므로 ㉡의 예로 적절하지 않다.
③ '궁금하지 않아'의 '궁금하다'는 형용사이므로 단순 부정을 나타내는
㉠의 예로 적절하다. '안 가져갔어'의 주어 '동생'은 의지를 가질 수
있는 유정물이므로 ㉡의 예로 적절하지 않다.
④ '놀라지 않았다'의 '놀라다'는 동사이므로 ㉠의 예로 적절하지 않다.
'통하지 않는다'의 주어 '전기'는 의지를 가지지 못하는 무정물이므로
단순 부정을 나타내는 ㉡의 예로 적절하다.

26 ②
유형 시간 표현

㉡은 부사 '내일'과 동사 '내리다'의 어간 '내리-'에 관형사형 전
성 어미 '-ㄹ'과 의존 명사 '것'이 결합한 '내릴 것'을 통해 미래
시제가 실현된다. 선어말 어미를 활용한 시간 표현은 확인할
수 없다.

❌ 오답 피하기
① 사건시와 발화시가 일치하는 시제는 현재 시제이다. ㉠은 부사 '지
금'과 동사 '내리다'의 어간 '내리-'에 결합한 현재 시제 선어말 어미
'-ㄴ-'을 통해 현재 시제가 실현된다.
③ ㉢은 동사 '찾아가다'의 어간 '찾아가-'에 결합한 관형사형 어미 '-ㄴ'
을 활용해 과거 시제가 실현된다.
④ ㉠은 부사어 '지금'을 활용해 현재 시제가 실현되며, ㉡은 부사어 '내
일'을 활용해 미래 시제가 실현된다.
⑤ ㉡은 사건시가 발화시보다 나중인 미래 시제가, ㉢에서는 사건시가
발화시보다 앞서는 과거 시제가 실현된다.

27 ①

ⓐ는 '잠시 후'를 통해 미래 시제를 실현하고 있으며, 발화시에는 아직 사건(결과의 발표)이 일어나지 않은 상태이므로 미래를 나타낸다. 이때 '발표된다(발표되-+-ㄴ-+-다)'에 결합한 선어말 어미 '-ㄴ-'은 미래를 나타내는 경우로 볼 수 있다. ⓑ의 '고생했겠다(고생하-+-였-+-겠-+-다)'에 결합한 선어말 어미 '-겠-'은 과거 사실에 대한 추측을 나타내는 경우로 볼 수 있다.

❌ 오답 피하기

② ⓐ는 '곧'이라는 부사어의 활용을 통해 미래 시제를 실현하고 있으며, 이때 '떠난다(떠나-+-ㄴ-+-다)'에 결합한 선어말 어미 '-ㄴ-'은 미래를 나타내는 경우로 볼 수 있다. ⓑ의 '비켜주시겠습니까'에 결합한 선어말 어미 '-겠-'은 완곡하게 말하는 태도를 나타내는 경우로 볼 수 있다.

③ ⓐ의 '꾼다(꾸-+-ㄴ-+-다)'에 결합한 '-ㄴ-'은 현재 시제를 나타내는 경우로 볼 수 있으며, ⓑ의 '발표하겠습니다(발표하-+-겠-+-습니다)'에 결합한 '-겠-'은 주체의 의지를 나타내는 경우로 볼 수 있다.

④ ⓐ의 '돈다(돌-+-ㄴ-+-다)'에 결합한 '-ㄴ-'은 현재 시제를 나타내는 경우로 볼 수 있으며, ⓑ의 '하겠습니다(하-+-겠-+-습니다)'에 결합한 '-겠-'은 주체의 의지를 나타내는 경우로 볼 수 있다.

⑤ ⓐ의 '웃는다(웃-+-는-+-다)'에 결합한 '-는-'은 현재 시제를 나타내는 경우로 볼 수 있으며, ⓑ의 '끝났겠다(끝나-+-았-+-겠-+-다)'에 결합한 '-겠-'은 과거 사실에 대한 추측을 나타내는 경우로 볼 수 있다.

28 ①

'발화시보다 사건시가 앞서는 경우(㉠)'는 과거 시제를 의미하므로, 선어말 어미(㉡)와 관형사형 어미(㉢)가 과거 시제를 실현하고 있는 문장을 찾아야 한다. '지난번에 먹은 귤이 맛있었다.'는 선어말 어미 '-었-'과 관형사형 어미 '-은'의 사용으로 발화시보다 사건시가 앞서는 과거 시제를 실현하고 있다.

❌ 오답 피하기

② '읽을'의 관형사형 어미 '-을'이 미래 시제를 실현하고 있으며, 선어말 어미는 나타나지 않는다.

③ '도착했다(도착하-+-였-+-다)'의 선어말 어미 '-였-'이 과거 시제를 실현하고 있지만, 관형사형 어미가 나타나지 않는다.

④ '왔었다(오-+-았었-+-다)'의 선어말 어미 '-았었-'이 과거 시제를 실현하고 있지만, 관형사형 어미가 나타나지 않는다.

⑤ '한다(하-+-ㄴ-+-다)'의 선어말 어미 '-ㄴ-'이 현재 시제를 실현하고 있으며, 관형사형 어미는 나타나지 않는다.

29 ①

4문단의 첫 문장 '피동 표현은 행위의 대상에 초점을 맞추어 표현하기에 행위의 주체가 강조되지 않는다.'를 통해 행위의 대상보다 행위의 주체가 강조된다는 서술이 잘못되었음을 확인할 수 있다.

❌ 오답 피하기

② 4문단의 둘째 문장 '객관적인 느낌을 주고자 할 때'에서 확인할 수 있다.

③ 1문단의 첫 문장 '주어가 다른 주체에 의해 동작이나 행위를 당하는 것을 피동이라 한다.'에서 확인할 수 있다.

④ 4문단의 둘째 문장 '행위의 주체를 모르거나 설정하기 어려울 때'에서 확인할 수 있다.

⑤ 2문단의 셋째 문장 '연결 어미를 이용하여 구성된 '-아/어지다', '-게 되다'를 어간에 붙이는 방법이나 일부 명사 뒤에 '-되다'를 붙이는 방법도 있다.'에서 확인할 수 있다.

30 ④

ㄹ의 '보여진다'는 피동 접미사 '-이-'와 '-어지다'가 결합한 이중 피동 표현이므로 피동 접미사가 두 번 쓰였다는 설명은 적절하지 않다. '보여진다'를 '보인다'로 수정해야 한다.

❌ 오답 피하기

① ㄱ의 능동문을 피동문으로 바꿀 때, 능동문의 주어 '아버지가'가 피동문에서는 부사어 '아버지에게'가 됨을 확인할 수 있다.

② ㄴ의 '파악됩니다(파악되다)'는 명사 '파악' 뒤에 접미사 '-되다'를 결합하여 피동의 의미를 표현한 것이다.

③ ㄷ의 서술어 '꺾였다(꺾이다)'는 '더위'라는 자연 현상의 상태 변화를 나타내는 말로 이에 대응하는 능동문을 상정하기 어렵다.

⑤ ㄱ의 '안겼다'와 ㄷ의 '꺾였다'는 각각 피동 접미사 '-기-'와 '-이-'를 사용하여 피동의 의미를 표현하고 있다.

31 ③

'밝혀졌다'는 '드러나지 않거나 알려지지 않은 사실, 내용, 생각 따위를 드러내 알리다.'라는 뜻의 동사 '밝히다'의 어간에 피동 표현 '-어지다'가 결합한 것이다. 따라서 ㉢의 예로 적절하다.

❌ 오답 피하기

① '입혔다'는 동사 '입다'의 어근 '입-'에 사동 접사 '-히-'가 결합한 사동사이다.

② '건네받았다'는 동사 '건네다'와 동사 '받다'가 결합한 합성어이다.

④ '존경받는다'는 자연적으로 발생하는 사태를 표현한 것이 아니며, '많은 사람들이 그 사람을 존경한다.'와 같이 능동문으로 바꿀 수도 있으므로 ㉣의 예로 적절하지 않다. 한편 '존경하다'의 접사 '-하-'를 접사 '-받-'으로 교체하는 방법으로 피동의 의미를 갖게 된 것이므로 ㉡의 예가 될 수 있다.

⑤ '이루어졌다'는 '-아지-/-어지-'가 변화의 의미를 더하고 있지는 않으므로 ㉤의 예로 적절하지 않다. 한편 '이루어졌다'는 동사 '이루다'에 '-어지-'를 결합하는 방법으로 피동의 의미를 갖게 된 것이므로 ㉢의 예가 될 수 있다.

32 ②

ⓒ의 '동생에게'를 '할머니께'로 바꾸더라도 서술어 '읽혔다'의 주체는 여전히 '나'이므로 '읽혔다'에 주체 높임의 선어말 어미 '-시-'를 넣는 것은 적절하지 않다. 한편 ⓒ의 '동생에게'를 높

임의 대상인 '할머니께'로 바꾸게 되면 '나는 할머니께 책을 읽어달라고 부탁드렸다.' 또는 '나는 할머니께 책을 읽으시라고 말씀드렸다.'와 같이 어휘적인 요소를 덧붙여야 한다.

❌ 오답 피하기

① ⓐ는 '형'을 '어머니'로 바꾸면 '업는' 행위의 주체가 높임의 대상 '어머니'가 되므로 '어머니께서 동생을 업으셨다(업- + -으시- + -었- + -다).'와 같이 '업다'에 '-으시-'를 넣어야 한다. 반면 ⓑ는 '형'을 '어머니'로 바꾸더라도 주체는 여전히 '동생'이므로 '동생이 어머니께 업혔다.'와 같이 서술어에 '-시-'를 넣지 않는다.

③ ⓓ의 '동생'을 '할머니'로 바꾸면 '읽는' 행위의 주체가 높임의 대상 '할머니'가 되므로 '나는 할머니께서 책을 읽으시게(읽- + -으시- + -게) 했다.'와 같이 '읽게'에 '-으시-'를 넣어야 한다.

④ ⓐ, ⓑ의 서술어에서 '-는-'을 '-고 있-'으로 바꾸면 ⓐ는 '형이 동생을 업고 있다.'와 같이 동작의 진행 의미와 동작의 완료 후 상태 지속의 의미를 모두 나타낼 수 있다. 반면 ⓑ는 '동생이 형에게 업히고 있다.'와 같이 동작의 진행 의미만을 나타낼 수 있다.

⑤ ⓐ, ⓒ의 서술어에서 '-었-'을 '-고 있-'으로 바꾸면 ⓐ는 '형이 동생을 업고 있다.', ⓒ는 '나는 동생에게 책을 읽히고 있다.'와 같이 바뀌므로 모두 동작의 진행 의미를 나타낼 수 있다.

33 ⑤ **유형** 인용 표현

직접 인용절의 발화자인 '지아'가 지칭하는 청자 '너'는 '나'이다. 따라서 간접 인용절에서는 '민지'를 가리키는 재귀칭 대명사 '자기'가 아니라 1인칭 대명사 '나'로 바꾸어야 한다.

❌ 오답 피하기

① 직접 인용절의 감탄형 종결 표현 '폈구나'가 간접 인용절에서는 평서형 종결 표현 '폈다'로 바뀌게 된다.

② 직접 인용절의 해요체 평서형 종결 표현 '갔어요'가 간접 인용절에서는 해라체 평서형 종결 표현 '갔다'로 바뀌게 된다.

③ 어제 시점에서 이루어진 발화인 직접 인용절의 '내일'이 간접 인용절에서는 '오늘'로 바뀌게 된다.

④ 직접 인용절의 발화자인 '지아'의 관점에서 사용된 지시 표현 '이'가 간접 인용절에서는 전달하는 사람의 관점에 따라 '그'로 바뀌게 된다.

34 ② **유형** 인용 표현

인용을 하는 화자가 말한 시점을 기준으로 할 때, 어제 이루어진 대화에서 발화자가 말한 '내일'은 '오늘'로 표현하는 것이 맞다.

❌ 오답 피하기

① 직접 인용에 쓰인 1인칭 대명사 '나'는 간접 인용에서 앞서 언급한 '형'을 다시 가리킨다. 따라서 3인칭 재귀칭 대명사 '자기'로 바꾸는 것은 적절하다.

③ 직접 인용에 쓰인 지시 대명사 '이곳'은 인용을 하는 화자의 관점에서 형이 있는 곳을 가리킨다. 따라서 '그곳'으로 바꾸는 것은 적절하다.

④ 간접 인용의 경우 인용절의 종결 어미는 상대 높임 표현에 관계없이 평서형 '-다'로 바뀐다. 따라서 직접 인용의 '많아'의 종결 어미 '-아'는 간접 인용에서 '많다'의 '-다'로 바꾸는 것이 적절하다.

⑤ 직접 인용에 쓰인 인용의 조사 '라고'는 간접 인용에서는 '고'로 바뀌

야 한다.

35 ④ **유형** 인용 표현

'그곳'은 '친구'의 관점이 아니라 '나'의 관점에서 표현된 지시 표현이다. 직접 인용절의 발화자인 '부산에 간 친구'의 관점으로 쓰인 지시 표현 '이곳'은 간접 인용절에서 친구의 말을 인용해 전달하는 '나'의 관점에 따라 '그곳'으로 바뀌어 나타나게 된다.

❌ 오답 피하기

① 직접 인용절에 나타나는 시간 부사 '내일'은 어제 이루어진 발화이므로, 간접 인용절에서는 전달하는 시점에 맞춰 '오늘'로 바뀌어 나타나게 된다.

② 직접 인용절에 사용된 하십시오체의 평서형 종결 표현 '갑니다'가 간접 인용절에서는 상대 높임 표현에 관계없이 '간다'로 바뀌어 나타나게 된다. 또한 직접 인용에 사용된 인용의 조사 '라고'도 간접 인용에서는 '고'로 바뀌게 되므로 결국 '간다고'와 같은 형태가 된 것이다.

③ 간접 인용에서는 인용의 조사로 '고'를 사용한다. 한편 직접 인용절에 사용된 해라체의 명령형 종결 표현 '맡겨라(맡기- + -어라)'가 간접 인용절에서는 상대 높임 표현에 관계없이 '맡기라(맡기- + -라)'로 바뀌어 나타나게 된다. 이에 '맡기라'에 간접 인용에 쓰이는 인용의 조사 '고'가 결합해 '맡기라고'와 같이 쓰인다.

⑤ 직접 인용절에 사용된 감탄형 종결 표현 '아름답구나'가 간접 인용절에서는 평서형 종결 어미를 사용한 형태의 '아름답다'로 바뀌어 나타나게 된다.

시험 대비 내신 **기출** 문제 192~195쪽

01 ④	02 ⑤	03 ⑤	04 ③	05 ②	06 ⑤
07 ④	08 ⑤	09 ①	10 ④	11 ③	12 ③
13 ③					

01 ④ **유형** 종결 표현

'맨날 카드 지갑 이야기하던데 그건 어떨까?'의 발화 형태(종결 표현)는 의문문이지만, 발화 의도(기능)는 청유문이다(㉮). 발화 의도에 맞는 종결 표현으로 수정할 경우 '(우리) 카드 지갑을 사자.'가 되므로, 말하는 사람과 듣는 사람이 모두 서술의 주체(청유문)가 된다(㉰). 또한 화자가 이미 언급한 대상 '카드 지갑'을 가리키는 지시어 '그건'이 나타난다(㉯). 따라서 ④는 ㉮, ㉯, ㉰에 제시된 조건이 모두 적용된 담화이다.

❌ 오답 피하기

① '대체 지금이 몇 시니?'의 발화 형태는 의문문이지만, 발화 의도는 학생이 지각했다는 사실을 전달하는 평서문 혹은 지각하지 말라는 명령문이다(㉮). 그러나 ㉯와 ㉰의 조건은 적용되지 않았다.

② '배도 고픈데 우리 저기에서 떡볶이나 먹을까?'의 발화 형태는 의문문이지만, 발화 의도는 청유문이다(㉮). 발화 의도에 맞게 수정할 경우 '(우리) 떡볶이나 먹자.'가 되므로, 말하는 사람과 듣는 사람이 모두

서술의 주체가 된다(㉰). 그러나 '저기'는 화자가 이미 언급한 대상이 아니라 화자나 청자로부터 멀리 있는 곳('떡볶이를 파는 가게')을 가리키므로, ㉯의 조건은 적용되지 않았다.
③ '좀 조용히 합시다.'의 발화 형태는 청유문이지만, 발화 의도는 명령문이다(㉮). 그러나 ㉯와 ㉰의 조건은 적용되지 않았다.
⑤ '혼자 옮기시기 힘드신 것 같지 않니?'의 발화 형태는 의문문이지만, 발화 의도는 청유문이다(㉮). 발화 의도에 맞게 수정할 경우 '(우리가) 짐을 들어 드리자.'가 되므로, 말하는 사람과 듣는 사람이 모두 서술의 주체가 된다(㉰). 그러나 ㉯의 조건은 적용되지 않았다.

02 ⑤ 유형 높임 표현

㉱ '말했잖아'는 주체가 '선생님'이므로 높임 표현으로 바꾸어 써야 한다. 따라서 특수 어휘 '말씀'과 주체 높임 선어말 어미 '-시-'를 사용하여, '말씀하셨잖아'로 바꿔 말해야 한다.

❌ 오답 피하기
① 주체가 '선생님'이므로, ㉠ '선생님이'는 주체 높임의 조사를 사용하여 '선생님께서'로 바꿔 말해야 한다.
② 주어가 '(선생님의) 이야기가'이므로 간접 높임에 해당한다. 따라서 ㉡ '있었니'는 주체 높임 선어말 어미 '-(으)시-'를 사용하여 '있으셨니'로 바꿔 말해야 한다. 간접 높임에는 특수 어휘를 사용하지 않는다.
③ 객체가 '선생님'이므로, ㉢ '선생님한테'는 객체 높임의 조사를 사용하여 '선생님께'로 바꿔 말해야 한다.
④ ㉣ '당신의'의 '당신'은 '선생님'을 높이는 3인칭 재귀칭 대명사이므로 바르게 쓰인 것이다.

03 ⑤ 유형 시간 표현

⑤에서 '잤군(자-+-았-+-군)'의 '-았-'은 시험 범위를 다 들여다보려면 잠을 자지 못할 것이라는 미래의 일을 확정적인 사실로 받아들이고 있음을 나타낸다. 따라서 ㉢의 예로 적절하다.

❌ 오답 피하기
① '지난주에 걸린 감기가 아직 안 나았어요.'에서 '-았-'은 과거('지난주')에 일어난 사건의 결과('감기에 걸림.')가 현재까지 지속되고 있음을 나타낸다. 따라서 ㉡의 예이다.
② '영수야, 넌 정말 아버지를 많이 닮았구나.'에서 '-았-'은 과거에 일어난 사건의 결과('아버지를 닮음.')가 현재까지 지속되고 있음을 나타낸다. 따라서 ㉡의 예이다.
③ '그걸 부수다니. 너 이제 엄마한테 혼났다.'에서 '-았-'은 엄마한테 혼이 날 것이라는 미래의 일을 확정적인 사실로 받아들이고 있음을 나타낸다. 따라서 ㉢의 예이다.
④ '어머니. 오늘은 학교에 지각하지 않았어요.'에서 '-았-'은 지각을 하지 않은 사건이 과거의 것임을 나타낸다. 따라서 ㉠의 예이다.

04 ③ 유형 높임 표현

'선생님은 정말 귀여운 아이가 있으시다.'는 '선생님'의 가족인 '아이'를 높임으로써 '선생님'을 간접적으로 높이는 간접 높임의 예(㉮)이고, '할머니, 어머니가 이걸 가져다 드리라고 했어

요.'는 청자('할머니')를 고려하여 높여야 할 대상인 '어머니'를 높이지 않는 압존법의 예(㉯)이다. 또 '(제자 자녀에게) 네 아버지는 운동을 잘 하셨지.'는 화자에게는 높일 필요가 없는 대상이지만 청자('제자 자녀')를 고려하여 주체인 화자의 제자(청자의 아버지)를 높이는 가존법의 예(㉰)이다.

❌ 오답 피하기
① 첫 번째 문장은 '걱정'을 높임으로써 '어머니'를 간접적으로 높이는 ㉮의 예이고, 두 번째 문장은 청자('할아버지')를 고려하여 '삼촌'을 높이지 않는 ㉯의 예이다. 그러나 세 번째 문장은 청자를 고려한 주체 높임 표현이 나타나지 않으므로 ㉰의 예가 될 수 없다.
② 세 번째 문장은 청자('손자')를 고려하여 주체인 청자의 아버지를 높이는 ㉰의 예이다. 그러나 첫 번째 문장은 '할머니'를 직접 높인 표현이므로 ㉮의 예가 될 수 없고, 두 번째 문장은 청자('사장님') 앞에서 '부장님'을 높이고 있으므로 ㉯의 예가 될 수 없다. 다만 압존법은 주로 가정 내, 사제(스승과 제자) 간에 쓰이기 때문에 직장에서는 압존법을 적용하지 않아 해당 문장은 높임법에 맞는 표현이다.
④ 첫 번째 문장은 '아버지'의 '키'를 높여 '아버지'를 간접적으로 높이는 ㉮의 예이며, 두 번째 문장은 청자('어머니')를 고려하여 '형'을 높이지 않는 ㉯의 예이다. 그러나 세 번째 문장은 청자를 고려한 주체 높임 표현이 나타나지 않으므로 ㉰의 예가 될 수 없다.
⑤ 첫 번째 문장은 '연세'를 높여 '할아버지'를 간접적으로 높이는 ㉮의 예이며, 세 번째 문장은 청자('손자')를 고려하여 주체인 '어머니'를 높이고 있는 ㉰의 예이다. 그러나 두 번째 문장은 '교장 선생님' 앞에서 '담임 선생님'을 높이고 있으므로 ㉯의 예가 될 수 없다. 다만 사회적 관계에서는 압존법을 쓰지 않으므로 해당 문장은 가능한 표현이다.

05 ② 유형 높임 표현

㉠에서는 '께서'와 '-(으)시-'를 사용하여 주체인 '어머니'를 높이고 있으므로 '화자<주체'로 볼 수 있으며, 해요체의 종결 표현 '나가셨어요'를 사용하여 청자를 높이고 있으므로, '화자<청자'로 볼 수 있다.
㉡에서는 '께서'와 '-시-'를 사용하여 주체인 '선생님'을 높이고 있으므로 '화자<주체'로 볼 수 있으며, 해체의 종결 표현 '말씀하셨어'를 사용하여 청자를 낮추고 있으므로, '화자≥청자'로 볼 수 있다.
㉣에서는 주체 높임 표현이 사용되지 않았으므로 '화자≥주체'로 볼 수 있으며, 하오체의 종결 표현 '출발합시다'를 사용하여 청자를 예사로 높이고 있다. 그러나 하오체는 윗사람에게는 쓰지 못하고, 화자와 동등하거나 화자보다 아랫사람에게 쓸 수 있다. 따라서 '화자≥청자'로 볼 수 있으며, 비록 청자가 동등하거나 아랫사람이지만 대우해 주기 위해 사용한 예사 높임 표현으로 이해할 수 있다.
그러나 ㉢에서는 주체 높임 표현이 사용되지 않았으므로 '화자≥주체'로 볼 수 있으며, 하게체의 종결 표현 '몰랐네'를 사용하여 청자를 예사로 낮추고 있다. 따라서 화자와 청자의 관계는 '화자<청자'가 아니라 '화자≥청자'이다.

06 ⑤ `유형` 높임 표현

〈보기 2〉에서는, 서술의 주체인 '어머니'를 높이기 위해 주체 높임의 조사 '께서'와 주체 높임 선어말 어미 '-시-'를 사용하였다. 그리고 서술의 객체인 '할머니'를 높이기 위해 특수 어휘 '모시다'와 '드리다'를 사용하였다. 그러나 주체 높임을 위한 특수 어휘와 객체 높임의 조사는 나타나지 않는다.

07 ④ `유형` 시간 표현

'그런데 교실에서 모자를 쓰고 있어도 돼?'에서 '쓰고 있어도'는 완료된 어떤 상태가 지속되고 있음을 나타내므로 ㉰가 아닌, ㉲의 예이다. 담화 맥락상 모자를 쓴 상태에 대해 이야기하고 있으며, 모자를 쓰는 동작의 진행이 이루어지고 있을 것으로 해석되기는 어렵다.

❌ 오답 피하기
① '아직 문제를 풀고 있는 것 같아요.'에서 '풀고 있는'은 문제를 푸는 동작이 진행되고 있음을 뜻하는 ㉰의 예이다.
② '난 벌써 알고 있었지.'에서 '알고 있었지'는 시험 범위를 안 상태의 지속을 의미하는 ㉲의 예이다.
③ '개념을 이해하고 있는가만 평가하는 거야.'에서 '이해하고 있는가만'은 개념을 이해한 상태의 지속을 의미하는 ㉲의 예이다.
⑤ '파란 운동화를 신고 있네.'는 운동화를 신는 동작이 진행되고 있음을 뜻할 수도 있고, 운동화를 신은 상태가 지속되고 있음을 뜻할 수도 있다. 따라서 중의적으로 해석되는 ㉳의 예이다.

08 ⑤ `유형` 시간 표현

(다)는 사건시가 발화시보다 나중인 미래 시제로, 일반적으로 선어말 어미 '-겠-'을 통해 실현되며, '-(으)ㄹ 것'과 같은 표현을 사용하기도 한다.

❌ 오답 피하기
① (가)는 사건시가 발화시보다 먼저인 과거 시제로, 선어말 어미 '-았-/-었-', '-았었-/-었었-', '-더-' 등의 결합을 통해 실현된다. 그런데 '-던'은 과거 시제를 실현하는 관형사형 어미이다.
② (나)는 사건시와 발화시가 일치하는 현재 시제로, 동사는 선어말 어미 '-ㄴ-/-는-'의 결합을 통해 실현되지만, 형용사와 서술격 조사는 선어말 어미의 결합 없이 현재 시제를 나타낸다.
③ (나)는 사건시와 발화시가 일치하는 현재 시제로, 동사는 관형사형 어미 '-는'의 결합으로 실현되지만, 형용사와 서술격 조사는 '예쁜 강아지', '유치원생인 동생'과 같이 관형사형 어미 '-(으)ㄴ'의 결합으로 실현된다.
④ (다)는 사건시가 발화시보다 나중인 미래 시제로, 동사와 형용사 모두 관형사형 어미 '-(으)ㄹ'의 결합으로 실현된다.

09 ① `유형` 피동 표현

'알려지지(알-+-리-+-어지-+-지)'는 '알다'의 사동사인 '알리다'에 '-어지-'가 결합하여 피동의 의미를 표현한 것으로, 피동 표현이 연달아 적용된 이중 피동 표현은 아니다.

❌ 오답 피하기
② '풀려진다(풀-+-리-+-어지-+-ㄴ-+-다)'는 이중 피동 표현으로, '풀린다'나 '풀어진다'로 써야 한다.
③ '잊혀질(잊-+-히-+-어지-+-ㄹ)'은 이중 피동 표현으로, '잊힐'이나 '잊어질'로 써야 한다.
④ '믿겨지지(믿-+-기-+-어지-+-지)'는 이중 피동 표현으로, '믿기지'나 '믿어지지'로 써야 한다.
⑤ '마무리되어졌다(마무리-+-되-+-어지-+-었-+-다)'는 이중 피동 표현으로, '마무리되었다'로 써야 한다.

10 ④ `유형` 사동 표현

'읽히셨다'는 '학생'이 책을 읽도록 한다는 의미를 나타내는 사동 표현이다. 그러나 '선생님'이 '학생'에게 책을 읽도록 지시했다는 의미의 간접 사동으로만 해석되므로, 의미가 중의적으로 나타난다고 할 수 없다.

❌ 오답 피하기
① '늦출'은 동사 '늦다'의 어간 '늦-'에 사동 접미사 '-추-'가 붙은 사동사 '늦추다'의 관형사형으로, 경기 시간이 늦도록 한다는 의미를 나타내는 사동 표현의 예(㉠)로 적절하다.
② '채우지(차-+-이우-+-지)'는 동사 '차다'의 어간 '차-'에 사동 접미사 '-이우-'가 결합된 형태로 사동 접미사가 두 개 붙은 예(㉡)로 적절하다.
③ '먹게 하셨다'는 동사 '먹다'의 어간에 '-게 하다'를 붙여 사동문을 만든 예(㉢)로 적절하다.
⑤ '날린다(날리다)'는 사동사와 형태가 같지만, '가지고 있던 재산이나 자료 따위를 잘못하여 모두 잃거나 없애다.'의 의미를 지니는 단어로, 사동의 의미에서 다소 멀어진 경우의 예(㉣)로 적절하다.

11 ③ `유형` 피동/사동 표현

'친구가 나에게 꽃다발을 안겼다.'의 '안겼다(안-+-기-+-었-+-다)'는 '안게 했다'로 바꿀 수 있는 사동사이고, '커다란 인형이 동생 품에 안겼다.'의 '안겼다(안-+-기-+-었-+-다)'는 피동사이다.

❌ 오답 피하기
① '어느덧 고지가 눈앞에 보였다.'의 '보였다(보-+-이-+-었-+-다)'는 피동사이며, '동생이 새 휴대폰을 내게 보였다.'의 '보였다(보-+-이-+-었-+-다)'는 '보게 했다'로 바꿀 수 있는 사동사이다.
② '우는 아기가 엄마 등에 업혔다.'의 '업혔다(업-+-히-+-었-+-다)'는 피동사이며, '엄마가 아빠 등에 아기를 업혔다.'의 '업혔다(업-+-히-+-었-+-다)'는 '업게 했다'로 바꿀 수 있는 사동사이다.
④ '비에 젖은 양말을 햇볕에 말렸다.'의 '말렸다(마르-+-이-+-었-+-다)'는 '마르게 했다'로 바꿀 수 있는 사동사이고, '오늘따라 김밥이 예쁘게 말렸다.'의 '말렸다(말-+-리-+-었-+-다)'는 피동사이다. 그러나 두 단어는 의미와 형태가 서로 다른 단어이다. 즉 위의 문장에 사용된 '말렸다'는 '물기가 다 날아가서 없어지다.'를 뜻하는 '마르다'의 사동이며, 아래 문장에 쓰인 '말렸다'는 '종이나 김 따위의 얇고 넓적한 물건에 내용물을 넣고 돌돌 감아 싸다.'를 뜻하는 '말

다'의 피동이다.
⑤ '햇살이 마당에 쌓인 눈을 녹였다.'와 '방 안에 들어가 언 몸을 녹였다.'의 '녹였다(녹-+-이-+-었-+-다)'는 모두 '녹게 했다'로 바꿀 수 있는 사동사이다.

12 ③

첫 번째 예문에서 직접 인용에 사용된 시간 부사는 '어제'의 시점에서 '내일'이다. 이를 간접 인용으로 바꾸면, 발화시를 기준으로 오늘이 되므로 ㉠은 '오늘'이 적절하다. 또 간접 인용에서 의문형 종결 어미는 동사의 경우 '-느냐'로 바꿔야 하고 인용의 조사 '고'를 사용하므로, ㉡은 '오느냐고'가 적절하다.
두 번째 예문에서 간접 인용에 사용된 '오늘'은 직접 인용으로 바꾸면, '어제'의 시점에서 말하는 것이므로 ㉢은 '내일'이 적절하다. 또 직접 인용은 상대 높임법이 적용된 종결 표현이 사용되어야 하고, '아들'이 서술의 주체인 '아버지' 혹은 '어머니'를 직접 높여야 하므로 ㉣은 '계세요'가 적절하다.

13 ③

㉮~㉰를 간접 인용으로 바꾸면 각각 '민호는 자기가 먼저 간다고 말했다.', '철수는 선생님께 자기도 가야 하느냐고 여쭀다.', '면접관이 나에게 거기 앉으라고 말했다.'가 된다. 따라서 ㉯를 간접 인용으로 바꾸면, '합니까'의 종결 어미 '-ㅂ니까'가 '-느냐'로 바뀌어, 종결 표현은 '하느냐'가 된다.

❌ 오답 피하기
① ㉮와 ㉯를 간접 인용으로 바꾸면, 1인칭 대명사 '내'와 '저'는 '자기'와 같은 3인칭의 재귀칭 대명사로 바뀐다.
② ㉯와 ㉰를 간접 인용으로 바꾸면, 하십시오체가 쓰인 '합니까'와 해요체가 쓰인 '앉으세요'와 같은 상대 높임 표현이 사라진다.
④ ㉰를 간접 인용으로 바꾸면, 종결 표현 '앉으세요'는 '-(으)라'가 결합한 '앉으라'로 바뀐다.
⑤ 간접 인용으로 바꾸면, ㉮, ㉯, ㉰ 모두 직접 인용에서 사용하는 인용의 조사 '라고'가 '고'로 바뀐다.

27 훈민정음 창제

1단계 개념 확인 문제   200쪽

1 ③	**2** ②	**3** ⑤	**4** ④

1 ③

'ㅑ'는 초출자 'ㅏ'와 기본자 'ㆍ'의 결합으로 이루어진 재출자로, 훈민정음 28자에 포함된다.

❌ 오답 피하기
① 'ㅸ(순경음 비읍)'은 'ㅂ' 아래에 'ㅇ'을 이어 쓴 문자(연서)로, 훈민정음 28자에 포함되지 않는다.
② 'ㅎㅎ'은 'ㅎ'을 나란히 쓴 문자(각자 병서)로, 훈민정음 28자에 포함되지 않는다.
④ 'ㅢ'는 이중 모음으로, 훈민정음 28자에 포함되지 않는다.
⑤ 'ㅘ'는 이중 모음으로, 훈민정음 28자에 포함되지 않는다.

2 ②

훈민정음의 기본자 중 초성(자음)은 발음 기관을, 중성(모음)은 '천(天)·지(地)·인(人)'을 상형한 것이다. 그러나 그 밖의 초성이 가획의 원리로 만들어진 것과 달리, 기본자 외의 중성은 기본자들의 합성으로 만들어졌다.

3 ⑤

근대 국어에서 사용된 '칠종성법'에서는 'ㄱ, ㄴ, ㄹ, ㅁ, ㅂ, ㅅ, ㅇ'의 7개 자음만을 종성으로 사용하였다.

❌ 오답 피하기
① 종성 표기는 중세 국어의 '팔종성법'에서 근대 국어에는 '칠종성법'으로 변화하였다.
② 중세 국어에서는 주로 'ㄱ, ㄴ, ㄷ, ㄹ, ㅁ, ㅂ, ㅅ, ㆁ'의 8개 자음을 종성으로 사용했다.
③ '팔종성법'은 8개의 종성만으로 사용이 가능하다는 의미로 '팔종성가족용'이라고도 한다.
④ 모든 초성을 종성에 표기하는 방식을 '종성은 초성에 쓰인 글자를 다시 쓴다'는 의미의 '종성부용초성'이라고 한다.

4 ④

어두 자음군은 현대 국어에서 된소리로 바뀌었으며, 이때 어두의 자음 중 뒤에 있는 것이 된소리로 바뀐다. 따라서 '뿔'은 어두의 자음 중 뒤에 있는 'ㄱ'이 된소리가 되어 '꿀(蜜)'로 바뀌었다.

오답 피하기

① '쑴'은 어두의 자음 중 뒤에 있는 'ㄱ'이 된소리가 되어 '꿈[夢]'으로 바뀌었다.

② '쌀'은 어두의 자음 중 뒤에 있는 'ㅅ'이 된소리가 되어 '쌀[米]'로 바뀌었다.

③ '뜯'은 어두의 자음 중 뒤에 있는 'ㄷ'이 된소리가 되어 '뜻[意]'으로 바뀌었다.

⑤ '빼'는 어두의 자음 중 뒤에 있는 'ㄷ'이 된소리가 되어 '때[時]'로 바뀌었다.

2단계 대표 기출 문제 200~201쪽

1 ③ **2** ③ **3** ⑤

1 ③ 유형 훈민정음의 제자 원리

이체자는 '모양이 다른 글자'라는 뜻으로 그 형태와 소리의 성질을 가획의 원리로 설명할 수 없는 글자이다.

오답 피하기

① 어금닛소리의 기본자 'ㄱ'은 같은 조음 위치의 가획자 'ㅋ'과 형태상 유사하다. 'ㄱ'에 획을 하나 더함으로써 'ㅋ'이 되었기 때문이다. 혓소리, 입술소리, 잇소리, 목구멍소리의 기본자와 가획자에서도 마찬가지로 형태상의 유사성을 확인할 수 있다.

② 'ㄱ'과 'ㅋ'을 비교해 보면 가획자는 기본자에 획을 더하는 방식으로 만들어졌음을 알 수 있다.

④ 모음의 초출자는 기본자 'ㆍ, ㅡ, ㅣ'의 결합으로 만들어졌다. 모음의 재출자 또한 그 형태상 초출자에 기본자의 'ㆍ'가 결합하여 이루어졌다.

⑤ 훈민정음에서는 종성을 위해 별도의 문자를 만들지 않고, 초성자를 다시 쓰도록 정하였다. 이는 불필요한 자음을 추가로 만들지 않음으로써, 문자 운용의 효율성을 높이는 효과를 가져왔다.

2 ③ 유형 훈민정음의 제자 원리

'학생 3'은 한글의 자음자(초성)에서 〈예사소리〉－〈거센소리〉－〈된소리〉 사이의 관계를 설명하고 있는데, 〈예사소리〉－〈거센소리〉의 관계를 〈A〉－〈A에 획 추가〉로 표현한 것이 바로 '나'에서 설명하는 '가획의 원리'이다. 또 〈예사소리〉－〈된소리〉는 〈A〉－〈AA〉로 표현하고 있는데, 이는 '다'에서 설명하는 '초성자를 나란히 써서 또 다른 초성자로 사용하였다.'라는 '병서(竝書)의 원리'를 보여 준다. 예를 들면, 'ㄱ－ㅋ－ㄲ'에서 거센소리 'ㅋ'은 예사소리 'ㄱ'에 가획하여 만든 글자이며, 된소리 'ㄲ'은 'ㄱ'을 나란히 붙여 써서 만든 글자인 것이다.

오답 피하기

① '학생 1'은 초성 중 'ㄱ'이 어떠한 모습을 형상화한 것인지를 설명하고 있는데, 이는 '가'에서 설명하는 '상형의 원리'에 해당할 뿐, 가획의 원리를 설명하는 '나'의 원리와는 관련이 없다.

② '학생 2'는 'ㆍ, ㅡ, ㅣ'의 기본자를 바탕으로 모든 모음자(중성)를 휴대 전화 자판 3개로 입력할 수 있음을 언급하고 있는데, 이는 '라'에서 설명하는 중성자의 제자 원리에 해당한다. 모음자는 기본자 'ㆍ, ㅡ, ㅣ'를 합성하여 'ㅗ, ㅏ, ㅜ, ㅓ'를 만들고, 여기에 다시 'ㆍ'를 하나씩 더해 'ㅛ, ㅑ, ㅠ, ㅕ'를 만들어 모두 11자를 완성한 것이다. 병서의 원리를 설명하는 '다'와는 관련이 없다.

④ '학생 4'는 'ㅁ'에 획을 더해 만든 자음자 'ㅂ, ㅍ'은 모두 'ㅁ' 모양을 공통적으로 지니며, 이것은 'ㅁ, ㅂ, ㅍ'의 공통된 소리 특징을 반영한다는 설명을 하고 있는데, 여기에는 '나'에서 설명하는 '가획의 원리'가 반영되었다. 그러나 모음자를 만드는 원리인 '라'와는 관련이 없다.

⑤ '학생 5'는 종성, 즉 받침 글자를 따로 만들지 않았다는 점을 설명하고 있는데, 이에 대한 서술은 〈보기 2〉에 나타나지 않는다.

3 ⑤ 유형 훈민정음의 제자 원리

〈보기 1〉에서 (가)는 순경음에 대한 설명으로, 순음인 'ㅁ, ㅂ, ㅃ, ㅍ' 아래에 'ㅇ'을 연서하여 표시한 'ᄝ', 'ᄫ', 'ᄬ', 'ᅗ' 등이 이에 해당한다. 이는 〈보기 2〉 ㉢ '수ᄫᅵ'의 'ᄫ(순경음 비읍)'에서 확인할 수 있다. (나)는 초성 글자를 나란히 쓰는 초성 합용 병서에 대한 설명으로, 'ᄭ, ᄯ, ᄲ, ᄠ, ᄡ, ᄧ, ᄢ, ᄣ' 등이 이에 해당한다. 이는 〈보기 2〉 ㉣ 'ᄯᆞᄅᆞ미니라'의 'ᄯ'에서 확인할 수 있다.

오답 피하기

〈보기 2〉 ㉠ 'ᄆᆞᄎᆞᆷ내'와 ㉡ 'ᄆᆡᇰᄀᆞ노니'에서는 현대 국어에서 쓰이지 않는 'ㆍ(아래아)'의 쓰임을 확인할 수 있을 뿐, 순경음이나 초성 합용 병서는 사용되지 않았다.

28 음운 · 표기 · 문법의 변화

1단계 개념 확인 문제 204쪽

1 ④ **2** ③ **3** ② **4** ⑤

1 ④

'ᄆᆞᅀᆞᆷ'은 'ㅿ'의 소실로 'ᄆᆞᄋᆞᆷ'이 된 후, 둘째 음절의 'ㆍ'가 먼저 'ㅡ'로 바뀌고, 이후 첫째 음절의 'ㆍ'가 'ㅏ'로 바뀌어 '마음'이 되었다. 이를 순서대로 나타내면 'ᄆᆞᅀᆞᆷ > ᄆᆞᄋᆞᆷ > ᄆᆞ음 > 마음'이 된다.

2 ③

해당 문장은 '무엇'이라는 의문사가 있는 설명 의문문이므로, '오' 계열 어미를 사용해야 한다. 따라서 '물건이－'에 '－ㄴ고'가 결합한 '물건인고'가 ㉠에 들어갈 말로 적절하다.

오답 피하기

① ② ④ '－ㄴ가', '－녀'와 같은 '아' 계열 어미는 주어가 2인칭이 아닐 때, 의문사가 없는 판정 의문문(일반적으로 '예/아니요'로 대답하게 되는 의문문)에 사용된다. ㉠이 포함된 문장에는 '무엇'이라는 의문사가 있

으로 '-ㄴ가', '-녀'와 같은 의문형 종결 어미는 사용될 수 없다.
⑤ '-ㄴ다'는 주어가 2인칭인 경우에 사용되는 의문형 종결 어미인데, ㉠이 포함된 문장에는 2인칭 주어가 사용되지 않았으므로 적절하지 않다.

3 ②

'거시라'는 '것+이라'를 이어 적기로 표기한 예이다.

⊗ 오답 피하기

① '일홈을(일홈+을)'은 끊어 적기로 표기한 예이다.
③ '기픈(깊-+-은)'은 이어 적기로 표기한 예이다.
④ '홈이(홈+이)'는 '홈' 뒤에 주격 조사 '이'가 붙은 것으로, 형태소의 원형대로 표기하였다. 즉, 끊어 적기로 표기한 예이다.
⑤ '몸이며(몸+이며)'는 명사 '몸' 뒤에 조사 '이며'가 붙은 것으로, 형태소의 원형대로 표기하였다. 즉, 끊어 적기로 표기한 예이다. 이때, '이며'는 현대 국어에서 접속 조사 '과'에 해당한다.

4 ⑤

'교과서'는 모음 'ㅓ'로 끝나는 체언이므로, 주격 조사 'ㅣ'를 붙이는 것이 적절하다.

⊗ 오답 피하기

① '책상'은 자음 'ㅇ'으로 끝나는 체언이므로, 주격 조사 '이'를 붙이는 것이 적절하다.
② '의자'는 모음 'ㅏ'로 끝나는 체언이므로, 주격 조사 'ㅣ'를 붙이는 것이 적절하다.
③ '연필'은 자음 'ㄹ'로 끝나는 체언이므로, 주격 조사 '이'를 붙이는 것이 적절하다.
④ '지우개'는 반모음 'ㅣ'로 끝나는 체언이므로, 주격 조사가 생략되는 것이 적절하다. 중세 국어에서 'ㅐ'는 반모음 'ㅣ'로 끝나는 이중 모음이다.

2단계 대표 **기출** 문제 · · · · · · · · · · · · · · 204~205쪽

1 ② **2** ① **3** ②

1 ② 유형 모음의 변화

㉠은 'ㆍ'가 단어의 둘째 음절 이하에서 'ㅡ'로 변화한 것을, ㉡은 'ㆍ'가 첫째 음절에서 'ㅏ'로 변화한 것을 설명하고 있다. '사ᄉᆞᆷ'의 'ㆍ'는 둘째 음절에서 '사슴'의 'ㅡ'로 바뀌었으므로 ㉠의 사례로 적절하며, 'ᄀᆞ장'의 'ㆍ'는 첫째 음절에서 '가장'의 'ㅏ'로 바뀌었으므로 ㉡의 사례로 적절하다.

⊗ 오답 피하기

① '마ᄂᆞᆯ>마늘'은 ㉠에 속하는 사례이지만, '흙'의 'ㆍ'는 첫째 음절인데 'ㅏ'가 아니라 'ㅡ'로 변했으므로 ㉡의 사례로 적절하지 않다.
③ 'ᄒᆞ나>하나'는 ㉡에, '오ᄂᆞᆯ>오늘'은 ㉠에 속하는 사례이다.
④ 'ᄃᆞ리>다리'는 ㉡에 속하는 사례이지만, '사ᄅᆞᆷ>사람'은 'ㆍ'가 'ㅏ'로 변했으므로 ㉠의 사례로 적절하지 않다.
⑤ '아ᄃᆞᆯ>아들'은 ㉠의 사례로 적절하지만, '다ᄉᆞᆺ>다섯'은 둘째 음절의 'ㆍ'가 'ㅓ'로 변했으므로 ㉡의 사례로 적절하지 않다.

2 ① 유형 주격 조사(중세 국어)

ⓐ의 '나리'는 '날+이'로 자음 다음에 주격 조사 '이'가 나타난 경우이며, ⓓ의 '아드리'도 '아들+이'로 자음 다음에 주격 조사 '이'가 나타난 경우이다. 따라서 모두 ㉠에 해당하는 예로 적절하다.

⊗ 오답 피하기

ⓑ의 '太子(태자)'는 음운 조건에 관계없이 주격 조사가 생략된 경우로, ㉢의 예에 해당한다. '太子(태자)'는 모음 '이'나 반모음 'ㅣ'로 끝나 주격 조사가 '∅(영형태)'로 실현되어 나타나지 않는 음운 조건을 갖춘 단어가 아니므로, 만일 주격 조사가 생략되지 않았다면 ⓔ처럼 '太子ㅣ'로 나타났어야 한다.
ⓒ의 'ᄃᆞ리'는 'ᄃᆞ리+∅'로 모음 '이' 다음에 주격 조사가 '∅(영형태)'로 실현되어 나타나지 않은 경우이므로, ㉡의 예에 해당한다.
ⓔ의 '孔子ㅣ'는 모음 '이'와 반모음 'ㅣ' 이외의 모음인, '孔子(공자)'의 'ㅏ' 다음에 주격 조사 'ㅣ'가 나타난 경우로, ㉠~㉢ 어디에도 해당하지 않는다.

3 ② 유형 의문형 종결 어미(중세 국어)

㉠을 포함한 문장은 현대어 풀이를 보았을 때, '무엇'이라는 의문사가 있는 설명 의문문이므로, 보조사 '고'가 결합한 형태인 '므스고'가 ㉠에 들어가야 한다. ㉡과 ㉢을 포함한 문장은 모두 주어가 2인칭인 '네(너)'와 '그듸(그대)'이기 때문에, 종결 어미 '-ㄴ다'가 결합한 형태인 '가ᄂᆞᆫ다'와 '아니ᄒᆞᄂᆞᆫ다'가 각각 ㉡과 ㉢에 들어가야 한다.

29 문법·어휘의 변화

1단계 개념 확인 문제 · · · · · · · · · · · · · · 208쪽

1 ② **2** ④ **3** ③ **4** ④

1 ②

양성 모음으로 끝나는 체언 뒤에는 모음 조화에 따라 양성 모음이 들어간 조사가 결합해야 한다. 따라서 양성 모음인 'ㆍ, ㅣ, ㅐ'가 들어간 'ᄋᆞᆯ / 를 / ᄋᆡ / 애'가 양성 모음으로 끝나는 체언 뒤에 결합하는 조사로 적절하다.

⊗ 오답 피하기

① '를'은 목적격 조사, '에'는 부사격 조사로 둘 다 음성 모음으로 끝나는 체언 뒤에 결합하는 조사이다.
③ '의'는 음성 모음으로 끝나는 유정 명사 뒤에 결합하는 관형격 조사이고, '에'는 음성 모음으로 끝나는 체언 뒤에 결합하는 부사격 조사이다.
④ '을'은 음성 모음으로 끝나는 체언 뒤에 결합하는 목적격 조사, '의'는 음성 모음으로 끝나는 유정 명사 뒤에 결합하는 관형격 조사이다.
⑤ '을'과 '를'은 둘 다 음성 모음으로 끝나는 체언 뒤에 결합하는 목적격 조사이지만, '을'은 받침 있는 체언 뒤에, '를'은 받침 없는 체언 뒤에 결합한다.

2 ④

중세 국어의 관형격 조사 'ㅅ'은 무정 명사나 존칭의 유정 명사에 결합한다. 그런데 '져비(제비)'는 평칭의 유정 명사이므로 관형격 조사 'ㅅ'이 결합할 수 없다. 중성 모음인 'ㅣ'로 끝난 유정물의 경우 'ㅣ' 모음이 탈락하고 '인/의'가 결합하는 경향이 있으므로, '져비'에 관형격 조사가 결합한 형태는 '져븨'가 된다.

❌ **오답 피하기**

① '왕(王)'은 존칭의 유정 명사이므로, 관형격 조사 'ㅅ'이 붙을 수 있다.
② 'ㄱ롬(강)'은 무정 명사이므로, 관형격 조사 'ㅅ'이 붙을 수 있다.
③ '누리(세상)'는 무정 명사이므로, 관형격 조사 'ㅅ'이 붙을 수 있다.
⑤ '나리(내/냇물)'는 무정 명사이므로, 관형격 조사 'ㅅ'이 붙을 수 있다.

3 ③

주체 높임의 선어말 어미 '-시-'는 현대 국어와 달리 중세 국어에서는, 뒤에 '-오-'나 '-아'로 시작하는 어미가 올 때 이것과 결합하여 '-샤-'의 형태로 나타나기도 하였다.

❌ **오답 피하기**

① 중세 국어에서는 현대 국어와 마찬가지로 주체 높임에서 선어말 어미를 사용하였다.
② 중세 국어에서는 객체 높임에서 선어말 어미를 사용하였지만, 현대 국어에서는 객체 높임에서 선어말 어미를 사용하지 않는다.
④ 선어말 어미 '-ᅀᆸ-/-ᄌᆸ-/-ᄉᆸ-'은 앞에 오는 어간의 음운 환경에 따라 선택되었다.
⑤ '-ᅀᆸ-/-ᄌᆸ-/-ᄉᆸ-'은 뒤에 오는 어미의 음운 환경에 따라 '-ᅀᆞᆯ-/-ᄌᆞᆯ-/-ᄉᆞᆯ-'으로 나타나기도 하였다.

4 ④

'어리다'는 '어리석다'의 의미에서 '나이가 적다'로 의미가 바뀐 '의미 이동'이 나타난 단어이다. '놈', '계집', '얼굴', '말쏨(말씀)'은 모두 '의미 축소'가 일어난 단어들이다.

<table><tr><td>**2단계**</td><td>대표 기출 문제</td><td>208~209쪽</td></tr></table>

1 ①	**2** ①	**3** ③

1 ①

유형 목적격 조사(중세 국어)

현대 국어에서는 체언에 목적격 조사가 결합할 때 체언의 끝소리의 받침 유무에 따라 '을/를'을 구별하여 사용하지만, 15세기 국어에서는 체언의 끝음절에 쓰인 모음이 양성 모음인가 음성 모음인가도 고려하였다는 〈보기〉의 진술을 바탕으로 각 단어에 어울리는 목적격 조사를 찾아야 한다.
'사름'의 '름'은 자음으로 끝나고 양성 모음이 쓰였기 때문에 '올'(㉠)과 결합하며, '천하'의 '하'는 모음으로 끝나고 양성 모음이 쓰였기 때문에 '를'(㉡)과 결합한다. 또한 '누'는 모음으로 끝

나고 음성 모음이 쓰였기 때문에 '를'(㉢)과 결합하며, '쁟'은 자음으로 끝나고 음성 모음이 쓰였기 때문에 '을'(㉣)과 결합한다.

2 ①

유형 관형격 조사(중세 국어)

선행 체언인 '아바님(아버님)'은 존칭의 대상인 유정물이므로, ㉠은 관형격 조사 'ㅅ'이 쓰인 '아바닔 곁'이 되어야 한다.

❌ **오답 피하기**

② 선행 체언인 '그력(기러기)'이 존칭의 대상이 아닌 유정물이고 음성 모음이 쓰였으므로, 관형격 조사 '의'가 쓰인다.
③ 선행 체언인 '아돌(아들)'이 존칭의 대상이 아닌 유정물이고 양성 모음이 쓰였으므로, 관형격 조사 '인'가 쓰인다.
④ 선행 체언인 '수플(수풀)'이 무정물이므로, 관형격 조사 'ㅅ'이 쓰인다.
⑤ 선행 체언인 '둥잔(등잔)'이 무정물이므로, 관형격 조사 'ㅅ'이 쓰인다.

3 ③

유형 높임 선어말 어미(중세 국어)

제시된 문장에서 ㉠에 들어갈 객체는 부사어인 '부텻긔(부처께)'의 '부텨(부처)'이며, 객체를 높이기 위해 '내아(내어)'가 아닌 '내ᅀᆞ바(내-+-ᅀᆞ-+-아)'가 쓰인 것이다. '왕(王)'은 문장의 주체이며, 'ᄆᆞᅀᆞ물(마음을)'은 목적어로 쓰였다.
㉡이 들어간 문장에서 객체 높임 선어말 어미는 어간 '듣-'과 어미 '-ᄋᆞ며' 사이에 결합하는데, 〈보기〉에서 어간 말음 조건이 'ㄷ'이고 뒤에 모음으로 시작하는 어미가 올 때 쓰이는 객체 높임 선어말 어미의 형태는 '-ᄌᆞᇦ-'이라고 설명하고 있다. 따라서 '듣-+-ᄌᆞᇦ-+-ᄋᆞ며'를 이어 적기한 '듣ᄌᆞᇦᄋᆞ며'가 ㉡으로 적절하다.

<table><tr><td>**30**</td><td>세종어제훈민정음</td></tr></table>

<table><tr><td>**1단계**</td><td>개념 확인 문제</td><td>212쪽</td></tr></table>

1 ④	**2** ②	**3** ③	**4** ③

1 ④

〈세종어제훈민정음〉에 드러난 창제 정신은 자주 정신, 애민 정신, 창조 정신, 실용 정신이다. 근면 정신은 확인할 수 없다.

❌ **오답 피하기**

① 우리말이 중국과 다름을 인식하고 우리말을 표기하기 위해 새 글자를 만들었다는 데서 알 수 있다.
② 문자로 자신의 뜻을 전하지 못하는 백성들을 가엾게 여겼다고 한 데서 알 수 있다.
③ 기존에 없던 새로운 문자 28자를 만들었다는 데서 알 수 있다.
⑤ 백성들이 쉽게 익혀 사용할 수 있게 만들었다는 데서 알 수 있다.

2 ②

'ㅆ', 'ㆀ'과 같은 각자 병서와, 'ㅳ', 'ㅄ', 'ㅼ'과 같은 합용 병서가 초성으로 쓰이고 있어, 초성에 두 개 이상의 음운이 올 수 있었음을 알 수 있다.

오답 피하기

① 방점 표기가 나타나 있지만, 방점은 소리의 높낮이를 표시하는 기호이다.
③ 한자음을 중국 원음에 가깝게 표기하고 형식 종성 'ㅇ'을 사용하는 동국정운식 표기 방식에 따라 적었다.
④ 'ᄉᆞᄆᆺ디'와 같은 예를 통해, 모든 초성을 종성에 표기하는 종성부용초성의 원칙이 아니라 8종성법이 적용되었음을 알 수 있다.
⑤ 형태소의 원형을 밝혀 적는 끊어 적기가 아니라, 소리 나는 대로 표기하는 이어 적기 방식으로 표기했다.

3 ③

'·홇 ·배(하는 바가)'의 '·배'는 '바+ㅣ'로 의존 명사 '바'에 'ㅣ' 모음 이외의 모음으로 끝나는 체언 뒤에 결합하는 주격 조사 'ㅣ'가 결합한 형태이다.

오답 피하기

① ':말ᄊᆞ·미'는 '말ᄊᆞᆷ+이'로 '말ᄊᆞᆷ'에 주격 조사 '이'가 결합한 뒤 이어 적기 표기가 이루어진 것이다.
② '中듕國·귁에'는 '듕귁+에'로 명사 '듕귁'에 비교 부사격 조사 '에'가 결합한 것이다.
④ '·ᄠᅳ·들'은 'ᄠᅳᆮ+을'로 명사 'ᄠᅳᆮ'에 목적격 조사 '을'이 결합한 뒤 이어 적기 표기가 이루어진 것이다.
⑤ '·노·미'는 '놈+이'로 '놈'에 주격 조사 '이'가 결합한 뒤 이어 적기 표기가 이루어진 것이다.

4 ③

':어엿·비'는 '가엾게, 불쌍하게'라는 뜻에서 '예쁘게'라는 뜻으로 의미가 이동한 예로, '현대 국어에서 '어여삐'로 표기가 바뀌었으나, 〈보기〉에서 설명하는 '두음 법칙', '구개음화', '원순 모음화'와는 관련이 없다.

오답 피하기

① '니르·고·져'는 두음 법칙이 적용되지 않은 예로, 이후 'ㄴ'이 탈락하여 '이르고자'로 표기가 변하였다.
② '펴·디'는 구개음화가 적용되지 않은 예로, 이후 구개음화가 적용되어 '펴지'로 표기가 변하였다.
④ '·스·믈'은 원순 모음화가 적용되지 않은 예로, 이후 원순 모음화에 의해 '스물'로 표기가 변하였다.
⑤ '니·겨'는 두음 법칙이 적용되지 않은 예로, 이후 'ㄴ'이 탈락하여 '익혀'로 표기가 변하였다.

2단계 대표 기출 문제 212~213쪽

1 ① 2 ③ 3 ⑤

1 ①

유형 세종어제훈민정음

㉠ '中듕國귁에'는 현대어 풀이에서 '중국과'로 해석되고 있으므로 중세 국어에서는 '에'가 비교를 나타내는 부사격 조사로 쓰였음을 알 수 있다. 따라서 앞말이 장소임을 표시하는 조사라는 설명은 적절하지 않다.

오답 피하기

② ㉡의 '-ㄹ씨'는 현대어 풀이에서 '-므로'에 해당하므로, 앞말이 뒤에 오는 내용과 인과 관계로 연결됨을 표시하는 어미라는 설명은 적절하다.
③ ㉢의 '-ㄴ'은 현대어 풀이에서 '-은'에 해당하므로, 앞말이 뒤에 오는 말을 수식함을 표시하는 어미라는 설명은 적절하다.
④ ㉣의 'ㅣ'는 현대어 풀이에서 '가'에 해당하므로, 앞말이 주어임을 표시하는 조사라는 설명은 적절하다.
⑤ ㉤의 '을'은 현대어 풀이에서 '을'에 해당하므로, 앞말이 문장의 목적어임을 표시하는 조사라는 설명은 적절하다.

2 ③

유형 세종어제훈민정음

〈보기〉의 ㉢에서는 종성의 'ㄷ'과 'ㅅ'이 다르게 발음되었다고 설명하고 있다. 그런데 ③은 ':어엿·비'에서 둘째 음절의 종성인 'ㅅ'이 'ㄷ'으로 발음되었다고 진술하고 있으므로, (가)를 바탕으로 한 이해로 적절하지 않다.

오답 피하기

① ':수·ᄫᅵ'에서 오늘날에는 없는 자음인 'ㅸ(순경음 비읍)'을 확인할 수 있다.
② ㉡의 설명을 바탕으로 할 때, '·ᄠᅳ·들'의 'ㅳ'은 'ㅂ'과 'ㄷ' 두 개의 자음 모두 발음되었음을 알 수 있다.
④ ㉣에서 방점으로 성조를 구분하였다고 했는데, ':ᄒᆡ·ᅇᅧ'의 ':ᄒᆡ'에는 방점 ':'가, '·ᅇᅧ'에는 방점 '·'가 쓰인 것으로 보아 두 음절의 성조가 서로 달랐음을 추론할 수 있다. ':'는 낮다가 높아지는 소리인 상성이며, '·'는 높은 소리인 거성이다.
⑤ ㉤에서 연철 표기, 즉 앞 음절의 종성을 다음 자의 초성으로 내려 쓰는 이어 적기가 적용되었음을 알 수 있는데, '·ᄡᅮ·메(씀에)'는 'ᄡᅮᆷ+에'에서 종성 'ㅁ'을 '에'의 초성으로 이어 적은 연철 표기의 예로 볼 수 있다.

3 ⑤

유형 세종어제훈민정음

'ᄡᅮ메'는 'ᄡᅳ-+-움+에'로 분석되는데, '사용하다'의 의미를 지닌 'ᄡᅳ다'의 어간 'ᄡᅳ-'에 명사형 전성 어미 '-움'이 붙은 'ᄡᅮᆷ'에, 다시 부사격 조사가 결합한 것이다.

오답 피하기

① ':말ᄊᆞ·미'는 '말ᄊᆞᆷ+이'로, '·홇 ·배'의 '배'는 '바+ㅣ'로 분석되며, 이를 통해 주격 조사의 형태가 '이'와 'ㅣ'로 다르다는 것을 확인할 수 있다. 중세 국어의 주격 조사로 자음으로 끝난 체언 뒤에서는 '이'가, 모음 'ㅣ'나 반모음 'ㅣ'를 제외한 모음으로 끝난 체언 뒤에서는 'ㅣ'가 쓰였다.
② '하·니·라'의 '하다'는 현대어 '많다'에 대응하며, 그 품사는 형용사이다. 따라서 현대 국어의 동사 '하다'와는 품사가 다르다.

③ '··이·롤'과 '··새·로'에는 동일한 방점이 쓰였다. 그러나 방점은 소리의 강약을 표시하는 것이 아니라, 소리의 높낮이를 표시하는 기호이다. 예시의 각 글자 왼편에 점 한 개를 찍은 것은 거성(높은 소리)임을 의미한다.

④ '·히·여'와 '便뼌安한·킈 ㅎ·고·져'는 각각 현대어 '하여금'과 '편하게 하고자'에 대응하며, 이는 모두 피동 표현이 아니라 사동 표현이다.

운식 표기와 그에 따른 형식 종성은 나타나지 않고 한자어를 현실음에 맞게 표기하였다.

⑤ '孔·공子·직', '曾증子·ᄌᆞ·려' 등과 같이 글자의 왼쪽에 점을 찍는 방점 표기가 나타났다.

31 용비어천가 / 소학언해

<table>
<tr><td>1단계</td><td>개념 확인 문제</td><td>216쪽</td></tr>
</table>

1 ②   **2** ④   **3** ②   **4** ⑤

1 ②

〈용비어천가〉에는 원래 한자음 표기가 따로 제시되어 있지 않으며, 따라서 동국정운식 표기도 나타나지 않는다.

❌ 오답 피하기

① '·시·미(심+이)', '기·픈(깊+은)' 등에서 확인할 수 있듯이, 이어 적기가 주로 사용되었다.

③ '남·ᄀᆞᆫ(남ㄱ+ᄋᆞᆫ)', '··므·른(믈+은)' 등에서 확인할 수 있듯이, 모음 조화가 잘 지켜졌다.

④ '곶'의 'ㅈ' 종성에서 확인할 수 있듯이 종성부용초성의 원칙이 지켜졌다.

⑤ 'ᄂᆞᄅᆞ·샤(놀-+-ᄋᆞ샤-+-(아))', '·ᄒᆞ시·니(ᄒᆞ-+-시-+-니)' 등에서 확인할 수 있듯이, 주체 높임 선어말 어미 '-샤-'와 '-시-'가 사용되었다.

2 ④

'ㅎ' 종성 체언은 단독형으로 쓰일 때는 'ㅎ'이 나타나지 않지만, 뒤에 다른 형태소가 결합할 때 'ㅎ'이 나타나서 축약되는 성질이 있다. 'ㅎ' 종성 체언의 이러한 특징을 지금까지도 보이는 단어들이 '안팎(안ㅎ+밖)', '암탉(암ㅎ+닭)', '수컷(수ㅎ+것)', '살코기(살ㅎ+고기)'이다. 그러나 '위층(위+층)'은 'ㅎ' 종성 체언과는 관련이 없다. '층'의 'ㅊ'이 축약의 결과가 아니라, 원래 형태소의 일부이기 때문이다.

3 ②

〈소학언해〉에는 '··몸·이며', '얼굴·이며'와 같은 끊어 적기가 나타나 있지만, '거·시·라'와 같은 이어 적기도 나타났다.

❌ 오답 피하기

① '·비·르·소미·오'처럼 모음 조화가 파괴된 경우가 나타났으므로, 모음 조화 현상이 더욱 규칙적으로 나타났다는 설명은 적절하지 않다.

③ 순경음 비읍(ㅸ)과 여린히읗(ㆆ)은 모두 확인할 수 없다.

④ '孔·공子·직', '曾증子·ᄌᆞ'와 같은 예에서도 확인할 수 있듯이, 동국정

4 ⑤

'받ᄌᆞ온'은 객체 높임 선어말 어미가 결합한 단어이다. 모음 조화에 따라 '받다'의 어간 '받-'과 관형사형 전성 어미 '-은' 사이에 객체 높임 선어말 어미 '-ᄌᆞᆸ-'이 결합한 후, 이어 적기가 이루어진 '받ᄌᆞᄫᆞᆫ(받-+-ᄌᆞᆸ-+-ᄋᆞᆫ)'을 15세기 표기로 볼 수 있다. 다만 〈소학언해〉가 만들어진 16세기에는 'ㅸ'이 'ㅗ'로 바뀌고 'ㆍ'가 탈락해서 '받ᄌᆞ온'과 같은 표기가 된 것이다.

<table>
<tr><td>2단계</td><td>대표 기출 문제</td><td>216~217쪽</td></tr>
</table>

1 ①   **2** ⑤   **3** ②

1 ①   유형 용비어천가

'불휘'는 '불휘+∅'로 반모음 'ㅣ'로 끝난 체언 '불휘' 뒤에 주격 조사가 ∅(영형태)로 실현된 것이며, '시미'는 '심+이'로 자음으로 끝난 체언 '심' 뒤에 주격 조사 '이'가 결합한 다음 이어 적기가 이루어진 것이다. 따라서 두 사례에 동일한 형태의 주격 조사가 사용되었다는 설명은 적절하지 않다.

❌ 오답 피하기

② 'ᄇᆞᄅᆞ매(ᄇᆞ롬+애)'와 'ᄀᆞᄆᆞ래(ᄀᆞᄆᆞᆯ+애)'가 현대어 풀이 '바람에'와 '가뭄에'에 대응하는 것을 볼 때, '애'가 현대 국어의 원인 부사격 조사 '에'와 같은 기능으로 사용되었음을 알 수 있다.

③ '하ᄂᆞ니'가 현대어 풀이 '많으니'에 대응하는 것을 볼 때, '하다'가 현대 국어와 달리 '많다'의 의미로 쓰였음을 알 수 있다.

④ '므른(믈+은)'과 '바ᄅᆞ래(바롤+애)'가 현대어 풀이 '물은'과 '바다에'에 대응하는 것을 볼 때, 각각 두 형태소가 결합되어 있음을 확인할 수 있으며, 앞 형태소의 끝소리를 다음 형태소의 첫소리로 옮겨 적은 방식(이어 적기)이 사용되었음도 알 수 있다.

⑤ '내히(내ㅎ+이)'가 현대어 풀이 '내가'에 대응하는 것을 볼 때, 주격 조사 '이' 앞에 결합한 형태소가 '내ㅎ'임을 확인할 수 있고, 체언의 끝소리인 'ㅎ'이 연음되어 '내히'로 표기되었음을 알 수 있다.

2 ⑤   유형 중세 국어 자료 분석

'얼굴'은 중세 국어에서 '형체'라는 의미를 가지고 있었으나, 현대 국어에서는 '안면(눈, 코, 입이 있는 머리의 앞면)'이라는 의미로만 사용되고 있다. 따라서 중세 국어에서 현대 국어로 오면서 단어의 의미가 축소되었음을 알 수 있다.

❌ 오답 피하기

① '기·픈(깊-+-은)'은 어간의 받침 'ㅍ'을 어미의 첫소리로 옮겨 소리 나는 대로 적는 이어 적기 방식의 표기임을 알 수 있다.

② 뜻풀이에 '움직이므로'가 제시되어 있으므로 ':뮐·씨'는 현대 국어에서는 쓰이지 않는 단어임을 알 수 있다.

③ '·룰'은 현대 국어의 '를'과 같은 목적격 조사의 기능을 하지만 형태가 다른 조사임을 알 수 있다.

④ '뾿·디·면'에는 현대 국어에서는 사용하지 않는 어두 자음군 'ㅄ'이 사용되었음을 알 수 있다.

3 ②

〈소학언해〉 표기와 현대어 풀이를 비교해 볼 때, '(받ᄌ온) 거시라'는 현대어 '(받은) 것이므로'로 풀이되고 있다. 따라서 '-라'는 문장을 종결하는 어미가 아니라 종속적 연결 어미임을 알 수 있다. '-라'가 평서형 종결 어미로 사용된 예로는 '므 춤이니라'이다. 중세 국어에서는 평서형 종결 어미로 '-다'가 아닌 '-라'를 사용하였다.

❌ 오답 피하기

① '드려'는 '에게'의 의미를 지닌 부사격 조사로 현대 국어에는 사용하지 않는 형태의 조사이다.

③ '상히오디'는 '상하게 하지'로 풀이되므로 '-게 하다'의 의미를 지니는 사동 표현으로 볼 수 있다.

④ '몸을'은 양성 모음으로 이루어진 단어인 '몸'에 음성 모음의 조사 '을'이 결합되어 있으므로, 모음 조화가 지켜지지 않은 예이다.

⑤ '홈이'는 '호미'로 이어 적지 않고 현대 국어 '함이'와 마찬가지로 음절 단위로 끊어 적고 있다.

01 ⑤	02 ①	03 ①	04 ③	05 ②	06 ⑤
07 ①	08 ③	09 ③	10 ④	11 ④	12 ③
13 ①	14 ③	15 ②	16 ①	17 ①	18 ③
19 ⑤	20 ③	21 ①	22 ①	23 ⑤	24 ③

01 ⑤

ⓜ의 예시를 통해 초성(자음)의 아래('ㄱ, 고')나 오른쪽('가, 거')에 중성(모음)을 붙여 쓰고 있음을 알 수 있다. 이는 현대 국어도 사용하는 글자 운용 방법이다. 따라서 현대와 중세 모두 초성의 오른쪽이나 아래쪽에 중성을 붙여서 사용한 경우만 존재하므로 초성의 왼쪽에 중성을 붙여서 사용한다는 설명은 적절하지 않다.

❌ 오답 피하기

① ㉠의 예시를 통해 훈민정음의 초성이 발음 기관의 모양을 상형하여 기본자 'ㄴ'을 만들고 기본자에 가획의 원리를 적용하여 'ㄷ', 'ㅌ'을 만든 후 예외적인 이체자 'ㄹ'을 만들었음을 확인할 수 있다. 또한 ㉡

의 예시를 통해 훈민정음의 중성이 하늘, 땅, 사람의 모양을 상형하여 기본자를 만들고 기본자를 서로 합하는 합용(합성)의 원리를 적용하여 초출자와 재출자를 만들었음을 확인할 수 있다.

② ㉡의 예시를 볼 때, 초출자의 'ㅗ'의 형태는 기본자 'ㆍ'와 'ㅡ'를 합해 만든 것임을 추론할 수 있다.

③ ㉢의 예시로 제시된 순경음 'ㅸ, ㅱ, ㆄ, ㅹ'과 ㉣의 예시로 제시된 'ㆅ, ㅺ, ㅼ, ㅽ'은 모두 현대 국어에서 사용하지 않는 자음이다.

④ ㉣에 제시된 예를 볼 때 '병서(나란히 쓰기)'의 방법에는 'ㄲ, ㄸ, ㅃ, ㅆ, ㅉ, ㆅ'과 같이 같은 글자를 나란히 적는 '각자 병서'와 'ㅺ, ㅼ, ㅽ'과 같이 다른 글자를 나란히 적는 '합용 병서'가 있었음을 알 수 있다.

02 ①

이어 적기란 형태소를 소리 나는 대로 적는 방식이며, 끊어 적기란 각 형태소를 분리하여 적는 방식이다. ㉠과 ㉡은 대응되는 현대어 풀이를 볼 때, '울음'과 '웃어'의 이어 적기 표기임을 알 수 있으며, ㉢과 ㉣은 대응되는 현대어 풀이를 볼 때, '미워함을'과 '일은'의 끊어 적기 표기임을 알 수 있다. 그리고 ㉤은 대응되는 현대어 풀이를 볼 때 '있으면'의 거듭 적기 표기임을 추론할 수 있다. ㉤ '잇스면'은 '있으면'을 당시 종성의 자음을 7개만 사용하는 7종성법에 의해 '잇으면'으로 표기한 후, 어간의 종성 'ㅅ'을 다시 어미의 초성에 한 번 더 적어서 표기한 것으로 볼 수 있다.

03 ①

㉠의 '아들'은 높임의 대상이 아닌 사람으로 'ㆍ'가 양성 모음이기 때문에 관형격 조사 '익'가 결합해야 한다. 이때, 'ㆍ'가 양성 모음임을 판단하기 위해서는 〈보기 1〉의 첫 번째 예문에서 '놈'에 관형격 조사 '익'가 결합하였다는 점을 확인하면 된다.

㉡의 '술위'는 현대 국어 '수레'에 해당하는 단어로, 이는 사람이나 동물을 나타내는 말에 해당하지 않는다. 따라서 끝 음절의 모음이 양성 모음이든 음성 모음이든 관계없이 관형격 조사 'ㅅ'이 결합해야 한다. 〈보기 1〉의 네 번째 예문에서 '나모(나무)'가 'ㅅ'을 관형격 조사로 취한 것과 같은 이치이다.

04 ③

(가)에 제시된 조건을 통해 단모음 '이'나 반모음 'ㅣ' 뒤에서는 조사의 형태로 'Øᆯ'를 취함을 알 수 있으며, 이를 바탕으로 'Øᆯ'를 조사로 취하고 있는 '불휘'의 'ㅟ'가 현대 국어와 달리 중세 국어에서는 반모음 'ㅣ'로 끝나는 이중 모음이었다는 사실을 알 수 있다. 따라서 '이제'와 '아래'도 모두 'Øᆯ' 형태의 조사를 취한다는 사실을 통해, 'ㅔ'와 'ㅐ'가 중세 국어에서는 반모음 'ㅣ'로 끝나는 이중 모음이었다는 사실을 유추할 수 있다.

❌ 오답 피하기

① '지비라'는 '집+이라'로 분석되어 체언의 끝소리가 자음일 때 '이라'가 결합한 사례이다.

② '스싀라'는 '스싀+Øᆯ'로 분석되어 체언의 끝소리가 단모음 '이'일 때 'Øᆯ'가 결합한 사례이다.

④ '전최라'는 '전추+ㅣ라'로 분석되어 체언의 끝소리가 그 밖의 모음에
해당하는 '·'일 때 'ㅣ라'가 결합한 사례이다.
⑤ '곡되라'는 '곡도+ㅣ라'로 분석되어 체언의 끝소리가 그 밖의 모음에
해당하는 'ㅗ'일 때 'ㅣ라'가 결합한 사례이다.

05 ②
유형 중세 국어의 성조(방점)

'아·니:뮐·씨'에서 '아'는 점이 없으므로 낮은 소리(평성),
'·니'와 '·씨'는 점이 한 개이므로 높은 소리(거성), ':뮐'은 점이
두 개이므로 처음은 낮고 나중이 높은 소리(상성)에 해당한다.
이를 고려할 때 ⓐ는 '평성-거성-상성-거성'으로 소리의 높
낮이를 표시할 수 있다.

06 ⑤
유형 중세 국어의 특징

ⓛ '묻줍고(묻-+-줍-+-고)'는 '묻고'에 객체 높임 선어말
어미 '-줍-'을 사용해 객체 높임을 실현하였을 뿐, 현대 국어
처럼 '여쭙다'라는 특수 어휘를 사용하지는 않았다.

❌ 오답 피하기

① ㉠ '효도홈(효도ᄒ-+-옴)'은 대응되는 현대어 '효도함'과 비교해 볼
때, 현대 국어의 명사형 어미 '-(으)ㅁ'과 달리 명사형 어미로 '-옴'을
사용하였음을 알 수 있다.
② ㉡ '쁘디'의 'ㅄ'은 현대 국어에서 사용되지 않는 어두 자음군에 해당
한다.
③ ㉢은 '聖孫(성손)+올'로 분석되며, 대응되는 현대어 '성손을'과 비교
해 볼 때, 현대 국어와 달리 목적격 조사로 '올'을 사용하였음을 알
수 있다.
④ ㉣ '내시니이다(내-+-시-+-니-+-이-+-다)'는 대응되는 현대
어 '내셨습니다(내-+-시-+-었-+-습니다)'와 비교해 볼 때, 문장
의 주체인 '하늘'을 높이기 위해 현대 국어와 마찬가지로 주체 높임
선어말 어미 '-시-'를 사용하였음을 알 수 있다. 다만 중세 국어에
사용되었던 원칙법(사태를 불변적·기정적인 것으로 인식하는 서법)
의 선어말 어미 '-니-'나 상대 높임 선어말 어미 '-이-'는 현대 국
어에서 찾아볼 수 없다.

07 ①
유형 의문형 종결 어미(중세 국어)

첫 번째 문장의 주어는 '부톄(부처가)'로 3인칭이다. 또한 해당
문장은 물음말이 없는 판정 의문문이므로, 의문형 종결 어미
로 '-ㄴ가', '-ㄹ가'와 같은 '아'형 어미가 사용된다. 그리고 두
번째 문장의 주어는 '네(너는)'로 2인칭이며, 이 경우 물음말의
유무와 상관없이 '-ㄴ다'가 의문형 종결 어미로 사용된다.

08 ③
유형 중세 국어의 특징

'거부븨 터리 곧고'에서 '거부븨(거붑+의)'의 '의'는 대응되는
현대어 풀이 '거북의'를 볼 때, 관형격 조사로 쓰였음을 알 수
있다. 관형격 조사의 형태는 앞 단어 '거붑'의 마지막 음절 모
음이 음성 모음이므로 '의'로 실현된 것이다.
'바미 비취니'에서 '바미(밤+이)'의 '이'는 대응되는 현대어 풀

이 '밤에'를 볼 때, 부사격 조사로 쓰였음을 알 수 있다. 부사격
조사의 형태는 앞 단어 '밤'의 모음이 양성이므로 '이'로 실현된
것이다.

❌ 오답 피하기

① '겨틔 셔셔'에서 '겨틔(곁+의)'의 '의'는 대응되는 현대어 풀이 '곁에'
를 볼 때, 부사격 조사로 쓰였음을 알 수 있다. 부사격 조사의 형태는
앞 단어 '곁'의 모음이 음성이므로 '의'로 실현된 것이다. 또 '거부븨
터리 곧고'에서 '거부븨(거붑+의)'의 '의'는 부사격 조사가 아닌, 관형
격 조사이다.
② '거붑'의 마지막 음절이 음성이므로 관형격 조사의 형태는 '의'로 실
현되어야 하는데, '거부븨(거붑+의)'에서는 모음 조화에 어긋나는
'의'로 실현되어 있다.
④ '바미 비취니'에서 '밤'의 모음이 양성이므로 부사격 조사의 형태는
'이'로 실현되어야 하는데, '바미(밤+의)'에서는 모음 조화에 어긋나
는 '의'로 실현되어 있다. 또 '사ᄅ미 뜨들'에서 '사ᄅ미(사롬+이)'의
'이'는 대응되는 현대어 풀이 '사람의'를 볼 때, 관형격 조사로 쓰였음
을 알 수 있다. 관형격 조사의 형태는 앞 단어 '사롬'의 마지막 음절
모음이 양성 모음이므로 '이'로 실현된 것이다.
⑤ '곁'의 모음이 음성이므로 부사격 조사의 형태는 '의'로 실현되어야
하는데, '겨틔(곁+이)'에서는 모음 조화에 어긋나는 '이'로 실현되어
있다.

09 ③
유형 주격 조사(중세 국어)

'ᄇ얌'은 끝소리가 자음이므로 주격 조사 '이'가 나타난다. 따
라서 ㉠에 들어갈 말은 'ᄇ얌'과 '이'가 결합하여 이어 적기가
적용된 'ᄇ야미(ᄇ얌+이)'가 된다. '불휘'는 끝소리가 반모음
'ㅣ'이므로 ㉡에 들어갈 말은 아무런 형태가 나타나지 않은 '불
휘(불휘+∅)'이다. '대장부'는 'ㅣ'도, 반모음 'ㅣ'도 아닌 모음
으로 끝나므로, 주격 조사 'ㅣ'가 쓰인다. 따라서 ㉢에 들어갈
말은 '대장뷔(대장부+ㅣ)'가 된다.

10 ④
유형 높임 선어말 어미(중세 국어)

㉡에서는 문장의 주체인 '아들'을 높이지 않으며, 특수 어휘의
사용도 확인할 수 없다.

❌ 오답 피하기

① ㉠의 [A]에서는 '니르샤티(니르-+-샤-+-오티)'의 선어말 어미
'-샤-('-시-'는 모음 어미 앞에서 '-샤-'로 변하고 모음 어미는 탈
락)'를 통해 주체 높임을 실현하고 있음을 확인할 수 있다. 그러나 '니
르샤티(이르시되)'의 주체는 생략되어 있다.
② ㉠의 [A]에서는 '묻줍고(묻-+-줍-+-고)'의 선어말 어미 '-줍-'을
통해, '世尊(세존)ㅅ 安否(안부)'라는 목적어를 높이는 객체 높임법이
실현되었음을 확인할 수 있다.
③ ㉠의 [B]에서는 '오시니잇고(오-+-시-+-니잇고)'의 선어말 어미
'-시-'를 통해 주체 높임법이 실현되었음을 확인할 수 있다.
⑤ ㉡에서는 '뫼ᅀᆞᆸ고(뫼-+-ᅀᆞᆸ-+-고)'의 선어말 어미 '-ᅀᆞᆸ-'을 통해
객체인 '어머님'을 높이고 있음을 확인할 수 있다.

11 ④　유형 서술격 조사(중세 국어)

㉮는 체언 '니' 뒤에 서술격 조사가 붙는 경우로, 체언이 모음 '이'로 끝나는 경우에 해당한다. 따라서 서술격 조사가 아무런 형태가 나타나지 않게 되어 '니＋－라', 즉 '니라'로 표기된다. ㉯는 체언 '바' 뒤에 서술격 조사가 붙는 경우로, 체언의 끝소리가 모음 '이'도, 반모음 'ㅣ'도 아닌 모음인 경우에 해당한다. 따라서 서술격 조사가 'ㅣ'로 나타나게 되어 '바＋ㅣ＋－라'가 되는데, '바'의 'ㅏ'와 'ㅣ'가 결합하여 '배라'로 표기된다. ㉰는 체언 '다락' 뒤에 서술격 조사가 붙는 경우로, 체언의 끝소리가 자음인 경우에 해당한다. 따라서 서술격 조사가 '이'로 나타나게 되어 '다락＋이＋－라'가 되는데, 이어 적기가 적용되어 '다라기라'로 표기된다.

12 ③　유형 중세 국어의 특징

'니르샨'에 대응되는 현대어 풀이 '이르신'은 수달의 말 "이르신 양으로 하겠습니다."의 일부로, 이때 '이르신'의 주체는 생략된 주어 '태자께서'이다. 따라서 '니르샨'에 쓰인 주체 높임의 선어말 어미가 높이는 대상은 수달이 아니라 태자이다.

❌ 오답 피하기

① '숲(金)으로'와 '양으로'를 통해 현대 국어와 달리 부사격 조사가 모음 조화에 따라 '으로'와 '으로'로 형태를 달리했다는 것을 확인할 수 있다. 즉, 체언의 모음이 음성 모음이면 '으로'가, 양성 모음이면 '으로'가 결합한다.
② '뜸'을 통해 단어 첫머리에 'ㅄ'처럼 자음이 연속하여 올 수 있었음을 확인할 수 있다.
④ '太子ㅅ'에 대응되는 현대어 풀이 '태자의'와 비교해 볼 때, 'ㅅ'이 높임의 대상 뒤에 결합하여 관형격 조사 '의'의 역할을 했음을 확인할 수 있다.
⑤ '거즛마롤(거즛말＋올)'을 통해 앞말의 받침이 뒤의 초성으로 연음되어 소리 나는 대로 적는 방식인 이어 적기를 하였음을 확인할 수 있다.

13 ①　유형 'ㅎ' 종성 체언(중세 국어)

㉠은 '나랗'과 '올'의 결합이고 'ㅎ' 종성 체언 뒤에 모음으로 시작하는 조사 '올'이 결합되었으므로, 'ㅎ'을 뒤따르는 모음에 이어 적어 '나라홀'로 써야 한다. ㉡은 '긿'과 'ㅅ'의 결합이고 'ㅎ' 종성 체언 뒤에 관형격 조사 'ㅅ'이 결합되었으므로, 'ㅎ'이 나타나지 않는 표기인 '긼'과 같이 써야 한다. ㉢은 '않'과 '과'의 결합이고 '과'는 'ㄱ'으로 시작하는 조사이므로, 'ㅎ'이 'ㄱ'과 어울려 축약된 형태인 'ㅋ'으로 써야 한다. 즉, '안콰'와 같이 표기하게 된다.

14 ③　유형 'ㅎ' 종성 체언(중세 국어)

현대 국어의 '살코기'는 'ㅎ' 종성 체언의 흔적이 남아 있는 단어로, '삻'과 '고기'가 결합한 것이다. 그런데 'ㅎ' 종성 체언

이 단독형으로 쓰일 때는 'ㅎ'이 나타나지 않는다고 하였으므로, '살코기'의 '살'은 중세 국어에서 단독으로 쓰일 경우 '삻'이 아니라 '살'의 형태로 사용되었을 것이다.

❌ 오답 피하기

① '안팎'은 '안'과 '밖'이 결합한 것으로, '밖'이 '팎'으로 표기된다는 사실에서 'ㅎ' 종성 체언인 '않'의 흔적이 남아 있는 경우로 볼 수 있다.
② '수캐'는 '수'와 '개'가 결합한 것으로, 'ㅎ' 종성 체언인 '숳'의 'ㅎ'이 '개'의 'ㄱ'과 어울려 'ㅋ'으로 되는 거센소리되기가 이루어진 경우로 볼 수 있다.
④ '나라'가 중세 국어에서는 '나랗'로 'ㅎ' 종성 체언이었다는 관련 자료의 내용으로 볼 때, 중세 국어에서 모음으로 시작하는 조사 '이'와 결합하는 경우 'ㅎ'을 이어 적어 '나라히'의 형태로 사용되었을 것임을 알 수 있다.
⑤ '암평아리'는 '암'과 '병아리'가 결합한 것으로, 중세 국어에서 'ㅎ' 종성 체언인 '암ㅎ'에 '병아리'가 결합한 흔적이 지금까지 남은 단어임을 알 수 있다.

15 ②　유형 훈민정음의 제자 원리

초성의 조건은 '이[齒] 모양을 본뜬 기본자에 가획하여 만든 글자'이므로 초성에는 'ㅈ', 'ㅊ'이 들어갈 수 있다. 중성의 조건은 '초출자 'ㅗ'에 기본자 'ㆍ'를 결합하여 만든 글자'이므로 중성에는 'ㅛ'가 들어갈 수 있다. 종성의 조건은 '상형이나 가획의 원리를 적용하지 않고 별도로 만든 글자'이므로 종성에는 'ㆁ, ㄹ, ㅿ'이 들어갈 수 있다. 따라서 [조건]을 모두 만족하는 글자 카드는 '죨'이다.

16 ①　유형 훈민정음의 제자 원리와 운용 방법

ⓐ는 종성 표기에 대한 내용이다. 자료에서 종성에 글자를 사용한 예를 모두 고르면 '분, 싹, 홁' 외에 '스ᄀᆞᆯ'도 포함되어야 한다.

❌ 오답 피하기

② ⓑ는 순경음 비읍 표기에 대한 내용으로, '사ᄫᅵ, 스ᄀᆞᆯ'에서 'ㅸ'을 확인할 수 있다.
③ ⓒ는 초성과 종성에 쓰이는 병서에 대한 내용으로, 'ᄢᅵ니, 싹, 홁'에서 'ㅄ, ㄸ, ㄺ'을 확인할 수 있다.
④ ⓓ는 초성 글자 아래에 쓰이는 중성 글자에 대한 내용으로, '분, 스ᄀᆞᆯ, 홁'에서 초성 글자 아래에 쓰인 'ㅜ, ㅡ, ㆍ'를 확인할 수 있다.
⑤ ⓔ는 초성 글자 오른쪽에 쓰이는 중성 글자에 대한 내용으로, 'ᄢᅵ니, 사ᄫᅵ, 싹'에서 초성 글자 오른쪽에 쓰인 'ㅣ, ㅏ'를 확인할 수 있다.

17 ①　유형 모음 조화(중세 국어)

'ᄇᆞ매'는 양성 모음으로 이루어진 명사 'ᄇᆞ름'에 양성 모음의 부사격 조사 '애'가 결합한 것으로 ㉠의 사례로 적절하다. 'ㆍ뿌ㆍ메(ㆍ뿜＋ㆍ에)'는 음성 모음으로 이루어진 동사의 명사형 'ㆍ뿜'에 음성 모음의 부사격 조사 '에'가 결합한 것으로 ㉡의 사례로 적절하다.

❌ 오답 피하기

② ‘·뿌·메(·뿜+·에)’는 음성 모음으로 끝난 동사의 명사형 ‘·뿜’에 음성 모음의 부사격 조사 ‘에’가 결합한 것이고, ‘ᄠᅳ·들(ᄠᅳᆮ+·을)’은 음성 모음으로 끝난 명사 ‘ᄠᅳᆮ’에 음성 모음의 목적격 조사 ‘·을’이 결합한 것이므로 모두 ㉡의 사례에 해당한다.

③ ‘ᄠᅳ·들(ᄠᅳᆮ+·을)’은 음성 모음으로 끝난 명사 ‘ᄠᅳᆮ’에 음성 모음의 목적격 조사 ‘·을’이 결합한 것이고, ‘거부븨(거붑+의)’는 음성 모음으로 끝난 명사 ‘거붑’에 음성 모음의 관형격 조사 ‘의’가 결합한 것이므로 모두 ㉡의 사례에 해당한다.

④ ‘ᄆᆞᅀᆞ몰(ᄆᆞᅀᆞᆷ+올)’과 ‘바ᄂᆞ롤(바ᄂᆞᆯ+올)’은 양성 모음으로 끝난 명사 ‘ᄆᆞᅀᆞᆷ’과 ‘바ᄂᆞᆯ’에 양성 모음의 목적격 조사 ‘올’이 결합한 것이므로 모두 ㉠의 사례에 해당한다.

⑤ ‘나롤(나+롤)’과 ‘도ᄌᆞ기(도족+이)’는 양성 모음으로 끝난 명사 ‘나’와 ‘도족’에 양성 모음의 목적격 조사 ‘롤’과 관형격 조사 ‘이’가 결합한 것이므로 모두 ㉠의 사례에 해당한다.

18 ③ 〔유형〕 관형격 조사와 부사격 조사(중세 국어)

㉢ ‘나조히’는 ‘저녁’을 뜻하는 ‘나조ㅎ’에 부사격 조사인 ‘ᄋᆡ’가 결합한 것이다. ‘ᄋᆡ’는 ‘애/에/예’가 쓰일 위치에 대신 쓰인 부사격 조사이다. 따라서 현대 국어에서는 부사어 ‘저녁에’로 해석된다.

❌ 오답 피하기

① ㉠ ‘뉘예’는 부사격 조사 ‘예’가 결합하는 선행 체언 ‘뉘’의 끝음절이 반모음 ‘ㅣ’로 끝나는 모음 ‘ㅟ’임을 확인할 수 있다.

② ㉡ ‘우ㅎ’에 시간이나 장소를 나타내는 부사격 조사가 결합할 경우, 모음 조화에 따라 음성 모음의 부사격 조사 ‘의’가 결합하여 ‘우희’가 된다.

④ ㉣ ‘ᄂᆞ미그에’는 명사 ‘ᄂᆞᆷ’에 독특한 부사격 조사 ‘이그에’가 결합한 것으로, ‘이그에’는 관형격 조사 ‘이’에 ‘그에’가 결합된 형태이다.

⑤ ㉤ ‘께’는 중세 국어에서 ‘ㅅ긔’였으며, ‘ㅅ긔’는 존칭 체언에 결합하는 관형격 조사 ‘ㅅ’에 ‘긔’가 결합된 부사격 조사이다.

19 ⑤ 〔유형〕 관형격 조사와 부사격 조사(중세 국어)

ⓔ의 ‘孔子(공자)의’는 ‘기티신’의 의미상 주어로 볼 수 있으며, 존칭의 유정 명사 ‘孔子’에 결합해야 하는 관형격 조사 ‘ㅅ’ 대신 ‘의’가 예외적으로 결합한 것임을 알 수 있다.

❌ 오답 피하기

① ⓐ의 ‘수플ㅅ(수플+ㅅ)’은 ‘수플’이 무정 명사이기 때문에 관형격 조사 ‘ㅅ’이 결합한 것이다.

② ⓑ의 ‘ᄂᆞ믜(ᄂᆞᆷ+의)’는 ‘ᄂᆞᆷ’이 평칭의 유정 명사이고 끝음절 모음 ‘ᆞ’가 양성 모음이기 때문에 양성 모음의 관형격 조사 ‘의’가 결합한 것이다.

③ ⓒ의 ‘世界ㅅ(世界+ㅅ) 일’에서 ‘世界ㅅ’는 체언 ‘일’을 수식하는 관형어이며, ‘世界’가 무정 명사이기 때문에 관형격 조사 ‘ㅅ’이 결합한 것이다.

④ ⓓ의 ‘이 사ᄅᆞ믹(사ᄅᆞᆷ+익) 잇ᄂᆞᆫ’에서 ‘이 사ᄅᆞ믹’는 ‘잇ᄂᆞᆫ’의 의미상 주어로 볼 수 있다. 그러나 평칭의 유정 명사 ‘사ᄅᆞᆷ’에 모음 조화에 따라 ‘익’가 결합한 것이므로 예외적 결합으로 볼 수 없다.

20 ⑤ 〔유형〕 격 조사(중세 국어)

㉣의 ‘바ᄅᆞ래(바ᄅᆞᆯ+애)’와 ㉤의 ‘그르세(그릇+에)’는 체언 끝 음절의 모음이 양성 모음이냐 음성 모음이냐에 따라 부사격 조사의 형태가 ‘애’와 ‘에’로 다르게 나타남을 보여주는 예이다.

❌ 오답 피하기

① ㉠의 ‘太子ㅅ(태자+ㅅ)’와 ㉡의 ‘衆生익(중생+익)’는 체언이 존칭의 유정 명사이냐 평칭의 유정 명사이냐에 따라 관형격 조사의 형태가 ‘ㅅ’과 ‘익’로 다르게 나타남을 보여주는 예이다.

② ㉠의 ‘겨틱(곁+의)’와 ㉤의 ‘도기(독+익)’는 체언 끝음절의 모음이 양성 모음이냐 음성 모음이냐에 따라 부사격 조사의 형태가 ‘익’와 ‘의’로 다르게 나타남을 보여주는 예이다.

③ ㉡의 ‘ᄆᆞᅀᆞ몰(ᄆᆞᅀᆞᆷ+올)’과 ㉢의 ‘ᄠᅳ들(ᄠᅳᆮ+을)’은 체언 끝음절의 모음이 양성 모음이냐 음성 모음이냐에 따라 목적격 조사의 형태가 ‘올’과 ‘을’로 다르게 나타남을 보여주는 예이다.

④ ㉢의 ‘배(바+ㅣ)’와 ㉣의 ‘ᄇᆞᄅᆞ미(ᄇᆞᄅᆞᆷ+이)’는 체언의 끝음절이 모음으로 끝나느냐 자음으로 끝나느냐에 따라 주격 조사의 형태가 ‘ㅣ’와 ‘이’로 다르게 나타남을 보여주는 예이다.

21 ① 〔유형〕 높임 표현(중세 국어)

㉠의 ‘보ᅀᆞᆸ고져(보-+-ᅀᆞᆸ-+-고져)’는 객체인 ‘너희 스승님’을 높이 대우하기 위해 문법적 수단인 객체 높임의 선어말 어미 ‘-ᅀᆞᆸ-’을 쓰고 있다. 어휘적 수단은 확인할 수 없다.

❌ 오답 피하기

② ㉡의 ‘舍利弗의’는 객체인 ‘舍利弗(사리불)’을 높이 대우하기 위해 문법적 수단인 객체 높임의 조사 ‘의’를 쓰고 있다.

③ ㉢의 ‘世尊의 ᄉᆞᆲ노니’에 사용된 객체 높임의 조사 ‘의’와 객체 높임의 동사 ‘ᄉᆞᆲ노니’는 모두 동일한 대상인 객체 ‘世尊’을 높이 대우하기 위해 쓰인 것이다.

④ ㉣의 ‘이모님께’에 쓰인 객체 높임의 조사 ‘께’는 ‘이모님’을 높이기 위해 쓰인 것이고, 객체 높임의 동사 ‘모시고’는 ‘어머님’을 높이기 위해 쓰인 것이다.

⑤ ㉤의 행위의 주체는 ‘선생님’이고 객체는 ‘그 아이’이다. 객체가 주체보다 지위가 낮으므로 객체 높임의 동사 ‘여쭤’의 사용은 부적절하다. ‘여쭤’를 ‘물어’로 수정하는 것이 적절하다.

22 ① 〔유형〕 중세 국어의 특징

㉠: 현대어 풀이 ‘가겠습니다’를 볼 때 미래 시제이므로 미래 시제 선어말 어미 ‘-리-’가 결합한 ‘가리이다’가 적절하다.
㉡: 현대어 풀이 ‘스승이시다’를 볼 때 현재 시제이며 체언 ‘스승’과 ‘이시다’의 구성이므로 특정한 선어말 어미를 사용하지 않은 ‘스스이시다’가 적절하다.
㉢: 현대어 풀이 ‘묻는다’를 볼 때 현재 시제이며 동사이므로 현재 시제 선어말 어미 ‘-ᄂᆞ-’가 결합한 ‘묻ᄂᆞ다’가 적절하다.

23 ⑤ 〔유형〕 중세 국어의 특징

현대어 풀이 ‘갔느냐’를 볼 때 ㉤의 ‘가던다(가-+-더-+

−ㄴ다)'는 과거 시제이며, 동사 '가다'의 어간에 과거 시제 선어말 어미 '−더−'가 사용되었음을 알 수 있다.

❌ 오답 피하기

① 현대어 풀이 '말하겠다'를 볼 때 ㉠의 '닐오리라(닐오−+−리−+−라)'는 미래 시제이며, 동사 '닐오다'의 어간에 미래 시제 선어말 어미 '−리−'가 사용되었음을 알 수 있다.
② 현대어 풀이 '묻는다'를 볼 때 ㉡의 '묻ᄂ다(묻−+−ᄂ−+−다)'는 현재 시제이며, 동사 '묻다'의 어간에 현재 시제 선어말 어미 '−ᄂ−'가 사용되었음을 알 수 있다.
③ 현대어 풀이 '불쌍하다'를 볼 때 ㉢의 '어엿브다'는 현재 시제이며, 형용사이므로 현재 시제를 표현하기 위해 선어말 어미를 사용하지 않았음을 알 수 있다.
④ 현대어 풀이 '없었다'를 볼 때 ㉣의 '업더라(업(없)−+−더−+−라)'는 과거 시제이며, 형용사 '없다'의 어간에 과거 시제 선어말 어미 '−더−'가 사용되었음을 알 수 있다.

24 ③
유형 중세 국어의 특징(차자 표기)

고유어 표현 '웃음이 많다'의 '다'를 '多'로 표기하고 '다'로 읽는다면 '多'를 '많다'의 뜻과 상관없이 '다'로 읽는 방식을 이용한 것이다. 따라서 ㉡이 아닌 ㉢의 방식을 이용한 것으로 볼 수 있다.

❌ 오답 피하기

① 고유어 표현 '불빛이 일다'의 '불'을 '火'로 표기하고 '불'로 읽는다면, '火'를 '불'의 뜻으로 '불'로 읽는 ㉠의 방식을 이용한 것이다.
② 고유어 표현 '진흙이 굳다'의 '흙'을 '土'로 표기하고 '흙'으로 읽는다면, '土'를 '흙'의 뜻으로 '흙'으로 읽는 ㉠의 방식을 이용한 것이다.
④ 고유어 표현 '시옷을 적다'의 '옷'을 '衣'로 표기하고 '옷'으로 읽는다면, '衣'를 '옷'의 뜻과 상관없이 '옷'으로 읽는 ㉡의 방식을 이용한 것이다.
⑤ 고유어 표현 '찬물을 담다'의 '을'을 '乙'로 표기하고 '을'로 읽는다면, '乙'을 '새'의 뜻과 상관없이 '을'로 읽는 ㉢의 방식을 이용한 것이다.

시험 대비 **내신 기출 문제** 228~231쪽

| 01 ⑤ | 02 ③ | 03 ⑤ | 04 ① | 05 ⑤ | 06 ④ |
| 07 ④ | 08 ⑤ | 09 ④ | 10 ③ | | |

01 ⑤
유형 세종어제훈민정음

㉧의 '스믈'은 입술소리 'ㅁ' 아래에서 평순 모음 'ㅡ'가 원순 모음 'ㅜ'로 바뀌는 원순 모음화가 중세 국어에서는 아직 일어나지 않았음을 보여 준다. 그러나 '여듧'의 'ㄷ'은 입술소리가 아니고 치조음이다. '여듧'의 'ㅓ' 또한 원순 모음이 아니므로, 원순 모음화와는 관련이 없다.

❌ 오답 피하기

① ㉠ '솅'와 ㉢ '쫑'의 'ㅇ'은 음가가 없는 형식 종성으로, 중세 국어에서는 동국정운식 한자음 표기 방식에 따라 초성·중성·종성 체계를 모두 갖춰 표기하였음을 보여 준다.
② ㉡의 'ㅅ'은 현대 국어의 '의'에 해당하며 무정물 뒤에 결합하는 관형격 조사이다. ㉣의 '로'는 현대 국어의 '(으)로'에 해당하며 원인이나 이유를 나타내는 부사격 조사이다.
③ ㉤의 '니르−'와 ㉥의 '너−'는 현대 국어에서는 두음 법칙에 따라 'ㄴ'이 탈락하는 것을 볼 때, 중세 국어에서는 어두에서 'ㄴ' 음의 제약이 없었음을 보여 준다.
④ ㉦의 '배'는 '바+ㅣ'로, ㉧의 '내'는 '나+ㅣ'로 형태소를 분석할 수 있으며, 둘 다 모음 'ㅏ'로 끝나는 체언 뒤에 주격 조사 'ㅣ'가 결합하였다. 이때 'ㅣ'는 현대 국어의 '가'에 해당하는 주격 조사이다.

02 ③
유형 용비어천가

':됴·코'는 현대 국어의 '좋고'에 해당하는 단어로, 구개음화가 이루어지지 않았음을 보여 준다. 그러나 '곶'은 현대 국어의 '꽃'에 해당하는 단어로, 구개음화 현상과는 관련이 없다.

❌ 오답 피하기

① '기·픈'과 ':므·른'은 현대 국어의 '깊은'과 '물은'에 해당하는 단어로, 앞 음절의 종성을 뒤 음절의 초성으로 표기하는 이어 적기가 이루어졌다는 것을 알 수 있다.
② ':시·미'는 '심'에 주격 조사 '이'가 결합한 뒤 이어 적기가 이루어진 것이며, ':내·히'는 'ㅎ' 종성 체언인 '내ㅎ'에 주격 조사 '이'가 결합한 뒤 이어 적기가 이루어진 것이다. 따라서 ':시·미'와 ':내·히'에서는 동일한 형태의 주격 조사가 결합하였음을 알 수 있다.
④ 'ᄇᆞᄅᆞ·매'와 ':ᄀᆞᄆᆞ·래'는 각각 'ᄇᆞᄅᆞᆷ+애'와 'ᄀᆞ몰+애'로 형태소를 분석할 수 있다. 이때 '애'는 양성 모음과 결합하는 부사격 조사이므로 이를 통해 양성 모음끼리 결합하는 모음조화가 잘 지켜졌음을 알 수 있다.
⑤ ':뮐·씨(뮈−+−ㄹ씨)'와 '그·츨·씨(그츠−+−ㄹ씨)'는 현대 국어의 '움직이므로'와 '그치므로'에 해당하는 단어로, 앞말이 이유임을 나타내는 종속적 연결 어미로 '−ㄹ씨'를 사용하였다는 것을 알 수 있다.

03 ⑤
유형 세종어제훈민정음

㉤ '·뿌·메(쓰−+−움+에)'의 '−움'은 현대 국어의 '−ㅁ'에 해당하는 명사형 전성 어미이다.

❌ 오답 피하기

① ㉠ '듕·귁·에'의 '에'는 앞말이 비교 대상임을 나타내는 부사격 조사이다.
② ㉡ '아·니홀·씨'의 '−ㄹ씨'는 앞말이 뒤에 오는 내용의 원인임을 나타내는 연결 어미이다.
③ ㉢ '어·린'의 '−ㄴ'은 앞말이 뒤에 오는 말을 꾸밀 수 있게 만들어 주는 관형사형 전성 어미이다.
④ ㉣ '·빅·셩·이'의 '이'는 앞말이 주어임을 나타내는 주격 조사이다.

04 ①
유형 세종어제훈민정음

'·쁘·들'과 '·뿌·메'는 합용 병서 'ㅃ'과 'ㅄ'이 초성에서 어두 자음군으로 사용되었지만, '·스·믈·여·듧'은 합용 병서 'ㄼ'이 어두가 아닌 종성에 쓰였다.

❌ 오답 피하기

② ':말ᄊᆞ·미, ·ᄠᅳ·들, ·노·미'는 '말ᄊᆞᆷ+이', '뜯+을', '놈+이'가 이어 적기 방식으로 표기된 것이다.

③ '中듕國·귁'과 '便뼌安ᅙᅡᆫ'은 중국 원음에 가까운 표기이며, '文문字·ᄍᆞᆼ'는 형식 종성 'ㅇ'을 사용한 표기이다. 따라서 한자음 표기가 동국정운식으로 이루어져 있음을 알 수 있다.

④ '·ᄉᆞ뭇·디'의 기본형은 'ㅊ'을 종성으로 하는 'ᄉᆞ뭇다'로, 팔종성법에 따라 종성 'ㅊ'이 'ㅅ'으로 표기가 바뀐 것을 알 수 있다.

⑤ '밍·ᄀᆞ노·니, :히·여, ·수·ᄫᅵ'에는 현대 국어에서 쓰이지 않는 'ㆍ', 'ㆀ', 'ㅸ' 등의 음운이 사용되었다.

05 ⑤
유형 세종어제훈민정음

ⓜ의 '어엿비'는 '가엾게, 불쌍하게'의 뜻에서 '예쁘게'의 뜻으로 바뀌어 의미 영역 자체가 달라졌으므로 의미 이동에 해당한다.

❌ 오답 피하기

① ㉠의 '말ᄊᆞᆷ'은 '말'의 의미로 두루 쓰이던 단어가 남의 말을 높여 이르거나 자기 말을 낮추어 이르는 말로 바뀌었으므로 의미 영역이 좁아진 의미 축소에 해당한다.

② ㉡의 '어리다'는 '어리석다'의 뜻에서 '나이가 적다'라는 뜻으로 의미 영역 자체가 달라졌으므로 의미 이동에 해당한다.

③ ㉢의 '놈'은 '보통 사람'을 뜻하는 말에서 남자를 낮잡아 이르는 말로 바뀌었으므로 의미 영역이 좁아진 의미 축소에 해당한다.

④ ㉣의 '하다'는 중세 국어에서 '많다'의 의미로 쓰였지만 지금은 쓰이지 않게 된 단어이다. '행동이나 작용을 이루다'의 의미로 중세 국어에서 쓰이던 단어는 'ᄒᆞ다'로, 현대 국어에서는 'ㆍ'가 'ㅏ'로 바뀌어 '하다'로 표기되지만 이는 ㉣과 다른 단어이다.

06 ④
유형 용비어천가

ⓜ '남·ᄀᆞᆫ(남ㄱ + 은)'의 '은'과 ⓢ '·ᄆᆞ·른(믈 + 은)'의 '은'은 형태는 다르지만 동일한 기능을 하는 보조사로, 각각 모음 조화에 따라 다른 형태로 결합한 것이다.

❌ 오답 피하기

① ㉠ '六龍(육룡)·이'의 '이'는 주격 조사인 반면, ㉢ '古聖(고성)·이'의 '이'는 비교의 대상을 나타내는 부사격 조사이다.

② ㉡ 'ᄂᆞ·ᄅᆞ·샤'의 '-샤-'는 현대어 풀이 '나시어'의 '-시-'와 비교하였을 때, 주체를 높이는 선어말 어미임을 알 수 있다.

③ ㉣ '불·휘(불휘 + ∅)'는 반모음 'ㅣ'로 끝나는 체언 뒤에 주격 조사의 형태가 나타나지 않은 예이며, ㉤ ':시·미(심 + 이)'는 자음 'ㅁ'으로 끝나는 체언 뒤에 주격 조사 '이'가 결합한 예이다.

⑤ ⓞ '·ᄀᆞᄆᆞ·래(ᄀᆞ몰 + 애)'의 '애'는 앞말이 원인이 됨을 의미하는 부사격 조사이지만, ⓧ '바·ᄅᆞ·래(바롤 + 애)'의 '애'는 앞말이 처소가 됨을 의미하는 부사격 조사이다.

07 ④
유형 중세 국어의 특징

'行·ᅘᅵᆼ·ᄒᆞ·야(행하여)'와 ':효·도·이(효도의)'는 현대 국어와 달리 양성 모음끼리의 모음 조화가 잘 지켜진 예로 볼 수 있다.

❌ 오답 피하기

① '거·시·라(것+이라)'는 소리 나는 대로 표기한 이어 적기인 반면, '무·ᄎᆞ·이·니·라'는 '무·ᄎᆞ·미·니·라'로 쓰지 않고 형태소의 원형을 밝혀 적은 끊어 적기에 해당한다. 따라서 이어 적기와 끊어 적기가 모두 사용되었음을 알 수 있다.

② '샹히·오·디'와 ':현·뎌케'는 '상하게 하지'와 '현저하게'에 해당하는 단어로, 16세기 중세 국어에서는 구개음화가 일어나지 않았음을 알 수 있다.

③ '아·니·홈·이'와 '비·르·소미·오'는 현대어 풀이 '아니함'과 '비롯함'에 해당하는 단어로, 형태소를 분석하면 각각 '아니-+ᄒᆞ-+-옴+이', '비릇-+-옴+이-+-오'가 되며, 16세기 중세 국어에서는 현대 국어와 달리 명사형 어미 '-옴'이 사용되었음을 알 수 있다.

⑤ '道:도·를'과 '父·부母:모롤'은 동국정운식 한자음 표기가 아니라, 현실 발음에 따른 한자어 표기가 이루어진 예로 볼 수 있다.

08 ⑤
유형 소학언해

ⓜ '헐·워(헐-+-우-+-어)'는 현대어 '헐게 하여'에 해당하는 단어로, 16세기 중세 국어에서 사동 접미사 '-우-'가 사용되었음을 알 수 있는 예이다.

❌ 오답 피하기

① ㉠ '孔·공子·ᄌᆞ(공ᄌᆞ+ㅣ)'는 모음으로 끝난 체언 뒤에 주격 조사 'ㅣ'가 결합한 것으로, 현대 국어의 주격 조사인 '이/가'와는 다른 형태의 주격 조사가 사용되었음을 보여 주는 예이다.

② ㉡ '曾증子·ᄌᆞ드·려'의 '드려'는 현대 국어의 '에게'에 해당하는 부사격 조사로, 중세 국어에 사용되던 조사가 현대 국어에서는 사라지기도 했음을 보여 주는 예이다.

③ ㉢ '얼굴'은 '형체'라는 뜻으로 쓰이던 것이 '안면'을 가리키는 말로 의미 영역이 좁아진 단어로, 의미 축소에 해당하는 예이다.

④ ㉣ '받ᄌᆞ·온'은 '받다'의 어간 '받-'에 객체 높임 선어말 어미 '-ᄌᆞᆸ-'과 관형사형 어미 '-은'이 결합한 '받ᄌᆞᄫᅳᆫ'(15세기 표기)에서 16세기에 'ㅸ'이 소실되면서 '오'로 바뀐 형태가 결합한 것으로, 16세기 중세 국어에서는 객체를 높이기 위해 선어말 어미를 사용했음을 보여 주는 예이다.

09 ④
유형 중세 국어 자료 분석

'·뿌·메(쁘-+-움+에)'와 '비·르·소미·오(비릇-+-옴+-이오)'는 명사형 어미로 '-옴/-움'이 사용되었음을 보여 주는 예이다. 그런데 '·뿌·메'가 음성 모음끼리 결합하여 모음 조화가 잘 지켜진 것과 달리, '비·르·소미·오'에서는 음성 모음으로 끝나는 음절 뒤에 양성 모음의 명사형 어미 '-옴'이 결합하였으므로 점차 모음 조화가 문란해졌음을 알 수 있다.

❌ 오답 피하기

① '나·랏'의 'ㅅ'은 관형격 조사로 쓰였지만, '父·부母:모·씌'의 '씌'는 부사격 조사로 쓰였다.

② '中듕國·귁·에'의 '에'는 앞말이 비교의 기준이 되는 대상임을 나타내
   는 부사격 조사지만, '後:후世:셰·예'의 '예'는 앞말이 시간의 부사어임
   을 나타내는 부사격 조사이다.
③ '·홇 ·배(홇 바+ㅣ)'와 '孔·공子·지(공ㅈ+ㅣ)'는 모음으로 끝나는 체
   언 뒤에 주격 조사 'ㅣ'가 결합했다는 것을 보여 주는 예이다.
⑤ '싼 ·미니·라(싼롬+이니라)'와 '무·춤·이·니·라'의 '이니라'는 용언
   의 어간에 결합하는 종결 어미가 아니라, 체언 뒤에 결합하는 서술격
   조사이다.

10 ③ 유형 중세 국어의 특징

'강촌·애(강촌+애)'는 양성 모음으로 끝나는 체언 뒤에 양성
모음의 조사 '애'가 결합한 것으로, 형태소의 결합에서 모음 조
화가 잘 지켜진 예이다. 그러나 '구·룺'은 '강'의 순우리말 '구
룸'에 관형격 조사 'ㅅ'이 결합한 형태로, 형태소 내부에서 모
음 조화가 적용된 단어로 볼 수는 있지만 형태소의 결합에서
모음 조화가 지켜진 예로 보기 어렵다.

❌ 오답 피하기

① '물·근(말가-+-은)'과 '무술·훌(무술ㅎ+울)'은 앞 형태소의 종성을
   뒤에 결합하는 형태소의 초성으로 넘겨 표기한 예이다. '무술ㅎ'은
   'ㅎ' 종성 체언으로, 뒤에 모음으로 시작하는 조사가 결합할 때 'ㅎ'이
   나타나는 단어이다.
② '아나(안-+-아)'와 '오누·닌(오눈+인)'은 형태소의 원형을 밝히지 않
   고 소리 나는 대로 표기하는 이어 적기가 이루어졌음을 보여 준다.
④ '집우흿져비오'와 현대어 풀이 '집 위의 제비이고'를 비교하였을 때,
   중세 국어에서는 띄어쓰기가 이루어지지 않음을 알 수 있다.
⑤ '서르'와 '가·온·딧(가온딕+ㅅ)'은 현대어 '서로'와 '가운데'에 해당하
   는 단어로, '서르'에서는 음성 모음 'ㅓ, ㅡ'가 쓰이고 '가온딕'에서는 양
   성 모음 'ㅏ, ㅗ, ·l'가 쓰였으므로 형태소 내부에서도 모음 조화가 적
   용되었음을 알 수 있다. 'ㅅ'은 관형적 조사이므로 형태소 내부의 모음
   조화와는 관련이 없다.

고등 국어 기초 실력 완성

고고 시리즈

고등 국어 공부, 내신과 수능 대비에 필요한 모든 내용을
알차게 정리한 교재

기본
문학
문법

밥 먹듯이 매일매일 국어 공부

밥 시리즈

기출 공부를 통해 수능 필살기를 익힐 수 있도록 돕는
친절한 학습 시스템

처음 시작하는 문학 | 처음 시작하는 비문학 독서
문학 | 비문학 독서
언어와 매체 | 화법과 작문
어휘

문학 영역 갈래별 명품 교재

명강 시리즈

수능에 출제될 만한 주요 작품과 실전 문제가 갈래별로
수록된 문학 영역 심화 학습 교재

현대시
고전시가
현대소설
고전산문

국어 기본 실력 다지기

국어 개념 완성

국어 공부에 꼭 필요한 개념을 예시 작품을 통해 완성할
수 있는 교재

수능 자신감 상승 수능 실전 대비

국어는 꿈틀 시리즈

수능 경향을 반영하여 수능 실전에 대비할 수 있도록
구성한 교재

문학
비문학 독서

내신 · 수능 대비

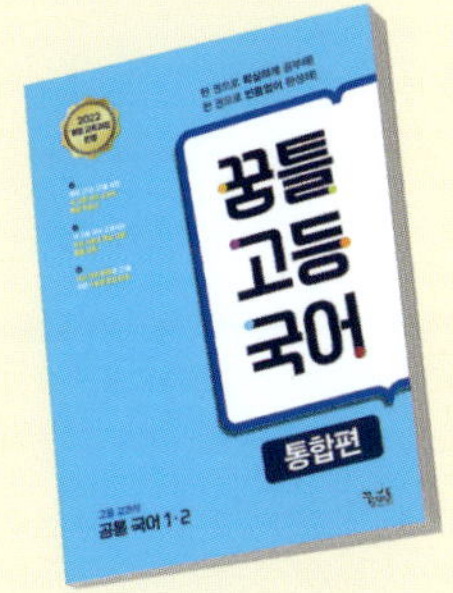

고등 국어 통합편

2022 개정 교육과정 고1 국어 교과서 핵심 내용을 한 권으로
총정리한 교재

일목요연한 필수 작품 정리

모든 것 시리즈

새 문학 교과서와 EBS 교재 수록 작품, 그 밖에 수능에
나올 만한 작품들을 총망라한 교재

현대시의 모든 것 | 고전시가의 모든 것
현대산문의 모든 것 | 고전산문의 모든 것
문법 · 어휘의 모든 것

문학 작품 집중 학습

문학 비책

필수&빈출 문학 작품 194편을 한 권으로 총정리하는 교재

고전시가 비책

고전시가 필수 작품을 총정리한 고전시가 최다 작품 프리미엄 교재

네이버 웹툰 인기 작가, 현직 국어 교사
이가영(seri) 선생님의 유쾌 발랄한 고전시가 학습서!

만화로 읽는 수능 고전시가

이가영(seri) 지음 | 278쪽 | 18,800원

온라인에 쏟아진 격찬들 ★★★★★

"어울릴 수 없으리라 생각한 재미와 효율의 조화가 두드러진다."

"1. 수능에 필요한 고전시가만 담겨져 있다. 2. 재미있다. 3. 설명이 쉽고 자세하다."

"미리 읽는 중학생부터 국어라면 도통 이해를 잘 못하는 고등학생들에게 정말로 유용한 멋진 책이다."

서울대 합격생의 비법을 훔치다!

서울대 합격생 공부법 / 노트 정리법 / 방학 공부법 / 독서법 / 내신 공부법

전국 중·고등학생이 묻고 서울대학교 합격생이 답하다   서울대생들이 들려주는 중·고생 공부법의 모든 것!

융합형 인재를 위한 교양서

이 정도는 알아야 하는 **최소한의 인문학**
과학 / 국제 이슈 / 날씨 / 경제 법칙

세상을 보는 눈을 키워 주는
가장 쉬운 교양서를 만나다!

★ 한국출판문화산업진흥원 이달의읽을만한책
★ 한국출판문화산업진흥원 청소년권장도서
★ 한국출판문화산업진흥원 우수출판콘텐츠 지원사업선정작

서울시 영등포구 당산로 50길 3 꿈을담는빌딩 6층 | 전화 1544-6533 | 홈페이지 dreamybook.co.kr